Friedrich Klingner · Römische Geisteswelt

INHALTSVERZEICHNIS

Friedrich Klingner

Römische Geisteswelt

Essays zur lateinischen Literatur

Mit einem Nachwort herausgegeben
von Karl Büchner

Philipp Reclam jun. Stuttgart

CIP-Kurztitelaufnahme der Deutschen Bibliothek

Klingner, Friedrich:
Römische Geisteswelt : Essays zur lat. Literatur / Friedrich Klingner. Mit e. Nachw. hrsg. von Karl Büchner. – Reprograph. Nachdr. d. 1965 im Verl. Ellermann, München, ersch. 5., verm. Aufl. – Stuttgart : Reclam, 1979.
ISBN 3-15-010284-7

Reprographischer Nachdruck der 1965 im Verlag Heinrich Ellermann, München, erschienenen fünften, vermehrten Auflage
Umschlagentwurf: Hanns Lohrer, Stuttgart
Herstellung: Reclam Stuttgart. Printed in Germany 1979
ISBN 3-15-010284-7

VORWORT

Sinn und Meinung des Buches, das hier in fünfter, vermehrter Auflage vorgelegt wird, könnte der Verfasser auch heute nicht besser bezeichnen, als er es im Jahre 1943 getan hat. Und er möchte auf die Worte von damals nicht verzichten und dabei nur hoffen, daß Hintersinn und Ironie darin auch den Heutigen noch vernehmbar seien, die stille Genugtuung, gegen die Roheit des angeblichen Zeitgeistes jener Jahre unvermerkt die wahre Zeitgenossenschaft der Wissenden auszuspielen.

»Tu regere imperio populos, Romane, memento, ›du denke darauf, die Völker mit deinem Befehl zu leiten, Römer!‹ Den Griechen ist der bildende Geist eigen, den Römern die Befehlsgewalt und die Aufgabe, Ordnung auf Erden zu schaffen: das ist ihre klassische Leistung. Doch der diese zugleich stolze und demütige Selbsterkenntnis ausgesprochen hat, Virgil, ist selbst ihr großer Dichter gewesen. Er hat gewiß nicht Staatskunst und musische Künste voneinander trennen und den beiden Völkern zu ausschließendem Besitz zuweisen, sondern nur den Bereich bestimmen wollen, in dem einem jeden von ihnen der Vorrang gebührt. Sein ganzer Lebensweg beweist es ja, daß er nicht nur die Hoheit griechischer Kunst besser als seine Vorgänger verstanden, sondern auch in ihrer Nachfolge nach dem Höchsten getrachtet hat. Und es ist ihm und ist den Römern überhaupt gelungen, Roms Würde und Bedeutung in Werken des Geistes zu verewigen, im Bereich der Kunst Abbilder des Daseins zu hinterlassen, denen das Geheimnis der Schönheit und Bedeutung innewohnt und die deshalb über den Bestand des Römischen Reiches hinaus nun schon so viele Jahrhunderte lang immer von neuem Liebe zu erwecken, immer wieder der entdeckenden Liebe Neues zu offenbaren vermögen.

Bei uns hat im Lauf der Zeit mancherlei zusammengewirkt, Schönheit und Bedeutung der römischen Geisteswelt unsichtbar zu machen. Auch unsere großen Dichter haben verhältnismäßig wenig davon verstanden. Erst jetzt scheint die Zeit reif dafür. Darum ist es dem, der das Glück hat, sich damit zu beschäftigen, oftmals zumut wie einem, der durch unbeachtete Türen unversehens in verborgene Gärten gerät, oder wie dem Königssohn im Märchen vom Dornröschen.

Das Schöne und Bedeutende in Gedanke und Wort darzustellen ist den Römern nicht wie den Griechen von Anfang an gegeben gewesen. Sie haben es lange umwerben müssen, und auch dann hat es sich nur den höchsten, reifsten Geistern erschlossen; es festzuhalten ist in der Kaiserzeit und besonders gegen Ende der Antike hin schwer gewesen. Daher erscheint es in den besten Werken – und das unterscheidet sie von denen der Griechen – als etwas überaus Kostbares, teuer Erworbenes; der Charakter des Erlesenen ist ihnen aufgeprägt; und die vornehme Reife außerordentlicher Männer, aber auch das menschliche Schicksal des Werbens und Erwerbens ist mit darin aufgehoben. Das macht diese Geisteswerke zu einer Hohen Schule der Menschlichkeit. Und auch die anderen, die, als Kunstwerk betrachtet, zwiespältig sind, geben dem Betrachter doch auch das bedeutende Schauspiel bewegender geistiger Schicksale. So vereint sich für den Betrachter des römischen Schrifttums Teilnahme am Menschen in der Geschichte mit der Erkenntnis des Schönen. Beides sollte nicht Angelegenheit nur der »Zunft« bleiben – deren Aufgabe im übrigen kein Verständiger geringschätzen wird –, sondern allen, die danach verlangen, zugänglich sein; man sollte menschlich davon reden. So sind die hier vorgelegten Versuche gemeint.«

Als diese Sätze geschrieben wurden, fehlte noch vieles an dem heutigen Bestand des Buches. Der Verfasser glaubte, er müsse geben, was er damals hatte. Die Zeit drängte, alles stürzte dem Untergang entgegen. Wer konnte wissen, was danach käme? Der Wunsch, das Vorhandene später zu ergänzen, war in jenem ersten Vorwort ohne viel Hoffnung niedergeschrieben. Er hat sich trotz allem erfüllt; dem Buch wurde ein neues Leben vergönnt. In der dritten Auflage des Jahres 1956 waren über den Bestand von 1943 hinaus die früher geplanten Versuche über Cicero, Lucrez und Catull enthalten und außerdem die über die Liebeselegien, über Tibulls Elegie auf den Geburtstag des Messalla, über Gerechtigkeit, über Cicero und Petrarca und über Humanität und humanitas. Der alte Essay über Livius war durch einen jüngeren ersetzt. In der vierten Auflage sind die Arbeiten über Cäsar, über Virgil und die römische Friedensidee und über Tacitus und die Geschichtsschreiber des ersten Jahrhunderts nach Christus neu dazugekommen, jetzt die Interpretation von Properzens Elegie *Qualis Thesea*. Am alten Bestand ist nichts Wesentliches geändert.

München, im März 1965

ITALIEN

Name, Begriff und Idee im Altertum

Wie verschieden auch im einzelnen die freundlichen, bedeutenden Bilder und Gedanken sein mögen, die das Wort Italien in jedem von uns wachruft, so nehmen wir gleicherweise alle, ohne weiter darüber nachzudenken, Italien und alles Italienische als ein einheitliches Wesen hin. Mag es in sich noch so reich gegliedert sein, mag es viele Jahrhunderte lang staatlich zerklüftet gewesen sein; wir sind geneigt, das erst in zweiter Linie für wichtig und wesentlich zu halten. Schon als wir in der Schule den Umriß der Länder auf der Karte auffassen lernten, stellte sich Italien faßlicher als andere als einheitliche Gestalt dar, zumal wenn man uns wie an einem Modell den Wall der Alpen und den First der Apenninen zeigte. Später haben wir in den Schriften der Dichter Italien als Inbegriff menschlicher und künstlerischer, uns ergänzender Werte, als Bezirk der Geisteswelt kennengelernt und sind diesem Italien in Werken der Kunst begegnet. Und als wir endlich das Land mit Augen sahen, hat uns, die wir von Norden kamen, jenseits der Alpen der Wechsel in Natur, Leben, Brauch und Kunst so überwältigt, daß die Unterschiede innerhalb des Landes dahinter zurücktraten und wir seiner Einheit von neuem unmittelbar gewiß wurden. Daß es einmal eine Zeit gegeben haben soll, in der es nicht einmal einen gemeinsamen Namen, geschweige denn einen Begriff oder gar eine Idee Italien gegeben hat, das will uns schwer eingehen. Und doch ist es so gewesen. Nach dem Zusammenbruch des weströmischen Kaiserreichs und der Gotenherrschaft ist der Gedanke Italien in Vergessenheit geraten. Selbst der Name haftete

Jahrhunderte lang schwankend nur noch an Oberitalien, und es hat lange Zeit gebraucht, bis neben den anderen Nationen eine neue italienische Nation hervortrat und sich seit Dante ihrer selbst und ihres Landes als einer Einheit auch bewußt wurde. Doch mochte es am Ende des Mittelalters den Menschen so scheinen, als brauchten sie nur die alte, verschüttete Herrlichkeit des Altertums wieder freizulegen; das neue Italien schien im alten schon einmal dagewesen. Ganz anders verhielt es sich im Altertum, als sich Italien zum ersten Male für die Menschen zu einer Einheit zusammenschloß. Diesem Vorgang nachzugehen ist die Aufgabe dieser Seiten, zu zeigen, auf welchen wunderbaren Wegen der Name Italien dazu gekommen ist, das zu bezeichnen, was man bis heute darunter versteht, wie sich die Menschen der Einheit des Landes bewußt geworden sind und wie der Begriff sich zur Idee erhöht hat, bis diese endlich in einem Gedicht ihre vollkommenste Gestalt erreicht hat.

Der Name Italien bezeichnete ursprünglich nicht das ganze Land, und er ist nicht einmal von Rom ausgegangen, der Macht, die es zum erstenmal in der Geschichte durch seine Herrschaft geeint hat, sondern von einem unbedeutenden Winkel, der südlichen Hälfte von Calabrien an der Meerenge von Messina. Dort hatten in alter Zeit, der ältesten, wovon die Griechen noch wußten, Oinotrer ein kleines Reich gehabt und es Italien genannt. Der Geschichtsschreiber Antiochos von Syrakus, der eine eigene Schrift über das alte Italien geschrieben hat, wußte im letzten Drittel des fünften Jahrhunderts von einem König Italos zu erzählen, der das Gebiet vereinigt und später nordwärts über ganz Calabrien ausgedehnt habe; seitdem heiße dieses Land Italien.

Nun erstreckte sich dort im fünften Jahrhundert das zusammenhängende griechische Siedelungs- und Herrschaftsgebiet, Großgriechenland, etwa eben so weit; nur griff es im Osten darüber hinaus bis Tarent und im Westen bis Elea und Poseidonia (Paestum). Da ist es begreiflich, daß sich die Griechen gewöhnten, dieses ihr Gebiet mit dem bereitliegenden einheimischen Namen Italien zu nennen. Im fünften Jahrhundert schwankte der Gebrauch. Thukydides schließt Tarent meist aus, Herodot rechnet es dazu. Im Westen hat im vierten Jahrhundert Ephoros Italien bis Poseidonia reichen lassen. Noch in der Zeit des Augustus hat Strabo das Land südwärts von Paestum und Tarent das alte Italien genannt, im Gegensatz zu dem Italien seiner Zeit. Ja, sogar Plinius (3,71) weiß unter den früheren Bewohnern von Lucanien und Bruttium die Itali zu nennen.

Der alte vorgriechische Name war griechisch geworden. In der griechischen Form hat er sich auch weiter erhalten, als gegen das Jahr vierhundert die Griechenherrlichkeit auf der calabrischen Halbinsel zum guten Teil zusammenbrach. Um die Mitte des fünften Jahrhunderts drangen nämlich die Samniten, so wie sie in die fruchtbare campanische Ebene erobernd herabstiegen, auch in Großgriechenland ein, bemächtigten sich um die Jahrhundertwende vieler der reichen Städte mit ihrem blühenden Kulturland und bedrängten die übrigen. An der Westküste blieb fast nichts in der Hand der Griechen. Die neuen Besitzer des alten »Italien« nannten sich Lucaner, der Name des Landes hielt sich aber. Hinterwärts war »Italien« für die Griechen jetzt vielleicht nicht deutlich begrenzt, zumal da von der Meerenge bis nach Mittelitalien hinein in ununterbrochener Folge samnitische Stämme wohnten.

Die Samniten gerieten nun im Jahre 327 in den Kampf mit Rom (327–290). Alsbald faßten die Römer Fuß in ganz Süditalien, betrachteten sich als die Herren des Landes und lösten es aus dem Machtbereich der sizilischen Tyrannen und der Herrscher von Epirus, die bis dahin in die Verhältnisse der italiotischen Griechenstädte eingegriffen hatten. Von nun an hatten es die Römer mit diesen griechischen Mächten unmittelbar zu tun. In dieser Zeit, als sie Herren von Süditalien und Partner der benachbarten Griechenstaaten wurden, müssen sie den Namen Italien für dieses ganze samnitisch-griechische Land übernommen haben, und zwar von den Griechen, nicht von den Samniten.

Denn griechisch ist die Form des Namens Italia. Der Name selbst ist wohl ursprünglich oinotrisch, die Oinotrer aber gehörten wahrscheinlich zu der älteren Schicht der indogermanischen Stämme, die vor den samnitischen in das Land gekommen waren, mit den Ausonern und Opikern und vielleicht auch mit den Siculern zusammengehören und mit den Latinern verwandt sind. Jedenfalls hat im fünften Jahrhundert, als noch Oinotrer im Hinterland der griechischen Städte wohnten oder man wenigstens von ihnen wußte, Hellanikos von Mytilene Italia von dem italischen Worte abgeleitet, das wir im Lateinischen als *vitulus* »Kalb«, »junger Stier« kennen. Die Form *'Ιταλία* statt *Ϝιταλία* erklärte Hellanikos ganz richtig, indem er auf den Verlust des *Ϝ* (Vau) in vielen griechischen Wörtern hinwies. Die moderne Sprachwissenschaft fügt hinzu, daß sich auch das *α* statt des vorausgesetzten e – denn *vitelos* liegt auch dem lateinischen *vitulus* zu Grunde – oder auch *'Ιταλός* statt *vitlos* aus den griechischen Lautgesetzen erklären läßt. Also der alte oinotrische Name ist zu den Römern in seiner griechischen Gestalt gekommen. Daß er daneben auch in der italischen Gestalt bei den Bewohnern von Süditalien weiter gelebt hat, bezeugen italische Münzen aus dem Bundesgenossenkrieg des ersten Jahrhunderts v. Chr. mit der oskischen Form *Víteliú*.

Diese Münzen bestätigen übrigens, daß Hellanikos gut unterrichtet gewesen ist und daß der Zusammenhang des Namens mit dem Wort, das den jungen Stier bezeichnet, bei den samnitischen Stämmen nicht vergessen wurde. Abgesehen nämlich davon, daß in der Form *Víteliú* der Zusammenhang ohne weiteres erkennbar war, tragen die Italia-Münzen auf der Rückseite oft das symbolische Bild des Stiers neben einem Krieger. Damit wird der dem

Mars heilige Stier gemeint sein, der dem römischen Mars-Tier, der Wölfin, entgegentritt. Der heilige Stier hatte einst nach der italischen Sage die Mars-Söhne des *ver sacrum,* die in die Fremde hinausziehen mußten, die Vorfahren der sabellischen und samnitischen Stämme, aus dem Sabinerland südwärts in ihre neuen Wohnorte geführt. Ein ähnliches Verhältnis mag schon bei den alten *᾿Ιταλοί* in Südcalabrien obgewaltet haben. Sie hätten sich dann »Junge Stiere« genannt, nach ihrem Totem, wie Devoto vermutet, oder als Angehörige des Stiergottes Mars, wie Altheim meint, der mit ihnen die Picentes, die »Jungen Spechte« vergleicht, ebenfalls nach einem Mars-Tier genannt, und die Hirpini, nach dem Wolf *(hirpus)* genannt. Mag die genaue, eigentliche Meinung aller dieser alten Stammesnamen immerhin im Dunkel bleiben. Eins ist gewiß, daß die Bewohner Süditaliens an den Zusammenhang von »Italia« mit dem Stier geglaubt haben und ebenso die Griechen: außer Hellanikos haben auch Timaios, der sizilische Geschichtsschreiber, Poseidonios von Rhodos, Strabo und andere so gelehrt. Und von den Griechen haben die Römer die Deutung des Namens übernommen, Piso der Annalist, und Varro, der Erforscher der römischen Altertümer.

Bezeichnete der Name Italien zuerst das große samnitisch-griechische Gebiet im Süden, das die Römer in den ersten Jahrzehnten des dritten Jahrhunderts erwarben und ihrem Bunde einverleibten, so übertrug er sich doch bald auf das ganze Land der Bündner, wovon jenes Gebiet nur einen Teil, wenn auch den größten, ausmachte. Wie das gekommen ist, können wir nicht mehr erkennen. Gewiß ist, daß gerade in der Zeit zwischen dem Samnitenkrieg und dem gegen die Karthager (290–264) die Römer Italien von der Südspitze bis zur Arnomündung und bis über Ancona hinaus zu einer einheitlich und straff geordneten Wehrgemeinschaft zusammengefaßt haben. Deren Angehörige, die Italiker, unterschieden sich fortan auf der einen Seite von den Römern, den

Führenden im Bund, auf der andern aber auch von den Ausländern; denen traten sie zusammen mit den Römern entgegen. In den Kriegen, die nun folgten, hatten sie an Mühen und Gefahren, aber auch an der Beute teil und nutzten nach den großen Erfolgen gemeinsam mit den Römern die eroberten Länder aus. So entstand die Einheit Italiens, ein italisches Gemeinbewußtsein, das Bewußtsein eines einheitlichen Landes und der Zusammengehörigkeit seiner Völker – denn von einem einheitlichen Volk zu sprechen ginge schon zu weit. *Italici* nennen sich auf Inschriften die italischen Kaufleute, die überall draußen im Reich ihren Handel trieben, im zweiten und ersten Jahrhundert bis gegen das Ende der Republik – dann heißen sie *cives Romani,* weil unterdessen die italischen Bundesgenossen das römische Bürgerrecht erhalten haben.

Dieser Begriff Italien, der das Land bis Pisa und Ancona rechtlich zusammenfaßte und von den Provinzen abhob, hat bis zur Zeit Cäsars gegolten; nur daß die Grenze zuletzt, etwas weiter nördlich, der berühmte Rubico gebildet hat. Als Cäsar im Jahre 49 diesen Grenzfluß überschritt, verließ er damit seine Provinz und überfiel widerrechtlich Italien. Nördlich davon hieß das Land Gallien. Hier hatte sich also eine Nordgrenze gebildet – während anfänglich das Land, von Süden her gesehen, nordwärts ins Unbestimmte erstreckt scheinen mochte –, eine Grenze neuer Art, die die Verbündeten Roms von den unterworfenen Galliern trennte. Den Galliern gegenüber fühlten sich offenbar Römer und Bündner durch gemeinsame Gesittung verbunden und von den »barbarischen« Stämmen unterschieden. Das äußere Zeichen dieser Gemeinsamkeit war die Kleidung, die Toga; daher denn die freien Bewohner Italiens oft auch als *togati* bezeichnet wurden. In den Amtssprache heißen die Bündner, die »Latiner« eingeschlossen, *socii nominisve Latini, quibus ex formula togatorum milites in terra Italia imperare solent.*

Neben diesem rechtlichen Begriff Italien ist nun aber, vielleicht schon seit der Zeit des Hannibalkrieges (218 bis 201), gewiß aber bald danach, ein anderer gebräuchlich gewesen, der einen Raum der Erdoberfläche abgrenzt, das Land, das im Norden von den Alpen und sonst ringsum vom Meer umgeben ist. Auf die Alpengrenze muß den Blick und die Aufmerksamkeit der Römer die Lage der Dinge zwischen dem ersten und dem zweiten Punischen Kriege gelenkt haben (241–218), als sie das Wachsen der karthagischen Macht in Spanien mit dem Gedanken beobachteten, die Karthagerheere könnten sich einmal auf dem Landweg Italien zum Vergeltungskriege nähern, so wie sie es wirklich unter Hannibal getan haben. Der berühmte Ebrovertrag (228) weist auf die Spannung zurück. Bald danach haben sich die Römer daran gemacht, die Gallier der Po-Ebene zu unterwerfen, um sich, ehe der Krieg mit Karthago begänne, das Land bis zu den Alpen zu sichern. Sie haben Stützpunkte darin angelegt, Italikerkolonien, die das Gebiet eng mit Italien verbanden. Eben diese Vorgänge müssen den Gedanken gefördert haben, bis zu den Alpen reiche ein einheitliches Land Italien, dessen natürliche Grenzen die Alpen ausmachten. So mag es auch von Karthago her ausgesehen haben. Der Geschichtsschreiber Silenos, der in Hannibals Gefolge den Krieg miterlebt hat, ist wahrscheinlich der erste gewesen, der die berühmte Geschichte erzählt hat, wie Hannibal auf der Höhe der Alpen seine erschöpften, verzweifelten Truppen ermutigte, indem er ihnen unten in der Tiefe Italien zeigte und sagte, jetzt überstiegen sie die Mauern Italiens, bald müsse der Krieg zu Ende sein.

Der neue, weitere Begriff Italien, der fast zwei Jahrhunderte lang nur neben dem älteren, engeren gegolten hat und übrigens wohl auch vor Cäsar nie dazu geführt hat, die Gallier des Po-Landes Italiker zu nennen, herrscht zum Beispiel bei Polybios. Er nennt etwa (1,6; 1,13) die Bewohner der Po-Ebene »die Kelten in Italien«. Vor allem bedeutsam ist die Stelle im zweiten Buche, wo er, im Begriff zu erzählen,wie die Römer dieses Gebiet unterworfen haben, Land und Leute beschreibt (2,14). Er beginnt, indem er die Gestalt Italiens von der Südspitze bis zu den Alpen kurz umreißt. Er nennt die Meere, die es umgeben, und fährt darauf so fort: »Den übrigen Teil Italiens, der gegen Norden und das Binnenland erstreckt ist, begrenzt anschließend das Alpengebirge. Es beginnt bei Massalia und den Gebieten nordwärts der Sardinischen See und reicht dann zusammenhängend bis zum innersten Winkel des .. adriatischen Meeres, abgesehen von dem kurzen Stück, um das es früher aufhört, so daß es nicht daran reicht.« Dann spricht er von der Basis des Dreiecks Italien, die man sich an den Alpen denken könne. Endlich ordnet er die Po-Ebene ein, »die Ebenen, die die letzten von Italien im Norden sind, an Güte und Größe aber alle in Europa übertreffen«.

Cato, ein Mitkämpfer des Hannibalkrieges, wendet den gleichen weiten Begriff Italien an, und er hat, meine ich, sogar fast schon etwas wie eine Italien-Idee. Auch er hat die Alpen als eine Art Mauerschutz Italiens bezeichnet, vielleicht an der Stelle, wo er Hannibals Alpenübergang erzählt hat. Auch er hat also das Land bis zu den Alpen als einheitlichen Raum angeschaut. Doch ist sein Begriff von einem eigentümlichen Leben erfüllt, wie er es nachher bis zum Bundesgenossenkrieg, ja bis zu Varro und Virgil nicht gehabt hat. Wenn nämlich Cato in seinem Geschichtswerk *Origines* der Ur- und Frühgeschichte Roms die der Stämme und Städte Italiens von den Alpen bis Sizilien und eine Landeskunde ihrer Gebiete an die Seite gestellt, wenn er ferner auch im ersten Buche, das von Rom handelt, die Erzählung wahrscheinlich so begonnen hat: »Italien« – nicht Rom! – »bewohnten am Anfang Leute, die sich Aboriginer nannten«, – so bedeutet das mehr, als daß das Blickfeld der Menschen jener Zeit eben weiter als früher gewesen ist und daß sie in ihren Gedanken mit großen Räumen umzugehen gelernt hatten.

Denn die Geschichtsschreiber der Römer haben weder vorher noch nachher etwas anderes als die Geschichte von Rom allein geschrieben. Cato widerspricht also dem allgemeinen Brauch und dem herrschenden Denken. Er hat seine Freude an dem ganzen Land und an allen den Orten, aus denen die kräftigen Soldaten der römisch-italischen Heere hervorgingen, ob sie nun römische Bürger sein mögen oder Bündner. Es freut ihn, darauf aufmerksam zu machen, daß manche Städte viel älter sind als das stolze Rom, daß die Römer das Gute, Kernige ihrer Lebensformen von den Sabinern haben, und dergleichen. Kurz, er bringt das ganze Land zur Geltung, im Widerspruch gegen den Hochmut Roms, das die andern totzuschweigen liebte, – nicht weil er etwas gegen den römischen Staat gehabt hätte, dessen Vorkämpfer er so lange gewesen ist, sondern weil er der Feind der stadtrömischen herrschenden Familien der Nobilität gewesen ist, die in jener Zeit des Wandels aller Verhältnisse in das Riesengroße, selbst verwandelt, die Bauernschaft draußen im Lande, woraus er hervorgegangen war, mehr und mehr hinabdrückte. Catos Politik ist ein beständiges Aufbegehren des Landes gegen die Stadt Rom und die herrschende Aristokratie oder wenigstens deren neuzeitlich verwandelte Art gewesen. Er hat sich als Mann der alten rechten Art gefühlt, die einstmals, und noch zur Zeit des großen Samnitensiegers Curius Dentatus, auch bei den römischen Heerführern gegolten hatte und jetzt noch draußen in den Landstädten unversehrt erhalten war. Eine besondere Vorliebe hat er für das rauhe, kriegerische Wesen der Sabiner gehabt, in deren Land er offenbar einen Teil seiner Jugend verlebt hatte, den sabinischen Felsboden in harter Arbeit bearbeitend, wie er selbst sagt. Der Trotz dieser alten Menschenart gegen das neuzeitliche Herrentum in Rom ist es auch, was Cato dazu getrieben hat, Italien in seinem Geschichtswerk zu Ehren zu bringen. Es ist in dem fraglichen Teil ein rechter Preis Italiens gewesen. Noch die spärlichen Bruchstücke, die übrig geblieben sind, lassen es erkennen, wie er auf die Vorzüge der Landschaften geachtet hat, und zwar mit den Augen des Landwirts, Soldaten und Censors darauf geachtet hat, gar nicht mit dem Blick des Dichters. Die Po-Ebene zum Beispiel war damals noch kein sorgfältig bebautes Ackerland mit künstlich geregelten Flußläufen und Kanälen, sondern bei reichem Bestand an Eichen ein Gebiet ergiebiger Schweinezucht. »Die Sau«, so lautet ein Satz Catos, »wird (dort) gewöhnlich so fett, daß sie sich nicht selbst auf den Beinen aufrecht halten und fortbewegen kann. So lädt man sie auf einen Lastwagen, wenn man sie wohin fortschaffen will.« Aber auch auf die Bewohner der Landschaften und ihre Charaktereigenschaften war seine Aufmerksamkeit gerichtet. Er sah zu, ob die Leute zuverlässig und tüchtig seien. Und – was das Wichtigste ist – er hat eigens, wohl in einem besonderen Abschnitt am Anfang oder Ende dieses Teiles, »Zucht und Lebensform Italiens«, *Italiae disciplinam et vitam*, gepriesen, und dieser Preis hat später in einem ähnlichen Varros und endlich noch in einer Versreihe von Virgils Aeneis weitergelebt (9, 603 ff.), wo der Italiker Numanus die belagerten Trojaner des Aeneas verhöhnt. Hier haben sie es mit einem anderen Gegner zu tun, sagt er, als damals in Troja, nicht mit den untüchtigen Atriden und dem wortklugen Odysseus. »Ein Geschlecht aus hartem Holz, bringen wir die Kinder, sobald sie geboren, zum Fluß und härten sie in erbarmungsloser Kälte und im Wasser. Auf der Jagd vergessen unsere Knaben den Schlaf und setzen den Wäldern zu; Rosse lenken und Pfeile mit dem hörnenen Bogen schießen ist ihr Spiel. Das Mannesalter aber, arbeitszäh und an geringe Bedürfnisse gewöhnt, zähmt mit dem Karst die Erde oder bricht Städte im Krieg. Das ganze Leben reibt sich am Eisen, und mit umgewandtem Speer setzen wir dem Rücken der Pflugstiere zu. Auch das träge Alter schwächt die Kraft unseres Mutes nicht, noch wandelt es den Lebensgeist; auf das graue Haar noch drücken wir den

Helm. Immer frische Beute mögen wir herbeibringen und vom Raub leben.« Für Virgils Empfinden spricht sich darin kernige, aber noch unveredelte Kraft aus. Numanus, der so gesprochen und die Troer als phrygische Memmen verhöhnt hat, fällt unmittelbar darauf durch den Pfeilschuß des Ascanius mit Jupiters Willen. Aber für Cato war die rauhe Kraft und das zähe, genügsame Wesen das Höchste, die *parsimonia atque duritia*, die er an seiner eigenen Jugend gerühmt hat. Darin vollendete sich sein Preis Italiens, gewiß ein urtümlich ungeschlachtes Lob. Daß er aber als erster überhaupt ein Bild von Wesen und Wert Italiens innerlich und in einem Schriftwerk entworfen hat, darin zeigt sich der selbständige Kopf.

Denn außer bei ihm gibt es bis zur Zeit des Bundesgenossenkrieges gar nichts, was man eine Italien-Idee nennen könnte, obwohl doch das geeinte Italien die Mittelmeerwelt erobert hatte und groß von sich hätte denken dürfen. Dieser Mangel ist seltsam, aber wohl begründet. Denn wie einheitlich und straff Heer und Bund auch zusammengefaßt und gegliedert waren, so gab es doch keine gemeinsame Sache aller Italiker, oder wenn es eine gab, so war es die Sache Roms, das allein die Einheit trug. Die Staaten, die die Wehrgenossenschaft ausmachten, waren ja nicht untereinander zusammengeschlossen. Jeder war innerhalb gewisser Grenzen selbständig im Innern und hatte sein eigenes Recht und Gesetz. Nur zur Heeresfolge war er verpflichtet, im Heere aber Rom durchaus untergeben. Untereinander hingen sie nur mittelbar durch Rom zusammen. Denn sie waren alle einzeln nur an Rom durch Vertrag gebunden. Wenn es darum eine gemeinsame Sache der Italiker gab, so hieß sie Rom. So wie Römer das Heer führten, so gab Rom der gemeinsamen Sache Gesicht und Namen. Und so wurde denn auch Rom und seine Taten allein in Gedichten und Geschichtswerken verherrlicht. Naevius war Campaner, Ennius Calabrer, aber sie trugen in ihren Epen römische Geschichte in der Sprache Roms vor. Kurz, wenn sich etwas wie die Idee einer gemeinsamen Sache vorbereitete, so war es die Rom-Idee, nicht die Italien-Idee. Gibt sich einmal wie bei Cato eine Art Italien-Idee zu erkennen, so lebt sie vom Gegensatz zu Rom. Es ist freilich ein römischer Bürger, von dem allein dergleichen überliefert ist. Aus den Reihen der Italiker ist keine ähnliche Stimme vernommen worden; wenigstens ist nichts davon überliefert.

Denn das geschilderte Verhältnis befriedigte die Italiker, wenigstens in der Zeit der großen Erfolge. Warum sollte es auch nicht? Es war vorteilhaft, daheim selbständig zu sein, von jedem Feldzug aber als Lohn für Waffenhilfe reiche Beute mitzubringen und jedesmal neue Gebiete für kühnen Unternehmungsgeist zu gewinnen, da ja doch der Italiker die unterworfenen Länder mit dem Römer zusammen als Gleichberechtigter aussaugen durfte. Die Bündner hatten ferner das Recht, die Staatsländereien, den *ager publicus* des römischen Volkes, mit in Gebrauch zu nehmen. Ist es ein Wunder, wenn sie innerlich an Rom hingen und gern seine Sache zu der ihren machten?

So blieb es freilich nicht lange. Die Bauern kamen in den fortwährenden Kriegen herunter, während der Reichtum wie nie zuvor in das Land strömte und alle, die von der großen Politik und den überseeischen Provinzen Gewinn hatten, aufstiegen, die Adligen in Rom und die Unternehmer in ganz Italien. Der bäuerliche Besitz wuchs bald nicht mehr, ja die Bevölkerung ging zurück, und die Bündner konnten die Truppen nicht mehr aufbringen, die sie zu stellen hatten. Zugleich wuchs das Übergewicht Roms und wurde drückend. Die römischen Magistrate griffen in die inneren Verhältnisse der Staaten ein, so daß diese zu der führenden Macht in das Verhältnis von Untertanen gerieten. Da war es am Ende kein Vorrecht mehr, staatlich selbständig zu sein. Und wie die Selbständigkeit im Werte sank, so stieg das römische Bürgerrecht.

Unter diesen Umständen konnte Tiberius Gracchus hoffen, mit dem römischen Bürgerrecht die Italiker für seinen Reformplan zu gewinnen (133). Er wollte die Staatsländereien ihren Nutznießern entziehen, zu denen ja auch viele Italiker gehörten, um Bauernstellen für arme Römer zu begründen. Für ihren Verlust wollte er die Italiker mit dem Bürgerrecht entschädigen. Diesen Plan hat die Nobilität, die den Senat beherrschte, bekanntlich vereitelt. Es ist ihr zunächst gelungen, die bedrohlich gewordenen Verhältnisse ungeheilt in ihrer gefährlichen Lage festzuhalten. Aber auf die Dauer hat sie das, was einmal in unheilvolle Bewegung geraten war, nicht zur Ruhe zu bringen vermocht: die ehrgeizigen Politiker, die den neu entdeckten Weg zur Macht, der über die Volksversammlung führte, immer wieder versuchten, die hauptstädtische Masse und die Geschäftsleute, deren Begehrlichkeit leicht gegen den Senat zu haben war, und die Italiker. So ist es im Jahre 91 v. Chr. zu der Katastrophe gekommen, die dem alten Italien ein Ende bereitet hat; denn was danach übrig blieb, war etwas anderes. Die Italiker erhoben sich gegen Rom, und es ist den Römern nicht gelungen, den Aufstand geradezu niederzuschlagen, sondern sie haben sich nach aufreibenden Kämpfen mit den Italikern verständigen und ihnen das Bürgerrecht zugestehen müssen, um dessentwillen der Streit ausgebrochen war. Die Samniten haben allein noch sieben Jahre weitergekämpft, bis Sulla sie vernichtet und den gefangenen Rest auf dem Marsfeld in Rom hat ermorden lassen, wozu er bemerkte, Rom könne nicht in Ruhe leben, solange es dieses Volk noch gebe.

In diesen Kämpfen haben die Italiker zum ersten Male eine gemeinsame Sache gehabt, die nicht die Sache Roms war, sondern gerade gegen Rom verfochten wurde. Da es nun aber bis dahin nichts gegeben hatte, worauf sie gemeinsam hätten blicken können, außer eben Rom, so haben es die Italiker zu nichts anderem als zu einem empörerischen Abbild Roms, gewissermaßen zu einem Gegenrom gebracht. Sie erwählten sich eine neue Hauptstadt und nannten sie – Italia, auf oskisch Víteliú. Sie wählten sich gemeinsame Obrigkeiten nach dem Vorbild der römischen; an der Spitze standen zwei *meddices* wie in Rom die Konsuln. Das Heerwesen wurde nach römischem Vorbild geordnet. Auf den Münzen entspricht der Italia-Kopf dem Kopf der Roma auf den römischen Münzen; auf der Rückseite der Stier – das alte italische Symbol – ist der römischen Wölfin entgegengesetzt. Endlich haben sie die heimische Sprache der lateinischen zum Trotz benutzt. Das ist ihnen aber nicht ganz gelungen; das Lateinische hatte sich als allgemeine Verkehrssprache schon zu sehr durchgesetzt. Kurz, die Bundesgenossen haben offenbar die Sache Italiens der Sache Roms im gegengleichen Sinne entgegenzustellen versucht.

In dem erbitterten Kampf schien es so, als müsse einer der beiden Gegner untergehen. In Wirklichkeit ist es anders gekommen; sie haben sich versöhnt. In den achtziger Jahren ist der Friede auf Münzen im Bilde gefeiert worden. Roma und Italia reichen einander die Hände, Italia mit dem Füllhorn, Rom als Herrscherin mit dem Diadem um das Haupt und mit dem Fuß auf der Weltkugel. Auf der andern Seite sind die Köpfe von Honos und Virtus dargestellt. Ehre und Tapferkeit sind zu ihrem Recht gekommen; Italien gebührt die fruchtbare Fülle des Gedeihens, Rom die Herrschaft.

So wie auf diesem Münzbilde Rom und Italien vereinigt sind, so sind sie von da an fest zusammengeordnet geblieben, nicht nur im geschichtlichen Dasein, sondern auch im Denken der Menschen. Nachdem alle freien Italiker römische Bürger geworden waren, gab es keinen Gegensatz mehr. Italien war gewissermaßen ein erweitertes Rom. Im Verhältnis zu den Provinzen war es nun erst recht das Land der Herren der Welt. Was aber das geistige Bild anlangt, so nahm nun Italien, nachdem es einmal Gegenstand der bewußten Liebe seiner Bewohner geworden, zum erstenmal an dem Glanze teil, der das geistige Bild Roms verklärte und gerade in dem folgenden halben Jahrhundert mehr und mehr zur Idee erhöhte. Es ist hier nicht der Ort, sich die Rom-Idee Ciceros und die der augusteischen Zeit ganz zu vergegenwärtigen; der Versuch ist an anderer Stelle gemacht worden (S. 645 ff.). Hier, wo es sich um die Italien-Idee handelt, genügt es, auf einen Wesenszug jener Zeiten hinzuweisen, die zuerst diese beiden zusammengehörigen Ideen im Geist angeschaut haben, und dann, nachdem die Italien-Idee dargestellt ist, zu zeigen, wie sie sich zur Rom-Idee verhält. Nach dem erschütternden Einsturz des alten Daseins und der alten Verhältnisse regte sich in den Jahrzehnten der nun folgenden inneren Kämpfe um den Staat Sullas in einzelnen Römern die Fähigkeit, sich auf sich selbst und auf die Grundlagen ihres Seins und Wesens zu besinnen und überhaupt Ideen mit dem Auge des Geistes zu erfassen. Cicero, der jüngere Cato, Varro, Sallust, so verschieden sie untereinander sein mögen, gehören in diesem Betracht zusammen. Die Geschichtsschreiber und vor allem die großen Dichter der Zeit des Augustus sind ihnen hierin nachgefolgt. Varro nun, der gelehrte Mann aus dem Sabinerlande, hat als Erforscher des Altertums zu dieser Besinnung das seine beigetragen. Cicero sagt von seinen Werken, er habe damit die Römer, die in ihrer eigenen Stadt wie Fremde gewesen seien und wie Gäste von auswärts sich nicht zurechtgefunden haben, gleichsam heimgeführt, daß sie doch einmal imstande seien, dessen innezuwerden, wer und wo sie seien (acad. 1, 9). Das gilt nicht nur für Rom, sondern auch von Italien. Etwas von dem alten Italien Catos steckt noch in diesem Kauz, der nicht nur ein unglaublich fleißiger, ordentlicher Bücherwurm und Gelehrter, sondern auch Offizier, Senator, geschätzter Freund und Berater der Großen und überdies ein leidenschaftlicher Landwirt gewesen ist. Er hat aber auch dieses Italien schon ein wenig in dem verklärenden Lichte gesehen, das die beinahe verlorenen und darum doppelt geliebten Dinge zu umgeben pflegt. Ein Lob auf Italien ist in den Büchern über die Landwirtschaft erhalten, einem Werke, das schon an sich und im Ganzen der Absicht dient, römische Grundbesitzer in der angestammten Welt ihrer italischen Güter heimisch zu machen – sie zu Fachleuten und Musterlandwirten bilden wie Cato will Varro nicht. Der Dialog – denn diese Form hat Varro gewählt, um seine Lehren vorzutragen – beginnt nach kurzem einleitendem Geplauder vor einem Wandbilde Italiens so: »Ihr, die ihr viele Länder durchzogen habt, habt ihr ein mehr als Italien angebautes gesehen? – Ich glaube, es gibt keins, das so ganz angebaut ist. Erstens: die Erde ist in zwei Teile geteilt, nordwärts und südwärts, und ohne Zweifel ist der nördliche Teil gesünder als der südliche, und was gesünder ist, ist fruchtreicher, und da liegt Italien. Darum ist es geeigneter zum Anbau gewesen als Asien, erstens weil es in Europa liegt, zweitens weil dieser Teil milder ist als der Binnenteil (Europas); denn im Innern ist fast immer Winter ... Wie kann da bei einem Halbjahrestag oder einer Halbjahresnacht etwas gesät und gepflanzt werden, wachsen und geerntet werden? Was gibt es dagegen Nützliches, was in Italien nicht nur wächst, sondern sogar hervorragend wird? Welchen Dinkel kann ich mit dem campanischen vergleichen? Welchen Weizen mit dem apulischen? Welchen Wein mit dem Falerner? Welches Öl mit dem Venafrer? Ist nicht Italien mit Bäumen bepflanzt, daß es ganz ein Obstgarten zu sein scheint? Ist etwa Phrygien, das Homer *ἀμπελόεσσα*, das rebenreiche, nennt, mehr mit Reben bedeckt als Italien? Oder Argos, das der gleiche Dichter *πολύπυρον*, das weizenreiche, nennt? In welchem Lande bringt ein Joch zehn oder fünfzehn Kufen Wein wie manche Gegend in Italien?«

Varro muß außerdem in anderen, nicht erhaltenen Schriften Italien gepriesen haben. Man hat es wahrscheinlich machen können, daß der Grundbestand an Gedanken des Lobes Italiens bei Dionysios von Halikarnass (1, 36 f.) von Varro stammt. Dort heißt es so: »Denn ein Land gegen ein gleichgroßes gehalten, ist Italien nach meiner Meinung nicht nur von Europa, sondern auch in der ganzen übrigen Welt das beste. Gleichwohl entgeht es mir nicht, daß ich viele wohl nicht überzeugen werde, denen Ägypten, Libyen, Babylon und sonst noch andere reiche Länder vor Augen stehen. Aber ich sehe den von der Erde gespendeten Reichtum nicht in einer einzigen Fruchtgattung, noch finde ich es da schön zu wohnen, wo allein fettes Ackerland herrscht, von andern Gütern aber nichts oder nur wenig vorhanden ist, sondern das Land halte ich für das beste, das in sich selbst volle Genüge findet und auf Einfuhr möglichst wenig angewiesen ist. Diese Fähigkeit aber, alles hervorzubringen und vielseitige Vorteile zu gewähren, hat, glaube ich, Italien vor jedem andern Lande voraus. Denn es besitzt gutes, reiches Ackerland und ist doch nicht in seiner Eigenschaft als Getreideboden baumlos. Es vermag mannigfaltige Früchte hervorzubringen, ohne daß es wieder als Baumland die Saat nur kümmerlich gedeihen läßt. Ebensowenig spendet es nur dies beides letztere, bietet aber kein Weideland, noch könnte endlich jemand es reich an Getreide, Bäumen und Wiesen, aber für die Menschen einen unangenehmen Aufenthalt nennen. Sondern es ist voll zusagen von jeglicher Freude, jeglichem Genuß. Denn hinter welchem Getreideland, das nicht Flüsse, sondern die Gewässer des Himmels befeuchten, bleiben die campanischen Ebenen zurück? Sah ich doch hier dreifach tragendes Land, nach der Saat des Winters die des Sommers und die des Herbstes nach dem Sommer reifend. Welchem Olivenland steht die messapische, daunische, sabinische Landschaft, vieler anderer zu geschweigen, nach, welchem Weinland Tyrrhenien, Albas Umgebung und das Falernergebiet, das eine wunderbare Fülle Weins trägt und die allergeringste Mühe mit reichlicher und bester Frucht lohnt?

Außer dem bestellten Lande aber könnte man einen bedeutenden Teil zur Schafweide freigegeben finden, viel auch für die Ziegen, aber noch mehr, in noch großartigerem Maße für Rosse und Rinder. Denn das Sumpf- und Wiesenfutter, in Fülle vorhanden, und das bebaute und durchrieselte Marschland wird in unendlicher Ausdehnung beweidet und läßt die Herden köstlich gedeihen. Größte Bewunderung aber verdienen die Eichenwälder an Bergeshängen, in Talschluchten und an unbebauten Hügeln, sie spenden reichliches und schönes Holz zum Schiffsbau, reichliches Holz auch zu andern Gebrauchsgegenständen. Und davon ist nichts schwer zu beschaffen, noch liegt es zu fern für die menschliche Verwertung, sondern gut läßt sich's bearbeiten und leicht vermittelt sich seinTransport durch die Menge der Flüsse, welche die ganze Küste durchströmen und Ein- und Ausfuhr der Landeserzeugnisse wohlfeil machen. Es hat aber das Land auch das Naß warmer Quellen, die sich an vielen Stellen finden, trefflich zum angenehmen Bade und zur Heilung langwieriger Krankheiten, mannigfache Bergwerke, reiche Jagd, ein Meer von üppiger Zeugungskraft und unzählige andere Vorzüge, die man teils genießen, teil bewundern kann; das allerschönste aber bleibt ein den Jahreszeiten entsprechend gemäßigtes Klima, das so weder durch übertriebenen Frost noch durch unmäßige Hitze das Keimen der Frucht und das Gedeihen der Tiere schädigt. So war es denn nicht wunderbar, daß die Alten dies Land dem Kronos heilig glaubten.« (Übersetzung nach J. Geffcken.)

Es mag unmöglich sein, das Verhältnis dieser Gedanken zu Varro sicher und genau zu bestimmen. Gewiß ist, daß seit ihm einige Hauptzüge im geistigen Bild Italiens wieder und wieder erscheinen. Man erkennt sie leicht in dem Preis des Landes, mit dem es Plinius zu beschreiben beginnt (3, 39 ff.). Am Anfang stehen freilich einige Gedanken anderer Art: ». . . das Land, aller Länder

Tochter zugleich und Mutter, vom göttlichen Walten dazu erwählt, den Himmel selbst erlauchter zu machen, die zerstreuten Reiche zu vereinen, die Sitten zu sänftigen und aller der vielen Völker uneinige Sprachen durch Gemeinschaft der Rede zum Gespräch zusammenzubringen und dem Menschen die Menschheit zu geben, kurz, aller Völker auf der ganzen Erde Vaterland zu werden.« Diese Gedanken sind von Haus aus der Rom-Idee eigen, die sich dadurch wesentlich von der Italien-Idee unterscheidet, daß ihr Gehalt die Bestimmung Roms in der Geschichte ist, während in Italien sich eine reiche, in Mensch und Menschenwerk hinaufreichende Natur darstellt. Auf der andern Seite zeigen diese Sätze dadurch, daß sie sich von Rom auf Italien haben übertragen lassen, wie innig Italien mit Rom für die Menschen damals vereinigt war. Und nun folgt auf diesen erhabenen römischen Anfang das eigentliche Lob Italiens. Da preist auch Plinius die Mannigfaltigkeit und Fülle des Landes und das ausgeglichene, gesunde Maß seines Klimas. Das ganze Werk über die Natur aber beschließt er, indem er fragt, was denn nun von allen Dingen und allen Ländern im Wettstreit wohl die erste Stelle in der ganzen Natur, *principatum naturae*, verdiene, und darauf Italien nennt und noch einmal Menschen, Klima, Gestalt und Lage mitteninne zwischen Ost und West, Wasser, Wälder, Berge, Tierwelt und die Fruchtbarkeit des nährenden Bodens liebevoll rühmt. »Was es immer geben mag«, heißt es da, »dessen das menschliche Leben nicht entraten soll, das ist nirgends besser: Getreide, Wein, Öl, Wolle, Lein, Rinder. Auch Pferde keiner andern Art zieht man auf den Pferdeübungsplätzen den einheimischen vor. An Bergwerken von Gold, Silber, Kupfer und Eisen stand es hinter keinen Ländern zurück, solange sie betrieben werden durften. Und jetzt ist es in sich trächtig schwer und verströmt statt aller andern Gaben Lebenssäfte vieler Art und den Wohlgeschmack von Getreide und Obst.«

Diesem gesunden italischen Wohlgeschmack nachzukosten könnte man wohl die Betrachtung schließen. Aber das hieße doch auf das Schönste verzichten. Was an den zuletzt angeführten Stellen gerühmt ist, ist immer wieder das fruchtbare Italien, wie es nach dem Bundesgenossenkriege auf der Versöhnungsmünze mit dem Füllhorn dargestellt ist. Varro hat in einer verlorenen Schrift auch ein anderes altes Thema zum Preis Italiens wieder aufgenommen, das einst Cato in die römische Gedankenwelt eingeführt hatte: das Lob der italischen Zucht und Lebensform. Dieses Thema hat späteren Geschlechtern weniger nahe gelegen. Bei Virgil nur behauptet es seine gebührende Würde – wie denn überhaupt bei ihm alles, was bisher hier einzeln betrachtet worden ist, zu einer Harmonie zusammenklingt, die ihrerseits so neu und so bedeutend ist, daß sein Preis Italiens in den Georgica jeden anderen wie in einer dumpfen, trüben Niederung unter sich läßt.

Wollte man freilich Virgils Italien-Idee vollkommen darstellen, so müßte man sich eines guten Teiles seiner Werke erinnern. Das früheste, die Hirtengedichte, bezeugt die Liebe des Dichters zur oberitalienischen Heimat, dem Land um Mantua und Cremona, den Verlust der Heimat in der äußeren Welt und damit zugleich den Gewinn, die tiefere Aneignung in der inneren Welt, bezeugt den Hang Virgils, der ihm immer eigen geblieben ist, aus der Abgeschiedenheit eines Winkels des italischen Landes still sinnend von fern auf Rom zu blicken. Am Anfang des spätesten der Werke, der Aeneis, klingt der Name Italien auf: *Italiam fato profugus;* die zweite Hälfte des Gedichts ist voll von Bildern des alten Italien, seiner Landschaften und Stämme, Verhältnisse und Bräuche. Jenseits der fernen Sagenzeit der Aeneis öffnet sich der Blick auf eine noch fernere Vergangenheit des Landes, auch sie voll Geschichte und Bedeutung von Anfang an, von Saturnus, dem ersten Herrscher, dem Herrn der guten Weltzeit, bis zu den Völkerwanderungen, die dann gekommen sind, zu Tyrannen und den Männern aus Griechenland wie Euander, die schon in dieser Urzeit einen geistigeren Hauch herüber gebracht haben. Ein Teil dieses alten Italien wehrt sich nun gegen Aeneas und damit gegen das künftige Rom. Es adelt die Aeneis, daß sie auf beiden Seiten Ahnherren des künftigen römischen Wesens darstellt und darum auch dem unterliegenden Feind des Aeneas seine Würde läßt. Die da gegeneinander kämpfen, sind füreinander bestimmt. Die Bestimmung erfüllt sich in dem Guten der römischen Geschichte und schließlich im Frieden des Augustus. Als er über Antonius gesiegt hat, ist es ein Sieg Italiens über den Osten gewesen; die Italer sind es, die Augustus auf dem prophetischen Bildwerk des Schildes in den Kampf führt, den italischen Göttern weiht er dann, was er gelobt hat. Italien aber vertritt das menschliche, apollinische Wesen; es steht gegen die *omnigenum deum monstra,* die tausend fremdartigen Göttermißgebilde, und den *latrator Anubis,* den Beller, den hundsköpfigen Anubis.

Die Georgica vollends, sein glücklichstes Gedicht, hat Virgil geradezu ausdrücklich der Mutter Italia als Opfergabe dargebracht. Wenn er nämlich im Dasein des Landmanns und seinem Bereich zugleich das Reine und Rechte überhaupt darstellt, so rühmt er damit doch auch wieder Italiens eigenstes, ursprüngliches Wesen und seinen Wert. Denn etwas davon hat sich in jenem stillen Bezirk über allen Verfall der großen Welt hinweg erhalten. Daraus hat sich die Majestät Roms erhoben; denn es ist das gleiche Wesen, das sich in Stufen von der elementaren Naturkraft des Landes in Wuchs und Tieren zu Mensch und Menschenwerk und endlich hinauf zu der frommen Hoheit eines Triumphzuges steigert, worin sich Rom und sein Reich in ihrer höchsten Würde sichtbar darstellen. Im römischen Reich verteidigt aber Italien die Würde des Menschen und die Idee des Menschlichen überhaupt gegen das Barbarentum;

dieser Gedanke ist, trotz aller Ähnlichkeit verwandter Einzelzüge bei Varro, neu bei Virgil. Italien erscheint als Land der Mitte und des Maßes. Ringsum locken oder drohen die zum äußersten getriebenen Gegensätze. Es sind natürliche, aber auch sittliche Gegensätze. Am lebhaftesten ist damals nach dem Krieg gegen Antonius der Osten mit seinen barbarisch überschwenglichen Kostbarkeiten und Genüssen und mit seinen unmenschlichen Schrecknissen den Menschen gegenwärtig gewesen. In Italien hat die schenkende Lebenskraft der Erde und der Natur bei aller Stärke und Fülle nicht wuchernd Monstrositäten hervorgetrieben, sondern sich menschengemäß geordnet.

Diese Idee erscheint in dem Hymnus auf Italien im zweiten Buche der Georgica. Vor diesen Versen geht der Gedanke hinüber zu den wunderbaren Gütern des Ostens. Dann wendet er sich zurück, und das Gedicht setzt sich so fort:

Doch nicht der Meder Land, am Walde überreich, noch der schöne Ganges und, Gold wirbelnd, der Hermus
können es mit dem Ruhm Italiens aufnehmen, nicht Bactrien noch Indien
und Panchaia, ganz in weihrauchtragenden Sandflächen fruchtbar.
Dies Land haben nicht feuerschnaubende Stiere
untergepflügt, da Zähne vom Drachen-Ungeheuer gesät wurden,
noch ist, von Helmen und dichten Lanzen starrend, von Männern eine Saat erstanden;
doch schwerträchtiges Getreide und des Bacchus Massicus-Nass
haben es erfüllt, Ölbäume haben es inne und üppig gedeihende Herden.
Aus diesem Land entstammt, stürmt das Schlachtroß hochgereckt ins Gefild,
aus diesem Land die weißen Herden und, höchstes Opfer, der Stier
haben oftmals, in deinem heiligen Strom, Clitumnus, gebadet,
römische Triumphe zu den Tempeln der Götter angeführt.

Hier ist beständiger Frühling, und außer seinen Monaten
Sommer,
zweimal trächtig das Vieh, zweimal mit Obst fruchtend der
Baum.
Doch die wütigen Tiger fehlen und wilde Löwenbrut, es
täuscht Schierling nicht den armen Sammler,
es läßt nicht so übergroß ihre Windungen über den Boden
zucken noch zieht sich aus solcher
Länge die schuppige Schlange zur Rolle zusammen.
Füge die vielen ungemeinen Städte hinzu und den Menschen-
fleiß in Bauwerken,
all die vielen von Menschenhand aufgetürmten Orte auf jähen
Felshöhen
und die Flüsse, die unter den alten Mauern hinziehen.
Oder nenne ich lieber das Meer, das oberhalb und das, welches
unterwärts anspült?
Oder die großen Seen? Dich, großer Larius, und dich,
der zu Meeres Branden und Tosen erschwillt, Benacus?
Oder nenne ich die Häfen? Und daß dem Lucrinus-See Schran-
ken vorgelegt sind
und daß mit lautem Zischen das Meer sich dagegen empört,
dort wo das Wasser des Julius-Hafens weithin rauscht, wenn
die See sich darein ergießt
und die Tyrrhenerbrandung in die Avernus-Enge dringt?
Dies Land hat auch Silbergänge und Kupfererze
aus seinen Adern dargeboten und Gold in Fülle strömen
lassen,
dies Land einen mutigen, männlichen Menschenschlag, Marser
und Sabellerjugend,
den Ungemach gewohnten Ligurer und die speerschwingen-
den Volsker
hervorgebracht, dies Land Männer wie die Decier, Marius und
den großen Camillus,
die kriegsharten Scipionen und dich, Cäsar, den größten,
der jetzt ganz fern an Asiens Rändern, Sieger nun,
den feigen Inder von den Höhen Roms fernhält.
Sei gegrüßt, große Mutter der Feldfrucht, saturnisches Land,
Große Männermutter! Für dich betret' ich Dinge deines alten
Ruhmes und Geschäftes,
wagend heilige Quellen zu erschließen,
und singe askräischen Gesang rings in den römischen Flecken.

CATO CENSORIUS

UND DIE KRISIS ROMS

Auf diesen Seiten wird nicht von edler Einfalt und stiller Größe, von Heiterkeit und Anmut der Antike die Rede sein, nicht von ihrem tragischen Antlitz, woraus uns im Wahnsinn des Dionysos das Göttlich-Zerstörende entgegenblickt; nein, von einem kantigen, eckigen, verbissenen, widerborstigen, verschlagenen, unheimlichen, ja rohen, barbarischen Manne voll unausgeglichener, unbewältigter Problematik soll die Rede sein, von dem blauäugigen Rotkopf, vor dem sich seine Mitbürger fürchteten, der wie ein bissiger Hund jeden anfiel und den nach seinem Tode selbst Persephone im Hades nicht aufnehmen mochte, wie es in einem Epigramm auf ihn heißt, von einem Eiferer, ja Zänker, dessen Wesen auch ein Teil Bösartigkeit beigemischt war, von dessen Feindschaften ungleich mehr als von seinen Freundschaften bekannt ist, der immer in Fehde mit den Mächtigen seiner Zeit gelegen hat, vierundvierzigmal angeklagt und nie verurteilt, vor allem aber selber immer wieder bis in sein neuntes Jahrzehnt ein gefährlicher Angreifer, der manchen zu Fall gebracht und sogar den großen Scipio, den Überwinder Hannibals, gestürzt und in die Verbannung getrieben hat, – von einem Manne, in dem die Urkraft des italischen Blutes brutal und fast erschreckend pulst, der nach seinem achtzigsten Jahre noch einen Sohn gezeugt hat, durch den er Urgroßvater eines der größten römischen Helden, des Hauptfeindes Cäsars, Cato Uticensis, geworden ist. Noch in der Lebensbeschreibung Plutarchs, der doch den milden Glanz seiner herbstlichen Reife gleichmäßig über alle seine Heldengestalten zu breiten liebt, ist es manchmal, als ob dem Leser die nackte Lebensmacht dieses Mannes entgegenschlüge. Seine eigenen Worte aber, von denen freilich nur kärgliche Bruchstücke übriggeblieben sind, enthalten unmittelbar eine Schlagkraft, die durch und durch geht, unbeirrbare, unbarmherzige, nüchterne Härte, überlegene Treffsicherheit, grausamen Mutterwitz.

Dieser Mann ist bei alledem einer der besten Römer gewesen, Marcus Porcius Cato Censorius. Er hat mit Leidenschaft hartnäckig und zäh um das Schicksal des römischen Volkes gekämpft, was ihm richtig schien, zu erhalten und durchzusetzen gesucht und dem Verderbenden, Zersetzenden unversöhnlichen, ja engstirnigen Widerstand geleistet. Obwohl er ein tapferer Soldat, guter Feldherr und verdienstvoller Statthalter seiner Provinz gewesen ist, so ist doch sein eigentlicher Ruhm der Kampf gegen die Gefahren, die nach den Kriegen gegen Karthago und die griechischen Reiche mit der Verlagerung aller Verhältnisse und mit der gegenseitigen Durchdringung der griechischen und römischen Welt Rom in seinem inneren Gefüge bedrohten. Cato ist der große Griechenhasser, wenn auch oder vielleicht gerade weil er bei aller Überlegenheit eines römischen großen Herrn über das gehalt- und gewichtlose Dasein der gewöhnlichen Griechen doch auf der griechischen Seite Werte spürte, deren er und seine Römer bar waren. Er hat in diesem Haß und dieser unterdrückten Anerkennung, in seiner heimlichen Schülerschaft die Nöte seines Volkes in sich tragen müssen. Sein Altrömertum ist nicht mehr schlichte, sichere Gegenwart, sondern etwas in Unruhe Geratenes, Überhitztes, Überspanntes. Aber die Tiefe und Spannkraft seiner Person hat die Schwierigkeit, die er nicht bewältigen konnte, fruchtbar zu werden gezwungen und ihr Taten und Werke abgewonnen, die Geist und Schicksal der Römer mit haben prägen helfen.

So erweitert sich der Blick, der zuerst nur auf diese mächtige, seltsame Gestalt gebannt ist, im Anschauen über ihre Grenzen hinaus und wird in die ungeheuren Vorgänge hineingezogen, die sich im Innern Roms zwischen dem Hannibalkriege und Augustus ereignet haben. Es ist die Kraft Altitaliens und sozusagen die Kraft der felsigen sabinischen Erde, die uns in Cato begegnet, die Kraft, die einen Hannibal überwunden hat. Und Catos Dasein ist Schauplatz der lebensgefährlichen Verwandlungen, Kämpfe und Spannungen, die das römische Volk fast zwei Jahrhunderte lang erschüttert, verwirrt, aufgelockert, erweitert und zu neuer Ordnung und Gestalt vorbereitet haben. Und wenn es wahr ist, daß bedeutende Menschen und Dinge der Vorzeit von uns erkannt sein wollen, daß sie von noch so vielen Geschlechtern nicht in der ganzen Unendlichkeit ihres Gehalts vollständig und fertig erfaßt werden können und daß sie für jede Zeit und jedes Volk eine besondere Seite ihres Wesens bereit haben, die nur gerade von diesen lebendig angeeignet werden kann und soll, je nachdem deren eigenes Dasein jeweils zu Lebensberührungen mit jenen Dingen bereit ist, dann ist vielleicht Aussicht, daß wir die Lebenskrisen Roms in Catos Dasein und Werk zu spüren und zu erfassen vermögen.

Im allgemeinen ist der Zustand wohlbekannt, worein Cato geriet. Der Hannibalkrieg hatte Rom zur Herrin des Westens gemacht und alsbald auch in die griechische Welt einzugreifen gezwungen. Einmal in Bewegung gebracht, kamen die Verhältnisse nicht zur Ruhe, bis im Antiochos-Kriege und im Perseus-Kriege die Vormacht der Römer auch im Osten befestigt war. Beinahe die ganze griechische Welt geriet fast unversehens in ihre Hand, aber sie selbst gerieten auch in die griechische Welt. Sie bemächtigten sich ihrer, aber sie lernten sie auch kennen; sie hatten sich darin zu behaupten und überhaupt eine neue Rolle zu spielen. Ihre Lage war einigermaßen der eines Mannes ähnlich, der, urwüchsig und unvorbereitet, plötzlich Besitzer eines Hauswesens wird, wo ihn Reichtum und Verfeinerung eines sehr hochgezüchteten Daseins und eine Dienerschaft umgibt, die ihm an Lebensart überlegen ist. Die Gefahr, außer Rand und Band zu geraten, ist in Wirklichkeit groß gewesen. Polybios, der Grieche, hat mit Abscheu diese Wirkungen der Begegnung zwischen Griechenland und Rom beobachtet. Man war sorglos und übermütig geworden und sehr reich und hatte rasch die Lebensgewohnheiten der Griechen angenommen, soweit sie Lustknaben und Hetären, leichtfertige Schaustellungen und Gelage betrafen, und man überließ sich ihnen mit ausschweifender Verschwendung.

Nur eine Seite dieser völligen Verlagerung der Dinge soll hier ins Bewußtsein gerückt werden, das Schrifttum. Die Römer sind bis zur Höhe ihres staatlichen Lebens ohne Literatur gelangt. Drüben bei den Griechen lernten sie nun ein Volk kennen, das nicht nur weiter in der Ausbildung höherer Lebensformen gelangt und hierin gewissermaßen älter, sondern auch von vornherein anders geartet war. Dichtung und später Werke in ungebundener Rede waren bei ihnen seit Jahrhunderten Lebensäußerungen von innerer Notwendigkeit. Dieses fertigen Schrifttums bemächtigten sich die Römer. Freigelassene von fremder Herkunft wie Livius Andronicus und Terenz, Menschen aus entfernten Gegenden Italiens wie Naevius, Plautus und Ennius führten ihnen griechische Theaterstücke in lateinischer Sprache vor oder gaben ihnen sonst auf lateinisch etwas, was die Griechen besaßen. Diese Dinge mußten nun wohl für die Römer etwas anderes sein, als sie für die Griechen gewesen waren: sie waren nicht fest oder doch mindestens ganz anders mit der Mitte ihres Lebens verbunden, waren gewissermaßen von außen angesetzt, waren zumeist nur Genuß, Berückung oder Belustigung. Aber der Zauber wirkte schon mächtig und entband neue, starke Kräfte, wie sie etwa die Werke des Naevius, Plautus und Ennius beseelen; unerkannt begann das Wesen, das in den griechischen Werken verborgen war, zu formen, wenn es auch zunächst nur an der Oberfläche geschah und Auflockerung und Gärung noch größer waren als Formung und Festigung.

In vielerlei Gestalt und auf verschiedenen Wegen drangen diese Dinge in Rom ein; am wichtigsten war vielleicht der Jugendunterricht. Schon gab es vornehme Familien, in denen die Jugend mit griechischen und lateinischen Dichtungen aufwuchs, schon überließ man einen Teil des Unterrichts griechischen Sklaven. Dann unterhielten vornehme Römer Dichter und nahmen sie mit ins Feldlager, ja, junge Nobiles zeigten gern vor Griechen, daß sie nicht ungebildet seien; als im Jahre 155 die Häupter der angesehensten Philosophenschulen als Gesandte Athens in Rom waren, drängte sich die Jugend zu ihren philosophischen Vorträgen.

Wo wir nun von solchen Vorgängen lesen, da tritt überall Cato auf den Plan. Als er die Wirkung der athenischen Philosophen wahrnahm, mißbilligte er es im Senat, daß eine Gesandtschaft von Männern, die einen in allem leicht überreden können, so lange unverrichteterdinge dasitze. Man müsse aufs schnellste zu einem Entschluß über die Gesandtschaft kommen, »damit diese sich wieder ihrer Schule zuwenden und mit griechischen Knaben wissenschaftliche Gespräche führen können und die jungen Leute der Römer dagegen wie früher auf die Obrigkeiten und Gesetze hören«. Über die griechische Literatur im ganzen belehrte er seinen Sohn mit diesem kräftigen Spruch: »Und das soll dir sein wie das Wort eines Propheten: wenn uns einmal dieses Volk seine Literatur gibt, so wird es alles verderben.«

Aber das Schrifttum ist ja nur eine Seite der Sache. Cato haßte und verachtete die Griechen überhaupt, und die Äußerungen leidenschaftlicher Ablehnung gehen bis zur Roheit. Einst beriet man im Senat über die Rückkehr jener Achäer, die als Geiseln in Italien zurückgehalten wurden. Polybios war darunter, und seinetwegen setzte sich der jüngere Scipio für sie ein. Da stand Cato auf und sprach: »Als ob wir nichts zu tun hätten, sitzen wir den ganzen Tag und beraten, ob ein paar alte Männer aus Griechenland von unsern oder den achäischen Leichenträgern hinausgetragen werden sollen.« Dieser Haß ist wohl zum guten Teil Haß gegen alles Neue gewesen, das mit dem Griechischen zugleich in Rom eindrang und das alte Lebensgefüge auseinandersprengte. Auf allen Lebensgebieten gab es ja, besonders in den herrschenden Familien, oberflächliche Lebensverfeinerung und eine Barbarei, in der sich das Schlechteste von Griechen und Römern entfesselt durcheinander mischte, gab es Gärung, Auflösung und Taumel. Und auf allen Lebensgebieten ist Cato als Zuchtmeister dem Übel entgegengetreten.

Was sich da wehrte, war mehr als ein kerniger Mensch, der ein Übel erkannt hatte und bekämpfte; es war die alte bäuerliche Schicht des Römertums, die unter der stadtrömischen Herrenschicht fester im Alten beharrte, in Cato zur Teilnahme an der Herrschaft aufgestiegen war und sich Geltung ertrotzte. Denn er stammte nicht aus einer der herrschenden Familien und nicht aus Rom. Er war Römer nur im weiteren Sinne. Das Municipium Tusculum war seine Heimat. Dort hatten seine Vorfahren gesessen, ein tapferer, tüchtiger Stamm, zwar im römischen Heere kämpfend, aber zur Winterszeit und im Alter auf ihrem Gute und auf dem Forum von Tusculum tätig. So war auch Cato aufgewachsen, und so war das Leben, das ihm von Haus aus bestimmt scheinen mußte. Er erzählt uns noch mit seinen eigenen Worten, wie er in früher Jugend bei harter Landarbeit auf einem Gute der Familie im Sabinergebiet gelebt hat; wie er denn gern und viel über sich selbst gesprochen hat, so daß die Alten von seinem Leben mehr gewußt haben als von dem eines andern Menschen dieser Zeit. In der Rede »Über seine Bewährungen, gegen Lucius

Thermus« erzählte er: »Ich habe gleich von Anfang an in Kargheit und Härte und angestrengter Tätigkeit meine ganze frühe Jugend fern von Genüssen gehalten beim Ackerbau, sabinischen Felsboden, hartes Gestein tief bearbeitend und bepflanzend. *Ego iam a principio in parsimonia atque in duritia atque industria omnem adolescentiam meam abstinui agro colendo, saxis Sabinis, silicibus repastinandis atque conserendis.*« Wohl in demselben Zusammenhange hat er erzählt, daß dort in der Nähe auch das Gut war, auf dem der große Samniten- und Pyrrhus-Sieger Manius Curius Dentatus mit eigener Hand das Land bebaut hatte. Cato muß sich geradezu als geistigen Nachkommen des Curius und als Erben seines Lebensstils gefühlt haben, der altrömischen *parsimonia atque duritia*, von der die entarteten Zeitgenossen abfielen.

Mit siebzehn Jahren begann der junge Porcius seinen Kriegsdienst. Es war das Jahr, als Hannibal nach der Unglücksschlacht am Trasimenischen See Italien verwüstete (217). Fast während des ganzen langen Krieges ist er sommers zu Felde gezogen; winters galt es, für das Anwesen daheim zu sorgen, und auch im öffentlichen Leben der Heimat begann er eine ehrenvolle Rolle zu spielen. Mit zwanzig Jahren war er schon Heerestribun, mit siebenundzwanzig wirkte er rühmlich an dem Siege am Metaurus mit (207). Dreißigjährig ist er dann römischer Quästor gewesen, in alter Weise nach zwölf Dienstjahren im Heere. Damit ist nun die entscheidende Wendung seines Lebens geschehen; Valerius Flaccus, ein Mann der Nobilität, der sein Gutsnachbar gewesen sein und ihm die Heerestribunenstelle verschafft haben soll, hatte ihm den Rat gegeben, sich am Staatsleben in Rom zu beteiligen. Der junge Porcius war damit zugleich in das eigentümliche Triebwerk der engeren und weiteren, nach oben und unten weit ausgebauten Gefolgschaftsverhältnisse eingespannt, die unter dem Namen der Clientel bekannt sind und das ganze römische private und öffentliche Leben bestimmen. Valerius Flaccus, an den sich Cato angeschlossen hatte, gehörte zu Fabius Maximus, dem Cunctator; schon daraus folgte Feindschaft gegen die Scipionen auch für Cato. Freilich kam persönliche Abneigung dazu, und darin lehnte sich das alte, beharrende Bauerntum gegen die im Wandel begriffene Oberschicht auf. Beides, die Bindungen der Clientel und die persönliche Art, verband sich miteinander in Catos Fehden. Die Feindschaft gegen die Scipionen ließ es schon in seiner Quästur im Jahre 205 zu einem bösen Zusammenstoß Catos mit seinem Feldherrn Scipio kommen, der in Sizilien vor der Ausfahrt nach Afrika sein Heer unter großen Ausgaben bei guter Stimmung hielt und selbst gern in den griechischen Städten Theater und Palästren besuchte und seine Freunde gastfrei bewirtete. Dem Quästor schien das eine Gefahr für die Kriegszucht, und als er mit Vorstellungen keinen Erfolg hatte, entschloß er sich zu dem bedenklichen Schritt, seinen Konsul in Rom der Verschwendung von Staatsgeldern anzuklagen und eine Untersuchung zu erzwingen, die dann freilich zu Scipios Gunsten entschieden hat.

Als Cato zehn Jahre später und nicht ganz vierzigjährig Konsul wurde (195), hatte er sich die Höhe eines römischen Lebens erkämpft. Aber er hat sich nicht mit Hingebung in seinen neuen Stand einzufügen gesucht wie später Cicero, sondern ist der Mann vom Lande geblieben, der sich in der Umgebung, in der er sich einen Platz errungen hatte, trotz allem fremd fühlte und als unbequemer Eindringling angesehen wurde, und hat weiter gekämpft, sich und seine Lebensform durchzusetzen. Sein fruchtloser Kampf für die Lex Oppia im Konsulat war ein Kampf gegen den Luxus der Aristokraten. Als er sich in Spanien in erheblichen kriegerischen Unternehmungen bewährt hatte, kam es nicht nur zu Reibereien mit einem von den Scipionen, sondern er mußte sich später sogar gegen Anklagen verteidigen. In diesen Zeiten schrieb er zuerst Reden auf, Zeugnisse seiner Fehden und des Kampfes um die Geltung seiner Taten.

Nach dem Konsulat hat er noch einmal im Felde Ruhm erworben; im Antiochos-Kriege ist er im Jahre 191 Kriegstribun unter Acilius Glabrio gewesen und hat nach seinem eigenen Zeugnis so viel zum Sieg an den Thermopylen beigetragen, daß das Volk ihm mehr schuldete, als er dem Volke schuldig sei. Er hat es selbst erzählt, wie er durch einen schwierigen Nachtmarsch durch das Gebirge eine Umgehung der Römer verhinderte wie die der Spartaner durch die Perser, und wie ihn nach der Schlacht der Konsul, noch heiß vom Kampfe, lange umarmte und vor Freude laut schrie, er und das ganze Volk könnten ihm nicht das vergelten, was er ihnen getan.

Damals hat sich Cato auch in Athen aufgehalten. Er hat eine Rede an die Athener gehalten und später erzählt, sie hätten Schnelligkeit und Schärfe seines Ausdrucks angestaunt. Denn was er knapp ausdrückte, das habe der Dolmetscher immer breit mit vielen Worten wiedergegeben. Im ganzen meine er, die Worte kommen den Griechen von den Lippen, den Römern aus dem Verstande. Seinem Sohne hat er viel später in sein Lehrbuch geschrieben: »Ich werde dir, mein Sohn Marcus, an der rechten Stelle sagen, was ich über diese Griechen in Athen erkundet habe, und daß es gut ist, ihre Schriftwerke anzusehen, aber nicht auszustudieren. Ich werde erhärten, daß ihre Art gar nichts taugt . . .«, und dann folgt der Satz von der Gefährlichkeit der griechischen Literatur.

Der Antiochos-Krieg ist Catos letzter Feldzug gewesen. Danach hat sich sein Leben in Rom und auf den Gütern abgespielt, stets wieder von heftigen Kämpfen erfüllt. Schon zwei Jahre nach dem gemeinsamen Siege bei Thermopylae hat er eine Fehde mit Acilius Glabrio, dem Sieger, gehabt. Das Ärgste ist aber doch sein letzter, entscheidender Kampf gegen den großen Scipio und seinen Bruder im Jahre 187. Der berühmte Scipionenprozeß ist das Werk Catos gewesen; persönliche und politische Feindschaft haben ihn betrieben, die Auflehnung gegen die überragende Stellung des fürstlichen Mannes und seiner Familie Catos Sieg ermöglicht. Zwei Schichten des Volkes haben in ihren höchsten Vertretern einander gegenübergestanden, und der Plebejer und Neuling unter den Regierenden hat das Haupt des vornehmsten Geschlechtes, den großen Sieger des Hannibalkrieges, niedergerungen.

Bald nach dieser Kraftprobe ist Cato zum Höhepunkt seines Lebens aufgestiegen, zur Censur, die ihm seinen Beinamen Censorius eingetragen hat und die berühmteste der römischen Geschichte gewesen ist. Livius hat bedeutsam die Wesensschilderung Catos der Darstellung seiner Censur eingefügt: als Censor hat er sein Wesen und seine Leistung am reinsten verwirklicht. Obwohl sich sieben Adelige zugleich bewarben und obwohl Cato harte Maßregeln zur Wiederherstellung der alten Zucht ankündigte – denn der Staat bedürfe einer großen Reinigung –, oder vielleicht gerade deswegen wurde Cato gewählt. Seine Wahl war ein Sieg der breiten ländlichen, altrömisch gesinnten Bevölkerung über die großen Familien. Als Censor hatte Cato nun Macht in der Hand, den Kampf seines Lebens weiterzuführen, und er hat sie ausgenutzt. Sieben Mitglieder des Senates, Männer aus den ruhmvollsten Familien, schloß er wegen unwürdigen Lebenswandels aus und begleitete jedesmal die Strafe mit einer vernichtenden Rede. Noch auf späte Geschlechter haben diese Reden großen Eindruck gemacht, und so lesen wir wenigstens den Inhalt der einen bei Livius. Auch bei der Musterung aller derer, die zu Pferde dienten, der sogenannten Ritter, räumte Cato gehörig auf; dem L. Scipio Asiaticus, dem Bruder des Africanus und Sieger über Antiochos, der schon im Scipionenprozeß genug gedemütigt war, wurde vom

Censor das Ritterpferd genommen. Auch die Steuerverordnungen richteten sich gegen die Lebensverfeinerung der Großen. Luxus- und Kunstgegenstände und Luxussklaven unter zwanzig Jahren mußten zehnfach versteuert werden. Baupolizei-Maßnahmen machten der Ausnutzung staatlichen Bodens und Wassers durch einzelne Besitzer ein Ende. Ein großes, ungewöhnliches Werk war der Bau der Basilica Porcia; auch er mußte gegen die Aristokratie durchgesetzt werden.

Nach der Censur hat Cato noch drei und ein halbes Jahrzehnt lang wohl als der mächtigste Führer im Senat und auf dem Forum gewirkt. Als es sich gegen das Jahr 150 um das Schicksal Karthagos handelte, hat er noch einmal einen Sieg über einen Scipio errungen, über Nasica, vielleicht den edelsten Römer, der damals lebte. Sowohl Cato, der den Vernichtungskrieg wollte, wie Scipio Nasica, der Karthago erhalten wissen wollte, haben an die gefährliche Lage Roms gedacht. Aber Nasica hat gemeint, es sei besser, wenn eine Macht, die noch unabhängig von Rom bestehe, die Römer zwinge, sich in Zucht zu halten; Cato dagegen hat damals wohl nicht mehr so ganz an die innere Kraft des Volkes geglaubt und gemeint, man dürfe diesem taumelnden Volke nicht einen durch Unglück wieder zu sich gekommenen und von neuem gefestigten Staat als Gefahr über das Haupt hängen. Dieses Bild, das der achtzigjährige Zuchtmeister am Ende seiner Laufbahn von seinem Volk hatte, läßt die Tragik seines Lebens erkennen.

Vieles Bezeichnende aus den letzten Jahrzehnten Catos ist uns noch überliefert. Besonders in der Lebensbeschreibung Plutarchs entdeckt man bei jedem neuen Lesen neue Züge am Antlitz des mächtigen Greises. Hier mußte es genügen, ein ungefähres Bild von diesem Dasein zu geben, von Catos Kämpfen, seiner Selbstbehauptung und seiner Verteidigung der altrömischen Lebensform und Zucht. Schon das hat tief in jene entscheidungsvollen Vorgänge im Leben des römischen Volkes geführt. Es hat sich gezeigt, wie sich da die innere Kraft des Römertums gegen schwere Gefahren wehrt, wie in Cato und seinen Feinden zwei Schichten und zwei Zeitalter aufeinandertreffen. Aber dieses außerordentliche Dasein ist nun dadurch einzigartig, daß es als erstes Leben eines herrschenden römischen Mannes durch Schriftwerke für die Nachwelt unmittelbar sprechend geblieben ist und noch zu uns spricht. Hören wir seine eigenen Worte, so spüren wir noch tiefer als in den geschichtlichen Berichten und den Lebensbeschreibungen die Krisis Roms, nicht nur dadurch, daß wir Stimme und Atem des Kämpfers vernehmen. Jetzt werden wir erst gewahr, daß Cato nicht etwa nur Vorkämpfer Altroms, nicht schlechthin das Alte, Unversehrte in Person gewesen ist, sondern selber Schauplatz des Ringens und des Wandels, selber unterworfen all den Spannungen und Paradoxien, die ganz Rom in Gefahr brachten, daß in ihm selber vieles von dem vorgegangen ist, was sich zwischen ihm und seinen Gegnern abgespielt hat. Schon die Tatsache, daß der Verächter des Schrifttums, der seinem Sohne die Gefahren der griechischen Literatur nicht schlimm genug vorstellen konnte, Schöpfer eines Schrifttums, ja einer der fruchtbarsten, größten Schriftsteller der Römer gewesen ist und einen sehr ansehnlichen Bestand an Schriftwerken hinterlassen hat, ist eine große Paradoxie. Denn was ist diese Schöpfung anderes als Nachahmung der Griechen, als Aneignung eines Gutes, das bisher den Griechen allein gehört hatte?

Dazu kommt etwas, was noch seltsamer ist: daß dieser Griechenhasser mehr griechische Bücher studiert hat als die meisten der griechisch tuenden jungen Römer um ihn. Seinem Sohne hat er freilich eingeprägt, man solle in die griechischen Bücher nur hineinsehen, ohne sie zu studieren. Aber für seine Person hat er dieses Hineinsehen ziemlich weit getrieben. Nepos bezeugt in seiner Lebensbeschreibung: »Er hatte einen sehr großen Hang zum Studieren. Und obwohl er die Liebe dazu erst im höheren Alter gefaßt hatte, so kam er doch so weit, daß man schwerlich etwas finden kann, sowohl von griechischen wie von italischen Dingen, was er nicht gekannt hat.« Diese Worte, vielleicht ein wenig übertrieben, stimmen doch mit dem überein, was Plutarch bezeugt und Aussprüche Catos über Epaminondas, Perikles, Themistokles, Sokrates und Isokrates bestätigen. Cato ist ein großer Leser gewesen, und die Kenntnis des griechischen Schrifttums ist ihm nicht etwa ohne sein Zutun im Jugendunterricht aufgenötigt worden, nein, als älterer Mann hat er sie sich aus freien Stücken und sicher nicht ohne Mühe errungen. Aber ganz anders als Männer wie der Geschichtsschreiber Acilius, der sich bei der Senatsverhandlung mit den athenischen gelehrten Gesandten gerne bitten ließ, den Dolmetscher zu machen, und wie Postumius Albinus, der sich am Anfang seines Geschichtswerkes vor seinen griechischen Lesern entschuldigte, wenn ihm etwa weniger gute griechische Wendungen untergelaufen seien, tat Cato durchaus nicht wichtig mit dem, was er gelesen und studiert hatte; ja, er tat alles, um es sich nicht anmerken zu lassen. Indem er griechische Schriftwerke auf das eifrigste studierte und nach dem Muster des griechischen ein lateinisches Schrifttum zu schaffen im Begriff war, erklärte er doch die Gegenstände und Vorbilder dieses Bestrebens für überflüssig, wertlos, ja gefährlich und »zog jede griechische Kunst und Bildung in den Staub«, wie Plutarch sagt.

Warum verhielt er sich so zwiespältig? Wozu wurde er ein Leser und Schriftsteller? Nur um der eindringenden griechischen Literatur den Rang abzulaufen und sie zu verdrängen? So hatte er also das Spiel schon halb verloren gegeben und mußte sich mit dem kleineren Übel zufrieden geben, daß, wenn einmal das Bildungswesen nicht aufzuhalten war, es wenigstens römisch würde? Oder hatte vielleicht dieses Wesen doch Eindruck auf ihn gemacht? Fühlte er Werte darin, die er als Römer nicht entbehren mochte? Hier geraten wir in die innerste Zwiespältigkeit und die Spannungen Catos; die Vergegenwärtigung seines Nachlasses an Schriftwerken wird uns tiefer hineinführen und zugleich die Kraft seines Wesens im Worte spüren lassen.

Da sind zunächst die Reden, Werkzeuge seiner Kämpfe fast eines halben Jahrhunderts. Hundertundfünfzig hat Cicero davon zusammengebracht, der in seiner Spätzeit kräftig mit bemüht gewesen ist, den frühen Meister wieder zu erwecken. Uns sind noch etwa achtzig kenntlich.

Cato hat also seine Reden aufgeschrieben und aufgehoben, und mochte auch manche berühmte Rede aus der Zeit vor ihm in Urkundensammlungen der vornehmen Familien aufbewahrt sein, so hat er es doch wohl zuerst im großen so gehalten. Zur Verbreitung war die Niederschrift schwerlich bestimmt. Wozu sie Cato zunächst brauchte, sagt uns ein köstliches Stück aus der Rede »Über seine Ausgaben«. Cato erzählt, wie er sich für seine Rede vorbereitet und dazu eine frühere Rede benutzt hat. Ein Sklave hat ihm die Schreibtafeln aus seiner Urkundensammlung bringen müssen. Cato erzählt das sehr drastisch, und weil das Bruchstück zugleich ein Beispiel für die Schlagkraft seiner Worte und die zuchtmeisterliche Art seiner Rede abgibt, soll es hier in der Übersetzung folgen. »Ich befahl das Buch hervorzuholen, wo meine Rede aufgeschrieben war, von der Sponsionssache mit Marcus Cornelius. Die Buchtafeln wurden hervorgebracht. Die Taten meiner Vorfahren wurden gelesen; dann, was ich selbst für den Staat getan. Als dies beides gelesen war, stand dann in der Rede geschrieben: ‚Nie habe ich Geld von mir oder den Bündnern zur Werbung für mich verschenkt.‘ – ‚Halt!‘ sagte ich, ‚nicht das! Sie mögen es nicht hören.‘ Dann las er: ‚Nie habe ich Präfekten in den Städten eurer Bündner eingesetzt, die ihnen Hab und Gut und Kinder raubten.' – ‚Auch das tilge! Sie mögen es nicht hören. Lies weiter!' – ‚Nie habe ich Beute noch etwas, was den Feinden abgenommen war, noch Beutegelder unter ein paar Freunde von mir so verteilt, daß ich die darum brachte, die sie gewonnen hatten.' – ‚Auch das tilge! Das wollen sie am allerwenigsten hören.' – ‚Nie habe ich Reisen im Staatsauftrag vergeben, daß meine Freunde durch mein Siegel viel Geld zusammenbrächten.' – ‚Auch das mußt du weiter ausstreichen, möglichst gründlich.' – ‚Nie habe ich Geld anstelle von Weingeschenken an meine Amtsdiener und Freunde verteilt noch sie zum Schaden des Staates reich gemacht.' – ‚Nun wahrhaftig, das mußt du bis aufs Holz ausstreichen.' – Schau an, wohin es mit dem Staat gekommen ist: daß ich das, was ich Gutes für den Staat getan hatte, wofür ich Dank zu gewinnen erwarten konnte – dieses selbe wage ich nicht zu erwähnen, damit es nicht böses Blut macht! Dermaßen ist es eingeführt, daß man Unrecht tun ohne Strafe darf, Recht tun nicht ohne Strafe.«

Catos Erzählung zeigt, was die Aufzeichnung seiner Reden zunächst für ihn gewesen ist: Bestandteil seiner Urkunden- und Niederschriftensammlung zum eigenen Gebrauch. Vieles davon wird erst nach seinem Tode aus den zusammengebundenen, gesammelten Schreibtafeln veröffentlicht sein. Allerdings ist die Schilderung aus der Rede »Über seine Ausgaben« doch auch wieder mehr als bloße Gebrauchsaufzeichnung, mehr als bloße Gedächtnishilfe, die die Sache und nichts weiter festhalten soll. Es ist ja doch erstaunlich, wie meisterlich da das Wort gestaltet ist, nicht das Wort als bloße Mitteilung, sondern das Wort, in dem der ganze Mensch enthalten ist, sein Wille, sein überlegener Hohn, sein Eifern gegen die Mißbräuche der Großen, seine Gebärde und die Kraft seines Pulsschlages. Mit anderen Worten: das ist Kunst. Wie mag nun Cato dazu gekommen sein, sein Wort in diesem vollen Sinne aufzuschreiben und dauernd zu machen? Wie weit waren hierin schon andere vor ihm gegangen? Hatten sie wirklich schon das ganze Leben der Rede bis zu den kleinen, ausdrucksvollen Gebärden in jenen Niederschriften festgehalten, die in den Familien aufbewahrt wurden? Leider gibt die Überlieferung auf diese Fragen keine völlig klare Antwort; aber vermuten darf man doch mit Zuversicht, daß Catos aufgezeichnete Reden etwas Neues waren; daß sie nicht nur deshalb später hervorgezogen und gelesen worden sind, weil Cato einmal als Schriftsteller hervorgetreten war und man nach Schriftwerken in seinem Nachlaß suchte, nicht nur deshalb, weil man bei ihm statt vereinzelter Stücke sozusagen eine ganze Bibliothek von Reden fand, sondern vor allem auch darum, weil hier zum ersten Male die volle Lebendigkeit des Wortes eines führenden Mannes aufgezeichnet war. Jedenfalls nach dem Urteil Ciceros begann die römische Redekunst erst mit Cato; was vorher etwa aufgezeichnet war, kam daneben gar nicht in Betracht. Es kann nun wohl nicht anders sein, als daß die neue Kunst mit der neuen Zeit, mit den Anfängen des römischen Schrifttums überhaupt und also endlich mit den Griechen zusammenhängt. Wie aber die neuen Fähigkeiten in Cato erschlossen, wie die neuen Möglichkeiten mit den Griechen verknüpft sind, das entzieht sich unserem Blick. Besser, als darüber gewaltsam ein Urteil zu erzwingen, ist es, sich Entfaltung und Höhe dieser Redekunst an einem Beispiel gegenwärtig zu machen, in dem die Späteren bei aller urwüchsigen Eigenart doch schon viel von dem finden mochten, was ihnen die unmittelbare oder mittelbare Schulung durch die Griechen gegeben.

»Er sagte, von den Zehn Männern sei ihm die Verpflegung nicht gut genug besorgt worden. Er befahl, ihnen die Kleider herunterzuziehen und sie mit der Knute zu prügeln. Die Bruttier schlugen die Zehn Männer. Viele Menschen sahen es.

Wer kann diese Schmach, wer solches Machtwort, wer

diese Knechtung dulden? Kein Tyrann hat das zu tun gewagt. Das laßt ihr guten Männern aus guter Familie gutheißend geschehen? Wo bleibt da das Bundesverhältnis? Wo bleibt die Vertrauenswürdigkeit unserer Vorfahren? Daß du ihnen ausgesuchtes Unrecht, Schläge, Prügel, Striemen, diese Qualen und Foltern zu Schimpf und größter Schande unter den Augen ihrer Volksgenossen und vieler Menschen anzutun gewagt hast! Aber was für Gram, was für Stöhnen, was für Tränen, was für Weinen hat sich da erhoben, wie ich vernommen habe! Schon Sklaven tragen Unrecht überaus schwer: wie mag es wohl denen damals, die aus guter Familie stammten, hohen persönlichen Wert hatten, zu Mute gewesen sein und wird es sein, solange sie leben?«

So zeigen die Reden den kampflustigen Sonderling aus einer vergangenen Zeit und aus dem beharrenden Bauerntum inmitten einer bedenklich aufgelockerten Aristokratie, den rücksichtslosen Zuchtmeister, zeigen aber auch den überlegenen Geist, den Wortgewaltigen und kühnen Neuerer, der als erster die Rede des römischen Senats und Gerichts in dauernde Werke gebannt hat, wie es die Griechen getan hatten, und damit mehr für die wahre Einbürgerung griechischer Möglichkeiten getan hat als jene, die willenlos den Lockungen der griechischen Zivilisation nachgaben.

Etwa im Jahre 192 war Cato sein älterer Sohn geboren. Als er heranwuchs, hat der Vater wohl bis zum Beginn seiner Kriegsdienste, also bis etwa in die Mitte der siebziger Jahre, die Erzieherleidenschaft, die das ganze Volk umfaßte, auch ihm zugute kommen lassen. Und zur Erziehung seines Sohnes hat er eine ganze Reihe von Schriftwerken geschaffen, die Unterrichtsbücher.

Plutarch erzählt, Cato habe seinen Sohn von früher Jugend an selbst erzogen und ausgebildet. Er hatte zwar einen griechischen Sklaven, der nicht übel dazu taugte, aber er wollte ihm seinen Sohn sogar zum Unterricht im Lesen und Schreiben nicht überlassen. Es war also schon damals üblich geworden, die jungen Söhne zum ersten Unterricht griechischen Sklaven anzuvertrauen. Cato hielt dagegen ganz streng auf altrömische Art. Er lehrte selbst seinen Sohn lesen und schreiben, er unterwies ihn in den Gesetzen und allem, was er etwa sonst wissen sollte, und leitete seine Körperausbildung. Heftige Ablehnung des Neuen und Betonung des Alten hat also auch hier zu einer Neuerung geführt, die über das Altrömische hinausführte. Anstatt der Bücher, die dem griechischen höheren Unterricht zu Grunde lagen, hat er selbst Bücher für seinen Sohn geschrieben. Mit eigener Hand hat er so in großen Buchstaben die römische Geschichte aufgezeichnet. Außerdem sind Schriften über Heilkunst, Landwirtschaft und Redekunst nachgewiesen; die ganze Reihe war, wahrscheinlich nach Catos Tode, aus dem Nachlaß veröffentlicht worden und den Späteren unter dem Titel »An seinen Sohn« bekannt.

Unter allen diesen Schriften, von denen uns leider nicht allzuviel mehr faßbar ist, setzt eine den Betrachter in Erstaunen: die Redelehre. Zwar hat Cato gewiß nicht, wie etwa der Verfasser der Schrift an Herennius, einen griechischen Lehrgang frei in das Lateinische übertragen; er hat sich sogar in Gegensatz zu den griechischen Lehren gesetzt – wie wäre es anders zu erwarten? – und gelehrt: »Halte dich an die Sache, die Worte kommen von selbst.« Eine formale Schulung, die von Sachkenntnis und sittlichem Charakter absah, ist ihm begreiflicherweise verhaßt gewesen. Aber daß überhaupt die Redekunst zum Gegenstand des Nachdenkens geworden ist und daß Lehren darüber niedergelegt sind, das scheint doch griechische Lehrgänge und Lehrbücher zur Voraussetzung zu haben. Cato blickte eben aufmerksam auf die gefürchteten, verhaßten und verachteten Griechen. Um ihre Bücher unnötig zu machen, schrieb er seine eigenen. So kam er dazu, den Schatz seiner Erfahrung, seines Wissens und seiner Klugheit aus sich herauszuholen und überlieferbar niederzulegen. Darauf beruht hier und anderwärts sein fruchtbares Verhältnis zu den Griechen.

Aus der Heilkunde ist der Vorspruch zum Teil erhalten, eine wunderliche Warnung erst vor den Griechen überhaupt, woraus die Worte über die Literatur vorhin mitgeteilt sind; dann vor allem vor den griechischen Ärzten, die dem Sohne als eine Art Geheimbund hingestellt werden, worin jeder eidlich zur Vernichtung der Barbaren verpflichtet sei. Nach Plutarchs Meinung mochte Cato diese grausige Ansicht wohl auf die Geschichte von Hippokrates stützen, der, vom Perserkönig um ärztliche Hilfe ersucht, es mit der Begründung abgelehnt hatte, der Berufseid verbiete es den griechischen Ärzten, Feinden der Griechen zu helfen. Nach so kräftiger Warnung vor dem Fremden empfahl Cato seinem Sohne seine eigene Hausmedizin, die in einem Buche mit Aufzeichnungen niedergelegt war, wonach er im eigenen Hauswesen die Kranken behandelte. Und wie er seinem Sohne versicherte, befand er sich bei solcher Behandlungs- und Ernährungsart selber wohl und erhielt die Seinen gesund.

Die Lehre von der Landwirtschaft begann mit der berühmten Begriffsbestimmung: »Ein Landwirt ist ein braver Mann, der sich darauf versteht, das Land zu bebauen, dessen Eisenwerkzeuge blank sind.« Im übrigen standen kräftige, sprichwortähnliche Lebensregeln für den Gutsbesitzer darin, z. B. »Lobe ein großes Gut, bewirtschafte ein kleines!« »Kaufe nicht, was brauchbar, sondern was notwendig ist; was nicht brauchbar ist, ist auch um einen Pfennig zu teuer gekauft.«

Hier ist nun Gelegenheit, zwei Bücher zu nennen, von denen nicht gesagt ist, daß sie nur für seinen Sohn bestimmt gewesen sind, die aber ebenfalls der Aufgabe dienten, die Jugend in dem zu unterweisen, was zu einem tüchtigen Römer an hervorragender Stelle gehörte. Wenn die Schrift über das Heerwesen für Catos

Sohn bestimmt gewesen ist, dann mag sie ihm etwa in die Jahre seines Heeresdienstes mitgegeben sein. Sie hat noch bei den späteren Schriftstellern der Kriegskunst in Ansehen gestanden, und nach ihren Anführungen zu urteilen ist sie eine Art Felddienstordnung für Truppenführer gewesen. Die Spruchweisheit über gute Sitte endlich, das *Carmen de moribus,* wollte den jungen Römer Gut und Böse unterscheiden lehren, aber auf römische Art. So besteht denn die Lehre, soweit wir sie fassen können, zum guten Teil darin, daß der Gegenwart die alte Zeit, die Vätersitte, der *mos maiorum,* vorgehalten wird. »Es war Brauch«, heißt es, »sich auf dem Forum ansehnlich zu kleiden, zu Haus nur zureichend. Für Pferde zahlten sie mehr als für Köche. Dichtkunst stand nicht in Ehren. Wenn sich jemand damit abgab oder sich zu Gastereien und Gelagen begab, hieß er Tagedieb.« – »So wurde es bei unsern Vorfahren gehalten«, das bedeutet natürlich: »So sollst du auch urteilen und dich danach richten.« Denn das ist ja bei den älteren Römern fast die einzige Möglichkeit, etwas als gültig und verbindlich zu bezeichnen. Herkommen und Überlieferung, die vergegenwärtigten Vorfahren, haben für das römische Empfinden unbedingten Anspruch auf Nachfolge, ohne daß man nach dem Warum fragte. Cato aber hat sich als Verfechter dieses Anspruchs der Vorfahren gefühlt; so könnte man seine volkserzieherische Tätigkeit im ganzen bezeichnen, und in seinen eigentlichen Erziehungsschriften ist er der gleiche wie in der Censur oder sonst im öffentlichen Leben. An seinem Sohne hat er dasselbe wie sonst stets an seinem Volke geleistet; die Unterrichts- und Erziehungsbücher hat er sich als Werkzeuge für diese besondere Aufgabe neu geschaffen.

Etwas von einem Hausbuche für den eigenen Gebrauch und für seinen Sohn haftet noch dem Buche über die Landwirtschaft an, dem einzigen, das sich ganz bis auf die Gegenwart erhalten hat. Es ist aber gleich von Anfang an zur Verbreitung bestimmt gewesen. Denn es gibt sich gleich mit seiner förmlichen Einleitung als Werk, nicht als bloße Aufzeichnung für den Gebrauch. Darin empfiehlt und lobt Cato die Landwirtschaft, indem er sie von anderen Erwerbsarten abhebt, eine Wendung des Gedankens, die sich auch bei Panaitios und Musonios findet und die fernerhin mit anderen griechischen Einleitungen, worin der Wert einer Lehre empfohlen wird, verwandt ist. Also gleich am Eingang dieses Werkes, das für die römische Praxis bestimmt ist, gerät der Leser in den Bannkreis griechischer Form. Dabei ist aber natürlich Gestaltung und Gedankenführung im einzelnen und der Ton so römisch und so von Catos Gepräge wie nur möglich. »Es kann manchmal vorkommen«, beginnt Cato, »daß es günstiger ist, mit Handelsunternehmungen Vermögen zu erwerben; wenn es nicht so gefährlich wäre. Und ebenso durch Geldausleihen; wenn es so anständig wäre. Unsere Vorfahren haben es so gehalten und so in Gesetzen niedergelegt, daß ein Dieb zu doppeltem Schadenersatz verurteilt wird, ein Wucherer zum vierfachen. Für einen wieviel schlechteren Bürger sie einen Wucherer gehalten haben als einen Dieb, kann man hiernach ermessen. Und wenn sie einen braven Mann lobten, lobten sie ihn so: als guten Bauern und guten Landmann. Auf das höchste glaubte man den gelobt, der so gelobt wurde. Den Kaufmann aber achte ich als wackern, verdienstbeflissenen Mann, allein, wie ich eben sagte, Gefahren und Unglücksfällen ausgesetzt. Aber aus den Bauern erwachsen die tapfersten Männer und die wackersten Soldaten, und der frömmste Gewinn und der sicherste folgt ihnen nach, der am wenigsten Haß erregt, und am wenigsten böse Gedanken haben die, die sich dieser Beschäftigung befleißigen.«

Ist nun der Werkcharakter der Schrift, der sich durch diese Vorrede so entschieden ankündigt, auch in ihrem Verlauf festgehalten? Erkennt man eine planvolle Anlage, oder sind doch nur Anweisungen aufgehäuft, wie es der Zufall mit sich brachte? Bunt genug sieht das Ganze freilich aus, so bunt, daß ein Erklärer, Hörle, der übrigens manches von dem sachlichen Inhalt lebendig und anschaulich vor die Augen des Lesers stellt, gemeint hat, etwa fünf Schichten der Entstehung nachweisen zu können. Das scheint nicht eben die besten Aussichten zu eröffnen, und doch läßt sich eine bestimmte Anlage wohl erkennen. Zuerst ist von dem Gute und seinem Bestand an Menschen, vom Besitzer angefangen bis zu den Knechten, vom Vieh die Rede, von der Verteilung der Kulturen, von den Gebäuden und der Ausstattung mit Zubehör und vom Bauen. Der zweite Hauptteil regelt das Jahr des Landwirts und seine Arbeiten vom August bis zum Mai, von der Vorbereitung zur Weinlese bis zur Heuernte, der dritte bezieht sich auf den inneren Betrieb. Hier in der letzten großen Abteilung geht es am meisten durcheinander, und gewiß hat kein kunstgerechtes Lehrbuch so bunt wie dieses ausgesehen; Plutarch wundert sich über die Rezeptsammlung darin. Trotzdem erkennt man, abgesehen von manchen Störungen im einzelnen, auch hier eine gewisse Gruppierung. Da ist zuerst von allerlei Vorräten die Rede, dann vom Ölpressen und Weinkeltern und allem was dazu gehört, darauf folgen Rezepte und kleine praktische Ratschläge aller Art, endlich stehen sakrale Vorschriften beieinander, wozu auch die berühmten Gebete gehören, die der Bauer bei gewissen ländlichen Zeremonien zu sprechen hatte.

Was die Gliederung im Großen betrifft, so machen wenigstens die ersten beiden Teile, vom Gut und seinen Teilen und vom Jahr des Landwirts, eine Anlage aus, die bei Varro und Palladius, dem späten Verfasser eines Buches über die Landwirtschaft, wiederkehrt. Da liegt die Vermutung nahe, daß eine griechische Haupteinteilung Catos Vorbild gewesen ist. Unmöglich scheint es nicht, daß er ein griechisches Lehrbuch gelesen hat, denn wie sehr man damals auf solche Schriften aus war, zeigt die Tatsache, daß nach der Einnahme Karthagos die Römer die Bibliotheken der Stadt verschenkten und nur ein Werk für sich behielten, Magos berühmtes Lehrbuch der Landwirtschaft, und es sogar von Staats wegen ins Lateinische übersetzen ließen.

Es ist ganz bezeichnend, daß Cato seiner Schrift zwar nach griechischem Vorbilde das Gepräge eines Werkes von bestimmter Gattungsform gegeben hat, daß aber seine prägende Fähigkeit noch nicht ausreichte, um die ganze Masse gehörig durchzugliedern.

Übrigens kommt in diesem Werk eine Seite Catos zur Geltung, die in der Schilderung seines Lebens nicht genug gewürdigt werden konnte. Cato ist offenbar ein Haushalter gewesen, der Sparsamkeit und Kargheit *(parsimonia)* nicht bloß predigte, sondern auch übte. Er hat nicht nur den Luxus verschmäht, sondern auch Sklaven wie Werkzeuge kalt rechnend ausgenutzt und dann, wenn sie nicht mehr recht leistungsfähig waren, ohne Bedenken verkauft. Sein Erwerbssinn ist ebenso kräftig gewesen wie seine anderen Instinkte. So hat er durch seine Haussklaven billige, ungelernte Sklaven kaufen, abrichten und teurer wieder verkaufen lassen, er hat vorsichtig und klug Bodenspekulation getrieben und sich nicht gescheut, sich durch einen Mittelsmann sehr vorsichtig an dem gefährlichen, besonders einträglichen, aber nicht wohlberufenen Geschäft des Seedarlehens zu beteiligen. Mit seiner ganzen Naivität trieb er seinen Sohn dazu an, nach Vergrößerung des Vermögens zu trachten, und nannte den einen bewunderungswürdigen, verehrungswürdigen, Ruhm verdienenden Mann, der mehr Hinzuerworbenes als Ererbtes hinterließe. Von diesem ganzen Erwerbsleben war indessen die Bewirtschaftung der Güter die einzige ansehnliche, der Öffentlichkeit zugekehrte Seite; und die Schrift über die Landwirtschaft kann man als Niederschlag dieses ganzen Lebensbereiches Catos ansehen, seiner Arbeit am Vermögen. Wie die andern Bezirke seines Daseins, so hat er auch diesen gleichsam erweitert und im Schriftwerk neue Werkzeuge, gewissermaßen Organe des Lebens, für die Römer nach griechischem Vorbild neu geschaffen.

Die bedeutendste dieser Schöpfungen ist aber das Geschichtswerk, das dieses mächtige Dasein im Alter aus sich hervorgebracht hat, und in diesem Werke bildet sich auch die eigenartige Daseinslage des römischen Volkes am deutlichsten ab. Schon im Falle des Fabius Pictor, der um die Jahrhundertwende zuerst von den römischen Senatoren Geschichte geschrieben hatte, und zwar in griechischer Sprache, läßt sich das Werk als Antwort eines bedeutenden Mannes auf eine bestimmte Lage des römischen Volkes verstehen. Damals hatte es gegolten, in der Griechisch sprechenden und schreibenden Welt, in die man geraten war, nicht mehr geistig wehrlos dazustehen, sondern die römische Sache auch in geschichtlichen Darstellungen zu verfechten und verständlich zu machen und den römerfeindlichen Erzählungen römische entgegenzustellen. Diese Geschichtsschreibung in griechischer Sprache, die sich zumeist an das Ausland wandte, war nun sinnlos geworden, sobald Rom so mächtig war, daß ihm an der Meinung des Auslandes nicht mehr viel zu liegen brauchte. Kein Wunder also, daß diese Gattung von Werken fünfzig Jahre nach Fabius entwertet war und Postumius Albinus mit seinem Werke den feindseligen Hohn Catos geerntet hat. Jetzt ging es um andere Dinge. Zwar die Besorgnis, in manchen Dingen dürftig vor den Griechen dazustehen, denen man sich doch in anderen Dingen weit überlegen fühlen durfte, war so dringend wie je. Aber jetzt wurde sie zur Gefahr, daß diese römischen Senatoren ihre Würde verloren. Jetzt war es Zeit zu dem Versuch, das Selbstbewußtsein auf andere Art zu retten und den griechischen Werken entsprechende, aber eigene an die Seite zu setzen, nachdem Darstellungen in Schriftwerken überhaupt inzwischen offenbar als etwas Wertvolles, Wünschenswertes anerkannt waren. Hatten doch Naevius und Ennius, in Catos Augen gewiß untergeordnete Menschen, schon mit Erfolg solche Darstellungen veröffentlicht. Bedürfnisse und Bereitschaft waren geweckt, und die Aufgabe war die, sie richtig zu befriedigen und zu lenken, damit sie nicht zu Gefahren würden. Aber auch in Cato selbst muß das Bedürfnis nach solchen Werken und die Freude daran stark gewesen sein. Dazu kam der römische Stolz, und es mochte ihn locken, mit den Griechen auf einem neuen Felde in den Wettkampf zu treten und die römische Überlegenheit zu bewähren.

So war Catos Geschichtswerk der Lage, in der es entstand, gemäß von vornherein nicht nach außen gerichtet, sondern wandte sich nur an das römische Volk. Es richtete eine große römische Leistung vor den Augen der Römer auf; und es war ein neues Werkzeug des Zuchtmeisters und Kämpfers Cato. So wie er früher seinem Sohne die römische Geschichte zur Erziehung aufgezeichnet und immer wieder die Vorfahren dem gegenwärtigen Geschlecht vorgehalten hatte, so stellte er jetzt das Bild der Vorzeit vor das Volk, in dem er sich und seinen Willen durchsetzen wollte, das er in Zucht nehmen und zur Vätersitte zurückführen wollte.

So wie nun die Entstehung und die Art des Werkes im ganzen die Erfüllung der Erfordernisse einer konkreten Daseinslage Roms ist, so bildet seine Anlage und Durchführung diese Lage und Catos Wesen und Dasein darin ab, seine Eigenarten und Fähigkeiten, sein Wollen und seine Kämpfe und die inneren Spannungen seines Daseins. Schon der Titel *Origines*, Ursprünge, enthält mehr davon als es zunächst scheint. Er gilt eigentlich nur für die ersten drei von den sieben Büchern; denn er besagt, daß erzählt werden soll, wie die einzelnen Stämme und Gemeinden Italiens gegründet worden und zu ihrem gegenwärtigen Zustand gekommen sind. Im ersten Buche war erzählt, wie Rom zustande gekommen war, im zweiten und dritten die Ursprungsgeschichten der italischen Gemeinden. Mit dieser Anlage hat es also, wie gesagt, seine besondere Bewandtnis. Fabius, Naevius und Ennius hatten auch mit einer Ursprungsgeschichte begonnen, aber es war selbstverständlich nur die Ursprungsgeschichte Roms gewesen, und auch nach Cato ist es keinem Geschichte schreibenden Römer eingefallen, anders als einsträngig die Darstellung von Aeneas oder der Gründung Roms herabzuführen oder von einem späteren Punkte dieser einen Linie aus. Catos Anlage und im Grunde schon sein Titel *Origines* besagten: »Es sind viele Stränge, die im römischen Staate zusammenlaufen. Man soll Italien nicht totschweigen.« So meint es der Mann aus Tusculum, und darin liegt eine Auflehnung gegen die Anmaßung der stadtrömischen Aristokratie. Daß er es wirklich so gemeint hat, läßt sich, obwohl nur kärgliche Bruchstücke auf uns gekommen sind, an der Darstellung selbst erkennen. Cato betonte es, daß diese und jene Stadt Italiens älter, ja viel älter als Rom sei, erklärte, daß Rom Lebensformen und Sitten von den alten Sabinern habe, und stellte in einem eigenen Abschnitt Zucht und Lebensform Italiens, nicht Roms, dar, ein Lobpreis Altitaliens, von dem auf dem Wege über Varro noch Virgils berühmte Huldigung in den Georgica herkommt.

Auflehnung gegen die stadtrömische Aristokratie ist auch eine wunderliche Eigenart des zweiten Teils der *Origines*, an die der Leser zuerst kaum glauben möchte, wenn er davon bei Nepos liest: »Die Anführer in diesen Kriegen nannte er nicht mit Namen, sondern bezeichnete bloß die Ereignisse ohne Namen.« Aber es ist wirklich so, Plinius und vor allem die erhaltenen Bruchstücke bezeugen es. Der Grund dieser Seltsamkeit, mit der Cato wieder allein unter den römischen Geschichtsschreibern steht, kann nur in Catos Willen liegen, die Taten wirklich des römischen Volkes zu erzählen, nicht der großen adligen Führer, und aus der Geschichte ein Denkmal des

Ruhmes für die römischen Heere zu machen, nicht für die herrschenden Häuser, aus denen seine Gegner stammten. Mit dieser Gesinnung hängt wohl auch ein Gedanke über den römischen Staat zusammen, den Cato irgendwo in den *Origines* vorgetragen hat. Wenn die griechischen Staaten in ihrem Aufbau immer das Werk eines großen Staatsschöpfers seien, so beruhe das römische Staatsgefüge auf der Zusammenarbeit sehr vieler Menschen und Zeiten, und eine solche Gesamtheit sei auch dem fähigsten Einzelnen immer überlegen. Darin liegt eine tiefe Einsicht in die Traditionsfestigkeit des römischen Staates, aber auch eine Ablehnung der griechischen und in Rom eben aufkommenden Neigung, den großen Menschen zu sehr hervortreten zu lassen, eine Mahnung, die Gesamtheit und Einheit des Volkes, der Lebenden und der Vorangegangenen, für wichtiger zu halten. Es äußert sich darin ein ähnliches Gefühl wie jenes, das ihn eine Geschichte ohne Namen hat schreiben lassen.

Je mehr man sich nach dem Blick auf die eigenartige Anlage im ganzen in die beiden Teile des Geschichtswerkes vertieft, desto mehr enthüllen auch die Einzelheiten Gepräge und Sinnlinien dieses Daseins. Stolz und zensorisch ist die Einleitung. Als ruhmreicher, bedeutender Mann, schrieb Cato, sei er Rechenschaft darüber schuldig, daß auch seine freie Zeit zu Nutz und Frommen seiner Mitbürger dient. Hiermit hat er die klassische römische Rechtfertigung der Arbeit an Schriftwerken geprägt. Danach ist wohl vom erzieherischen Wert der Geschichte die Rede gewesen.

Die eigentliche Darstellung setzte bei den Urbestandteilen der römischen Bevölkerung ein, den Trojanern des Aeneas und den Aboriginern, die ihrerseits Achäer – ja wirklich, Cato stellt es so dar –, Griechen waren. Und damit nicht genug: den Stamm der Sabiner führt er auf einen Spartaner Sabus zurück, Tibur ließ er von einem Arkader, Catillus, dem Befehlshaber der Flotte Euanders, gegründet sein, Politorium von Polites, einem Sohne des

Priamus. Der göttliche Name des Romulus, Quirinus, sollte, von *κύριος* = Herr abgeleitet, dafür zeugen, daß dem ersten römischen König die griechische Sprache vertraut gewesen sei. Diesen Zoll zahlte also auch der Griechenhasser Cato der griechischen Sage und Altertumskunde. Um so deutlicher wird es, daß, wollte man überhaupt die frühe Vergangenheit erforschen, man notwendig auf griechische Verknüpfungen traf, wie sie in Büchern niedergelegt und gewiß auch in das Allgemeinbewußtsein schon tief eingedrungen waren. Ja, das Bedürfnis muß allgemein schon groß gewesen sein, die eigenen Ursprünge an den einzigen Kosmos von Geschichten der Urzeit anzuknüpfen, den es gab, eben den Kosmos der griechischen Sagen.

Griechisch war aber der Ursprung nicht nur eines Teiles des Sageninhaltes, sondern vor allem auch die Gattungsform. Denn die drei ersten Bücher der *Origines* sind im Grunde nichts anderes als Ortsgeschichte einer bestimmten griechischen Form, wobei man nach der Urgeschichte einer Gemeinde ihre Verfassung und Lebensform darstellte und schilderte, was es in ihrem Gebiete Merkwürdiges oder Wunderbares zu sehen gab. Gerade diese Merkwürdigkeiten der einzelnen Landschaften fehlten auch bei Cato nicht. Daß er die griechische Gattungsform mit seinem Geist erfüllte, versteht sich von selbst; der Censorius richtete überall seine Aufmerksamkeit auf die sittlichen Zustände.

Im übrigen forschte Cato nach dem Ursprung von Ortsnamen; sorgfältige Berechnung der Maße und der Zeiten rühmen ihm die Späteren nach; sogar die Gebärde der *docta ignorantia* fehlt nicht, wie es denn gerade in diesem Teile recht deutlich wird, daß Cato trotz allem doch eine eigentliche Freude am Forschen hat und daß in dem strengen Censorius doch auch ein Stück von einem Gelehrten steckt.

Am Anfang des zweiten Teiles, der wie ein neues Werk seine eigene Einleitung hat, erweist sich Cato – was wir trotz jener Gedanken über den geschichtlichen Aufbau des römischen Staates am wenigsten erwarten – als Schüler der griechischen Staatsphilosophie. Vor die Darstellung der beiden ersten punischen Kriege, die den Gegenstand des vierten Buches ausmachen, hat er eine Ursprungsgeschichte und Landeskunde Karthagos von derselben Art gestellt, wie sie aus dem ersten Teil des Werkes bekannt ist. Und er hat da in der Nachfolge des Aristoteles erklärt, Karthago habe eine Verfassungsform, in der Monarchie, Aristokratie und Demokratie vereinigt seien, also die klassische Idealform der griechischen Staatstheorie.

Die Art von Catos Erzählung in diesem Teile ist uns noch durch ein kostbares Stück aus dem ersten punischen Kriege kenntlich, das Gellius teils in Nacherzählung und leider nur zum kleineren Teil wörtlich erhalten hat. Ein Tribun macht den römischen Feldherrn darauf aufmerksam, daß das Heer in eine Falle gegangen ist, zeigt ihm aber zugleich eine Möglichkeit, wie er durch Einsatz von vierhundert Mann zu einem Scheinangriff freikommen könnte, und obwohl er weiß, daß diese vierhundert verloren sind, erbietet er sich, sie anzuführen, wenn sich sonst niemand findet, wie es mit großartiger, gar nicht ruhmrediger Nüchternheit heißt. Er führt die Schar zum Angriff, alle fallen, aber das übrige Heer ist gerettet. Und nun folgen Catos eigene Worte: »Die Götter haben dem Tribunen Glück nach seinem Heldentum gegeben. Denn es ist so gekommen: obwohl er da vielfach verwundet war, hat er doch keine Todeswunde bekommen. Und sie erkannten ihn zwischen den Toten, erschöpft, von Wunden und weil sein Blut ausgeflossen war. Sie hoben ihn auf, und er ist gesund geworden und hat oft danach dem Staate tapfere, wackere Dienste getan. – Und mit der Tat damals, daß er diese Soldaten hinaufgeführt hat, hat er das ganze Heer gerettet. – Aber es ist ein großer Unterschied, wie hoch man ein und dieselbe gute Tat stellt. Der Spartaner Leonidas, der etwas Ähnliches bei den Thermopylen getan hat: wegen dessen Heldentum hat ganz Griechenland seine Glorie und sein einzigartiges Ansehen mit den Erinnerungsmalen erlauchtester Berühmtheit verherrlicht: mit Bildern, Denkmälern, Lobreden, Geschichtswerken und andern Dingen haben sie seine Tat im höchsten Ansehen gehalten. Dagegen dem Tribunen ist geringes Lob für seine Taten geblieben, der dasselbe getan und das Ganze gerettet hatte.«

Wenn schon in der Geschichte des Hannibalkrieges manches war, was Cato selbst erlebt hatte, so wurde danach die Erzählung immer mehr zur Selbstdarstellung, wobei es Cato in seiner urwüchsigen Naivität nicht unterließ, vor allem sich selbst in gehöriges Licht zu stellen und seine Reden im Wortlaut anzuführen. Von planvoller Anlage konnte keine Rede mehr sein, wo Cato einfach immer weiter und breiter erzählte und zuletzt kurz vor seinem Tode in aller Ausführlichkeit einen Staatsprozeß dieses selben Jahres darstellte, in dem er als Fünfundachtziger einen verbrecherischen Statthalter des jenseitigen Spanien zur Verantwortung gezogen hatte.

Spanien und die Taten seines Konsulatsjahres daselbst waren innerhalb der Darstellung besonders ausgezeichnet; vor dem Bericht stand eine Landeskunde von der bekannten Art, außerordentlich drastisch im Ausdruck, wie das folgende Bruchstück zeigt: »In diesen Gegenden gibt es sehr gute Eisenbergwerke, Silberbergwerke, einen großen Berg aus lauter Salz; wieviel du davon wegnimmst, soviel wächst nach. Der Cercius-Wind: wenn du sprichst, hast du's Maul davon voll; einen Mann in Rüstung, einen beladenen Lastwagen wirft er um.«

Wohl die kostbarsten Überreste aus Catos Geschichte der eigenen Zeit sind ein paar Seiten aus der Rede, die er im Jahre 167 gehalten hat, als man im Senate über Krieg oder Frieden mit Rhodos beriet. Die Rhodier hatten im Kriege Roms gegen Perseus von Makedonien zwar Neutralität bewahrt, aber doch zu Perseus hingeneigt. Nun wollte man sie im vollen Siegesrausch bestrafen und ausrauben, aber Cato trat dem mit jener Rede entgegen. Er beschönigte das Verhalten der Rhodier keineswegs, warnte aber davor, im Siegestaumel wichtige Entscheidungen zu fällen, und gab zu bedenken, daß man den bloßen Wunsch und Willen doch billigerweise nicht bestrafen könne, zumal wenn er, wie hier, nichts als der gesunde Wunsch sei, seine Unabhängigkeit zu behaupten. Es ist sehr lehrreich, Catos Behandlungsart mit der Weise der späteren Redner zu vergleichen. Welche Zurechtweisungen müssen sich doch die Senatoren gefallen lassen; wie werden sie bei ihren eigenen geheimen Wünschen angepackt und gezwungen, sich auf den Standpunkt der Rhodier zu versetzen; wie fehlt alles Beschönigen! Rücksichtslos, nüchtern und doch psychologisch außerordentlich treffsicher geht Cato hier vor, und wir dürfen wohl von dieser einzigen Rede, deren Verlauf wir einigermaßen übersehen können, auf die andern schließen.

So etwa hat Catos Geschichtswerk in seiner Größe und seiner Wunderlichkeit ausgesehen, ein Buch, zur Lehre und Erziehung dem römischen Volke von einem Manne gegeben, der gewissermaßen sein lebenslänglicher Censor war, ein Buch aber auch, dem sich die ganze Wucht und Fülle dieses einzigartigen Mannes und seines Lebens mitgeteilt hatte und in dem die ungeheuren Spannungen gegenwärtig waren, denen das Dasein Roms damals ausgesetzt war.

Das ist es ja eben, was hier an Catos Lebenswerk überhaupt gezeigt werden sollte. Es ist ein gefährliches, von einem großen Menschen fruchtbar gemachtes Spannungsverhältnis, das dieses neue Schrifttum geschaffen hat. Was so im Widerstreit von Furcht, Haß und Bewunderung, Abwehr und Wettstreit, Härte und heimlicher Freude an Macht und Wert des Wortes entstanden ist, das ist in einem tieferen Sinne römisch und in einem tieferen Sinne griechisch als etwa Plautus' Komödien. Der Kampf hat zu einer tieferen Prägung der Römer durch den Griechengeist geführt als die willenlose Hingabe – so wie sich überhaupt manchmal zwei Leben dann besonders tief berühren, wenn ihre Begegnung ein Ringen ist. Der Ringende wächst und erstarkt und wird erst recht er selbst, indem zugleich sein Leben tief von dem andern Leben berührt und verwandelt wird.

Cato ist sich freilich dieser Leistung nicht bewußt gewesen, er hat sich des wirklichen Vorganges nicht bewußt sein wollen und können. Daß er in Wirklichkeit ein Neuerer und ein besserer Griechenschüler war als andere, nicht bloß Altitalien und die alte Zeit, das hat er sich und anderen nicht eingestehen mögen; und so bleibt eine gewisse Verkrampfung in seiner Gebärde. Gelöst hat diese Schwierigkeit erst der jüngere Scipio Africanus, als in ihm eine adelige römische Seele und ein hohes, reiches Dasein einem Griechen begegnete, der mehr war, als was sich die Römer gewöhnlich unter dieser Nation vorstellten, Polybios, und als in dieser Freundschaft zweierlei eins wurde, was bis dahin in Rom getrennt war: der Wille, im römischen Staat etwas Rechtes zu sein und zu leisten, und die Liebe zu den Griechen. Aus der Lebensberührung der beiden Männer ist die Erkenntnis erwachsen, daß die Griechen, nicht an der Oberfläche, sondern im Kern ihres Wesens und ihrer Leistung erfaßt, keine Gefahr für den Römer sind, sondern ihm helfen können, seiner Vorfahren würdig und ein guter Römer zu werden.

Aber wenn nicht diese Erkenntnis, so doch die erste schöpferische Leistung in diesem Sinne ist das Verdienst Catos. Auch darin ist er einer der größten Römer; und mit Recht hat er eine Wiedererweckung erlebt, als sich die Römer gegen das Ende einer fast zweihundertjährigen Krisis anschickten, auf einer neuen Ebene sich selbst zu finden.

RÖMISCHE GESCHICHTSSCHREIBUNG

Was Geschichte und Geschichtsschreibung sei, ist nicht so selbstverständlich, wie wohl mancher meint. Sie ist nicht in jedem Sinne überall und alle Zeit das Gleiche, ein für allemal Bestimmte, wobei nur immer das Maß verschieden wäre, in dem sich die einzelnen Geschichtsschreiber dem gleichen Ziele genähert hätten.
In einer Hinsicht freilich ist Geschichte wirklich immer dasselbe: sie ist Gegenwart des Vergangenen, für die, die an ihr Anteil haben, eine in die Vergangenheit erstreckte Dimension ihres Daseins, in der nicht nur das, was im Leben jedes einzelnen sonst sofort entschwindet, sobald es da ist, im Gedächtnis beisammen bleibt, sondern auch das noch, was vor seinem Leben vergangen ist, gewissermaßen seinen erweiterten Daseinsbereich ausmacht. Aber das Vergangene wird in sehr verschiedener Weise den Zeiten, Völkern, Menschen gegenwärtig, man möchte sagen: je nach dem, wie sie es verdienen. Jeder Anteil an der Geschichte will, nicht nur nach dem Maße, sondern nach der Qualität, verdient sein, durch Tun und Leiden, durch Forschen und Denken. In dieser Hinsicht ist und bedeutet Geschichte für verschiedene Zeiten, Völker, Menschen nicht ein und dasselbe. Ihr Leben in der geschichtlichen Dimension ist ebenso verschiedenartig wie ihr Lebensvollzug im unmittelbar gegenwärtigen Leben. Geschichte ist dem einen das Geschehnis, an dem ihm etwas Wesenhaftes aufgegangen, dem anderen das Geschehen, das, wie auf einer Bühne dargestellt, erschüttert und erhebt, sie ist der Ort der geheiligten Sinnbilder eines Staates, eines Volkes oder sonst einer Gemeinschaft, sie ist eine Vorratskammer von Lehrstücken für den Staatsmann und Bürger, ist ein Zeughaus voll Waffen des

politischen Kampfes oder auch Inbegriff des Schicksals der Welt, das alle und alles umfaßt, Offenbarung der Vorsehung, Offenbarung des Weltgeistes oder von Volksgeistern, schließlich für manche ein Betätigungsfeld für den verdrängten oder gescheiterten politischen Willen. Dieses alles und noch manches mehr kann für die Menschen Geschichte sein, meist ist sie vieles davon zugleich; dann gilt es das Mehr oder Weniger zu beachten. Welche Möglichkeiten des geschichtlichen Daseins und der Geschichtsschreibung einem Volk, einer Zeit erreichbar sind, sagt viel über ihr Wesen aus.

Und diese Unterschiede gelten schon, ehe noch die Geschichte wissenschaftliche Methoden ausbildet, um sich ihrer Gegenstände zu bemächtigen und zu versichern. Aber auch in einer Geschichte, die in diesem Sinne Wissenschaft geworden ist, pflegen die vorwissenschaftlichen Antriebe weiter zu wirken, es sei denn, daß die Methode sich ganz selbständig macht und Geschichte das Gewesene schlechthin wird, das mit der historischen Methode erfaßt werden kann.

In solchen Gedanken ist hier der Versuch unternommen, einzusehen, wie die römische Geschichtsschreibung zustande gekommen ist, welche Möglichkeiten sie nacheinander erreicht hat, wie das Erreichte jeweils mit der Daseinslage des römischen Volkes und des Geschichtsschreibers zusammenhängt.

Von vornherein gilt es zu bedenken, daß die Geschichtsschreibung im Schrifttum der Römer vor anderen Gattungen durch besondere Würde ausgezeichnet ist. Die Dichtkunst steht im Ansehen unvergleichlich tiefer. Denn nachdem die Römer bis zur Höhe ihres staatlichen Daseins ohne Literatur gekommen waren, waren zuerst ihre Dichter teils Freigelassene fremden Stammes, teils Menschen, die fern von Rom geboren waren, jedenfalls Menschen untergeordneter Art nach römischen Begriffen. Am Anfang wurde die Dichtkunst leicht als bloßes Vergnügen angesehen, bei allgemeinen Lustbarkeiten erlaubt wie

Boxer-, Seiltänzer- und andere Gauklerstücke, sonst aber eigentlich verboten. Für Cato sind Dichten und Tafeln gleichwertige Anzeichen eines verlotterten Lebens. Erst Virgil und Horaz haben dem Dichter einen anerkannten, festen Ort im römischen Leben errungen. Römische Senatoren gibt es unter den Dichtern nicht bis zur Kaiserzeit. Umgekehrt haben Geschichte lange Zeit nur Senatoren geschrieben; noch Sallust ist Politiker gewesen, noch Tacitus ein angesehener Consular. Die vorliterarische Urform der Geschichte ist im Sakralwesen des Staates entstanden, der erste Geschichtsschreiber, der erste, der in lateinischer Sprache Geschichte geschrieben hat, sind Senatoren; Cicero sieht in der Geschichte eine angemessene Tätigkeit für einen Consular. Das ist begreiflich. Denn Geschichte schreiben ist zunächst ein Stück Politik, ein neues Organ der Politik, zuerst der äußeren, dann der inneren. Etwas davon macht sich auch später wieder und wieder geltend: Cremutius Cordus ist unter Tiberius zum Selbstmord gezwungen worden, weil er Brutus gelobt und Cassius den letzten Römer genannt hatte.

Dieser tätig wirkende Charakter der römischen Geschichtsschreibung zeichnet sie im großen und ganzen genommen aus und unterscheidet sie von der griechischen, von Herodot, Thukydides, Polybios, Poseidonios – ganz zu schweigen von Ephoros, Theopomp, Timaios. Zwar auch bei den Griechen erhebt die Geschichte den Anspruch, dem Politiker Einsichten zu geben, deren er sich im tätigen Leben bedienen könne, aber eben Einsichten: auf Erkenntnis von Sinn und Wesen kommt es den Griechen in den höchsten, repräsentativen Werken an. Dagegen tritt der Wille zurück, bestimmte Ansichten der Vergangenheit im politischen Leben durchzusetzen, ja aufzunötigen, einzugreifen in die Politik, wie er bei den Römern so oft im Spiele ist:

Geschichte als Werkzeug der Politik in der Hand der Senatoren oder ihrer Helfer ist aber auch besonders wichtig und wirksam gewesen wegen des eigenartigen

Verhältnisses der Römer zur Vergangenheit. Der Römer ist sehr eng mit seinen Ahnen verbunden. Sie sind ihm gegenwärtig, greifen in sein Leben ein und geben ihm Anteil an dem ihren. Am sinnfälligsten zeigt sich das bei den Bestattungszeremonien der großen Geschlechter, wie sie uns Polybios 6,53 dargestellt hat. Die Wachsmasken der Verstorbenen, mit den *tituli*, den Inschriften, die Verdienst und Würden anzeigen, darunter, hängen im Hause an der ehrenvollsten Stelle. Diese ständige Gegenwart steigert sich beim Leichenbegängnis. Da wird der Tote öffentlich im Kreise der vorangegangenen Vorfahren, die von Trägern der Masken dargestellt sind, und der Lebenden gepriesen von einem lebenden Mitglied des Geschlechts. Darin gibt sich eine Gemeinschaft der Lebenden und der Toten kund, fast als wäre kein Unterschied. Hier offenbart sich ein geschichtliches Bewußtsein im kleinen, das das Verhältnis der Römer überhaupt zur gemeinsamen Vergangenheit bestimmt und geprägt hat. Die Vergangenheit erstreckt sich wirkend in die Gegenwart herein, mit ihrer Autorität gebietend und beschränkend und richtungweisend, mit ihrer geheiligten Ehrwürdigkeit fromme Anhänglichkeit, Hingabe und Liebe wirkend, mit der Fülle und dem Glanz großer Taten nicht nur anspornend, sondern auch Anteil am Ruhme gebend. *auctoritas*, *pietas* und *gloria* zeichnen das Verhältnis des vornehmen Römers zur Vergangenheit seiner Sippe und des Römers überhaupt zur gemeinsamen Vergangenheit aus und unterscheiden es zum Beispiel von dem des Griechen. Was die *imagines* und *tituli* für den Vornehmen sind, das ist die *rerum memoria*, sind die *rerum monumenta*, die *res gestae populi Romani* für die Römer insgesamt. Der Römer hat das Bewußtsein: das ist mein Ruhm. Er hängt an den Vorfahren und deren Institutionen mit ehrfürchtiger Liebe, achtet sie als lebendig konkrete Gebote.

Jetzt wird es deutlich, daß die Geschichtsschreibung nicht nur als senatorische Schriftstellerei eine besonders hohe

Würde hat, nicht nur der Politik entspricht, die die Römer als ihre eigenste Lebensbetätigung angesehen haben, sondern auch den Anlagen der römischen Seele gemäß ist. Die Römer sind von Haus aus auf Geschichte angelegt, und zwar auf Geschichte einer bestimmten Art. Geschichtsschreibung als Frucht der Erkenntnis eines Seins und Wesens am vergangenen Gegenstand haben die Römer spät und nur einmal, in Sallust, hervorgebracht – und auch da nur scheinbar. Ja, selbst die Geschichte, zu der sie berufen waren, hätten sie nie geschrieben, wenn die Griechen ihnen nicht Gedanken und Zunge gelöst und sie immer wieder neu gelehrt hätten, Geschichte zu erfassen und zu erzählen. Dieses Volk, das so auf Geschichte angewiesen war, das so unendlich viel mehr Sinn für konkreten Zusammenhalt in der geschichtlichen Dimension gehabt hat als die Griechen, hat doch in der Geschichtsschreibung keinen Schritt ohne die Griechen tun können. Zum Geschichte-Schreiben genügt eben das, was die Römer von sich aus mitgebracht haben, noch nicht. Es gehört dazu der Wille zum erklärenden, gültigen, dauernden Wort.

Was am Anfang steht, ist ungewiß und umstritten. Zwar bezeugen Cicero und Servius, daß in alter Zeit der oberste Priester Jahr für Jahr die Ereignisse, kriegerische und heimische, aufgezeichnet und das Brett, worauf sie standen, zugänglich gemacht habe, und gewiß hat es priesterliche Aufzeichnungen vor dem ersten Geschichtswerk gegeben. Aber wieviel Ähnlichkeit sie schon mit einem Geschichtswerk gehabt haben, das ist noch in jüngster Zeit Gegenstand des Zweifels gewesen. Seit Mommsen hatte man sich gewöhnt zu meinen, die Pontifices seien die ersten Geschichtsschreiber der Römer gewesen. In früher Zeit, schon im dritten Jahrhundert, hätten darnach die Priester die Geschichte der Stadt seit ihrem Ursprung in der Grundgestalt aufgezeichnet, wie sie dann später so einheitlich festgehalten worden ist. In jüngster Zeit ist nun aber dem ersten Verfasser eines wirklichen Geschichtswerkes, Fabius Pictor, in Matthias Gelzer ein Anwalt erstanden, der das erste römische Geschichtswerk als dessen geistiges Eigentum in Anspruch nimmt und den Pontifices streitig macht. Die Priesterannalen hat es bei genauerem Zusehen gar nicht gegeben, wenigstens nicht als Werk, aus dem Fabius die Geschichte, zumal der Frühzeit, hätte entnehmen können – trotz Cicero, der ein spätes Werk der gracchischen Zeit, die *Annales Maximi,* die sich als Zusammenfassung aller jener uralten Aufzeichnungen gegeben haben, harmlos als Zeugnis für die Art genommen hat, wie die alten Priester urtümlich kunstlos ihre Einträge gemacht hätten. Es ist schwer, darüber richtig zu urteilen. Denn weder die Pontifikalannalen noch das Werk des Fabius ist auch nur bruchstückweise erhalten. Wahrscheinlich ist es, daß die aufbewahrten Tafeln der Priester zwar kein Geschichtsbild, aber doch Geschichtliches enthalten haben, mehr als Gelzer zu wollen scheint, und von den römischen Senatoren auch benutzt worden sind, um sich über das Vergangene Auskunft zu holen. Wie hätte sonst Ennius auf Verständnis rechnen können, als er seine dichterische römische Geschichte nach jenen Brettern *Annales* nannte? Aber gewiß hat das Werk des Fabius Pictor weder sehr viel von seinem Gehalt noch irgend etwas von seiner Form diesen Jahrestafeln zu verdanken gehabt.

Denn was er gegeben hat, das stand bestimmt nicht darauf: eine ausführliche Urgeschichte, durch Aeneas mit der griechischen Sage verbunden, zeitlich in die griechische Chronologie eingeknüpft, ausführlich mit Zeichen und Wundern und doch auch wieder pragmatisch erklärend dargestellt, dann ausführliche Kunde vom Ursprung und von der Großartigkeit römischer Einrichtungen, weltlicher wie religiöser, dann wenige, aber in sich doch ziemlich ausführliche Bilder aus der frühen republikanischen Zeit, und dann die Hauptsache, eine Geschichte seiner Zeit, des ersten und des zweiten Punischen Krieges, deren

Art ein Bericht des Polybios über die Gründe des Hannibalkrieges erkennen läßt. Hinter dem Kriegsanlaß wird da in der Tiefe die Machtgier Hasdrubals und seines Nachfolgers Hannibal und das verwickelte Verhältnis zwischen ihnen und dem karthagischen Rat, wie es sich in langer Zeit herausgebildet hatte, als die wahre Ursache sichtbar. Fabius hat also die Vorgänge nicht bloß erzählt, sondern erklärt und verständlich zu machen gesucht. Sonst hätte ja auch schwerlich ein Mann wie Polybios ein halbes Jahrhundert später Achtung vor seinem Werk bezeugt.

Sonst hätte es aber auch seinen Sinn verfehlt, denn es war entstanden als Antwort eines einzigartigen Römers auf eine bestimmte Lage Roms. Einer begabten, geistig fortgeschrittenen Familie entstammt und selbst gewiß nicht zufällig Gesandter Roms zum delphischen Gott nach der Niederlage bei Cannae, als es eins der wichtigsten Anliegen war, die Gunst der Götter wiederzugewinnen, mußte Fabius Pictor Roms Not heftiger als andere empfinden, bei aller neu erworbenen kriegerischen und politischen Macht geistig wehrlos den Griechen, in deren Welt man geraten war, und den karthagischen Gegnern gegenüberzustehen, die durch griechische Schriftwerke die ganze gesittete Welt gegen Rom einzunehmen imstande waren. Er ist mit einem griechischen Werke unter die Griechen getreten und hat ihnen Rom und sein Handeln verständlich zu machen und seine Sache geistig zu verfechten gesucht.

Ein griechisches Werk, verfaßt von einem Römer, ist also die Geschichte des Fabius nicht nur der Sprache nach gewesen, sondern auch der Art und der Absicht nach; sie hat sich an Griechen gewandt. So ist es noch ein halbes Jahrhundert danach bei den späten, entarteten Nachfahren des Fabius gewesen. Wenigstens der eine von ihnen, A. Postumius Albinus, der Konsul des Jahres 151, hat noch in der Vorrede seine griechischen Leser um Nachsicht der Sprache wegen gebeten. Damals war Catos

Hohn wohl verdient. Denn nach dem Ende Makedoniens brauchte Rom die gute Meinung der Griechen nicht mehr. Eine griechische Geschichte Roms von einem Römer war sinnlos. Der Grieche Polybios trat auf den Plan. Er konnte die Aufgabe, Rom verständlich zu machen, unendlich besser lösen als damals irgendein Römer.

Das erste lateinische Geschichtswerk ist etwas Verschiedenes, kaum Vergleichbares gewesen, und es hat lange gedauert, bis es geschaffen worden ist. Zwar ist der erste Punische Krieg in lateinischer Sprache um dieselbe Zeit dargestellt worden, als wahrscheinlich Fabius den Hannibalkrieg erzählte, um die Jahrhundertwende. Aber es ist ein Dichtwerk, das Epos des Naevius, das erste in der Reihe der Gedichte, die bis zur Aeneis und weiterhin der Geschichtsschreibung einen Teil der Aufgabe abgenommen haben, die Vergangenheit gegenwärtig zu halten, und zwar vor allem ihren Glanz, Zauber und Ruhm zu feiern und Anteil daran zu geben. Ein zweites episches Gedicht, des Ennius Annalen, mußte danach noch die ganze römische Vergangenheit und besonders den Hannibalkrieg homerisierend darstellen, ehe zum ersten Male ein lateinisches Geschichtswerk entstehen sollte. Die Dichter sind dem ersten Historiker zuvorgekommen, denn sie waren außer ein paar Aristokraten die einzigen, denen von den Griechen die Zunge gelöst war. Jene Aristokraten aber, in denen etwa das Bedürfnis nach Klarheit über das Erlebte und Gehörte geweckt war, konnten bei Fabius und in seiner Nachfolge ihr Bedürfnis befriedigen; wie sollten sie neue Möglichkeiten entdecken? Dazu bedurfte es der seltsamen Lage und der Geistesmacht des M. Porcius Cato Censorius. Sein Geschichtswerk wandte sich allein an die Römer wie die Epen. Es war aber wie das des Fabius und seiner Nachfolger von einem Manne geschrieben, der am Regiment Anteil hatte. Man könnte davon sprechen, daß sich darin etwas von Fabius und etwas von Naevius miteinander verbunden habe, und gewiß war die Zeit, als das ennianische Gedicht vom Hannibalkriege und vom ersten makedonischen Kriege eben bekannt geworden war (172 v. Chr.), reif dafür. Aber Fabius mit Naevius verbunden gibt noch lange nicht Cato. Ihn führte eine neuartige Lage und ein neues Anliegen zu seinem Werk. Er kämpfte mit den Griechen nicht mehr wie Fabius draußen in der griechisch sprechenden gesitteten Welt, sondern innen vor den Römern; hier galt es jetzt nach einem Menschenalter Roms Sache durchzusetzen, das römische Selbstbewußtsein vor dem eingedrungenen Griechentum zu retten und die Überlegenheit der Römer zu bewähren. Und dieser Kampf war zugleich der Kampf zweier Zeitalter und zweier Schichten innerhalb der römischen Welt gegeneinander: das Alte, Einheimische lehnte sich gegen das Neue auf, das seine Lebensform zu zerstören drohte, die beharrende, wesentlich ländliche Bevölkerung gegen einige von den regierenden stadtrömischen Familien, die, geistig am weitesten fortgeschritten, sich mehr und mehr dem Griechentum öffneten. Dieses erbitterte Ringen Catos ist es, was das senatorische Schrifttum in lateinischer Sprache und was das erste lateinische Geschichtswerk hat entstehen lassen. Schon durch sein bloßes Dasein gibt das Geschichtswerk, ebenso wie die anderen Bücher Catos, den Willen kund, griechische Bücher zu verdrängen. Das Bedürfnis nach dem Schrifttum überhaupt und nach Geschichtsbüchern war offenbar aufgewacht, und zwar auch in Cato selbst. Man mußte es von der griechischen Literatur fernhalten, die, wie er seinem Sohne einprägte, einmal alles verderben würde; und so halb in Haß und Verachtung, halb in uneingestandener Schülerschaft und im Trachten, ein gewisses Minderwertigkeitsgefühl zu überwinden, hat er zuerst eine lateinische Literatur von senatorischem Rang, hat er sein Geschichtswerk geschaffen.

Durch seine Art gibt es sich als Werkzeug von Catos Willen und als Niederschlag seines Daseins zu erkennen. Es eifert gegen die Ruhmredigkeit der Griechen und verhilft dem namenlosen Heldentum römischer Soldaten zu ihrem Recht; es bringt Italien gegen die Anmaßung der römischen Großen zu Ehren, die Legionen gegen die adligen Führer, die Gesamtheit gegen den einzelnen großen Mann; es stellt die stets in Kämpfe verstrickte Gestalt seines Schöpfers in gehörig helles Licht und kämpft für sein Ansehen und seinen Ruhm; und es hält dem römischen Volk das Beispiel gesunder Sitten und großer Taten vor. Aber es zeigt auch, wie tief Cato von den Griechen berührt gewesen ist. Die Gattungsform wenigstens des ersten Teiles, der Urgeschichte Roms und der italischen Stämme und Städte, ist griechisch, der Inhalt insofern, als die Frage nach dem Ursprung italischer Namen und Städte Cato auf die einzig erreichbare Deutung der frühen Vergangenheit, die es gab, die griechische Sage, führt und als auch allgemeine Gedanken über Staatsformen und Staatsleben griechische Ideen abwandeln. Und wenn es sich schließlich zeigt, daß in Cato auch ein Stück von einem Forscher und Gelehrten enthalten ist, so ist doch wohl die Lust am Suchen, Finden und Besserwissen durch die Griechen in ihm rege und wirksam geworden.

Die prägende Kraft ist in diesem ersten lateinischen Geschichtswerk im einzelnen Ausdruck urwüchsig stark, in der Anlage des Ganzen aber fehlt sie; breit und formlos fließt die Erzählung immer mehr auseinander. Man wird auch vermuten dürfen, daß gar manches, was Fabius und seine Nachfolger hatten aussprechen können, für das lateinische Wort noch unerreichbar gewesen ist. Es ist eben ein Unterschied, ob man sich von einer gebildeten Sprache und Kunst, von einer fertigen Form, tragen läßt oder beides erst zu neuem Zweck gestalten muß. Daher auch der Abstand, in dem zuerst noch die Sprache der Geschichte hinter Dichtkunst und Rede zurückbleibt.

Die bedeutende Leistung Catos hat lange keine würdige Nachfolge gefunden. Die beiden, die nach ihm Geschichte geschrieben haben, haben sich gewissermaßen in Teilen seines Geschichtswerkes eingenistet und haben weiter daran gebaut, ohne das Ganze erfüllen zu können.

So ist Cassius Hemina ein *dimidiatus Cato* oder noch weniger. Ihn hat offenbar das Beispiel Catos, und zwar des ersten Teiles seines Werkes, der römisch-italischen Altertumskunde, gelockt. Noch bevor der zweite, zeitgeschichtliche Teil von Catos Werk fertig war, hat er einen Teil seiner Altertumskunde geschrieben. So möchte man das Werk fast lieber nennen als Geschichte, wenn man sieht, wovon die erhaltenen Bruchstücke fast alle handeln. Römische Namen, Gebräuche und Einrichtungen sind erklärt, und zwar ist ihr Ursprung erforscht. Eine neuerweckte Liebe zur Urzeit kann sich nicht genug darin tun, den trojanischen Ursprung der Römer darzustellen, die Geschichte des Aeneas und den Zustand Italiens, den er und die Seinen angetroffen haben. Abenteuerliche Etymologien verbinden sich mit dieser historischen Gelehrsamkeit; die Zeitrechnung versucht, die römischen Dinge in ein bestimmtes Verhältnis zum Trojanischen Kriege, zu Homer und Hesiod zu bringen.

Schon in der Urgeschichte macht sich die Vorliebe des Cassius für die sakralen Altertümer geltend, und sie hat offenbar auch die folgenden Bücher ausgezeichnet. Aber man erwarte nun bei ihm ja kein ehrfürchtiges Sichversenken in eine noch Gott nahe Menschheit der alten Zeit. Nein, er schwelgt darin, auf das platteste alte religiöse Bräuche zu erklären. Der König Numa, der Schöpfer des geregelten Gottesdienstes, muß zum Beispiel bei Cassius geröstetes Mehl zum Opfer vorschreiben, um auf diese Weise eine hygienische Maßnahme durchzusetzen, die ohne das religiöse Gefühl nicht hätte durchgesetzt werden können. Da mischt sich neugelernte aufklärerische griechische Wissenschaft mit der wachgewordenen Liebe zur Vorzeit zu einem barbarischen, mehr wunderlichen als anziehenden Gebilde.

Auf andere Art als Cassius ist L. Calpurnius Piso mit dem bezeichnenden Beinamen Frugi ein *dimidiatus Cato*. Zwar vereinigt er die zuchtmeisterliche Art Catos mit seiner Altertumskunde; das Geschichtswerk ist zugleich Ergebnis und Werkzeug des Lebens eines angesehenen, ja vorbildlichen Römers, der Konsul und Censor gewesen ist; und wenn man bedenkt, daß er der Zeit nach zwischen Cato und den beiden Gracchen steht und den stürmischen Wandel der Dinge in den dreißiger und zwanziger Jahren des zweiten Jahrhunderts tätig miterlebt hat, so möchte man wohl den großen geschichtlichen Atem auch in seinem Werk erwarten. Aber Dasein und Werk ist zweierlei; wie schwer es für einen Nichtgriechen sein kann, das Gewicht seines Daseins mit dem Werke aufzuwiegen, lehren die Römer und lehrt vielleicht niemand eindringlicher als Piso.

Offenbar hat Piso die römische Geschichte reichlich mit Anekdoten ausgestattet, von denen eine Anzahl erhalten ist, und gerade darin zeigt es sich, wie verschieden er bei großer Ähnlichkeit im allgemeinen von Cato gewesen ist. Wenn Cato die tapfere Tat eines Tribunen oder das berühmte Gespräch zwischen Hannibal und seinem Unterführer nach der Schlacht bei Cannae erzählt, so wird es ein Monument. Wenn aber Piso von Romulus erzählt, wie er beim Abendtrunk mäßig gewesen sei in Anbetracht der Amtsgeschäfte des nächsten Tages und dann, harmlos gehänselt, eine ebenso harmlose Witzantwort etwa im Stile Xenophons gegeben habe, so ist das ein flaues pädagogisches Histörchen, der verlotterten römischen Jugend ins Lesebuch geschrieben, und nichts weiter – eine Erfindung übrigens, die, genau wie die Altertumskunde des Cassius, fast erschreckend erkennen läßt, wie banal man die alte Zeit aufgefaßt hat.

Ein Verdienst Pisos, wenn man so will, scheint es gewesen zu sein, der älteren republikanischen Geschichte, von der die Früheren sehr wenig gewußt hatten, mehr Recht und Raum verschafft zu haben. Das mag damit zusammenhängen, daß wahrscheinlich in Pisos Zeit der neue Sinn für die Vorzeit im Collegium der Pontifices das Ergebnis gezeitigt hatte, daß man die alten Tafeln hervorzog und wahrscheinlich ergänzte. Chronik und Geschichtsschreibung sind so einander näher gekommen als bei Cato, der, weit entfernt, auch nur einen Teil seines Werkes Annalen zu nennen, geringschätzig von der Weisheit der Oberpriester abgerückt war.

Piso ist also einerseits bei Cato stehengeblieben, ohne an ihn heranzureichen, und andererseits mag der Umstand, daß er sich an die Kunde der Pontifices gehalten hat, seinem Werke noch mehr urtümliche Einfachheit gegeben haben. Stilistisch ist er jedenfalls rückständig, viel rückständiger als Cato.

Um so entschiedener heben sich von ihm drei Geschichtsschreiber ab, die, gar nicht so viel jünger als er, doch einem anderen Geschlecht angehören und den Wandel der Zeiten in ihren Werken auf sehr verschiedene Art offenbaren, zwei Angehörige des Scipionischen Kreises und ein Mann, der als Lehrer, als Gelehrter und Künstler eine neuartige Gestalt unter den römischen Geschichtsschreibern ist.

C. Fannius, der Schwiegersohn des Laelius und Hörer des Panaitios, der Konsul des Jahres 122, erst Freund, dann Gegner des C. Gracchus im Ringen dieses stürmischen Jahres, hat wahrscheinlich zum ersten Male die inneren Machtkämpfe des römischen Staates zum Hauptgegenstand wenigstens eines Teiles seines Werkes gemacht und damit das Wesentliche seiner Zeit in der Geschichte abgebildet – nicht nur inhaltlich, sondern auch durch die Art des Darstellens selbst. Wenigstens weist der Umstand, daß er nicht nur wie Cato eigene Reden, sondern auch die anderer Staatsmänner seiner Zeit wiedergegeben hat, darauf hin, daß er die Geschichte der Jahrzehnte, die er erlebt hatte, als Geschichte auch der inneren Politik aufgefaßt und in aller Ausführlichkeit berichtet hat.

Für Fannius ist nicht nur Sallusts Lob seiner Wahrhaftigkeit bezeichnend, sondern auch dies, daß er den jüngeren Scipio lange nach seinem Tode in Schutz genommen hat. Man hatte Scipios Ironie als Charakterfehler getadelt, Fannius deckte sie mit der Autorität des Sokrates. Soweit ging schon bei dem Schüler des Panaitios und denen, auf deren Verständnis er rechnete, die Anerkennung der griechischen Philosophen, ja, sie durfte auch schon in einem Schriftwerk dieser strengen, senatorischen Gattung ausgesprochen werden. Dazu fügt es sich gut, daß die Sprache dieses Werkes Cicero schon ein halbes Lob abgenötigt hat. Das erhaltene Stück eines weniger einfachen Satzgefüges beweist die Fähigkeit, einen verwickelten Gedanken einheitlich zu fassen.

Ob Fannius schon an dem großen Werke des Polybios gelernt hat? Man möchte meinen, daß es, wenn überhaupt in Rom, im Kreise des Scipio und Laelius gelesen worden ist. Sicher ist es, daß der jüngere Zeitgenosse des Fannius, Sempronius Asellio, im Sinne des Polybios die Geschichte seiner Zeit geschrieben und es am Anfang seines Werkes grundsätzlich abgelehnt hat, nur die Tatsachen in der Zeitfolge aufzuzählen; das heißt nach seiner Meinung Kindergeschichten erzählen. Es kommt vielmehr darauf an, die Absichten und Gründe aufzudecken, darzustellen, was Volk und Senat jeweils beschlossen haben und in welcher Absicht man dies und jenes ausgeführt habe. Nur eine solche Geschichte kann fruchtbar werden und, wiederum im Sinne des Polybios, eine Schule des Staatsmannes sein; wobei freilich der Römer nicht wie Polybios vom politischen Erfolg schlechthin spricht, sondern vom Handeln für das Gemeinwesen: der politische Verstand ist eben beim Römer nicht so wie beim Griechen von der Pflicht, für den Staat zu wirken, ablösbar.

Diese neue Art, Geschichte zu schreiben, erforderte mehr Raum als die älteren Darstellungen. Für einen bestimmten Zeitabschnitt (133–91 v. Chr.) hat Asellio nicht gar so viel weniger Bücher gebraucht als selbst Livius (10: 13).

Bei diesem Geschlecht ist also die Saat des Polybios aufgegangen. Aber auch das Widerspiel der pragmatischen Geschichte hat sich in dieser Zeit des schnellen Wandels in Rom hervorgetan, das dichterische Geschichtswerk in Prosa. Coelius Antipater, der erste von vielen, der ein solches Werk gewagt hat, ist auch der erste unter den Geschichtsschreibern, der nicht selbst handelnd an der Geschichte Anteil gehabt hat. Als Rechtskundiger in hohem Ansehen hat er bedeutende Staatsmänner als Redner ausgebildet und ist mit Aelius Stilo, dem ersten eigentlichen Philologen der Römer und Lehrer Varros, befreundet gewesen. Er, der erste Lehrer der Redekunst, hat sein Geschichtswerk dem ersten gelehrten Hüter des Schrifttums gewidmet. Diese neuartige Gestalt im Kreise der Geschichtsschreiber erinnert mit ihrer Daseinsart eher an Ennius als an Cato, Piso und Fannius, und ähnlich verhält es sich mit dem Werke. Denn darin wirkt kaum einer von den Antrieben der senatorischen Geschichtsschreibung, sondern es will eine Art Heldengedicht in Prosa sein, ja, es ist, als ob Coelius mit Ennius in den Wettstreit treten wollte: er hat sich den zweiten Punischen Krieg, ein Hauptstück der ennianischen Annalen, mit Hannibal und seinen römischen Gegenspielern als Helden, zum Gegenstand gewählt, zum ersten Male einen in sich geschlossenen Abschnitt der fernen Vergangenheit. Und für die Darstellungsart hat er sich zum ersten Male jene hellenistische Kunst zum Vorbild genommen, die, der Tragödie verwandt, den Leser nicht als Staatsmann und Bürger belehrt, warnt und anspornt, sondern als Zuschauer gewaltiger, erschütternder Vorgänge bei seiner ganzen Erlebnisfähigkeit packt und an allem Großen, Furchtbaren schauernd Anteil nehmen läßt. Dazu ist eine Sprache nötig gewesen, die, ebenfalls der dichterischen verwandt, durch Rhythmen, Klänge, seltene, dichterische Wörter und dergleichen die Sinne bannt.

Ist nun hiermit wieder eine griechische Möglichkeit für

die römische Geschichte gewonnen, hat sich Coelius sogar in gewisser Hinsicht von den Hauptzielen der lateinischen Geschichtsschreiber bisher entfernt, so hat das Ganze doch gerade mit der Übertreibung des Neuentdeckten, Neuerworbenen, sehr römisch geklungen. Indem Coelius in Klängen schwelgte, und zwar in solchen, die denen des Ennius ähnlich sind, erfüllte er ein tiefes Bedürfnis der Römer. Und dann muß man das eine bedenken: zwar hat man später den barbarischen, bunten Überschwang nicht mehr ertragen. Aber trotzdem wäre ohne Coelius kein Livius, kein Tacitus gekommen. Und schließlich ist Coelius bei allem Künstlertum nicht leichtfertig mit den Dingen verfahren. Er hat es sich angelegen sein lassen, Werke der römischen und der karthagischen Seite sorgfältig zu vergleichen und zusammenzuarbeiten.

Wesentlich anders als das Geschlecht, das den jüngeren Scipio und die gracchischen Kämpfe im Mannesalter erlebt hatte, haben die Schriftsteller die römische Geschichte bereichert, die nach dem Schreckensjahrzehnt von 91 bis 82 v. Chr., in der Zeit des sinkenden sullanischen Staates, zu Worte gekommen sind, die Annalisten Claudius, Licinius und Valerius und der Verfasser einer Geschichte seiner Zeit, Sisenna. Was die Annalisten betrifft, so sind sie dem Geschichtsforscher unrühmlich als die schlimmsten Verderber der römischen Geschichte bekannt, und in der Tat: die unbekümmerte, gewissenlose Art, mit der die Vergangenheit um mehr oder weniger guter Zwecke willen verwüstet worden ist, beleuchtet den haltlosen Sinn der damaligen Römer. Dennoch will auch das, was diese wunderlichen Schriftsteller geleistet haben, verstanden sein. Sie sind es gewesen, die die halbleeren Räume der frühen republikanischen Zeit in Besitz genommen und, Überliefertes ausweitend, übertreibend, ergänzend, so ausgefüllt haben, daß ihre Vorgänger aus der Zeit Pisos dagegen wie schüchterne Stümper erscheinen.

Da sind zunächst die Reihen der Aristien früher Zeit, auch sie eine neue Art Heldendichtung, Verherrlichungen der großen Tugenden des Volkes oder fast noch mehr Ruhmesschätze der Familien, die in der Zeit des Geschichtsschreibers blühten. Diese Geschichten erinnern zum Teil an Erzählungen aus der älteren Zeit von Cato und Piso, und sie sind wohl auch zum Teil nach deren Vorbild entstanden. Aber sie wollen nicht mehr anspornen und erziehen: sie verherrlichen einfach. Jeder kennt die Geschichte des Claudius Quadrigarius, wie in den Gallierkämpfen der junge Manlius Torquatus den prahlenden, prunkenden Hünen mit seiner schlichten römischen Tapferkeit erlegt. Das Römertum hebt sich glorreich vom Barbarentum ab. Und der Ruhm der Manlier ist durch diese Ursprungslegende mit der Geschichte der Römer verbunden.

Ursprungslegenden hatte es gegeben, seit die Römer Geschichte geschrieben haben, und gewiß auch schon Familiensagen. Aber zumeist waren es Namen und Gebräuche des römischen Volkes und Italiens, die da erklärt worden waren; die neue Legende dient zu einem guten Teil der Verherrlichung einer Familie.

Jene Aristie hängt in der Überlieferung, wie sie, bei Livius erhalten, durch die Hände des Claudius gegangen ist, mit einer ganzen Reihe von Manlier-Aristien des vierten Jahrhunderts zusammen, von der Rettertat des Manlius Capitolinus an über einen guten Teil des Jahrhunderts reichlich verbreitet, vorbildhaften Beispielen der Tapferkeit, des Gehorsams und der Gesetzesstrenge, in schweren Schicksalswirren zwischen Vätern und Söhnen zur Tragik erhoben.

Mit Claudius hat diese Art Dichtung nicht aufgehört. Geschichten, die er neu eingeführt hat, müssen von seinen Nachfolgern nacherzählt, verwandelt und vor allem umgewertet sein. Wer in jedem einzelnen Falle eine Geschichte gerade so gewendet hat, wie wir sie bei Livius lesen, ist bisher ungewiß; aber oft können wir feststellen, daß Helden solcher Aristien, wahrscheinlich während der sullanischen Zeit, ihre Schicksale gehabt haben: die ganze Familie der Claudier zum Beispiel, früher eine Reihe von Lichtgestalten, ist später in finsteres Dunkel gerückt.

Nachdem einmal der Weg beschritten war, ließ natürlich der Ruhm des Geschichtsschreibers und der verherrlichten Familien die anderen nicht ruhen. Licinius Macer, der gescheite, skrupellose populare Staatsmann, bevölkerte die frühe Geschichte mit einer Reihe von Liciniern, deren Verdienste wahrscheinlich die der Helden des Claudius noch in den Schatten stellten, und öffnete den Zeitgenossen die Augen darüber, daß im ganzen alles, was es im römischen Staat an Volksrechten gab, seinen Vorfahren, den Liciniern, zu verdanken sei.

Nach solchen Leistungen des Licinius dürfte auch Valerius Antias nicht untätig gewesen sein. Allerdings hat bei ihm sicher nicht nur Familienruhmsucht, sondern auch römischer Stolz die Geschichte überprüft und die Ruhmestaten des Volkes in zeitgemäßerer Größe erscheinen lassen; besonders in hohen Zahlen der feindlichen Verluste hat er sich nicht genug tun können. Aber daneben ist er doch kräftig bemüht gewesen, den Valeriern einen breiten Platz an der Sonne des geschichtlichen Ruhmes bei der Verteilung des verfügbaren Zeitraumes zu sichern. Als Feld dieser Tätigkeit hat er sich die ersten Jahrzehnte der Republik ausgesucht. Nicht alles ist in den anerkannten Bestand der römischen Geschichte aufgenommen worden – die späteren sind denn doch mißtrauisch geworden, und dem Livius ist das schamlose Übertreiben in der Seele zuwider gewesen –, aber bei Plutarch im Leben des Valerius Poplicola ist die Fülle des valerischen Ruhmes unvermindert erhalten, so wie sie Antias dargestellt hatte: schlechthin alles haben Männer dieses Geschlechtes in jenen frühen Zeiten geleistet, als der junge Freistaat um sein Dasein zu kämpfen hatte. Eine Valeria erhält die Stelle der bekannten Cloe-

lia, die Claudier werden in ihre Schranken zurückgewiesen: ein Valerier ist es gewesen, der den Urahn der Claudier erst nach Rom berufen hat.
Allein den römischen Ruhmestempel und vor allem die Familienruhmeshallen dergestalt zu füllen, ist nur die eine Leistung der Annalisten dieser Zeit. Sie haben außerdem die frühen Zeiten mit einer ausführlicheren Geschichte der inneren Politik bereichert. Innere Kämpfe hat es natürlich auch in früherer Zeit in Rom gegeben, und man konnte auch manches davon wissen. Aber seit dem Falle der letzten mächtigen Feinde Roms, besonders seit der gracchischen Zeit, hatten sich die Kräfte der Römer, statt gesammelt gegen die äußeren Gefahren zu stehen, mehr als früher gegeneinander gewendet. Das Staatsleben war zum guten Teil zu einem Kampf der Staatsmänner gegeneinander geworden. Auch die Geschichtsschreibung hatte in der gracchischen Zeit diese Vorgänge aufzunehmen und darzustellen gelernt, aber doch nur in der eigenen Zeit, in der es dergleichen wirklich in dieser Art und diesem Maß gegeben hatte. Jetzt aber konnte man sich auch die Geschichte früherer Zeiten nicht mehr anders vorstellen. Es mußte als unbegreifliche Unterlassung erscheinen, wenn die früheren Geschichtswerke über diesen wichtigen Teil des Staatslebens so wenig berichteten. Und so machte man sich denn ans Werk und holte das Versäumte nach. Damals hat sich die frühe republikanische Geschichte mit breiten Bildern innerer Kämpfe und all der feinen und derben Praktiken der Staatsmänner und Machtgruppen in Senat und Volksversammlung gefüllt, Abbildern der Zustände einer Zeit, die aus den Fugen gegangen war.
Abseits von diesem Wesen der Annalisten steht Cornelius Sisenna, kein unbekannter Mensch wie Claudius und Valerius, sondern wie Licinius ein angesehener Staatsmann und Redner, aber Aristokrat, mit seinem Sippengenossen Sulla hochgekommen, der Verfasser einer Geschichte seiner Zeit und hierin Nachfolger des Asellio

und Vorgänger Sallusts. Gebildet und begabt, anerkannt von Menschen sehr verschiedener Art, muß er die Geschichte der Erschütterungen Roms vom Bundesgenossenkrieg bis zur sullanischen Staatsordnung eindrucksvoll erzählt haben; wir wissen von seinem Werk leider nicht mehr, als daß er damit Sulla gerechtfertigt haben muß und daß er zuerst die Sprache der Geschichtsschreibung auf Grund wissenschaftlicher Grundsätze wunderlich genug gereinigt und geregelt hat.

Im zweiten Jahrhundert v. Chr. hatte ein Cato in einem großen Teil seines Geschichtswerkes den Zweck verfolgt, sich selbst zu rechtfertigen und sein Tun in das gehörige Licht zu stellen. Dafür benutzte man im ersten Jahrhundert Schriften einer eigenen Art, die »Commentarien«. Von Geschichtswerken unterscheiden sie sich dadurch, daß sie nur Stoff ohne formale und gedankliche Ansprüche zu vermitteln vorgeben und daß sie sich auf das beschränken, was der Schreibende getan hat oder woran er doch beteiligt gewesen ist. Cäsar hat in seinen Büchern über den Gallischen und über den Bürgerkrieg diese Gattung zur Vollkommenheit emporgeführt. Durchdringender Verstand und klarer Wille bilden sich in dem formstrengen, abstrakten Stil dieser angeblich kunstlosen Darstellung auf das gemäßeste ab. Der Inhalt ist weit davon entfernt, bloßer Tatsachenstoff zu sein. Die Commentarien enthalten nichts Geringeres als das wohldurchdachte Bild, das sich Mit- und Nachwelt von den beiden weltbewegenden Kriegen nach Cäsars Willen machen sollten.

Wendet sich nun der Betrachter zu Sallust, so überschreitet er innerhalb des eigentlich geschichtlichen Schrifttums eine wesentliche Grenze. Nicht nur, daß seine Werke bis zum Ende des Altertums gelesen und zwei von ihnen bis heute erhalten sind: diese Werke haben zuerst von allen römischen Geschichtswerken etwas unbedingt Gültiges an sich. Was ist aber das wesentlich Neue, das Sallust bei allem Zusammenhang mit seinen Vorgängern von Cato an seinerseits in die römische Geschichtsschreibung gebracht hat? Sallust hat die Römer auf eine neue Weise gelehrt, die Ursachen ihres Schicksals zu erkennen. Er ist der erste römische Historiker, der das ganze römische Schicksal als einen einheitlichen Vorgang hat auffassen können. Und er hat eine Form gefunden, die ihn auf beschränktem Raum doch das Ganze hat sichtbar machen lassen. An seinem »Catilina« mag das deutlich werden. Ein Mensch wie Catilina ist Ergebnis und Symptom der Krankheit Roms. Aus dem kritischen Zustand, in den es unter Sulla geraten ist, ergibt sich in solchen Menschen das Begehren nach Tyrannis; und daraus wieder folgen alle Taten des Verschwörers. Die Kette von Ursachen und Folgen verläuft also im Bereich der sittlich kranken oder gesunden Zustände des Volkes, und so ist es immer und überall bei Sallust. Die realpolitischen Ursachen und Anlässe sind für ihn Nebensache, wie übrigens auch das bloß Tatsächliche und die Zeitfolge – darin scheut er sich nicht vor Ungenauigkeiten und vor dem Vereinfachen. Es ist wesentlich bei Sallust, daß Catilina aus dem realpolitischen Schachspiel, soweit es möglich ist, herausgelöst und dafür um so inniger in den Zusammenhang der Pathologie des römischen Volkes eingeführt ist.

Der sittlich-politische Verfall von Volk und Staat, das ist es, worauf der Blick Sallusts immer verzweifelter ruht, je mehr er den einheitlichen Vorgang begreift, an dessen Ende er selbst lebt. Der Fall des letzten ernstlichen Feindes, Karthagos, hat im Innern erst Machtgier, dann Geld- und Genußgier entfesselt, Sulla die letzten Hemmnisse beseitigt; nun geht es unaufhaltsam ins Verderben. Die Kräfte und Werte, die ursprünglich geherrscht und Rom groß gemacht haben – der Römer faßt sie mit dem Worte *virtus* zusammen –, sind ausgestorben. Nur in zwei Männern seiner Zeit, in Cäsar und Cato, sind sie noch erschienen, aber getrennt voneinander: die

Werte der Kraftentfaltung nach außen in Cäsar, die Werte der Selbsteinschränkung (*modestia*) in Cato. Mit tiefem Bedürfnis nach dem Großen, Rechten blickt Sallust auf die Geschichte. Der Vergleich zwischen Cäsar und Cato gehört ebenso zu seinem geschichtlichen Weltbild wie die finstern Überblicke über die ganze römische Geschichte.

Jedes der drei Werke ist dazu da, dieses Gesamtbild von einem begrenzten Gegenstand aus zu zeigen, und dieses Verhältnis eines umgrenzten Gegenstandes zum Ganzen der römischen Geschichte begründet die neue Form; sie gleicht nur äußerlich der monographischen Form des Coelius.

Wie eigen diese Leistung des Sallust und wie römisch ihr Gepräge aber auch ist, so bleibt sie doch die Frucht der Begegnung eines Römers mit dem Werk eines Griechen. So wie das geschichtliche Denken des Polybios im Werke des Asellio fruchtbar geworden ist, so ist Sallust im Widerspruch gegen das Bild des sullanischen Staates herangereift, das Poseidonios hinterlassen hatte.

Und schließlich ist noch eines wichtig. Sallust wäre der Historiker, der er ist, nicht geworden, ohne die Resignation, ohne den Verzicht auf Hoffen und Wollen, der die Jahre seiner Schriftstellerei auszeichnet. Auch das unterscheidet ihn von den früheren Geschichtsschreibern der Römer.

Livius – um jetzt zu dem letzten in der Reihe zu kommen, der die Annalistik der republikanischen Zeit unter Augustus abgeschlossen hat – Livius gibt dem Leser weder ein Gesamtbild der römischen Geschichte, obwohl er sie von Anbeginn bis zu seiner Gegenwart erzählt, noch Erkenntnis der Ursachen, noch überhaupt eine denkerische Arbeit. Er ist Erzähler ohne den Anspruch, Denker zu sein. Als Annalist ist er nicht so sehr der Nachfolger des Sallust, als der des Piso, Claudius und Valerius Antias. Aber in der Zeit folgt er auf Sallust; mit Virgil zusammen offenbart er, im Gegensatz zu Sallust, das Verhalten der frühen augusteischen Zeit zur Geschichte.

Nur einmal, in der Vorrede des ganzen Werkes, entwirft er eine Gesamtansicht der römischen Geschichte: in den Grundlinien ist das Bild Sallusts festgehalten. Ergebung in das absinkende Schicksal Roms liegt auch diesem Werk zugrunde, das, bald nach der Schlacht bei Actium begonnen, während der Herrschaft des Augustus geschaffen ist. Livius trauert im Grunde um die alte *res publica*. Trotzdem gibt sich eine gewisse Ruhe, die Erleichterung der augusteischen Zeit schon in der Vorrede kund. Bei aller entsagenden Trauer spürt der Leser doch auch Stolz auf die Gegenwart, so viel wie nötig ist, um vor der Vergangenheit die Augen aufzuschlagen und die Geschichte Roms als ein Ganzes mit neuem Blick in ihrer Ehrwürdigkeit zu sehen.

Denn es ist wirklich ein neuer Blick. Zwar ist Livius, wie gesagt, Nachfolger des Claudius und Valerius, und was er gibt, ist im großen und ganzen der verglichene, überprüfte Inhalt ihrer Werke. Und dennoch ist es ganz anders. Es fehlt die Sucht, die leeren Zeiträume zu Gunsten von Volksruhm oder Familienruhm gierig zu besetzen, ehe ein anderer darüber kommt, die Gewissenlosigkeit im Überbieten, Erdichten, Konstruieren, kurz, der unvornehm überhitzte, krampfhaft gierige Wille der vorigen Geschlechter. Livius hat vielmehr als Sohn seiner Zeit gesammelt, was vorhanden war, zwar sich wohl bewußt, wie schlimm das Überlieferte verwüstet sei, aber auch überzeugt, daß nur die Überlieferung mit der Vorzeit verbinden kann, und mit einer Liebe neuer Art, die unerschlossene Werte aufleuchten läßt. Er hat nichts gewollt, als mit ehrfürchtiger Hingabe, mit *pietas*, die Geschichte Roms von neuem zu erzählen. Sie ist für ihn ein Raum unvergleichlichen Wertes, der Würde und der Majestät, und eben darin ist etwas Augusteisches und auch etwas tief im Römer Angelegtes erfüllt worden. Man findet Ähnliches zwar auch bei manchen Vorgängern, aber unvollkommen, verunreinigt durch gierige Leidenschaften oder andere Barbarei. Diese reine Andacht zu den Ursprüngen ist bei den Augusteern neu, und damit erst ist ein gültiges Verhältnis zur Vorzeit gewonnen, ohne platte Sucht, zu erklären und zu wirken, eine vornehme, fromme Gebärde in Gegenwart hoher Dinge.

Diese Gesinnungen sind im Werk des Livius fast nie geradezu ausgedrückt. Alles liegt eigentlich in der Art des Erzählens, und hier trifft nun der Betrachter zum Schluß auf das, was vielleicht an Livius das Schönste, aber auch dem Begreifen und Beschreiben mit kurzen Worten am wenigsten zugänglich ist. Ein bildlicher Ausdruck mag versuchen, auf das Wesentliche hinzudeuten. Der Zauber des Livius liegt nicht in der Kraft, Gegenstände und Vorgänge anzuschauen oder mit den Gedanken zu durchdringen, sondern in der Seele und dem Adel der inneren Bewegungen, mit denen er die feierliche, Jahrhunderte erfüllende Zeremonie der römischen Geschichte begehen läßt und selber mitbegeht.

C. IULIUS CAESAR

Der bestehende Brauch, Cäsars Kriegsberichte ganz jungen Schülern in die Hand zu geben und sie daran lateinische Texte verstehen zu lehren, ist nicht alt, nicht viel älter als hundert Jahre. Früher, nachdem Petrarca mit seiner Biographie den modernen Ruhm Cäsars begründet hatte, haben sich in Italien die Fürsten und Herren der Renaissance an dem Bild des großen Menschen begeistert. Das ist der Zusammenhang gewesen, dem sich damals auch das gelehrte Bemühen um Leben und Schriften zuordnete. In Deutschland, wo die Romidee fehlte, ist Cäsar mit seinen Werken in die Artistenfakultät der Universitäten geraten, der Stilistik und der Geschichte wegen. Den Gymnasien ist er lange fremd oder fast fremd geblieben. Johannes Sturm in Straßburg, im 16. Jahrhundert entscheidender Ordner des Unterrichts in weiten Teilen Deutschlands, hat wenig davon gehalten, Cäsar mit den Schülern zu lesen. Und noch Herder bezeugt zwar den Brauch, ihn in der zweitobersten Klasse zu lesen, aber er wehrt sich dagegen (Werke XVI, 271 Düntzer). »Julius Cäsar ist eigentlich nicht für Schüler, so leicht und schön Latein er auch schreibt; denn die Sachen selbst, die er erzählt, sind für einen Knaben oft unverständlich und selten interessant. Vor der Hand wähle also der Lehrer nur die verständlichsten Capitel von den Sitten der Völker usw.« – Herder meint die Stücke im 4., 5. und 6. Buch des »Gallischen Krieges« über die Sueben, über Britannien und seine Bewohner und über Gallier und Germanen – »besser aber, man führe statt des Cäsars den Justinus oder Curtius ein« – das eine ist ein später Auszug aus der

Weltgeschichte des Pompeius Trogus, eines Mannes der Zeit des Augustus, das andere eine Geschichte Alexanders des Großen.

Die Dinge haben den umgekehrten Lauf genommen. Anstatt sich wieder auf Militärakademien und den Unterricht der Fürsten, wo sie schon vorher eine größere Rolle gespielt hatten, und allenfalls auf die Universitäten zurückzuziehen, sind Cäsars Commentarien abwärts in den Unterricht der Anfänger eingedrungen. Die preußischen Lehrpläne der zwanziger und dreißiger Jahre des vorigen Jahrhunderts haben das so vorgeschrieben, und sie haben das Vorbild für ganz Deutschland abgegeben. Natürlich, Cäsar hat sich des kleinsten möglichen Wortschatzes bedient. Auch die syntaktischen Möglichkeiten, etwa die früher mannigfaltigeren Konstruktionen der Verba, hat er eingeschränkt. Er hat den Bau der Satzgefüge streng einheitlich geregelt, ohne Scheu vor der Monotonie, wenn immer die Hauptaussage mit dem Verbum das Ganze abschließt. Kurz, er hat die bunte Vielfältigkeit der früheren Sprache so streng wie keiner sonst auf eine genau geordnete Einfachheit zurückgeführt, und zwar bewußt: es gab von ihm ein eigenes Werk – De analogia – über die streng einschränkenden Grundsätze, nach denen er die Sprache behandelt wissen wollte und selbst wirklich behandelt hat. Deshalb ist er »leicht« zu lesen, also für Anfänger geeignet. Das ist folgerecht gedacht, verständlich und sogar vielleicht nach wie vor entscheidend. Nur trennt man so, schweren – oder etwa gar leichten? – Herzens, voneinander das einfache, auch dem Kinde zugängliche Formenwesen der Sprache Cäsars und den Gehalt dieser erstaunlichen Werke, wie er sich kaum dem reifen Betrachten nach und nach erschließt, wobei sich dann auch jene Einfachheit der Form als Ergebnis nicht primitiver Armut, sondern hochgesteigerter, wählerischer Genauigkeit und Geisteshelle darstellt. Man muß also dabei voraussetzen, daß nach einer ersten, äußerlichen Bekanntschaft in frühen Jahren der Leser später, viel später, zu diesen Büchern zurückkehren und dann erst spüren werde, was daran ist. Ähnlich verhält es sich ja freilich mit allen Werken, in deren Verständnis uns die Schuljahre einführen, und schließlich leidet alle Lehre, alle Überlieferung an dieser Not. Aber wo gibt es sonst eine so weite Spanne zwischen dem ersten Lernen und dem gemäßeren Verständnis? Und wenn dieses zweite nur auch wirklich folgte! In Wahrheit bleibt es leicht bei dem kümmerlichen Anfang, und er reicht doch wohl auch nicht hin, um, wie es sonst oft geschieht, in der Stille weiterzuwirken und spät einmal, wenn die Stunde kommt, unversehens verwandelt hervorzutreten.

Es ist schwer, die fürchterliche, großartige Leistung, die in Cäsars Commentarien dargestellt ist, wirklich zu ermessen. Er hat Gallien erobert und dem Imperium einverleibt, einen bedeutenden Teil der damaligen Welt damit erschlossen, wie vor ihm Alexander der Große Vorderasien und Teile von Innerasien, wie die spanischen und portugiesischen Eroberer Süd- und Mittelamerika, die Russen Sibirien. Im griechisch-römischen Altertum läßt sich mit Cäsars Eroberung nur Alexanders Werk vergleichen. Aber im Gebiet von dessen Reich wird längst nicht mehr griechisch gesprochen, in Frankreich spricht man noch heute romanisch, und diese Provinz des Römerreiches hat in den zwei Jahrtausenden ihrer Geschichte immer eine Hauptrolle im Spiel der von Rom aus gesitteten Völker gespielt, oft den anerkannten Vorrang behaupten können.

Mit der überlegenen Kriegskunst, die in den acht Jahren des Gallischen Krieges erworben war und dazu gedient hatte, das reich bevölkerte Land für Rom zu gewinnen, immer wieder gerade noch die von einem Mal zum anderen kritischen Lagen meisternd, – mit der Armee, deren Fähigkeiten sich zugleich mit der seinen in diesen Erfahrungen auf das höchste gesteigert hatten, hat Cäsar unmittelbar danach im Bürgerkrieg das Reich selbst erobert, Land um Land, Italien, Griechenland, Ägypten, Vorderasien, Afrika, Spanien, auch da immer wieder an den Rand des Untergangs gedrängt, bis er der Herr der Welt war, mächtig wie selten ein Mensch.

Aber auch die andere Seite dieser Tatenreihe ist kaum zu ermessen: daß es Cäsar zugleich vermocht hat, das, was noch von dem alten römischen Staatsgefüge übriggebliebenen war, zu zerstören und den Grund zu den Verhältnissen der Kaiserzeit vorzubereiten; sein Name ist bekanntlich der Name aller Kaiser geworden.

In allen diesen Taten äußert sich eine kaum vorstellbare innere Kraft. Der Mensch, in dem sie wohnte, hat wie wenige tief in den Gang der Welt eingegriffen. Was er bewirkt hat, ist aus unserem geschichtlichen Erbe nicht mehr wegzudenken und kaum zu entbehren. Wer möchte all das, was Frankreich im Laufe der Jahrhunderte eingebracht hat, missen, selbst wenn es in seiner Macht stünde, das Rad der Geschichte rückwärts zu drehen? Schließlich weist die immer neu begeisternde Macht seines Ruhmes darauf hin, daß in Cäsars Taten und Person ein Äußerstes erreicht ist, was Menschen zugänglich ist. Und trotzdem ist das alles fragwürdig, ja das Abscheuliche hat daran keinen geringen Teil. Sind überhaupt die Machtmenschen der römischen Geschichte unheimlich, so kommt bei Cäsar, in dem sich bei aller Freude am modern verfeinerten Leben dennoch gerade dieser altrömische Menschenschlag vollendet, außerdem die Gewissenlosigkeit des Mannes hinzu, der all das von sich gestreift hatte, was an ererbten Regeln seine römischen Partner in dem großen Spiel auch damals, trotz dem um sich greifenden Verfall der politischen Gesittung, immer noch innerlich band oder wenigstens hemmte. Diese frei schwebende Ungebundenheit hat Thornton Wilder in den »Iden des März« bewundernd dargestellt. Sie ist es aber auch gewesen, die Cäsar instand gesetzt hat, gegen die Usipeter und Tencterer das Völkerrecht zu brechen und diese Germanenstämme treulos zu vernichten, und alles, was an Ehrwürdigem in der Lebensordnung Roms auch damals noch lebte, mit Füßen zu treten und mit teuflischen Mitteln zu zerstören. Cäsar ist in seiner Genialität offenbar nicht imstande gewesen, außer sich selbst irgend etwas Verpflichtendes, Recht Forderndes anzuerkennen oder auch nur zu begreifen.

Groß und folgenreich ist Cäsars Tun. *Sed tanti fuit?* War Größe und Wirkung soviel wert, daß man über das Furchtbare hinwegsehen soll? Das in der Tiefe fragwürdige Wesen der Staaten- und Kriegsgeschichte kann und darf auch gerade im Falle Cäsars keine reine Freude im Betrachter aufkommen lassen. Aber eindeutig herrlich ist die Vergeistigung von all dem. Wie wir bei den Griechen nicht bloß ihre unbändige, faszinierende Lebenskraft anstaunen, sondern diese fast so, als verstünde sie sich von selbst, hinnehmen und erst die Welt der Formen in Gedanken und Kunstwerken, in die hinein sie sich vergeistigt, als das Unvergleichliche, zum Höheren Hinaufgehobene, für alle Zeit und alle Welt Geleistete und Erworbene verehren und lieben, so geht es uns mit Cäsar. Erst der vergeistigenden Kraft des Darstellers, des Prosaikers darf man sich mit ungetrübter Freude hingeben. Er ist nicht nur ein großer Mensch der Tat gewesen, der das Getane schlecht und recht auch selbst berichtet hätte – schon das wäre viel –, sondern einer der großen Meister des Wortes. *Non video cui debeat cedere,* hat Cicero von ihm gesagt, »ich wüßte nicht, wem er weichen müßte« (Brutus 261); und er mußte es wissen. Noch mehr Gewicht bekommt sein Urteil dadurch, daß sein Kunstwillen anders gerichtet war.

Cäsars Meisterschaft der Sprache, aber auch des Erzählens, beruht auf einer Art Abstraktion, auf Ausschließen, Weglassen und strenger Ordnung des Übrigbleibenden, beruht schließlich auf einem rücksichtslos vereinfachten, aber in seiner Art auf das Höchste gesteigerten Verhältnis zu den Dingen. Was nicht zum Planen und Handeln des Heerführers, des Politikers gehört, ist ausgeschieden. Was bleibt, läßt sich dem Gerippe eines Blattes vergleichen, dem die Raupen das Fleisch genommen haben: ein Gitterwerk, das die Gesetzmäßigkeit des Baues bloßlegt, aber der Fülle und Farbe entbehrt. Und der Leser hat den Eindruck, der wohl nicht trügt, diese streng bezogene Auswahl, dieser Verzicht sei nicht nur nachträglich, absichtlich den Dingen vom Schriftsteller aufgezwungen, sondern auch schon von vornherein in Blick und Griff dieses Menschen vorbereitet und wirksam gewesen, eine Grundform seiner Natur.

Nichts konnte seinerzeit verfehlter sein, als ihm anschauliche, lebendige Landschaftsbilder, womöglich mit Staffage, plastisch dargestellte Handlungen und Handelnde zuzuschreiben. Wollte man durchaus das vieldeutige und darum nichtssagende Wort »anschaulich« brauchen, dann könnte es sich nur um jene Anschaulichkeit handeln, die etwa eine Schachpartie für das innere Gesicht eines Kenners, ein klar gesehenes Problem, eine elegante Verfahrensweise für den Mathematiker hat. Im übrigen hat H. Fraenkel recht, wenn er in einer der aufschlußreichsten Arbeiten über Cäsar sagt: »Das großartig einfache Ge-
H. Fränkel recht, wenn er in einer der aufschlußreichsten
Stil mit hohen Opfern bezahlen. Cäsar verzichtet im allgemeinen auf Anschaulichkeit und Plastik« (Neue Jahrbücher 1933, 37).

Gleich das erste Kapitel des Bellum Gallicum, *Gallia est omnis divisa in partes tres* usw., ist als zusammengefaßte Landes- und Völkerkunde von Gallien mindestens karg, teilweise unbrauchbar, wenn man sich ein Bild von Land und Leuten machen will. Der zweite Satz: »Sie alle – nämlich die gallischen Völker – unterscheiden sich untereinander in Sprache, Gebräuchen und Gesetzen«, *hi om-*

nes lingua institutis legibus inter se differunt, könnte der sinnlos gewordene Rest der entsprechenden Worte des Geographen Strabo sein. Er beginnt die Landeskunde von Gallien in seinem vierten Buche mit der gleichen Einteilung in Aquitaner, Belgier und Kelten und fährt dann unterscheidend fort: »Die Aquitaner sind nicht nur der Sprache, sondern auch der Körperbildung nach gänzlich abweichend und gleichen mehr den Iberern als den Galliern. Die übrigen zeigen zwar in ihrer äußeren Erscheinung gallisches Gepräge, sind aber nicht alle gleichsprachig, sondern einige zeigen in ihrer Sprache kleine Abweichungen. Auch Staatsverfassung und Lebensführung weisen kleine Unterschiede auf.« Hier weiß man doch, woran man ist. Cäsars Satz ist wirklich ein eingeschrumpfter Rest der Worte zwar nicht Strabos, der sein Werk erst lange nach Cäsar, im Jahr 18 v. Chr., abgeschlossen hat, wohl aber seines Vorbildes, wahrscheinlich des Poseidonios. Cäsar hat dessen Anfang von der Landeskunde von Gallien nur als Schema benutzt, um damit rasch zu dem zu kommen, was ihn allein interessiert. Die gallischen Völker sind verschieden, am tapfersten sind von den drei Hauptvölkern die Belgier, weil sie nicht von der Kultur geschwächt sind und weil der beständige Krieg mit den Germanen sie stählt. Und von den Galliern im engeren Sinne sind die Helvetier die kriegstüchtigsten, und zwar aus dem gleichen Grunde, weil sie nämlich immerfort mit den Germanen zu tun haben. Und damit ist der Schreibende bei dem Volk angelangt, das er als ersten Feind packen wird. Nicht um ihrer selbst willen sind also die gallischen Völker für Cäsar wichtig. Nur als Kriegsgegner sind sie nach ihrer Erheblichkeit für das Handeln des Feldherrn abgeschätzt. Ihre kriegerische Kraft ist auf zwei einfache Ursachen zurückzuführen, die gleichen, die auch sonst eintönig immer wieder genannt sind, wo ein Volk aus der Masse der Gallier herausgehoben werden soll.

Bei den Helvetiern angelangt, erzählt also nun Cäsar, wie dort im Jahre 61 v. Chr. der mächtigste Fürst, Orgetorix, getrieben von dem Willen zur Alleinherrschaft *(regnum)*, eine Verschwörung des Adels zuwege gebracht und das Volk überredet habe, insgesamt auszuwandern; es sei leicht, die Oberherrschaft *(imperium)* über ganz Gallien in die Hand zu bekommen. Ein klarer Anfang! Ein Mann, Orgetorix, eine Triebfeder, Machthunger, eine Zeit, das Jahr 61, ein Ziel, Oberherrschaft über ganz Gallien. Das ist, nach Cäsar, der Ursprung des Krieges, der noch im Jahre 58 v. Chr. damit endete, daß der größere Teil des Volkes vernichtet und der Rest zwangsweise in dem alten Gebiet wieder angesiedelt wurde, wo doch die Auswanderer beim Auszug alles niedergebrannt hatten; ja, es ist, nach Cäsar, der Beginn eines dichten, ununterbrochenen, notwendigen Zusammenhangs von Handlungen, der erst mit der Unterwerfung von ganz Gallien endet. Der Geschichtsforscher, ja der geschichtlich urteilende Mensch unserer Zeit überhaupt, glaubt es nicht, daß man so einen Punkt in der nahen Vergangenheit bezeichnen könne, an dem die schuldhafte Bewegung im Inneren des Helvetierstammes begonnen hätte. Das frevelhafte Spiel des Orgetorix mit seinem Volk hat kaum genügen können, die Völkerwanderung in Gang zu bringen. Es war überhaupt unruhig geworden in den Ländern, die im Norden den Alpen vorgelagert sind. Vordem war Süddeutschland Land der Kelten gewesen. Die Germanen hatten sie zurückgedrängt. Auch die Helvetier, früher um den Schwarzwald ansässig, waren vor ihnen in das Land zwischen Alpen und Jura ausgewichen, und neuerlich waren sie auch da schon bedrohlich umfaßt; die Germanen Ariovists, von den Sequanern – in Burgund – zu Hilfe gerufen, hatten sich zum Lohn ein Drittel des Landes geben lassen. Vergegenwärtigt man sich diese Lage, so begreift man, daß sich die Helvetier der Umklammerung zu entziehen getrachtet haben. An einer späteren Stelle hat Cäsar selbst mittelbar darauf gedeutet, wo er den Gallier Diviciacus im Namen seiner Landsleute sagen läßt, wenn keine Hilfe von Cäsar und Rom komme, nämlich gegen Ariovist und seine Germanen, dann müßten alle Gallier das gleiche tun, was die Helvetier getan haben, auswandern, eine andere Heimat weit weg von den Germanen suchen und, gleichviel welches Schicksal sie treffen werde, es darauf ankommen lassen (1, 31, 14).

Der Hilferuf der Sequaner, der Ariovist über den Rhein in das Land gezogen hatte, hing seinerseits damit zusammen, daß seit Jahrzehnten zwei Stammesbünde um die Vormacht stritten. Der eine von ihnen, dem die Sequaner angehörten, hatte sich gegen den der Häduer nur noch mit fremder Hilfe behaupten zu können geglaubt, hatte vor drei Jahren gesiegt, war aber dafür von dem fremden Bundesgenossen abhängig geworden. Zu alledem kamen Parteien und Machtgruppen, deren Grenzen sich quer durch die einzelnen Stämme und Völker zogen. Über die Stammesgrenzen hinweg taten sich Prätendenten bei Helvetiern, Sequanern und Häduern zu römerfeindlichen Bündnissen zusammen.

Rom hatte seit 122 v. Chr. den Stammesbund der Häduer gestützt und noch vor kurzem, im Jahre 61, dem Statthalter von Gallia Narbonensis eine freilich flaue Weisung zugunsten der Häduer mitgegeben, aber dann im Vorjahr (59), unter Cäsars eigenem Konsulat, den Feind seiner Verbündeten, Ariovist, und zwar bald nach dessen Sieg über sie, besonders ausgezeichnet. Es hielt offenbar zwei Eisen im Feuer und schien geneigt, den Sieg Ariovists, die Niederlage des Häduerbundes hinzunehmen. Von dieser verwickelten Lage, von dieser Unruhe und den vielfältigen Dingen, die im Spiele waren, hat Cäsar wissen können und gewußt, er, der Konsul des Jahres 59, in dem ein führender Häduer sich in Rom aufhielt, die Staatsmänner aufzuklären und zum Einschreiten für sein

Volk zu bewegen. Ciceros Briefwechsel zeigt, daß man schon im Jahre vorher mit Sorgen oder auch mit Hoffnungen die unruhigen Verhältnisse in Gallien beobachtete. Aber Cäsar tut, als gäbe es diese Hintergründe nicht. Man kann nicht sagen, das geschichtliche Denken jener Zeit habe ein Gewebe so verschlungener Ursachen und Voraussetzungen nicht zu fassen oder wenigstens nicht darzustellen vermocht. Polybios hatte längst vorher auch den Römern gezeigt, wie man zukunftsträchtige Zustände ihrer Geschichte zergliedern und durchschaubar machen könnte. Sallust, der die Verschwörung Catilinas einigermaßen ähnlich wie Cäsar die des Orgetorix zu erzählen beginnt – zu einer bestimmten Zeit faßt einer aus Machtgier den Gedanken, Alleinherrscher zu werden und bringt eine Verschwörung zustande – Sallust also macht doch diesen Verschwörer und seinen bösen Gedanken zu Folge und Ergebnis vielfach bedingter Zustände der Zeit Sullas und schließlich der ganzen römischen Geschichte. Freilich von Haus aus lag es den Römern nicht nahe, vielfältig verwobene Verhältnisse klärend auseinanderzulegen, sich einzulassen auf das Verständnis verwickelter Hintergründe, besonders auf der Seite ihrer Feinde. Und nun gar Cäsar: bis zum Abschluß des Feldzugs gegen die Helvetier hat er zunächst einmal alles weitere auf sich beruhen lassen und Blick und Tatkraft nur auf die eine, möglichst einfach gefaßte Aufgabe gerichtet. Wenn er eine so einfache Formel dafür braucht – mit der einfachen Schuld bei dem Gegner, an die er sich halten kann –, so glaube ich nicht einmal, daß er unaufrichtig gewesen ist. Er wird diese Dinge so dargestellt haben, wie er sie beim Handeln eben genommen hat. Das Ergebnis ist die saubere Klarheit, die der Leser, auch ohne sie zunächst erklären zu können, spürt. Da ragen keine halbdeutlichen Hintergründe herein. Immer ist nur die Sache im Blick, die Cäsar jeweils in der Hand hat. Und seine praktische Geisteskraft *(consilium)* zeigt sich darin, daß er die Dinge so griffbereit zu sehen vermag.

Die einfache, derart aus ihren Zusammenhängen herausgehobene Aufgabe wird gelöst, die Helvetier werden besiegt, der überlebende Teil, wieder nach Hause geschickt, muß das abgeben, was man in neueren Zeiten einen Pufferstaat nennt, damit nicht die Germanen in den leeren Raum dringen und damit zu Grenznachbarn der römischen Provinz werden. An dieser Stelle gibt Cäsar den Blick wenigstens auf einen Teil der Zusammenhänge frei, die am Anfang um der einfachen Formel willen außer Betracht geblieben sind. Es ist nicht etwa ein ergänzender Rückblick, in dem dies geschieht, sondern im Gegenteil der Bericht über eine neue Lage, eine neue Aufgabe, die sich Cäsar anbietet und aufdrängt. Nach seinem Sieg über die Helvetier, der ihn tief in das Innere von Gallien geführt hat, bitten Vertreter der Gallier – und zwar von Gesamtgallien – um Schutz gegen die germanische, die suebische Gefahr. Dabei erklärt Diviciacus, wie es gekommen sei, daß der Stammesbund der Sequaner die Sueben Ariovists gegen die Häduer in Sold genommen und daß dieser sich nach dem Siege festgesetzt und breitgemacht habe – schon sind es 120 000, nicht mehr 15 000 wie am Anfang –, so daß, wenn Cäsar nicht eingreife, nichts weiter übrigbleibe als auszuwandern; es drohe die Gefahr eines germanischen Gallien. Dies alles taucht also im Gesichtsfeld nicht um seiner selbst willen auf, nicht, um nachträglich die helvetische Wanderung zu erklären, sondern als neue Aufgabe. Erst in dem Augenblick, als das Einschreiten gegen Ariovist sich aufdrängt, tritt er und sein Volk im Bericht auf.

Einfach, allzu einfach, stellt sich auch diese neue Aufgabe bei Cäsar dar. Allzu aufdringlich ist es alle paar Zeilen wiederholt, daß es sich um Gesamtgallien handle, *tota Gallia.* Der Hilferuf eines bedrängten Volkes, das ohne Unterschied der bisherigen Lager Cäsar einmütig um

Hilfe gegen den fremden Eroberer bittet: das ist es, was Cäsar entgegentritt, sich vor ihm in Reden entwickelt und zu einer neuen Entscheidung drängt. Daß es so einfach nicht gewesen ist, hat man mit Recht hervorgehoben. Die alten Gegensätze zwischen den Stammesbünden und zwischen den Parteien innerhalb der Stämme gab es gewiß auch jetzt noch. Aber nur die Römerfreunde konnten sich bei Cäsar zum Wort melden. Und er nahm sie beim Wort: sie machten ihn zum Schutzherrn Gesamtgalliens, gaben ihm das Recht, als sein Verteidiger gegen den äußeren Feind aufzutreten. Man erkennt es hier recht deutlich: es geht nicht um Einfachheit schlechthin, sondern darum, daß alles streng auf das jeweilige Handeln des Politikers und Heerführers hingeordnet ist und sich seinem Griff handlich darbietet. Gestalten und Verhältnisse treten erst dann und nur so weit in den Blick, als sie zum nächsten Entschluß führen und eine einfache Handhabe bieten.

Nicht, als ob es sich Cäsar in dieser Hinsicht immer leicht gemacht hätte. Er weiß es auch einmal erzählend auszukosten, wenn es ihm ein Gegner schwer gemacht hat, im Feld oder als verhandelnder Partner. Das Schachspiel mit einem fast ebenbürtigen Gegner darzustellen ist für ihn eine würdige Aufgabe. So hat er sehr sorgfältig – er mußte sich gegen verbreitete Bedenken rechtfertigen – und mit sichtlicher Lust das diplomatische Vorspiel des Krieges mit Ariovist erzählt. Zwar setzt er ihn von vornherein und durchweg in ein ungünstiges Licht, indem er ihn barbarisch, nicht römisch verhandeln läßt. Cäsar hat dem Gegner das Nachgeben erleichtert, indem er es als bloßes Ergebnis besserer Einsicht hinstellte, wobei der Gegner seine Ansprüche fallen lassen konnte, ohne gedemütigt dazustehen. Ariovist hat nur zwischen zweierlei die Wahl gelassen, entweder schwere Beleidigungen hinzunehmen oder zu kämpfen. Cäsar hatte nicht angeklagt, nicht gedroht. Ariovist hat sich so verteidigt, als hätte Cäsar sein gutes Recht angegriffen (1,44,1–6), ist zu heftigen Vorwürfen übergegangen (1,44,7–10), hat gedroht, und sein Vorschlag, ihm, dem Sueben, Gallien und zugleich Mühe und Plage seiner Feldzüge zu überlassen, ist eine Unverschämtheit gewesen. Erst recht sein und seiner Leute Verhalten während und nach den Verhandlungen ist derart gewesen – und Cäsar spart hier nicht mit bezeichnenden Einzelheiten –, daß es für den Leser ausgemacht sein muß: das ist ein richtiger Barbar, unberechenbar und unzuverlässig; paktieren kann man mit einem solchen nicht.

Das alles bezieht sich jedoch eigentlich nur auf das Verfahren, das Wie. Blickt man auf den sachlichen Gehalt, auf das Was, so läßt Cäsar den Gegner seine Sache erstaunlich gut führen. Er selbst hat gefordert, die römischen Verbündeten unbehelligt zu lassen, ihnen die Geiseln zurückzugeben und keine Germanen mehr über den Rhein nachzuziehen. Ariovist hat daraufhin hinter die Einzelheiten auf den Kern des Problems durchgegriffen, einen Angriff auf seine Macht in Gallien festgestellt und sein gutes Recht geltend gemacht, in Gallien zu sein, Geiseln als Bürgen für die Vertragstreue der Besiegten zu nehmen, Zins zu erheben und Krieg zu führen, wenn die Verträge nicht erfüllt würden. Nicht Angreifer, sondern Angegriffener sei er, darum sei auch der Nachschub aus dem rechtsrheinischen Germanien ein Gebot bloßer Verteidigung. Wenn die Freundschaft, die ihm Rom neuerdings feierlich verliehen, etwa das zu bedeuten haben sollte, daß er dafür auf seine vertraglichen Rechte, die bisher gutwillig gezahlten Abgaben der Besiegten, verzichten müsse, dann verzichte er doch lieber auf die römische Freundschaft. Ihn in Gallien zu stören, wenn er sein gutes Recht ausübe, sei Unrecht.

Ariovist ist nicht nur ein kluger Gegner, sondern, ganz anders als früher der Unterhändler der Helvetier, Divico, der nur anbietet, droht und mit bloßer Kraft prahlt

(1, 13 ff.), einer, der dem Römer auf dessen eigener Gedankenebene begegnet; er kämpft ebenbürtig um Recht und Unrecht. Was er vorbringt, hat gewiß schwache Stellen, und das vielleicht stärkste mögliche Argument läßt ihn Cäsar nicht ins Feld führen, daß nämlich Rom in den Kämpfen vor wenigen Jahren nichts für die unterliegenden Häduer getan und gleich nach ihrer Niederlage – darauf kommt es an – den Sieger durch Verleihung des Freundschaftstitels geehrt und also doch wohl anerkannt hat. Im ganzen aber hat es sich Cäsar, wie gesagt, nicht dadurch leicht gemacht, daß er den Gegner verkleinert hätte. Er erzählt von ihm mit dem fachmännisch beteiligten Blick für das Verhalten eines bedeutenden Gegners. Doch bleibt die Fülle des Menschlichen auch hier ausgeschlossen. Nur was in dem großen kriegerisch-staatsmännischen Schachspiel erheblich ist, geht in die Darstellung ein.

Auch wenn Cäsar Schlachten darstellt, hält er sich an die gleiche Grundform. Man kann es etwa an dem Bericht von der ersten großen Schlacht, der bei Bibracte, studieren, in der die Helvetier endgültig geschlagen worden sind (1,24–26). Schon am Anfang, wo der Aufmarsch der beiden Heere beschrieben ist, wird ein entscheidender Unterschied deutlich. Cäsar stellt die Streitkräfte vielgliedrig geordnet auf. Was ein jeder Teil zu leisten hat, ist wohl berechnet. Bei den Helvetiern gibt es nur zusammengeballte, ungefügte Kräfte, hier Schlachthaufen, dort Troß. Der Verlauf des Gefechts ist in Phasen eingeteilt. In jeder wird das Kampfmittel, das jeweils entscheidet, deutlich: römische Fernwaffen, Kurzschwert aus Eisen, dreifache Schlachtreihe, in der das dritte Glied sich wenden und mit umgekehrter Front gegen einen Feind im Rücken kämpfen kann, der Cäsar umgangen hat. Jede der Phasen der Schlacht offenbart über die vorige hinaus, trotz allem Mißerfolg des Feindes, noch mehr seine Widerstandskraft. Was Cäsar am Anfang gesagt und getan hat, um die Entschlossenheit der Seinen zu steigern, wird nicht übergangen, aber nur soweit in die Darstellung hereingenommen, als es eben zum Bereitstellen dessen dient, was den Sieg bewirkt. Dann funktioniert nur noch das Bereitgestellte, Zubereitete, die Sache. Darauf allein beschränkt sich der Bericht. Außer dem, was im Planen und Handeln des Feldherren vorkommt, ist alles Menschliche streng ferngehalten, Spannung, steigender und sinkender Mut, Leiden, Anblick, Klang und dergleichen mehr.

Sallust hat dort, wo er den letzten Kampf Catilinas erzählt (59,1), am Anfang den Satz vom Wegführen der Offizierspferde, *remotis omnium equis, quo militibus exaequato periculo animus amplior esset,* teilweise wörtlich aus Cäsars Schlachtbericht genommen, aber wie wortkarg er sich im übrigen auch gebärdet, im Verlauf seines Berichts kommt das Innere der beteiligten Menschen sehr wohl ins Spiel: *veterani pristinae virtutis memores;* so etwas gibt es im Bild der Schlacht bei Bibracte nicht. Es ist, als ob das nüchterne, unbeirrte Planen des Staatsmannes und Feldherren, *consilium,* von allem anderen abgesondert, rein für sich verwirklicht, diesen Bericht diktiert hätte – und nicht nur diesen, sondern andere ihrer Art und die Commentarien Cäsars überhaupt.

Eine fühlbare, für den Eindruck cäsarischer Erzählungen entscheidende, aber meist nicht bewußt wahrgenommene Seite dieses streng ausschließenden Stiles ist es, wenn die Regungen des menschlichen Innern fehlen, bei Cäsar sowohl wie bei seinen Offizieren und Soldaten, solange sie sich nämlich richtig verhalten; ist von einem Affekt, selten genug, die Rede, so geschieht es im Zusammenhang mit einem Fehler. Und nicht nur im Gegenstand, sondern auch im Stil der Sprache fehlt der Affekt. Man wird dieser Eigenheit am leichtesten beim Vergleich mit den Schriften der Fortsetzer inne, die Cäsars Feldzüge nach dem Tode des Pompeius dargestellt haben. Sie haben sich bemüht wie er zu schreiben. Aber gerade die strenge Abstraktion ist ihnen nicht gelungen. Eine gewisse Lebendigkeit besticht vielleicht den gutwilligen Leser, bis er merkt, daß, je weiter sie geht, desto geringer der Wert des Berichts ist.

Im »Afrikanischen Krieg« (1,4) erfährt Cäsar, wie groß die feindliche Streitmacht ist. »Trotzdem ließ er sich nicht schrecken und verließ sich zuversichtlich auf Mut und Hoffnung«, *animoque et spe confidebat.* Dergleichen würde man bei Cäsar selbst vergeblich suchen. – Nach der verwegenen Landung in Afrika verbreiten sich Angst und Niedergeschlagenheit (10,2). »Und sie hatten im Augenblick keinen Trost und sahen keine Hilfe in Plan und Absicht auf ihrer Seite außer allein in Miene und Lebhaftigkeit und wunderbar guter Laune ihres Feldherrn. Er trug hochgesteigerte Zuversicht zur Schau. Dabei beruhigten sich die Leute. Auf sein Wissen und seine Klugheit vertrauten sie. Dadurch werde ihnen alles leicht werden, hofften sie.« – Im Lager Cäsars vor Ruspina herrscht Mangel. »Und er war selbst von derartiger Unruhe und Erwartung, daß er einen Tag, nachdem er das Schreiben und den Boten nach Sizilien abgesandt hatte, auch schon sagte, Flotte und Heer bleibe zu lange aus, und Tag und Nacht Augen und Gedanken fest auf das Meer gerichtet hielt« (26,4). Ein ungeduldig wartender, am Warten leidender Feldherr, wie unmöglich in Cäsars eigenen Commentarien!

Etwas Eigenes wäre jedoch über das siebente Buch des »Gallischen Krieges« zu sagen, die Darstellung des Jahres 52, in welchem Gallien noch einmal von vorn und nun erst endgültig erobert werden mußte. Gefahren und Sieg steigern sich auf das tiefste und höchste, während in Rom eine Staatskrise alles das in Frage stellt, was sich Cäsar erstritten hat. Und hier läßt sich auch der Darsteller von dem andersartigen Wellengang der Dinge tragen. Hier ist die Einförmigkeit des Satzbaues durch ausdrucksvollere Sätze mit dem Zeitwort am Anfang unterbrochen, hier gibt es eine lange wörtliche Rede (7,77), hier ist die entscheidende Schlacht um Alesia so erzählt, daß der innerlich bewegte Zuschauer, das Innere der beteiligten Menschen, Stimmengebraus und dergleichen mit gegenwärtig werden und das lange unentschiedene Gewoge mit dem schildernden Imperfektum als selbständige Hauptsache, nicht nur wie sonst als Hintergrund von eigentlichen Handlungen, eigens wiedergegeben ist (7,80 ff.).

Man hat es längst festgestellt, daß »die späteren Bücher immer reicher und freier werden« (H. Fränkel a. O. 39,2). Das Vercingetorix-Buch fordert indes in diesem Wandel einen eigenen, durch seinen Inhalt bedingten Platz.

Darstellung und Sprache Cäsars sind im übrigen darum so vollkommen, weil darin alles, was nicht auf Planen und Handeln des Staatsmannes, des Feldherrn bezogen ist, streng ausgeschlossen bleibt. Die Grenzen der damit bezeichneten Gesetzmäßigkeit scheint eines der kostbarsten Stücke des »Gallischen Krieges« zu überschreiten, im sechsten Buch die vergleichende Völkerkunde von Gallien und Germanien, etwa ein Viertel des ganzen Buches. Man kann es als das Äußerste dessen ansehen, was es auch sonst bei Cäsar an Kunde von Land und Leuten gibt. Aber es geht doch auch darüber hinaus. Sonst ist immer alles genau auf die jeweilige Aufgabe Cäsars bezogen – der problematische Exkurs über Britannien mag auf sich beruhen. Hier aber läßt sich das nicht behaupten. Was von dem Parteienwesen der Gallier im großen und im kleinen gesagt ist, mag noch, trotz seiner Fülle an interessanten Einzelheiten, als Ganzes die Aufgabe haben, verständlich zu machen, daß Rom im Lande selbst Parteigänger gefunden und daß auf der andern Seite auch Ariovist hat zugreifen können. Das Druidenwesen im ganzen und der Umstand, daß einer der beiden bevorzugten Stände keinen Kriegsdienst zu leisten hat, mag, wie das mächtige Religionswesen überhaupt, einen Mangel an kriegerischer Kraft bedeuten. Aber wozu die Einzelheiten über Ursprung, Lehre und Lehrweise, über die Nachfolge im Amt des obersten Druiden – durch Wahl oder Zweikampf – und dergleichen, höchst wichtig für die Völkerkunde, belanglos für den Feldherrn? Wozu das Vielerlei über Götter und Formen der Götterverehrung, über das Nachrichtenwesen, über Sitten und Gebräuche, Ehe, Familienleben, Begräbnisprunk und manches andere? Das geht zweifellos über das hinaus, worauf sich Cäsar sonst auf diesem Gebiet beschränkt. Strenger bezieht sich der andere, kürzere Teil, der über die Germanen, auf das, was den Heerführer angeht, die kriegerische Kraft dieses Gegners. Aber auch da gibt es Einzelzüge, die damit nichts zu tun haben, wie etwa die Heiligkeit des Gastrechts. Im Vergleich jedoch, der auf die gesonderten Bilder der beiden Völker folgt (24), gilt auf das deutlichste der eigentümliche cäsarische Gesichtspunkt. *Virtute superare,* Tapferkeit und Überlegensein, diese beiden Worte leiten ein und schließen ab. Überlegen ist für ihn hier wie anderswo das Volk, das von dem verfeinerten Leben der Mittelmeerwelt nichts weiß. Gerade dieses Motiv bestärkt uns in der Erkenntnis, daß sich diese Völkerkunde, als äußerster Fall, den übrigen Angaben über Völker und Stämme bei Cäsar doch noch zuordnet. Was darüber hinausgeht, ist Ethnographie in der Weise der Geschichtsschreiber seit Hekataios und Herodot bis zu Poseidonios, dem Zeitgenossen Cäsars. Man hat seit Karl Trüdingers Studien zur Geschichte der griechisch-römischen Ethnographie und Eduard Nordens Buch über Tacitus' Germania und die germanische Frühgeschichte viel über Thematik und Form der alten Ethnographie erkannt. Beides läßt sich klar bei Cäsar wiedererkennen.

Damit gerät der Exkurs über Gallien und Germanien immer mehr in den Verdacht, die geschlossene Einheitlichkeit des Werkes zu verletzen. Cäsar scheint sich auf das Feld wissenschaftlicher Erkenntnisse um ihrer selbst willen zu begeben, ja auf ein Streitgespräch einzulassen. Vor ihm hat man allgemein Gallier und Germanen ununterschieden für ein und dasselbe gehalten. Poseidonios hat sie wahrscheinlich zuerst unterschieden, den Unterschied aber für geringfügiger gehalten als die gemeinsame Art. Cäsar, Eroberer und Entdecker in einer Person, wie Norden sagt, weiß zuerst das entscheidende Wort auszusprechen: der Unterschied ist das Wesentliche. Aber was konnte ihn so auf fremdes Gebiet verlocken? Etwa die Hoffnung auf einen künftigen Geschichtsschreiber, da er ja eine Völkerkunde nach den Gebräuchen der Alten nicht würde umgehen können und mit dem rechten Wissen ausgestattet werden mußte? Oder der Ehrgeiz, hier selbst mit den eigentlichen Geschichtsschreibern zu wetteifern? Das mag wohl so sein. Und auch die Freude der Römer an der Kunde von besiegten fremden Völkern soll nicht gering angeschlagen werden. Aber die hohe Meinung von der inneren Einheitlichkeit des Werkes läßt die Frage nicht ruhen, was denn die Völkerkunde darin an dieser Stelle leistet. E. Nordens Antwort führt ein Stück weiter: ». . . an der Stelle . . ., wo das rechtsrheinische Germanentum zum letzten Male in den Gesichtskreis seiner Leser« tritt, gestaltet Cäsar einen kurzen Satz, wie er im amtlichen Bericht gestanden sein kann, »für das Lesepublikum« literarisch aus (a. O. 93). Dieser Satz, der unmittelbar auf die Völkerkunde folgt, besagt, Cäsar habe Getreidemangel befürchtet, weil keineswegs alle Germanen sich um Ackerbau bekümmern, und darum beschlossen, nicht weiter in das rechtsrheinische Germanien einzudringen (6,29,1). Er habe also den Feldzug abgebrochen.

Ist die große zweiteilige Einlage wirklich nur ein Abschied des Schriftstellers von Germanien, ein Zugeständnis an die Leserschaft, literarischer Aufputz bei Gelegenheit eines sachlich allein notwendigen einzigen Satzes? Das kann doch wohl auch Norden nicht im Ernst gemeint haben. Jener Satz erklärt, warum Cäsar zurückgegangen ist, ohne mit den Germanen fertig geworden zu sein. Dieser Abbruch des Unternehmens scheint seiner Art zu widersprechen. Mit Galliern ist er niemals so verfahren. Verstehen kann es der römische Leser nur dann, wenn er erfährt, daß Germanien etwas wesentlich anderes ist, daß die Rheingrenze zwei Welten voneinander trennt und daß es außerdem drüben schwierig wird und nicht einmal etwas zu holen ist. Dann erst begreift er, daß Cäsar nicht an irgendeiner Stelle erlahmt und unverrichteter Dinge wieder zurückgekehrt ist. Bellum Gallicum, das ist eine Aufgabe für sich, die am Rhein endet. Der geläufige Irrtum, noch von Poseidonios vertreten, wonach sich beide Völkerfamilien gar nicht oder nur geringfügig voneinander unterscheiden, würde seine Kriegspolitik in einem falschen Licht erscheinen lassen, seinen Ruhm beeinträchtigen. Darum lohnt es wohl, sich tiefer in die Ethnographie der beiden Völker einzulassen und die Begriffe richtigzustellen. So wird doch wohl an diesen Kapiteln auch etwas begreiflich, was es, verwunderlich bei der Beständigkeit des Formenschatzes all der vielen griechischen und römischen Ethnographien, nur hier und sonst nirgends auf diesem Gebiet gibt: der Vergleich als Form einer Völkerbeschreibung. Und so verstanden ordnet sich der Exkurs schließlich doch der Gesetzmäßigkeit ein, der wir nachgegangen sind. Auch er dient dazu, Entschluß und Handeln des Heerführers vernünftig und richtig erscheinen zu lassen.

CICERO

Das denkwürdige Leben des M. Tullius Cicero ist das erste in der Geschichte, das uns im Großen und im Kleinen, von der Teilnahme am Regiment Roms und der Welt bis in das Innerste des Hauses, der Freundschaft und der einsamen Gedanken Jahr für Jahr, oft von Tag zu Tag bekannt ist, bekannter als das Leben der meisten Menschen der nahen Vergangenheit. Die Schriften, die theoretischen vor allen anderen, haben tief und weit wie weniges gewirkt. Sie haben dem hl. Augustinus geholfen, sich dem Ewigen zuzuwenden, seine Philosophie der inneren Welt zu begründen und den Sinn des Staates zu deuten. Der Renaissance-Humanismus hat mit der Entdeckung Ciceros und der schönen Prosa begonnen. In der Lehre vom Menschen, wie sie die frühe Neuzeit entwickelt hat, ist allenthalben ein verborgener Cicero spürbar. Noch Herders Anthropologie hängt mittelbar und unmittelbar damit zusammen.

Der Wissenschaft der Neuzeit kann man nicht vorwerfen, zu wenig Mühe für diese außerordentliche Erscheinung aufgewandt zu haben. Die Chronik des Lebens ist von den Historikern bewunderungswürdig genau aufgestellt und mit den politischen Ereignissen der Zeit verwoben. Was an biographischer Arbeit darüber hinausgeht, ist offen oder geheim von der alten Frage nach dem Urteil über Cicero bewegt, der Frage, die schon Petrarca beinahe in seiner Liebe zu ihm irre gemacht hätte, als die rückhaltlos offenen Briefe an den vertrauten Freund Atticus entdeckt waren. Bücher über Cicero werden von Drumann und Mommsen bis zu Zielinski und Carcopino leicht Anklageschriften oder Apologien.

Die literarische Hinterlassenschaft ist in vielen Richtungen immer wieder durchforscht: Sprache und Stil sind systematisch und historisch dargestellt, die Reden nach Inhalt und Technik erläutert, die theoretischen Schriften in den Zusammenhang der hellenistischen Philosophie und Rhetorik gerückt, wobei es wieder nicht ohne Enttäuschungen abgegangen ist, seitdem man gelernt hat, zu durchschauen, wie flüchtig und unvollkommen Cicero die Systematik seiner philosophischen Vorlagen wiedergegeben hat.

Das alles ist jedoch vereinzelt geblieben und wird meist getrennt vorgetragen. Der Historiker hat es mit den Seiten zu tun, die dem öffentlichen Leben zugekehrt sind, der Philologe mit der Wortkunst, mit den Gedanken und ihrer Geschichte, mit literargeschichtlichen Zusammenhängen und dergleichen. Jeder überspringt das, was ihn nicht unmittelbar angeht. Was für ihn bleibt, reiht er summierend wie auf einer Linie aneinander. Nur chronologisch und im äußerlichen Sinne biographisch ordnet er das Vereinzelte wieder zusammen. Man achtet nicht darauf, wie eines auf das andere wirkt, eines im anderen mit enthalten ist. Man sieht nicht, wie der Cicero der philosophischen Dialoge schon sehr früh angelegt ist. Man übersieht, wie der geistige, der literarische Cicero auch dann insgeheim auf den ehrgeizigen Mann des Forums einwirkt, als er vergessen scheint, verdrängt von Politik und Gerichtsarbeit. Und doch liegt in der Spannweite dieser Verhältnisse das Wesentliche, das Eigentliche, was dieses umstrittene Dasein auszeichnet, reich und bedeutend macht, Stärke und Schwäche, Gelingen und Mißlingen vorzeichnet und in seltener Art aneinander bindet und verschränkt.

Eine Biographie Ciceros in diesem Sinne muß erst noch geschrieben werden. Einstweilen mag ein Entwurf für das ausgeführte Bild stehen.

In Heimat und Familie, in der Umwelt seiner Jugend, in dem menschlichen Klima, worin er aufwuchs, ist von seinem späteren Leben, von dessen Art und Gehalt, schon

mehr, als man gewöhnlich bedenkt, vorbereitet, ja, man möchte gern sagen: vorbestimmt und vorentschieden.
Die Bewohner von Arpinum, seit 188 v. Chr. römische Vollbürger, wußten sich längst Glieder des großen römischen Gemeinwesens, machten aber für sich ein Gemeinwesen im kleinen aus und verwalteten ihre heimischen Angelegenheiten selbst. Eine Art Kleinstadtaristokratie hatte die kleine Politik ebenso in ihrer Hand, wie die Nobilität in Rom die große. Es waren, wie es scheint, einige wenige miteinander verschwägerte Familien, außer den Tullii, zu denen Cicero gehört, die Gratidii und dann die Marii. Der große Marius war aus dieser Kleinwelt zum Retter Roms vor Cimbern und Teutonen aufgestiegen. Sein Ruhm hat Cicero in der Kindheit berührt. Cicero hat sich dem »Neuling« aus Arpinum, der ihm vorangegangen war auf dem sonst damals kaum noch gangbaren Weg von solcher Herkunft zu solcher Höhe, zeit seines Lebens eigentümlich nahe gefühlt, mochte sich die Art der beiden Männer und ihres Aufstiegs noch so tief unterscheiden.
Bodenständige Grundbesitzer sind es gewesen, die diesen Municipaladel ausmachten, »Ritter« ihrer Vermögensklasse nach, doch nicht von der Art, die unter diesem Namen in jenen Jahrzehnten mehr von sich hat reden lassen: keine Großunternehmer, wie sie, zusammengeschlossen zu Gesellschaften, als Staatspächter in den Provinzen das Steuerwesen als gewinnbringendes Geschäft betrieben. Dabei lebten sie nicht abgeschlossen in ihrer Kleinwelt. Im Gefolge großer römischer Häuser und Herren suchten sie ihr Glück zu machen. Sie begleiteten Statthalter in die Provinzen. Es gab da mancherlei Dienste, denn an staatlichen Verwaltungsbeamten unter den höchsten Stellen fehlte es ja fast ganz. So waren ein Vatersbruder und ein Großonkel Ciceros im Jahre 102 v. Chr. mit einem der großen Redner der Zeit, M. Antonius, in Cilicien. Nehmen wir Helvia, Ciceros Mutter, dazu, die aus einem prätorischen Hause stammte, und

deren Schwager, den Juristen Aculeo, der sich an den anderen großen Redner, Crassus, angeschlossen hat, so wird es recht deutlich, in welcher Weise diese Familien des kleinen Landadels doch auch in die große Welt Roms reichten.

In der Kleinwelt von Arpinum hatte sich der Wandel, der die herrschenden Familien der Hauptstadt seit dem Hannibalkrieg ergriffen hatte, erst viel später durchgesetzt. Ciceros Großvater, der Gut und Familie noch regierte, als der Enkel geboren wurde (106 v. Chr.), ist noch ein Stück altrömisches Italien gewesen, ein Cato Censorius im Kleinen. Den einzigen Ausspruch von ihm, der bekanntgeblieben ist, könnte ebensogut Cato getan haben: »Mit unseren Landsleuten ist es so wie mit den syrischen Sklaven, die man auf dem Markte kauft: je besser sie griechisch können, desto weniger taugen sie« (Cicero, *de orat.* 2,265). Die Welle des Hellenismus hatte ihn noch nicht überspült, aber er mußte sich schon dagegen sperren. Das Gutshaus war noch altväterisch einfach – wie das des alten Samnitensiegers Curius, das Cato gepriesen hatte. Was Cicero sonst noch von seinem Großvater zu erzählen weiß, stimmt damit überein. Die alte, catonische Zeit rührte daheim noch an Ciceros Anfänge.

Aber sein Vater baute das Herrenhaus um, reicher und gepflegter, wie es die neue Zeit erforderte. Und er lebte zurückgezogen *in litteris,* mit literarischen Studien beschäftigt.

Sein eingezogenes Leben, entschuldigt vom Sohn mit schwacher Gesundheit, ist kein müdes Ende einer degenerierten Familie geworden, sondern Anfang eines steilen Aufstiegs. Die Frau aus prätorischer Familie, Ciceros Mutter, ist schon erwähnt. Wichtiger ist der Wille, mit dem ein Lebensplan zäh verfolgt ist. Cicero der Vater gehört zu den Vätern, die in ihren Söhnen leben, in ihnen verwirklichen, was sie in sich selbst nicht zu erreichen hoffen können. Er ist dem Vater des Horaz ähnlich, vor allem darin, daß er seinen beiden Söhnen Marcus und

Quintus den besten Unterricht verschafft hat, der damals in Rom erreichbar war. Wohlmeinende Verwandte und Freunde hielten das für überflüssig, er aber ließ sich nicht irre machen, *prudentissimus*, in sehr weiser Voraussicht. Er siedelte also mit seinen jungen Söhnen und einigen ihrer Altersgenossen aus der Verwandtschaft nach Rom über, wo er ein Haus besaß, und sorgte dort für ihren Unterricht.

Rat und Hilfe empfing er dabei von M. Crassus, dem Redner, der im Jahre 95 Konsul gewesen ist. Hier ist der junge Cicero zum ersten Male einem der Männer nahe gekommen, die auf der Schaubühne des Staatslebens die Hauptrollen spielten. Die Knaben hatten Zutritt zu dem vornehmen Hause. Sie sahen den großen Mann von griechischen Gelehrten umgeben, wissenschaftliche Gespräche mit ihnen führen und ernste Studien pflegen, hörten ihn griechisch ebenso fließend wie lateinisch sprechen und genossen selbst den Unterricht seiner griechischen Lehrer. So und nur so erwarb man damals in Rom höchste Geistesbildung: im Innern der großen Häuser, verborgen vor der Öffentlichkeit. Es war wie eine andere Welt, die unsichtbare Seite eines Doppellebens. Ciceros Geist hat dort früh die gemäße Nahrung gefunden und begierig aufgenommen.

Die Frau des Crassus, Mucia, Enkelin des Laelius, der der nächste Freund des jüngeren Scipio Africanus gewesen war, und auch die anderen Frauen des Hauses ragten wie die Männer hervor; Cicero rühmt ihre Sprache. Mucias Mutter Laelia war die Frau des Q. Mucius Scaevola, des Auguren, der in seiner Jugend selbst noch Scipio nahe gestanden hatte.

Diese Umwelt mit ihrem geistigen Klima ist in den Bestand von Ciceros Wesen und Dasein eingegangen und hat vieles in seinem Leben entschieden. Er hat sie später als seine Geistesheimat betrachtet. Als er fünfzigjährig begann, seine Gedanken über das Vollkommene in Geistesbildung und Politik darzustellen, hat er sie den Männern in den Mund gelegt, denen er die wesentlichen Vorbilder zu verdanken überzeugt war: in dem Dialog vom Redner den Männern um Crassus, in dem staatsphilosophischen Hauptwerk vom Gemeinwesen denen um Scipio. Lebendig gegenwärtig war ihm der Geist von Scipios Freunden vor allem in Mucius Scaevola, dem Auguren (Konsul 117), in dessen Obhut und Gefolge Cicero nach alter römischer Sitte mit sechzehn Jahren aus Unterricht und Zucht des Hauses in das öffentliche Leben getreten ist. Der alte geistvolle, heitere Mann muß dem Zögling viel aus der hohen Zeit seines Lebens erzählt haben, so wie es sich am Anfang des Dialoges »Laelius, über die Freundschaft« abbildet. Übrigens war er ein geachteter Rechtsgelehrter, und damit mag es zusammenhängen, daß Cicero rechtskundiger als die meisten Redner seiner Zeit gewesen ist.

Bessere Männer als die, welche um Ciceros Jugend Sorge trugen, hätte man im damaligen Rom nicht finden können. Ihrem Stande nach gehörten sie zu den Führenden. Der Unterricht war offenbar auf einen Aufstieg im öffentlichen Leben berechnet. Aus Liebhaberei leistete man sich einen solchen Aufwand an Mühe und Sorgfalt so hoher Herren nicht. Zwar ist Pomponius Atticus, Studiengenosse bei Scaevola und Freund fürs Leben (geboren 109 v. Chr.), nicht zu den Staatsämtern aufgestiegen. Einmal vor den Gewalttaten des Bürgerkrieges nach Athen entwichen, hat er ein unabhängiges Privatleben vorgezogen. Immerhin ist er ein Freund fast aller führenden Männer seiner Zeit gewesen und als Verwandter des Augustus gestorben. Wie hoch die Pläne von Ciceros Vater zielten, ist unbekannt. An das Konsulat durfte man vernünftigerweise nicht denken. Aber der Drang zur Höhe ist auf jeden Fall kräftig gewesen. Und was den Weg betrifft, so ist ein Entwurf nicht zu verkennen, der sich gar nicht von selbst verstand: sich durch Geist und Rede emporzuarbeiten, so wie Crassus als Redner berühmt geworden war. Mögen immerhin ältere Nahverhältnisse hereingespielt und es nahegelegt haben, sich Crassus und Antonius, die Redner, und Scaevola, den Juristen und entschieden geistigen Menschen, als Gönner, Vorbilder und Lehrer zu wählen: bloßer Zufall eines äußeren Geschicks kann es nicht gewesen sein. Wesens- und Artverwandtschaft muß diese Menschen zusammengeführt haben. Wie verschieden ist der Aufstieg des Marius, des anderen Neulings aus Arpinum, angelegt, bei dem sich mit außergewöhnlichem Verdienst im Kriege der Widerstand des Volksmannes gegen die führende Schicht als Mittel eines ebenso hochstrebenden Ehrgeizes verbindet!

Was man als Ciceros eigene angeborene Art ansprechen darf, hat offenbar der des Vaters nicht widerstrebt, sondern gleich gerichtet sich von selbst in die vorbestimmte Umwelt hineingefunden.

Kriegerische Fähigkeit – um damit zu beginnen – fehlt fast ganz, trotz dem pflichtgemäß in der Jugend während des Italikerkrieges (91–88) abgeleisteten Heeresdienst und trotz der Strafexpedition, die er später im Jahre 51 als Statthalter von Cilicien erledigt hat – nicht ohne das nachher zu dem Versuch auszunützen, zu seinen übrigen Ehren auch den Triumphlorbeer zu gewinnen. Er dachte unkriegerisch und beging deshalb immer wieder den Fehler, das zu unterschätzen, was seit der Heeresreform des Marius das entscheidende Machtmittel auch der inneren Politik geworden war: das proletarische Heer eines Feldherrn, der sich außerdem auf ergiebige Provinzen und ein außerordentliches Kommando stützen konnte.

Diesem Mangel steht gegenüber eine überlegene Begabung für Gedanke und Wort, ja, selbst für Wissenschaft und Theorie. Das zeigt sich glänzend schon in einer Jugendschrift des Zwanzigjährigen, einem Lehrgang der Redekunst, nach dem allein fertig gewordenen Teile gewöhnlich *De inventione* genannt. Es ist wie mit Händen zu greifen, weil sich ein fast zu gleicher Zeit geschriebenes

Werk erhalten hat, die Rhetorik *Ad Herennium*, die im allgemeinen Schritt für Schritt einem sehr ähnlichen Unterrichtsgang folgt. Der unbekannte Verfasser meidet die Fragen, die Probleme, die Erörterung, meidet die feine, reiche Systematik ebenso wie die geschichtliche Tiefe der Tradition, kurz: das wissenschaftliche Wesen. Es ist für ihn nichts als griechische Wichtigtuerei und »gehört nicht zur Sache«, wie er unwirsch erklärt. Nennt er doch auseinandergehende Lehren, so entscheidet er sich kurz und gut: *noster doctor ita docuit,* »bei meinem Lehrer habe ich es so gelernt ...«. Cicero kostet gerade das aus, was der andere meidet. Er fügt dergleichen sogar zu dem Überlieferten hinzu, etwa ein schwieriges Kapitel aus der philosophischen Logik. Er freut sich am Bedeutsamen, an philosophischen Ansichten seines Gegenstandes. Dem römischen Durchschnitt der achtziger Jahre entspricht das nicht. In Cicero lebte schon damals etwas, was ihn später reine geistige Anschauung um ihrer selbst willen hat verstehen und lieben lassen. *Est enim animorum ingeniorumque naturale quoddam quasi pabulum consideratio contemplatioque naturae,* »etwas wie eine wesensgemäße Nahrung des Innern und der Geisteskraft ist das Bedenken und Betrachten der Naturgesetzlichkeit im All«. Der Drang zum Geistigen hat sich auf alles Erreichbare gestürzt. Cicero hat immer unersättlich studiert und gelesen, sogar später in Zeiten gehäufter Berufsarbeit. Selbst in Gerichtsreden und Briefen wirkt mittelbar dieser Trieb: in der Fähigkeit, das Vielfältige zu durchdringen, zu gliedern, geistvoll zu behandeln, so daß es leicht wird und man sich mit entschieden geistigem Behagen darin ergeht.

Damit ist die künstlerische Begabung berührt. Man mag sonst günstig oder ungünstig über Cicero denken; eines ist gewiß: er hat nun einmal die Prosa geschaffen, die bis zum Ende des römischen Altertums gegolten, die am Anfang der Neuzeit Petrarca zu einer neuen Bewegungsart der Sprache erweckt hat und die es noch immer mit jeder

Prosa der Weltliteratur aufnehmen kann. Dazu kommt die Kunst der Komposition, die in den nicht zu eilig gearbeiteten Reden und Dialogen bedeutend ist. Über weite Abschnitte hin vermag er große Massen derart einheitlich zu gestalten, daß sie nicht nur gegliedert sich faßlich darbieten, sondern, anstatt zur Hauptsache Stoff und Inhalt zu sein, Träger von Bewegungen werden, die in weiten Schwüngen und Kurven einherziehen. In dieser Kunst hat er vielleicht nicht seinesgleichen. Die Anlage der Reden im Großen, noch wenig studiert und wenig bekannt, von Fall zu Fall neu und eigen trotz aller erlernten, sicher beherrschten Technik, zeugt von entschieden künstlerischer Kraft. Und wie weiß er schließlich die Dinge und sich selbst darzustellen, gebärdenhaft eindringlich vorzuführen mit der Ausdruckskraft, die von Plautus bis zu den Italienern unserer Tage immer eine Stärke der Menschen dieses Landes gewesen ist, wenn auch nicht gerade der Staatsmänner Altroms, deren unmusische Gesichter in ihren Bildnissen uns erschrecken.

Von ihnen unterscheidet sich Cicero auch durch ungemeine Empfänglichkeit für Eindrücke. Günstiges und Ungünstiges hat ihn heftiger erregt, als für einen Staatsmann in solcher Zeit gut ist. Er hat Zusammenbrüche ohne allen Halt erlitten – am ärgsten bei der Verbannung – und dann wieder Aufschwünge – bei der Rückkehr etwa – voll von mitreißendem Jubel. Gefahren wie die seines Konsulatsjahres, als er den drohenden Putsch eines so gerissenen, skrupellosen Spielers wie Catilina in vorsichtigem Gegenspiel klug vereitelte, haben ihn offenbar tiefer bewegt als die geborenen Teilnehmer an der großen, gefährlichen Schachpartie. Darum stellte sich ihm in aufregenden Lagen leicht alles, was ihn anging, größer dar, als es in Wahrheit war, wie zum Beispiel eben der geplante Staatsstreich Catilinas und sein eigenes Tun in diesem Zusammenhang – was dann begreiflicherweise denen, die nur Politiker waren, auf die Nerven gefallen ist. Man muß dabei bedenken, daß die Leistung, die gewiß die Welt nicht bewegte, aber immerhin nicht ganz unerheblich war, einer gar nicht dafür geschaffenen Natur abgerungen ist. Die Gefahren und Schwächen dieser Anlage werden durch ungewöhnliche Schnellkraft des Geistes zum Teil ausgeglichen. Ist er leicht niedergeschlagen, so ist er auch schnell wieder obenauf, alles andere als schwerblütig. Das Erstaunlichste in Hinsicht auf diese Federkraft ist vielleicht die Rede für Murena. Cicero lebte damals, gegen das Ende seines Konsulats, Tag für Tag in Gefahr, von den Putschisten überspielt zu werden. Er mußte höchst angespannt nach mehreren Seiten hin um die Staatsordnung und um sein Leben kämpfen. Und er hat es dennoch fertig gebracht, die heillos verfahrene Angelegenheit, die Anklage einiger politischer Freunde gegen einen der Ihren, durch die heiterste, geistvollste Behandlung vor Gericht aus der Welt zu schaffen. Ein beschwingtes, erleichterndes Wesen geht von ihm aus, wie man es wohl im Umgang mit Romanen auch heute noch wohltuend spürt.

Leicht beweglich, ist er doch auch wieder beharrlich darin, das einmal ins Auge gefaßte Ziel zu verfolgen. Allen Schwung seines Wesens setzt er unablässig daran. Unter den vielen fleißigen Menschen des damaligen Rom könnte er der fleißigste gewesen sein.

Es ist nicht der ganze Cicero, es sind ein paar Seiten seines Wesens, die hier hervorgekehrt sind, weil sie in dem Zusammenhang, den wir im Auge haben, erheblich sind. Nimmt man sie zusammen mit dem, was vorher über Herkunft und Umwelt seiner Kindheit und Jugend gesagt ist, so zeigt es sich: sein Dasein ist von vornherein so angelegt, daß es sich nicht leicht in eine der fertig geprägten Lebensformen fügen konnte.

Arpinum war zu eng für ihn geworden. Er konnte nicht mehr gut Landbesitzer in der Kleinstadt oder untergeordneter Gehilfe eines Statthalters sein. Rom war seine neue, mit lebhaftem Gefühl erworbene Welt. Und doch betrachteten ihn die Herren der führenden Schicht als

Eindringling. Eine andere Menschenart, der Abstand des Mannes aus Arpinum blieb fühlbar. Und sieht man das Verhältnis von ihm aus an, so war er dem öffentlichen Leben Roms leidenschaftlich zugetan, konnte aber niemals darin aufgehen. Er sah es ein wenig von außen. Er hatte zu weite geistige, künstlerische Erfahrungen und Bedürfnisse. Die Menschen, mit denen er zu leben hatte, übersahen ihn zwar als Politiker, er aber übersah sie in mancher anderen Hinsicht. Das Treiben der Politiker maß er an Maßstäben, die über ihre Welt hinausreichten. Andererseits fehlte es ihm an dem, was Matthias Gelzer die Erbweisheit der Nobilität genannt hat, vor allem an der eiskalten Willensvirtuosität des politischen Rechners und Spielers. Kurz, teils ragte er über seine neue Welt hinaus, teils füllte er sie nicht aus. Das problematische Verhältnis zwischen dem ehrgeizigen Manne der Curie und des Forums und dem literarischen Cicero ist von vornherein angelegt. Die Schwäche freilich, die schon in den Anfang gelegt ist und ihn schließlich hat scheitern lassen, ist, auf das Letzte gesehen, doch auch seine Stärke gewesen.

In solcher Weise vorbedingt ist dieses Dasein in eine Krisenzeit Roms geraten. Mit Sorge und Bedenken muß es der Betrachter verfolgen, da er doch weiß, wie so ganz Cicero auf die Künste des Friedens angewiesen ist. Doch hat die Krisenzeit ihn wenigstens zuerst emportragen helfen. Es ist wahrscheinlich, daß er in jedem Falle über seine Herkunft aufgestiegen wäre. Aber bis in den Kreis der führenden Männer des Senats, der *principes*, wäre er in weniger wirren Zeiten schwerlich gelangt. Später freilich, nach dem erstaunlichen Aufstieg, der ihn in zwei Jahrzehnten öffentlichen Wirkens bis zum Konsulat brachte, hat er die Zeit und seine schwierige Lage nicht mehr zu meistern vermocht. Er ist gestürzt, zwei Jahrzehnte lang stufenweis gestürzt bis zu dem schaurigen Ende im Jahre 43.

Das erste, was Cicero nach seinem Eintritt in die Öffentlichkeit erlebt hat, ist die Katastrophe Italiens gewesen, die im Jahre 91 begann. Den Bundesgenossenkrieg und die Bürgerkriege der achtziger Jahre darzustellen ist hier nicht der Ort. Aber es ist nötig zu wissen, daß es ein Jahrzehnt äußerer und innerer Verwüstung gewesen ist, die man sich gar nicht schlimm genug vorstellen kann. Gewiß waren auch die Jahrzehnte vorher seit dem Auftreten des Tiberius Gracchus bewegt gewesen. Aber im Vergleich zu dem, was jetzt kam, konnte der Zustand, den Cicero bis zu seinem sechzehnten Jahre erlebt hatte, gesittet und würdig scheinen. Und so stellten sich die Dinge auch in seinem Geschichtsbewußtsein dar. *Prima aetate incidimus in ipsam perturbationem disciplinae veteris.* »Am Anfang meiner Zeit bin ich gerade in das wirre Ende der alten Lebensform gekommen.« So hat er es als Fünfziger ausgedrückt (*de orat.* 1,3). Aber schon als fünfundzwanzigjähriger Anfänger, unmittelbar nach dem Sturme, hat er es ausgesprochen, daß die Römer in dieser Zeit des Tötens verroht sind, und über den Verlust an menschlichem Sinn geklagt (*pro Roscio Amerino* 154).

Fast alle Lehrer, Gönner und Vorbilder Ciceros sind in dieser wilden Zeit umgekommen, die meisten gewaltsam. Sie waren Anhänger der hergebrachten Staatsform, aber sie wahrten ihr eigenes Urteil. Scaevola, der Augur, Ciceros Lehrmeister, einer der lautersten Männer der Zeit, hat sich am Anfang des Jahrzehnts Sulla widersetzt, als Marius zum Staatsfeind erklärt werden sollte (88 v. Chr.). Sein Verwandter, der Pontifex, Lehrer Ciceros nach dem Tode des Auguren, hat darauf verzichtet, während der Gewaltherrschaft von Marius' Anhängern Rom zu verlassen, und einen Vergleich zu vermitteln versucht. Er hat es mit dem Leben bezahlt. Im Jahre 86 beim Leichenbegängnis des Marius wurde ein Mordanschlag auf ihn versucht, später ein politischer Prozeß angestrengt, und im Jahre 82 ist er bei einer Straßenschlacht ermordet worden.

Ciceros Verhältnis zu den Dingen ist damals offenbar das gleiche gewesen, wobei Vorbild und Natur miteinander, nicht gegeneinander gewirkt haben werden. Im Jahre 80 hat er von dem Pontifex gesagt: »Er wollte sie (die Römer) durch gütlichen Vergleich, *per compositionem,* vor Unheil bewahren« (*p. Rosc. Am.* 33), und in der gleichen Rede von sich selbst: »Wer mich kennt, der weiß: ich bin, nachdem das unmöglich geworden, was ich vor allem gewollt hätte, daß man nämlich zu einem gütlichen Vergleich käme, *ut componeretur,* am meisten dafür eingetreten, daß die siegten, die dann wirklich gesiegt haben« (136). Sein späteres Wirken für die *concordia ordinum,* sein Wunsch vor dem Krieg zwischen Cäsar und Pompeius, die Gewalttat durch gütliches Sich-vertragen vermieden zu sehen, die Zuversicht, bei einigem guten Willen müsse es auch ohne Gewalt und Umsturz abgehen, die Trauer darüber, daß immer wieder die rücksichtslosen Draufgänger die Oberhand bekamen und der entfesselte Trieb zum Äußersten alles umriß, das alles ist schon bei dem jungen Cicero, ja, schon bei seinen Lehrern vorgebildet. Und noch gegen das Ende seines Lebens, in der Not der Entscheidung zwischen Pompeius und Cäsar, ist er sich seines Vorbildes bewußt gewesen. »Ich werde wie Q. Mucius handeln«, hat er damals an den Freund Atticus geschrieben (8, 3, 6), »was auch daraus erwachsen ist. Er pflegte zu sagen, er sehe kommen, was dann wirklich geschehen ist, aber das sei ihm immer noch lieber, als mit der Waffe in der Hand gegen die Heimatstadt zu marschieren.«

Die Zeitläufte haben zunächst den jungen Cicero daran gehindert, in dem üblichen Alter von achtzehn bis zwanzig Jahren vom Lernen zum Ausüben des Gelernten überzugehen, das heißt: selbst als Sachwalter vor Gericht aufzutreten. Gerade die Jahre 87 und 86 gehören zu den schlimmsten, die Zeit, in der die Marianer Rom eingenommen hatten und ihr Schreckensregiment das geordnete politische Leben und damit auch das Gerichtswesen erstickte. Cicero, der offenbar schon damals gründlicher als andere unterrichtet war, sah sich wieder für mehr als ein halbes Jahrzehnt in die Studien zurückgeworfen. »In dieser ganzen Zeit«, erzählt er im *Brutus* (308 f), »habe ich Tag und Nacht im Studium aller Zweige des Wissens gelebt.« Er hat es mit Lust getan, und sein Vorsprung in diesem Bereich ist in dieser erzwungenen Muße noch größer geworden.

Damals ist er zuerst von der Philosophie angerührt worden. Unterricht bei dem einen oder anderen Philosophen hatte er schon früher gehabt. Aber mehr als ein vorgeschriebener Teil des Unterrichts auf hoher Stufe war ihm die Philosophie kaum gewesen, zu einer bestimmten Lehre hatte er sich schwerlich bekannt. Jetzt, im Jahre 88, nach dem Ausbruch des Mithridatischen Krieges, erschien in Rom, infolge des politischen Umschwunges in Athen, mit den Aristokraten landflüchtig, Philon von Larisa, damals Vorsteher der Akademie, Platons Schule. »Ihm verschrieb ich mich ganz und gar«, erzählt Cicero (*Brutus* 306), »von einer erstaunlichen Liebe zur Philosophie getrieben. Darein blieb ich um so mehr vertieft, als es so aussah, als wäre es mit dem Gerichtswesen für immer aus.« Es ist das erstemal, daß der Gedanke an ein Leben in wissenschaftlicher, literarischer Tätigkeit auftaucht. Und Cicero hat damals für das ganze Leben seine Philosophie gefunden. Es war die Zeit, als die Führung der Akademie von Philon auf Antiochos von Askalon überging. Cicero hat dessen Rückkehr zurück hinter Arkesilaos, aus dem Bereich des bloßen Fragens, Prüfens und Bestreitens zu den gemeinsamen, fast vergessenen Grundlehren der von Platon ausgegangenen Schulen, vom philosophischen Kritizismus zum Dogmatismus, nicht mitgemacht. Noch in seinen letzten Lebensjahren hat er sich zu Philons Weise bekannt. Das war damals eine Lehre, die seit vierzig Jahren kaum noch jemand vertrat! Sie kann ihm also nicht nur äußerlich angeflogen sein. Freilich war sie auch wie für ihn geschaffen. Philon ist der erste und damals der einzige Philosoph gewesen, der nach jahrhundertelangem Streit zwischen Philosophie und Rhetorik auf Aristoteles zurückgriff und beides lehrte, wie man sich denn hier und da auf die Ursprünge, die gemeinsamen Grundlagen zu besinnen anfing, nachdem die Schulen des dritten und zweiten Jahrhunderts Unterschiede und Gegensätze immer entschiedener ins Unversöhnliche getrieben hatten. Philon hat aber auch mit der milden Skepsis der späten Akademie einem ganz eigenen Bedürfnis Ciceros genug getan. Sie war nicht nur für den Redner brauchbar mit ihrer Gepflogenheit, das Fragliche von verschiedenen Seiten her mit Vorbehalt gewissenhaft zu durchdenken, *Σωκρατικῶς εἰς ἑκάτερα.* Eine gewisse Unverbindlichkeit, die sich daraus ableiten ließ, befriedigte den Menschen Cicero. Er spürte darin etwas wie weltmännisch freie Beweglichkeit des Geistes. Denn er war keiner von denen, die wie Platon und Augustinus auf Tod und Leben philosophieren oder wie Aristoteles mit unbedingtem Erkenntnisdrang die Wirklichkeit ergründen. Er bedurfte der Philosophie, um sich Welt und Dasein zu vergeistigen und bedeutsam erscheinen zu lassen. Dieses Bedürfnis allerdings spricht sich schon in der frühen Rhetorik viel stärker aus, als man bemerkt hat. Es ist nichts Geringes, wenn er auf Platons Angriffe gegen die Redekunst mit dem Rückgang auf die Ureinheit der später auseinandergefallenen Fähigkeiten antwortet und die Integration des Menschen als Aufgabe und Ausweg aus dem Verfall empfiehlt.

Das Lernen hat fast bis zum Ende des Jahrzehnts gedauert. Erst als Sulla und die Aristokratie gesiegt hatten und das geordnete öffentliche Leben wieder in Gang kam, konnte Cicero seine Tätigkeit als Sachwalter beginnen (81 v. Chr.). Er war fünfundzwanzig Jahre alt, älter und weit gründlicher unterrichtet als seinesgleichen, dafür aber weniger erfahren.

Er hatte seine Laufbahn als Sachwalter kaum zwei Jahre lang mit glänzendem Erfolg begonnen, da sah er sich von neuem in die Studien zurückgeworfen. Diesmal war seine Gesundheit in Gefahr. Schmächtig und langhalsig wie er war, hatte er sich zu viel zugemutet. Er sollte seinen Beruf aufgeben. Zum mindesten mußte er ausruhen und danach eine weniger angreifende Art zu sprechen lernen. Darum trat er die Reise in den Osten an (79–77 v. Chr.). So stellt er es wenigstens selbst dar (*Brutus* 313). Plutarch erklärt, er habe sich aus politischen Gründen entfernt, nachdem er in der Rede für Sextus Roscius (80 v. Chr.) einen Günstling Sullas zu Fall gebracht hatte. Dieser Skandal kann nun freilich der Grund nicht gewesen sein, denn Cicero ist danach noch mehrmals aufgetreten. Allerdings hat er dabei die Aufmerksamkeit auf sich gezogen. Und er hat in einem Prozeß den Grundsatz verteidigt, das römische Bürgerrecht könne niemand genommen werden. Das aber hieß eine Maßnahme Sullas anfechten. Hat er es etwa doch auch für gut gehalten, eine Weile zu verschwinden?

In Athen hat er sich ein halbes Jahr lang seiner Liebe zur Philosophie hingegeben und bei Antiochos gehört. Es war aber nicht auf das Leben eines Gelehrten abgesehen, wie es wohl zuerst scheinen konnte. Im Frühjahr reiste er weiter ostwärts nach Kleinasien und Rhodos, um bei den berühmtesten Meistern seine Redekunst zu vervollkommnen. Vor allem in Rhodos lernte er von Molon, sich beim Sprechen zu mäßigen, eine gesündere Sprechtechnik also, nicht etwa, wie man wohl meint, einen mehr klassizistischen Prosastil. Poseidonios, der große Denker der Zeit, hat ihn nur noch leicht berührt. Erst neunundzwanzigjährig, zehn Jahre zu spät, begann er nach der Heimkehr die Tätigkeit als Sachwalter, die ihn überraschend schnell über Quästur (75), Ädilität (69) und Prätur (66) bis zum Konsulat (63) emporgebracht hat.

Rettete in Rom ein Redner jemand aus der Gefahr eines Prozesses, so war damit ein ehrenvolles Treuverhältnis für immer begründet. Und bei dem Aufbau der römischen Gesellschaft in der Form solcher Verhältnisse von oben bis unten galt es nur, sich einflußreiche Schutzbefohlene zu verpflichten, um bei den Wahlen über einen genügenden unmittelbaren und mittelbaren Anhang zu verfügen. Auf die nie versagende persönliche Überlegenheit als Redner und nur darauf stützt sich also Ciceros rascher Aufstieg – nichts Geringes für einen Neuling, dem fast alles fehlte, wodurch man sonst zu den Staatswürden gelangte. Vom Jahre 366 v. Chr. bis zum Ende der Republik, in einer Zeit, in der rund 600 Konsulate zu besetzen waren, sind nur fünfzehn Neulinge zu dieser höchsten Würde und damit in den Kreis der herrschenden Familien aufgestiegen.

So seltsam es klingen mag: es sind literarische Vorzüge, mit denen sich Cicero im politischen Leben emporgearbeitet hat. Man mißverstehe das nicht. In diesen zwei Jahrzehnten bis zum Konsulat ist er ganz Sachwalter oder Magistrat gewesen, ganz im öffentlichen Leben aufgegangen. Er hat die ganze Spannkraft und Klugheit seines Geistes ins Spiel gesetzt und dabei eine ungewöhnliche Kenntnis des großen Triebwerkes, der Verhältnisse und der Menschen erworben. In seinen Ämtern hat er sich wacker gehalten. Zu studieren oder gar zu schreiben hat er wenig Zeit gehabt, von den Reden abgesehen. Aber das gelehrte, literarische Wesen war zu sehr ein Teil von ihm geworden, um je aufgegeben zu werden. Es ruhte nur. Vielmehr: es wirkte insgeheim auf die andere, dem öffentlichen Leben zugewandte Seite seines Daseins ein. Es half ihm siegen und aufsteigen.

Schon vor der griechischen Reise und erst recht danach hat er sich Hortensius zum Gegner erwählt, den Beherrscher des römischen Forums um das Jahr achtzig. In einem zehn Jahre lang dauernden, bei jeder Gelegenheit neu gesuchten Wettkampf mit dem acht Jahre Älteren, der ihm freilich an Erfahrung etwa fünfzehn Jahre voraus war, ist Cicero zum ersten Redner Roms geworden. Mit dem Prozeß des Verres ist der Sieg entschieden gewesen. Will man das würdigen, so darf man nicht nur an sachliche Klugheit und Umsicht denken. Je bedeutender der

Gerichtsstreit, um so größere Teile der Bürgerschaft nahmen am Verlauf leidenschaftlich Anteil, nicht nur am Was, sondern auch am Wie, an der Kunst der Sachwalter im weitesten Sinn des Wortes. Sucht man nach Vergleichbarem, so darf man wohl an die leidenschaftlich beteiligte Kennerschaft des Publikums in der großen Zeit der Oper, vielleicht sogar einer heutigen Zuschauerschaft bei Sport-Wettkämpfen denken. Hortensius beherrschte die Künste, wie man sie damals in den Städten von Kleinasien als das Höchste, Neueste lernte: die Fähigkeit, aus einer Rede ein Feuerwerk von schlagend formulierten, symmetrisch gebauten Bonmots zu machen, und die Kunst, den Hörer aus einem sorgsam gepflegten Vorrat von Ausdrucksmitteln in sehr lebhaftem Tempo gewalttätig zu überfluten. Cicero konnte das auch, und er hat sogar zuerst nach der Rückkehr aus dem Osten den Versuch unternommen, den Nebenbuhler auf dessen eigenstem Felde mit seinen eigensten Kunststücken auszustechen. Die seltsamste, wunderlichste von Ciceros Reden, die für den Schauspieler Roscius, ist als Zeugnis für dieses Intermezzo erhalten geblieben. Den entscheidenden Sieg hat er aber – vom Sachlichen einmal abgesehen – mit einer Kunst gewonnen, die er selbst später als eine neue von der des Hortensius unterschieden hat und die sich in den Reden gegen Verres auch wirklich verschieden genug darstellt. Und das Neue, das, was ihn dem Hortensius und allen anderen überlegen machte, beruhte nach seinem eigenen Urteil auf gründlicheren, weiteren, tieferen Studien, also auf dem, was auch wir als das Eigentümlichste in Anlage und Fügung seines Lebens anzusehen haben. Weil er in Philosophie, Rechtskunde, Geschichte und andere Wissenschaften eingedrungen war, die nicht unmittelbar zur Redekunst gehören, deshalb konnte er anders als die anderen sprechen, konnte Ironie und Humor blitzen lassen, das Besondere nach Belieben in das Allgemeine hinüberspielen, die Gefühle kunstvoll wecken und führen. So bezeichnet er es selbst im *Brutus* (322).

Wir dürfen hinzufügen: die Architektonik seiner Prosa in Satzgefügen und großen Abschnitten, der bemessene Schwung aus weiter Voraussicht über eine große Fülle gedanklichen und sprachlichen Details wären schwerlich zustande gekommen ohne die Vergeistigung, die Cicero als das Wesentliche ansieht. Die neue, bei allem Zusammenhang mit dem Zeitstil seiner Jugend neue Art zu sprechen ist keine Technik gewesen, die man fertig übernehmen konnte. Sie ist die selbständige Leistung einer überlegenen Begabung und eines in der Jugend vergeistigten, über das Maß der römischen Zeitgenossen hinaus vergeistigten Daseins.

Aber auch aus seinen Gedanken ist die Liebe zu Wissenschaft und Literatur nie geschwunden. Mitten in der Zeit der aufreibenden Bewerbung um die Prätur (67) zeigen ihn die ersten erhaltenen Briefe beschäftigt, die neu in Tusculum erworbene Villa auszustatten. Offenbar hat er mit dem Kauf den Willen bekundet, sich standesgemäß unter den größten Herren Roms einzurichten. Für sie war ein solcher Besitz in den Albanerbergen, wohin man rasch für ein paar freie Tage aus Drang und Schwüle Roms flüchten konnte, der zweite Pol des Lebens. Ruhe, Freundesgespräch, Liebhabereien und dergleichen konnte man nur da draußen genießen. Die Liebhabereien sind verschieden gewesen. Die Zucht kulinarisch ergiebiger Tiere hat keine geringe Rolle gespielt. Cicero hatte es auf Bücher abgesehen. In jenen Briefen beschwört er den Freund Atticus, einen aufgekauften Bestand Bücher ja nicht weiter zu verkaufen, sondern für ihn zurückzulegen. »Alle Freude, die ich haben will, wenn ich mich von den Geschäften zurückziehe, hängt an Deiner hilfreichen Freundlichkeit« (*ad Att.* 1, 7). Die alte Liebe ist also auch in der drangvollsten Zeit nicht abgetan. Der Lebensplan läuft nicht nur auf Politik hinaus. Die höchste Höhe des öffentlichen Lebens soll erreicht werden. Aber dann soll die Zeit für die Bücher kommen. Nicht Fischteiche und Fasanengehege, sondern Gartenhöfe und

offene Hallen zum Lesen und Nachdenken sind es, um die er sich kümmert.
Der berechnete Lebensplan sollte scheitern, das aber, was man den in dieses Dasein gelegten Entwurf nennen möchte, sich in Leiden und Nöten durchsetzen.
Bei der Bewerbung war Cicero das Unglück zustatten gekommen, daß etwa anderthalb Jahrzehnt nach der sullanischen Restauration in Italien der gesellschaftliche und wirtschaftliche Umsturz drohte. Ließ man Ciceros Mitbewerber Catilina und C. Antonius Konsuln werden, zwei mehr als verdächtige Figuren, dann war die Revolution auf dem sogenannten legalen Wege wahrscheinlich. Unter diesen Umständen haben alle Teile der Bevölkerung, denen an diesem Abenteuer nichts lag, ihre Gegensätze hintan gestellt. Diese *concordia ordinum* ist aber ein äußerst verletzliches Zusammentreffen von Umständen gewesen. Wie schwer hat auch der Konsul Cicero jedesmal darum ringen müssen, als er den Putschplan Catilinas und seiner Anhänger in zähem, wachsamem Gegenspiel vereitelte! Und schon am letzten Tage des Konsulats begannen Angriffe, die bald erkennen ließen, daß Cicero verloren war. Man hat ihn angegriffen, weil er am 5. Dezember 63 die überführten Anhänger Catilinas nach Senatsbeschluß ohne Volksgericht hatte hinrichten lassen. Warum und wozu diese Angriffe? Er hatte auf Grund des *senatus consultum ultimum* gehandelt, das in höchster Not des Gemeinwesens den Konsuln diktatorische Macht gab. Es war die stärkste Waffe des Senats und die einzige, womit er, wenn es ernst wurde, der Politik der tribunizischen Aktionen noch Herr werden konnte. Diese Waffe unschädlich zu machen mußte ein Hauptanliegen aller derer sein, die mit »popularen« Methoden gegen Nobilität und den ihr hörigen Senat Politik zu machen gedachten. Darum mußte Cicero kaltgestellt oder gestürzt werden. Es mußte für die Zukunft festgelegt werden, daß es ein strafwürdiges Verbrechen ist, das *senatus consultum ultimum* anzuwenden.

Die Mächte der inneren Politik hatten sich nach der Abwehr Catilinas verschoben. Pompeius, der in vier Jahren ganz Vorderasien endgültig für Rom gesichert hatte, brauchte ein Siedlungswerk für seine Soldaten. Und er hatte Recht, in dieser Hinsicht den Könnern der popularen Politik mehr zuzutrauen als Cicero, der sich schmeichelte, mit ihm zusammen in dem innen und außen gesicherten Rom Ruhe und verdientes Ansehen genießen zu können. Gegen den Bund der drei starken Männer Pompeius, Crassus und Cäsar hat Cicero ebensowenig wie ein anderer Zeitgenosse aufkommen können. Jahrelang von Tribunen bedroht, im Terrorjahr von Cäsars Konsulat (59) zur Erkenntnis dessen gelangt, wohin die Dinge liefen, und zum ersten Male verzweifelt, im Jahre 58 durch ein Plebiszit des Tribunen Clodius für vogelfrei erklärt und ein Jahr lang gebrochen auf der Balkanhalbinsel Flüchtling, nach triumphaler Heimkehr kurze Zeit in Täuschung befangen, hat er nach der Konferenz von Luca (56) auf eine selbständige Politik verzichten und sich zu den aufs neue vereinigten drei Machthabern bekennen müssen.

In diesen Jahren sind Schriften einer neuen Art entstanden oder doch geplant worden. Bis dahin waren die ausgearbeiteten, veröffentlichten Reden literarische Werkzeuge gewesen, die den Erfolgen des Redners größere Reichweite verschafften und außerdem von den nachwachsenden jungen Leuten eifrig studiert wurden. Die Reihe hat sich in der alten Weise mit Meisterwerken fortgesetzt bis zum Jahre 52. Sie machen einen stattlichen Band aus. Fast jede enthält einen neuen genialen Einfall. Sie spiegeln das verwirrend vielfältige Leben des Jahrzehnts, in dem es vollends zu Ende ging mit der gewaltsam von Sulla erneuerten Herrschaft der Nobilität, aber auch mit dem alten Gemeinwesen der Römer. Aber schon in den Reden des Konsulatsjahres, die im Jahre 60 gesammelt veröffentlicht wurden, setzt sich nicht nur die alte Gewohnheit fort. Ein neues Anliegen kommt dazu.

Sie machen zusammen eine wuchtige Apologie aus. Sie gehören zu den Schriften und Plänen, bei denen es darum ging, sein umstrittenes Konsulat in das rechte Licht zu rücken.

Begonnen hat dieses mitunter wunderliche Bemühen, sich selbst darzustellen, noch im Konsulatsjahr mit einem großen Sendschreiben an Pompeius, das sich ebensowenig wie die übrigen hierher gehörigen Schriftwerke erhalten hat. Danach hat Cicero auf einen griechischen Dichter, Licinius Archias, gehofft. Dieser Mann, damals hoch bewundert, hatte alle Hände voll zu tun, um für den Ruhm der römischen Großen zu sorgen, wie das seit Ennius (gest. 169 v. Chr.) in Rom Brauch war. Ein erzählendes Gedicht über den Cimbernkrieg hatte er dem Catulus zu Ehren gemacht, dann ein anderes über den Siegeszug des L. Lucullus in den Osten im Kriege gegen Mithridates. Jetzt suchte ihn Cicero dafür zu gewinnen, sein Konsulat darzustellen. Er verteidigte ihn in einer erhaltenen Rede vor Gericht gegen die Anklage, das römische Bürgerrecht erschlichen zu haben. Das war im Jahre 62. Im Mai 61 mußte er dem Freunde Atticus berichten, daß nach Lucullus wohl die Meteller bei Archias an die Reihe kommen würden. Und so ist denn Cicero selbst ans Werk gegangen. Ganz ohne Beispiel war das in Rom nicht. Der eben genannte Catulus, der Cimbernsieger, hatte eine Schrift über sein Konsulat geschrieben. Und es zieht sich eine Reihe mehr oder weniger vergleichbarer Berichte bis zu Cäsars Büchern über den Gallischen Krieg und den Bürgerkrieg. Aber dem versagenden Dichter kurzerhand die Aufgabe aus der Hand zu nehmen und sich selbst mit allem Prunk des ennianischen Epos darzustellen, mit Götterszenen und was sonst dazugehört, das hatte noch niemand gewagt.

Das Gedicht *De consulatu suo* ist in drei Büchern am Ende des Jahres 60 fertig gewesen. Vorhergegangen war eine griechische Denkschrift *(commentarius)*, eine lateinische angekündigt. Die griechische war dem großen

Denker und Geschichtsschreiber des Zeitalters, dem Fortsetzer des Polybios, Poseidonios, als Stoff für ein eigenes geschichtliches Werk übersandt. Er antwortete höflich ablehnend mit dem Hinweis auf die unübertreffliche Meisterschaft des Berichtes.

Auch nach der Rückkehr aus der Verbannung hat Cicero zunächst in der alten Weise versucht, sein Ansehen zu verteidigen. In den drei Büchern *De temporibus suis* hat er sein Unglück und seine Heimholung in Versen erzählt. Einen gewissen Lucceius, der ein Geschichtswerk plante, hat er spaßend und bittend darauf hingewiesen, wie gut sich die heftig bewegte Geschichte seines Konsulats, seiner Verbannung und Rückkehr in einer Monographie ausnehmen müßte. Fügen wir zu allem die Geheimgeschichte (*Ἀνέκδοτα*) hinzu, worin das anrüchige Spiel der Mächtigen enthüllt war, die ihn ins Verderben gebracht hatten, so hat man einen Überblick über die Versuche dieser Jahre, sich selbst im richtigen Lichte darzustellen.

In dem Gedicht über sein Konsulat – aus dem einige Bruchstücke erhalten sind – hat die Muse Urania Ciceros Zugehörigkeit zu zwei Welten so bezeichnet: in früher Jugend habe ihn Rom aus geistiger Tätigkeit gerissen und mitten in die Mühsale männlicher Bewährung gestellt; doch er habe die Zeit, die Rom ihm gelassen, dem Geist, den Musen geweiht. Das weist nicht nur rückwärts zu den Ursprüngen und in die Tiefe zum Wesentlichen, sondern auch voraus auf die theoretischen Werke der Reife, und deutet so den inneren Zusammenhalt von allem an. Aber ein neuer schwerer Verlust ist nötig gewesen, um Cicero über diesen trüben Bereich literarischer Versuche, sich selbst zu behaupten, hinauswachsen zu lassen.

Als ihm im Jahre 56 die Augen darüber aufgingen, daß keine Wahl blieb und er sich der Macht der drei Großen fügen mußte, fühlte er sich um seinen Anteil am Gemeinwesen gebracht. Zugleich wußte er, daß das Gemeinwesen selbst von der heraufkommenden Gewaltherrschaft schwer bedroht war. In dieser schmerzlich erniedrigenden Lage, die ihn doch auch wieder von der verkrampften Sorge um seine Sicherheit befreite und ihm noch eine ansehnliche Stellung vor der Welt ließ, ist endlich etwas gelungen, was im Jahre 59 mißlungen war. Damals war er vor Cäsars Terror aus Rom entwichen und hatte sich aus der Verzweiflung zum ersten Male in die Geisteswelt retten, womöglich etwas schreiben wollen. Mehr als ein Plan war erwogen, die Philosophie ernsthaft, ja reuevoll bedacht worden. »Ich wollte, ich hätte es von vornherein getan. Aber jetzt, wo ich es an mir erfahre, wie nichtig das ist, was ich für groß und herrlich gehalten habe, gedenke ich es mit allen Musen zu halten« *(ad Att.* 2, 5, 2). Es war mißlungen. Voll Unrast hatte er von Tag zu Tag eines nach dem anderen gewollt und wieder verworfen. Jetzt gelang es. Die Kräfte, die zwei Jahrzehnte lang dem Gemeinwesen zugeströmt und nun abgeschnürt waren, ergossen sich in die drei Werke, die kurz nach dem Unglück begonnen sind und an denen er im ganzen ein halbes Jahrzehnt lang, also ungewöhnlich gründlich gearbeitet hat: *De oratore, De re publica* und *De legibus.*

Eine ganze Welt des Gedankens stieg wieder auf, die in der Jugend erschlossen und zu eigen gemacht und dann jahrzehntelang wie versunken und überdeckt gewesen war. Aber es war keine bloße Traumwelt, kein ganz anderes Arkadien, in das man vor der unlieben Wirklichkeit flüchtet. Was sein Leben in der Bürgergemeinde erfüllt hatte, was ihm darin wert und würdig gewesen war, was verloren oder fast verloren schien, aber vielleicht nicht für immer vorbei und abgetan war, das barg er von der praktischen auf die theoretische und künstlerische Seite seines Daseins hinüber und machte es zum Gegenstand von Dialogen, von Kunstwerken also der Form, die seit Platon die der Philosophen war. Er hat wohl auch gedacht damit zu wirken. Die Schriften sollten zur Besinnung rufen, sollten den Römern zeigen, was das denn eigentlich war, was auf dem Spiele stand. So den Vollgehalt eines hohen römischen Daseins im Gemeinwesen mit der Hilfe des griechischen Gedankens zu vergeistigen, zu verewigen, diese Leistung war nicht vorgezeichnet, von keinem Römer auch nur von fern vorgeleistet. Die beiden Seiten gerade dieser seltsam kentaurischen Existenz mußten in ein neues, fruchtbares Verhältnis zueinander geraten, um diese Kunstwerke möglich zu machen. Vergeistigtes Hochbild, Idee der großartigen Wirklichkeit, die bis dahin Ciceros Leben erfüllt hatte, dargestellt in der Lage dessen, der sie entschwinden sieht und selbst von seinem vollen persönlichen Anteil daran Abschied nehmen muß: so könnte man die Gesamtheit der drei Werke bezeichnen. Und man träfe damit das Wesentliche besser, als wenn man, wie üblich, den Dialog vom Redner absondert und nur mit den übrigen rhetorischen Werken zusammen sieht, *De re publica* und *De legibus* aber ohne weiteres mit den späten philosophischen Schriften zusammennimmt, von denen sie doch innerlich durch ein anderes Anliegen getrennt sind. Die Situation des Abschieds ist in den beiden Werken *De oratore* und *De re publica* wesentlich und bezeichnend. In beiden spricht die Hauptperson, hier Crassus, dort Scipio, einmal im Leben, kurz vor dem Tode – wie Sokrates in Platons Phaidon – ihr bestes Wissen aus. Es ist ein Vermächtnis der Meister in beiden Fällen, das Vermächtnis des Redners und des Staatsmannes, den Überlebenden in gefahrvoll entscheidender Lage hinterlassen, eine Weisheit, die zu helfen vermöchte, wenn die Menschen sich daran halten wollten, eine Mahnung, die an den drohenden Verlust des Hohen erinnert. In alledem spiegelt sich die Situation des Schreibenden.

Vergleicht man diese bedeutenden Werke mit denen der Zeit vorher, die dazu bestimmt waren, ihren Verfasser und sein Verhalten in ein günstiges Licht zu stellen und zu verteidigen, so fällt zuerst nur der Unterschied in die Augen. Und doch haben wir in dem Gedicht über das

Konsulat Verse gefunden, die über den äußeren Zweck einer Schutzschrift hinaus reichen. Auf der anderen Seite läßt sich das Gespräch vom Redner recht wohl auch als Selbstdarstellung ansehen, edler freilich und auf eine höhere Ebene gehoben schon dadurch, daß es sich nicht mehr um Sicherheit, Ruhm und Geltung des armseligen Ich handelt, sondern – wenn der Ausdruck erlaubt ist – um die platonische Idee des eigenen Wesens und Könnens.

Wir haben gesehen, worin sich Cicero als Redner überlegen wußte, worauf nach seiner Ansicht sein Sieg über den Rivalen Hortensius beruhte. *Fateor me oratorem ... non ex rhetorum officinis, sed ex Academiae spatiis exstitisse;* »Ich erkläre: nicht aus den Werkstätten der Rhetoren, sondern aus den Wandelgängen der Akademie bin ich als Redner hervorgegangen« (*or.* 12). Gerade das ist es, worauf es in dem Dialog vom Redner abgesehen ist. Der philosophische Redner, der in der ursprünglichen Einheit aller höheren Tätigkeiten des Menschen auch das höchste Ziel, das Heil nach unheilvollem Verlust der Einheit, und in seiner königlichen Kunst die Integration des Menschen überhaupt erkennt, der Orator, in dem sich staatsbürgerliches Handeln großer Art mit Gedankenmacht und Kunst des Wortes vereint, hebt sich vom banausischen Praktiker ab, der sich damit begnügt, in einem der üblichen Lehrgänge, vielleicht nicht einmal bei griechischen Lehrern, sich geistlos seinen kümmerlichen Vorrat von Kunstgriffen für Gerichtsreden anzueignen.

Dabei liegt Cicero nichts ferner als das Bedürfnis, sich mißvergnügt als einzigen unter Barbaren verschlagenen Geist höherer Art aufzuspielen. Im Gegenteil: was wir eben als Bild seines Eigensten verstanden haben, das ist für ihn zugleich nichts anderes als das eigentliche Wesen des großen römischen Herrn, sofern er mit dem klugen Wort das gemeinsame Leben lenken hilft. In dieser Hinsicht hebt sich sein Orator nicht vom Banausen ab, sondern vom griechischen Rhetor, dem Fachmann, dem Theoretiker und Systematiker, dem bloßen Lehrer, dem die Lebensart und das Daseinsgewicht von Männern wie Crassus und Antonius, den Hauptpersonen des Dialogs, und ihresgleichen fehlt, Menschen, die über wuchtige Wirklichkeiten zu entscheiden haben. Beides fällt für Cicero zusammen: die den Griechen verdankte Vergeistigung, die das Eigenste seiner Meisterschaft ausmacht, und das Beste einer wirklichen römischen Menschenart. Wie in den beiden anderen der drei zuammengehörigen Werke verklärt er eine römische Wirklichkeit mit seiner neuen hellenisierten Gedanken- und Sprachkunst. Den Schatten geben die banausische Engstirnigkeit des römischen Praktikers und die Lebensschwäche des griechischen Gelehrten ab.

Diesen Sinn des Werkes künstlerisch zu verwirklichen ist die Form des Dialogs wie geschaffen. Der Dialog ist seit Platon Gefäß hoher Geistigkeit. Er erlaubt nicht nur, den sachlichen Gehalt von Lehren mitzuteilen, sondern das noble, freie Gehaben großer Herren ins Spiel zu setzen, die heiter und ein wenig von oben herab mit den Lehrstücken umgehen. Im Dialog kann man geflissentlich die Fachausdrücke vermeiden und dabei doch immer fühlen lassen, daß man genau Bescheid weiß und nur um alles in der Welt nicht aufdringlich damit werden möchte. Im Dialog kann man schließlich auswählen, verweilen oder leichthin berührend vorbeigehen, entfalten oder zusammenziehen, aufsparen und umordnen, durch Intermezzi auflockern, steigern, hervorheben, eigenste Erfahrungen nebenher mitteilen, kurz: sich ohne Schulzwang und Schulstaub frei ergehen.

Das alles hat Cicero getan. Und doch: sieht man genau zu, so findet man den Lehrgehalt und Gang griechischen Unterrichts in der Redekunst im wesentlichen unverändert übernommen. Diese Römer gebärden sich, als seien sie sich für dergleichen zu gut – und in gewissem Sinne haben sie Recht damit –, aber wenn sie sich doch über die

Kunst Gedanken machen wollen, so sind und bleiben sie ganz und gar darauf angewiesen. So kommt es, daß in diesem Werke das Eigentliche, Beste, worauf es Cicero angekommen ist, sozusagen zwischen den Zeilen zu lesen ist, in dem, was sich, vom rhetorischen Lehrgehalt aus betrachtet, als Drum und Dran darstellt.

Das Wichtigste ist für Cicero die vieles umfassende, vergeistigte Gestalt des führenden römischen Bürgers gewesen, aber in diesem Werk ist er nur von einer Seite dargestellt, als einer, der etwas mit dem Wort zu vertreten vermag, als Orator, nicht als einer, der die gemeinsamen Angelegenheiten seiner Mitbürger überschaut, berechnet und zum Rechten lenkt, nicht als *prudens* und *rector atque moderator rei publicae*. Daß die hervorgekehrte, in Cicero selbst zur Meisterschaft entwickelte Seite herkömmlicherweise in Rom nicht die am meisten geschätzte gewesen ist, hat er sehr wohl gewußt. Darum befassen sich Crassus und seine Freunde erst am zweiten der gemeinsam verlebten Feiertage damit. Am ersten haben sie sorgenvoll Gespräche voll vorausschauender Klugheit über die Staatsangelegenheiten geführt. So ist die Rangordnung gewahrt. Was man hier nur angedeutet und im übrigen ausgespart hat, macht den Gegenstand des zweiten, größeren Werkes aus, des Dialoges *De re publica.*

Alle erreichbare Gedankenmacht, den ganzen Zauber der Kunstform und seiner Sprache hat Cicero in diesem Meisterwerk für das gefährdete, entschwindende Gemeinwesen der Römer aufgeboten, wohlgemerkt: für die *res publica,* wie sie gewesen war und sein sollte, nicht wie sie sich entwürdigt und entstellt jetzt darbot.

Wenn in einer solchen Lage ein Römer mahnte, so sagte er gern: »So haben es unsere Vorfahren gehalten. Und wie treibt ihr es jetzt?« Der Brauch der Vorfahren, *mos maiorum,* war der Maßstab, nach dem man urteilte. Den Griechen lag es im allgemeinen näher, am Vorliegenden die Wesensgestalt abzulesen, sie in ihrer Reinheit zu fassen und die trübe Wirklichkeit daran zu messen. So forschten sie gern nach der *ἀρίστη πολιτεία*, der besten Form des Gemeinwesens. Ihr Maßstab war die Idee. In Ciceros staatsphilosophischem Werk ist dies das Eigenste, daß beides miteinander vereint ist. Das Rom der Vorfahren fällt mit der in abstrakter Reinheit erkannten besten Staatsform zusammen, und zwar nicht nur wie bei Polybios mit einem verarmten Restbestand dessen, was Platon und seinen Nachfolgern das Staatsideal ausgemacht hatte, sondern mit dessen vollem Gehalt. Die höchsten Gedanken der griechischen Staatsphilosophie wachsen mit Rom, der höchsten politischen Wirklichkeit der Alten Welt, zusammen. Licht, Hoheit und Wert der Idee verklären die konkrete Wirklichkeit Roms. Und sie gewinnen ihrerseits damit eine Erheblichkeit neuer Art. In dieser eigensten Leistung Ciceros gibt sich zugleich etwas Typisches zu erkennen. Immer und immer wieder ist es Roms Eigentümlichkeit gewesen, sich dem Höchsten, was sich in seiner Reichweite dem Menschengeist erschlossen hatte, willig zu öffnen, es aber dabei auf seine eigene konkrete, geschichtliche Wirklichkeit zu beziehen und so neue Konstellationen zwischen beiden Bereichen zu finden. Es genügt, an Virgil zu erinnern.

In Ciceros Falle ist es deutlich, daß nur einem solchen in zweierlei Bereiche erstreckten Wesen diese Apotheose der römischen *res publica* hat gelingen können. Und es mußte dazu auch der Neuling aus Arpinum kommen, der seinen Anteil an diesem Gemeinwesen nicht als Erbteil mitbekommen, sondern darum mit der ganzen Anspannung seines Lebens geworben hatte.

Tiefe und Kraft des philosophischen Gedankens erweisen sich am klarsten im dritten Buche. Nachdem in den beiden ersten der stolze Bau des besten Staates errichtet und Gerechtigkeit als Grund, worauf er ruht, genannt ist, droht eben dieser Grund zu schwanken. Gerechtigkeit wird entlarvt als Versuch der Schwachen, Dummen, sich durch gegenseitig vereinbarten Verzicht auf den natürlichen

Kampf um den Vorteil eine kümmerliche Sicherheit zu verschaffen. Zugleich mit der Gerechtigkeit überhaupt ist Roms Herrschaft bloßgestellt. Einem so auf das Letzte gehenden Angriff wäre Gerechtigkeit als bloße Anpassung an bestehende Satzungen und Maßstäbe nicht gewachsen. Cicero geht – nach Platons und der Stoiker Vorbild – hinter die schwankenden, immer zweideutigen Erscheinungen, die die Menschen gerecht nennen, auf das Wesen von Recht und Gesetz als Norm der Gerechtigkeit zurück. Das wahre Gesetz ist rechte Vernunft, mit der ursprünglichen Seinsordnung übereinstimmend, in allen verbreitet, unwandelbar, dauernd, sofern sie gebietend zu rechtem Tun ruft und verbietend vom Vergehen abhält. Gott ist es, der dies Gesetz gefunden, darüber befunden, es gegeben hat. Wer ihm nicht gehorcht, der flieht vor sich selbst, und indem er auf die Menschennatur verzichtet, leistet er eben dadurch die schwerste Buße (3, 32 f.). So verstanden, ist Gerechtigkeit ein Wert, den man um seiner selbst willen liebt und will – aber freilich nur dann, wenn man das Umdenken geleistet hat, die innere Umkehr, die die griechische Philosophie von ihrem Schüler verlangt. Man muß Glück und Unglück ganz anders als der im Wirren, Trüben dahinlebende, unerleuchtete und unverwandelte Mensch zu bemessen und zu fühlen gelernt haben. Man muß das Lebensgefühl, das sich heil oder versehrt fühlt, aus dem Niederen in den besseren, Gott näheren Teil seiner selbst gewöhnt haben, so daß es einen Verlust am Bestand dieses besseren Teils, der die Menschennatur auszeichnet, schmerzhafter empfindet als sonst einen Verlust oder einen Schmerz.

Dies also ist auch dem Cicero der fünfziger Jahre schon innerlich gegenwärtig oder doch erreichbar gewesen, dem Verfasser der drei Werke, die den staatsbürgerlichen, politischen Bereich des Daseins vergeistigen und erhöhen wollen. Es ist wesentlich zu wissen, daß auch damals schon die *res publica* für ihn nicht schlechthin ein und alles gewesen ist. Auch der Schlußmythus des Dialoges

De re publica, der »Traum Scipios«, gibt nicht nur dem Gemeinwesen und dem Wirken des Staatsmannes den erhabensten Hintergrund und die religiöse Weihe, sondern auch dem Menschen, der aus dem Wissen um die göttliche Ordnung aller Dinge in diesem Leben redlich wirkt, einen Rückhalt, einen festen Stand außerhalb seiner politischen Gemeinschaft, der ihn im Letzten unabhängig davon macht. Mag das alles ein bloßer Versuch des Scheiternden und nicht mit dem ganzen Wesen vollzogen sein – ganz hat es Cicero sicher niemals, auch später niemals, erfüllen können –: die Ansätze, die Zugänge sind da. Die Bereiche, in denen sich nach einem Jahrzehnt die späten philosophischen Schriften bewegen werden, sind auch dem Cicero der fünfziger Jahre nicht fremd.

Zum rechten Staat gehört die rechte Gesetzgebung. Und so ergänzt das Werk über die Gesetze das über den Staat. Den Keim findet man schon in dem Dialog vom Redner, dort wo die Lehre vom Recht zur Ausrüstung des Orator gerechnet und der Begriff so hoch gesteigert ist, daß die Weisheit des alten römischen Rechts, der alten Gesetze mit der höchsten griechischen Weisheit zusammenfällt, daß man im Rechtssinn und in der Rechtsordnung der Vorfahren die verwirklichte, in die Tat umgesetzte Ethik der griechischen Philosophie verehren darf (*de or.* 1,166f.). Auf Konvergenz der praktischen Vernunft der stoischen Philosophie und der geschichtlichen römischen Rechtsordnung läuft denn auch das neue Werk hinaus, eine Art Apotheose und zugleich Läuterung und Erhöhung des römischen Gesetzwesens, wobei außerdem alte und vermeintlich alte griechische Gesetzgebungswerke und vor allem Platons Alterswerk über die Gesetze bedeutend hereinspielen.

Es laufen noch manche Fäden zwischen den drei Werken hin und her. Wir verfolgen sie hier nicht. Das Angedeutete wird genügen zu zeigen, wie eng sie untereinander zusammenhängen und wie sie einer bestimmten Daseinslage gerecht werden.

Diese Schriftstellerei hat sich nicht ohne weiteres fortgesetzt, weder zeitlich noch in Hinsicht auf Antrieb und Gehalt. Neues Mißlingen im äußeren Leben, neues Leid hat später zu Werken anderer Art geführt.

Als Cicero im Jahre 51 das Werk über die Gesetze unfertig liegenlassen und notgedrungen die Provinz Cilicien übernehmen mußte, war das schon die mittelbare Folge einer äußerst bedrohlichen politischen Lage. Cäsar war durch den Besitz eines neu eroberten, zum ersten Male und gleich gründlich ausgebeuteten Weltteils, dessen Erträgnisse schon kräftig in die inneren Verhältnisse Roms hereinwirkten, erschreckend übermächtig geworden, zumal nachdem Crassus, der dritte im Bunde, im Jahre 53 im Krieg gegen die Parther gescheitert und gefallen war. Daraufhin hatte sich Pompeius den führenden Senatspolitikern genähert und machte nun mit ihnen einen Versuch nach dem anderen, es dahin zu bringen, daß Cäsar nach zehnjähriger Statthalterschaft, anstatt im Jahre 48 ohne Zwischenzeit sein zweites Konsulat anzutreten – wie es früher beschlossen war –, Privatmann und als solcher einer Anklage vor Gericht ausgesetzt sein müßte. Cäsar konnte es, nach allem was er seit zehn Jahren gewagt hatte, darauf nicht ankommen lassen, ohne sein ganzes Spiel verloren zu geben. Ein Strafprozeß hätte ihn wahrscheinlich zu Fall gebracht. Das ist der Zwiespalt, der bald darauf in Bürgerkrieg übergegangen ist. Das Gesetz, wonach Konsuln und Prätoren erst fünf Jahre nach ihrem römischen Amtsjahr eine Provinz übernehmen durften, das Gesetz also, das im Augenblick auf ältere Konsulare und damit auch auf Cicero zurückzugreifen zwang, ist nichts als ein Schachzug in dem großen Spiel gegen Cäsar gewesen.

Bei seiner Rückkehr nach Italien ist Cicero mitten in das diplomatische Vorspiel zum Krieg geraten. Rom zu betreten hinderte ihn die eitle Hoffnung auf den Triumph; er hat es erst vier und ein halbes Jahr nach der Abreise nach Cilicien Ende 47 wiedergesehen.

Man kennt den Gang der Ereignisse, die nun folgten: die scharfen Senatsbeschlüsse gegen Cäsar, seinen Einmarsch in Italien, die rasche Besetzung des Landes, den spanischen Feldzug, Dyrrhachium, Pharsalus, Alexandria, Pontus und so fort. Ein Mann wie Cicero wird bei solchen Begebenheiten immer den kürzeren ziehen und mehr zu denen gehören, die die Geschichte erleiden, als zu denen, die sie machen. Seine bis zur letzten Möglichkeit fortgesetzten Versuche, das Schlimmste zu verhüten, sind von vornherein zum Scheitern verurteilt gewesen. Sein tiefes Mißtrauen, seine Überzeugung, mit der *res publica,* das heißt: mit der Herrschaft von Gesetz, Recht und Spielregel über den noch so entschlossenen Willen auch der mächtigsten Männer, würde es in jedem Falle aus sein, wenn einmal dieser Krieg ausbräche, sein Zaudern, seine Unentschiedenheit bis zum Herbst 49, als er sich endlich, ohne alle Hoffnung, ins Heerlager des Pompeius begab: das alles stellt sich leicht als Schwäche und nichts anderes dar. Man sollte aber dabei nicht vergessen, daß er auch tiefer gesehen hat als die üblichen Parteigänger beider Seiten. Man sollte es vor allem nicht übersehen, daß Cicero auch in diesen Zeiten eine moralische Autorität besessen hat, derentwegen ein Cäsar unermüdlich um ihn geworben hat, weil sein eigener Anhang, abgesehen von untergeordneten Hilfskräften, nur aus Gelichter aller Art bestand und er es durch seine bisherige Politik dahin gebracht hatte, »daß, wenn es im Bürgerkrieg Partei zu wählen galt, er nicht auf eines einzigen achtbaren Mannes Anschluß rechnen konnte« (M. Gelzer).

Auch nachdem sich Cicero im Herbst des Jahres 48 mit der Aufforderung, die Waffen niederzulegen – der weitere Kampf gegen Mitbürger mit Hilfe fremder Völker sei Unrecht – von den geschlagenen Pompejanern zurückgezogen und auf cäsarisches Gebiet nach Brundisium begeben hatte, als er nach fast einem Jahre peinvollen, tief erniedrigenden Wartens auf die Entscheidung des Siegers ihm bei seiner Ankunft aus dem Osten zum Empfang entgegenging, hat ihn Cäsar sehr ehrenvoll begrüßt und beruhigt. Cicero hat danach bis zu Cäsars Tod unbehelligt in und bei Rom ziemlich zurückgezogen leben können, während der Diktator Rom neu zu ordnen begann und die letzten republikanischen Heere in Afrika und Spanien überwand, ohne freilich die *res publica* innerlich zu überwinden; der freiwillige Tod Catos in Utica ist ein sittlicher Sieg der Besiegten gewesen.

Nach der Rückkehr zu seinen Büchern hat ihm Varro, der gelehrteste Römer seiner Zeit, nahe gestanden, vor allem aber Brutus, Catos Neffe, Sohn einer früheren Freundin Cäsars, Aristokrat von Herkommen und Art, gründlicher als die meisten Zeitgenossen unterrichtet, tiefer von der Philosophie berührt, Stilist von eigenem Gepräge und Willen, ein spröder Mensch, rauh gegen jedermann, auch gegen Cicero, den er zuweilen etwas adelsstolz behandelt hat, innerlich unbeugsam bis zum Starrsinn. «Es kommt sehr darauf an, was er will, was er aber will, das will er nachdrücklich«, hat Cäsar von ihm gesagt, der ihn unmittelbar nach Pharsalos auf einen Brief hin begnadigt und sehr bald zu einem seiner Nächsten gemacht hat. Cicero ist oft verletzt gewesen von seiner Schroffheit und seinem Mangel an Freundlichkeit, aber er hat dennoch den etwa zwanzig Jahre jüngeren geradezu umworben. Die Zeit von Ende 47 bis Februar 45 macht einen eigenen Abschnitt in Ciceros Leben aus, geprägt von dieser Freundschaft. Cicero richtete sich jetzt mit ein wenig Hoffnung, mit viel innerem Verzicht im Dasein des alternden Mannes ein, der anderen seinen Platz überläßt und die Freundschaft mit einem geistigen Sohne sucht, in der Hoffnung, was ihm versagt, im anderen verwirklicht zu sehen. Auch an den Gegensätzen des Verhältnisses zwischen Vätern und Söhnen fehlt es nicht.

Abgesehen vom Wert und Zauber dieses ungewöhnlichen Menschen ist es auch aus anderen Gründen verständlich, daß sich Cicero gerade ihm erschloß. Brutus war es, der ihm im September 47 aus Cäsars Umgebung den ersten vertrauenerweckenden Brief geschrieben, den »ersten Lichtstrahl« gebracht hatte. Brutus war es, der es unter Cäsar wagen konnte, den unbeirrbaren Republikaner Marcellus, Vorkämpfer des Senats im Jahre 51, in einer veröffentlichten philosophischen Schrift *De virtute* zu loben, einen Mann, den Cäsar nach Pharsalus vergeblich durch Brutus eingeladen hatte, sein freiwillig gewähltes Exil auf Lesbos zu verlassen und sich ihm anzuschließen. Brutus liebte die alte *res publica* und hielt in Cicero einen Rest politischer Hoffnung selbst unter Cäsar wach. Er war der einzige Mensch unter den Jüngeren, der Ciceros Bildungsideal zu verwirklichen imstande war. Und er hatte nach langer Erstarrung das geistige Leben in Cicero neu erweckt, als er ihm das Buch *De virtute* widmete und ihn anregte, selbst wieder etwas zu schreiben.

Nach alledem ist es nur folgerecht, daß die nun entstandenen Werke nicht nur äußerlich dem neuen Freunde gewidmet, sondern innerlich von dieser Freundschaft durchwirkt sind.

Bei allem Neuen hängen die Hauptwerke dieser Zeit, *Brutus* und *Orator,* doch auch wieder mit denen der fruchtbaren Jahre 55–52 fühlbar zusammen, trotz dem Krieg, der sie voneinander trennt, enger als mit den unmittelbar danach entstandenen. Die alten Anliegen sind dringlich geblieben, die neuen kommen dazu. Es handelt sich auch jetzt noch um den Orator, den Mann des öffentlichen Lebens; um das Gemeinwesen freilich nur versteckter Weise. Man zieht sich auf neutralen Boden, in die Kunst und Kunstlehre, zurück, meint aber mehr und hat es mit einem Gegenstand zu tun, der wesenhaft in das freie Gemeinwesen gehört. Und so würde auch von dieser Seite nichts dagegen sprechen, wenn Cicero, wie man vermutet, in dieser Zeit an dem unfertig liegen gebliebenen Dialog *De legibus* weitergearbeitet hätte.

Das Werk *Brutus, de claris oratoribus,* übrigens eines der bedeutendsten Beispiele antiker literarischer Kritik, enthält einen Überblick über die römischen Redner von den frühesten erreichbaren Zeiten an. Am Ende erkennt der Leser: Cicero ist der Erbe einer langen, ruhmreichen Erbfolge und Brutus Erbe Ciceros, der Erbe des Orator-Ideals. Freilich ist er es in böser Zeit. Vom freien Gemeinwesen ist kaum noch etwas übrig. Am Anfang des Werkes erhebt sich die Klage, daß es in Rom keinen Raum mehr für das kluge Wort des Redners gibt, am Ende die Klage um Brutus, daß sich seine Fähigkeit, das hohe Ideal zu verkörpern, im gegenwärtigen politischen Zustand nicht verwirklichen kann. Trotzdem ist Brutus aufgerufen und beschworen, es treu zu bewahren.

Man spürt den Freimut der Äußerung, das Einverständnis in der Liebe zum freien Gemeinwesen. Doch nun greift der Gegensatz der Generationen ein. Der geistige Vater sucht den geistigen Sohn nicht nur für den Gedanken des universalen Redners überhaupt zu gewinnen, sondern auch für sein Stilideal im besonderen. Er sucht, wie es die Väter immer wieder tun, ihn davon zu überzeugen, daß der abweichende Weg des jüngeren Geschlechts ein Irrweg ist, und auf seinen Weg herüberzuziehen. Das ist eine Hauptabsicht des Werkes. Cicero ist in die Lage geraten, nicht wie früher sein politisches Tun und Lassen – ach, davon ist keine Rede mehr –, sondern nun auch seine bisher unbestrittene Kunst vor dem umworbenen, zum geistigen Sohn erwählten Freunde verteidigen zu müssen.

Wie heute sich manche konzertierenden Musiker eines möglichst »trockenen« Tones befleißigen und das gefühlsselige Spiel früherer Generationen verabscheuen und mit dem Schimpfwort »Romantik« belegen, ähnlich wehrten sich gerade damals manche von den Jüngeren, und unter ihnen auch Brutus, gegen die üppige Schönheit von Ciceros Redestil, gegen die weitgeschwungenen Kurven seiner Periodenkunst, gegen die ausladenden Gebärden dieser Prosa, gegen die Musik der Gefühlstöne. Sie schätzten eine knappe Sprache ohne sinnliche Schönheit, trocken, nüchtern, sauber, genau, ohne rhythmische Symmetrien, die sich über Worte und Sätze legen und die kommenden Wellen vorausfühlen lassen. Attisch müsse die Kunst der Rede sein, meinten sie, so wie sie bei den attischen Meistern vor Demetrios von Phaleron (um 300 v. Chr.) gewesen sei, bevor sie sich im halbbarbarischen Kleinasien barbarisiert habe, dort, wo Hortensius, Cicero und ihre Zeitgenossen studiert hatten. Und wie man bei einem solchen Umschwung überhaupt den Gegensatz gern in das Äußerste treibt, so wählte man sich Lysias und Thukydides als die eigentlichen Vorbilder. Man sieht, es war der Klassizismus, der hier wie in anderen Kunstbereichen in Rom um sich griff.

Cicero warnte. Im *Brutus* und mehr noch im *Orator* zeigte er, daß man im Begriff war, freiwillig zu verarmen und am Ende nicht beim Gesunden, sondern beim Kümmerlichen anzulangen. Attisch sei schon recht, aber was sei das für ein Attikertum, das sich nicht über Lysias hinauswage, das sich an Demosthenes vorbeidrücke. Wenn jemand ein Recht habe, sich auf die attischen Meister zu berufen, dann sei er es, nicht sie.

Tempora inimica virtuti hat Cicero im *Orator* (35) Brutus gegenüber die Jahre der Diktatur Cäsars genannt und damit einen Ausdruck geprägt, den Tacitus übernommen hat (*Agricola* 1) und der als Leitspruch für dessen ganzes Lebenswerk gelten könnte. Wie die Kaiserzeit ist es eine Zeit der Unsicherheit, der Furcht, der verhehlten, wurmenden Gefühle und Gesinnungen, der mittelbaren, versteckten Äußerungen gewesen. Jeder der beiden Freunde hat nach Catos Tod eine Lobschrift auf ihn veröffentlicht. Cäsar hat sie noch während des spanischen Feldzugs mit einer Schmähschrift *Anticatones* beantwortet. Beide Seiten haben durch Mittelsmänner und unmittelbar einander Komplimente gemacht, als handle es sich um nichts als einen Wettkampf mit literarischen Meisterwerken ... Cicero, meist vergraben in seine Bibliothek, mußte während Cäsars Anwesenheit in Rom notgedrungen manchmal im Senat erscheinen, sprach aber nicht, bis zu dem Tage, an dem Marcellus die Verzeihung des Diktators erhielt und zurückgerufen wurde. Damals, im September 46, hat er die Gelegenheit benutzt, in einer Dankrede, der er die ganze getragene Würde seiner Kunst gab, vernehmlich die Hoffnung auf ein geordnetes Gemeinwesen mitklingen zu lassen. Möglich, daß der sanguinische Mann an diesem Tage wirklich neu hoffen zu dürfen gemeint hat; lange kann es nicht gewährt haben.

Er hatte sich entsagend mit Müh und Not einigermaßen eingerichtet, da traf den Zermürbten einer der schwersten Schläge seines Lebens, der Tod seiner Tochter Tullia. Wenn seine Familienverhältnisse im übrigen zerrüttet waren – von seiner Frau Terentia war er seit kurzer Zeit geschieden, mit dem Bruder Quintus seit dem Bürgerkrieg zerfallen –, so war Tullia bis zuletzt einer der Menschen gewesen, an denen er am meisten hing. Nach ihrem Tode war er völlig verstört und menschenscheu.

Und doch ist dieser Schmerz nicht unfruchtbar geblieben. Er hat ihn gezwungen, in der Philosophie Hilfe zu suchen. Er hat ihm die philosophischen Schriften der letzten zwei Jahre abgewonnen.

Cicero war jetzt noch auf eine andere Art verwundet als damals, als ihm der Verlust des vollen Anteils an der Staatsleitung bewußt geworden war. Auch die Heilmittel, zu denen er seine Zuflucht nahm, waren anderer Art. Damals hatte er das Verlorene, Bedrohte in Schriften dargestellt, die alle etwas von einer politischen Philosophie an sich haben. Jetzt war er nicht als Staatsmann, sondern als Mensch schlechthin getroffen. Helfen konnte nur die Philosophie, sofern sie sich des ganzen Menschen annimmt, sicheren Halt zeigt, das Innere klärt, ordnet und festigt. Eben darauf ist es in den nun entstandenen philosophischen Werken abgesehen. Sie entspringen einer neuen Daseinslage und leben von einem neuen Anliegen. Damit verbindet sich freilich eine literarisch-patriotische

Aufgabe: den Römern eine philosophische Literatur in ihrer Sprache zu geben und dadurch zur Größe Roms beizutragen.

Der Mensch geht in der politischen Gemeinschaft nicht auf, er reicht darüber hinaus. Das ist auch dem Cicero der staatsphilosophischen Schriften gegenwärtig gewesen. Es ist bei Gelegenheit des *Somnium Scipionis* erwähnt worden. Jetzt galt es, von dieser Zuflucht Gebrauch zu machen. Der Trost, den sich Cicero nach Tullias Tod zugesprochen hat, nimmt geradezu das Thema des *Somnium* wieder auf und wendet es auf Tullia an. Die Menschenseelen gehören ihrer Substanz nach jenem edelsten Element an, woraus die göttliche Sternenwelt besteht. Verbannt ins Irdische, verlangt das Göttliche im Menschen nach Heimkehr, je reiner es sich erhält, desto kräftiger. Leben ist Tod, Tod Übergang zu wahrem Leben.

Leben und Tod haben die Rollen vertauscht. Die alten religiösen Symbole der Umwertung aller Werte in der Philosophie, schon von Aristoteles in dem uns nur mittelbar bekannten Dialog *Eudemos* zum Trost nach dem Hinscheiden eines nahe verbundenen Menschen gewendet: hier sind sie zu einer Apotheose der früh Verstorbenen geworden, worein sich die leidenschaftliche Liebe des trauernden Vaters ergossen hat.

Etwas Umstürzendes muß damals in Cicero vorgegangen sein. Umwertung, Umdenken, Bekehrung: darauf läuft auch der Dialog *Hortensius* hinaus, der unmittelbar nach der Trostschrift entstanden ist. Sein ganzes Leben und Denken zu ändern, eine Umkehr ist es, was die griechische Philosophie vom Menschen verlangt, wozu sie ihm verhilft. Der *Hortensius* ist ein Mahnruf dazu, ein Protreptikos logos, wie ihn schon Aristoteles in einer eigenen Schrift gestaltet hatte. »Dieses Buch«, schreibt Augustinus in seinen »Bekenntnissen« (3,7) vom *Hortensius*, »verwandelte die Gesinnung meines Herzens und gab zu Dir allein, Herr, meinen Bitten eine neue Richtung und änderte mein Wünschen und Verlangen. Wertlos wurde mir plötzlich alle nichtige Hoffnung, und nach der Unsterblichkeit der Weisheit verlangte ich mit unsagbarem heißen Wollen des Herzens.« Man muß das ganze Kapitel nachlesen, um die innere Kraft des verlorenen Dialogs ahnungsweise zu ermessen, dem ein Augustinus seine »erste Bekehrung«, die Wendung vom Vergänglichen zum Ewigen zu verdanken bekannt hat.

Unser Denken und Trachten, Werten und Wollen ist tief verfehlt und endet im Mißlingen des Lebens. Nur was der weltfremde Philosoph lehrt, der alles »Natürliche« auf den Kopf zu stellen scheint, ist das Wahre, Wesentliche. Nur er erreicht das Lebensziel. Dieser Gegensatz ist von Cicero höchst dramatisch dargestellt worden. Er hat die Philosophie scharf angreifen lassen, und zwar von dort aus, wo er bisher selbst gestanden war: der Redner hat die Philosophie angegriffen. Es fehlt nicht viel daran, daß Cicero gegen Cicero gesprochen hätte, er selbst gegen seine eigene Vergangenheit. So weit hat er nun freilich den Gegensatz und die Absage nicht zu treiben vermocht. Nur in einem vorsichtig eingeschränkten Sinn darf man von Bekehrung sprechen. Nicht der philosophische, vergeistigte Redner des Werkes *De oratore* ist der Gegner der Philosophie, sondern Hortensius, ein viel weniger anspruchsvoller Vertreter der bloßen Redekunst. Immerhin: die Philosophie ist nun nicht mehr in eine weit gedachte Redekunst einbezogen, sondern siegreich der Redekunst entgegengestellt.

Über wohlbedachte Stufen hat das Gespräch an den Punkt geführt, wo es ganz ernst wurde. Hortensius hat wohl den Streit der Schulen gegen die Philosophie ausgespielt. Philosophie ist das Gebiet, auf dem man immer das Gegenteil ebensogut beweisen kann wie das jeweils Behauptete. Cicero ist dagegen auf etwas ursprünglich Gegebenes, auf einen unbezweifelbaren Ansatz zurückgegangen, von dem aus man zu der Einsicht gelangt, daß man um die Philosophie nicht herumkommt, wenn ein Uranliegen des Menschen nicht versäumt werden soll.

Beati certe omnes esse volumus, glücklich – das Wort ist in seinem alten, edlen Sinne verstanden und meint sinnvoll erfülltes und darum befriedigtes Dasein – glücklich wollen wir doch alle ganz gewiß sein. Aber wie gelangt man dazu? Nicht dadurch, daß man leben kann, wie man will; *plus mali pravitas voluntatis offert quam fortuna cuiquam boni,* mehr Übel bringt Verkehrtheit des Willens als das äußere Glück einem Gutes bringen kann. Ganz schroff traten zwei Denkarten einander gegenüber. Der Verteidiger der Philosophie machte es sich nicht leicht, wenn er aufzeigte, daß die üblichen Wege zum Glück verkehrt sind. Er stellte einen »Lebenskünstler« dar, der im Genuß von allen Annehmlichkeiten bis zum Ende von äußerem Glück und Gelingen begünstigt gewesen war. Auch von diesem gilt: ein solches Genußleben raubt einem das Beste. Und hier wurde nun die wahre Situation des Menschen mit einem äußerst drastischen Bild des Aristoteles – aus dessen Protreptikos – enthüllt. Was unser Eigentliches ist, die Geistnatur, ist zusammengefesselt mit Niederem, Quälendem, wie Gefangene etruskischer Seeräuber gemartert wurden, indem man sie Brust an Brust mit Leichen zusammenschnürte. Liebe zu einem Leben im Höheren spricht sich darin aus, die alles, was von unten her stört und hindert, als Qual empfindet und hofft, durch den Tod daraus befreit zu ihrem Ziel zu gelangen: schrankenlosem, verehrendem Schauen und Erkennen. Alles andere wird dann überflüssig, ganz gewiß die Redekunst, aber auch das Moralische, denn es gilt ja nichts mehr abzuwehren, zu überwinden, zu ordnen und zu wählen.

In diesem Bekenntnis zur Philosophie, zur *contemplatio,* gilt nur noch die Seele und die ewige Wahrheit. Was in der Schrift *De re publica* nur am Rande erscheint, ist hier in die Mitte gerückt.

Es ist wahr, Cicero hat sich, sobald Cäsar tot war, wieder in die Politik reißen lassen, hat die »Philippischen Reden« gehalten und veröffentlicht. Er ist diesen Dingen nicht ein für allemal abgestorben gewesen. Man darf von einem Menschen wie Cicero nicht eine radikal verwandelnde Bekehrung erwarten. Und man soll nicht vergessen, daß er mehr philosophischer Schriftsteller als Philosoph gewesen ist. Trotzdem wäre es falsch, den *Hortensius* nicht ernst zu nehmen. Cicero hat die Hinkehr zum Ewigen wirklich an sich selbst erfahren, den Aufschwung über das allenthalben Angepriesene, das doch nicht standhält. Der einsame Cicero ist stärker geworden, der in der Philosophie Vergeistigung seines Lebens und inneren Halt sucht, wichtiger im Verhältnis zu dem ehrgeizigen Manne des Forums und der Curie. Und er ist fähig geworden, sich auszudrücken.

Die Gewalt des Schmerzes ist in beiden Schriften, *Consolatio* und *Hortensius*, verwandelt in Aufschwung zum Unvergänglichen, enthalten und wohl zu spüren. Ein Sturm innerer Bewegung hat bis zu den auf das Ganze gehenden Bekenntnissen des *Hortensius* getragen. Danach hat sich Cicero, dem eigenen Mahnruf treu bleibend, in der Philosophie angesiedelt und einige ihrer Hauptbereiche in den nun entstandenen Dialogen dargestellt: Erkenntnislehre, Güterlehre, Rat für die großen Anfechtungen des Lebens durch Tod, Schmerzen, innere Störungen und so fort; Götterlehre, Mantik und Lehre vom Schicksal; daneben zwei Kapitel der praktischen Lebenslehre, vom Alter und von der Freundschaft. Dabei tritt die literarische Aufgabe, von der vorhin die Rede gewesen ist, wohl mehr als in *Consolatio* und *Hortensius* hervor. Das Problem einer philosophischen Literatur in lateinischer Sprache ist Gegenstand von Gesprächen mit Varro und Brutus gewesen. Dem bedenklichen Varro gegenüber beruft sich Cicero mit seinem Unternehmen auf das Vorbild des Brutus.

Und hier ist nun Gelegenheit, vor einem Mißverständnis zu warnen. Unser biographischer Entwurf hat versucht, die Wechselwirkungen zwischen dem Cicero des öffentlichen Lebens und dem geistigen, künstlerischen Cicero, zwischen Gelingen und Mißlingen in den wechselnden Lagen seines Daseins in den Blick zu bekommen und dadurch die innere Wahrheit seiner Schriftwerke, genauer: ihrer jeweiligen Thematik, sehen zu lassen. Das darf jedoch nicht so mißverstanden werden, als wollten wir diese Werke kurzerhand zu Bruchstücken einer großen Konfession in Goethes Sinne umdeuten. Davon kann keine Rede sein. Es bleibt dabei, was sich nach der Forscherarbeit fast eines Jahrhunderts von selbst versteht. Der literarische Reiz, die Freude am Vermitteln griechischer Gedanken und Gedankengänge spielt auch in den persönlichsten, von Eigenem am meisten erfüllten Werken eine Hauptrolle. Das gilt erst recht für die darauf folgenden, die in kaum vorstellbarer Eile geschrieben sind. Es ist heute nicht mehr nötig, auf die Mißverständnisse, Unklarheiten und dergleichen eigens hinzuweisen, die sich dabei eingestellt haben.

Worauf es zu achten lohnt, ist die verblüffende Lebendigkeit dieser Schriften trotz alledem. Nicht nur, daß der Leser dem Vorgang beiwohnt, in dem nun auch für die schwierigen, ja kniffligen, spitzfindigen Gedanken und Begriffe der Philosophie, so z. B. der Erkenntnislehre, eine Sprache neu gefunden wird, die das alles fast elegant bewältigt und im übrigen den Grundbestand der lateinischen Philosophensprache ausmacht, der Sprache, die in Stufen von Seneca, den Kirchenvätern – vor allem Augustinus –, Marius Victorinus und Boethius – um nur einige zu nennen – zur Höhe der europäischen Philosophensprache schlechthin emporgeführt worden ist. Auch das ist nichts Geringes, daß der vermutlich vielfach trockene Vortrag der griechischen Bücher in menschlich lebendiges Gespräch umgesetzt ist. Wovon aber hier noch die Rede sein soll, liegt vielleicht weniger zutage.

Es hätte leicht geschehen können, daß sich jemand an Ciceros Stelle, um etwa eine Erkenntnislehre vorzutragen, ein geeignetes Buch der Schule, der er zugetan war, verschafft und daraus die Lehre als fertiges Ergebnis mitgeteilt hätte, vermehrt allenfalls durch eine vorausgeschickte Übersicht über die einschlägigen Lehrmeinungen der anderen Schulen. Statt dessen läßt uns Cicero in seinem zunächst nach dem *Hortensius* entstandenen Werk, das man gewöhnlich *Academica* nennt und von dem Teile zweier Fassungen erhalten sind, an einem philosophischen Ereignis teilnehmen, das sich in seiner Jugend zugetragen hatte und dessen Folgen ihn von seinen Freunden Varro und Brutus trennten. Es ist die früher erwähnte Rückkehr des Antiochos vom Kritizismus des Arkesilaos, Karneades und Philon zur alten dogmatischen Lehre der Akademie. Er hatte diese Wendung nicht mitgemacht; seine Freunde bekannten sich zu Antiochos. Da hat er nun, um zu zeigen, wo er stand und mit welchem Recht, die beiden heiß umkämpften Erkenntnislehren, worin sich zwei Auslegungen der platonischen Philosophie überhaupt schieden, im Dialog wie in einem Rechtsstreit gegeneinander geführt, als wiederholte sich der alte Streit zwischen Philon und seinem abfallenden Schüler. Außerdem hat er höchst lebendig vom Ausbruch dieses Zwistes erzählen lassen. Und so bleibt das Ganze kein lebloser Gegenstand des bloßen Lernens. Man erlebt einen problematischen Umschwung der Denkart bei Zeitgenossen mit, man ermißt die Stärke und Schwäche beider Seiten. Und man nimmt an Ciceros Freude teil, Philosophie als Problem und Ereignis zu verstehen und seine Überzeugung im Zusammenhang anderer zu bestimmen und zu verfechten.

Übrigens ist der Streit, in den man geführt wird, in mehr als einer Hinsicht der Teilnahme würdiger als es scheint. Das ganze Philosophieren des Antiochos ist, einem Zuge der Zeit gemäß, eine einzige Rückbesinnung gewesen. Er hat gefunden, daß Akademie, Peripatos und Stoa einen gemeinsamen Bestand platonischer Wahrheit ererbt haben und daß der mehr wert ist als die unterscheidenden Neuerungen. Er hat in allem geprüft, wie notwendig, wie erheblich die Abweichung sei. Und er hat im allgemeinen dazu geneigt, Arkesilaos, Karneades und Philon eigentlichen Abfall, Zenon dem Stoiker wenigstens eine ohne Not veränderte Terminologie vorzuwerfen. Im Falle der Erkenntnislehre hat er das Mißgeschick gehabt, dem halb sensualistischen Erkenntnisbegriff der Stoa verfallen zu bleiben, um den sich fast zweihundert Jahre der Streit gedreht hatte – ohne zu durchschauen, daß dieser Begriff von Arkesilaos nur gesetzt gewesen war, um widerlegt zu werden. Anstatt den verschwiegenen positiven Hintergrund der akademischen Polemik gegen die Stoa, den echt platonischen Erkenntnisbegriff, aufzudecken, hat Antiochos unglücklicherweise seine Aufgabe darin gesehen, zu zeigen, daß sichere Erkenntnis möglich sei, wenn der Vorgang des Erkennens so gebaut sei, wie sich die Stoiker ihn dachten. Im guten Glauben, hinter die Neuerer auf die alte platonische Wahrheit zurückzugehen, hat er sich in Wirklichkeit für Zenon gegen Platon entschieden. Diesen Irrtum hat im lateinischen Westen erst Augustinus mit Hilfe des neuplatonischen Gedankens entdeckt. Sein Dialog *Contra Academicos,* worin er eigens mit dem Cicero der *Academica* um die Möglichkeit der Erkenntnis ringt, kann vielleicht am besten die verborgene Dramatik jenes Streites um den Erkenntnisbegriff enthüllen. Für den weiter Vorausschauenden gibt sich ein Vorspiel späterer Schicksale der europäischen Erkenntnislehre vom Nominalismus des Mittelalters bis zum Idealismus der Neuzeit zu erkennen.

Um aber nicht über Maß und Gebühr Problematisches hervorzukehren, sondern die von Cicero ausgewählten und aufbewahrten Schätze des Gedankens zur Geltung zu bringen, sei noch auf die philosophische Lehre vom Menschen in den fünf Büchern *De finibus bonorum et malorum,* d. h. über die Lehren vom Lebensziel (*τέλος*), von den erfüllenden Werten, beispielshalber hingewiesen. Scheinbar handelt es sich hier nur um einen beziehungslosen Überblick über die damals meist vertretenen Lehren der Epikureer, Stoiker und Peripatetiker, in drei voneinander völlig gesonderten Dialogen mit Für und Wider nach den Regeln der Schule Philons vorgetragen. In Wirklichkeit liegt dem Ganzen die universale Kritik der Lebensziele zu Grunde, wie sie Antiochos auf Grund eines Schemas des Karneades entworfen hatte. Ein Herzstück darin und ein Hauptanliegen des Antiochos überhaupt war die Auseinandersetzung mit der stoischen Lehre vom τέλος. Da lag es nun für Cicero nahe, den Inhalt dieser Lehre selbst der Kritik vorauszuschicken (Buch 3). Ähnlich ist der Dialog über Epikurs τέλος (Buch 1 und 2) um ein Stück aus des Antiochos Kritik herumkomponiert: eine Übersicht über das Lehrstück Epikurs geht voraus (Buch 1), eine lange Folge der beliebten, allzu billigen Tiraden gegen Epikur schließt diesen Teil ab. Am Ende des Ganzen aber, im 5. Buche, geht aus der Kritik die eigene Lehre des Antiochos folgerecht hervor. Sie besteht in der Hauptsache aus einer Anthropologie, die, wenn ich nicht irre, mehr Beachtung verdient als ihr im allgemeinen zuteil wird.

Was Lebensziel, Erfüllung ist, kann sich bei jedem Wesen nur aus der ursprünglichen Anlage ergeben. Voller Bestand der Menschennatur in ihrem vollkommenen Zustand: so wäre ganz allgemein die Lebenserfüllung des Menschen zu bezeichnen. Welche Bewandtnis hat es aber mit der Menschennatur?

Vor allem: von den tierhaften ersten Regungen der Selbsterhaltung beim Säugling bis zur Lebensmeisterschaft des erleuchteten, vollkommenen Menschen, vom niedersten Fundament bis zur höchsten Vollendung reicht der unzerreißbare Zusammenhalt einer Natur. Stufenweis äußert sich das Naturanliegen in immer höheren Formen. Das Geistige tritt immer entschiedener, reiner und höher gesteigert hervor. Doch werden dabei die unteren Stufen nicht preisgegeben; sie gehören auch in der Vollendung mit zum Vollbestand des Menschenwesens, zur Lebenserfüllung. Da eben versagte die stoische Philosophie. Sie setzte ihre Lehre von der vollkommenen Lebenserfüllung naturalistisch im Primitiven an, gab aber im weiteren Verlauf diesen Ansatz in dem Augenblick preis, wo der Geist, zu sich selbst gelangt und seiner selbst ganz mächtig geworden, in seiner Gesetzmäßigkeit volles Genügen und den erfüllenden Wert gefunden hatte. Da schlug das »der Natur folgen« um in »die Natur im Stich lassen«. Ein Zwiespalt klaffte da zwischen Anfang und Vollendung. Da erfüllte sich nicht das Menschenwesen, sondern ein Teil – der wertvollste freilich – verschloß sich in sich selbst, setzte sich absolut und ließ alles übrige fahren. Das Menschenwesen ist aber in seiner Entwicklung mit all den Übergängen und Steigerungen eine Entelechie. Am Anfang ist die Vollendung angelegt, in der Vollendung der Anfang noch enthalten.

Die Dynamik dieser Entelechie treibt mit innerem Drang von Übergang zu Übergang. Und doch, trotz der Einheit lückenlosen Zusammenhaltes und der durchgehenden inneren Dynamik ist der Weg von dem tierhaften Anfang eines Menschen bis zur göttlich durchgeistigten Vollkommenheit mit allen den notwendigen Übergängen fast unausdenkbar weit, stets der Gefahr des Irrens ausgesetzt. Der Mensch ist das Wesen, das sich selbst nicht von Anfang an oder sehr früh kennt und besitzt – wie das Tier mit seinem sicheren Instinkt –, sondern erstaunlich spät und nur mit Hilfe der Einsicht, – das Wesen, das sich selbst tief verborgen ist und sich selbst leicht verfehlt. So schwierig ist es für ihn, wahrhaft zu sich selbst zu gelangen, daß es als Wunder gelten kann, wenn es am Ende doch gelingt. Darum hat man den Spruch, der das Entscheidende bezeichnet, keinem Menschen, sondern dem delphischen Gott zugeschrieben: »Erkenne dich.« Und das ist der Sinn der Philosophie, dem Menschen zu dieser Erkenntnis und dadurch zu sich selbst zu verhelfen.

Das Eigentümliche dieses Gedankens darf man darin sehen, daß Zusammenhalt und Einheit der vielen verschiedenen Entwicklungsstufen gleicherweise bedacht sind wie der spannungsreiche Abstand zwischen Oben und Unten, der weite, mühselige Weg und die Gefahr des Verfehlens. Das Ganze der so aufgebauten Entelechie ist Gegenstand des ehrfürchtigen Staunens, aber auch der Sorge.

Diese Philosophie des Menschen scheint in ihren allgemeinen Zügen der Vorliebe ihrer Zeit zu entsprechen. Aber sie hat ihr eigenes Gesicht, ihre bezeichnenden Betonungen; das Verhältnis zwischen Anlage, bloßer Anlage, und Vollendung, und in diesem Zusammenhang das Wort *inchoare* machen geradezu eine Art Leitmotiv aus. Und klingt vielleicht noch durch Ciceros Worte etwas ganz Persönliches durch, die Erfahrung später Erkenntnis und endlich doch genossener Klarheit? *Virtutis .... beataeque vitae, quae duo maxime expetenda sunt, serius lumen apparet, multoque etiam serius, ut plane, qualia sint, intellegatur;* »sittlicher Wert und Glück, die beiden Dinge, die am meisten erstrebenswert sind, leuchten in ihrer Wahrheit erst später auf, und noch viel später geschieht es, daß man völlig einsieht, was für eine Bewandtnis es mit ihnen hat. Es ist ein wunderbares Wort von Platon: glücklich, wem es, wäre es auch im hohen Alter, doch noch vergönnt ist, zu Weisheit und wahren Überzeugungen zu gelangen« (5, 58).

In solchen und ähnlichen sehr unpolitischen Gedankengängen bewegte sich Cicero in seinen Schriften, während die inneren Antriebe vom Februar des Jahres 45 anscheinend schwächer wurden, die politischen und halbpolitischen Ansprüche der Umwelt immer unabweislicher vordrangen und mit der Bedrängnis der immer rücksichtsloseren Willkürherrschaft Cäsars die politischen Leidenschaften, Groll und Haß, höher und höher in ihm stiegen. Sehr bald sollte es sich ihm so darstellen: »In diesen Büchern (den philosophischen) habe ich als Senator meine Meinung vertreten, vor dem Volk gesprochen, die Philosophie als Ersatz meiner Tätigkeit zum Wohl des Gemeinwesens genommen« (*De divinatione* 2,7). Kurz: der Consular in ihm regte sich wieder stärker. Vollends war er obenauf nach Cäsars Fall.

Es ist im Grunde das alte Spiel, das nun mit dem Zweiundsechzigjährigen noch einmal begonnen hat, nur heftiger diesmal, gewaltsamer, kürzer und mit Ciceros Tod endend. Die gleiche Autorität, die gleichen Schwächen, das gleiche Zaudern, das gleiche Scheitern aus den gleichen Ursachen. Monatelang hat er als Haupt der Anhänger der *res publica* in Rom den Kampf gegen Antonius geführt, während Brutus und Cassius im Osten rüsteten und in Norditalien die ersten Schlachten des neuen Bürgerkrieges geschlagen wurden. Ein leidenschaftlicher, erbitterter, verzweifelter Kampf ist es gewesen, in dem Cicero rücksichtslos zu so gefährlichen Mitteln wie dem Paktieren mit Cäsar Octavianus hat greifen müssen und in dem am Ende doch wieder die großartig organisierte revolutionäre Militärmacht über den Versuch, in der alten Weise vom Senat aus zu regieren, gesiegt hat. Die drei stärksten der von Cäsar herkommenden Mächtigen haben sich vertragen und verbündet und dadurch eine Macht zusammengeballt, gegen die nichts aufkommen konnte. Sie haben eine »schwarze Liste« miteinander ausgehandelt, Cicero ist wohl schon als der Todfeind des Antonius daraufgekommen. Bei der Menschenjagd auf die Proskribierten ist er ermordet worden.

Aber es ist gut, daß selbst im Sturm dieser Ereignisse der andere Cicero sich behauptet und für immer bezeugt hat. Gegen das Ende des Jahres 44, in verzweifelter Lage, ist er seiner Erregung noch einmal, nachdenkend und schreibend, mit Hilfe der Philosophie Herr geworden. Und er hat dafür kein streitbares, kein gewaltsames, kein auftrumpfendes Werk gewählt, sondern die Lebenslehre des Panaitios, deren Titel *De officiis* (*περὶ τοῦ καθήκοντος*) man notgedrungen gewöhnlich mit »Pflichtenlehre« übersetzt, obwohl darin so gar nichts von der Willensanstrengung zu finden ist, die sich für uns leicht mit dem Worte Pflicht verbindet. Es ist eine Lehre vom richtigen menschengemäßen Verhalten, die sich von den Grundbegriffen bis in die Einzelheiten der Lebensführung erstreckt. Man soll sie – in Ciceros lateinischer Bearbeitung – lesen, um zu lernen, was humane Gesittung ist und was zu lieben und zu bedenken Cicero inmitten barbarischer Greueltaten fähig gewesen ist. Es hat sich so gefügt, daß er, indem er sich Panaitios zuwandte, in eine seiner geistigen Wahlheimaten zurückkehrte: die vornehme Gesittung, wie sie in der Zeit des jüngeren Scipio und noch in seiner eigenen Jugend in einigen römischen Adelspalästen erlesene griechisch-römische Freundeskreise gepflegt hatten.

Ciceros Leben endet in hoffnungslosem Dunkel. Aber das Schicksal, das ihn in den letzten zwei Jahrzehnten immer tiefer darein gesenkt hat, ist es auch, das ihm die Werke abgezwungen hat, und diese lassen noch immer das unsichtbare Rom unter uns fortleben.

Dazu wäre es ohne das Scheitern in der äußeren Welt, ohne den Zusammenbruch einer ganzen Daseinssphäre gewiß nicht gekommen.

Wer will es nun wagen, hier von Mißlingen eines Lebens, von Schwäche zu sprechen, ohne zugleich zu gestehen, daß sie die Kehrseiten eines Gelingens, einer Stärke gewesen sind?

Es wird dem Menschen in der geistigen Welt nichts geschenkt. Er muß den vollen Preis dafür zahlen. Die Werke, von denen wir geistig leben, bezeugen es. Aber sie verbürgen auch, daß sich Verlust und Mangel im Veränderlichen für den geistigen Menschen zum Gewinn im Dauernden wandeln können.

DICHTER UND DICHTKUNST

IM ALTEN ROM

Daß der Dichter nicht fehlen darf im Leben, davon sind wohl alle gleicherweise überzeugt. Sollten sie freilich auf die Frage antworten, was denn die Dichtkunst gibt und ist, daß sie keiner missen mag, so würden die Antworten sicher weit auseinandergehen, und es würde sich zeigen, daß sich das Dichterische einem jeden anders erschließt. Den einen unterhält der Dichter, den anderen erregt und berauscht, den dritten erleuchtet er, den vierten weiht er in seine Weise des Daseinsvollzuges ein. Dem einen ist Dichterwort und Vers wie die Gebärde einer lieben Frau, einem anderen wie das Gespräch eines weisen Freundes. Bei solchen Unterschieden würden aber alle darin übereinkommen, daß sie sich ein über bloße Notdurft erhobenes Leben ohne Dichter nicht denken können. Und auch die Völker sind zwar mehr oder weniger dichterisch begabt, die Dichtkunst kommt bei ihnen mehr oder weniger zu sich selbst, und ihr Anteil am Dichterischen unterscheidet sich auch der Art nach, aber sie haben alle, in der Jugend wie im Alter, ihren Gesang, so scheint es, ihre Kunst der gebundenen Rede, und wo nur Sprache ist, da ist auch die gesteigerte Sprache der Dichtkunst.
Im alten Rom aber scheint es am Anfang ein Volk ohne Dichter und Dichtkunst gegeben zu haben. »Volk« sagt man freilich in diesem Falle besser nicht; es handelt sich um eine Stadt, die zuerst über Italien, dann über die Mittelmeerwelt die Herrschaft gewonnen hat, und nicht einmal eigentlich um die Stadt, sondern um die führende Schicht der Bevölkerung, jene großartigen,

aber nüchternen, harten Willens- und Verstandesmenschen, die nur auf Staatskunst, Recht, Krieg und Erwerb gerichtet scheinen, Menschen der *res*, sei es die *res publica* oder die *res familiaris*, die nun allerdings weder Dichter hervorgebracht noch für Dichtkunst von Haus aus viel übrig gehabt hat.

Und doch sind aus Rom Dichterwerke hervorgegangen, die den römischen Staat zu überleben vermocht haben, obwohl sie innig damit verbunden sind und es gerade zu ihrer Eigenart gehört, daß sie ein Monument dieser bedeutenden geschichtlich-staatlichen Wirklichkeit, Rom, ausmachen. Viele Jahrhunderte nach dem Ende des weströmischen Reiches noch hat Virgils Aeneis das Dichtertum Dantes erweckt, und immer neu ist dichterisches Leben von alten römischen Gedichten fortgezeugt worden, ja, die Dichtung des alten Rom hat für die Neueren Richtmaß und Vorbild abgegeben, bis die Griechen auch unmittelbar zu wirken begonnen haben, und darüber hinaus.

Also am Anfang fast ein Volk ohne Dichter, am Ende zwar gewiß kein Volk der Dichter, aber doch eines, das mit Stolz einen Schatz von Gedichten bewahrt hat, die für viele Jahrhunderte als die höchsten gegolten haben. Die Staatskunst der führenden Familien Roms und die Dichtkunst, beide stehen einander am Anfang so fern wie möglich, aber sie kommen doch zueinander in immer sich wandelnden Verhältnissen, bis in der Zeit Virgils und Horazens die Dichtkunst fast ebenso weltgültig ist wie Rom. Diesem denkwürdigen Wandel nachzugehen ist Aufgabe unserer Betrachtung, wobei wir auf die verschiedenen Möglichkeiten des Dichterischen zu achten haben, die sich im alten Rom haben verwirklichen können.

»Erst spät sind bei uns Dichter bekannt geworden oder in Aufnahme gekommen«, sagt Cicero am Anfang der Tusculanen. »Freilich steht es in den *Origines* (dem Geschichtswerk des älteren Cato) zu lesen, beim festlichen Mahle haben die Mahlgenossen zur Schalmei von tapferen Taten berühmter Männer gesungen. Doch daß die Dichter nicht in Ehren gestanden haben, beweist eine Rede Catos, worin er dem M. Nobilior als Schmach vorwirft, daß er Dichter mit in seine Provinz genommen habe. Er hatte, wie wir wissen, als Consul (den Dichter) Ennius nach Aetolien mitgenommen.« Cicero hat ganz recht, darin einen Unterschied zwischen Griechen und Römern zu sehen. Bei Homer in der Ilias singt der größte Held, Achilleus, zum Saitenspiel den Ruhm von Männern der Vorzeit, und in der Odyssee spiegelt sich nicht nur in der Gestalt des Demodokos bei den Phäaken der Stand der Sänger und die Ehre, die er allenthalben bei den Großen genießt. Den Sänger als Beruf und Stand, als *δημιουργός*, haben die Römer bis etwa zum Ende des ersten Punischen Krieges nicht gehabt, das ist der Unterschied.

Was aber die Lieder beim Mahle angeht, so hatte sie schon Cato in graue Vorzeit verlegt (Cicero, *Brutus* 75). Offenbar wußte man schon damals nichts darüber und war auf Mutmaßungen angewiesen.

Daß es aber Verse und Lieder überhaupt gegeben hat, bezeugt uns der »saturnische« Vers. Wenn später der erste Dichter von Beruf, Livius Andronicus, zwar für seine Bühnenspiele den Vers der griechischen Vorlage in Rom eingeführt, die Odyssee dagegen in den nicht griechischen Vers *virum mihi Camena insece vorsutum*, eben den Saturnier, übersetzt hat, so muß er diesen Vers und eine gewisse Kunstübung vorgefunden haben, die sich seiner bedient hat. *Fauni* und *vates* sind es nach Ennius gewesen, die solche Verse früher gesungen haben, alte Orakeldämonen und Wahrsager, und daß diese nicht in gewöhnlicher Rede gesprochen, gibt sich auch in dem Wort *vaticinium*, »Vatesgesang«, kund, das die Weissagung bezeichnet. Wenn sich aber die Bedeutung von *vates*, dessen Verwandte in keltischen und germanischen Sprachen den göttlich Besessenen und den Sänger bezeichnen, in Rom anfänglich so verengt hat, daß es nur den Wahrsager meint, so zeigt sich darin doch wohl, daß man für den Dichter kein Wort gebraucht hat – denn auch ein anderes kommt, für die älteste Zeit wenigstens, nicht in Betracht – und zwar aus dem Grunde, weil es den Dichter als Stand nicht gegeben hat. Gegeben hat es freilich Gesänge beim Götterdienst und gewiß anderes Urtümliche dergleichen. Aber Cicero behält doch recht: »Erst spät sind bei uns Dichter bekannt geworden oder in Aufnahme gekommen.«

Und die ersten Dichter sind aus der Fremde gekommen, Livius Andronicus als Sklave aus einer Griechenstadt, vielleicht Tarent, Naevius aus Campanien, also doch wohl aus dem oskischen, griechisch durchdrungenen Samnitentum der Ebene, und Plautus aus Umbrien und damit aus einem Gebiet, das im Bannkreis etruskischer Kultur gestanden hat. Und so ist es im ganzen auch weiter geblieben: unter den namhaften Dichtern gibt es keine Latiner, geschweige Stadtrömer, bis in die Kaiserzeit hinein. Was Rom an Zauber und Glanz der Dichtkunst gehabt hat, das ist ihm von außen zugekommen aus den Gebieten seiner Bündner in Italien, wo das Leben bunter und lockerer war. Rom hat seine Sprache, geistiges Klima und Gepräge dazugegeben; so haben Rom und Italien zusammengewirkt, um die lateinische Dichtung hervorzubringen.

Der erste Dichter, Livius Andronicus, der geborene Grieche, hat den Römern vor allem zweierlei gebracht: griechische Bühnenspiele, zumeist Tragödien, in lateinischer Sprache, und eine Übersetzung der Odyssee. In beidem zeigt sich gleich im Anfang etwas Wesentliches. Der Römer will im allgemeinen die höhere Bildung der Griechen nicht missen, aber sie soll sich zu ihm bequemen. Sich-behaupten im Sich-öffnen: das ist das Grundbedingnis, das es zu einer römischen Dichtung überhaupt erst hat kommen lassen. Es hätte ja auch anders gehen können. Das Griechische hätte auch in Rom die einzige Sprache der Geisteswelt werden und bleiben können. Dann wäre das Lateinische nicht zum Rang einer Hochsprache aufgestiegen. So aber hat sich seit den Übersetzungen des Livius immer wieder der Wille geregt, ein Gebiet der griechischen Dichtung nach dem anderen für Rom zu gewinnen, so wie man etwa neue Provinzen erwirbt.

Der Schritt von dem ersten Dichter zu seinem ersten Nachfolger, seinem Zeitgenossen Naevius, ist gleich bedeutend genug, erkennbar selbst für uns, die nur noch wenige Bruchstücke und Berichte in den Händen haben. Im Bühnenspiel tut sich derbe italische Komik vor dem ernsten Prunk der Tragödie hervor. Und die Komödie springt höchst unbekümmert mit den griechischen Vorbildern um, die sie bearbeitet; Gegenwart und Satire drängen sich ein, und im übrigen werden diese Komödien in manchem Betracht denen des nächsten Nachfolgers, Plautus, schon recht ähnlich gewesen sein. Von der Tragödie schreitet aber Naevius gar zu einem Spiel von römischen Königen und Kriegsherren weiter, dem Spiel in der Purpurrand-Toga, wie die Römer sagen. Ähnlich, aber noch bedeutender ist, was er aus dem römischen Epos gemacht hat. Behauptete sich in der Odyssee des Livius nur die Sprache Roms, so läßt Naevius gleich alles Griechische, außer dem allgemeinen Gedanken einer langerstreckten Erzählung in Versen überhaupt und gewissen homerischen Erzählweisen in dem sagenhaften Teil der Darstellung, hinter sich und erzählt von Rom, aus seiner Ursprungsgeschichte die Fahrt des Aeneas von Troja nach Latium, also immerhin noch eine Art römische Odyssee, und dann den großen Krieg gegen die Karthager, den der Dichter selbst als Soldat in seiner Jugend mit erlebt hatte, den ersten Punischen Krieg. Ursprungsgeschichte und dann Gefahr und Ruhm des lebenden Geschlechts, das sind die beiden wesentlichen Stücke des Geschichtsbildes, wie es die Römer damals in der Zeit des ersten Geschichtsschreibers Fabius Pictor und noch in den nächsten Jahrzehnten wieder und wieder entworfen haben. Für die Zukunft des römischen Epos hat Naevius damit das Entscheidende getan, daß er Sage und Geschichte, Homerisches und Römisches, Urzeit und Gegenwart so vereinigt und auch schon aufeinander bezogen hat. In der Folge hat man sich Homer wieder schrittweise genähert, aber noch Virgil ist in der Aeneis Erneuerer und Vollender dessen, was Naevius begründet hatte.

Plautus, der Nachfolger des Naevius, aber nur im Fach der Komödie, ist der erste, bei dem wir nicht auf behutsame Rückschlüsse aus geringen Überbleibseln angewiesen sind, sondern in vollen Zügen Erhaltenes genießen. Und da geraten wir nun in ein urkräftiges, ansteckend fröhliches Theaterwesen. Die unerschöpfliche Vielfältigkeit der neueren attischen Komödie liefert die Vorlagen, aber was deren Eigenstes und Bestes ist, das interessiert den lateinischen Bearbeiter gar nicht, wenn ihm nur die griechischen Texte Gelegenheit zu munterem Theaterspiel nach eigenem italischen Geschmack geben. Was er brauchen kann, übersetzt er, anderes läßt er weg oder ersetzt es durch wirksamere Szenen aus einem ähnlichen Stück; was noch zu wenig lustig und grotesk ist, dem hilft er unbekümmert karikierend nach, er verwandelt hier und da gesprochenen Dialog in parodisch bewegte Gesangsnummern, kurz: er wirtschaftet ganz unliterarisch als unbekümmerter Theatermann. Und doch ist so viel von dem Brio und dem Temperament, von dem Jubel und Leben dieses Theaters in die Sprache eingegangen, daß sich die plautinischen Komödien auch als Literatur haben behaupten können.

Die drei Dichter, von denen bisher die Rede gewesen ist, heben sich zwar für uns mit entschieden geprägter Eigenart und bedeutenden Leistungen voneinander ab, aber es ist unwahrscheinlich, daß sie über sich, ihre

Kunst und ihre Leistung viel nachgedacht oder gesprochen haben. Sie schrieben für die großen Feste die Theaterstücke, der eine führte außerdem die vornehme Jugend in das Lesen Homers ein, ein zweiter setzte an Homers Stelle eine römische Erzählung von Heldentaten, das war alles. Ins römische Leben waren sie schlicht durch Zugehörigkeit zu einer Zunft eingeordnet, es war die Zunft der *scribae et histriones*, und das Wort *scriba*, Schreiber, greift nicht gerade übermäßig hoch.

Aber in der nächsten Generation kommt ein Dichter dazu, der, sich einer höheren Würde bewußt, ganz andere Ansprüche stellt, Ennius.

Wie Naevius, so vertritt auch Ennius eine wesentliche Lebensstufe Roms, das Geschlecht, das vom Hannibalkrieg und den darauffolgenden Kriegen gegen Philipp und Antiochos (200–196, 192–189) geprägt war. Sein großes Erlebnis ist der Vorgang, in dem Rom, nach der Schlacht bei Cannae fast am Ende seiner Kräfte, in wenig mehr als zwei Jahrzehnten zur beherrschenden Macht der Mittelmeerwelt geworden ist.

Mit diesem Wandel seiner Macht zugleich verwandelte sich Rom auch im Innern. So wie der große Scipio war der geniale Heerführer als einzelner vorher nicht hervorgetreten. Aufgabe, Machtbefugnis, Schauplätze: alles ging über die herkömmlichen Verhältnisse hinaus und befreite ihn äußerlich und innerlich aus alter Enge. Überhaupt machte sich der einzelne nicht nur mit Leistungen, sondern auch mit Ansprüchen geltend, Ehrgeiz und Ruhmgier waren frei entbunden und wagten sich auch auszusprechen. Selbst der alte Cato, der doch dem neuen Wesen der fürstlich großen Herren und ihrer Ruhmseligkeit in seinem Geschichtswerk entgegengetreten ist, hat da, wo es seinen eigenen Ruhm galt, seine Stimme keineswegs gedämpft.

Wie ein Rausch war Größe und Ruhm über die Römer gekommen. Gleichgewicht aber und wohlgefügtes Wesen müssen einer solchen Zeit schwerfallen; sie nähert sich eher der Gefahr, aus den Fugen zu gehen.

Diesem Geschlecht hat Ennius in seinem ganzen Werk, womit zuerst die Mannigfaltigkeit der griechischen Literatur in Rom eingezogen ist, vor allem aber in den Annalen, dem Epos von Roms Geschichte, Sprache gegeben. Seine Dichtung dient den großen Herren der neuen Art und spendet ihnen Ruhm. Von Naevius hört man nur, er habe mit seinem freimütigen Spott Anstoß bei den Metellern erregt.

In den Annalen ist sich der Dichter dessen bewußt, daß mit seinem Werk etwas Neues, überschwänglich Großes in die Welt kommt. Er ist nicht nur von den großen Taten der Zeit berauscht, die er rühmt, sondern auch ein wenig von der Größe seines dichterischen Unternehmens. Es ist selbst etwas wie eine große Tat. Von seinem Vorgänger Naevius weiß er sich deshalb durch eine Welt getrennt, verächtlich auf ihn herabblickend, ohne seinen Namen zu nennen. Dort nämlich, wo er nach sechs Büchern, zu Anfang des siebenten, verkündet, er werde den ersten Punischen Krieg nicht darstellen, begründet er das so: »Andere Leute haben das erzählt, in Versen, die früher Orakeldämonen und Wahrsager gesungen haben«; er meint den alten, »saturnischen« Vers. – Wie ihn sein geschichtliches Selbstbewußtsein schroff von dem nahen Geschlecht des Naevius trennt, so verbindet es ihn auf der anderen Seite mit dem Fernsten, Größten, mit Homer. Das ist der Sinn der großartig gewalttätigen Erfindung des Eingangs der Annalen.

Dort ist der Dichter nicht wie Homer und seine Nachfolger nach dem Musenanruf hinter seine Gegenstände zurückgetreten, sondern hat zuvor von sich, seinem Anliegen, seiner Berufung und Autorität gesprochen. Er hat einen Traum erzählt, wie er, besorgt um seinen Ruhm, Trost und Zuversicht von Homer empfangen habe. Homers Bild sei ihm aus der Totenwelt erschienen, ihm das Geheimnis zu offenbaren: er, Ennius, ist wie Homer, ja er ist Homer selber, der in ihm zu neuem Schaffen wieder erstanden ist. Wie denn das möglich sei? Nun, seine Seele sei von Körper zu Körper gewandert und wirke nun in ihm, dem römischen Dichter. Damit das auch einleuchte, hat Ennius nun Homer die pythagoreische Lehre von Geburt und Tod und Seelenschicksal nicht nur vortragen, sondern auch mit naturphilosophischen Gründen beweisen lassen. Das ist wieder seltsam und des Nachdenkens wert. Die pythagoreische Weisheit, in Rom gewiß noch von geheimnisvoll fremdem Reiz, hat dazu herhalten müssen, ein zum Erschrecken ungeheures Selbstbewußtsein feierlich religiös und philosophisch vorzutragen und sich für das eigene Dichtertum die höchste Autorität zu sichern, die es geben konnte, Homer. Der Traum des Ennius spricht mittelbar den Vorgängern Livius und Naevius das Recht ab, sich auf Homer zu berufen; er erst hat, wie er im Vorspruch zum siebenten Buche sagt, entriegelt, was den anderen verschlossen gewesen. Vor ihm hat niemand den Musenfelsen erstiegen, die Wortkunst gepflegt und das ganze Wissen und Können besessen, das den *poeta* auszeichnet – so mit dem griechischen Wort hebt er sich auszeichnend von den *scribae* ab.

Das Neue ist zunächst die neue Verskunst, der homerische Hexameter, den erst Ennius in Rom eingebürgert und umgeprägt hat, nachdem sich Livius und Naevius mit dem »saturnischen« Vers begnügt hatten.

Das Neue ist weiterhin die homerische Erzählweise in sinnlich vorstellbaren Auftritten. Naevius hatte sie nur auf einen kleinen Teil seines Epos angewandt, die Aeneasgeschichte, Ennius hat sie auch auf die Teile übertragen, die Geschichte, auch Geschichte der allerjüngsten Zeit, erzählen, und damit die bescheidene römische Odyssee des Vorgängers mit einer gewaltigen Ilias übertrumpft – so gut er eben Homer verstanden hat. Daß er nämlich für das Ganze einer homerischen Szene, eines Gedichts, nicht den geringsten Sinn gehabt hat, darf man sich gestehen, ohne sich durch diese Einsicht die Freude an der grellbunten Pracht und Kraft der »Feuerverse« verkümmern zu lassen, die er uns, nach seinen eigenen Worten, wie einen feurig ins Blut gehenden Wein kredenzt.

Ganz allgemein steigt in der Zeit des Ennius die Geltung des Dichters bei den Großen, und auf der anderen Seite wird sie zum erstenmal bestritten. Die adeligen Herren, von denen ein Teil selbst zu schreiben oder doch zu lesen beginnt, schätzen und lieben den Dichter als Herold ihres Ruhms, wie die Scipionen und Fulvier den Ennius, aber am Ende doch auch als Meister einer Kunst, an der sie selber ernsteren Anteil nehmen. In diesem Verhältnis haben offenbar in dem Jahrzehnt nach dem Tode des Ennius (gestorben 169) der jüngere Scipio Africanus und seine Freunde oder andere Adlige als junge Menschen zu Terenz gestanden. Nur so hat das Gerücht aufkommen können, seine Stücke seien in Wirklichkeit gar nicht von ihm allein; vornehme Männer hätten daran mitgedichtet. Die Komödien selbst haben es aber auch mit ihrem neuen Stil wenigstens mit ermöglicht.

Zwar äußerlich betrachtet, hat Terenz nichts anderes getan als Naevius und Plautus vor ihm auch: er hat weiter Theaterstücke für die Feste geliefert und sich dabei seine griechischen Vorlagen in dem gleichen Kunstbereich der Neuen Komödie gesucht. Innerlich ist aber etwas wesentlich Verschiedenes dabei zustande gekommen, hohe Komödie statt Posse. Schon die Auswahl der Vorlagen entscheidet: der reife Menander und sein Nachfolger Apollodor ist gewählt, das heißt: nachdenkliche, eher ernste Spiele, ohne heftige äußere Bewegung. Noch wichtiger ist, was Terenz davon wahrgenommen und weitergegeben hat, nicht nur Ränkespiel und lustige äußere Verhältnisse und Lagen, die Gelegenheit zu derben Bühnenspäßen geben, sondern die inneren Verhältnisse der Figuren, die ernsten Lebensfragen: das vergebliche Bemühen, falsche, scheinhafte Verhältnisse mit Klugheit und Willen durchzusetzen und sich an der Wahrheit menschlicher Verhältnisse vorbeizulisten; solches Beginnen der Allzuklugen verfängt sich in Trug und Wahn, der schließlich ironisiert und aufgehoben wird durch die Wahrheit der Dinge, wohl auch durch die Tyche, die dabei helfen muß, sonst wäre es schlimm um die armen klugen, dummen Menschen bestellt. Diesen Gehalt der Komödie Menanders entdecken die Römer zum erstenmal hier. Doch darf man denn sagen: die Römer? Sie sind ja mehrmals davongelaufen von Terenz zu Seiltänzern, Boxern und anderen Künstlern solcher Art. Und ein wenig kann man es den guten Leuten vielleicht sogar nachfühlen. Kommt man von Plautus zu Terenz, so ist es, als träte man von einem Jahrmarkt mit Schießbude, Karussell, Zirkus, Varieté und viel Musik in ein vornehmes Haus in gewählte Gesellschaft, wo man gedämpft spricht, so daß man die Nuancen hört, und lächelt, statt zu lachen. Nichts mehr von dem fröhlichen Braus, nicht einmal viel von dem leiseren Humor Menanders und der gelösten dionysischen Stimmung, die attische Theaterfesttage auch zu seiner Zeit noch wie ein feiner Duft durchzogen hat. Es geht alles ein wenig zu römisch ernsthaft zu. Diese Dichtungen gehören schon in den Menschenkreis, wo Aemilius Paulus nach seinem Siege über Makedonien aus der Beute die Bibliothek für seine Söhne erwählt, wo sein Sohn, der jüngere Scipio Africanus, in dem internierten Griechen Polybios Ernst und Wert des griechischen Geistes lieben gelernt hat, während ringsumher alle Welt bei den Griechen nur weichliches Wohlleben verabscheute oder öfter schätzte – *pergraecari* »es griechisch treiben« nannte man das Lotterleben.

Es ist nur in der Ordnung, daß in dieser Lage Cato, der Feind der großen fürstlichen Familien und ihrer weltoffenen freien Art und Verteidiger der alten Strenge und Enge, auch über Dichter und Dichtkunst ein kräftiges Wort gesagt hat. In einer Rede hat er es zensorisch gerügt, daß Fulvius Nobilior den Dichter mit in das Feldlager genommen hat. In den »Sprüchen über gute

Sitte« *(Carmen de moribus)* hat er sich so vernehmen lassen, indem er dem jetzigen Geschlecht die Altvordern mahnend vorhielt: »Für Pferde zahlten sie mehr als für Köche. Dichtkunst stand nicht in Ehren. Gab sich einer damit ab oder besuchte er Festessen und Gelage, so nannte man ihn Tagedieb.«

Man muß dabei, wie gesagt, die Lage bedenken, in der ein solches Wort geschrieben ist. Aber immerhin, er hat ein verbreitetes Gefühl ausgesprochen, das sich noch lange gehalten hat. Noch zu Ciceros Zeit ist der Dichter in großer Öffentlichkeit nur schwer vorzeigbar.

So steht er seltsam zu den großen Herren in Rom. Sofern ihre Meisterschaft, ihr Beruf, *regere imperio populos,* alles ist, ist der Dichter nichts. Aber in Haus und Kreis der Hausfreunde gelangt er zu Ansehen und Freundschaft. Und diesen Bereich des Hauses hat man in auserwählten Familien immer mehr gepflegt. So ist es zu einem wahren Doppelleben gerade derer gekommen, die die größten Verdienste um das Gemeinwesen gehabt haben.

Es gibt schon bei Ennius eine merkwürdige Versreihe, worin sich die andere, der Öffentlichkeit abgewandte Seite eines solchen Lebens darstellt, wenn es auch nur nebenbei geschieht. Im siebenten Buch der Annalen (234 ff.) läßt mitten in Gefechten ein Heerführer seinen Vertrauten rufen,

»mit dem er gar oft gerne Tisch und Gespräch und von seinen Angelegenheiten etwas freundlich teilte, wenn er einen großen Teil des Tages matt gewesen vom Regieren auf weitem Markt, im ehrwürdigen Senat, – vor dem er frei Wichtiges und Unwichtiges und Spaß aussprach ... und Schlimmes und Gutes sich vom Herzen redete, wenn er wollte, und in sichere Verwahrung gab, mit dem er viel Vergnügliches allein und vor anderen trieb, – ein Charakter, dem kein Gedanke eingab, übel zu tun, – umgänglich, nicht bösartig, unterrichtet, verläßlich, – ein anziehender Mensch, wortgewandt, genügsam und zufrieden, geschickt, das rechte Wort zur rechten Zeit redend, sich anpassend, von wenig Worten, viel verstehend, was alte, begrabene Vorzeit getan, auf alt und neuen Brauch sich verstehend, auf vieler alter Götter und Menschen Gesetze, vorsichtig-klug, einer, der Gesagtes aussprechen und auch still bewahren konnte ...«

Mag dieses Stück, das sich so seltsam »zwischen Kämpfen« eindrängt, eine Art Selbstbildnis des Dichters sein, wie man etwa ein halbes Jahrhundert nach seinem Tode schon vermutet hat, oder auch nicht, auf jeden Fall bezeichnet es ein typisches Verhältnis zwischen den beiden Seiten manches bedeutenden römischen Daseins im Zeitalter des Ennius und seiner Nachfolger, und die Stelle, die darin dem Dichter immer wieder zugeteilt gewesen ist.

Was hier bei Ennius nur nebenher, wenn auch liebevoll, genannt ist, das entspannte Gespräch unter geistig und sittlich überlegenen Freunden, dem Mächtigen und dem Geistigen, das hat etwa ein Menschenalter später als einziger Inhalt ein ganzes dichterisches Lebenswerk erfüllt und sich darin eine eigene Art und Form der Dichtung gesucht. So ist es zu den »Gesprächen« des Lucilius gekommen, den Vorbildern und Vorläufern der horazischen Satiren.

Der Dichter ist hier einmal selbst ein großer Herr gewesen, zwar kein Stadtrömer und kein Staatsmann und insofern wie seine Kunstgenossen auch sonst dem mächtigen Freunde untergeordnet, aber reich begütert, selbständig, mit Familien höchsten Ranges in Rom verwandt, kurz: so gestellt, daß der jüngere Scipio Africanus und seine erlesenen Freunde auf gleichem Fuße mit ihm verkehrt haben. Auf der anderen Seite haben sich diese adeligen Männer mit ihrer Unbefangenheit, mit ihrem Anteil an Philosophie und schönen Wissenschaften dem Dichter so weit genähert wie niemand unter den römischen Großen vor ihnen. Ohne diese Nähe wäre die Freiheit der neuen Dichtart, die mit den ersten Männern Roms so burschikos und oft sehr wenig glimpflich umgeht, noch erstaunlicher, als sie es ohnehin ist.

Was für Scherz und Neckerei die Freunde Scipios miteinander getrieben, daheim in der Stunde nach dem Essen oder draußen am Strand des Meeres, ist den Späteren offenbar durch Lucilius bekannt geblieben. Und es wird kein Zufall sein, daß erst von diesen Männern so die Kleinigkeiten des alltäglichen Lebens in heiteren Anekdoten überliefert sind.

Aber auch der Inhalt ihres Plauderns ist in die Satiren eingegangen, Scherz und Ernst, viel Spott, parodierendes, karikierendes Abschildern von Menschen und Zuständen des öffentlichen und privaten Lebens, literarische Kritik, heitere Lehre über Lebensführung, und vielfach hat sich dabei der Dichter mit dem Behagen eines sicheren Selbstgefühls höchst ungezwungen dargestellt.

Vor allem sprechen diese Gedichte die Sprache des intimen Plauderns der Freunde. Für sie müssen sie zunächst geschrieben sein. Andere hätten sie vielfach gar nicht verstanden, schon deswegen, weil sie so unterrichtete, belesene, geistig weite und freie Leser verlangen, wie sie damals eben nur im Kreise der Freunde des Africanus zu finden gewesen sind.

Diese Sprache nun also tut sich noch weniger Zwang an als die der Komödie. Gewiß ist sie Horaz nicht nur salopp, sondern auch zu derb und verwegen vorgekommen. Aber was zur Zeit des Augustus grob wirkte, bedeutete ein Jahrhundert vorher nichts weiter als die geistvoll ungenierte Art von Männern, die sich auf dem Schauplatz des öffentlichen Lebens vor der Menge lange genug zusammengenommen hatten und des wohlverdienten freien Scherzens im vertrauten Kreise nicht zu schämen brauchten, weil auch das ganz unbekümmerte Wort noch von Geist und Witz geadelt war. Es ist ein Stück der reifen, noblen Gesittung, die man in Ciceros und vielleicht schon in der Zeit des Lucilius gern *humanitas* genannt hat.

Der Dichter als Freund oder Schützling eines großen

Hauses: dieses römische Verhältnis wiederholt sich im Falle Lucrezens. C. Memmius ist sein Beschützer, dem das große Gedicht zugedacht, die epikureische Wahrheit über die Natur vorgetragen ist. Doch ist hier dieses Verhältnis keineswegs von gleichem Wert wie im Falle des Ennius, Terenz und Lucilius. Weder ist das Gedicht das Gewächs eines geistigen Klimas, das Memmius und seinesgleichen geschaffen haben, noch greift es in ein wesentliches Bedürfnis des Gönners ein. Denn Memmius ist eine mehr als umstrittene Figur, ein roher Patron gewesen, dessen wahres Verhältnis zu Epikur und seiner Lehre sich in rücksichtslosem Vorgehen gegen seine Schule in Athen bloßgestellt hat. Der Dichter ist hier einsamer. Doch gehört er deshalb nicht weniger seiner Zeit an. Im Gegenteil: nicht nur, daß es die Zeit eines verbreiteten, freilich oftmals wie im Falle des Memmius groben Epikureismus überhaupt ist, sondern die Daseinslage abseits und die Hingabe gerade an Epikurs Lebenslehre ist so wesentlich für das Zeitalter um die Mitte des 1. Jahrhunderts. Viele Menschen sind freudlos und hoffnungslos in Hinsicht auf Staat und ererbte Lebensordnung, und so geht eine eigentliche Lebensnot um, die es so vorher in Rom niemals gegeben hat. Trost ist nötig, man sucht den Trost der Philosophie, und so bilden sich kleine Kreise, in denen man dem Elend der Menge zu entgehen sucht, mehr oder weniger ernsthaft, je nachdem, wie viel oder wie wenig ein jeder von der milden Weisheit Epikurs verstanden hat.

Hier aber spricht nun einer, dem es ganz ernst ist. Was er im Gedicht ausspricht, ist das eine große Anliegen seines Daseins, ist das eine, was not tut, jedem Menschen schlechthin. Es ist eine Heilslehre, und sie wird mit religiöser Inbrunst vorgetragen. Ennius hat am Anfang seines Epos naturphilosophische Gedanken mit schulgerechten Beweisen entwickelt und auch in seinem »Epicharm« allgemeinverständliche Naturwissenschaft gelehrt. Aber es hat sich vorhin gezeigt, daß es ihm bei der Seelenlehre mehr auf die glänzende Einführung seines eigenen Anspruchs angekommen ist, und der »Epicharm« ist schließlich nur ein Beiwerk. Daß ein Dichter mit der Überzeugung auftritt, erlösende Wahrheit zu verkünden, und daß eben dies und nichts anderes das Anliegen seines Gedichts ist, das hatte es vor Lucrez noch nie in Rom gegeben. Es begründet geradezu eine neue Möglichkeit des Dichterischen.

Der Mensch, das ist Lucrezens Meinung, ist ohne Epikur der Furcht, der Todes- und Götterfurcht ausgesetzt und kann nicht zu Ruhe und Genuß des Daseins gelangen. Die Welt mit ihren Göttern ist für ihn wie ein Gefängnis mit drohenden Schergen. Allenthalben erschreckt ihn der Eindruck unbegriffener Himmelserscheinungen und anderer Naturvorgänge, Unterwelt und Jenseits schüchtern vollends ein. Epikur aber hat das Gefängnis aufgebrochen, den Unterdrückten befreit und ins Weite geführt, daß er nun furchtlos aufrecht leben kann. Indem nämlich der Philosoph die Welt natürlich, das heißt mechanisch erklärt hat, hat er alle Furcht bezwungen. Denn ist alles in der Welt natürlich, das heißt: aus Atomen und ihrem Fall nach Naturgesetzen geworden und erklärbar, so bleibt für willkürliches, göttliches Hereinwirken kein Raum, und damit hat die Götterfurcht keinen Gegenstand mehr. Die Todesfurcht aber ist gebannt, wenn man weiß, daß auch die Seele aus Atomen besteht und sich mit dem Körper auflöst.

Der Inhalt dieser Heilslehre ist dies: Welt und Mensch, alles ist nach mechanischen Gesetzen bewegter Stoff. Um den Menschen zu befreien und sein Leben besser zu machen, nur deswegen nimmt Lucrez mit Epikur die gewaltige Mühe auf sich, die ganze Welt und die Seele des Menschen naturwissenschaftlich zu erklären. – Daß daraus ein Gedicht wird, ist allerdings verwunderlich. Wo in aller Welt trägt man so etwas in Versen vor? Weder andere Anhänger Epikurs haben es getan, noch Stoiker, noch Philosophen anderer Schulen, die damals lebendig gewesen sind. Gewiß, lehrende Gedichte gibt es seit Hesiod. Arat hat den Sternenhimmel dargestellt, Nikander eine Apotheke von Gegenmitteln gegen den Biß giftiger Schlangen und anderes dergleichen, was man wohl spröde Materien nennen darf. Doch Philosophie, Naturwissenschaft? Nie und nirgends hat es das vor Lucrez gegeben, außer im griechischen Westen, in Unteritalien und Sizilien, in der Zeit, als Parmenides und Empedokles ihre Lehre vom eigentlichen Sein der Welt noch in Versen festgefügt niedergelegt haben, während im Osten bereits der nachrechnende Verstand, der *λόγος*, für seine Erkenntnisse in der Prosa die gemäße Form auch des gültig für die Dauer formulierten Wortes ein für allemal gefunden hatte. Lucrez hat also kühn über vier Jahrhunderte hinweggegriffen und sich bewußt in die unmittelbare Nachfolge des Empedokles begeben. Man erkennt es nicht nur daran, daß er außer Epikur und Ennius, seinem Meister in der lateinischen Dichtkunst, nur noch Empedokles preisend erhebt, sondern auch daran, daß er aus dem Ganzen der epikureischen Lehre gerade die Naturwissenschaft von Welt und Seele als Gegenstand des Gedichts auswählt, während anderes wie die ebenso wichtige Wertelehre nur eben in einem Vorspruch gestreift und im übrigen beiseitegelassen ist. Es ist also ein empedokleisches Gedicht, was sich Lucrez vorgenommen hat, keine Übertragung des Empedokles in das Lateinische, wie sie damals wahrscheinlich ein gewisser Sallustius gemacht hat, sondern eine Welterklärung, die sich neben die des Empedokles stellt. Jedem Griechen der Zeit Lucrezens wäre das verwehrt, Lucrez kann es sich erlauben. Er tritt unbelastet und unbefangen vor das Ganze der griechischen Kunstwelt und wählt sich seinen Meister. Den Griechen würde das eigene spätzeitliche Wesen hindern. Lucrez ist kein spätzeitlicher, sondern in der Form seines Denkens und Sprechens ein archaischer Mensch, er braucht deshalb nicht zu archaisieren, um zu Empedokles zurückzugelangen. Und so darf er sich auch darin dem alten Dichter nahe fühlen, daß er den Mut aufbringt, die große Wahrheit über Welt und Sein zu verkünden, die er gefunden, die ihn ergriffen und ganz und gar in Besitz genommen hat, die für ihn die wichtigste Angelegenheit überhaupt ist. Dieser auf das Ganze gehende Ernst unterscheidet ihn wesentlich von Arat und gar von Nikander, so wie er ihn dem Empedokles nähert.

Wie entschieden nun auch diese in Rom neue Einheit von Kunst und tiefer Wahrheit den hohen Ernst der klassischen Kunst Virgils und Horazens vorbereitet, so ist Lucrez selbst, wie gesagt, ein archaischer Mensch. Sein Wort ist jugendhaft, Vers und Sprache klingen der des Ennius ähnlich. Vor allem lebt seine Kunst vorzugsweise im Einzelnen, reiht Einzelnes an Einzelnes, denkt nicht in funktionalen Zusammenhängen. Das einzelne Wort, die Wendung, der anschauliche Zug, der Abschnitt ist so mit Leben und Kraft geladen, daß hierin das Höchste erreicht ist. Aber sie bleiben einzeln, sind bloß aneinandergeschoben, allenfalls planvoll eingeteilt und die Bücher an wichtigen Stellen durch Schmuckstücke verziert. Sonst ist das Ganze etwas, was außerhalb der Dichtkunst im Lehrvortrag der Philosophie liegt. Es fehlt noch das, was in Europa alle klassische Kunst auszeichnet, daß nämlich alles einzelne erst durch Nachbarschaft und nahen und fernen Bezug und den Zusammenklang dieser Verhältnisse, als Glied eines Ganzen, ist, was es ist, und darin bedeutend wird. Das haben in Rom erst Virgil und Horaz gebracht. Vorbereitet hat es Catull.

In Catull tritt eine neuartige Gestalt in die Reihe der Dichter Roms, nicht ein Schützling mächtiger Herren, sondern vor allem Angehöriger eines freundschaftlich verbundenen Dichterkreises, der Sohn einer aufstrebenden Familie aus Verona, der in Rom offenbar im öffentlichen Leben sein Glück hat machen sollen, aber auf

Abwege geraten ist, wobei ihm eine der gefährlichen großen Damen jener Zeit, Clodia, zum Schicksal geworden ist, ein früh gestorbener, zu dem der frühe Tod wesentlich zu gehören scheint; wie sollte man sich auch einen sechzigjährigen Catull vorstellen? Es ist die mondäne Jugend der Zeit Cäsars und Ciceros, die *perdita iuventus,* die mit Catull in die Dichtkunst eingezogen ist.

In dem Dichterkreis, den Catull für uns vertritt, hat man sich zuerst nachschaffend an die schwere Kunst des Kallimachos und Euphorion gewagt; Catull selbst hat auch eine schwer übertragbare Elegie des Kallimachos ins Lateinische übersetzt. In Vers und Komposition hat man strengere Arbeit, strengere Form als die früheren verlangt, hat die Kunst, die *τέχνη*, ernster genommen, so wie es übrigens in dem nachfolgenden Dichtergeschlecht auch Horaz gefordert und vertreten hat. Ja, was künstlerische Komposition ist, hat man hier in Rom zum ersten Male begriffen, und das ist eine ganz entscheidende Einsicht. Doch bei Catull wird die strenge äußere Form Vehikel eines abenteuernden Geistes, der in seinen Gedichten immer neue innere Bewegungen erprobt – etwa wie ein Schlittschuhläufer seine Kurven und Bewegungen – und sich so dichtend entdeckt, wobei sich seine wunderbare Lebensanmut gern gerade um das Paradoxe, Heillose bewegt und damit spielt.

Paradox und heillos und der größte Gegenstand seiner Kunst ist seine Liebe. Es hat auch vor ihm und um ihn Dichter der Liebe gegeben, etwa die Dichter der Komödie und die des Epigramms. Hier aber erscheint inmitten einer Verderbnis, von der er, halb Verlorener, halb reiner Tor, nichts wußte, etwas ganz anderes als dort: die hohe, große Liebe, die über alles Überlieferte, Abgegrenzte, Herkömmliche hinaus in das gefährliche Unbekannte trägt und dort zu Scherz und Spiel auch alles, was hoch und heilig ist, sucht, Freundschaft und fromme Liebe und

Treue, wie sie Vater und Kinder und Verwandte untereinander verbinden. Dem Menschen der Neuzeit ist das vertraut, aber in Catulls Zeit ist es ein unerhörtes Seelenabenteuer gewesen, von dem die Liebesdichtung späterer Zeiten mittelbar oder unmittelbar gelebt hat. Bis zur grenzenlosen Abhängigkeit, bis zur Apotheose der Geliebten steigert sich der Überschwang. Sie ist seine Göttin, ihr Kommen Epiphanie Aphrodites – und das ist bei Catull keine leere Redensart, keine Metapher. So ist das seltsame Gedicht zustande gekommen, worin die größere Form der Sagenelegie die eigenste Wirklichkeit von Catulls höchstem Glück, eben der »Epiphanie« der Geliebten, und von seinem tiefsten Schmerz, dem Tod des Bruders, bedeutend umgibt. Die große Liebe ist heroisiert, sie führt aus dem gewöhnlichen Leben in ein Dasein, worin einst Götter und Menschen vereinigt gewesen sind. Von solcher Liebe ist auch das große Sagengedicht von der Hochzeit des Peleus mit der Göttin Thetis beseelt.

Erst von da an gibt es den Unterschied zwischen der gemeinen Wirklichkeit, in die alles das gehört, was im allgemeinen unter Menschen gilt, und dem Traumland, worein den Dichter die Liebe führt, zwischen undichterischer und dichterischer Welt, bürgerlicher Sitte und höherem Recht der Liebenden. Dieses Unterscheiden kann bis zum »Umwerten aller Werte« gehen, wie es sonst der Philosoph vollzieht. Hier tut es der Dichter. Er weiß den Ausweg aus der einen in die andere Welt. Die Welt der Liebe ist zugleich die Welt der Kunst.

Wenn wir, wie es eben geschehen ist, die Dinge allgemein und grundsätzlich nehmen, so sind wir damit unvermerkt von Catull zur römischen Liebeselegie gelangt. Denn sie lebt durchaus von dem angedeuteten Verhältnis und erhebt es zum Grundsatz einer bewußten Gesinnung. Was Herkommen, Sitte und Brauch verwerfen, die gänzlich verfallene, abhängige, minnehafte Liebe außerhalb der bürgerlichen Schranken, ist gerade das Erstrebenswerte, das

Strahlkräftige, was in böser Zeit noch mit Göttern und Göttlichem zusammenbringen kann, ist ersehntes Traumbild und Bereich der Kunst. Das allgemein Anerkannte, Geltende dagegen ist mörderisch seellos, ist ein Dasein, aus dem man besser flieht.

Freilich, der Traum und die unbedingte Liebe zerbrechen immer wieder an der harten Wirklichkeit der anderen Welt, der ja auch die Geliebte zugehört, und so lebt der Liebende, der Dichter schmerzlich zwischen zwei Welten gespannt.

Es ist seltsam und wesentlich, daß hier bei den Römern die Kunstwelt, die sich ihnen in den griechischen Gedichten erschlossen hat, zu einem erträumten Lebensbereich geworden und in Gegensatz zu dem gewöhnlichen unpoetischen Leben gesetzt ist. Was bei den Griechen Kunst ist, zwar Abbild eines Lebens, aber einer anderen Ordnung als das Leben zugehörig, ist hier Leben, ein anderer Bereich, eine höhere Stufe des Lebens geworden. Kunst und Leben ist verwechselt und vermischt. Dem Griechen würde schon bei Catull dies Ineinander von eigenstem Wirklich-Allzuwirklichem und Mythus, von Leidenschaft und hochgreifendem sittlichen Gefühl, von Epigrammatik und wahllos in das Gedicht eingelassenem Vollgehalt des Daseins des Dichters barbarisch vorkommen. Und es mag auch von Haus aus etwas Barbarisches im Spiel sein. Aber wie herrlich ist das, was bei diesem Abenteuer entdeckt und dem Reich der Dichtung gewonnen ist!

Auch Virgils Arkadien ist schließlich nichts anderes: Traumland und Seelenlandschaft, eins mit der Kunstwelt der Bukolik, ersehnte Heimat, dem Gesang des Dichters erreichbar, der, heimatlos in der seellosen, furchtbar brutalen Wirklichkeit des gewöhnlichen Lebens, dort findet, was er hier vergeblich sucht.

Wenn wir nun zur Höhe der lateinischen Dichtkunst, die bekanntlich zugleich mit der Erneuerung des Gemeinwesens unter Augustus erreicht worden ist, zu

Virgil und Horaz, kommen, so wird es immer schwerer, darüber in den Grenzen, die uns hier gezogen sind, etwas Zureichendes zu sagen. Ist bisher immer davon die Rede gewesen, welche materiell neuen Möglichkeiten der Kunst oder des dichterischen Daseins die einzelnen Dichter verwirklicht haben, so kann zwar auch jetzt vom Gewinn neuer Provinzen des Reiches der Dichtung gesprochen werden, von Virgils Bukolik, von Horazens archilochischen Jamben und von seiner Lyrik, womit jeweils ein ganzer Bereich der griechischen Kunstwelt der lateinischen Sprache zugänglich geworden ist, und gewiß ist dies wichtig, zumal da auch die Auswahl der Meister und Vorbilder Theokrit, Archilochos und Alkaios an sich schon viel besagt. Aber auch wichtig und vielleicht wichtiger scheint es, wenn alte, in Rom schon heimische Formen fortgebildet und vor allem überhöht werden. Ist doch in dem Virgil der Georgica ein Lucrez, im Virgil der Aeneis ein Ennius enthalten und aufgehoben, im Horaz der Satiren ein Lucilius.
Was ist nun, ganz allgemein gesprochen, bei alledem das Neue, das auch das Überkommene verwandelt hat? Es ist zunächst von innen her eine neue menschliche Daseinslage, mit der ein neues Verhältnis zu den Dingen gekommen ist. Zugrunde liegt die Erfahrung drohender Zerstörung des Daseins, des einzelnen sowohl wie des gesamten, die in Rom nie zuvor so nahe gespürt worden war wie in dem letzten anderthalb Jahrzehnt der Bürgerkriege. Aus dieser äußersten Not wenden sich die Menschen dem Heilen, Wohlgefügten, dem Guten, Sinnvollen, Verläßlichen zu; der Reiz des Paradoxen, Heillosen ist vorbei. Mit diesem neuen Sinn entdecken und erschließen sie Welt und Leben von neuem, zum ersten Male fähig, das Seiende in seiner eigenen Wesenheit, seinem Sinn, aber auch in seinem Bezug und Zusammenklang zu spüren, zu achten und ernst zu nehmen, und insofern von einer hohen, gar nicht naiven, in Rom erst spät von erlesenen Geistern

erreichten Objektivität. Damit ist Abstand und Freiheit reiner Anschauung verbunden und damit wiederum der Blick für Wechselbezug und Wechselwirkung der Dinge und die darin waltende Ordnung und das Gemäße, für die schwebende Harmonie aller Verhältnisse und das Ganze. Freiheit der Anschauung, Abstand und Sinn für Verhältnis und Proportion trennen jedoch nicht von Welt und Dingen, sondern zusammen mit dem tiefen Gefühl für die Wesenheit des Seienden lassen sie erst recht ein Vertraut- und Verbundensein auf höherer Stufe zu. So wie Virgil hat vorher niemand gewissermaßen mit dem Herzen der Dinge verbunden sein können.

Überhaupt hat es all das, was zu dem angedeuteten Verhalten des Menschen im Dasein gehört, vorher im Bereich der römischen Dichtung nicht gegeben, und gerade das unmittelbar vorangegangene Dichtergeschlecht, so nahe es in manchem anderen Betracht gekommen ist, steht doch in diesem deutlich jenseits der Grenze. Catull ist dem Reiz des Heillosen zugetan, er überbietet und unterbietet die Wirklichkeit, er kennt im Grunde nur die eigenen Lebensbewegungen und ihr Kräftespiel und ihre Spiegelungen. Lucrez ist der sinnlichen Wirkung vitaler Kräfte empfänglich offen, andererseits entzaubert und entseelt er die Welt gewaltsam. Seine Natur bleibt dem Menschen unheimlich fremd. Bei ihm ist alles grell, nah, einzeln, unüberschaubar, fremd und unvertraut.

Ein zweites hängt mit der beschriebenen neuen Daseinslage innig zusammen. Es ist die neue Form der Gedichte. Hier erst, bei Virgil und Horaz, ist das Werk ganz Kunstwerk, ganz organisches Gebilde. Hoheit und Würde der Form sind erst hier ganz begriffen. Anfang, Ende und Mitte und auch dazwischen alles ist aufeinander und auf das Ganze bezogen, und nur in diesem Bezug ist ein jedes das, was es im Sinn des Dichters bedeutet. Das Ganze steht über jeder einzelnen Stelle, an keiner ist es stofflich faßbar, es gibt auch keinen Oberbegriff, der es zu fassen vermöchte. Es ist vielmehr die künstlerische, anschaubare Ordnung der Gebilde. Die künstlerische Ordnung schwebt dem Dichter von vornherein mit als Hauptsache vor, und er erfaßt jedes einzelne gleich als Glied. Es ist seine Freude, ein durch mannigfach verschränkte Bezüge geordnetes Gebilde aufzubauen oder vielmehr es in lebendig-spontaner Bewegung entstehen zu lassen; denn es regt und bewegt sich ja doch alles frei, es gleitet und verwandelt sich wohlig gelöst und ist nicht berechenbar. Gerade im Zusammenspiel dieses lebendig bewegten Wesens mit der künstlerischen Ordnung liegt das Geheimnis dieser Kunst; sie vereint flüchtige Lebendigkeit mit der Ewigkeit und Hoheit der Ordnung. Das ist ihre Schönheit.

Gelingt es nur, diese neue Form nicht zu oberflächlich zu erfassen – nur allzusehr sind wir ja geneigt, es zu tun und dann den billigen Vorwurf zu erheben, das sei ja nur Form, nur äußerlich –, gelingt es also, zu begreifen, wie wesentlich die Schönheit eines nicht nur auf der Oberfläche, sondern von innen her bis zum einzelnen Wort und Laut Form gewordenen Gebildes ist, worin nichts bloßer Stoff bleibt, alles Träger einer Harmonie wird, und gelingt es weiter, diesen Formcharakter mit dem vorher geschilderten neuen Daseinsverhältnis in eins zu sehen, dann wird es auch verständlich, daß erst diese Dichter das Bedeutende erreichen und symbolkräftige Werke haben schaffen können. Nur da nämlich, wo das Eigentliche nicht in diesem und jenem Einzelnen oder in der Summe faßbar ist, sondern in der schwebenden Harmonie aller Elemente und Teile lebt, da, wo die Würde und Hoheit geistiger Ordnung und Form in und über allem schwebt, da, wo solche geistige Ordnung, als höhere Wirklichkeit in Welt und Leben erfahren, durch alles einzelne durchstrahlt und in und über allem einzelnen mit gespürt wird, nur dort entsteht das bedeutende, symbolkräftige Gebilde, das außer sich selbst noch ein Höheres, Weiteres, ja alles Wesensgleiche mit meint, vertritt und leise wie Obertöne mitklingen läßt, bis hinauf zur göttlichen Weltordnung. Das also haben im Bereich der römischen Dichtkunst erst Virgil und Horaz erreicht. Mag bei ihnen der Gegenstand eines Gedichts groß oder geringfügig sein, immer wird es bedeutend in dem angegebenen Sinne sein. Der kleine Gegenstand wird immer noch an Würde und Hoheit der Weltordnung teilnehmen, und der große kann erst hier in gemäßer Weise vergegenwärtigt werden und bedeutend erscheinen. Vor ihnen hat etwa Ennius Krieg an Krieg und Schlacht an Schlacht zur Summe reihen und sich so mühen müssen, ohne doch damit das Ganze der römischen Geschichte zu erreichen. So hat auch Lucrez Lehrsatz an Lehrsatz, Beweis an Beweis schieben müssen, um das Ganze wenigstens der Welterklärung und der Seelenlehre Epikurs zu umfassen, und der Philosoph von Beruf hat doch sicher noch manches zu wünschen gefunden. Virgil hat in der Aeneis nur einen ganz kleinen Abschnitt der römischen Sagengeschichte erzählt, die Fahrt des Aeneas von Troja bis Latium, genauer: von Karthago bis Latium, und die Kämpfe einiger entscheidender Tage nach der Landung am Tiber. Aber Wesen, Würde, Schicksal Roms im ganzen sind in diesem Epos, das so Form und Dimensionen des Epos wahrt, ganz anders gegenwärtig als in der ungefügen, nur auf der Oberfläche sich homerisch gebärdenden Erzählung der Annalen. In den Georgica hat es Virgil unmittelbar nur mit einem kleinen, abseitigen, gering geschätzten Ausschnitt von Welt und Leben zu tun, dem Daseinsbereich des italischen Landmanns, und auch darin macht das, was lehrend vorgetragen wird, nur einen kleinen Teil der entsprechenden Lehrstücke etwa in Varros landwirtschaftlicher Schrift aus. Aber indem das Wenige gar nicht Auswahl aus der Kapitelfolge eines Lehrbuchs bleibt, sondern von innen frei verwandelt sich rundet und zusammenschließt, während der Dichter unterweisend und deutend eins nach dem anderen berührt, wird das Ganze eine Welt im Kleinen, worin man leben kann, und mittelbar die Ordnung von Welt und Leben überhaupt in diesem Symbol besser spürbar als in der umfangreichen dichterischen Paraphrase der innerlich nicht verwandelten epikureischen Welterklärung bei Lucrez.

Es wäre hier manches des Nachdenkens wert, was das verschiedene Verhalten Lucrezens einerseits und der Klassiker andererseits zur Philosophie und ähnlich auch zur Religion betrifft. Ein hindeutendes Wort muß genügen. Was für Lucrez Philosophie bleibt, wird für Virgil künstlerisches Symbol. Während jener Philosopheme dichterisch umkleidet, denkt Virgil von vornherein in künstlerischen Symbolen; alles Wesentliche ist für ihn überhaupt nur in künstlerischen Symbolen denkbar und sagbar.

Mit ihrer neuen Kunst, deren Wesen nun nach drei wichtigen Seiten hin dargestellt ist, haben Virgil und Horaz als Bewahrer und Erneuerer im Reich der Dichtung Welt und Wirklichkeit für Sprache und Gemüt und damit für den Menschen gewissermaßen neu gewonnen. Beide sind zwar nicht weniger abseitige Menschen als Catull und Lucrez, Virgil im Leben so scheu, daß er nur selten nach Rom gekommen und, wenn er sich beobachtet fühlte, in das nächste Haus geflüchtet ist, in der Dichtung im Grunde immer von irgendeinem »Arkadien«, einer musischen Seelenheimat aus auf die größere Welt, sei es der Natur, sei es der Geschichte und des Staates, zu blicken angewiesen, Horaz ein Entwurzelter, Gescheiterter der Bürgerkriegszeit, der nach dem bedenklich unvermittelten Aufstieg und jähen Sturz seiner Jugend in keine fertige Lebensform mehr gepaßt hat und sich nur schwer und langsam von der Freundschaft mit Maecenas aus eine gemäße Stelle im äußeren Leben und sein Verhältnis zur äußeren Wirklichkeit gefunden hat. Aber sie haben es doch eben gefunden und ihr Dasein gemeistert, wobei ihnen freilich günstige Fügungen geholfen haben, vor allem das Verhältnis zu großen Herren wie Augustus und Maecenas, mit denen sie sich im Bunde fühlen konnten. Und es hat seine Bedeutung, was von Virgil, dem ängstlich scheuen Menschen, erzählt wird: das im Theater versammelte Volk habe einmal, als Verse von ihm vorgetragen wurden und er selber anwesend war, sich insgesamt vor ihm erhoben und ihm gehuldigt wie Augustus selbst. Die alte Geringschätzung des Dichters ist wiedergutgemacht. Man soll behutsam von diesen Verhältnissen sprechen, aber es ist doch etwas, daß diese Dichter im Leben bei aller Abseitigkeit wieder ein geordnetes Verhältnis zur Außenwelt gewonnen und gewissermaßen ertragen haben, ohne an ihrer Kunst Schaden zu nehmen. Das Wichtigste aber ist das, daß sie in ihrer Dichtung imstande gewesen sind, Bereiche der äußeren Wirklichkeit, die den Dichtern des vorangegangenen Geschlechts entglitten waren, neu zu entdecken, ja eigentlich zum ersten Male wahrhaft zu erschließen.

Jedermann erinnert sich dabei vor allem der immer denkwürdigen Fügung, daß hier das mächtigste Staatswesen der alten Welt, Rom, geistiger Gestalt und eines seinem Range gemäßen Ausdrucks teilhaftig geworden ist, eines Abbildes, das sein Leben in sich trägt, das die Römer überdauert hat und immer neu Liebe zu erwecken vermag.

Man darf sich das nicht leicht und einfach vorstellen. Um so von Rom und Römern sprechen zu können, haben Virgil und Horaz das Gefühl nahe drohender Zerstörung des äußeren und inneren Daseins erleiden und aus der großen Welt in eine rein geistige Wirklichkeit flüchten, dabei aber doch eine in der Tiefe unzerstörte Zuversicht auf etwas Verläßliches in ihrem Wesen tragen müssen und den Sinn für Wert und Würde in sich bestehenden Seins, den Blick für das organische Ganze und für den geordneten Zusammenklang der Dinge. So hat – um konkret zu sprechen – Virgil ein tröstliches Geheimnis hinter allem Unheil einer aus den Fugen geratenen Menschenwelt, eine sinnvolle Wirklichkeit höherer Ordnung ahnen und zuversichtlich erhoffen müssen, um von seinem abseitigen Traumland, seiner Zuflucht, von Arkadien aus die vorher seellos gewordene, furchtbare größere Welt, auch und vor allem die geschichtlich-staatliche, allmählich wieder lieben und, Arkadien anverwandelt, Zeitgenossen und Nachwelt neu aufleuchten lassen zu können.

Und es hat ferner dazu des reifen Formsinns bedurft, von dem im vorigen die Rede gewesen ist. Nur er hat die Dichter in den Stand gesetzt, Gebilde zu schaffen, die Liebe zu erwecken und Leben fortzuzeugen vermögen. Er wäre aber wieder nicht ohne Catull und seine Kunstgenossen herangereift. Denn sowohl die Strenge und Genauigkeit wie die geschmeidige Beweglichkeit ihrer Form ist in der Kunst Virgils und Horazens mit aufgehoben. Und ohne den Umweg über Catull ist der Weg von Ennius' Annalen zur Aeneis kaum zu denken. Es hat freilich nicht genügt, an Kallimachos und den hellenistischen Dichtern das Phänomen der Form zu entdecken. Virgil und Horaz haben sich weiterleiten lassen und die Form Homers und der lesbischen Lyrik des Alkaios und der Sappho entdeckt. Und es ist eine kaum ermeßbare Erkenntnis des neuen Formsinns, auch nur die Kunstgestalt der Ilias im großen so zu sehen, wie sie Virgil gesehen hat, als er den zweiten Teil der Aeneis schrieb. Kein Römer kann sie vor ihm auch nur von fern geahnt haben, denn sie hat andere Dimensionen als die, in denen Ennius und seine Nachfolger lebten. Haben doch auch gelehrte moderne Kenner Homers bis auf die jüngste Zeit wenig davon gesehen und gewußt.

Das alles mußte zusammenkommen, damit Rom sich so im Kunstwerk verewigen konnte.

Die dritte Seite der neuen Kunst endlich, das Bedeutende und die Symbolkraft, braucht nur erwähnt zu werden, um deutlich zu machen, daß ohne sie Symbole Roms und des Römertums wie Aeneis und Römeroden nicht möglich gewesen wären.

Der Würde, ja Heiligkeit ihrer Kunst sind sich Virgil und Horaz auch bewußt gewesen. Nicht nur, daß sie von hohen Dingen sprechen oder durch den »göttlichen Wahnsinn« über bloß menschliches Reden emporgehoben sind. Dies letzte tritt sogar in ihrem Selbstbewußtsein zurück, wenngleich sie es sind, die das alte Wort *vates* zu Ehren gebracht haben, das Wort, das eigentlich den Wahrsager bezeichnet hatte, der unter göttlichem Anhauch den Menschen in seinen Sprüchen verborgene Wahrheit offenbart. Von dem blinden, unbewußten Schaffensdrang wollen sie wenig wissen. Darin liegt für sie die Heiligkeit der Dichtkunst nicht. Und gar die bedenkliche Überheblichkeit eines damals in Rom offenbar verbreiteten Geniebegriffs macht Horaz in der *Ars poetica* mit einem Spottbild der *θεία μανία*, des göttlichen Wahnsinns, als Unfug lächerlich. Hoheit und Heiligkeit beruhen vielmehr auf etwas anderem. Der Wohllaut der Gedichte, und zwar der Wohllaut der Klänge, Worte, Bewegungen und Gedanken, die fügende musische Weisheit des Dichters, die aus alledem Harmonien schafft, Harmonien darin findet, ist Abbild der göttlichen Ordnung der Welt, etwas Himmlisches, und göttlichen Ursprungs. Das ist es, woran der Dichter dem menschlichen Leben Anteil gibt. Schwach und der Brutalität des Daseins ausgesetzt, ist er doch auch wieder stark, weil er im Bunde mit der göttlichen Ordnung ist. So kann er sich denn auch in ihrer Hut geborgen fühlen. Mag die sinnlose Grausamkeit des Daseins schrecken: der Dichter ist ihr nicht ausgeliefert. Es gibt eine letzte Tiefe, wo die wahren Verhältnisse unentstellt verwirklicht sind, und dort werden Hoheit und Stärke der musischen Weisheit offenbar. Das Fürchterliche kann ihm dort nichts anhaben, umgekehrt beschwichtigen die Lieder rohe, übergewaltige Mächte – so wie in Goethes Novelle Lied und Schalmei des Kindes den Löwen.

Für dieses Bewußtsein soll am Ende ein Gedicht Horazens sprechen, *Ille et nefasto te posuit die* (2, 13)[1].

Der Dichter ist auf dem Grund und Boden seines Gutes von einem stürzenden Baum beinahe erschlagen worden. Am Anfang des Gedichts herrscht nun das Drohende, Nahe, Grelle, Laute, Unmittelbare, auf der Seite des betroffenen Dichters der Schreck, die blinde Gegenwirkung. Am Ende hat sich alles verwandelt. Im entrückten Bild hält der Sänger die Menschen, ja selbst die Ungeheuer der Unterwelt, die schrecklichen Strafgewalten und die büßenden Gewalttäter, in seinem sanften Bann. Die Kraft des frommen musischen Herzens ist stärker als das unmenschlich Grausame. Zwischen Anfang und Ende verwandelt das Gedicht den einen Zustand in den anderen, und in den Bewegungen und Schritten dieses Wandels vollzieht es selbst die musische Harmonie, von deren Hoheit es Kunde gibt.

Der hat an bösem Tage dich hingesetzt,
wer es zuerst war, mit Gottesfrevlerhand
dich aufgezogen, Baum, zum Untergang
der Enkel, zur Schmach der Gemeinde, –

der hat, glaub' ich wohl, den eigenen Vater
erwürgt, das Heiligtum des Hauses
bespritzt des Nachts mit dem Blut
des Gastes, – der hat mit Kolchergift

und was sonst irgend für Frevel ersinnbar ist,
zu tun gehabt, der auf meinen Grund gesetzt
dich Unglücksholz hat, dich, der fallen sollte
aufs Haupt deines Herrn, der es nicht verdient hat.

[1] Ausführliche Interpretation der Ode 2, 13 in: Hermeneia, Festschrift Otto Regenbogen, Heidelberg 1952, 119 ff. – Studien zur griechischen und römischen Literatur, Zürich und Stuttgart 1964, 325 ff.

Was einer meiden soll, sieht nie der Mensch genug
voraus von Stund' zu Stunde. Ein Phoenikerseemann
entsetzt sich wohl vorm Bosporus, – und weiter
fürchtet er anderswoher verborgenes Schicksal nicht, –

der Krieger vor Pfeil und rascher Flucht
des Parthers, vor Ketten die Parther und italischer
Kernkraft; doch unvorhergesehn des Todes
Macht rafft Völker hin und wird sie raffen.

Wie bald hätte ich das Reich der finstern Proserpina,
den Totenrichter Aeakus gesehn,
abseits die Wohnungen der Frommen und
zum äolischen Saitenspiele klagend

um die Mädchen der Heimat Sappho,
und dich, der voller mit goldenem
Stabe klingen läßt, Alcaeus, harte Not im Schiff,
hart in der Fremde und hart im Kriege.

Beider Gesänge, heiliger Stille wert,
staunen die Schatten an, doch mehr
die Schlachten und vertriebenen Tyrannen
trinkt, Schulter an Schulter dicht, ins Ohr die Menge.

Was Wunder, da doch, von solchem Lied gebannt,
das hunderthäuptige Tier die schwarzen
Ohren senkt und, in das Haar
der Eumeniden gewunden, die Schlangen sich erquicken?

Ja, auch Prometheus und des Pelops Vater
täuschen beim süßen Klang sich über ihre Pein;
es kümmert sich Orion nicht, die Löwen
und Luchse furchtbar einherzujagen.

LUCREZ

Von Lucrez hat die europäische Menschheit seit Gassendi gelernt, die Welt rein natürlich zu erklären, alle sinnlich wahrnehmbaren Dinge und Qualitäten auf die unsichtbar kleinen Bausteine der Materie, die Atome, auf ihre Bewegungen und Formen zurückzuführen und alles Werden, Wechseln und Vergehen von mechanischen Ursachen herzuleiten. Der Widerstand gegen eine solche Denkart hat sich auch als Widerstand gegen Lucrez geäußert. Auf beiden Seiten hat man es schlicht und ernsthaft mit dem Inhalt des Gedichts über die Natur zu tun gehabt. Goethe hat den materialistischen Lehrgehalt preisgegeben, ist aber trotzdem einer der größten Bewunderer des Werkes gewesen. Was ihn angezogen hat, ist die große, tüchtige Anschauung der Natur, der allumfassende, klare und doch enthusiastische Blick auf ein Universum, das sich vom Größten bis zum Kleinsten dem Ordnung und Gesetz wahrnehmenden geistigen Schauen erschließt. Außerdem hat er in dieser Naturwissenschaft, die sich sogar das Unwahrnehmbare durch Analogien anschaulich machte und die mathematische Rechnung aus dem Spiele ließ, eine Bundesgenossin im Kampf für seine eigene Naturbeobachtung gegen die mathematisch berechnende, unanschauliche Naturwissenschaft zu finden geglaubt. Ist auch sein eigenes Gedicht über die Natur, das er in den neunziger Jahren in der Nachfolge des Lucrez geplant hat, nicht zustande gekommen, so klingt doch das dichterische Thema, das ihm an Lucrez aufgegangen war, noch in seine Dichtung des höchsten Alters hinein. Im neunzehnten und zwanzigsten Jahrhundert haben von G. Flaubert bis zu B. Croce viele auch darauf verzichtet und als das Wesentliche an dem Künstler

Lucrez Schmerz und Schwermut gerühmt. Den naturphilosophischen Inhalt haben sie noch gründlicher als Goethe verachtet.
Dies alles, was im Lauf der Zeiten an dem Gedicht hervorgetreten ist, der Lehrinhalt, der eine Grundform menschlichen Denkens modellhaft darstellt und damit dem modernen naturwissenschaftlichen Denken einen der entscheidenden Anstöße gegeben hat, die Naturanschauung, worin sich Wissen und Einbildungskraft vereinen, und der Anteil der schmerzlich bewegten Seele, alles ist wesentlich und darf der Erkenntnis nicht wieder verlorengehen.
Lucrez geschichtlich zu verstehen hat Goethe begonnen, damals, als er freundschaftlich mitsorgend darauf bedacht war, der Übersetzung Knebels eine günstige Aufnahme bei der Leserschaft zu bereiten und besonders die Bedenken zu zerstreuen, die Lucrezens erbitterte Leugnung der Unsterblichkeit erregen mußte. Er hat das Ärgernis bagatellisiert, unter anderem dadurch, daß er es historisch aus dem Gang der Religionsgeschichte erklärte, zu zeigen versuchte, »daß alles, was ihm zum Vorwurf gereichen könnte, eigentlich seinem Jahrhundert als Schuld anzurechnen ist«. Aber das apologetische Beginnen hat über sich selbst hinaus weiter zu dem Plan geführt, Lucrez »als Römer in seinen Tagen, 60 Jahre vor Christo, in Betracht zu ziehen, ihn gegen die wilde Zeit und seinen unruhigen Freund Memmius hinzustellen und möglichst anschaulich zu machen, wie er sich, dem Geist und den Umständen nach, in die Epikurische Philosophie so entschieden flüchten mußte«. In diesem Plane hat das geschichtliche Bild einen gewissen eigenen Wert und eigenes Interesse gewonnen, ist auch durch einige flüchtige Gedanken aus der Kunst- und Gesellschaftsgeschichte bereichert, dient aber doch, genau besehen, in der Hauptsache wieder dazu, etwas Mißliches, die Flucht in eine absurde Lehre, zu entschuldigen, einen drohenden Zeithintergrund sichtbar zu machen, und führt keineswegs

zu dem, was für Goethe Wesen und Wert des Gedichts ausmacht: zu der Naturanschauung des Lucrez.
Viel entschiedener hat Theodor Mommsen den Dichter und sein Werk in den Zusammenhang der Geschichte gerückt. Wahl der Weltanschauung, philosophisch-praktische Tendenz und damit den »eigentlichen ideellen Kern des Lehrgedichts«, seine »relative Weisheit und Wahrheit« versteht er als Antwort des Dichters auf eine gefährliche, Revolution und Bürgerkrieg androhende Zeit, die »hoffnungslose Zeit, wo das Regiment der Oligarchen gestürzt und das Cäsars noch nicht aufgerichtet war«. »Es ist ein seltsames Verhängnis, daß dieses ungemeine ... Talent in eine Zeit gefallen war, in der es selber sich fremd und verwaist fühlte und infolgedessen in der wunderlichsten Weise sich im Stoff vergriffen hat.« Von der Naturanschauung ist keine Rede mehr. Nur ein geschichtlicher Vorgang ist übriggeblieben. Dessen Bild enthält mehr Einzelzüge, aber keinen Zuwachs an wesentlichem Gehalt über Goethes geschichtliche Skizzen hinaus. Und da diese doch nur etwas Untergeordnetes bezeichneten, so behält das, was Mommsen über Lucrez geschrieben hat, trotz Geist, Temperament und Glanz doch etwas in der Tiefe Unbefriedigendes, Verarmtes, zumal da sich bei ihm die bedenklichen Züge peinlich verschärft haben.
Bei Mommsen sowohl wie bei Goethe kommen Zeit und geschichtliche Umwelt im Grunde nicht sehr gut weg. Nur in Goethes Vorrede zu Knebels Übersetzung taucht einmal der – nicht weiter verfolgte – Gedanke auf, Lucrez sei im Auf und Ab der Geschichte in eine der günstigsten Lagen hineingeboren. Geistige Bildung, Anmut und Gefälligkeit der Kunst seien der Vollendung nahegekommen und doch noch mit Kraft und Ernst früherer Epochen vereint gewesen. Zur Höhe der Wortkunst im Zeitalter des Augustus habe nur noch ein Schritt gefehlt. Dafür sei die Freiheit noch nicht beeinträchtigt gewesen. Die Kaiserherrschaft habe noch nicht begonnen gehabt, die Dichter in sich selbst zurückzutreiben. Goethe

sieht also in Hinsicht auf Kunst- und Gesellschaftsgeschichte Lucrez an einen unvergleichlichen Höhe- und Grenzpunkt gestellt, wo man im Genuß des Guten beider Seiten frei ist vom vergangenen wie vom bevorstehenden Übel.

Ohne nun weiter auf das Schema von Aufstieg, Höhe und Verfall einzugehen, halten wir doch den Gedanken des geschichtlichen Kairós fest, des fruchtbaren, recht bemessenen Zusammentreffens verschiedener, ja gegensätzlicher Dinge zur guten Stunde. Die Zeit hat den Dichter nicht nur bedrängt und in Not gebracht, sondern auch begünstigt. Es ist nicht nur die Zeit, in der Sullas Staatsordnung zerfiel, das öffentliche Leben verwilderte, die sozialen und wirtschaftlichen Verhältnisse Italiens unhaltbar wurden – nicht nur eine Zeit des Verfalls und unsäglicher menschlicher Nöte, sondern auch fruchtbarster Begegnungen römischer Geister mit griechischen Errungenschaften, eine Zeit geistiger Wagnisse und kühn erdachter Gebilde in den Bereichen der Baukunst, Wandmalerei, Bildnisskulptur, Prosa- und Dichtkunst. In dieser Hinsicht hat es in Rom wenig so fruchtbare Zeiten gegeben. Allenthalben löste man Elemente der griechischen Überlieferung aus ihren alten Zusammenhängen und tat sie nach eigenem Bedürfnis mit Elementen des eigenen Daseins zu neuartigen Werken zusammen. Um nur wenige Beispiele aus der Wortkunst zu nennen: in dem Jahrzehnt, in dem Lucrez gestorben ist, hat Cicero in den Dialogen über den Redner, über das Gemeinwesen und über die Gesetze alle Kunst, alle erreichbare Gedankenmacht griechischer Erkenntnis zusammengefaßt, um damit die bedrohte römische Wirklichkeit, mit der er zu tun hatte, in einem vergeistigten, verklärten Bilde darzustellen. Catull hat nach den in Rom noch kaum erprobten Formen der hellenistischen Dichtung gegriffen und sie dabei verwandelt, indem er sie auf sein eigenes Dasein, seine eigenen Anliegen bezog.

Dem eigenen Dasein im geistarmen Rom Anteil an einem

höheren, geistigeren, geweihteren Leben zu gewinnen: dieses Bedürfnis ist es nach K. Schefolds Erkenntnissen auch gewesen, was in der römischen Wandmalerei Themen und Motive, die vorher nirgends so vereint gewesen waren, in das römische Wohnhaus gezogen und beziehungsreich zusammengestellt hat.

Zu den kühnsten geistigen Wagnissen dieser Zeit gehört das Gedicht des Lucrez. Wir müssen uns nur von der Herrschaft der Gewohnheit freimachen, um das zu erkennen. Jahrtausendealter Besitz macht stumpf. Aristoteles hat das erschütterte Staunen über die Sternenwelt zu lehren versucht, indem er aufforderte, sich in die Lage von Menschen zu versetzen, die bisher unterirdisch gelebt hätten und plötzlich emporgestiegen über sich die Sterne sähen. Das heilsame Staunen über das Dasein des lucrezischen Gedichts können wir lernen, wenn wir uns in die geschichtliche Lage versetzen, in der der Dichter begonnen hat – und nun nicht mehr nur in die Lage von Staat, Gesellschaft und Wirtschaft, nicht nur an eine bevorzugte Stelle auf dem Wege der Verfeinerung und der Entwicklung der bürgerlichen Freiheit (Aufstieg, Höhe und Verfall) –, sondern in die geistigen Besitzverhältnisse der Zeit. Überblickt man den Bestand an lebendig wirksamen Werken und Kunstgepflogenheiten, so erkennt man sofort, daß durchaus nicht nur eine vorhandene Kunstübung fortgesetzt werden mußte, damit die sechs Bücher *De rerum natura* zustande kamen. Es hat nichts dergleichen gegeben. Es ist fast ein Wunder, daß so ein Werk entstanden ist.

Epikurs Lehre lud gewiß nicht dazu ein. Der Stifter hatte sich einer spröden Sprache bedient, von Dichtern und Dichterwerken nicht viel gehalten, ja, das ganze vornehme literarische Wesen als Flunkerei abgelehnt, die nur von dem abhält, was allein not tut: zum Frieden der Seele zu kommen. Seine Naturlehre war voller kniffliger Beweisgänge und abstruser Vorstellungen. In Lucrezens Zeit hat sich der Epikureer Philodem, von dessen Bibliothek und Schriften Reste in Herculanum gefunden sind keineswegs einer mehr künstlerischen Art des Vortrags genähert. Die Werke Epikurs und der Seinen widerstreben der Poesie wie nur etwas.

Man wendet vielleicht ein, gerade die spröde Materie habe den Verfasser eines Lehrgedichts reizen können, sie durch die Kunst zu überwinden. Und man könnte dafür eine seltsame Theorie des hellenistischen Lehrgedichts aus der letzten Lebenszeit des Lucrez anführen. Die Wortkunst, sagt Cicero im Dialog vom Redner (1, 69), und zwar Prosa wie Poesie, ist allmächtig. Sie bemeistert jeden beliebigen Gegenstand, läge er dem Schreibenden auch noch so fern. Als Beispiele werden das Sterngedicht des Arat und Nikanders Gedicht über die Landwirtschaft genannt. In der Tat hat Nikander, auch in anderen Gedichten, nicht nur gleichgültige, sondern prosaisch-allzuprosaische Gegenstände gewählt: Tiergifte und Gegenmittel, Bienenzucht, Jagd, Gesteine. Überall triumphierte die Kunst, indem sie die widerstrebenden Stoffe auf altepisch darbot und so in kuriose Kostbarkeiten umwandelte. Und diese belehrenden, nicht erzählenden Epen sind in der Zeit Ciceros bekannt und beliebt gewesen. Cicero hat das des Arat in das Lateinische übertragen, ein wohl älterer Zeitgenosse Virgils, Aemilius Macer, Nikanders Theriaka; das Werk hat sich mit anderen gleicher Art bis in Quintilians Zeit erhalten. Sollte also nicht auch Lucrez sich versucht gefühlt haben, gerade die prosaische Naturlehre Epikurs artistisch zu bewältigen? Sollte er nicht ein Nachfolger Nikanders sein? Man hat wohl so gemeint, ist aber dann gezwungen gewesen, Lucrez sich unter der Arbeit aus einem Artisten in einen fanatischen Apostel der epikureischen Heilslehre verwandeln zu lassen. Und man hat nicht bedacht, daß sich die Themen jener hellenistischen Dichter wesentlich von dem des Lucrez unterscheiden. Sie lassen sich alle als Kuriositäten, mit denen man spielt, betrachten, die Naturerklärung Epikurs nie, weil sie fühlbar auf das

Anliegen, dem sie dient, bezogen bleibt: die Befreiung von der Furcht vor überirdischen Mächten. Damit läßt sich schließlich nicht einmal Arats Sterngedicht vergleichen.

Nun soll es nicht ganz und gar in Abrede gestellt werden, daß das Dasein solcher unterweisenden Epen überhaupt mit dazu beigetragen hat, den Plan des Lucrez möglich erscheinen zu lassen, zumal da ihm der charakteristische Gedanke, daß er so tief im Dunkel verborgene Dinge mit seinen hellen Versen meistere (4,8), nicht fremd ist. Aber wenn es etwas gibt, in dessen Nähe man sein Werk stellen darf, so muß man über vier Jahrhunderte zurückgreifen zu Empedokles von Akragas, zu dem Gedicht, in dem er seine Erkenntnis über Welt, Sein und Werden niedergelegt hatte. Und das ist kein Zufall. Lucrez ist nicht etwa, ohne es zu wissen, in die Nähe des alten Dichters geraten. Er hat ihn gekannt, studiert, verehrt und im ersten Buch seines Gedichts eigens die Gelegenheit gesucht, ihn überschwenglich zu preisen. Mehr noch: sein Dichtertum und der Gedanke an ein solches Gedicht scheint von Empedokles geweckt worden zu sein. Sonst wäre es kaum verständlich, daß der Römer, dem doch der praktisch-sittliche Sinn der epikureischen Philosophie eher noch wichtiger als Epikur selbst gewesen ist, aus dem Ganzen der Lehre gerade den Teil herausgeschnitten und zum Thema seines Werkes gemacht hat, der etwa dem Thema und Titel des empedokleischen Gedichts entspricht – »Über die Natur« nannten ja die Späteren auch dieses Werk –, obwohl dieser Teil auf das eigentliche Anliegen der epikureischen Lehre nur mittelbar bezogen ist.

Ein empedokleisches Gedicht über den naturwissenschaftlichen Teil der Philosophie Epikurs zu schreiben, der Gedanke mag äußerlich dadurch mitbedingt gewesen sein, daß das Werk des Empedokles gerade damals in Rom in den Blick einiger Menschen gerückt war. Darauf könnte das Empedokles-Gedicht eines gewissen Sallustius hinweisen, das Cicero zugleich mit der Dichtung des Lucrez – doch wohl als Neuigkeit – in einem Brief erwähnt hat. Das würde aber dem Einfall des Lucrez nichts von seiner waghalsigen Kühnheit nehmen. Sich zuerst mit einem eigenen Werk über die Jahrhunderte hinweg zu dem alten Meister zu stellen, war fast ebenso erstaunlich wie das Beginnen, Epikurs Lehre in lateinischen Versen vorzutragen.

Das empedokleische Dichtertum und Vorbild gestatteten, wie gesagt, nur einen Teil von Epikurs Philosophie zum Thema des Werkes zu machen. Wo blieb dann das Ganze und sein Sinn? Das, was diese Lehre wesentlich von der des Empedokles und seiner Zeit unterscheidet, daß nämlich alles Theoretische auf praktische Lebenshilfe, auf Heilung der Seele hingeordnet ist? Daß die Naturwissenschaft nicht um ihrer selbst willen da ist, sondern zu dem Zweck, die Welt zu entzaubern und zu entgöttern? Mußte nicht das empedokleische Vorbild auf einen Standpunkt ziehen, von dem aus das Wesentlichste der epikureischen Philosophie nicht mehr zu sehen war?

In Wirklichkeit ist dafür gesorgt, daß das nicht geschieht. Vor allem die Eingänge der sechs Bücher ordnen den Gegenstand, den ein Gedicht empedokleischer Art allein in sich zu fassen vermag, auf das Hauptanliegen Epikurs hin. Teils preisen sie Epikur als Bringer der Heilslehre, die den Menschen von Ängsten und Fehlern befreit und zu sicherem Frieden gelangen läßt, teils zeigen sie, warum der Mensch, der das Lebensziel erreichen will, nicht um diese Lehre herumkommt. Und dann folgen immer Versreihen, in denen eigens nachgewiesen ist, daß die Lehrstücke der einzelnen Bücher unerläßlich sind. Die physikalische Erklärung der äußeren Wirklichkeit im allgemeinen genügt nicht. Die Seele – vergängliches Atomgespinst! – und die Wahrnehmung der Sinne müssen naturwissenschaftlich erklärt werden, damit Jenseits- und Gespensterfurcht ausgeschlossen werden. Unsere Welt mit allem, was am Himmel und auf Erden Staunen oder Schrecken erregt, muß ihres göttlichen Nimbus entkleidet und als Ergebnis bloßer mechanischer Vorgänge in einer Atomzusammenballung durchschaut werden, damit auch aus dem Kosmos nichts Unheimliches mehr drohen kann. Ein Tor nach dem anderen muß verrammelt werden, durch das der Feind der Menschheit, die Furcht vor dem Übermächtigen, einbrechen könnte.

So ist also doch das fast Unvereinbare zusammengezwungen, Epikurs Lebenslehre und die empedokleische Anlage des Gedichts. Dazu kommt aus der römischen Überlieferung, von Ennius her, das, was der Pracht der empedokleischen Sprache entspricht, der schwere Prunk des Epos mit seiner Pathetik.

Wagemut und die unglaubliche Kühnheit eines solchen Beginnens gehören zum Charakter der Zeit und insofern zu dem, was der Dichter dieser fruchtbaren, viel gescholtenen Zeit verdankt. Der geschichtliche Kairós hat Lucrez auch die unvergleichliche Frische und Kraft der Begegnung mit Epikurs Gedanken geschenkt.

Für die unterrichteten Griechen war die epikureische Philosophie mit ihren Begriffen, Lehrstücken und Zielen längst zu einem selbstverständlichen Teil ihrer Geisteswelt geworden. Die Sprache bot einen geprägten, gängig gewordenen Wortschatz an, mit dem man darüber mühelos verhandeln konnte. Bei einem solchen Stand der Dinge geschieht es nur schwer, daß einen die Worte, die Gedanken bis ins Herz treffen. Überdies hatte seinerzeit schon Epikur, was die Naturerklärung betrifft, viel erörterte, jedem Kundigen geläufige Probleme behandelt, ja sogar im ganzen die Naturphilosophie Demokrits übernommen, die eigentlich veraltet, von neuen Denkformen überholt war. Das Verhältnis der Schulen untereinander und die Streitpunkte sowie die polemischen Motive lagen im ersten Jahrhundert im allgemeinen längst fest. Geistig erregen konnte Lehre und Streitgespräch gewiß viel weniger als in den Tagen Epikurs und seiner unmittelbaren Schüler. Knifflige Einzelfragen blieben als Gegenstände philosophischer Schriftstellerei übrig, wie man es bei Philodem, dem Zeitgenossen des Lucrez, sieht.

Vor Lucrez aber taucht alles wie ein neu entdeckter Erdteil auf. Es trifft keinen blasierten Angehörigen einer fertigen Geisteswelt, nein, einen Römer jener Zeit: vergleichsweise altertümlich seiner Art nach, geistig, seelisch, besonders auch religiös rückständig, ohne eine Sprache, die ihm Verwandtes unvermerkt in das Gemüt gelegt hätte und ihn von selbst trüge, aber unverbraucht, lebensmächtig und – was nun wieder dem Zeitcharakter eigen ist – in Bewegung geraten. So trifft ihn die Lehre im ganzen und im einzelnen frisch und mit großer Gewalt, und zwar noch ganz anders, als wenn er nur als ausländischer Gast die griechische Lehre nicht nur hörte, sondern auch nachspräche. Versucht man, wie er, in der eigenen Sprache Ungesagtes zu sagen, so fordert das den ganzen Menschen mit allen seinen Kräften heraus. Wort für Wort ist Wagnis und Abenteuer. Jeder Gedanke tritt mit neuer Miene ein neues Leben an. Nicht nur der sachliche Inhalt, sondern das Wirken lebendigen, schwer ringenden und triumphierenden Geistes ist für immer in Wort und Vers gebannt.

Wie heftig etwa der Gedanke einer lückenlosen – und darum jeden göttlichen Eingriff ausschließenden – Gesetzmäßigkeit alles Werdens diesen Dichter getroffen hat, mag der Leser am Ende des berühmten Epikur-Lobes im ersten Buch ermessen. Die Befreiung des Menschen von religiöser Angst ist als die Heldentat Epikurs, als Durchbruch durch die Sperrmauern unserer Welt, als Beutezug des Siegers in die unendlichen Räume jenseits der Grenzen mit unheimlich wildem Trotz und Jubel enthusiastisch gefeiert. »Von dorten bringt er uns mit ...« – welche Beute wohl, die dieses Aufwands würdig ist? – »(die Erkenntnis,) was entstehen kann, was nicht, aus welchem Grunde ein jedes nur seine fest umschriebene Befugnis und seinen tief sitzenden Grenzstein hat.« (75ff.) Fällt das nicht ab nach all der Erhabenheit und Leidenschaft? Nein, umgekehrt: gerade der Gedanke der Gesetzmäßigkeit der Natur vermag den Dichter zu dem Überschwang dieser Verse auf Epikur, den Verkünder der Naturgesetze, emporzureißen.

So gibt nun also das Gedicht *De rerum natura* Anteil nicht nur an der Lehre Epikurs, sondern auch an dem neuen Leben, das sie in dem leidenschaftlich bewegten Dichter gefunden hat. Und dieses hochgespannte geistige Leben, ebenso wie das Wunder einer solchen dichterischen Konzeption, hat man gewiß dem Genie des T. Lucretius Carus, aber auch dem geschichtlichen Kairós zu verdanken.

Epikur und seiner Lehre sind in diesem Dichterwerk Kraft und Glanz neuer Art zugewachsen. Und damit ausgestattet hat diese Philosophie in die Jahrhunderte des späteren Altertums und der Neuzeit hinein gewirkt und geleuchtet. Gerade hier entspringt nun eine Frage, die Ausleger und Leser viel geplagt hat. Ist dieser Zuwachs zu rechtfertigen? Bringt er etwa Ungemäßes in die reine Lehre? Wie verhält er sich zu Epikur? Die einen haben geurteilt: Lucrezens Art widerspricht der Art, vielleicht hier und da sogar der Lehre Epikurs. Dieses Urteil kann man leicht so weit treiben, daß man den einen gegen den anderen ausspielt. Das Gedicht stellt sich dann zwiespältig dar. Epikurs Lehre steht dem Dichter nicht gut zu Gesicht. Er hätte eigentlich eine andere gebraucht.

Andere haben heftig widersprochen. Man soll, so etwa sagen sie, Lucrez nicht in den Epikureer und den eigentlichen Lucrez spalten. Beides tut sich zur vollkommenen Einheit zusammen. Unterscheiden sich die beiden voneinander, so ist es ein Unterschied der Vitalität, nicht des Credo. Die gelehrte Arbeit der letzten Jahrzehnte hat an vielen Stellen, deren stürmisch-streitbaren Charakter man dem Römer zuzurechnen geneigt sein könnte, gezeigt, daß Epikur selbst hinter den Worten des Gedichts steht. Besonders E. Bignone hat erkannt, daß Epikurs Gedanken sich weithin in der Auseinandersetzung mit der kosmischen Theologie der Platoniker und besonders des Aristoteles gebildet haben, und viele Stellen des Lucrez als Nachhall dieses offenbar sehr heftigen Streites der Geister verstehen gelehrt. Man kann also, glaubt man dieser Seite, den ganzen Lucrez getrost auf Epikur zurückführen.

Es sollte wohl möglich sein, sich hierin zu einigen. Lucrez ist ohne Vorbehalt gläubiger Anhänger Epikurs. Man darf annehmen, daß er sich vor jedem abweichenden Schritt gehütet hätte. Was aber den Unterschied »nur der Vitalität« angeht, so lohnt es, darüber nachzudenken. Mit der Aufnahme einer philosophischen Lehre in ein Gedicht verhält es sich ähnlich wie mit der Aufnahme des religiösen Glaubens in ein konkretes Menschendasein. Es hat viel für sich, die Aufmerksamkeit allein auf die angenommene Glaubenslehre, auf den übermenschlichen Partner der Begegnung zu richten und auf den Menschen nicht weiter viel zu achten, weil es nicht lohnt. Aber es hat auch etwas für sich, auf die immer neuen, unverwechselbaren, freilich notwendig einseitigen, durch menschliche Anlage und geschichtliche Fügung mitbestimmten Variationen des großen übermenschlichen Themas zu achten.

Im Falle des Lucrez hängt Stärke und Lebendigkeit der Aussage ganz gewiß nicht nur davon ab, daß er gerade von dieser philosophischen Lehre getroffen und gefangen worden ist, sondern oft noch mehr von der Besonderheit und sogar Einseitigkeit, mit der er sie in sich aufgenommen hat. Er ist oftmals dort am stärksten, wo er zwar Epikurs Lehre verkündet, aber sich nicht eben vollkommen »epikurförmig« erweist.

Epikur hatte gelehrt: »Der Weise schreibt keine Gedichte.« Man hat gemeint, er würde wohl hier eine Ausnahme gemacht haben, wo die Kunst des Dichters nichts als Lockmittel sein will, Widerstrebende für die spröde, aber heilsame Lehre zu gewinnen. Aber das antike Epos bringt nicht nur Pracht und Prunk des Ausdrucks mit sich, sondern auch erschütternde Bewegung des Innern. Verträgt es sich mit der Gelassenheit des rechten Epikureers? Wie kommt es, daß ihm am besten das Gewalttätige gelingt, der mit Wonneschauer erlebte Ausbruch aus der engen Welt der angeblich Frommen in die grenzenlose Weite unendlicher Freiheit, aber auch und noch öfter gewaltsame Zerstörung: Weltuntergang, das große Sterben an der Seuche, Sturm, reißender Fluß und dergleichen? Wie kommt es, daß ein sehr großer Teil seiner Metaphern, soweit sie dem Menschenleben entnommen sind, dem Bereich des Krieges angehören? Daß grausige, bizarre Bilder von Schlacht und gewaltsamem Tode mit Vorliebe weit über das Erfordernis der Beweisgänge ausgemalt sind? Man mag mit einem gewissen Recht sagen: »Das alles oder einen Teil davon bringt die epische, die ennianische Tradition mit sich.« Aber gleichviel, woher es kommt: will man es nicht als bloßes artistisches Spiel abtun, so muß man zugestehen: es erschüttert, anstatt zu beschwichtigen; es dramatisiert, anstatt zu entspannen. Die beschwichtigte Seele, die »Meeresstille« des Innern, die Epikurs Weisheit ihren Anhängern verheißt, spricht nicht in der Pathetik dieser Verse. Beispiele sollen das Gesagte deutlich machen und weiterführen.

Nachdem im ersten Buche im leeren Raum die Atome bereitgestellt sind, werden sie im zweiten in Bewegung gesetzt, zusammengeballt zu wahrnehmbaren Stoffen; Sinnesqualitäten erscheinen an ihnen und verschwinden wieder, zum Schluß auch jene Qualität, die wir gewöhnlich als Leben bezeichnen. Nach alledem wäre es zum Abschluß der allgemeinen Lehre von den Grundgegebenheiten und von Werden, Wechsel und Vergehen nicht unpassend und dem systematischen Gang der Lehre ganz gemäß gewesen, das Gewimmel der Atome und Atomhaufen im unendlichen Raum zu überblicken; auch derer, die man Welten nennt. Es wäre zu zeigen gewesen, daß die Zahl der Welten unendlich sei. Jede sei im Werden oder Vergehen begriffen. Aber der Gesamtbestand bleibe sich immer gleich. Jedem Werden entspreche ein Schwinden und umgekehrt. In diesem ausbalancierten bewigen Wechsel, in diesem Gleichgewicht hätte der betrachtende Geist seine Ruhe finden können, so wie der des Platonikers in der Ewigkeit und Gleichförmigkeit der Himmelsordnung. Die im letzten befriedigte Ruhe des Geistes würde einem im letzten verläßlichen, tragenden Frieden der äußeren Wirklichkeit entsprechen. Eines der tiefsten Bedürfnisse des menschlichen und ganz gewiß des griechischen Geistes wäre damit befriedigt gewesen. Und für den Dichter welch ein Abschluß, vergleichbar dem Durakkord, der sich am Ende eines Musikstückes siegreich behauptet! So sollte man meinen. Lucrez hat auch wirklich einen Schluß von gesteigerter Kraft gesucht und gefunden und dabei das hierher gehörige Lehrstück von den unzählig vielen, immer im Werden und Vergehen begriffenen Welten im Auge gehabt. Aber was ist bei ihm daraus geworden! Nicht, daß er sich erlaubt hätte, irgendwo auch nur einen Schritt von der Lehre Epikurs abzuweichen. Man darf überzeugt sein, er hätte Zeile für Zeile mit Sätzen des Meisters belegen können. Aber hier wie anderwärts hat er auswählen müssen, auswählen, weglassen und das Ausgewählte zusammenfügen. Diese Tätigkeit ist es, die dem Dichter Spielraum geben und, je mehr er innerlich beteiligt war, ihn dazu verlocken konnte, dem Werk sein eigenes Siegel aufzuprägen. Und so ist auch hier ein Gebilde zustande gekommen, das mindestens ebensosehr von Lucrezens als von Epikurs Geist zeugt. Es beginnt damit, daß der Hörer auf einen bevorstehenden Schreck vorbereitet wird (2, 1023 ff. 1040). Dadurch ist das Folgende von vornherein auf ein betroffenes Gemüt bezogen. Und es folgt auch wirklich nicht der alles gleichmütig umfassende Überblick über das All und die darin wimmelnden Welten. Sondern der Hörer blickt mit dem sprechenden Dichter aus der Enge unserer Welt begierig fragend und strebend in die Weite hinaus und lernt, daß diese hier nicht die einzige Welt ist, daß es draußen andere gibt, alle bloße Natur, nichts als bewegte, zusammengeballte Materie, daß die unsere eine unter vielen ist, ohne Vorrang, ohne die Würde der Einzigkeit. Er triumphiert bei dem Gedanken, daß also keine Aufsicht der Oberen möglich ist, kein göttliches Eingreifen drohen kann. Schließlich lernt er auch noch die Unvergänglichkeit unserer Welt preisgeben, ja, er nimmt im Geist ihr Ende vorweg. Der Gedanke ist so geführt, daß dem Hörer Verfall und bevorstehender Untergang immer näher auf den Leib rücken. Er spürt ihn im Nachlassen der Kraft der Erde, im Rückgang des Ertrages der Felder und Weingärten, in der hoffnungslosen, vergeblichen Anstrengung von Bauer und Winzer, als Not seiner eigenen Zeit.

Gewiß kann man das alles auf Epikurs Lehre von der unendlichen Vielzahl und dem ewigen Wandel der Welten zurückführen. Dann beachtet man jedoch nicht, wie sich das Bild verändert hat. Ist denn am Ende wirklich nichts anderes erreicht, als daß sich der Hörer davon überzeugt hat: »Welten gibt es unzählig viele, die einen im Werden, die anderen im Vergehen begriffen« (Epikur)? Nein, er hat Abschied genommen von der Würde der Welt, von dem frommen Blick auf die Welt, hat das göttliche Weltregiment mit Trotz und Hohn abgetan, hat sich innerlich auf den Weltuntergang gefaßt gemacht, in der gegenwärtigen Not Verfall und nahendes Ende schwermütig gespürt. Wo wir die zusammenfassende Anschauung ausgeglichener Ruhe im rastlosen Wechsel erwartet haben, finden wir die Entthronung unserer Welt, das Vorgefühl des Unterganges unserer Welt, statt reiner Anschauung teils Trotz und Aufbegehren, teils schwermütiges Bewußtsein einer gnade- und trostlosen Lage. Denn was hilft es mir denn, zu wissen, daß nach dem

Weltuntergang sich draußen irgendwo wieder neue Atomhaufen zu neuen Welten ballen werden? Was hilft es, wenn ich wie Lucrez alles von meiner Welt, dem Schauplatz meines Daseins aus sehe und den Untergang auf mich zukommen fühle? Nur dann, wenn ich wie Epikur mich über meine enge Daseinssphäre zur Allgegenwart eines reinen Verstandes aufzuschwingen vermag, kann der Gedanke des Ausgleichs im ewigen Werden und Vergehen der Welten befriedigen. Dann bin ich losgelöst vom Hier und Jetzt und, soweit das möglich ist, dem Verhängnis unserer Welt entrückt. Aber gerade das ist es, was bei Lucrez ausbleibt. Dieses Finale des zweiten Buches greift uns darum an das Herz, weil darin alles den sprechenden Dichter angeht und trifft.

Also ist Lucrez doch von Epikur abgewichen? Es ist, um es noch einmal einzuschärfen, höchst unwahrscheinlich, daß irgend etwas, was darin als philosophischer, wissenschaftlicher Gedanke anzusprechen ist, nicht wirklich bei Epikur irgendwo vorgekommen ist. Auch der polemische Charakter der Gedanken, die sich, indem sie Welt und Welten erklären, gegen eine andere, die fromme Ansicht der Welt, gegen die Kosmostheologie wenden, und sogar eine gewisse hitzige Schärfe ist echt epikureisch. Möglich, daß in der Lehre von den unzählig vielen Welten unter anderen auch solche Beweisstücke vorgekommen sind, die von unserer Welt ausgingen und auf andere schlossen. Lucrez hätte dann diese allein ausgewählt. Möglich auch, daß er Gedanken aus anderen Teilen der epikureischen Naturerklärung, nämlich aus der Lehre von unserer Welt, hier, wo sie noch gar nicht hergehörten, herangezogen hat. Gewiß ist, daß er diese Partie, die eigentlich von den unendlich vielen Welten und ihrem Werden und Vergehen im allgemeinen handeln sollte, im ganzen und gegen das Ende hin mehr und mehr auf unsere Welt und ihre Erniedrigung, den Verlust ihrer Einzigkeit und Ewigkeit bezogen hat.

Was dabei verlorengegangen ist, haben wir gesehen. Abgesehen von der systematischen Strenge des Gedankenzusammenhanges – den wir hier nicht im einzelnen zergliedern können – ist es der beruhigende Blick auf das Gleichgewicht im Werden und Vergehen im All, das großartige, im höchsten Sinne theoretische Verhalten, das von dem Betroffensein des leidenden Menschen abzusehen vermag. Gewonnen ist dafür zum Abschluß der allgemeinen Lehre von den Grundgegebenheiten und vom Werden und Vergehen ein erschütterndes geistiges Erlebnis. Unsere Welt wird klein und unbedeutend unter den vielen anderen. Schließlich verliert sie ihre Verläßlichkeit und droht unterzugehen. Trotzige Freude an dem kühnen Geistesabenteuer kann sich doch des leidenden Gefühls von Verfall und Untergang nicht erwehren. Das ist der lucrezische Charakter dieses Stückes Dichtung.

Auch sonst, wo Lucrez Buchschlüsse von gesteigerter Kraft geformt hat, kennt er nicht die Auflösung der Dissonanzen, die Harmonie als Ziel. Am Ende des ganzen Werkes bildet er ein förmliches, deutlich abgesetztes Finale. Und er setzt darin der rauschhaften Werdelust des Gebetes an Venus am Eingang des Werkes den Triumph des Todes, des fürchterlichsten Todes, entgegen, die Schilderung der Seuche und des großen Massensterbens in Athen während des Peloponnesischen Krieges.

Eigenwillig ist Lucrez auch in den abschließenden Teilen des dritten Buches verfahren. Vorher ist die atomistische Seelenlehre Epikurs vorgetragen. Das Ziel ist von Anfang an gezeigt. Es gilt die Todesfurcht zu überwinden. Im Vordergrund entwickelt sich weithin reine Naturwissenschaft. Freilich, in den Teilen, wo die Sterblichkeit der Seele gelehrt wird, fällt die Weitläufigkeit auf. Der Lehrende kann sich nicht genug tun mit Beweisen und immer neuen Beweisen, als ob er mit ihrer Masse den Gedanken an ein Weiterleben recht sicher zu ersticken hoffte. Und dann ist er am Ziel, wo er verkünden kann:

»Der Tod geht uns nichts an.« Aber noch gibt es da Ausflüchte abzuschneiden. Endlich wird die Bewegung des Gedankens mit einer großartigen Figur abgeschlossen: Im Tode haben wir nichts zu fürchten, unglücklich kann der nicht werden, der gar nicht ist; es ist genau so, als ob einer nie geboren wäre, »dann, wenn sterbliches Leben unsterblicher Tod weggenommen hat«, *mortalem vitam mors cum immortalis ademit* (3,869). Soweit ergibt sich alles aus reiner Naturwissenschaft. Dann aber folgen Versreihen, deren gemeinsames Thema etwa so zu bezeichnen wäre: Widersinn verwirrter Gefühle, die aus unklaren Gedanken über den Tod kommen. Hier macht Lucrez nun immer weniger Gebrauch von dem vorher naturwissenschaftlich gewonnenen Ergebnis. Was hier gesagt ist, könnte man den Menschen vorhalten, auch ohne ihnen die naturwissenschaftliche Seelenlehre eröffnet zu haben. Der Dichter gerät in eine andere Art des Lehrens, predigtartigen, seelsorgerlichen Zuspruch in Lebensnöten ohne naturwissenschaftliches Rüstzeug. Man erkennt klassische Formen dieser Lehrart – der sogenannten Diatribe – etwa in der Einführung einer aufrüttelnden Scheltrede: »Könnte die Natur reden und spräche zankend zu einem von uns ...« Das Schelten nimmt im weiteren Verlauf mehr und mehr überhand. Einmal sind allgemein zur Bekehrung mahnende Verse über die Rastlosigkeit und Unruhe des unerleuchteten Menschen ganz locker in den Zusammenhang gefügt (1053 ff.). »Könnten die Menschen, so wie wir sie eine Last in ihrem Inneren fühlen sehen, die sie mit Schwere matt macht, auch erkennen, aus welchen Gründen das kommt und woher gewissermaßen diese schwere Steinmasse des Übels in ihrem Innern liegt, sie würden ihr Leben nicht so führen, wie wir es jetzt meist sehen, daß niemand weiß, was er denn will, daß er sucht, immer den Ort zu wechseln, als könnte er die Last ablegen. Hinaus aus seinem großen Palast fährt da oft einer, dem es gar verleidet ist, daheim zu sein – und auf einmal kommt er wieder, denn auswärts, fühlt er, ist es nicht besser. Im schnellen Lauf jagt er Hals über Kopf die Pferde zu seinem Landsitz, wie einer, der eilt, dem brennenden Haus Hilfe zu bringen. Angeödet gähnt er, sobald er die Schwelle des Landsitzes berührt, oder flieht voll Schwere in den Schlaf und sucht Vergessen, oder trachtet sogar eilends in die Stadt zu kommen und kehrt zurück. So flieht ein jeder vor sich – dem er ja doch, man kennt es, nicht entfliehen kann. Gegen Willen und Neigung kommt er von sich nicht los und hat Widerwillen, darum, daß er, krank, den Grund nicht weiß. Sähe er ihn recht, so würde jeder gleich alles stehen und liegen lassen und zuerst das Wesen der Dinge zu erkennen trachten. Denn die Entscheidung über den Zustand ewiger Zeit, nicht einer Stunde nur, steht in Frage, worin die Sterblichen alle Zeit, soviel nach ihrem Tode übrig ist, zu erwarten haben.« Wir haben anderswo Äußerungen Epikurs und der Epikureer über die quälende Unrast der unerleuchteten Menschen. Da werden mancherlei Ursachen aufgedeckt und einige entscheidende Einsichten als Heilmittel angedeutet, vor allem Einsicht in die Verhältnisse von Lust und Unlust, Grenzenlosigkeit und Begrenzung des Begehrens. Das Wissen um den Tod ist nur eine unter anderen Erkenntnissen. Hier bei Lucrez ist der Bezug auf bestimmte Ursachen des Leidens – getarnte Todesfurcht? – und auf heilende Einsichten höchst undeutlich. Er ruft zur Bekehrung; im übrigen schildert er nur die Qualen des Unbekehrten. Die Schilderung ist freilich kaum zu übertreffen.

In den Schlußversen des Buches wird darauf der Widersinn einer ohnmächtigen Lebensgier verhöhnt, die nicht weiß, daß ein wenig mehr oder weniger Lebenszeit nichts ist im Vergleich zu der unendlichen Zeit, in der wir tot sind. In das Schelten schleicht sich etwas wie Mitfreude am Triumph des Todes über unser kümmerliches Hängen am Leben ein. Wie anders klingen Worte Epikurs aus dem gleichen Gedankenkreis! »Für das Fleisch liegen die Grenzen der Freude im Unendlichen, und nur eine unendliche Zeit könnte sie ihm vollends verschaffen. Der Verstand jedoch, der das Ziel und die Grenzen allen Fleisches ermißt und die Angst vor der Ewigkeit beseitigt, schafft ein vollkommenes Leben und bedarf dazu der Unendlichkeit nicht. Freilich weicht der Verständige der Freude nicht aus, und wenn schließlich die Verhältnisse ihn zwingen aus dem Leben zu scheiden, so tut er es nicht so, als ob es ihm zum höchsten Dasein noch etwas schulde« (Hauptlehrsätze 20, Übersetzung von J. Mewaldt).

Auch bei Horaz, dem Römer, in epikureisch inspirierten Strophen seiner Lyrik, in denen verwandte Themen abgewandelt sind – etwa in der Ode *Otium divos* (2, 16) – ist zwar auch Widersinn und Elend eines ins Grenzenlose gespannten Begehrens beklagt, aber die andere Seite, Weisheit, Stille und Friede des Innern, *laetus in praesens animus* – also das, was die Lehre Epikurs verheißt – sind erst recht sichtbar und, was noch mehr ist, in der Art und Gebärde des Sprechens fühlbar gegenwärtig. Bei Lucrez sind sie es nicht. Finster, grimmig eifernd, höhnisch scheltend auf Widersinn und Lächerlichkeit der kümmerlichen Lebensgier der Menschen schließt er sein Buch.

Überhaupt nimmt in den überblickten Teilen, vom Beginn des Kampfes gegen widersinnige Gefühle an, der Anteil eigentlicher Einsicht eher ab statt zu. Torheiten, Verirrungen, innere Nöte sind drastisch vorgestellt, entlarvt und beschämt; ob aber geheilt, fragt sich. Die Menschen sind aufgerüttelt und erschüttert. Was ihnen aber weiterhelfen könnte, Begriff oder Anschauung des positiven Gehaltes der epikureischen Weisheit, erfahren sie nicht. Dabei wirkt dieser Schlußteil des Buches keineswegs als Abfall, sondern eher als Anstieg zu Höhepunkten und ist auch vom Dichter wohl so gemeint. Wie ist das möglich? Lucrez hat auch hier, wie beim Abschluß des zweiten Buches, die Schlußsteigerung nicht der heilenden Einsicht oder Anschauung abgewonnen. Dergleichen kennt er nur am Anfang, nicht am Ende poetischer Bewegungen, in den Vorsprüchen zu den Büchern. Er hat den gesteigerten Schluß dem Verneinenden, dem Unaufgelösten, dem Erschütternden abgewonnen.

Die Erfahrungen, die wir mit Teilen des zweiten und dritten Buches gemacht haben, werden bestätigt und ergänzt, wenn man auf den Bereich der Religion achtet. Lucrez hält sich auch da gerne in der Zone des Kampfes, des angestrengten Willens auf. Der Friede dessen, der überwunden hat, die letzten beglückenden Einsichten und Wahrheiten, die bei Epikur doch auch sichtbar und spürbar werden, bleiben außerhalb seiner Verse – wenn man nicht den rauschhaften Aufschwung einiger Bucheingänge hierher rechnen mag.

Sieger über die *religio:* so tritt Epikur, der Retter und Wohltäter des Menschengeschlechts, am Anfang des ersten Buches zuerst vor den Leser. Von seinem Siegeszuge durch das unendliche All hat er als Beute die Erkenntnis heimgebracht, daß alles nach unverbrüchlichen Naturgesetzen vor sich geht, daß also kein Raum für willkürliche Eingriffe der Götter bleibt. *religio* ist hier nicht ohne weiteres Religion, sondern abergläubische Furchtsamkeit, etwa das, was die Griechen Deisidaimonia nannten, etwas Verwerfliches also. Vor Lucrez war *religio* ein berechtigtes Verhältnis zu übermenschlichen Wesen. Er erst hat das Wort so abgewertet. Freilich haben das altertümliche Wort und sein altertümlicher Sinn Vorschub geleistet. Das Wort bezeichnete auf der Seite des Menschen die achtsame, ehrerbietige Gewissenhaftigkeit im Verhältnis zu den Göttern, gewissenhafte Götterverehrung, wobei die ängstliche Scheu im Meiden von Fehlern und Unterlassungen eine große Rolle spielte. Auf der Seite der Dinge war *religio* die Unheimlichkeit, worin sich Göttliches oder Dämonisches kundgibt. Lucrez hat darin nur mehr finsteren Aberglauben zu sehen vermocht. Erst Virgil hat auch den frommen Schauer und die furchtsame Gewissenhaftigkeit des altrömischen Religionswesens in eine höhere religiöse Ordnung mit aufgenommen, worin sie nun nicht mehr drückend überwogen. Wäre es nach Lucrez gegangen, so wären Wort und Sache abgesunken – ähnlich wie früher das Wort *superstitio. superstitiosus* war früher der Wahrsager genannt worden, *superstitio* also wohl die Fähigkeit der Wahrsagung im Zustand dessen, der mit dem Geisterreich in Verbindung steht. Zur Zeit des Lucrez bezeichnete man so nur noch den Aberglauben. Er aber hat das falsche, abergläubische Verhalten zu den Göttern *religio* genannt. Das ist seltsam, gerade wie wenn bei uns jemand das Wort Frömmigkeit ebenso umwerten wollte, – und doch begreiflich, wenn man bedenkt, daß in *religio* gerade das nicht enthalten war, was Epikur vom griechischen Religionswesen unter Preisgabe des Restes gerettet wissen wollte.

Welches Wort blieb dann aber dem Lucrez eben dafür, was Epikur billigte und pflegte, also für das rechte Verhalten zu den Göttern? *pietas,* Frömmigkeit, ein Wort, das aus der sakralen Sphäre stammte und zur Zeit des Dichters treuen Gehorsam und Anhänglichkeit im Verhältnis zu Göttern und in geheiligten Verhältnissen auch zu Menschen meinte – etwa zum Vater. Das Merkwürdige ist nun, daß Lucrez dieses Wort im religiösen Sinne nur zweimal benutzt hat. Einmal spricht er von dem treuherzigen Irrtum des einfachen Menschen, des Weingärtners, der meint, früher habe die Erde mehr Ertrag hergegeben, als die Leute noch fromm gewesen seien (2, 1170). Ein andermal verwendet er das Wort in einem bestreitenden, verneinenden Satz: »Es ist durchaus keine Frömmigkeit, sich oft in Gebets- und Andachtshaltung sehen zu lassen ...« (5, 1198). Lucrez könnte also mit dem Worte die wahre Frömmigkeit sehr wohl bezeichnen. Er tut es nicht. Auf eine halbe Ausnahme kommen wir noch zu sprechen. Warum tut er es nicht? Das rechte Verhalten zu den Göttern beschäftigt ihn in seinem Werke nicht, sondern nur *religio,* das falsche, furchtsame religiöse Verhalten und der Kampf dagegen und gegen Überlieferungen und Einrichtungen des Aberglaubens.

Nun ist dies ganz gewiß ein Anliegen Epikurs und der erklärte Zweck seiner Naturerklärung: die Götter aus der Welt zu drängen und die Menschen dadurch von Furcht zu befreien, den Göttern das Weltregiment zu nehmen. Aber das ist nur die eine Seite der Sache. Cicero läßt den Epikureer Velleius sprechen: »Von diesen Ängsten sind wir von Epikur erlöst und befreit. Wir fürchten die Götter nicht. Andererseits verehren wir auf fromme, ehrwürdige Weise in ihnen überragende, höhere Wesen« (*de nat. deor.* 1, 56). Auch dieses Zweite ist für Epikur wichtig gewesen, und zwar nicht nur deshalb, weil er in Frieden mit seiner Umwelt leben wollte und sich darum anpaßte, sondern weil er auf seine Weise fromm gewesen ist. Die Lehre von den Göttern hat in seinem Denken und in seinen Werken keine geringe Rolle gespielt. Lucrez sagt es selbst (5, 32). Epikurs Theologie ist ein sinnvoller Schritt im Gang der griechischen Gedanken über Götter und Mythen. Schon jahrhundertelang hatten Denker und Dichter immer wieder das gleiche getan. Stimmte das, was man von den Göttern sagte, nicht mit den jeweils höchsten Erkenntnissen überein, so konnte es sich eben nicht so verhalten, wie man gefabelt hatte. Die bessere Einsicht mußte die falsche Sage berichtigen. Auf diese Weise sind die Götter und das jeweils höchste Denken wenigstens für einen gewissen Kreis von Menschen immer miteinander in Eintracht geblieben. Auch Epikur hat versucht, den Götterglauben so zu reinigen. Was seine Lehre am Menschen als mangelhaft verwarf, mußte sie auch von den Göttern fernhalten. Sie mußten also über all das erhaben sein, was das Leben beeinträchtigt und schließlich zerstört, also auch über Leidenschaften wie Zorn, Haß, Rachsucht, Eifersucht und dergleichen. Was dagegen nach der Lehre das vollkommene Dasein ausmacht, mußten die Götter in aller Fülle haben, vor allem die Unangefochtenheit von Geist und Leib. Eine höhere Natur, wie sie sich von Epikurs Lebenslehre aus gesehen darstellen mußte: das ist Epikurs Götterwelt.

Das rechte Verhalten zu solchen Göttern konnte nur auf Ehrfurcht, nicht auf Furcht beruhen. A.-J. Festugière hat es uns gezeigt, daß Epikurs Frömmigkeit der seines Widerparts Platon gar nicht so fern steht. Sie beruht auf verehrender Anschauung des Höheren, die dem Betrachter Anteil daran gibt, eine segenvolle Gemeinschaft bewirkt. Götterfeste mit all ihrer liturgischen Schönheit – wenn der Ausdruck in dieser Sphäre erlaubt ist – befördern sie. Da kommt der Weise dem Verständnis der Götter besonders nahe. Darum hat sich Epikur gern als Frommer daran beteiligt.

Dies alles, Frömmigkeit und die positive Seite der Theologie Epikurs, fehlt bei Lucrez so gut wie ganz. Und dort, wo allenfalls etwas davon zum Vorschein kommt, wo nämlich der Ursprung des Götterglaubens erläutert ist (5, 1169 ff.), da ist nicht sehr deutlich zwischen Wahrheit und Irrtum, rechter, beglückender Götterverehrung und verhängnisvollem Aberglauben unterschieden (1183 ff.!). Dem Leser kann es leicht scheinen, als ob alles, auch Tempel und Feste, zu dem Wahn der *religio* gehörten. Wenn endlich wahre *pietas* von der vermeintlichen unterschieden und als die Fähigkeit bestimmt wird, alles mit friedevollem Herzen zu betrachten, *pacata posse omnia mente tueri* (5, 1203), so ist das zu wenig, um den Bezug auf die Götter erkennen zu lassen. Das Thema Frömmigkeit mag in die philosophische Naturlehre weniger als in andere Teile der Philosophie gehören. Doch wenigstens die Lehre von den Göttern gehört nach der Denkgewohnheit des griechisch-römischen Altertums ganz gewiß hinein. Und außerdem ist es nicht die Art des Lucrez, das, was ihm am Herzen liegt, nicht bei Gelegenheit doch vorzubringen. Aber er hat sich für dieses Thema anscheinend weniger erwärmt. Und man kann das wohl einigermaßen begreifen. Erst nach Lucrez sollte es einigen erlesenen Geistern gelingen, sich das Götter- und Kultwesen innerlich neu anzueignen. Lucrez konnte es allenfalls allegorisch deuten und wenigstens so das fromme Treiben etwa einer Prozession der Großen Göttermutter ohne Feindschaft, ja sogar ergriffen schildern, konnte am Anfang des Werkes, vor dem Tor zur Lehre, als Dichter Venus und Mars bedeutsam erscheinen lassen. Sonst aber blieb von der Religion wenig mehr übrig als Aberglaube, Furcht und Schrecken. Die stille Religion der Ehrfurcht vor dem Höheren blieb beiseite, so wie die friedevolle Stille im Gemüt des Weisen nicht in seinen Versen spricht. Auf Kampf, Bestreiten und Triumphieren läuft es auch hier hinaus.

Gesteht man sich so ein, daß manches vom Feinsten an Epikurs Geist, das Innige, Stille hinter allem Geisterstreit, bei Lucrez nicht zu Worte kommt, so erkennt man damit auch, daß Glanz und Kraft, die der Verkündigung der epikureischen Lehre in seinem Gedicht zugewachsen sind, mit Verlusten erkauft sind, wie es ja nicht anders sein kann. Schließlich mag es einem geschehen, etwa nach dem Lesen von Festugières Buch über Epikur und seine Götter, daß man den ganzen prächtigen Zuwachs bedauert und bereit wäre, den streitbaren, lauten Lucrez preiszugeben, könnte man dafür von den Briefen Epikurs einige mehr oder gar sein naturphilosophisches Hauptwerk eintauschen. Man erinnert sich an Cäsars Urteil über Terenz: *dimidiatus Menander.*

Aber wie töricht wäre es, solchen fruchtlosen Gedanken nachzuhängen und sich Lucrez damit zu verleiden! Es gilt auch in der Wissenschaft vom Altertum hier und da das Urteil: *semper aves, quod abest.* Wir haben aber allen Grund, uns in unserem Fall an die epikureische, von Horaz formulierte Weisheit zu halten: *quod adest, gratum iuvat.* Was wir in diesem Gedicht haben, ist keineswegs nur die mehr oder weniger gelungene Wiedergabe der epikureischen Naturphilosophie in Versen oder – mit Lucrez zu sprechen – der mit Honig bestrichene Becher mit der bitteren, aber heilsamen Arznei. Auch Ciceros Dialoge über den Redner und über das Gemeinwesen sind mehr als verbrämte, versüßte Wiedergabe griechischer Lehrbücher über Redekunst und Staatsphilosophie. Sie sind Zeugnisse der Begegnung eines römischen Mannes mit dem griechischen Gedanken, Kunstwerke, in denen nicht nur der abgezogene Lehrgehalt, sondern der Gedanke, in ein menschliches Dasein in bestimmter Situation aufgenommen, Geist und Gemüt innerlich davon bewegter Menschen aufbewahrt sind. Die Römer haben für reine Theorie wenig übrig gehabt. Lucrez geht anders als Cicero vor, kommt aber auf etwas Ähnliches hinaus. Er trägt zwar im großen und ganzen die Naturphilosophie in der ihr eigenen Form vor, streng beweisend, folgernd und widerlegend. Aber die Anreden an Memmius, den hohen Freund, und an den Leser überhaupt, und dann die Vorsprüche zu den einzelnen Büchern bringen etwas Persönliches in diesen Lehrvortrag. Jedoch das eigentlich Wesentliche ist das vibrierende Leben, das in der Wechselwirkung zwischen dem Innern des Dichters und den vorgetragenen Lehrstücken und Gedanken pulsiert und sich auf mancherlei Art im Vortrag äußert: in Auswahl, Folge und Wendung mancher Themen – wir haben es uns an Beispielen aus dem zweiten und dritten Buch deutlich gemacht –, im Hervor- und Zurücktreten, in der mehr oder weniger liebevollen Behandlung von Motiven, größeren oder kleineren, bis herab zu Verszeilen und Worten, im Auf und Ab des Stiles innerhalb der einmal gewählten Grenzen, in den stärker oder schwächer klingenden, aber kaum je länger aussetzenden Gefühlstönen. Das ist es, was das Gedicht zu anderen römischen Kunstwerken stellt. Die Gewichte verschieben sich vom reinen Sein, von der reinen Idee auf die Seite der inneren Bewegung, des seelischen Ereignisses.

Unterschiede zwischen Epikur und Lucrez wahrzunehmen kann uns helfen, beide in ihrem Eigensten besser zu verstehen. Aber es wäre nicht gut, einen gegen den anderen auszuspielen und an der Hauptsache vorbeizusehen: daß es Lucrez gewesen ist, der Epikurs Lehre von der Natur, die Atomistik, und damit das Modell einer Grundform menschlichen Denkens als treuer Anhänger den Lateinern und durch sie der neuzeitlichen Geisteswelt erhalten und überliefert hat. Daß er sie in die Form des seelisch bewegten Kunstwerks transponiert hat, ist für den mühsamen, gefahrenreichen Vorgang der geistigen Überlieferung nicht unerheblich und kaum ungünstig gewesen. Man darf doch wohl zweifelnd fragen, ob ein lateinisches Werk von der Sprödigkeit der Schriften Epikurs oder Philodems die Kraft gehabt hätte, die kostbare Fracht der Gedanken durch die Zeiten zu tragen, wie es Lucrez getan hat, und in der frühen Neuzeit die Menschen so zu berühren, daß sie schließlich der Tragweite des naturphilosophischen Inhalts inne wurden.

CATULL

Die Deutschen haben sich seit Goethe und der Romantik im allgemeinen nicht für die lateinische Dichtkunst erwärmen können. Catull haben sie – zusammen mit Lucrez – ausgenommen. Waren sie bei Virgil und Horaz allenfalls bereit, ihren Kunstverstand zuzugeben, so sprachen sie dem Catull wahres Dichtertum zu. Sie meinten den Catull der kleinen, der Liebesgedichte. Diese schienen den leidenschaftlich erhöhten Augenblick so unmittelbar auszusprechen wie etwa Liebesgedichte Goethes. Den Heutigen ist Catull wohl vielfach durch Thornton Wilders »Iden des März« und durch Carl Orffs »Trionfi« – »Catulli Carmina« und »Trionfo di Afrodite« – gegenwärtig und vertraut. Orff, allenthalben mit Glück darauf aus, durch den Staub der Zeiten zu greifen und das Urlebendige kräftig aufspringen zu lassen, hat in Catulls Versen die Kraft der Sprache, aber auch das unbedenklich geäußerte elementare Leben gespürt, vielleicht auch das Abenteuer, in dem sich eine in altertümlichen Generationen aufgesparte Lebenskraft ausbrechend herrlich verschwendet hat. Catulls Gedichte haben bei Orff etwas von einer orgiastischen Feier. Th. Wilder hat Catull zu einer hervorgehobenen Figur in dem Spiel um Cäsar gemacht. Nicht, daß Catull mithandelte. Als Künstler, als geistiger Mensch ist er in seinem Bereich Cäsar innerlich ähnlich und ebenbürtig. Auch ihm ist es gelungen, alles gebundene, unfreie Wesen, alle Abhängigkeit von fertig überlieferten, auferlegten Maßstäben, Ansichten, Glaubens- und Lebensformen hinter sich zu lassen und zur vollkommenen Freiheit des Einzelwesens vorzudringen. Leben, Denken und Dichten bedeuten für ihn, diese Freiheit grenzenlos entdeckend immer neu zu erproben. In diesem Catull tritt ein ganz zu sich selbst gelangter Mensch vor den Leser und damit ein Leitbild, das uns beansprucht. Das ist es, was Orffs und Wilders Catull bei aller Verschiedenheit gemeinsam haben: sie gehen uns selbst an. Sie führen an wesentliche Anliegen des Menschen überhaupt heran. Wir müssen damit fertig werden und Farbe bekennen.

Orffs orgiastischer Erotiker, Wilders Vorbild menschlich freien Daseins, aber auch der Catull des spontan aus dem Augenblick kommenden Wortes, alle drei enthalten Wahrheit. Aber in allen drei Fällen hat man dem Dichter auch eine fremde Rolle gegeben und von erheblichen Seiten seines Wesens abgesehen. Man hat ihm Willen und Fähigkeit zugeschrieben, das Gefühl des Augenblicks unmittelbar und schlicht auszusprechen, und dabei übersehen, daß auch in den kleinen »Gelegenheitsgedichten« die Kunst eigens gesucht und genossen ist. Man hat ihm den Gewinn einer höchst persönlichen Freiheit als Verdienst angerechnet und dabei verkannt, daß seine Freiheit nicht die der Überzeugung ist, wofür er nicht den geringsten Sinn gehabt hätte, sondern die des Lebens und des grenzenlos beweglichen Gemüts. Man hat in ihm den Dichter des Rausches und der Qual elementarer Liebe gesehen und dabei das geistvoll anmutige Spiel seiner Kunst beiseite gesetzt. Und fast alle haben sich an den Catull der kleinen Gedichte und allenfalls den der Hochzeitslieder gehalten und die umfangreicheren Gedichte, etwa ein Drittel dessen, was wir von ihm haben, verlegen übergehen oder als verfehlte Künstelei verwerfen müssen. Ob sie bemerkt haben, daß sie damit die Einheit des Lebenswerkes und also doch wohl den Rang des Dichters in Frage stellen?

Mit dem Gesagten soll nun beileibe nicht die Freiheit des Schriftstellers und des Komponisten angetastet sein. Niemand darf es ihnen verwehren, wenn sie an geschichtlichen Figuren und überlieferten Texten Verhältnisse von allgemeiner Bedeutung aufleuchten lassen. Aber ebensowenig werden sie es unsereinem verargen, wenn er sich von ihnen anregen läßt, Unbeachtetes ins Licht zu stellen und von dem unbekannten Catull zu sprechen.

Die Hörer von Orffs »Catulli Carmina« erinnern sich, wie unmittelbar das *Odi et amo* (85) als Aufschrei des verzweifelnden Liebenden aus dem Augenblick hervorbricht, in dem er sich betrogen sieht. Gerade das ist es, was diesem und den anderen Gedichten, die in elegischen Distichen verfaßt sind, im ganzen fremd ist. Die epigrammatische Form bringt eine ganz andere Aussageweise mit sich. Da gilt es etwas Seltsames, Schwieriges, bei Catull oft etwas heillos Paradoxes oder auch Lächerliches geistvoll in ein knappes Wortgebilde zu fassen. Das Kunststück einer waghalsigen logischen Operation, der Triumph einer geglückten Formulierung sind wesentlich. Beliebt ist die geglückte Variation älterer Motive, die geistvolle Zuspitzung, die Bravour einer noch knapperen Formel, die übertrumpfende Replik. Der Schluß triumphiert gern, auch und gerade dann, wenn es die letzte erreichbare Formel der Heillosigkeit ist, die da funkelnd herausspringt.

In Griechenland war die Formulierkunst des epigrammatischen Gedichts im Gebrauch der Aufschriften auf Gräbern, Weihgeschenken, Wegweisern und anderen Gegenständen jahrhundertelang geübt und verfeinert worden. Aus Gebrauchskunst war eine freie literarische Gattung geworden. Die Thematik hatte sich über den alten Kreis der Aufschriften hinaus erweitert. Für unseren Zusammenhang sind besonders die Gedichte aus dem Bereich des leichten Lebensgenusses, der bittersüßen Liebe zu Hetären erheblich. Seine Vollkommenheit hatte das Epigramm durch Kallimachos in der ersten Hälfte des dritten Jahrhunderts erreicht. Epigonen hatten die alten Themen immer wieder abgewandelt, wobei sich, wie es scheint, die erotischen mehr als früher vorgedrängt hatten. In Rom hat man sich, soweit wir die Dinge überblicken, im ersten Drittel des ersten Jahrhunderts vor Christus zuerst auf lateinisch an diese Kunstform herangewagt. Es wird kein Zufall sein, daß die erhaltenen Stücke dieser Zeit – darunter zwei von Q. Lutatius Catulus, dem Sieger über Cimbern und Teutonen – Liebesgedichte sind, variierende Bearbeitungen griechischer Epigramme, wobei übrigens schon der Hang zum Zuspitzen und Übertrumpfen nicht zu verkennen ist. Bald nach diesen Versuchen hatte sich die Kunst des Epigramms weit verbreitet. Vor allem die Gruppe der »neuen Dichter« beteiligte sich mit Vorliebe an diesem Geistesspiel. Das ist der Zusammenhang, in den Catulls »epigrammatische« Gedichte gehören, wie hell sie sich auch von ihresgleichen abheben. Wohl gibt es darunter solche, in deren Verlauf das logische Gedankenspiel vom bewegten Gemüt ergriffen und in seinen Wellengang gehoben wird. Es sind wunderbare Gebilde, die aus dieser Vereinigung entstanden sind. Aber das unterscheidende Merkmal der epigrammatischen Gedichte Catulls in Hinsicht auf ihre Aussageform bleibt doch das reflektierende Gedankenspiel. Der Dichter spricht, auf das Ganze gesehen, aus dem fixierten Subjekt dessen, der von außen beobachtet und feststellt, nicht aus dem bewegten Subjekt des Betroffenen. Dabei handelt es sich in den Gedichten um Lesbia, die uns hier vor allen angehen, um niemand anderen als um Catull selbst. Seine leidenschaftliche Liebe zu der Claudierin steht im Verborgenen hinter den Worten des Gedankenspiels und ist zugleich Gegenstand der Reflexion. Und sie ist offenbar ernster zu nehmen, zielt höher und geht tiefer als die Liebe zu den Hetären, die das Thema vieler griechischer Epigramme abgibt. Nun ist es ein höchst paradoxes Verhalten, sich selbst und seinem leidenschaftlichsten, ernstesten Zustand gegenüber die Rolle dessen zu spielen, der im überlegenen Formulieren sein Genügen findet. Die Lesbia-Gedichte dieser Form leben aber gerade von dieser Vereinigung starker Leidenschaft und nicht weniger starker künstlerischer Lust am logischen Gedankenspiel, am Formulieren des Schwierigen, Widersprüchlichen. Eines scheint das andere zu steigern. Jedenfalls bleibt das formale Anliegen wesentlich trotz dem gefährlichen, mit vollem Einsatz gespielten Spiel um Lesbia.

Wie *Odi et amo* ist auch *Miser Catulle, desinas ineptire* (8) den Heutigen aus einem eindrucksvollen Stück von Orffs »Catulli Carmina« bekannt. Außerdem hat einen Teil davon Th. Wilder in die »Iden des März« aufgenommen. Das Feinste bleibt freilich in beiden modernen Werken beiseite. Es hängt mit einer Form der Aussage zusammen, die der eben geschilderten der Epigramme entgegengesetzt ist und im ersten Drittel der überlieferten Gedichtsammlung überhaupt herrscht – in den Elfsilblern, Iamben und Hinkiamben. Die Einsicht in dies Verhältnis ist eine noch immer nicht genug gewürdigte und darum hier eigens erwähnte Leistung von Ilse Schnelle. Sind die Gegenstände in den kleinen Gedichten hier wie dort gleichermaßen aus dem etwas bohèmehaften Leben des Dichters und seiner Freunde und aus der Umwelt ihres Alltags genommen, so geht der Unterschied der Form viel tiefer als bis zum Versmaß. Es wäre unmöglich, eines der Hinkiamben-Gedichte – wie *Miser Catulle, desinas ineptire* – ohne weiteres in elegische Distichen umzusetzen. Der Catull, der hier spricht, versucht nicht, wie der der Epigramme, von außen, gleichsam von einem festen archimedischen Punkt aus, rechnend, folgernd, formulierend oder sonst logisch hantierend das Wirre, Schwierige, Gleitende wenigstens mit dem Verstand überlegen zu bewältigen. Er führt sich mitten in dem Wellengang wechselnder Situationen vor, selbst in den nie stillstehenden Wechsel einbezogen und, im Spiel mit einem Gegenüber, nichts als graziös bewegte und bewegende Lebendigkeit.

Die bewundernswerte Spontaneität und Intimität dieses Sprechens könnte zu dem Gedanken verführen, in den Liebesgedichten dieser Gattung entlade sich nur schlicht und unmittelbar, wie in einem volksliedhaften Gedicht der Neuzeit, der Drang eines stürmisch bewegten Inneren. Erst dem Betrachter werde nachträglich Anmut und Reiz der Bewegung bewußt. So haben sicherlich viele Leser diese Stücke verstanden und tun es noch. Verloren geht dabei die geistreiche Tändelei, die trotz allem anderen darin überall mit im Spiele ist, auch in den Gedichten um Lesbia, mag die Wirklichkeit, die dahintersteht, noch so bitter ernst sein.

Miser Catulle, desinas ineptire: der Gegenstand könnte sehr wohl ernst behandelt werden. Catull hat es in dem höchst eigenen, aus epigrammatischer Form ins Größere entwickelten Gedicht *Si qua recordanti benefacta priora voluptas* (76) getan. Hier jedoch deuten schon die hipponakteischen Hinkiamben auf eine lange Überlieferung spöttischer Gedichte zurück und ordnen ihr das Gedicht zu. Catull als Vernünftiger redet sich selbst als dem Unvernünftigen, der an unerwiderter Liebe festhält, von oben herab scheltend zu, die Dummheit zu lassen, den klaren Fall zu sehen, wie er nun einmal liegt, und die einzig richtige, ebenso klare Folgerung daraus zu ziehen. Indem er aber so spricht, steigt unbewußt die Liebe in ihm auf und tritt in seine Worte. Anstatt festzustellen, was jetzt aus und abgetan sein muß, vergegenwärtigt er schmerzlich schwelgend das Köstliche, das er doch einmal besessen. Wenn er danach doch zu seinem guten Rat und Zuspruch zurückkehrt und dabei nun heftig drängt – *sed obstinata mente perfer, obdura* –, so ist in der verbissenen Anstrengung des Willens Widerstand, Angst und Zweifel am Gelingen nicht zu verkennen. Indessen der so dringend zum Handeln aufgerufene Catull gehorcht pünktlich und beginnt seine Absage an die Geliebte. Nach wenigen Worten geschieht das gleiche wie in der Mahnrede. Der Sprechende übertrumpft seine Absage mit der Drohung: »Doch dir wird's weh tun . . .« Damit hat er schon verspielt. Denn was als Drohung begonnen ist, wird unvermerkt zum Ausdruck seiner wilden Sehnsucht. Er merkt es gar nicht, wie er der Ungetreuen sein eigenes Entbehren andichtet und sich damit verrät. Wenn er danach gewaltsam zu sich und dem strengen Befehl zurückkehrt: »Doch du, Catull, sei standhaft und sei hart!« – so ist das nur noch eine Gebärde, an deren Erfolg man nicht mehr glauben kann. Zweimal wird in dem Gedicht eine einfache, klare Absicht von der Wirklichkeit der Leidenschaft so überspielt, daß bei dem Versuch, das Gewollte auszuführen, etwas anderes, fast das Gegenteil herauskommt. Das ist nun gewiß eine böse Sache. Aber jemand, der, anstatt zu seufzen: »Zwei Seelen wohnen, ach, in meiner Brust«, vielmehr das listige Übertölpeln der einen durch die andere mimisch vorführt, der spricht sich nicht nur die Last von der bedrängten Seele, der nimmt sich nicht nur pathetisch ernst wie der Sprecher jenes Monologs. Wie ein melancholischer, sublimer Clown führt er sich in seiner Hilflosigkeit vor, wie er sich beim Versuch, sich loszumachen, nur noch heilloser verfängt. Ja, er führt sich vor, vor sich selbst und vor den Freunden, denen er seine Sachen zu lesen gibt, die abtrünnige Geliebte doch wohl eingeschlossen. Man darf den geselligen Charakter dieser Kunst nicht vergessen. Ein kleiner Kreis eingeweihter, auf das neue Ideal eingeschworener Freunde spürt und genießt offenbar jede gelungene Wendung. Ihnen – und sich, der ja auch einer von ihnen ist, nicht nur Gegenstand und Dichter des Gedichts – spielt er den Vorgang mit all dem Charme vor, der ihm in diesen Spielen eigen ist.

Das Verhältnis des Dichters zu dem Gegenstand seines Gedichts ist hier wie in *Odi et amo* alles andere als schlicht und ausgeglichen. Und das gilt nicht nur für die beiden Beispiele, sondern für die Gattungen, die sie vertreten. Es ist nicht ohne weiteres das Gemäße, seine Liebe so ernst zu nehmen, ihr so viel Würde und Gewicht zu geben, wie es Catull tut, und sie dabei doch zum Gegenstand solcher Geistesspiele und Formulierkünste zu machen, wie es in den epigrammatischen Gedichten geschehen ist. Ebensowenig ist es das Natürlichste, die eigene heillos verzweifelte Lebenslage in eine sublime Clownerie zu verwandeln. In beiden Fällen handelt es sich um ein artistisches, eher spielerisches Verhalten zu Dingen, die dafür zu ernst sind und augenscheinlich auch von Catull in Wirklichkeit ernst genommen worden sind. Und bei alledem wird man sich bei längerem Umgang eingestehen, daß ein Hauptreiz aller dieser Gedichte gerade in diesem paradoxen Verhältnis liegt. Jedenfalls unterscheiden sich Catulls Gedichte seiner großen Liebe darin von vergleichbaren hellenistischen, daß Lebensmacht und Gewicht der Wirklichkeit, von denen sie ausgehen, schwerer sind und mehr bedeuten. Ja, es gibt vor Catull in der griechischen und lateinischen Dichtung nichts, was sich mit dieser großen Passion messen könnte. Schon Gedichte wie *Odi et amo* und *Miser Catulle* und ihresgleichen lassen etwas davon erkennen. Gibt man vollends den Blick auf andere, größere Gedichte frei, so zeigen sich immer erstaunlichere Verhältnisse.

Den werbenden, klagenden, leidenden Liebhaber hat es, wie im Leben, so in griechischen Gedichten gegeben, in der Neuen Komödie und im epigrammatischen Gedicht, um nur das Naheliegende zu nennen. Aber in beiden Fällen kann er nicht pathetisch ernst genommen werden, schon darum nicht, weil seine Liebe zwar brennt, aber nicht sehr tief und hoch reicht und vom Menschen nur einen bescheidenen Teil, nicht viel mehr als Blut, Sinne und Nerven in Anspruch nimmt. Über diese engen Grenzen hinaus verbietet es eine Schicklichkeit, den Mann im Verhältnis zur Frau als den Abhängigen, hilflos Verfallenen, als einen die Liebe haltlos Erleidenden zu schildern. Es bezeichnet das Gefühl für diese sittliche und künstlerische Schranke, daß Theokrit ein solches Verfallensein nur an dem Kyklopen Polyphemos, dem ungeschlachten Tölpel der Sage, und an einem Menschen der wilden Bergweide, dem Hirten des »Ständchens«, als etwas Rührendes, aber doch auch sehr Drolliges dargestellt hat.

Und doch ist gefühlvoll ernst genommene Liebesleidenschaft ein bevorzugtes Thema hellenistischer Dichter. Sie haben es auch in die Sagen eingeführt, so vielfach und so gern, daß die Welt der Vorzeit nun vom Eros beherrscht und erfüllt erscheinen konnte. Nur sind es die Frauen, die in ihren Gedichten diese große Liebe erleiden, nicht die Männer. Phaidra und andere Frauengestalten des Euripides waren vorausgegangen. Nun folgten mit und nach der Medea des Apollonios von Rhodos Scharen von Heroinen. Sich in die armen, bisher unbeachteten Frauen der Sagenzeit zu versetzen, mit ihnen die erzählten Vorgänge zu erleben und zu erleiden: darauf beschränkt sich in der hellenistischen Dichtkunst die Darstellung der »großen« Liebe. Vorliebe für das Pathos der Liebe und Entdeckung der weiblichen Hälfte der menschlichen Welt waren ein und dasselbe. Der Mann blieb aus dem Spiele. Noch in Virgils Aeneis, in Didos Leidensgeschichte, sind diese Unterschiede gewahrt. So fest sind sie im Bewußtsein der Menschen gewesen.

Bedenkt man das alles, so begreift man erst, wie erstaunlich das ist, was sich bei Catull ereignet hat. Er zuerst – soweit wir die Dinge übersehen – hat sich nicht an die tiefgegründeten Unterschiede und Grenzen gehalten, von denen eben die Rede gewesen ist. Ja, er hat das Verhältnis umzukehren gewagt und auf den Mann übertragen, was man an liebenden Frauen dargestellt hatte; mehr noch: er ist selbst der rückhaltlos Liebende, der ganz Verfallene, der Leidende geworden, die Geliebte die Höhere, Überlegene, die Herrin, deren Gnade und Ungnade er ausgeliefert ist. Über diese Umkehr wundern wir uns nur deshalb nicht genug, weil wir vergleichbare Verhältnisse aus der Liebesdichtung des Mittelalters und der Neuzeit reichlich kennen. Für Catulls Zeit ist es ein unerhörtes Wagnis gewesen.

Wenn uns freilich die Archäologie belehrt, daß in der gleichen Zeit zuerst die Malerei Götterpaare wie Venus und Mars, Ariadne und Bacchus so dargestellt hat, daß der Liebende sich an die Göttin lehnt, und wenn in der gleichen Zeit bei Lucrez am Anfang des Gedichts über die Natur Venus und Mars in dem gleichen Verhältnis zueinander erscheinen, so möchten wir das Zusammentreffen nicht gern für Zufall halten, ohne freilich erklären zu können, wie es zustande gekommen ist. Wäre es schließlich vermessen, bei alledem auch daran zu denken, daß gerade damals viele Menschen in einer göttlichen Allherrscherin das Höchste zu verehren bereit gewesen sind, ob sie nun Venus, Fortuna oder Isis hieß?

Doch bleiben wir beim Faßbaren! Das neue Verhältnis gibt sich schon in einem unscheinbaren epigrammatischen Gedicht zu erkennen, das zunächst nichts als die Abwandlung eines Epigramms des Kallimachos zu sein und kaum etwas wesentlich Eigenes zu enthalten scheint (70). »Mit keinem, sagt die Meine, verbindet sie sich lieber als mit mir, auch nicht, wenn Jupiter selbst sie wolle. Sagt es; was freilich eine Frau dem sehnsüchtigen Liebenden sagt, muß man in Wind und reißendes Wasser schreiben.« Bei Kallimachos rekapituliert einer als Dritter nachdenklich die traurige Geschichte von den vergessenen Liebesschwüren des Kallignotos und von dem traurigen Los der verlassenen Ionis. Bei Catull spricht einer der beiden Liebenden, und zwar der betroffene, leidende Teil, Catull. Das Unheil kündigt sich erst im Zweifel an. Das Gedicht endet in banger Ungewißheit. Wenn es aber schlimm ausgeht, dann ist es Catull, der leiden muß. Die Frau wird über ihn weggehen. Das berühmte Gedicht *Ille mi par esse deo videtur* (51), worin er sich Wort und Rolle einer Frau, Sapphos, zu eigen macht, um der Geliebten zu bekennen, wie hilflos überwältigt er vor ihr steht – dieses Gedicht mag immerhin in diesem Zusammenhang erwähnt sein, obgleich schon andere vor Catull Sapphos Bekenntnis als Schilderung körperlicher Symptome der Leidenschaft verallgemeinert oder sogar auf sich selbst übertragen hatten. Sein Verhältnis zu dem alten Gedicht ist genauer, ernster.

Einmal aufmerksam geworden, erkennt der Leser allenthalben in den Gedichten um Lesbia diese große Passion, die den Liebenden bis in seine Tiefen beansprucht, alles Hohe und Heilige, Freundschaft und alle guten, frommen Gefühle des Herzens mit einbezieht und ihn unbedingt der »Herrin« hingibt. Am deutlichsten spricht in diesem Betracht die Elegie an Allius (68b). Dort erhöht Catull die Geliebte als Göttin über sich und preist ihr Kommen als »Epiphanie«, als Erscheinung der Venus. Und in dem gleichen Gedicht vergleicht er sie mit Jupiter und sich mit Juno, um es sich verständlich zu machen, daß sie »nicht mit Catull allein zufrieden ist«. Auch Juno muß ja »oft ihren Groll über Diebereien des alle begehrenden Gemahls hinunterwürgen«. Wie erstaunlich dieses Verhältnis von unten nach oben! Wir wissen sehr wohl, wie bequem sich die Erklärung aus Gesellschafts- und Lebensgeschichte anbietet. Die Frau hat in Rom mehr gegolten als in Griechenland. Vollends die große Dame aus fürstlichem Geschlecht hat hoch über dem unbekannten Catull gestanden. Aber was ist damit gewonnen? Das wirkliche Leben hält immer eine große Vielfalt von Begebenheiten und Erscheinungen bereit, aber selbst solche, die das Gepräge eines Landes, eines Zeitalters auszeichnen, steigen nicht ohne weiteres zu dem höheren Dasein im Kunstwerk auf. Es kommt auf die Fähigkeit an, sie in künstlerische Themen zu verwandeln. Catull hat, indem er – sehr römisch – die mächtigste Wirklichkeit seines Lebens mit ganz persönlichen Aspekten einer neu entdeckten Kunstwelt höchst eigenartig zusammensah, ein neues Thema gefunden.

In diesen Zusammenhang gehört auch das Epos von der Hochzeit des Peleus mit Thetis (64). Von Catull und Lesbia ist darin nicht die Rede. Aber es enthält ein mythisches Gleichnis seiner Liebe, göttliche Erfüllung, im Sagenbild über eigener Lust und eigenem Leid aufgerichtet. Die Göttin läßt sich zu dem sterblichen Manne herab, die huldvoll Gewährende zu dem liebend Abhängigen. »Damals«, heißt es, »ist Peleus in Liebe zu Thetis entbrannt, damals hat Thetis das Brautfest mit dem Sterblichen nicht verschmäht.« So war es in der alten Sage durchaus nicht vorgezeichnet. Thetis war dem Peleus aus Gründen der hohen Götterpolitik in die Ehe gegeben. Erst war Zeus im Begriff gewesen, sie für sich zu nehmen. Da hatte er gerade noch zur rechten Zeit den Schicksalsspruch erfahren, ihr Sohn werde größer als sein Vater werden. Um den Sturz des Zeus und der Götter zu verhüten, die mit ihm das frühere Göttergeschlecht gestürzt hatten und das gleiche Schicksal zu erleiden fürchten mußten, deshalb hatten sie Thetis unter ihrem Stande verheiratet. Von Liebe des Peleus war da ganz und gar nicht die Rede, weder von der herrisch zugreifenden Liebe, wie sie die alte Dichtung kennt, noch von der hingerissenen Liebe, wie sie hellenistische Dichter gern in jungen Mädchen bei der Begegnung Blick in Blick auflodern lassen – und wie sie Catull in Peleus entbrennen läßt, damals, als bei der Fahrt des Schiffes Argo in die unbekannte Weite Menschen und Meergöttinnen ein einziges Mal staunend einander erblickt haben. Auch von der herablassenden Huld der Göttin wußte die alte Sage nichts. Thetis hatte sich nach Kräften gegen die Erniedrigung gesträubt und erst nach hartem Kampf ergeben. Maler haben diesen Kampf gern als Heldentat des Peleus dargestellt, vergleichbar den Kraftstücken des Herakles. Bald nach der Geburt ihres Kindes Achilleus hatte in der alten Sage Thetis das Haus des Sterblichen grollend wieder verlassen. So ist es noch im Argonautenepos des Apollonios von Rhodos gedacht. Catull hat in der Sage eine Möglichkeit erspäht, sein Wunschbild zu heroisieren, die große Liebe zur »Herrin«, die sich huldvoll gewährend herabneigt. Dabei hat er sich freilich eines alten Themas bedient, es aber auf seine Weise verwandelt. Pindar und andere hatten Peleus vor anderen Menschen glücklich gepriesen, weil er mit den Göttern verschwägert war und sie als Hochzeitsgäste in seinem Hause sah. Diese Glückseligpreisung, dieses alte Peleusthema – bei dem es sich, wohlgemerkt, nicht um Liebe, sondern um Schwägerschaft, um Fest- und Mahlgemeinschaft mit den Göttern handelt – verbreitet bei Catull das Licht seiner seligen Freude auf die Begegnung zwischen Thetis und Peleus. Erst so erfüllt sich für ihn das höchste Glück, das die Alten an Peleus gepriesen hatten. Die Seligkeit der Gemeinschaft zwischen Menschen und Göttern ist für ihn Liebesseligkeit des Brautfestes.

Sollte man daran zweifeln, daß in dieses Sagengedicht, das man weithin als kalte Kunstübung geringschätzt, eigene Erfahrung und Wunschbilder Catulls hineinwirken, so kann an dieser Stelle nicht die Annahme begründet werden, Catull müsse hier mit überlieferten Sagen und dichterischen Vorbildern ziemlich frei und selbständig umgegangen sein. Aber selbst wenn er in einem oder mehreren spätgriechischen Vorbildern vieles von seinem Gedicht vorbereitet und verwoben vorgefunden hätte, so wäre der Griff nach dem Vorbild das Werk nicht des Zufalls und der Willkür, sondern der Wahlverwandtschaft. Daß Catull das Bedürfnis gehabt hat, das eigene Dasein und die eigenen Anliegen durch Abbilder aus der Sagenzeit zu adeln und zu verklären, bezeugt die Elegie an Allius (68 b). Sie steht vermittelnd zwischen den kleinen Lesbia-Gedichten und dem Peleus-Epos.

Die Form dieser erstaunlichen Elegie, von fern vergleichbar der von gleichzeitigen römischen Wandmalereien, in denen sich Zimmerwände zu vielfältigen Durchblicken in heilige Landschaften und auf Begebenheiten der Sagen öffnen, diese Form, die freieste Willkür des Assoziationenspiels mit strengster Regelmäßigkeit der sogenannten Ringkomposition verbindet – wobei gewisse Kompositionsformen des Kallimachos schwelgerisch übertrieben zu sein scheinen –, diese bizarre Form hat den Blick der Betrachter meist verwirrt, so daß sie nur sinnlos verzwickte Künstelei zu sehen vermocht haben. Doch ist sie es, die dem Dichter geholfen hat, nicht nur literarische Elemente verschiedener Herkunft höchst eigenwillig zu vereinigen – Elemente der Sagenelegie, der Lyrik und verschiedener Arten des Gelegenheitsgedichts kleiner Form –, sondern auch ein mehrschichtiges Gebilde zu ersinnen, das den Inbegriff seines damaligen Daseins umschließt und erhöht. Das Schmerzlichste und das Freudigste sind ineinandergefügt, der Tod des Bruders und die Liebe der »Herrin« – offenbar Lesbias – bei ihrem ersten Kommen, und dann wiederum die Pein, daß sie nicht mit ihm allein zufrieden ist. Mit dankbarer Erinnerung an die Wohltat des Freundes, der die Liebenden sein Haus hat benutzen lassen, beginnt und endet das Gedicht. Alle die nahen Gegenstände des Lebens sind nun aber in einen weiteren, höheren Zusammenhang aufgenommen. Sie sind dem höheren Dasein verglichen, zu dem die Sage, die hohe Dichtkunst den Zugang öffnet. In der »Herrin« ist Venus selbst erschienen. Weiterhin ist ihre Liebe gleich der Laodamias, der liebreichsten Frau der Vorwelt. Der Tod des Bruders und sein Grab im fernen Kleinasien gerät in den Zusammenhang des Unheils von Troja, wo »Asien und Europa gemeinsam begraben sind«. Und auf Schritt und Tritt öffnet sich der Ausblick auf Sagenlandschaft und Sagengestalten. Ja, selbst die Formen der hohen Dichtung für sich allein, vor allem die Vergleiche, aus denen ein guter Teil des Gedichts besteht, helfen der Seligkeit und dem Leid Catulls Anteil an der Hoheit jenes edleren Daseins geben.

Ist einmal dies verstanden, daß Catull das Bedürfnis gekannt hat, das große Thema seiner Liebe durch Gleichnisse aus der Sagenwelt und durch Formen der hohen Dichtung auf eine höhere Ebene hinaufzuspielen, dann darf man es nicht mehr für Zufall halten, daß gerade das Neue ebensowohl im Peleus-Gedicht erscheint wie in den Gedichten um Lesbia. Weit entfernt davon, bloß Stilübung oder Übertragung aus dem Griechischen zu sein, ist es in Wahrheit von eigensten Anliegen Catulls erfüllt, ist ihr Ausdruck auf der höchsten Ebene. Man darf dessen noch gewisser sein, sobald man erkennt, daß die Verwandtschaft zwischen der Elegie an Allius und dem Peleus-Epos noch enger ist, als bisher gezeigt wurde. Beiden Gedichten ist die seltsam verschränkte Form eigen, und sie dient in beiden dazu, höchste Liebesseligkeit und tiefstes Leid miteinander zu verflechten.

Catull hat das neue Liebesthema, das er in die Weltliteratur eingeführt hat, auf mehr als einer Ebene gespielt. Man wird sich gewöhnen müssen, die kleinen »Gelegenheitsgedichte« um Lesbia mit der Elegie an Allius und dem Epos von der Hochzeit des Peleus zusammenzusehen. Und so wäre es wohl an der Zeit, sich dem vielgescholtenen, wenig verstandenen Peleus-Gedicht im ganzen endlich mit mehr geduldiger Anschauung als bisher zuzuwenden.

Das Gedicht beginnt, als wollte es die Fahrt der Argonauten erzählen. Sobald es aber bei diesem Abenteuer Peleus und die Nereide Thetis einander hat erblicken lassen, springt es zur Liebe des Peleus über und preist sein Glück, daß er der Hochzeit mit der Göttin gewürdigt worden ist. Es verweilt schildernd dabei, wie die Menschen des ganzen Landes kommen, die Pracht des festlich geschmückten Palastes zu bewundern. Bei Gelegenheit der Decke des Brautbettes vertieft es sich in die eingewirkten Gestalten: Ariadne, nach der Flucht des Theseus verlassen am Strand von Naxos. Daß es nur ein Bild ist, vergißt der Leser bald. Denn ohne Rücksicht darauf versenkt sich das Gedicht in die Geschichte Ariadnes, bald rückwärts in die Vorgeschichte, bald vorwärts in die Zukunft des Theseus. Ein Hauptstück, die Klage der Verlassenen, erfüllt etwa siebzig Verse! Wieder zu der starr Theseus nachschauenden Ariadne zurückgekehrt, läßt das Gedicht Bacchus, von Liebe zu ihr entbrannt, mit seinem Schwarm in die Einsamkeit einbrechen. Es kehrt kurz zu dem Bildteppich und zu den staunend betrachtenden Menschen zurück, aber nur, um diese abziehen und an ihrer Statt die Götter als Gäste in das Hochzeitshaus mit ihren Geschenken zum Festmahl einziehen zu lassen. Es verweilt beim Hochzeitslied. Die Parzen singen es dem Brautpaar. Sie prophezeien ihm das große, furchtbare Leben ihres Sohnes Achilleus. Von dem Gesang der Göttinnen zieht sich das Gedicht wieder zurück zu Peleus und zum Preis der glückseligen Zeit, als sich die Götter noch von den Menschen haben sehen lassen, und dann endlich zu der Klage, daß die Menschen sich durch ihre Verworfenheit um dieses Glück gebracht haben.

Wie die Fahrt durch ein Inselmeer ist dies Gedicht. Bei jeder Wendung taucht von Augenblick zu Augenblick Neues, Unerwartetes auf. Es gibt überraschende Durchfahrten und Durchblicke. So zieht das Gedicht durch die griechischen Sagen und Sagenländer. Hohes und Niederes, Großes und Kleines erscheint und verschwindet in buntestem, oft gegensätzlichem Wechsel, labyrinthisch. Auswahl, Reihenfolge und Verhältnis der dargestellten Dinge lassen das Gedicht als das Werk freiester Willkür erscheinen, als Spiel einer Einbildungskraft, die mit Lust immer wieder die natürliche Ordnung der Gegenstände durchbricht. Aber ist es schon ein Irrgarten mit verlockenden Ausblicken und Abwegen auf Schritt und Tritt, so ist es doch kein Dickicht, kein Urwald. Der Dichter führt unvermerkt ins Weite und auf symmetrischer Bahn wieder zum Ausgang zurück. Und der Leser genießt es, sich verlocken zu lassen, ohne sich zu verlieren. So ist es im einzelnen, so auch im ganzen. Alles hat seinen Halt im Bezug auf Anfang und Schluß. An beiden Stellen ist die Glückseligkeit der Menschen gepriesen, die in der Vorzeit mit den Göttern Gemeinschaft gehabt haben. Von da aus ordnen sich die wunderlichen Bewegungen des Gedichts.

Ginge man ins Einzelne, so wäre die Kunst des bunten, gegensätzlichen Wechsels von Versgruppe zu Versgruppe sicher und genau zu beobachten. Zug ist an Zug, Farbwert an Farbwert mit wählerischer Kunst gesetzt. Geistvoll gewählte, lebhaft erfühlte Nachbarschaften sind so entstanden. Ein eigenwilliger, das Triviale verschmähender Wechsel zum Unerwarteten, ganz Anderen hinüber wiederholt sich in immer neuen Abwandlungen. Aus diesen Verhältnissen ist ein dichtes Kontinuum entstanden, bunt und doch an jeder einzelnen Stelle durch genaue Bezüge geordnet.

Rudolf Pfeiffer ist es, der diese typisch hellenistische Kunst an der »Locke der Berenike« des Kallimachos aufgewiesen und das Ganze, das so aus bewußt aufeinander abgestimmten Einzelzügen entsteht, von der Einheit der inneren Tektonik früherer Kunstwerke unterschieden hat. Die Symmetrie des Hin- und Rückwegs der Gedanken – die sogenannte Ringkomposition – wäre ein zweites Formgesetz, das Catulls Epos mit dem Berenike-Gedicht des Kallimachos gemein hat. Es fragt sich, ob diese beiden Prinzipien die einzigen sind, die die bunte Mannigfaltigkeit zur Einheit binden. Am bedenklichsten scheint in dieser Hinsicht die Willkür, mit der die Ariadne-Sage in die Geschichte des Peleus eingelegt ist. »Ein innerer Zusammenhang mit der Hauptfabel von Peleus und Thetis ist nicht vorhanden«, urteilt Ulrich v. Wilamowitz-Moellendorff, indem er, wie so oft die Gelehrten seiner Zeit, stillschweigend und wohl unbewußt inneren und pragmatischen Zusammenhang gleichsetzt. Und er rechnet damit, daß Catull beide Stücke einzeln entworfen und erst nachträglich zu einem Gedicht zusammengezogen hat.

Und doch hatten schon vorher andere, unter ihnen Paul Friedländer, tiefer geblickt.
In Ariadnes Geschichte spiegelt sich die von der Hochzeit des Peleus umgekehrt, in doppelter Hinsicht umgekehrt. Einmal läßt sich die Göttin zu einem Menschen herab, das andere Mal hebt der Gott die sterbliche Frau zu sich empor. Eines ergänzt das andere. Liebesgemeinschaft von Gott und Mensch ist in zwei Gegenstücken voll und schön gefeiert. Doch beginnt der Ariadne-Teil so, daß er der Liebesseligkeit und Huld der Geschichte von Peleus und Thetis das Herzweh von Scheiden und Verlassensein entgegensetzt und so mit ihr zusammen ein Ganzes ausmacht, das die äußersten Gegensätze von Lust und Leid der Liebe umfaßt. So hat Catull in der Elegie an Allius das Äußerste von Lust und Leid seines damaligen Lebens ineinander verschränkt. Und in diesem Sinne hat er im Peleus-Gedicht die Ariadne-Geschichte über anderthalbhundert Verse weit geführt, als sollte sie nur den Gegensatz zu der des Peleus ausmachen. Noch nach Ariadnes Klage, einem Hauptstück des Gedichts, blickt der Gedanke zurück auf die Klage des alten Vaters des Theseus, Aegeus, und voraus auf seinen jammervollen Tod und verliert sich so in finsteren Verhängnissen, als sollte dieser Teil ausweglos darin enden. Erst ganz zuletzt, als in diese Trostlosigkeit der liebende Gott tritt, verwandelt sich überraschend Sinn und Richtung der Geschichte, und es zeigt sich, daß sie doch zuletzt ebensogut wie die von Peleus und Thetis Vereinigung von Gott und Mensch meint. Von da aus kann es scheinen, als sei Ariadnes Geschichte nur dazu so tief in Dunkel und Leid geführt, damit der ganz an das Ende gedrängte Umschlag in die Liebesseligkeit um so größere Gewalt erhielte.
Wie im einzelnen trotz aller Lust am bizarren Ausbiegen in das ganz Andere doch durchaus das Verhältnis von Versgruppe zu Versgruppe streng und genau ist, so sind die beiden Hauptbestandteile des Gedichts, die Sage von Peleus und die von Ariadne, obwohl sie pragmatisch

nichts miteinander zu tun haben, als Gegenstücke genau aufeinander bezogen. Ist aber einmal der Ariadne-Teil als Gegenstück zu der Geschichte von Peleus und Thetis verstanden, so lohnt es, noch einmal zum Peleus-Thema zurückzukehren und sich von da aus das Ganze zurechtzulegen.

Es ist ein uraltes Thema der griechischen Dichtung und Bildkunst, der Preis des Peleus. Homer schon weiß: er ist den Göttern vor anderen lieb gewesen. Sie sind als Gäste zu seiner Hochzeit mit der Göttin gekommen, Apollon hat beim Mahl die Phorminx gespielt. Pindar hat den Preis so gefaßt: die Götter haben das Festmahl bei Peleus gehalten. Er hat sie bei sich im Hause gesehen und Hochzeitsgeschenke von ihnen empfangen. Er hat beim Mahle die Musen unter ihrem Chormeister Apollon singen gehört. So ist er – Kadmos vergleichbar – der glückseligste unter den Menschen, der »glückselige Schwager der Götter«. Dieses alte, schon längst mit dem Gedanken vom höchsten Glück der Menschen verbundene Thema ist es, wovon in Catulls Gedicht die Erfindung ausgeht. Damit wächst Hesiods und Arats Gedanke von den Zeitaltern zusammen, und so stellt sich zum Glück der Vorzeit, in der solche Gemeinschaft von Göttern und Menschen möglich gewesen, das unselige Jetzt, eine götterferne Menschenwelt, als Gegensatz ein. Alles dies, und damit der Anfang des Gedichts, soweit er sich auf Peleus und sein Glück bezieht, und der Schluß mit Preis und Klage, alles ließ sich aus dem alten Peleus-Thema entwickeln. Was das Parzenlied betrifft, so entspricht es dem Gesang der Musen. Aber statt des schönen Chors der göttlichen Mädchen und Apollons in ihrer Mitte sind die uralten Spinnerinnen singend eingeführt. Gerade ihr gebrechliches Alter ist eindringlich vergegenwärtigt. Apollon aber ist mit seiner Schwester eigens von dem Fest ferngehalten. Der Kenner der Sagen soll gewiß die kontrastierende Ausweichung bemerken, bedenken und genießen. Als Inhalt des Hochzeitsliedes hat man sich wohl in alter Zeit das Lob von Bräutigam und Braut gedacht; so bezeugen es Pindar und Euripides. Dazu ist – bei Aischylos und Euripides bezeugt – eine Prophetie gekommen. Apollon oder der weise Kentaur Chiron rühmen den Sohn, der aus dieser Ehe hervorgehen wird. Daraus ist schließlich das Schicksalslied der Parzen bei Catull geworden. Er hat es benutzt, um in die Liebesseligkeit des Brautfestes die furchtbare Größe eines Schicksals, wie das des Achilleus gewesen ist, als einen neuen, bedeutenden Kontrast zu legen.

Sogar die ersten Versgruppen des Gedichts, die auf so erstaunlich seltsamen Wegen zur Hochzeit des Peleus gelangen, lassen sich von dem alten Sagenthema aus verstehen. Sehr geheimnisvoll beginnt das Gedicht mit dem ersten Schiff, der Argo. Alles dient zuerst dazu, sie und ihre Fahrt recht als ein Märchenwunder hinzustellen und die Meermädchen es anstaunen zu lassen. Aber dieses Anstaunen, von dem schon ältere Dichter geredet haben, bereitet hier bei Catull mit aller vom ersten Vers an gesammelten Kraft nur auf das vor, was ihm von der anderen Seite begegnet, auf den Blick der Menschen. Dieser Blick erst ist das Wesentliche. Was bedeutet denn schon das Staunen der göttlichen Mädchen über das wunderliche neue Fahrzeug, verglichen mit dem Liebesblick des Menschen, dem sich göttliche Schönheit unverhüllt offenbart? Das aber ist es, was Peleus widerfährt. Daß so das überlieferte Staunen der Nereiden auf den begegnenden Blick des Peleus hingeordnet ist, daß es nur deshalb herbeigeführt ist, damit es dann heißen kann: »Das ist der Tag gewesen, an dem sterbliche Menschen mit ihren Augen die Meernymphen in unverhüllter Schönheit aus ihrem Element auftauchen gesehen haben« – diese unerhört kühne Erfindung ist von dem alten Peleus-Thema aus wohl zu verstehen. Es gehört zum Preis des glückseligen Peleus bei Pindar, daß gesagt ist: »Er *sah* die Söhne des Kronos bei sich«, oder: »Er *sah* die schöne Runde der Bank, worauf die Götter saßen.«

Catull nimmt die alte Wendung auf, wenn er zur Glückseligpreisung ansetzt und dabei sagt: »Damals haben Sterbliche *mit Augen* die Meernymphen *gesehen* ...« Und in dem Schlußteil des Gedichts wiederholt er sie noch mehrfach: »Die Götter haben sich den Menschen *gezeigt*«, »jetzt lassen sie sich nicht mehr *sehen*.« Die Götter *sehen:* das gehört zum Preis des höchsten Glückes. Dorther kommt bei Catull der Blick des Peleus. Um dieses Sehens willen ist die Begegnung der Argo mit den Nereiden herbeigeführt. Das Staunen der Meergöttinnen hat sich als die andere Seite dieser Begegnung als vorbereitender Eingang angeboten.

Gerade hier wird es nun aber deutlich, wie sehr das alte Thema bei Catull verwandelt ist. Es genügt ihm nicht, daß Peleus die Götter in seinem Haus als Gäste gesehen hat. Die selige Gemeinschaft von Göttern und Menschen, die sich in Peleus darstellt, vollendet sich für Catull erst in erfüllter Liebe des Menschen zur Göttin. Und so wird aus dem alten Motiv des Sehens der Liebesblick auf göttliche Schönheit.

Dies alles läßt sich von der Peleus-Sage und dem damit verbundenen Preis des höchsten Glückes der Menschen aus überblicken und verstehen. Den Ariadne-Teil des Gedichts aber haben wir als spiegelbildliches Gegenstück zur Hochzeit des Peleus verstanden. Und so stünde es um die innere Einheit des Ganzen gar nicht so schlimm, wie man meist annimmt. Im Gegenteil, von der lyrisch betrachtenden Vergegenwärtigung des Liebesglückes des Peleus aus scheint in dem labyrinthischen Gang des Gedichts und seiner reichen Vielfalt eine entschiedene Einheit auf.

Da nun aber das Thema der Peleus-Sage für Catull nicht ein beliebiges unter anderen ist, sondern innig verwandt mit den Grundverhältnissen der Gedichte um Lesbia, so erscheint zum guten Ende die künstlerische Einheit des viel verkannten Gedichts in eine umfassendere aufgenommen, ja, vielleicht sogar als Krone eines innerlich einheitlichen Lebenswerkes.

VIRGIL

WIEDERENTDECKUNG EINES DICHTERS

Als unter Augustus die Römer den Schritt aus der Zeit des alten Freistaates und der Bürgerkriege in den Frieden der Kaiserzeit taten und neue Formen des Staatslebens annahmen, die trotz mancherlei Nöten und Gefahren doch immerhin zwei Jahrhunderte lang Stetigkeit, Ruhe und Gedeihen gebracht haben, in dieser Zeit des Wandels und der Wiederherstellung erlebte Rom zugleich die hohe Zeit seiner Dichtkunst. Damals zuerst haben römische Dichter die ganze Würde ihres Amtes erkannt, als Seher und Deuter zu sprechen und Rom sich selbst verstehen zu lehren. Sie sind auch die ersten in Rom gewesen, die begriffen haben, was eigentlich Kunst ist, und so haben sie Gedichte geschaffen, die als Zeugnisse einer immer denkwürdigen Zeit und auch als Kunstwerke bedeutend sind. Die Werke der Vergangenheit können sich nur so durch die Jahrhunderte und Jahrtausende erhalten, daß sie von neuen geschichtlichen Standorten aus von Zeit zu Zeit neu entdeckt und erschlossen werden. Und so lange das geschieht, ist ihre Wirkkraft nicht verbraucht. Was nun die Dichter um Augustus anlangt, so ist es unserer Zeit vorbehalten gewesen, sie nach einem und einem halben Jahrhundert der Entfremdung – wenigstens in Deutschland – und des Mißverstehens wieder zu finden und zu verstehen. Das gilt für Horaz, am meisten aber für Virgil.

Abkehr und Umkehr

Am fernsten hat ihm bei uns die Zeit um die Wende vom 19. zum 20. Jahrhundert gestanden. Auch die Männer der Wissenschaft, die seine Werke noch kannten, haben ihn damals als abgetane Größe preisgegeben. Die Ursachen dieses Zustandes liegen weit zurück in der Zeit Herders, Goethes und Niebuhrs. Damals ist zwar noch Christian Gottlob Heyne in Göttingen (1729–1812) für ganz Europa Lehrmeister einer Virgilauslegung gewesen, die, fern von unfruchtbarer Pedanterie, auf die Wesensfülle der Gedichte zielte. Aber schon sein Freund Herder, der doch Horaz so gut verstanden hat, war Virgil gründlich abgeneigt. Hier zeigte er sich als Führer des Geschlechts, das das Erbe der Vergangenheit umwertete, leidenschaftlich und mit frischen Sinnen dem Ursprünglichen, Wurzelhaften, Naturnahen zugewandt, mißtrauisch gegen alles Späte, Abgeleitete, vielfach Bedingte und besonders gegen alles, was mit der fragwürdig gewordenen Spätkultur der letzten Jahrhunderte zusammenhing. Dieses Geschlecht konnte einen Dichter nicht verstehen und lieben, der bisher als Vorbild gegolten, der selbst einer hochgebauten, voraussetzungsreichen Gesittung, einer späten Vollendung angehört, der Bewahrung des geschichtlichen Erbes statt Befreiung der einfachen Menschennatur, Wiederherstellung statt Umsturz, geschichtlichen Zusammenhalt statt Beiseiteschieben der Jahrhunderte gepriesen hatte. Zweierlei sprach außerdem besonders gegen Virgil. Er hatte Schicksal und Sendung Roms gedeutet und gerühmt und der Nachwelt ein erhabenes Bild der römischen Geschichte hinterlassen, woran die Jahrhunderte fortgebildet hatten, ohne es im wesentlichen preiszugeben. Herder nun wertete die römische Geschichte derart um, daß nur noch blutige Machtpolitik und Eroberung übrig zu bleiben schien, die allenthalben in der alten Welt das Echte, Gewordene zerstört hatte. So ist sein unverhohlener Widerwille gegen Virgils Deutung der Geschichte wohl verständlich. Virgil hatte außerdem das Unglück gehabt, in der Nachfolge Homers zu dichten. Die Inbrunst, mit der ein Winckelmann, ein Herder dem neuentdeckten Homer anhing, machte gegen Virgil ungerecht.

So war für Goethe und die andern, die nach Herder kamen, die Sache im voraus gegen Virgil entschieden. Goethe hat die lateinische Dichtung gut gekannt, ist ihr aber nicht schöpferisch begegnet – bis auf die Elegie, die er seltsamerweise als Zeugnis »plastischer« Natur und unmittelbarer, voller Gegenwärtigkeit nahm; so ausschließlich suchte er gerade diese in der Antike. Virgil, der den Menschen in weite geschichtliche und religiöse Zusammenhänge einordnete, der in seiner Kunst das Einzelne als Träger weitreichender beziehungsreicher Harmonien behandelte und auf diese fast mehr Wert als auf alles Einzelne legte, ist ihm bei der fast entgegengesetzten Richtung seines Strebens nie vertraut und wichtig gewesen. Doch zeigt ein Wort aus dem Jahre 1799 über Vossens Übersetzung der Georgica entschiedenes Gefühl für die Schönheit des Gedichts. »Sucht man aber darin«, so heißt es da nach lobenden Worten über das Verdienst des Übersetzers, »den geistigen Abdruck des himmelreinen und schönen Virgils, so schaudert man an vielen Stellen mit Entsetzen zurück.« Schiller hat bekanntlich Teile der Aeneis übersetzt. Freilich ist es gerade die Geschichte von Didos zerstörender Leidenschaft, und sollte er in deren Darstellung das Hauptverdienst des Werkes gesehen haben, so würde das nicht dafür sprechen, daß er dem Herzen des Dichters sehr nahe gewesen ist. Humboldt, die Romantiker, auch Friedrich August Wolf sind Virgil ohne weiteres abgeneigt.

Man sollte meinen, die Geschichtsschreiber seien günstiger gesinnt gewesen. Aber gerade Niebuhr hat härter als alle vor ihm geurteilt. Seine Vorwürfe sind nicht neu, er vermißt an der Aeneis das Schöpferische und das natürliche, volksmäßige Wachstum des Inhalts. Wahres mischt sich in diesem Urteil mit Falschem. Hatten aber Herder und Goethe Virgil mehr oder weniger kühl einfach beiseite gelassen, so verwarf ihn Niebuhr ausdrücklich, ja er war wohl als erster so kühn, eine fast zweitausendjährige Überlieferung seines Ruhmes sinnlos zu nennen.

Die Gelehrten des 19. Jahrhunderts haben das Urteil der Romantiker übernommen, ohne etwas Wesentliches dazu zu tun. Nur haben sie freilich alles verschärft und vergröbert. Die Wissenschaft vom Altertum war ja damals mit Glück am Werke, geschichtlich Überliefertes aufzulösen, seine Voraussetzungen und Bedingungen aufzusuchen, das Spätere immer auf das Frühere zurückzuführen und so zum frühesten Erreichbaren zu gelangen. Da schien nun freilich an Werken wie denen Virgils wenig Eigenes übrigzubleiben. Je mehr »Nachahmungen« man erkannte, desto sicherer schien Virgil verurteilt. Ist es zu verwundern, wenn man in den Schulen die Aeneis ohne Lust und Liebe mit den Schülern las?

In diese Lage muß man sich versetzen, um das Werk des Mannes zu würdigen, der bei uns zuerst – nach dem unwirksamen Versuch eines Vorgängers – Blick und Aufmerksamkeit in eine wesentlich neue Richtung gelenkt hat. Richard Heinze ist es gewesen, der mit seinem Buch über »Virgils epische Technik« (zuerst 1902; 3. Auflage 1915) die Virgilbetrachtung erneuert hat. Dabei hat er sich durchaus nicht gegen die Philologie des 19. Jahrhunderts aufgelehnt. Im Gegenteil, er hat ihr geschichtlich erklärendes Verfahren erst bis zum Ende durchgeführt. »Dieses Buch will nicht Werturteile fällen, sondern historische Tatsachen feststellen«: so beginnt das Vorwort. Der »Nachahmer« Virgil wird schärfer als vorher ins Auge gefaßt. Viel mehr Quellen, aus denen er seine Kenntnis der Sagen und andere Kunde schöpfte, viel mehr künstlerische Vorbilder sind aufgewiesen. Aber – und dies ist das Wesentliche – Heinze ist nicht am Ende, wenn er festgestellt hat: »Hier klingt Homer nach, hier ein anderer Ependichter, hier die Tragödie«, sondern dann beginnt erst die eigentliche Aufgabe, Virgils Gestaltung mit seinen Vorbildern zu vergleichen, zu beobachten, was er aus dem Überlieferten gemacht hat, und seinen Willen daran abzulesen. So stellt sich heraus, daß der »Nachahmer« die epische Kunst erneuert, einen neuen Stil der epischen Erzählung geschaffen, ein Ziel verfolgt hat, woran keiner seiner Vorgänger gedacht hatte. Nachahmer im gegenständlichen Gehalt der Einzelheiten, ist er Schöpfer im Bereich der künstlerischen Formen. Nachahmer ist er nicht, um Unwiederholbares zu wiederholen, sondern um das äußerlich Gleiche innerlich zu verwandeln und so den Wettkampf mit dem Höchsten zu wagen, ohne das überlieferte Erbe abzuschütteln.

Es gibt, um ein Beispiel zu nennen, in der Aeneis (12, 216 ff.) wie in der Ilias (4, 73 ff.) einen Auftritt, worin der Ausgang des Zweikampfes, der über den ganzen Krieg entscheiden sollte, durch einen hinterlistigen Pfeilschuß vereitelt wird. Ein Gott stiftet einen Menschen dazu an. Er schießt. Der Vertrag ist gebrochen, und der Massenkampf muß von neuem beginnen. Es wäre nun für Virgil möglich gewesen, sich damit zufrieden zu geben, daß ein solcher Auftritt auch im lateinischen Epos nur überhaupt vorhanden wäre. Aber er hat sich nicht damit begnügt, sondern gewisse Möglichkeiten, die in Homers Erzählung verborgen sind, herausgeholt. Wie da ein Völkerschicksal in der Schwebe hängt, wie die Kräfte des Widerstandes gegen den Vertrag rege werden, so daß die Göttin Juturna, die es zu dem verhängnisvollen Schuß kommen läßt, mit Menschenkräften zusammenwirkt, wie dann eine Weile im Hin und Her von Rache und Beistand der Streit um sich greift, wie dabei Aeneas erst noch am Altar versucht, zu beschwichtigen, dann aber verwundet ausscheidet, und wie nun endlich die gestauten Kräfte alles zu wildem Kampf fortreißen – das Kräftespiel also im entscheidenden, beklemmend gespannten Geschehen: das ist es, was Virgil aus Homers Erzählung hat hervortreten lassen. Dort ist mehr eine Einzelhandlung an die andere gefügt, und eine jede ist mehr für sich wichtig, weniger mit drängenden Kräften geladen. Erst Virgil bildet dieses Drängen als Hauptsache in der Folge der Wörter, Sätze und Verse ab.

Diese dramatische Kunst hat Heinze im ganzen Bau des Werkes aufgewiesen, hat gezeigt, wie das Geschehen gegliedert, verkettet und auf Ziele hin geordnet ist, wie der Dichter überall gegliederte Einheit schafft. Daß auch andere als künstlerische Werte im Spiele sind und mitwirken, um die Erzählung der Aeneis zu gestalten, vor allem das gemeinsame Trachten der Edelsten, dem römischen Leben nach schweren Gefahren seine angestammte Würde und seinen Adel wiederzugewinnen, das hat Heinze nicht übersehen. Aber worauf er mit seinen Gedanken eigentlich zielte, war doch der Stil. Das Entscheidende seines Werkes reicht aber über die Ergebnisse hinaus. Er hat nämlich Wesenserkenntnis statt geschichtlicher Erklärung gesucht oder doch als Hauptsache gesucht und damit der lateinischen Philologie ein neues Ziel gezeigt, das sie im 19. Jahrhundert kaum gekannt hatte.

Doch wäre es schwerlich in Heinzes Sinne, bei dem stehen zu bleiben, was er gefunden hat. Neue Fragen drängen sich auf. Er sprach mit Bedacht nicht vom Stil, sondern von der epischen Technik, und verstand darunter die bewußte und durch bestimmte Tendenzen geleitete künstlerische Tätigkeit des Dichters. Damit verzichtete er darauf, mehr zu erforschen als bewußt angewandte, übertragbare, auf bewußt gewählte Ziele gerichtete Mittel der Kunst. Soll aber der Forscher wirklich diesen Verzicht leisten? Dann müßte auch der Ausleger musikalischer Werke sich darauf beschränken, das daran als Form zu erläutern, wofür man bewußte Grundsätze, berechnete Absichten voraussetzen darf, kurz: die ablösbare, überlieferbare Technik. Nun soll man deren Bereich gewiß nicht unterschätzen. Aber er reicht doch nicht an das Wesentliche, um dessentwillen wir ein Kunstwerk lieben, aufsuchen, bedenken und betrachten. Lohnt es nicht erst dann die Mühe, wenn man die Form als sinnfällig erscheinendes Wesen erkennt? Gewiß vermeidet man die Gefahr des bodenlosen Wähnens, wenn man darauf verzichtet. Aber man begibt sich dafür in Gefahr, Stil in Technik, Wesensform in Kunstmittel, Kunstwerk in Kunststück umzudeuten. Gelingt es aber, Form als Wesensgestalt zu erfassen, dann öffnet sich auch zum Gehalt des Kunstwerks ein neuer Weg. Heinze selbst würde, wenn er sein Buch nicht um die Jahrhundertwende, sondern nach dem Weltkriege, im letzten Jahrzehnt seines Lebens, geschrieben hätte, in dieser Richtung weiter gegangen sein. Die Frageweise seiner letzten Arbeiten zeigt es.

Neue Virgilnähe
Bucolica

Die erschütternden Erlebnisse der Kriegszeit haben offenbar manches Gemüt für Virgil empfänglich gemacht. Jedenfalls sind in den Jahren danach die Virgilstudien neu aufgelebt. Die Zweitausendjahrfeier im Jahre 1930 machte es dann offenbar, daß die Zeit der größten Ferne vorbei war. Bücher über den Dichter, die sich an eine weitere Leserschaft wandten, wie die von Wili[1] und von Haecker[2], wären früher kaum möglich gewesen. Unter den Aufsätzen des Virgiljahres ragen zwei hervor, die nicht von Männern der Altertumswissenschaft stammen: der von E. R. Curtius[3] und der von R. A. Schröder[4]. Und im ganzen zeigt die Wärme und das Gewicht dessen, was damals über Virgil gesagt worden ist[5], daß es sich um mehr als eine flüchtige Aufmerksamkeit aus äußerem Anlaß handelte; viele hatten sich den Dichter innerlich neu zugeeignet.

Doch hat sich dieses neue Bestreben nicht in einem Buche ausgedrückt, das Heinzes Werk an die Seite ge-

[1] Anmerkungen s. Seite 272 f.

stellt werden könnte. Es hat sich meist in weit verstreuten Abhandlungen bezeugt, die nur in dem kleinen Kreise der Mitforschenden und der Kenner des Altertums bekannt sind. Was nun teils in solchen Arbeiten schon niedergelegt ist, teils der Darstellung wartet, davon soll auf den folgenden Blättern berichtet werden, wobei zugleich auf den folgerechten Gang und auf das Ineinandergreifen der aufeinanderfolgenden Arbeiten verschiedener Forscher Licht fallen wird.

Im ganzen unterscheiden sich die neueren Virgilstudien von Heinzes Buch dadurch, daß sie von vornherein auf den ganzen Virgil zielen, selbst dann, wenn sie sich nur mit einem einzelnen Werke befassen. Als Heinze die Aeneis deutete, achtete er nicht auf die früheren Werke; sie sind in dem umfangreichen Buche wohl überhaupt nicht erwähnt. In einer Arbeit über Virgils epische Technik haben sie auch in Wahrheit nichts zu suchen. Als man aber aufhörte, sich auf die Technik einer Gedichtgattung zu beschränken, mußte man in allen Werken die einheitliche Dichternatur, die Einheit des Zeitstils und des persönlichen Stils, die Einheit auch des Gehaltes suchen.

Dazu kam, daß erst das eigene Erlebnis geschichtlicher Entscheidungen die Augen für den Seher und Deuter Virgil, für seine Teilnahme am Gesamtschicksal Roms öffneten. Früher hatte dieser Gehalt eher als peinliche Last gegolten. Wie oft hatte man von höfischer Kunst gesprochen und dabei an die Verhältnisse unserer größeren oder kleineren Fürstenhöfe des 18. und 19. Jahrhunderts gedacht. Jetzt wurde man nachdenklich und lernte den Dichter als Deuter der Zeitläufte und als Mahner schätzen.

Doch wandte sich die Forscherarbeit zuerst den Hirtengedichten zu – Bucolica heißen sie bei Virgil –, die Virgil etwa dreißigjährig, während der furchtbaren Nöte Roms nach Cäsars Tode (44), in Schreckensjahren immer neuer Bürgerkriege, nach Theokrits Vorbild geschaffen hatte, gefährdet an Hab und Gut und Leben und doch entrückt in ein verklärtes Wunschland Arkadien, wo im Gesang der Hirten Liebe und Leid reiner und schöner klingen als in dem wirren, verwüsteten Dasein, das den Dichter umgab. Diese Dichtungen hatte man auch vorher hier und da beachtet. Abgesehen davon, daß die Jagd auf Nachahmungen fröhlich weiterging, hatte man nach der Komposition gefragt und, indem man die Verfahrensweise der Homeranalyse auf die zarten Gebilde übertrug, Widersprüche benutzt, um in ihr Entstehen einzudringen[6]. Man hatte sie ausgenutzt, um das Leben des Dichters und seines Freundes Cornelius Gallus zu erschließen und diesem als Verfasser eines umstrittenen kleinen Epos, der *Ciris*, zu neuen Ehren zu verhelfen[7]. Man hatte sogar einen Versuch gemacht, einige Gedichte eben als Gedichte zu deuten. Im einzelnen glücklich, war man dabei im Ganzen und Grundsätzlichen nicht gar weit gelangt[8]. In allen diesen Fällen war die Frageweise noch die des 19. Jahrhunderts gewesen. Jetzt aber, am Beginn der zwanziger Jahre, begann man, Heinzes Verfahren auf die Hirtengedichte zu übertragen und sie mit ihren Vorbildern zu vergleichen, nicht um den Nachahmer zu schelten, sondern um den Unterschieden nachzuspüren und Virgil bei Virgil aufzusuchen[9]. Und es zeigte sich eine eigene Kunstart Virgils. Bei ihm fehlt den Gegenständen die sachliche Klarheit, die Bestimmtheit und Sinnfälligkeit, die sie bei Theokrit haben. Dafür gibt es Atmosphäre, Stimmung, Beseeltheit aller Dinge, Werte, die Theokrit fremd oder weniger vertraut sind. Virgil hat also Theokrits eigentümliche Vorzüge preisgegeben und seine äußerlich dem Vorbild nachgeschaffenen Gedichte mit wesentlich anderen, ihm eigenen erfüllt. Und er hat diese nicht absichtlich so gewählt, obwohl er es auch anders, etwa wie Theokrit, gekonnt hätte, nur um durch neue Mittel bestimmte Wirkungen zu erreichen. Er hat sie nicht gewählt, sondern sie sind ein Teil seines

Wesens. Für ihn ist nämlich »Realität nicht das, was er augenmäßig schaut, sondern das, was er mit dem Fühlen erfaßt«.

Hier ist einerseits Heinzes Verfahren, andererseits aber auch der Schritt über Heinze hinaus deutlich erkennbar. Virgils Kunstart ist nicht in der Ebene der auswechselbaren Technik aufgesucht, sondern da, wo der Römer Virgil, der auf seine besondere Art auf Menschen und Dinge bezogen ist, der andere Wirklichkeiten als Theokrit zu fassen vermag und anders auf ihren Anruf antwortet, sich die ihm gemäße Form mit innerer Notwendigkeit schafft. So betrachtet ist das Gedicht Zeugnis der schöpferischen Begegnung zwischen Dichter und Dingen. Das Ergebnis ist dieses: wo eben noch bloße und teilweise wörtliche Übersetzung theokritischer Verse zu sein schien, öffnete sich überraschend eine unaufdringliche, zarte, aber wunderbar verklärte, beseelte, jedenfalls eigenständige Welt und lockte zu neuer Betrachtung.

Zunächst zeigte man nun, wieder durch Vergleich mit den Vorbildern, mehr in Heinzes Weise Grundformen der Komposition und Unterschiede der Stilhöhe[10]. Während Theokrit eher den bunten vielfältigen Wechsel liebt, bildet Virgil jedes Gedicht nach dem Gesetz der überschaubaren, deutlich gegliederten Einheit, mit einfachen, großen Bewegungsbögen. Darin und in der gesteigerten Stilhöhe ist ein Zug zu klassischer Haltung und Form schon in diesen frühen Werken nicht zu verkennen[11].

Einmal aufmerksam geworden auf die lange unverstandenen Gedichte entdeckte man immer mehr daran. Jedes von ihnen ist in Wahrheit als gestaltetes Gebilde ein Wunderwerk. Bei aller Klarheit gibt es keinen starren Schematismus. Sondern wie in der klassischen Musik vereinigt sich strenge, überall nachweisbare Form mit lebendiger, freier Bewegung. Und wie in der Musik werden die Themen eingeführt und durchgeführt, gleichlaufend oder gegengleich in Bezug zueinander gesetzt, Schweres und Leichtes, Dunkles und Helles bilden immer neu eine schöne Folge. Seelische Bewegung ist in edlem Rhythmus gestaltet.

Außerdem schien es richtig, nach einer anderen Seite weiterzugehen. Bisher hatte man die Gedichte untersucht, die sich enger an Theokrit anlehnen und sich unmittelbar mit seinen Versreihen vergleichen lassen. Es sind meist frühe Stücke. Wenn aber Virgil schon da innerlich so selbständig ist, wo er sich äußerlich eng an sein Vorbild hält, dann muß es erst recht lohnen, seine Eigenart dort aufzusuchen, wo er sich auch im äußeren Vorwurf weiter von Theokrit entfernt. So ist eine Untersuchung entstanden, worin gezeigt wurde, wie und in welcher Richtung sich das bukolische Gedicht überhaupt unter Virgils Händen gewandelt hat[12]. Klingt schon in den frühen Gedichten der Sammlung ein eigener Ernst durch das Spiel, wenn sich Lust und mehr noch Leid des Lebens verklärt in jenem Arkadien der Hirten spiegeln, so klingen in den späteren geheimnisvolle, bedeutende Worte auf, die von Unheil und Heil eines ganzen Daseinsbereiches reden, klagend, deutend, tröstend und preisend, Worte, die auf den Anruf der Not des Dichters und seines Volkes antworten. Über dem Verfall, der manchen unter den Besten das Ende anzukündigen schien, erhebt sich das Bild einer Zeitwende, die mit dem Kommen eines wunderbaren Menschen göttlicher Art die Welt von ihren Leiden erlöst. Erst weist in den Gedichten noch nichts aus der entrückten Welt der Hirten hinaus. Dann aber erscheint an ihrem Rande eine andere, jenseits der Grenzen liegende Welt, die Welt der römischen Wirklichkeit, worin der Bürgerkrieg tobt. Daraus brechen verwüstende Mächte in den stillen Bereich der Hirten ein, der nun auch die Sphäre umfriedeter Heimat des Dichters ist. Er selbst wird in die Wirren gerissen, entwurzelt, das väterliche Anwesen enteignet, sein Leben bedroht. Italische Namen klingen in einem der Gedichte auf, und in einem anderen spiegelt sich, wie der junge Cäsar – der später Augustus heißen sollte – den Dichter rettete. Die dankbare Huldigung wird zum prächtigen Eingang der Sammlung.

In diesen späteren Teilen der Bucolica faßt das Hirtengedicht bereits das Gesamtschicksal Roms, ja der Welt in sich. Was ist es gewesen, was seinen Bereich so erweitert hat? Gewiß nicht die überlieferte Gattung. Man wird sagen: die Not des Lebens, die übermächtigen Ereignisse der Zeit haben es getan. Und man wird recht damit haben. Das Wesentliche trifft man so aber nicht. Die Antwort auf das, was von außen kam, die Leistung, zu der es anregte, ist so eigen und so bedeutend, daß sie vor allem als Zeugnis für die Kräfte zu gelten hat, die in Virgil selbst bereit lagen, für seinen inneren Beruf zum Seher und Deuter der Zeit. Es ist ursprünglich etwas in Virgil angelegt, was zur Aeneis hin drängt. Virgil ist schon früh auf dem Wege zur Aeneis gewesen. Und er hat in diesen weit deutenden Gedichten, unter denen das berühmte prophetische von der Schicksalswende und dem wunderbaren göttlichen Kinde das höchste ist, Amt und Würde des Dichters so groß gesehen, wie es in Rom niemand vor ihm getan hatte; von den Zeitgenossen steht ihm Horaz darin nahe. Die römische Klassik beginnt: zur vollendeten Gestalt kommt der würdigste Gehalt.

Georgica

Die Georgica, Virgils zweites Hauptwerk, haben auch in den Jahrzehnten, die wenig von ihm wissen wollten, als sein bestes gegolten. Aber als ob man mit diesem Lob genug getan hätte, vernachlässigte man das Gedicht in der Wissenschaft ganz und gar, abgesehen von der Suche nach den Quellen, aus denen Virgil Kunde von Tier, Baum und Strauch, den Gesetzen des Himmels und des bäuerlichen Jahres geschöpft hat.

Nachdem nun Heinze die Virgilstudien erneuert hatte, ging man auch im Falle der Georgica zuerst auf die Kunstform aus. Man wandte seine Verfahrensweise auf den Teil der virgilischen Dichtungen an, den er übriggelassen hatte. Freilich lag hier die Sache nicht so günstig wie in Aeneis und Bucolica. Denn es gibt kein Vorbild, das sich ohne weiteres mit Virgils Werk vergleichen ließe wie Ilias und Odyssee und Argonautenepos mit der Aeneis und Theokrits Hirtengedichte mit den Bucolica.

Der Kunstgestalt der Georgica stand man bis in die zwanziger Jahre hinein ratlos gegenüber, und zwar deshalb, weil es eine dichterische Gestalt und kein bloßes Fächerwerk ist. Der eine rechnete damit, daß der Dichter lauter einzelne Stücke nach den Quellen gearbeitet und zusammengewürfelt und endlich einige schmückende Einlagen angebracht habe, der andere suchte das gestaltende Gesetz in der Absicht, durch bunten Wechsel der langen Weile vorzubeugen[13]. Das Kurzweilige in allen Ehren! Aber wer kann sich damit begnügen, ohne das Gedicht als Kunstwerk preiszugeben? Ein Schüler Heinzes ist es gewesen, der zum ersten Male der Bewegung der Gedanken durch das ganze Gedicht hin nachgegangen ist, um darauf zu achten, wie sie gestaltet ist[14]. Es zeigte sich, daß der Zug der Gedanken vielfältiger verschlungen, aber auch dichter, fester, einheitlicher ist, als man bis dahin hatte ahnen können. Die Kunst, die die Hirtengedichte gestaltet, bewährt sich erst recht an dem größeren Werke. Gedanken, Anschauungen, Themen bereiten sich unvermerkt im Bereich anderer vor, treten dann plötzlich heraus und herrschen, erweitern oder verengen sich, klingen nach und verklingen allmählich, während neue zur Herrschaft kommen, so wie in unser aller Innern die Gedanken und Bilder mehrschichtig bewegt kommen und gehen. Bei alledem ist aber nichts Unbestimmtes, Verschwommenes. Das Werk macht bis zur kleinsten Versgruppe, ja bis zum einzelnen Vers eine klar gestaltete Welt aus. Bewegung im großen wie im kleinen zum gegliederten Gebilde zu formen, weiß ja die

Kunst der augusteischen Dichter auch sonst. Vielleicht gibt es anderwärts nichts ganz Vergleichbares. Darum muß man erst hellhörig dafür werden. Dann aber öffnet sich eine unerschöpfliche Quelle geistiger Freude. Denn es ist erst ein Anfang gemacht, ein Ende wird das Betrachten aller Wunder der Georgica wohl niemals finden.

Wie genau der Dichter Maß und Verhältnis in seinem Werke gespürt und beachtet hat, zeigt sich oft auch darin, daß größere Versgruppen nicht nur nach Gehalt, Ton und Farbe aufeinander abgestimmt, sondern auch ihrer Erstreckung nach in ein bestimmtes Verhältnis zueinander gebracht sind, das sich manchmal sogar einigermaßen mit Zahlen ausdrücken läßt[15]. Es hat denn auch nicht an Forschern gefehlt, die das richtig erspürt haben, dann aber, als sie den Gedanken in das einzelne verfolgten, der Versuchung nicht entgangen sind, auch an solchen Zahlen ihr Genügen zu finden, die mit der inneren Gliederung und dem Sinn nichts mehr zu tun haben[16].

Das Gedicht vom Landbau ist aber nicht nur eins der am vollkommensten gestalteten Werke der Dichtkunst, sondern auch eins der edelsten, tiefsten und weitesten an Gehalt und in gewissem Sinne allumfassend. Zwar ist sein Gegenstand – Lehren für den italischen Landmann – unscheinbar und nach dem Sinn der Menge geringfügig. Doch offenbart sich in den schlichten Dingen, die darin vorkommen, ein Bild der ganzen Welt, und indem Virgil den geliebten heimatlichen Bereich italischen bäuerlichen Lebens unterweisend im Gedicht getreulich nachbildet, deutet er zugleich das Menschendasein überhaupt. Denn dort ist dessen Grundgestalt, seine wesentlichen Verhältnisse, seine Not und Plage und sein Glück, sein Gesetz und seine Würde beispielhaft erhalten, während es sich sonst allenthalben entstellt und entweiht, häßlich und trostlos unselig darbietet.

So umfaßt also das Gedicht die Einheit von menschlichem Dasein und Welt, und ihre Ordnung und Schönheit. Virgil hat sie dem liebenden Verstehen neu erschlossen, wie es keiner vor ihm getan hatte, hat die Welt entdeckt und im Gedicht dargestellt, wie sie nicht der Verstand allein oder der Spieltrieb oder der Wille oder die Gier findet, sondern die religiös gestimmte Weisheit eines schlichten, erleuchteten Herzens, das in allem Begegnenden etwas untereinander und sich Verwandtes spürt. Es ist, wie wenn zum ersten Male ein Mensch Sinne und Herz recht auftäte, das Liebenswerte in den Dingen und im Menschenlos aufleuchten sähe, den Zusammenklang hörte und ein tröstliches Geheimnis darin spürte. Was das bedeutet, ermißt man wohl, wenn man bedenkt, in welcher gefährlichen Not nicht nur des äußeren, sondern auch des seelischen Daseins die Römer schon seit Jahrzehnten und nun wieder lebten, als der Bürgerkrieg immer von neuem begann, erst gegen Sextus Pompeius (38–36), dann gegen Antonius (32–30). Man weiß es, wie aus dem öffentlichen Leben alle Güter außer der nackten Macht und dem Geld verschwunden waren, wie unzugänglich und gleichgültig für Dichter wie Catull und Lucrez das Vermächtnis der römischen Vergangenheit war, wie seelenlos und furchtbar fremd bei Lucrez die Natur ist, wie Sallust und Horaz in den dreißiger Jahren über das Rom ihrer Tage dachten. Auch Virgil hat das Weltleid dieses Geschlechts an sich erfahren wie nur irgendeiner. Seine Schwermut ist in den Georgica nicht geringer als die Lucrezens. Mehrmals erinnert er an ihn, wenn er darstellt, wie schwer sich das Leben gegen widerstrebende, zerstörende Kräfte der Natur erhält. Aber gerade dann erkennt es der Leser, daß dies aufgewogen ist, aufgehoben in einer göttlichen Friedensordnung, die auch das Schwerste in der Schwebe zu halten vermag.

Der Bereich des italischen Bauern, von dem aus Virgil

die neu gedeutete Natur darstellt, ist dem Arkadien der Hirtengedichte verwandt, eine Zuflucht, worin sich der Mensch, der nach Reinheit verlangt, vor dem Fluch der von Schuld und Leid verheerten Umwelt birgt, ein Bezirk ursprünglicher Weisheit, eine Seelenheimat. Im Lobpreis des bäuerlichen Daseins am Ende des zweiten Buches stellt sich das auf das deutlichste dar. Aber dieser Bereich liegt mitten in der Wirklichkeit, in der die Geschichte ihren Gang geht. Das unterscheidet ihn von dem zeitlosen Lande der Hirten, das freilich bei Virgil auch schon seiner ländlichen Heimat immer ähnlicher geworden ist. Es ist das Leben der italischen Urzeit, das sich bei den Bauern bis in die verdorbene Gegenwart erhalten hat und, verkannt und unbeachtet, zwischen deren Greueln weiter besteht, der Urgrund auch der geschichtlichen Größe Italiens. Die Menschen der großen Welt haben ihn verlassen. So vereinigt ein geschichtlicher Zusammenhang das Bauernleben und das Schicksal Roms.

Der junge Cäsar aber, der schon in den Hirtengedichten als göttlicher Helfer der armen Landleute so bedeutend hervortritt, siegte, während die Georgica entstanden, als Vorkämpfer Italiens bei Actium über Antonius und die Völker des Ostens und brachte damit das Ende der Bürgerkriege, Versöhnung und Frieden. So erlebte es Virgil, daß der Mann, in dem ihm göttliche Kräfte zu wirken schienen, das in der äußeren Welt verwirklichte, was er als Dichter geschaut und gepriesen hatte.

Das Innerste seiner Gedanken in diesem Wandel der Geschichte bestätigt zu sehen, muß den Seher, dessen Sinnen seit einem Jahrzehnt das ganze Schicksal Roms und der Welt, sorgend und eine Zeitwende ahnend, umfaßt hatte, wunderbar beglückt und bestärkt haben. Er durfte sich in einem besonderen Sinne zugehörig zu dem neuen Zustand der geschichtlichen Welt fühlen. Aber der junge Cäsar und seine Tat gehörte auch zu der Welt seiner Dichtung. Er erfüllte Sehnsucht und Ahnung und vollendete den geschichtlichen Zusammenhang, der seinen Ursprung in Virgils Seelenheimat, im italischen Landleben gehabt hatte, indem er den Frieden und die Gerechtigkeit wiederherstellte, die sich inzwischen nur im bäuerlichen Leben erhalten hatten, und der alten, wahrhaft menschlichen Art Italiens, die in den Georgica gerühmt ist, zum Sieg über das unmenschliche Morgenland verholfen hat.

So ist die neu entdeckte Natur der Georgica mit einem allumfassenden Bild der Geschichte innig verbunden, die entrückte paradiesische Seelenheimat hat darin ihre Stelle als Ursprung erhalten. Der junge Cäsar erfüllt am Ende das Ursprüngliche und stellt wieder her, was in der Zwischenzeit auf dem Lande erhalten geblieben ist und auch in der römischen Geschichte erhöht weiter gewirkt hat, wovon aber doch entartete Geschlechter so abgefallen sind, daß es verloren, vergessen und verachtet schien. Was in den Hirtengedichten geheimnisvoll in mancherlei Ahnungen auf das Schicksal Roms, auf Elend und Wende hindeutete, das ist in den Georgica zu einem dichterischen Bild der Geschichte geworden. Der Deuter der Zeit ist in Virgil mächtiger geworden. Er ist der Aeneis schon in den Georgica sehr nahe gekommen.

Hebt man so, wie es hier dem Gang der neueren Forschung gemäß geschehen ist, eine bedeutende Seite des Gehalts heraus, sieht man die Georgica als Vorstufe der Aeneis an, so gerät man freilich in Gefahr, die Gewichte zu verschieben und die schwebende Harmonie des Ganzen zu stören: das Leichte, Entrückte, traumhaft Schöne gerade dieses Werkes zu verkennen, das nachdenkliche Spiel des Künstlers zu mißachten. Nur eine behutsam nachzeichnende Auslegung könnte allen Seiten des Gedichts gerecht werden. Dabei würde man auch alles das zu würdigen haben, was Virgil trotz tiefen Unterschieden dennoch – und zwar nicht nur oberflächlich – mit den hellenistischen Dichtern und ihren römischen Nachfolgern verbindet. Ein paar andeutende Worte darüber sollen am Ende dieser Arbeit gesagt werden, dort, wo von Virgils Kunstart im allgemeinen die Rede sein wird.

Aeneis
Geschichtsbild und Menschenbild

Wenn sich unser Versuch jetzt dem Aeneas-Epos zuwendet, so kann er weniger und weniger auf das verweisen, was bereits veröffentlicht den Mitforschern vorliegt. Mehr als schon im Falle der Georgica gilt es nun, weiter zu verfolgen, was seit dem Virgiljahre hier und da ausgesprochen oder angedeutet ist, und endlich darüber hinaus Gedanken vorzutragen, die dem Verfasser als Plan künftiger Arbeit vorschweben. Sie gehen von der Aeneis aus, beziehen sich aber schließlich auf den Dichter selbst, sein Wesen und seine Kunst.

Virgil ist bei uns von der Kunstgestalt der Aeneis aus wiederentdeckt worden. Seit den zwanziger Jahren hat man sich auch dem Gehalt seiner Gedichte neu zugewendet, vor allem zuerst den Bucolica und Georgica. Für die Aeneis gewann man daraus die Einsicht, daß ein solches Werk ursprünglich in dem Dichter angelegt gewesen ist, daß er sein Wesen nicht verraten, sondern erfüllt hat, wenn er die höchsten staatlichen und geschichtlichen Anliegen seiner Zeit ausgesprochen, seine Stimme zur Stimme Roms gemacht hat. Sein Sinnen suchte früh schon nach dem Sinn der Geschichte. Als sich mit dem Frieden des jungen Cäsar seine Sehnsucht zu erfüllen schien, vollendete sich das innere Bild des römischen Schicksals und wurde endlich in der Aeneis zum Hauptgegenstand seiner Dichtung. Anfang und Ende des Lebenswerkes stellten sich wie Keim und Frucht zueinander gehörig dar, wie verschieden auch dem oberflächlichen Blick das zarte Spiel der Hirtengedichte von der ernsten Würde des Heldengedichts scheinen muß. Das Ganze konnte als organische Einheit, die Entwicklung als zielstrebiges Wachsen gewürdigt werden[17]. Ein Unrecht Niebuhrs und derer, die ihm nachgesprochen hatten, war wieder gut gemacht.

Das Bild der Geschichte, das Virgil in der Aeneis darstellt, ist nicht das eines Geschichtsschreibers, sondern eben das des Dichters und Sehers. Wie er das All und seine Ordnung von dem kleinen Lebensbereich des Landmanns aus dargestellt hatte, so stellt er jetzt das römische Schicksal und den Sinn seiner eigenen Zeit von der Aeneassage aus dar. Er nimmt seinen Standpunkt in der Urzeit, als nach Trojas Fall Aeneas den alten Schicksalszusammenhang nicht abreißen ließ, sondern mit den Stadtgöttern über weite Irrfahrten hinweg durch Ungewißheit und Leiden treulich rettete und am Tiber eine neue Stätte fand und erkämpfte. Aber jenseits der Sage beginnt die Geschichte, Geschichte, die auf den Dichter und Hörer zukommt und sie mitumfaßt. Das ist römisch und unterscheidet Virgils Sage von denen der griechischen Dichter, bei denen, auf das Ganze gesehen, der geschichtliche Zusammenhalt der Gegenwart mit den Sagen vergleichsweise unwichtig ist. Was Virgils Aeneas erlitten und getan, das trägt seinen ganzen Sinn nicht in sich selbst allein, wie gewaltig es auch sein mag, sondern weist über sich hinaus in die zukünftige Geschichte, die davon ausgeht. Daß nämlich einst Aeneas nach Latium gekommen ist, hat später dazu geführt, daß das neue Troja, Rom, gegründet wurde. Dieses aber hat im Lauf der Geschichte von seinem dürftigen Ursprung aus weltweit um sich gegriffen. Am Ende hat es sich zur Zeit des Dichters unter Augustus vollendet. Er hat das Weltreich gesichert, das dazu berufen war, den Völkern Frieden und Gesittung zu geben, nachdem im Innern Redlichkeit, Recht und Frieden über verstörten Wahn, Frevel und Streit gesiegt haben und die gute Urzeit wiedergekehrt ist. Das ist es, was nicht nur den Leiden des Aeneas, sondern auch der ganzen römischen Geschichte, die soviel Furchtbares enthält, ihren Sinn gibt. Um dessentwillen mußte und konnte alles ertragen werden, was sonst zu schwer und völlig trostlos gewesen wäre.

Es handelt sich also um einen allumfassenden geschichtlichen Zusammenhang, der von einem reinen, aber engen, gewissermaßen keimhaften Urzustand durch die zwiespältigen Räume der Geschichte mit all ihrem Leiden und ihrer Schuld zu einem Ziel reicht, an dem das ursprünglich Gute dazu gelangt, die weite Erde zu gestalten. Die neue Ordnung der Dinge kehrt zum uralten Grunde zurück, wovon sie ausgegangen ist und wovon sie gleichsam ihren Adel herleitet. Aber sie bringt auch etwas Neues, was die ganze Geschichte überragt, das Endgültige, wovon das Vergangene nachträglich seine Bedeutung erhält. Das römische Schicksal so als zielstrebiges, geordnetes Ganze anzuschauen, gewissermaßen als geschichtliche Entelechie, ist Virgils eigenster Gedanke.

Was aber diesen geschichtlichen Zusammenhang im Innern bewegt, ist nicht das Triebwerk geschichtlicher Mächte und Verhältnisse und Absicht und Wille des Menschen, sondern Jupiters Wille. Er hat das Ziel von Ewigkeit her festgesetzt, nicht aus Herrscherlaune, sondern weil das, was sich in Aeneas und in der Geschichte Roms behauptet und endlich unter Augustus sieghaft durchsetzt, nichts Geringeres als die Herrschaft des höchsten Gottes in der Welt ist, das Walten der göttlichen, himmlischen Ordnung auch in den irdischen Bezirken[18].

So ist die Geschichte nicht in sich geschlossen. Sie kommt von einem übergeschichtlichen Bezirk her und mündet auch darein und spielt sich in ihrem Verlauf vor dessen Tiefe ab. Erst dorther erhält der geschichtliche Zusammenhang seine Einheit und seinen Sinn, aus dem göttlichen Geheimnis. Im Gedicht sorgen die Götterszenen, vor allem aber die Hadesfahrt des Aeneas mit ihren Gesichten und dem, was Anchises verkündet, dafür, daß diese Gründe dem Leser gegenwärtig sind.

Man kann sagen: der zugleich geschichtliche und übergeschichtliche allumfassende Zusammenhang, den wir soeben überblickt haben, macht den eigentlichen Gegenstand der Aeneis aus. Ihn in gemäßer Weise aufzufassen und zu würdigen und damit dem Virgilverständnis Dantes, der doch wohl immer noch den besten Maßstab abgibt, wieder näherzukommen, ist in den letzten zwei Jahrzehnten geglückt. Nur ist man, um alte Fehler gutzumachen, einseitig vorgegangen und hat wenig auf das Bild des Menschen in der Aeneis geachtet[19].

Der Mensch stellt sich in der Aeneis durchaus als geschichtliches Gemeinschaftswesen dar, schwer beladen mit überpersönlichem Schicksal und an dessen Würde teilhabend, und zwar nicht zufällig und nachträglich, sondern wesenhaft. Aeneas und Dido sind nicht nur nebenbei Anführer der Troer und der Karthager, sondern dies bestimmt den Gehalt ihres Daseins und Menschentums. Was ein jeder ist, ist er durch die Sache, die er trägt und der er zugeordnet ist. Man könnte sagen, die Menschen sind dadurch in sich unvollständig, aber auch groß und weit. Ihr Handeln ist ein Mitwirken an einer großen, geheiligten Sache.

Zuviel wäre es jedoch, wollte man meinen, der Mensch gehe in der überpersönlichen Sache auf und sei nichts als Teil, Träger, Werkzeug oder Diener eines übergreifenden Triebwerks. Er hat vielmehr seine Innenwelt mit ihrem Seelenleben, mit ihrem Heil und Unheil. Niemals hat der Leser der Aeneis den Eindruck, die inneren Vorgänge in den Menschen seien nur Mittel zum Zweck oder Beiwerk, sondern sie scheinen ebenso wesentlich. Ja, Virgil neigt dazu, Handlungen soviel wie möglich in der Ebene der seelischen Vorgänge zu verfolgen. Es scheint ihm sogar näher zu liegen, seelisches Leben dichterisch zu gestalten als Vorgänge der Außenwelt. Würden sich diese nicht auf das Innere wie auf einen Gegenpol beziehen, so würden sie für Virgil kaum zugänglich gewesen sein. In Wirklichkeit sind sie aber auf den Menschen und sein

Inneres bezogen wie dieser umgekehrt auf den überpersönlichen Zusammenhang des Weltgeschehens.
Der Mensch geht außerdem nicht in der geschichtlichen Ordnung auf, sondern ist ihr auch gegenübergestellt. Vor allem erleidet er die Geschichte. Aeneas erduldet den Fall der Heimat, den Abschied, die Irrfahrt im Ungewissen, den Seesturm, die Trennung von Dido, den Krieg um die Niederlassung am Tiber, aber auch die Unterwelt; durch alles Leid seiner geschichtlichen Welt muß er, daran teilnehmend, gehen; am Ende trägt er vorausahnend die Trauer des Augustus um seinen jungen Neffen Marcellus, den er zum Nachfolger ausersehen hatte. Und Dido erleidet die Liebe zu Aeneas und das Verlassenwerden. Es scheint, als ob die Menschen und in ihnen das Edle einem kalten Plan und Gesetz hingeopfert würden. Virgil hat seine Menschen dieses Leid bis zum äußersten erdulden lassen.
Diese Not liegt wesenhaft im menschlichen Dasein. Denn zwar gehört das Innerste des Menschen mit dem Endziel der Geschichte und ihrem eigentlichen Sinne innig zusammen. Seinen letzten Grund hat das darin, daß die Seele des Menschen dorther kommt und dorthin geht, woher auch die Sendung Roms und der Plan der Geschichte stammt. Der weltdurchwirkende göttliche Weltgeist begründet die Einheit von Mensch und Weltgeschehen. Aber weder geht die Geschichte ihren ungehinderten Gang nach Jupiters Plan, noch bleibt der Mensch immer das, was er nach seinem ursprünglichen Wesen ist und sein soll. Im Weltgeschehen versuchen untergeordnete Mächte – Juno ist deren oberste – sich selbständig zu machen und den Lauf der Dinge nach ihren eigenen Zielen zu lenken. Und immer dann, wenn sich Vorläufiges an die Stelle des Endgültigen setzt, gibt es Wirrsal und Leid. Vor allem ist im Menschen das ursprüngliche Selbst in stetiger Gefahr. Das Trugselbst des leidenschaftlichen Augenblicks strebt sich an seine Stelle zu setzen, jenes, das wir meinen, wenn

wir von Selbstsucht sprechen. Es geht einem Wahnglück nach, indem es sein Ziel gegen die Gottesordnung setzt und mit unbedingtem Drang verfolgt. Zusammenbruch und Elend muß das Ende sein. Dido ist das erhabenste Beispiel. Das wahre Selbst hat den Sinn und das Amt, mit der göttlichen Weltordnung zusammenzuwirken. Nur wenn es sich treu bleibt, entgeht es dem Unheil und bleibt in Dunkel und Leiden mit seinem wahren Heil verbunden. Erst nach dem Tode vollendet sich dies Verhältnis. Dort wird offenbar, was hier in Geheimnis verhüllt ist: das Wozu, das Liebenswerte, göttlich Erhellte des Weltgeschehens und darin auch der römischen Geschichte und des persönlichen Schicksals des einzelnen Menschen. Daß es sich einem Menschen enthüllt wie dem Aeneas auf seiner Unterweltfahrt, ist Ausnahme. Bevor er hinabsteigt, ist auch Aeneas von leidvollem Dunkel umfangen. Sichtbar ist immer nur die Not, das Vorläufige, Scheinhafte, der Verzicht. Virgil hat das vor allem im dritten Buche an den Irrfahrten darzustellen unternommen – ohne freilich gerade da zu einer endgültigen, glücklichen dichterischen Gestaltung gelangt zu sein. Was verbindet nun in diesem Zustand Aeneas mit dem verhüllten Sinne seines Schicksals? Eine lange Zeit nur treuer Gehorsam *(pietas)* gegen die Götter, der in Finsternis und Not ausharrt. Dies ist das Band, das ihn – und den Menschen in seiner Lage überhaupt – inmitten des Dunkels und der beklemmenden Enge doch mit dem Lichtesten, Weitesten verbindet. Nur in Karthago ist er in Gefahr, aus dem hohen Zusammenhang herauszugleiten, Untergeordnetes für Übergeordnetes, eine Rast auf dem Wege für das Ziel zu nehmen. Dann verzichtet er und ist wieder im Einklang mit seiner Bestimmung.

So ist die Aeneis eine Klage um die Not des Menschen und zugleich ein Preis seiner Hoheit. Beides beruht darauf, daß er über das Unmittelbare seines einzelnen Daseins hinausreicht.

Der Dichter

Wenn wir die Aeneis eine Klage und einen Preis nennen, so erinnern wir damit unvermerkt an die Bucolica und sprechen es aus, daß dieses Epos mehr als manche anderen auf den Menschen zurückweist, der es gedichtet hat. Wie in den Bucolica und Georgica kann es dem Leser auch in der Aeneis geschehen, daß er die Gegenwart des Dichters im Werke spürt und sich in sein Wesen wie in das eines hohen Menschen vertieft, der uns seiner Freundschaft und vertrauten Mitteilung würdigt.
Was am Geschichtsbild und am Menschenbild Virgils gezeigt ist, das gilt ähnlich für ihn selbst. Er ist zugleich auf Teilnahme an der geschichtlichen Welt angelegt und ihr entrückt. Wie entschieden und in wie eigener Weise er in seiner Dichtung zum seherischen Bild der Geschichte drängt, haben wir in der Abfolge seiner Werke beobachtet. Von Anfang ist er als der Dichter seines Volkes allgemein und freudig anerkannt worden. Es ist, als wäre er dazu vorbestimmt gewesen, den Römern der Zeit des Augustus das Erbe ihrer Vergangenheit und ihr eigenes Zeitalter gültig zu deuten und im Bereich der Dichtung das zu leisten, was Augustus im Staatsleben getan hat: die römische Welt bewahrend zu erneuern.
Doch würde der Betrachter dem Wesen Virgils nicht gerecht, der nur dieses tiefbegründete Verhältnis zum staatlichen und geschichtlichen Leben Roms beachtete. Hirtengedichte und Georgica ragen ja doch nur wenig in diesen Bereich und bewegen sich sonst in Arkadien und bei den Bauern. Haben wir sie nur als Durchgang zu dem allein wesentlichen Ziel seiner Dichtung anzusehen, also doch zu einem guten Teile preiszugeben? Das wäre doch wohl von vornherein bedenklich. Beobachten wir lieber, wie sich in den Gedichten der Daseinsbezirk des Dichters zu dem des großen staatlichen Geschehens verhält. In den Hirtengedichten blickt er

von seinem heimatlichen Winkel aus auf das ferne Rom, abseits entrückt und nur in der wilden, wirren Zeit vom Streit der Machthaber in Mitleidenschaft gezogen. Er klagt über den Verlust der friedlichen Heimat und der musischen Daseinssphäre. Wohl weiß er sich dem Jüngling des ersten Gedichts verwandt und ahnt im vierten die Umkehr der Weltgeschichte zu Versöhnung und Frieden. Doch im übrigen ist das schmerzliche Geheimnis des wirren, zerstörenden Weltgeschehens verhüllt. In den Georgica beginnt sich das Bild der guten geschichtlichen Welt zu gestalten. Doch sie erscheint immer noch am Rande. Der Dichter hat seinen Stand in der abseitigen Welt des Bauern und der Natur. In der Aeneis rückt endlich das geschichtliche Wesen in die Mitte und wird zu einer allumfassenden Ordnung. Aber auch da stellt Virgil Augustus und die Geschichte seiner Zeit nicht als Geschichte unmittelbar dar, sondern blickt darauf aus der Ferne der Sage. Nur am Horizont erscheint die Geschichte und zuletzt die Zeit des Augustus. Es ist im Grunde das gleiche Verhältnis, das wir in den Hirtengedichten und in den Georgica beobachtet haben. Denn auch die Sagenwelt ist dem wirren Lärm der nahen Geschichte entrückt. Arkadien, das Landleben und die Sage bedeuten jedesmal die Stille als Bereich des Dichters. Die Stille ist überall in den Gedichten fühlbar, auch dort, wo von Bewegtem die Rede ist. Sie erfüllt Gesänge und Verse. Der Dichter verläßt sie nie, auch wenn er dem Gang der Welt nachsinnt. Wir wissen, daß er es im Leben ebenso gehalten hat. In der Zurückgezogenheit von Campanien wohnte er und kam nur selten nach Rom. Den Zeitgenossen fiel seine ungemeine Scheu vor der Öffentlichkeit auf.

In der Stille barg er sich vor dem verwüsteten Dasein und dem Unwert der großen Welt. Bekannte Versreihen am Ende des zweiten Buches der Georgica zeigen es deutlich, daß Weltleid die Kehrseite seiner Liebe zur

Stille war. Er war empfindlich gegen alles Verletzende und schutzlos dagegen. Man sage nicht, seine Erlebnisse im Bürgerkrieg, als er Haus und Hof und beinahe das Leben verlor, hätten ihn für immer verwundet. Sie können nur einem wesenhaften Weltleid Anlaß und Nahrung gegeben haben. Vom Leiden ging zuerst das bange Sinnen über das aus, was in der großen Welt geschah. Es wurde zum Mitleiden mit der kranken Welt. Dann führte die innere Teilnahme am Segen des neuen Friedens und darum am Tun des jungen Cäsar das Sinnen weiter. Die ganze Vergangenheit ordnete sich auf den Frieden des Augustus hin, auf die Wiederherstellung eines friedlichen Daseins voll Güte und Redlichkeit, Wahrhaftigkeit, Kraft und Schlichtheit, auf die Genesung des zerrütteten Zusammenlebens der Menschen. Hier hauptsächlich hat Virgil den Zugang zum Handeln und Tun gefunden. Man versteht es nach dem Dargelegten, daß ihm Handeln immer entweder ungut oder schwer, als ein Opfer, erscheint. Auch das Gedicht vom Handeln, das Epos ist ihm offenbar nicht leicht gefallen, sondern er hat es schwer geleistet und hat wohl auch darunter gelitten.

Derselbe Virgil, der im Drang zu Innerlichkeit, Reinheit und Tiefe die Welt floh und die Stille suchte, ist aber doch auch wieder der Welt offen gewesen und hat Wesen und Dinge so liebevoll verstanden und gedeutet wie kein anderer unter den römischen Dichtern. Das ist wohl zu begreifen. Wer in seiner eigenen »Stille« wohnt, kann dem Herzen der Menschen und Dinge inniger verbunden sein als wer sich an das Getriebe verliert. Nur ihm ist das Wesen und die Schönheit und Güte der Welt so erschlossen. Keinem kann sie so tief aufleuchten wie ihm. Zuerst sind es die schlichten, von den Menschen verkannten Dinge der ländlichen Heimat, die armen Geschöpfe im Bereich der Hirten und Bauern, Tiere, Baum und Strauch, Menschen und ihre unscheinbaren Verrichtungen, die sich der Liebe des

Dichters erschließen. Aber wir haben es verfolgt, wie sie immer weiter dringt und schließlich auch die schwere, furchtbare Arbeit des Staatsmannes und Kriegers, wenn sie nur in frommer Treue *(pietas)* für etwas Wertes, Würdiges im Sinne der göttlichen Weltordnung getan wird, neu entdeckt. Vom Bereich der inneren Stille aus ist am Ende das Wesenhafte der Welt und der Geschichte erschlossen und in die Liebesgemeinschaft mit dem Herzen des Dichters aufgenommen.

Virgil ist ein großer Liebender unter den Dichtern. Im frühesten der Hirtengedichte – dem zweiten der Sammlung – hat er der unbedingten, unerfüllbaren Liebe Stimme gegeben. Das mit dem Hinweis auf Theokrit und die bukolische Modedichtung abzutun wäre nicht recht. Denn es läßt sich zeigen, daß Virgil das, was bei andern oberflächlich blieb, vertieft hat bis zum Wesentlichen. Es ist eine Klage darum, daß der rechte Liebende – der zugleich der reine, dem Göttlichen zugewandte Mensch ist – in seiner reinen Torheit schutzlos einer Welt preisgegeben ist, die ihn nicht zu schätzen weiß, weil sie das Unedle dem Edlen vorzieht, den göttlichen Werten der Seele stoffliche Macht und Vorteil.

Virgil hat die Bahnen der zeitgenössischen Liebesdichtung bald verlassen, die den Ertrag des großen seelischen Abenteuers Catulls ausgestaltet hat. Liebe als Gegenstand der Dichtung tritt hinter andere zurück. Zwar hat er dem Thema in Didos Leiden eine neue, bedeutende Wendung gegeben. Doch liegt ihm der neue Kult der Leidenschaft ebenso fern wie die altertümliche sittenrichterliche Kälte. Bewegt an Didos Seelenschicksal teilnehmend, ergreift er doch nicht für die Liebe gegen das Recht und den Willen des höchstens Gottes Partei. In der Gewalt der Liebesleidenschaft spürt er hier wie im dritten Buche der Georgica das zerstörende Wesen. Aber seine Liebeskraft spürt, geläutert und erhöht, unermüdlich das Schöne, Edle auf und umwirbt und preist es. Sie hat die ganze Welt neu erschlossen, daß sie sich wie verwandelt, beseelt und liebenswert darstellt. Lucrez macht sich vom Bann der Dinge frei, indem er die Welt entgöttert. Horaz übt die Weisheit der wohlverschanzten Burg, beobachtet alles, was draußen ist, klug und eher mißtrauisch und läßt nur vorsichtig das Ungefährliche an sich heran; zugewandt ist er der inneren Tüchtigkeit, Weisheit und Schönheit eines wohlgefügten menschlichen Daseins. Virgil ist gewiß nicht weniger verletzbar als die beiden, und er beginnt wie sie mit dem Rückzug vor der großen Welt. Des Bezirkes der musischen Stille bedarf er ebensosehr, ja wohl noch mehr als Horaz. Aber seine Stärke ist nicht gewaltsame Durchdringung der Welt mit Verstand und Willen noch entsagende Abwehr, sondern Liebe. Sie wendet sich nicht wie bei Horaz nur einwärts, sondern sucht vor allem außer sich das Liebenswerte als seiend im All. Sie fühlt in und mit allen Wesen und Dingen. Wie Aeneas in der Unterwelt schreitet sie auch durch alles Schmerzliche der Welt, bis sie die letzte Ruhe in der göttlichen Ordnung des Alls findet. Dieser Halt wiegt alles Lastende, Drohende auf. Diese Sicht erhellt alles Dunkel. Ein göttlicher Friede überwölbt alles Entzweite, Unauflösbare des Daseins. Hier treffen wir nun auf etwas Hohes und nicht leicht Auszusprechendes. Es ist für Virgil, sein Wesen und Werk so wesentlich, daß jede Betrachtung am Ende darauf stoßen muß, von welcher Seite sie sich auch dem Dichter nähern mag. Ob wir mit Virgil die Geschichte oder das All oder den Menschen darinnen anschauen, ob wir Virgils Art, sich im Dasein zu verhalten, zu begreifen suchen und ob wir dabei mehr auf die nach außen gewandte Kraft des Gemüts, die die Welt und die Geschichte sinnend erschließt, achten oder auf den sehnsüchtigen Drang zur Stille und Tiefe, ob wir endlich das Verhältnis von alledem zueinander ermessen: immer werden wir das Walten einer allumfassenden und man möchte sagen: heiligen Ordnung spüren. Anfang und Ziel des römischen Schicksals sind aufeinander bezogen, Bezug und Verhältnis bestimmen jede Gestalt, jedes Geschehnis darin, alles ist auf ein göttlich bestimmtes Ziel hin geordnet. Auch in dem Bereich, den die Georgica darstellen, ist nichts, was sich nicht durch klare, vielfältige Bezüge und Verhältnisse einem Ganzen einordnete, das zuhöchst auf einen göttlichen Geist deutet. Blicken wir auf den Dichter selbst, so finden wir zwar ein spannungsreiches, einzigartiges, nur diesem seltenen Wesen eigenes und angemessenes, aber eben ein angemessenes, ausgeglichenes Verhältnis zwischen Seele, Welt und Weltbild. Wir spüren einen Menschen, der sich so im Einklang mit einer allumfassenden göttlichen Harmonie befindet, daß sie in seinem Daseinsvollzug immer mit gegenwärtig ist. Und wir werden schließlich beglückt dessen inne, daß es in seinen Werken darauf eigentlich ankommt, mehr als auf alles einzelne Dies und Das.

In dem Gesagten liegt schon etwas, was wir jetzt noch ausdrücklich bemerken, daß es sich nämlich dabei nirgends um eine gewaltsam aufgezwungene Ordnung handelt, die ja immer eine steckengebliebene, unvollkommene Ordnung ist, weil sie in ihrem Fächerwerk fremden, ihr nicht angehörigen Stoff enthält. Wenn wir in Virgils Werken der Ordnung beglückt inne werden, so bedeutet das, daß sie frei ist: daß alles, was darin webt, durch Bezug, Verhältnis und Einordnung nicht unterdrückt und eingeengt ist, sondern sich vielmehr selbst erfüllt. Solche Ordnung, die allein vollkommen und allumfassend ist, heißt Schönheit.

Sinnfällig erscheint das, was wir meinen, in der Kunstgestalt der Gedichte. Und hier gelangen wir endlich zur Einsicht in Virgils Kunstart, von der bisher nur gelegentlich die Rede gewesen ist, wenn es sich um die einzelnen Werke handelte.

Kunstcharakter

Vielleicht wird man einwenden, das, was da soeben bezeichnet ist, sei nichts anderes als die Schönheit oder das Wesen des Kunstwerkes überhaupt. Und man wird damit Recht haben. Um Virgils Kunst zu würdigen, müßte man sie in der Tat von der anderer, verwandter Meister unterscheiden. Das würde nun freilich weit über die Grenzen dieses Versuchs gehen. Und doch ist schon damit nicht wenig gewonnen, daß wir erkennen, daß Virgil das eigentliche Wesen des Kunstwerks verwirklicht hat. Denn erst im Werk Virgils – und gleichzeitig im Werk Horazens – ist in Rom die Kunst zu sich selbst gekommen. Das unterscheidet die beiden Großen der Zeit des Augustus von allen früheren römischen Dichtern.

Ordnung – wir können jetzt auch sagen: Form – gibt es ganz gewiß, sobald es überhaupt Dichtkunst gibt. Aber zuerst und lange Zeit kennen und beherrschen die Dichter in Rom nur immer diese oder jene Form und Ordnung – Erzählformen, Klangformen, Wortstellungen, Gleichlauf und Gegensatz im Großen und Kleinen und dergleichen. Sie bilden in der früheren Zeit mit Kraft und Glück gewissermaßen an der Wortoberfläche ihrer Werke, sie erreichen das Kraftvolle, Charakteristische, unmittelbar Wirkende. Aber betrachtet man, was sie geleistet, von Virgil aus, so stellt sich heraus, daß sie keinen Sinn für das Ganze hatten, für das Zusammenwirken alles Einzelnen, was überhaupt im Kunstwerk mit im Spiele ist, zum lebendigen Ganzen, für die Verhältnisse und ihre schwebende Gesamtordnung. Man kann dafür auch sagen: sie kannten nur Einzelformen und Teilordnungen, ohne das Wesen von Form und Ordnung entdeckt zu haben. Ihre Formen sind darum gewalttätig und immer ein wenig barbarisch. Sie kannten die Schönheit nicht.

Virgil hat ebenso wie Horaz das Geheimnis der Form entdeckt, die Kunst zu sich selbst gelangen lassen. Nun ist nichts, was nicht musisch verwandelt an dem großen Zusammenklang der Schönheit auf seine Weise teilnähme, kein Wort, kein Klang, kein Bild, kein Gedanke, kein Gegenstand, kein Anliegen, nicht der Dichter selbst und sein Verhältnis zu Dingen und Wesen. Die Schönheit selbst, die Form selbst, die göttliche Ordnung selbst wird nun als solche eigens gespürt und gesucht; sie ist nun ein Hauptanliegen der Kunst – wobei Wert und Würde der Gegenstände nicht gemindert, sondern gehoben werden. So wird jedes Gedicht zu einem neuen Sinnbild der allumfassenden Ordnung, die sich dem Dichter erschlossen hat und nun in ihm und seinem Werke gegenwärtig wirkt. Anfang, Mitte und Ende und alles, was im lebendigen Nacheinander abläuft, findet sich zum organischen Gebilde zusammen, das als Ganzes dem betrachtenden Leser gegenwärtig sein soll. Denn das Ganze ist dem Dichter vor allem Einzelnen gegenwärtig gewesen und das Einzelne stets nur in Bezug und Verhältnis zum Ganzen. Das Ganze des Kunstgebildes nimmt an Würde und Hoheit dessen teil, was Virgil und Horaz als göttliche Ordnung des Alls oder als das Musische bezeichnet und verehrt haben.

Gerade das ist es, was die Kunstart dieser beiden nicht nur von der der frühen römischen Meister unterscheidet, sondern auch von Catull, der doch die Pflege von Kunst und Form um ihrer selbst willen auf das äußerste getrieben zu haben scheint, zumal in seinen größeren Gedichten. Gewiß läßt sich sehr vieles von dem, was wir von Virgil gesagt haben, auf ihn übertragen. Auch in Gedichten wie der Allius-Elegie oder dem Peleus-Epos Catulls findet sich alles Einzelne, indem es frei, ja mit lässiger Anmut gleitet und sich wandelt, zum geplanten Ganzen zusammen und ist durchaus von genauen, verschränkten Verhältnissen und Bezügen durchwaltet. Aber Form und Ordnung ist ihm einerseits strenge Technik, andererseits Vehikel seiner abenteuernden innern Kraft und Lebendigkeit, die, ihrer selbst mächtig geworden, sich in immer neuen Bewegungen erprobt und genießt; sie entbehrt der Hoheit und Weihe dessen, was göttlicher Art und Herkunft ist. So finden wir bei ihm die Schönheit und Lebensanmut des Geschöpfes, aber nicht jene eigentlich menschliche Schönheit, an der die Ahnung einer göttlichen mitwirkt. Form und Ordnung reichen bei ihm sehr weit, aber nicht bis zu dem allumfassenden Zusammenklang, der den beiden großen Dichtern der Zeit des Augustus eigen ist.

Von einer andern Seite als Catull ist Lucrez dem Virgil nahe gekommen. Indem er die befreiende Einsicht in die Natur verkündete, trug er das eine große Anliegen seines Daseins vor. Er hatte sich nicht willkürlich diesen oder jenen Gegenstand gewählt, sondern mit Notwendigkeit den einen, der für ihn das Höchste in der Welt war. Darin ist er weniger seinen Zeitgenossen als seinem Vorbild Empedokles und den größten unter den alten griechischen Dichtern und dann auch Virgil ähnlich, der sich, wenigstens in Georgica und Aeneis, auch die Gegenstände erwählt hat, an denen er jeweils sein Höchstes darstellen konnte – Gegenstände freilich, die mit dem höchsten Anliegen des Volkes, dem Virgil angehörte, und dem Vermächtnis der römischen Vergangenheit verbunden waren, während Lucrezens Gegenstand unversöhnt daneben stand. Doch diesen wichtigen Unterschied verfolgen wir hier, wo es sich um das innere Verhältnis des Dichters zu seinen Gegenständen handelt, nicht weiter und können so die beiden nahe zueinander stellen.

Diese Vergleichbarkeit macht jedoch die Grenze erst recht spürbar, die Lucrez bei aller Nähe doch nicht überschritten hat. Und dabei gibt sich eine überaus wichtige Seite des virgilischen Wesens genauer zu erkennen: die ausgeglichene Ordnung in seinem Verhältnis zu den Gegenständen.

Lucrez ist besessen und gebannt von seinem übermächtigen Gegenstand, beherrscht von der Lehre Epikurs bis in die Einzelheiten der beweisenden Gedankengänge und daran gebunden. Die verhältnismäßig unfreie Gestaltung seines Werkes im Großen und Kleinen, die zwar einteilt und an wichtigen Stellen bedeutenden Schmuck anbringt, aber im übrigen doch den Lehrstücken Epikurs nur immer Schritt für Schritt nachgeht, so gut es gelingt, bildet sinnfällig die Lage des Dichters ab, dem es an Freiheit, darüber zu verfügen, mangelt.

Lucrezens Zeitgenosse Catull ist von den römischen Dichtern der erste, der in der Nachfolge hellenistischer Dichter die freie Beweglichkeit des dichtenden Geistes im Verhältnis zu seinen Gegenständen besitzt und übermütig erprobt. Dafür fehlt ihm freilich der große Ernst Lucrezens.

Unfreier, gebannter Ernst und ungebundener Übermut, beide Verhältnisse zum Gegenstand haben etwas Ungeordnetes an sich, etwas Gewaltsames, was entweder dem Menschen oder dem Gegenstand nicht gerecht wird. Auch wenn man Lucrez bei seinem Verhalten zu den Dingen der Welt betrachtet, von denen in seinem Gedicht die Rede ist, drängt sich der Gedanke auf, dieses Geschlecht habe nur die Wahl zwischen Überwältigen und Überwältigtwerden gekannt. Denn man spürt es: Lucrez ist ein Mensch gewesen, der für den Zauber, die Verlockung und den Schrecken der Dinge und ihrer Hintergründe überaus empfänglich, ja bedrängt davon war. Die entzaubernde Lehre Epikurs, mit der er dem Drohenden zu Leibe geht, ist ihm zu einem Mittel gewaltsamer Unterdrückung geworden.

Bei Virgil nun kehrt sowohl Lucrezens Ernst und die innere Notwendigkeit im Verhältnis des Dichters zum Gegenstand wieder, wie auch die Freiheit Catulls, aber beides auf einer höheren Stufe und so verwandelt, daß eine Art gerechter Ordnung zwischen Dichter und Gegenstand waltet, ohne daß einer dem andern Gewalt antut. Der Ernst, mit dem Virgil jeweils sein höchstes Anliegen an würdigen, von den Hirtengedichten zur Aeneis immer höheren Gegenständen darstellt, ist nicht geringer als der Lucrezens. Aber das eigentliche Anliegen ist nicht stofflich in dem unmittelbar dargestellten Gegenstand enthalten. So ist das eigentliche Anliegen der Aeneis nicht in den erzählten Leiden und Taten des Aeneas beschlossen, sondern umfaßt das ganze römische Schicksal, ja reicht bis zur göttlichen Ordnung der Welt und des Daseins hinauf. Und ähnlich verhält es sich mit den Gegenständen der Georgica und der Bucolica. In ihnen stellt sich mehr als das dar, was sie unmittelbar sind. Als Sinnbilder und Gleichnisse bilden sie im Kleineren das große, allumfassende Anliegen Virgils ab, das unmittelbar und stofflich gar nicht im Gedicht dargestellt werden könnte. So gilt ihnen nun Ehrfurcht und Liebe des Dichters, aber nicht sein letzter Ernst, der jenem großen, mittelbar darin gegenwärtigen Anliegen vorbehalten bleibt, während die unmittelbar dargestellten Gegenstände dem Dichter Freiheit und Abstand lassen, so daß er frei gestaltend darüber verfügt. Ernst und Spiel, Notwendigkeit und Freiheit sind in schönster Ordnung miteinander vereinigt und versöhnt.

[1] W. Wili, Vergil; München 1930.
[2] Th. Haecker, Vergil, Vater des Abendlandes; Leipzig 1930.
[3] Zweitausend Jahre Vergil, Neue Schweizer Rundschau 1930, 720 ff., jetzt in: Kritische Essays zur Europäischen Literatur, Bern² 1954, 13 ff.
[4] Marginalien eines Vergillesers; Corona 1 (1931), 752 ff.
[5] Es seien besonders die Vorträge von W. F. Otto (Schriften der Straßburger Wissenschaftlichen Gesellschaft an der Universität Frankfurt a. M., Neue Folge, 13. Heft), J. Stroux (Vergil, München 1932) und W. Schadewaldt (in dem Sammelbande »Aus Roms Zeitwende« in der Reihe »Das Erbe der Alten« II 20, Leipzig 1931, jetzt in: Hellas und Hesperien, Zürich und Stuttgart 1960, 498 ff.) hervorgehoben.

[6] E. Bethe, Rheinisches Museum 47 (1892), 578 ff.
[7] F. Skutsch, Aus Vergils Frühzeit I. II., Leipzig 1901. 1906.
[8] F. Leo, Hermes 38 (1903), 1 ff., jetzt in: Ausgewählte kleine Schriften II, Roma 1960, 11 ff.
[9] G. Jachmann, Neue Jahrbücher für Wissenschaft und Jugendbildung 1922, 101 ff.
[10] G. Rohde, De Vergili eclogarum forma et indole, Berlin 1925 (= Klassisch-Philologische Studien, Heft 5), jetzt in: Studien und Interpretationen zur antiken Literatur, Religion und Geschichte, Berlin 1963, 11 ff.
[11] F. Klingner, Gnomon 3 (1927), 576 ff., jetzt in: Studien zur griechischen und römischen Literatur, Zürich und Stuttgart 1964, 246 ff.
[12] F. Klingner, Hermes 62 (1927), 129 ff., jetzt in: Studien ..., 1964, 225 ff.
[13] z. B. W. Kroll, Studien zum Verständnis der römischen Literatur, Stuttgart 1924, 188 ff.
[14] E. Burck, Hermes 64 (1929), 279 ff.
[15] F. Klingner, Hermes 66 (1931), 159 ff., jetzt in: Studien ..., 1964, 252 ff.
[16] K. Witte, Vergils Georgica, Erlangen 1927. M. Schmidt, Die Komposition von Vergils Georgica, Paderborn 1930.
[17] F. Klingner, Die Einheit des Virgilischen Lebenswerkes, Römische Mitteilungen 45 (1930), 45 ff.; in diesem Bande S. 274 ff.
[18] F. Klingner, Antike 3 (1927), 23; im vorliegenden Bande, S. 582 f.
[19] Eine Ausnahme: Oppermann, Vergil, Frankfurt a. M. 1938.

DIE EINHEIT

DES VIRGILISCHEN LEBENSWERKES

Gibt es eine Erkenntnis, mit der gerade unsere Zeit und die deutsche Altertumswissenschaft ihre Liebe und Verehrung für Virgil beweisen könnte? Vielleicht ist es die Erkenntnis der Einheit seines Lebenswerkes. Es soll damit hier nicht jene Einheit gemeint sein, die die natürliche Eigenart des Dichters hervorbringt, indem sie an allen seinen Werken erscheint. Sie steht auch bei Virgil nicht in Frage. Sondern es ist die geistige Einheit im Aufbau des Lebenswerkes gemeint, die man seit Niebuhr oft bestritten hat. Ein Dichter, den die Natur zum Lyriker bestimmt hat, vergreift sich im Stoff und quält sich die Aeneis ab, ein von vornherein verfehltes Zwittergebilde, weder Epos noch Geschichte: so etwa hat man oft einen sinnvollen, eine einheitliche geistige Welt bildenden Aufbau des virgilischen Lebenswerkes geleugnet. Nun, das Gute daran ist auf jeden Fall gewesen, daß damit wenigstens die Frage nach einer solchen Einheit gestellt ist. Denn vorher nahm man die Dreiheit der Werke, Bucolica, Georgica und Aeneis hin, ohne nach ihrer Einheit zu fragen. Jetzt muß man entweder tiefer eindringen oder den Feinden Virgils einen Mangel zugeben, der sich allerdings mit Größe nicht verträgt.

Aber ist es nicht von vornherein aussichtslos, nach einer solchen Einheit zu suchen, da wir doch wissen, daß Virgil aus eigenem Antrieb und völlig unabhängig nur die Hirtengedichte hervorgebracht hat, daß aber hinter dem Gedicht vom Landbau und dem von Aeneas der Wille des Maecenas oder des Augustus steht? Nein, es kommt nicht darauf an, daß Kunstwerke ohne einen Anlaß aus der äußeren Welt geschaffen werden, sondern darauf, daß alle solche Anlässe dem Sinne der inneren Welt des Künstlers eingeordnet werden. Immerhin ist es, von außen betrachtet, schwer zu denken, daß der zärtlich spielende Virgil der Bucolica, dessen zarte Gedichte in manchen Zügen an die phantastisch-leichten Reliefdarstellungen erträumten ländlichen Lebens an der Decke des Farnesinahauses im Thermenmuseum erinnern, zum Epiker geboren sein soll, und daß eine Einheit des Aufbaus von diesen Gedichten zur Aeneis reiche, die das Schicksal Roms und des Erdkreises in sich fassen mußte. Dringt man aber in das Innere der Bucolica ein, vergegenwärtigt man sich die Reihenfolge der Entstehung der einzelnen Gedichte und vergleicht man immer die früheren mit den darauffolgenden, so entdeckt man, wie das bukolische Gedicht dem Dichter gewissermaßen unter den Händen zu innerer Größe wächst, und zwar mit einer erstaunlichen Zielstrebigkeit. Der Beobachter kann es von einem Stück zum andern verfolgen, wie Virgil von der bloßen Einbürgerung einer nachklassischen Gattung der griechischen Dichtung in Rom immer mehr zu einer ihm ganz eigenen Dichtart kommt, die mit innerer Notwendigkeit zum Klassischen drängt.

Es lag damals im Zuge der Zeit, die verfeinerte Kunst der Alexandriner lateinisch zu bewältigen. Virgil begann nicht wie Horaz damit, daß er bewußt etwas ganz anderes in die Welt setzte, was eine Absage an den Geist der herrschenden römischen Dichtung enthielte. Er hatte sicher nur die Absicht, die theokritische Dichtart dem römischen Geistesbesitz einzuverleiben, wie es Catull und seine Kunstgenossen mit der Kunst des Kallimachos und anderer hellenistischer Meister getan hatten.

Virgil ist immer alles andere als ein Mann betonter Selbständigkeit gewesen, die sich gern in Gegensatz zu ihrer Umgebung stellt. Und so hat er sich denn auch in den beiden zuerst entstandenen Stücken der Bucolica, dem zweiten und dritten, so eng an Theokrit gehalten, daß man fast jedes Motiv aus ihm belegen kann. Freilich, bloße stilistische Versuche sind auch diese ersten Gedichte der Sammlung nicht. Vergleicht man sie aufmerksam mit ihren verschiedenen theokritischen Vorbildern, so bemerkt man ein grundverschiedenes inneres Verhalten des Dichters zu seinem Gegenstande und jedesmal eine künstlerische Idee, die mit Theokrit nichts mehr zu tun hat. Virgil schaut nicht beobachtend auf das Gebaren von kleinen Leuten mit ihren halb komischen, halb anheimelnden Sonderbarkeiten; er trennt sich innerlich gar nicht von seinen Hirten und ihrer Welt – nicht einem kuriosen Stück Volksleben, sondern einer verklärten Traumwelt –, er benutzt sie vielmehr gewissermaßen als Instrumente, um eine innere Musik, die in seinem eigenen Innern tönt, darauf zu spielen. Im Bereiche dieser Musik liegt denn auch das, was in diesen frühen Gedichten Virgil als künstlerische Idee vorschwebt, im Wechsel seelischer Bewegungen, in ihrem Rhythmus. Hier formt und baut Virgil selbständig; seine Komposition ist anders als die theokritische, vom Grundgesetz der übersichtlichen, klar gegliederten Einheit bestimmt, und zwar gilt das für die Komposition des einzelnen Verses sowohl wie der Versgruppen und des ganzen Gedichts. Diese Grundform seiner Komposition ist im Grunde dasselbe wie jenes ernsthaftere Verhältnis zu den Gegenständen seiner Gedichte; denn sie ist wesenhaft zugeordnet der im guten Sinne einfachen, durch keine Ironie und andere Spaltungen des Bewußtseins komplizierten Verfassung des Gemütes.

Diese ernsthafte Art Virgils ist nun offenbar die Bedingung für das Neue, das in dem wohl zunächst entstandenen Gedichte, dem Daphnisliede (5), auftritt. Tod und Apotheose des Daphnis ist der Gehalt der beiden Lieder, die zwei Hirten im Zwiegesang singen. Alles spielt sich in der bukolischen Welt ab, aber sie erfüllt sich mit einer Bedeutsamkeit, die den theokritischen Gedichten fernliegt. Die Idee eines Gottmenschen beherrscht das Gedicht, an dem Gedeih und Verderb der Welt hängen. Von seinem Tode wird sie krank, mit seiner Aufnahme in den Himmel wieder gesund. Nach dem Elend kommt eine gute Weltzeit; das Gedicht preist den Halbgott, der sie heraufführt. Hier tritt zum ersten Male die Idee eines Heilbringers und einer Zeitwende in die Dichtung Virgils, die er von da an wieder und wieder und zuletzt in der Aeneis ausgeformt hat.

Man hat schon im Altertum nicht ohne Grund angenommen, daß dabei Virgil an den Tod und die Apotheose Cäsars gedacht habe. Wie dem auch sein mag, soviel ist sicher, daß er eine in seinem Innern lebende Idee zum Gehalt eines bukolischen Gedichtes gemacht hat. Und es ist nicht unverständlich: gab es doch für ihn keinen Abstand und keine Schranke zwischen dem eigenen Innern und den dargestellten Gegenständen der bukolischen Welt seiner Gedichte. Er ist und wird immer mehr eins mit ihnen, und so geht immer mehr von dem, was in seinem Leben ist, in seine Hirtengedichte ein.

Noch läßt er freilich im Daphnisgedicht sich alles in der »geschichtslosen« bukolischen Welt abspielen. Im neunten Gedicht der Sammlung, das bald danach entstanden ist, hat er es gewagt, aus dieser Hirtenwelt, in der er als bukolischer Dichter lebt, einen Ausblick in die historisch-politische zu öffnen, ja diese gewalttätig in jene hereinwirken zu lassen. Und zwar sind es die Wirren der Bürgerkriege, die Landanweisungen Octavians an die Soldaten nach der Schlacht bei Philippi (42 v. Chr.), die in eine phantastische Verbindung mit der an sich zeitlosen bukolischen Welt gebracht werden. Sie waren in sein eigenes Dichterleben eingebrochen, und so läßt er sich's im bukolischen Gedicht abbilden. Ja, er ruft aus seiner friedlichen Welt hinaus in jene andere, tobende, und erinnert die Machthaber daran, was auch ihnen an Leben und Kunst des Dichters verlorengeht. Gegen das Ende des Gedichts taucht wieder die Idee der Zeitwende und des Heilbringers auf, nun nicht mehr im Unbestimmten der Hirtenwelt, sondern an eine Gestalt der historischen Ordnung geheftet: an Cäsar, dessen Tod und Apotheose Ende und Beginn einer alten und einer neuen Weltzeit ausmachen. Ein Gedicht wird gleichsam von fern gezeigt, in dem aus der großen politischen Welt das »Gestirn Cäsars«, die weltgestaltende Macht des Divus Julius, vermittelt durch seinen Sohn Octavianus, segensreich in eine friedlich ländliche Welt hereinwirkt, die nun schon mehr bäuerlich als bukolisch ist. Es ist deutlich, daß diese Idee später nicht verlorengegangen, sondern teils in der ersten Ekloge, teils in den Georgica verwirklicht ist.

In der betrachteten neunten Ekloge scheint es freilich so, als würden die Zeitwirren diesen Gedichtkeim mit dem Dasein des Dichters zerstören. Aber Cäsar Octavianus half ihm, und so konnte sich der Keim entfalten, das Gedicht entstehen, in dem der Gottmensch aus allen Wirrnissen der Bürgerkriege segensreich hereinwirkt in die Welt der Hirten: die erste Ekloge. Von einem Vordergrunde aus, in dem wie in der neunten Ekloge Hirten einander begegnen, deren Dasein in die Bewegungen der Soldatenansiedlungen gezogen worden ist, wird gewissermaßen in der Ferne das wunderbare, große Rom sichtbar, und Rom ist die Sphäre eines irdischen Gottes, dessen Epiphanie und hilfreiches Wirken der eine der beiden Hirten, Tityrus, dort erlebt hat und nun preist. In einer herrlichen Komposition hat es Virgil erreicht, die Spannung auf das Geheimnis dieses Gottes lange hinzuhalten, dann im freien Hinströmen des Preisens zu lösen, ohne doch dem Gottmenschen im fernen Rom den Nimbus des Geheimnisses zu nehmen. Aber jeder Leser weiß, daß es der junge Cäsar Octavianus ist, den der Hirt Tityrus und durch ihn Virgil meint und als Soter, als Heilbringer rühmt. Damit hat sich die Idee des Rettergottes, der die Wirren der Zeit zum Guten wendet, viel unverhüllter als in jenen Andeutungen vom »Gestirn Cäsars« an den jungen Cäsar, den späteren Augustus, geheftet.

Freilich nur an Tityrus selbst hat sich bisher seine rettende Macht verwirklicht; ringsum brandet noch zerstörend die Wirrnis der Bürgerkriege. Die Stimme des zweiten Hirten, der ins Elend muß, faßt in sich das Leiden Italiens und des Reiches. Beide Seiten, der Glaube an die Göttlichkeit und helfende Kraft des jungen Cäsar und das Bewußtsein tiefer Zerstörung ringsum, gehören zusammen und machen zusammen das Gegenwartsbewußtsein Virgils aus. Und das bukolische Gedicht ist derart über sich selbst hinausgewachsen, daß es diese weitreichende Deutung der Zeit in sich aufzunehmen vermag. Man darf wohl sagen: gewachsen; denn Virgil hat im Grunde nicht, durch äußere Rücksichten bestimmt, der Dichtart Gewalt angetan. Er hat nur die bukolische Welt mit ihren Hirten zu dem erträumten Raum seines eigenen Daseins gemacht, mit seinen eigenen inneren Stimmen erfüllt und, der Reichweite seines eigenen Geistes entsprechend, geöffnet, Ausblicke und Zugänge in die ferne große Welt da draußen geschaffen und das historisch-politische Leben hereinbranden lassen. Von Theokrit ist nicht mehr viel übriggeblieben.

So wandelt sich eine hellenistische Gattung in etwas sehr Römisches um, indem die an sich geschichtslose bukolische Welt ihre Verbindung mit der geschichtlichen Wirklichkeit Roms findet. Und so wächst die augusteische Dichtung in Virgil unvermerkt über die vorklassische Art seiner älteren Kunstgenossen hinaus, indem sie die höchsten, wichtigsten Anliegen Roms in sich aufnimmt. Und schließlich strebt so Virgils Dichtung der Aeneis zu.

Noch einen Schritt weiter geht er in der berühmtesten der Eklogen, jener Prophetie, in der er die Geburt eines Kindes ankündigt, mit dessen Geburt die ganze Welt gesunden werde. Die ganze Welt ist es, die hier das Wirken des Rettergottes umgreift, nicht bloß das einzelne Leben des Dichters. Aber nur in einer Prophetie kann das gezeigt werden, denn noch ist die Welt voll Verzweiflung. So in der weihevollen Weltstunde, in der, den andern Menschen verborgen, eine neue Zeit und Weltordnung geboren wird, auf der Grenze zwischen zwei Zeiten sieht der Dichter als Prophet vorwärts in das kommende neue Reich, das sich mit dem Leben des Gottmenschen in der Welt verwirklichen wird.

Das formale Motiv der Prophezeiung in einer Schicksalsstunde stammt aus dem berühmten Gedicht Catulls von der Hochzeit des Peleus mit Thetis, wo die Parzen das Heldenleben des Achilleus verkünden. Bei Virgil hängt das achillesartige Heldentum, das die Welt noch einmal sehen soll, mit einem letzten Rest der Schuld des Menschengeschlechtes zusammen; die neue Zeit wird nicht von tragischem Heroismus erfüllt sein, sondern von Harmonie und Friede.

Es ist freilich nur ein Teil der Hirtengedichte, in denen dieser Wandel, dieses Wachsen der Aeneis entgegen stattfindet, und keineswegs hat es der Dichter verschmäht, immer weiter auch Gedichte zu schaffen, die nichts mit dem Schicksal der geschichtlichen Welt zu tun haben. Und auch bei den eben hervorgehobenen Stücken ist es nach den vorgetragenen Betrachtungen gut, sich zu erinnern, daß sie doch auch trotz allen Ansätzen zu Größerem gewissermaßen *sub tegmine fagi*, im Baumschatten, abseits entrückt und geborgen, gesungen sind. Aber das Entscheidende ist doch, daß es

eine solche Entwicklung in den Hirtengedichten gibt. Die schweren Erschütterungen des Daseins hätten an sich wohl dem schönen Spiel der bukolischen Dichtung ein Ende bereiten oder die Schönheit nehmen können, wenn sich äußere Rücksichten als etwas Fremdes eingedrängt hätten, aber niemals hätten sie die Kunstform verwandeln und neue Schönheit so hoher Art wie die der ersten und vierten Ekloge schaffen können. Dazu war eine ursprüngliche Fähigkeit nötig, die höchsten historisch-politischen Anliegen des ganzen Zeitalters dichterisch zu schauen und so zu gestalten, daß die Besten der Zeit das Beste ihres Denkens und Empfindens darin wiedererkennen mußten. Diese Fähigkeit anerkennen heißt aber zugeben, daß die große epische Verherrlichung der augusteischen Zeitwende, die Aeneis, in gewissem Sinne ursprünglich in Virgil angelegt war.
Aber die Georgica, an denen Virgil nach den Bucolica zu arbeiten begonnen hat, sind ja doch auf Geheiß des Maecenas entstanden, wie Virgil selbst sagt: *tua, Maecenas, haud mollia iussa.* Ist das nicht Klienten- und Hofpoesie? Hat nicht hier Niebuhr und die, welche ihm nachgesprochen haben, Recht, wenn sie die organische Einheit des Lebenswerkes leugnen?
Gewiß, Cäsar Octavianus hatte Virgil geholfen und Maecenas ihn in seinen Kreis aufgenommen, so wie sich einst fast ein und ein halbes Jahrhundert früher die Fulvier des Ennius und dann viele römische Große der Dichter angenommen hatten, von denen sie die Verewigung ihrer Taten oder doch ihres Namens erwarteten, bis herab zu Memmius, dem Patron des Lucrez. Aber die Erinnerung an diese Schutzverhältnisse zeigt nicht bloß die Ähnlichkeit, die in der römischen Gesellschaftsordnung überhaupt begründet ist, sondern auch den Unterschied. Fast in allen jenen Verhältnissen handelte es sich in der Hauptsache darum, daß der Dichter für den Nachruhm seines Beschützers zu sorgen hatte und als Gegenleistung seinen Lebensunterhalt

empfing. Im Falle des Augustus und des Virgil und Horaz erschöpft sich die Verbindung nicht hierin. Die beiden Dichter vertreten in der Dichtung eine Gesinnung und einen Lebensstil, der der Ordnung des Augustus überhaupt gemäß ist. Aber es ist nicht der Wille des Machthabers, oder die Überzeugungskraft der fertigen augusteischen Ordnung, was sie dazu bringt; denn längst bevor der junge Cäsar daran denken kann, Rom eine neue Form und Ordnung zu geben, beginnt dieser Stil und diese Gesinnung, der Wille zu Ordnung, Klarheit, Maß, zum Gesunden, Erhaltenden, Beständigen, in der Dichtung jener beiden Dichter zu herrschen. Man muß hier geradezu von einer prästabilierten Harmonie sprechen. Das Verhältnis zwischen den Mächten der politischen Ordnung und dem Dichter tut der Kunst keine Gewalt an, sondern lockt aus dem Innern des Dichters das hervor, was darin nach Entfaltung strebt, und so kann zum ersten Male wieder seit Jahrhunderten große Dichtung entstehen, die sozusagen mit gutem Gewissen »politisch« sein darf. Die Einordnung in die augusteische Politik und das Schutzverhältnis zu Maecenas ist kein triftiger Einwand gegen den Dichter Virgil und die innere Einheit seines Lebenswerkes.

Was übrigens Virgils Worte von dem schweren Gebot des Maecenas betrifft, so ist gar nicht gesagt, daß Maecenas Virgil ein kulturpolitisches Manifest aufgenötigt habe; es ist möglich, daß er den Plan zunächst rein literarisch gemeint hat. Ja, es ist sehr möglich, daß er nur eine Absicht Virgils mit seinem Willen bekräftigt hat. In jedem Falle ist die wesentliche Frage die, ob das Gedicht vom Landbau als etwas Fremdes Virgil aufgenötigt worden ist, was die innere Einheit des Lebenswerkes sprengte, oder ob es sich, gleichviel ob von andern gewünscht oder nicht, dessen einheitlichem Aufbau einfügt.

Daß sich Virgil der bukolischen Dichtung zuwandte,

hat seine Bedingung und wohl auch seinen Anlaß in einem literarischen Ereignis; nicht lange vorher waren Theokrits Werke durch eine neue Ausgabe mit Erklärungen leichter zugänglich geworden. Aber der eigentliche Grund muß in Virgil selber liegen, muß eine ursprüngliche Neigung sein, im ländlichen Dasein das zu sehen, was Gedanken und Herz befriedigt.

In den Hirtengedichten bedient sich diese echt italische Neigung freilich noch der hellenistischen Bukolik, und epikureische Freude an harmonischem Genuß in friedlicher Landschaft spielt wohl auch eine Rolle dabei. Aber von Anfang an und dann immer mehr zeigt es sich, daß dahinter etwas anderes wirksam ist, so wenn Virgil im frühesten Stück der Sammlung von der Rast der Schnitter und der abendlichen Heimkehr der Zugochsen spricht und sonst das bäuerliche Leben mit seiner Arbeit in das der Hirten hereinspielt, wo man außer Dichten, Lieben, Singen nicht allzuviel zu tun hat. Vollends in den späten Stücken, die vorhin hervorgehoben worden sind, spricht sich das Denken und Empfinden des italischen Landmanns aus: unter »Cäsars Stern« kann der Bauer ruhig Obst- und Weinpflanzungen anlegen, seine Arbeit ist nicht umsonst; Meliboeus ist erbittert darüber, daß der wohlbestellte Boden Italiens in die Hände von Soldaten barbarischer Herkunft aus den Provinzen kommen soll: »Für sie haben wir unsere Felder bestellt!«

So tritt unter der Einwirkung der Zeiterlebnisse auch hierin etwas Tieferes zutage, und dem konnte auf die Dauer die theokritische Dichtart nicht genügen: die Georgica kündigen sich schon in den Bucolica an, sie gehen als etwas innerlich Vorbereitetes aus Virgils Geiste hervor.

Denn das ist eben der Unterschied: das wirkliche italische Bauernleben ist es, was Virgil in den Georgica darstellt, nicht mehr ländliches Leben überhaupt in bukolischer Form, das nirgendwo und überall da ist, wo der Dichter ist.

Und dieses italische Bauernleben sieht Virgil nun im

Lichte hoher Bedeutsamkeit. Das erkennt man vor allem an den sogenannten Exkursen, die freilich nicht bloß Erholungen für den Leser bei fremden Gegenständen sind, sondern Ausblicke auf einen Weltzusammenhang, in den das dargestellte ländliche Leben eingeordnet ist und den der Dichter bei seinen Darstellungen immer tief im Bewußtsein trägt.

Zunächst hält das Bauernleben den Menschen frei von den Seelenqualen, die mit den heftigen Erregungen, mit Furcht, Mitleid und Neid verbunden sind, vollbringt also dasselbe, was nach Virgils epikureischen Lehrern die Philosophie tut. Der Landmann ist sozusagen ein Weiser im kleinen und besitzt schon irgendwie die Gesundheit des Lebens, die die Philosophie verspricht.

Aber das Bauernleben verkörpert nicht nur ein allgemeines Ideal, sondern es ist das ursprüngliche Leben Italiens; Roms Herrlichkeit beruht darauf. Es ist nicht nur das ideale Gegenbild der verwüsteten Gegenwart, sondern auch ein übriggebliebener Rest des eigenen reineren Ursprungs und der besseren Vergangenheit. Die Gegenwart ist im ganzen ein Abfall von diesem richtigen Leben. Jene Idee der guten Zeit hat sich in der römischen Urzeit, hat sich in der Geschichte festgesetzt.

Fast könnte es so scheinen, als ziehe sich Virgil mit seinem Denken und Empfinden aus der Verheerung zurück in die reineren Bezirke dieses Lebens, das allein noch aus besserer Vorzeit zurückgeblieben ist, und als blicke er nur mit Entsetzen hinaus auf das, was da draußen in der großen Welt geschieht; als habe er seinen Glauben an den Beginn einer besseren Zeit aufgegeben. Aber da ist wieder der junge Cäsar Octavianus; in ihm leben göttliche Kräfte, die der zerstörten Zeit aufhelfen können, wenn er der Erde erhalten bleibt und nicht das göttliche Dasein vorzieht, das ihm nach seinem irdischen Leben bevorsteht. Er ist es, um dessentwillen Virgil noch hoffen und am gegenwärtigen Staatsleben innerlich Anteil nehmen kann.

Diese Idee des Heilbringers in der entscheidungsvollen Zeit ist nun mit der vertieften Idee des italischen Bauernlebens in Zusammenhang getreten. Wohl besteht auch noch das alte Verhältnis, daß Cäsar Octavianus für die armen Landleute der halbgöttliche Helfer ist, aber dazu ist etwas Neues gekommen. Im Geiste Virgils taucht ein großes historisches Bild auf, das die ganze römische Vergangenheit und die Gegenwart umfaßt und die Gegenwart deutet. Italien ist das saturnische Land; sein eigentliches, ursprüngliches Wesen ist in der Urzeit unter Saturn in dem friedlichen, gerechten Zustand der goldenen Zeit verwirklicht gewesen. Das Bauernleben ist ein Rest davon, der sich in die von Schuld und Leiden zerstörte Gegenwart herein gerettet hat. Es ist die Grundlage, auf der sich die Majestät Roms und sein Weltreich aufbaut, es hat die römischen Menschen hervorgebracht und damit schließlich auch Cäsar Octavianus, der jetzt Vorkämpfer des italischen Wesens ist. In ihm, dem Sieger von Actium über Antonius, über Ägypten und Asien, ist eben dieses Italien wieder zu Glanz und Glorie gekommen, dessen uralten Ruhm Virgil im Bauernleben besingt. Es ist schließlich ein großer Schicksalszusammenhang, der jene frühe Herrlichkeit und das neue Heil umfaßt, das Cäsar bringt. Und das Bauernleben, das Virgil besingt, verbindet beides miteinander.

Das ist der tiefe Zusammenhang, der in diesem historischen Bilde zwischen dem Heilbringer Cäsar und dem Gegenstand des virgilischen Werkes besteht. Die Ereignisse der Zeit: der Kampf Cäsars gegen Antonius und damit des Westens gegen Ägypten und Asien, und der Sieg des Westens bei Actium, haben die Idee ausgestalten helfen. Der Gegensatz gegen den Osten hat Virgil veranlaßt, italisches Wesen von dem barbarischen des Ostens abzugrenzen[1]. Der Osten ist reich an Kostbarkeiten, die in Italien unerhört sind, aber auch an

[1] Zum Folgenden vgl. S. 31 ff

Schrecknissen der Natur, die man in Italien nicht kennt. Ja, selbst die Kostbarkeiten zerstören das menschliche Leben, indem sie über sein Maß hinausgehen und schrankenloses Begehren und Streben erzeugen. Das ist barbarisches Wesen, angelegt schon in der Natur des Landes. Italien dagegen mit seinem Getreide, Öl und Wein, mit seinen ausgeglichenen Jahreszeiten und mit seinem Viehstand, kurz, mit seiner Lebensfülle, hat alles, was das menschliche Leben fördert und erhält, aber nichts, was in irgendeiner Richtung über dieses menschliche Maß hinausgeht und es zerstört. Es ist das eigentlich menschliche Land. Es hat nicht nur von saturnischen Zeiten her im Bauerntum den Inbegriff menschlicher Weisheit als geschichtlich ererbten Besitz, sondern es ist schon durch seine landschaftliche Natur dazu bestimmt, ein Land der Mitte zwischen den Gegensätzen, ein Land des ackerbauenden Menschen, ein Land des Maßes zu sein und deshalb die Idee der Mitte und des Maßes gegen das Barbarentum zu verteidigen. Unter diesem Aspekt hat der Sieg des Octavianus über Antonius, des Westens über den Osten, eine besondere Bedeutung, ähnlich der, die die Griechen ihrem Siege über die Perser zuschrieben: die Normen und Ideale der Kulturwelt haben mit diesem Siege über die Barbarei gesiegt. Der Dichter aber, der im Bauernleben »den uralten Ruhm« Italiens verkündet, kann sich mit Cäsar Octavianus im Bunde fühlen: sie wirken beide im Dienste Roms und Italiens, der eine, indem er Roms Majestät, die sich aus dem Bauernleben des alten Italien erhoben hat, wieder verwirklicht und im Kampfe gegen die drohende Barbarei siegreich zur Geltung bringt, der andere, indem er das verpflichtende Bild der Vorzeit dichterisch erhöht und damit gewissermaßen zeigt, wo die Wiederherstellung Roms und Italiens im Innern beginnen müsse.

Diese letzte Ausgestaltung seiner Idee in den Georgica setzt also die Schlacht bei Actium voraus, und man spürt darin die Erhebung, die damals die Römer erlebt haben müssen. Ein großer Teil des ganzen Werkes muß damals schon ausgeführt gewesen sein. Aber die neuen Gedanken drängen sich auch hier nicht störend ein, sondern fügen sich organisch an das, was damals schon fertig gewesen ist. Schon vorher hat sich die Auffassung des Landlebens sozusagen historisiert und zu einem Bilde der italischen Urzeit entwickelt, schon vorher auch das Bild des göttlichen Retters weiter historisiert, indem der junge Cäsar an das Ende des tragischen Zusammenhanges der römischen Geschichte gestellt ist. So ist immer mehr Rom und Italien in die Mitte der Gedankenwelt Virgils getreten. Es handelt sich immer weniger um das Schicksal der Landleute, in deren Welt sich der Dichter begeben hat, und das segensreiche Hereinwirken des Gottmenschen in dieses Dasein, und immer mehr um die ganze *res Romana,* worin das Landleben ein bedeutsamer Teil ist, und um die Entscheidung des römischen Schicksals in der Gegenwart. Nach den Jahren banger Spannung muß dann der Sieg bei Actium wie eine Erlösung gekommen sein und der längst bereitliegenden augusteischen Rom- und Italien-Idee zur Vollendung verholfen haben.

Diese Anschauung ist das, was abgesehen von allen anderen Schönheiten, über die viel zu sagen wäre, die unvergleichliche Würde dieses Lehrgedichtes ausmacht. Ja, sie hilft hier eine neue Art dichterischer Darstellung begründen, bei der in einem beschränkten, unmittelbar dargestellten Gegenstande ein größerer, der jenen umgreift, mit gegenwärtig wird und dem kleinen Bedeutsamkeit gibt.

Die zuletzt betrachtete Entwicklung der virgilischen Idee weist nun aber bereits über die Georgica hinaus. Die historisch-politische Ordnung konnte in den Bucolica nur in der Perspektive der Hirten dargestellt werden und auch in den Georgica nur gelegentlich, wenn der Gedanke vom Einzelnen auf das Ganze des römischen Schicksals gerichtet wurde. An sich selbst konnte sie allein im Epos dichterisch dargestellt werden, und da sie während der Entstehung der Georgica immer mehr in die Mitte der Gedankenwelt des Dichters gerückt war, so strebte seine Entwicklung mit Notwendigkeit zum Epos.

Wie aber sollte das Epos aussehen, das die römische historisch-politische Ordnung in sich faßte in ihrer ganzen zeitlichen Erstreckung von den Anfängen an bis zu Cäsar Octavianus und mit ihrer tiefen Beziehung zwischen Urzeit und Gegenwart? Die Schlacht bei Actium, die dem Dichter seinen Glauben an die Zeitwende und an Octavianus bestätigt und das welthistorische Bild zur Vollendung gebracht hatte, war es verständlicherweise, woran sich der erste Plan anknüpfte. Noch in den Georgica, am Anfang des dritten Buches, hat Virgil einen solchen Plan in Form einer bildlichen Anschauung angedeutet. Danach erwartet man ein Epos zur Verherrlichung des Cäsar Octavianus, seines Sieges bei Actium und der Beendigung der Bürgerkriege. Einen urgeschichtlichen Hintergrund deutet Virgil durch die Gestalten der troischen Ahnen an. Hätte er diesen Plan ausgeführt, so hätte er ein historisches Epos geschaffen, das vielleicht eine schönere Oberfläche gehabt hätte als die vielen, die in Rom seit der Zeit des Hannibal, seit Naevius und Ennius zur Verherrlichung irgendeines Menschen oder einer Kriegstat entstanden waren, aber im wesentlichen nur eins unter vielen gleichartigen gewesen wäre. Virgil trat nämlich in eine fast zweihundertjährige Tradition des römischen Epos ein, die Naevius begründet und bis zu Virgil hin entscheidend bestimmt hatte. Darin lag eine gewisse Belastung und eine Gefahr für den organischen Aufbau des geplanten dichterischen Monumentes der augusteischen Zeitwende. Virgil ist dieser Gefahr nicht erlegen, und es gehört zu den erlesenen Freuden unserer Wissenschaft, zu sehen, wie Virgil seinen ersten Plan umschmilzt, wie er dabei sowohl den Forderungen seiner Zeitwende-Idee wie denen der griechischen und römischen literarischen Tradition gerecht wird und wie daraus ein Epos von ganz neuer innerer Form entsteht.

Seit Naevius galt die große Epik der Römer der *res Romana*, nicht einem Heros wie Achilleus oder Odysseus oder Iason. Seit Naevius erzählte man ein Ereignis aus der nahen Vergangenheit; eine kürzere Darstellung aus der Urzeit bildete den erhabenen Hintergrund. Ennius hat dann das römische Epos homerisiert, indem er nicht nur den homerischen Hexameter einbürgerte, sondern auch möglichst alles in homerischem Darstellungsstil erzählte, während Naevius zwar für die Erzählungen aus der Urzeit einen hellenisierenden Darstellungsstil verwandt hatte, für den ersten punischen Krieg aber, den Hauptgegenstand seines Epos, einen völlig davon verschiedenen, römischen. Diese Verschiedenheit des Stils in einem einzigen Werke war also dadurch, daß Ennius alles homerisiert hatte, beseitigt, aber trotzdem war das Ergebnis dieser Hellenisierung bei aller Größe der Leistung und trotz allem, was an Ennius immer bewundernswert bleibt, im Grunde barbarisch. Denn Ennius erlebt nicht etwa die nahe Vergangenheit in homerischer Form und mythisch, sondern er travestiert die innerlich gar nicht umgestalteten Geschehnisse der nahen Vergangenheit ins Homerische. Etwas, was seinem Wesen nach nicht episch ist, umkleidet er mit epischer Oberfläche und epischem Ornament. Er hat keinen Sinn für epische Dimensionen. Und Einheit der Teile in sich und Einheit des Ganzen mit Anfang, Mitte und Ende und angemessenen Proportionen gibt es bei ihm nicht: er schreibt an seinem Epos, solange er lebt, und der pure Zufall seines Todes setzt dem Werke sein Ziel.

War aber denn diese unreine Form, abgesehen von allem Mehr oder Weniger, nicht im Grunde notwendig, solange es das Epos nicht mit der ein für allemal abgeschlossenen heroischen Welt, sondern mit der Geschichte zu tun haben wollte? Viele Römer haben nach Ennius in seiner Form römische Geschichte dargestellt. Catull verfolgt einen von ihnen mit seinem Hohn, aber Lucan hat sich noch achtzig Jahre nach Virgil dieser Form bedient. Und die Gönner Virgils haben gewiß nichts anderes erwartet. Es wäre leicht für ihn gewesen, sich abzufinden und in die Reihe der anderen zu treten. Dann hätte er etwa nach irgendeiner kleinen Erzählung von den troischen Ahnen des julischen Hauses Aufzeichnungen über den aktischen Krieg vorgenommen, hätte daraus ausgewählt, das Geeignete in seinen Massen geordnet und mit Licht und Schatten versehen und vielleicht in einigen Einlagen Betrachtungen über die Bedeutsamkeit der Ereignisse gegeben. Virgil hat auf diese bequeme Möglichkeit verzichtet, das Problem, das seit Ennius bestand, gelöst und damit zugleich die organische Einheit seines Lebenswerkes gerettet. Er hat es verschmäht, den Ereignissen der nahen Vergangenheit wie ein Geschichtsschreiber erzählend zu folgen. So konnte man ja doch niemals weder das Ganze des römischen Schicksals bewältigen noch die epischen Dimensionen wahren. Denn episch wird die Erzählung noch nicht dadurch, daß man beliebige kleine Stücke aus verschlungenen Ereignissen schneidet und ausführlich erzählt. Sondern es ist dafür eine lückenlose Kontinuität der Zeit erforderlich. Der Gedanke muß sich in sinnlicher Anschauung vom ersten bis zum letzten Gegenstande der Darstellung fortleiten können. Außerdem war es von vornherein ein Unding, die Form, die ein für allemal mit der »mythischen« Welt verbunden war, auf Gegenstände und Zeiten zu übertragen, denen nun einmal andere Formen des Auffassens und Erzählens gemäß waren. Endlich fehlte einem Ausschnitt aus der eigentlichen Geschichte der für das Epos notwendige Zusammenhang mit einer weiter reichenden Sagenwelt.

Ein künstlerisch so fragwürdiges Beginnen hat also Virgil aufgegeben. Wenn trotzdem das römische Schicksal in seiner Gesamtheit und insbesondere die augusteische Zeitwende, von der ja Virgils Denken ausgegangen war, Gegenstand der Dichtung bleiben sollte, so mußte er einen episch möglichen Ausschnitt wählen, in dem das Ganze potentiell enthalten war. Genau das hat er in der Aeneis getan; das ist das Neue in der Geschichte der Epik, die neue innere Form des Epos, vermöge deren die Darstellung eines kleinen, aber entscheidungsvollen Abschnittes aus mythischer Zeit das ganze Schicksal Roms potentiell enthält, so wie Aeneas auf seinem Schilde in bildlicher Darstellung Ruhm und Schicksal seiner Nachfahren trägt. Diese innere Form gibt den Gestalten und Handlungen der Aeneis eine Bedeutsamkeit, die dem Epos bis dahin fremd gewesen ist, indem sie alles auf das Ganze des mit religiöser Verehrung betrachteten römischen Schicksals und damit schließlich auf den göttlichen Weltplan bezieht. In diesen überpersönlichen Ordnungen erfüllt sich der Sinn der Gestalten und Handlungen. Die Leiden des homerischen Vorbildes des Aeneas, Odysseus, erfüllen sich, indem er heimkehrt; die Leiden des Aeneas erfüllen sich zwar in gewissem Sinne mit seinem Sieg über Turnus, aber doch auch wieder nicht, sondern erst schrittweise mit der jenseits der Erzählung liegenden Gründung und dem Wachstum Roms und mit der Vollendung seiner Herrlichkeit durch Augustus. So gibt auch Teiresias in der Odyssee Kunde nur vom Schicksal des Odysseus und der Seinen daheim; die Kunde des Anchises in der entsprechenden Hadesfahrt der Aeneis bezieht sich, bis auf ein paar Verse, die Virgil kaum hätte stehen lassen, wenn er die letzte Hand an das Werk hätte legen können, nicht auf das persönliche Schicksal des Aeneas, sondern auf das der überpersönlichen *res Romana* bis auf Augustus hin. Aeneas handelt zwar, aber seine *pietas* macht, daß durch ihn letztlich der göttliche Weltplan handelt, der schließlich auf Augustus und seine Ordnung der Dinge zielt.

Wenn aber das τέλος das Bewegende ist, so bewegt

wirklich die Idee des römischen Schicksals, der Zeitwende und des Augustus, des göttlichen Retters und Vollenders der römischen Bestimmung, die ganze Handlung des Epos von Aeneas, jene Idee, die seit der Zeit der Bucolica in Virgil wirksam gewesen und seitdem gewachsen und immer mehr in die Mitte des virgilischen Denkens gerückt war.

VIRGIL UND DIE GESCHICHTLICHE WELT

Virgils Leben reicht durch die fünf Jahrzehnte zwischen den Jahren 70 und 19 v. Chr. Das bedeutet, daß er Geschichte größten Stiles aus nächster Nähe mit angesehen und mit erlebt hat. Er war zwanzig Jahre alt, da geriet Rom, nachdem es seit mehr als einem halben Jahrhundert an unaufhörlichen Krisen gekrankt hatte, in den Sturm der Bürgerkriege, die zwei Jahrzehnte lang – also ungefähr vom zwanzigsten bis zum vierzigsten Lebensjahre des Dichters – ohne lange Pausen aufeinander folgten und den Bestand von Staat und Reich tödlich gefährdeten. Cäsar führte mit der Macht, die er sich in Gallien geschaffen hatte, seinen Krieg gegen Pompeius und die durch den Senat herrschende Aristokratie und damit gegen den römischen Staat, wie er bisher bestanden hatte; er siegte bei Pharsalus im Jahre 48 und überwand in etwa vier Jahren seine Gegner in Ägypten, Kleinasien, Afrika und Spanien. Aber kaum war er Herr des ganzen Reiches, da fiel er an den Iden des März des Jahres 44 den Anhängern der römischen Tradition, die er gering geachtet hatte, zum Opfer, und der Krieg zwischen altem Freistaat und neuer »Gewaltherrschaft« begann von neuem, bis im Jahre 42 Cäsars Erben und Nachfolger bei Philippi siegten und damit die Hoffnung auf die Wiederkehr des alten Gemeinwesens für immer zunichte machten, ohne Ruhe und Frieden bringen zu können. Denn Sextus Pompeius, der Sohn des bei Pharsalus unterlegenen »großen« Pompeius, hatte inzwischen die Reste der Besiegten an sich gezogen und eine Flottenmacht aufgestellt, mit der er die See beherrschte, und zwischen den Siegern, von denen Cäsar Octavianus, der spätere Augustus, und Antonius gewissermaßen jeder einen neuen Cäsar in sich bargen, konnte es keinen langen Frieden geben. So mußte denn erst der Seekrieg gegen Sextus Pompeius ausgefochten werden und endlich der Kampf zwischen den beiden Erben der unermeßlichen Macht Cäsars. Der entscheidende Sieg bei Actium im Jahre 31 brachte Octavian dorthin, wo sein Adoptivvater vor seinem gewaltsamen Ende gestanden hatte: er war der unbestrittene Herr der römischen Welt.

Diese Kriege sind mit größeren Heeren ausgefochten worden, als früher gegen äußere Feinde aufgeboten worden waren. So zehrten sie denn auch schlimmer an Roms Kräften. Dazu kam, daß der Sieger jedesmal das Eigentum seiner politischen Gegner einzog, um seinen Soldaten und Anhängern den versprochenen Lohn zu zahlen, so daß jeder Bürgerkrieg zugleich den Umsturz der Besitzverhältnisse mit sich brachte. All das konnte wie ein Verhängnis ohne Ausweg erscheinen, das zum völligen Untergang führen mußte. Denn welches andere Ende stand zu erwarten, solange noch ein Machthaber hoffen konnte, morgen den Sieger von heute zu stürzen und sich selbst an seine Stelle zu setzen?

Nun aber geschah das Denkwürdige, daß der Sieg bei Actium mehr als einer in der Reihe der Bürgerkriegssiege, als ein weiter in der gleichen Richtung dem Verderben zutreibendes Moment war; er war Ende und Anfang, das Ende der Bürgerkriege, der Anfang der Kaiserzeit. Was einst Cäsar nicht gelungen war, gelang Augustus: den Lauf des Verhängnisses aufzuhalten, den Sturz aufzufangen, dem erreichten Zustand Dauer zu geben. Es gelang ihm auch, die Menschen innerlich für sich zu gewinnen. Nach dem Siege ist an Augustus, dessen Anfänge doch furchtbar und blutig gewesen waren wie die irgendeines Machthabers der Revolution, eine andere Seite hervorgetreten: der Bewahrer und Erneuerer, der Augustus der Restauration, der Sinn für römische Tradition und ihre Werte, für Werte überhaupt, hatte; der Mann, der sich im Einklang mit den besten Geistern der Zeit fühlen konnte.

Virgil hat diesen furchtbaren Wandel der Dinge nicht als mitwirkender Politiker erlebt, sondern als einer von denen, die die Geschichte erleiden. Er stammte aus einer wohlhabenden Grundbesitzerfamilie in Mantua, die offenbar bis dahin noch nichts mit der hohen Politik in Rom zu tun gehabt hatte, deren Besitz aber groß genug gewesen sein muß, um die hohen Studien in Rom und später ein Leben der Philosophie und der Dichtkunst zu ermöglichen. Es hat den Anschein, als ob die Familie einen Anlauf genommen hätte, im öffentlichen Leben höher aufzusteigen. Wie dem auch sein mag, Virgil war dafür unbegabt und schauderte offenbar vor dem Treiben der großen Welt zurück; in Kunst und Philosophie suchte er Zuflucht. So ging es bis zum dreißigsten Lebensjahre, dann brach das Unheil über ihn und seine Familie herein. Um zu ahnen, wie fürchterlich das gewesen ist, müssen wir die Vorgänge ein wenig aus der Nähe anschauen.

Nach ihrem Siege bei Philippi hatten die siegreichen Machthaber das Reich untereinander verteilt. Dabei war Cäsar Octavianus Italien und damit die Aufgabe zugefallen, die entlassenen Soldaten mit Land zu entlohnen. Der Besitz der politischen Gegner genügte nicht, und man mußte einen großen Teil Italiens enteignen, um das Siedlungswerk durchzuführen. Nun standen zwei Parteien einander gegenüber, die bisher Besitzenden und die Fordernden. Beide waren erbittert. In den Gemeinden Italiens gab es einen blutigen Kleinkrieg. Als sich vollends der Bruder und die Frau des Antonius auf die Seite der Besitzenden schlugen, da wäre Octavianus beinahe verloren gewesen, zumal da sich die Fordernden verraten glaubten, als er seinen ursprünglichen Plan, alles zu enteignen, aufgeben mußte. Jedoch gelang es ihm, die Soldaten wieder für sich zu gewinnen und die Gegner zu besiegen. Das war der Perusinische Krieg (41–40), der mit der Eroberung von Perusia und einem Blutbad unter den Gefangenen endete. Danach konnte Octavianus daran gehen, zu enteignen und zu siedeln. Die bis dahin besitzende Schicht sank in den Pächterstand herab und verarmte. Auch Virgils Familiengut ging so verloren, und damit war dem Dichter die Grundlage seines Daseins entzogen. In dem eigenen Verderben erlebte er zugleich das allgemeine. Die Geschichte war verheerend in sein Leben eingebrochen.

Doch Cäsar rettete ihn. Vielleicht hat er ihm einen Wohnsitz in Campanien angewiesen. Vielleicht war es ein Gut, das ihm zugleich den Lebensunterhalt gab. Dort hat er fortan gewohnt. Was sich damals in ihm zugetragen hat, wissen wir nicht. Jedenfalls hat er von da an in Octavianus-Augustus etwas Göttliches, Rettendes verehrt, das er immer wieder in diesem Menschen gepriesen hat, und seine Hoffnung und Zuversicht ist ständig auf ihn gerichtet gewesen.

Von nun an hat er wieder still und zurückgezogen der Kunst gelebt, doch Cäsar und den Seinen nahe gestanden. Zehn Jahre nach dem großen Verlust hat er den Sieg seines Beschützers erlebt und danach das große Aufatmen, das erste Jahrzehnt des neuen Friedens, das den Schrecknissen noch so nahe war, daß man den Segen des neuen Zustandes auf das tiefste spürte, nicht das Fragwürdige, den Verlust des alten Gemeinwesens.

Es ist eine Grenzsituation zwischen den Zeiten, die Virgil durchlebt hat, umwittert vom Grauen des Endes, des Nichts. Der Gedanke an Roms Untergang lag in der Luft. Ringsum unsägliche Leiden ohne Ausweg, tausendfacher Untergang. Wofür? Wozu? Wohin? Was bleibt? Der Grund des allgemeinen und des eigenen Daseins schien unter den Füßen zu weichen, furchtbare Machtmenschen, die nur Überwältigen und Überwältigtwerden kannten, vernichteten einander und vernichteten eine ganze Welt, zu den äußeren Werten auch die inneren; der Nihilismus griff um sich.

In solchen Zeiten geht unendlich viel verloren. Und dennoch: was nicht so verlorengeht, nicht wenigstens in Frage gestellt wird, kann nicht leicht in Gemüt und Geist von neuem geboren werden. Der Verlust kann fruchtbar werden; er erschließt Seele und Welt und erweckt tiefere Erkenntnis und Liebe. Wenn das geschieht, entstehen wohl auch die großen Werke des Geistes, an denen dann weniger angefochtene Menschen und Zeiten lange zu zehren haben. Ja, ob nicht gerade das Wesentlichste an unserem ererbten geistigen Besitz mit solchem Verlust erkauft ist? Jedenfalls Wert und Würde in der geschichtlichen Welt werden meist in Zeiten schmerzhafter Erschütterungen erkannt und dann ruhigeren Zeiten als Geistesgut überliefert, ohne das wir blind und dumpf dahinleben würden. Man mag an Augustin, an Dante denken.

Freilich auch Zeiten schnellen, kräftigen Aufschwungs sind fruchtbar, aber nur da, wo die Gefahr noch nahe ist. Man denke an die Zeit nach dem Perserkriege in Athen, an das Bild der geschichtlichen Welt bei Aischylos und Herodot.

In Virgils Dasein vereinigte sich beides. Er erlebte, wie er selber und alles, woran er hing, in Frage gestellt wurde und tödlich gefährdet war, er erlebte aber auch, mitten im Verderben, das Rettende, zuerst an sich selber und schließlich, nach zehn Jahren des Bangens und Ahnens, in der ganzen römischen Welt. Ende und Anfang waren so ineinander verschlungen und vereinigt. Das Verderben, das Unheil blieb im Geiste gegenwärtig, die Rettung war in geheimnisvoller Zuversicht vorweggenommen mitten in der Zeit des Grauens.

Wie ist nun diese Grenzsituation zwischen den Zeiten in Virgil fruchtbar geworden? Welches Bild der geschichtlichen Welt hat er gestaltet? Doch zuvor sei etwas von den Gedichten erzählt, in denen dieses Bild aufgesucht werden soll. Das erste der Werke waren die Bucolica, zehn kleinere Gedichte von je etwa zwei bis drei Druckseiten. Es sind Hirtenlieder in einem traumhaften Wunschland Arkadien, dem Arkadien, das Virgil für alle späteren Geschlechter entdeckt hat. Da gibt es Wildnis mit Wald und Weide, hier und da auch Bauernhöfe. Etwas von der ländlichen Heimat Virgils ist dabei, aber auch etwas Paradiesisches, aller banalen Wirklichkeit Entrücktes. Vor allem aber ist es der Bezirk eines musischen Daseins, wo man singt, wo Gesang das Höchste ist. Die Hirten singen einsam oder wenn sie einander beim Hüten begegnen. Sie singen einander zu im Zwiegesang, neckend oder preisend oder wetteifernd, von den einfachen Dingen ihres Lebens, von Ziegen und Schafen und von ihren Arbeiten, vor allem aber von Liebe; aber auch von Gedeihen und einbrechendem Unheil, von ihrem Sinnen und Ahnen über den Augenblick hinaus singen sie.

In diesem musischen Wunschland Arkadien klingt in den Gesängen der Hirten Lust und Leid, und was sonst im Leben klanglos, wirr, verstört und häßlich ist, rein und voll und schön. Ja, dieses Arkadien ist nichts anderes als eine andere, geheime, vom Dichter entdeckte Seite seines eigenen Daseins. Darum ist er auch in traumhafter Art eins mit seinen Hirten und mit diesem wunderbaren, verklärten Lande, so sehr, daß Namen, Ereignisse und Anliegen aus seinem Leben darin vorkommen können. Und um seine zarten Spiele recht zu verstehen, muß man sich als Hintergrund das furchtbar verwüstete Leben gegenwärtig halten, das ihn selbst umgab, als er sie dichtete: Bürgerkrieg, Umsturz, Tod, Elend, Brutalität und Verworfenheit. Denn die Bucolica sind in den schlimmsten Jahren, in der Zeit um Philippi und der Enteignungen entstanden, manche, bevor Virgil heimatlos geworden war, andere danach.

Im Jahrzehnt nach den Hirtengedichten sind die Georgica entstanden, eine Dichtung von etwa sechzig

Druckseiten, das Gedicht vom Landbau, vollendet nach dem Siege und im Jahre 29 dem heimkehrenden Octavianus vorgelesen. Virgil ist zu einer größeren Form übergegangen, aber auch innerlich gewachsen. Der Gegenstand des Werkes ist der geliebte, nach dem Verlust doppelt liebe heimatliche Bereich des italischen Landmannes, verwandt dem arkadischen Wunschlande: verklärte Heimat ist beides; aber jetzt heißt sie Italien und ist ganz erfüllt von den tausend Dingen und Verrichtungen, mit denen es der wirkliche italische Landmann zu tun hat. Diesen Bereich schreitet der Dichter unterweisend ab, so wie Hesiod in den »Werken und Tagen« unterweisend und lehrend gesprochen hatte. In vier Büchern ist nacheinander dargestellt: erst die Feldarbeit, die Bewältigung der dumpfen, schweren Erde, das Jahr des Landmannes, die Abfolge seiner Mühen und Arbeiten, – dann, im Gegensatz dazu, die Pflege von Ölbaum und Weinstock und die schenkende, treibende Lebensfülle der Natur in Baum und Strauch überhaupt, dies in hellen, heiteren Farben, – dann die Zucht von Rind und Pferd, mit sehr inniger Teilnahme an dem nun schon menschenähnlichen, aber dumpfen Leben der Tiere, worin dem Dichter das Schwere, Angefochtene einer ganzen Schicht unseres eigenen Lebens entgegentritt, – und endlich die Bienenzucht in heiterster, hellster, geradezu paradiesischer Verklärung bis in alle Einzelheiten hinein; hier steigt das Gedicht, im Gegensatz zum vorigen Buche, zu dem schwerelosen, über dem Dumpfen, Trüben, Leidvollen schwebenden Leben der Bienen auf. Und darauf liegt ein Glanz des Geistigen, der höchsten, reinsten, göttlichen Form des Allebens, das der Dichter in dem ganzen Werke stufenweise besungen hat.

Endlich folgt das Epos von Aeneas, dem trojanischen Helden, der nach dem Fall seiner Stadt auf göttlichen Befehl in die Fremde gehen mußte, Irrfahrten und unsägliche Leiden bestand, seinen Weg durchs Ungewisse ging und daraus am Ende auftauchte, um eine bleibende Stätte zu finden, zu erkämpfen; etwas zu begründen, woraus einmal Rom werden sollte. Das Gedicht erzählt also, wie Troja stirbt, ein hohes, überpersönliches Wesen, – aber nur so stirbt, wie etwa ein großer Baum, nachdem sich sein Leben in einen winzigen Kern zusammengedrängt hat, aus dem später ein neuer Baum derselben Art und vielleicht noch größer erwachsen soll. So zieht sich das Leben, das einst Troja erfüllt hat, in Aeneas und seine kleine Schar zurück, ausgestoßenen, im Ungewissen blind irrenden Menschen anvertraut, verloren im Bodenlosen und höchst gefährdet. Aber Aeneas trägt es getreu über das Nichts hinüber, bis es drüben am anderen Ufer wieder Wurzeln schlägt. Und dieses ist das gleiche Leben, das dann Rom geheißen und weltweit um sich gegriffen hat, das gleiche, das der Dichter und seine Zeitgenossen, nach neuer tödlicher Gefahr, errettet und gewissermaßen von Neuem im Festen gegründet sahen.

Bucolica, Georgica, Aeneis, die drei Werke scheinen zuerst nicht viel miteinander zu tun zu haben. Bei längerem Umgang mit ihnen wird man jedoch der Einheit inne. Und gerade das Bild der geschichtlichen Welt wächst ganz folgerichtig, so sehr, daß man es am tiefsten dann versteht, wenn man es in den drei Werken nacheinander betrachtet, wie drei Wachstumszustände einer Pflanze.

In den Bucolica ist ein entrückter, abseitiger Bezirk, der des Dichters, der großen Welt entgegengesetzt, worin furchtbar die Geschichte geschieht. Es ist wichtig zu sehen, daß dieser Dichter der geschichtlichen Welt nicht mit ihr anfängt, sondern erst in leidvollen Erfahrungen sie allmählich findet. Arkadien ist eine Zuflucht vor dem Fluch des von Schuld und Leid erfüllten Weltgeschehens, ist dem Bereich der Geschichte entgegengesetzt. Aber der Dichter lebt doch auch wieder inmitten dieses großen Weltwesens. Und wie alles, was er erlebt, sich in den Hirtenliedern spiegelt, so auch die Geschichte, die er erleidet. Am Rande der arkadischen Sphäre des Dichters erscheint drohend, übergewaltig der Krieg, der Umsturz. Klage um den Verlust der Heimat, um das Schöne, das mit dem Dichter schutzlos dem Untergang ausgesetzt ist, klingt im Gedicht auf und als Gegenstimme der Preis des Hohen, das gefährdet ist, des musischen Daseins, der Preis des Retters, der aus dem verderblichen Weltgeschehen heraus segensreich in den stillen Bezirk des Dichters hereinwirkt. So tritt die Geschichte in das bukolische Gedicht, und zwar die erlebte Geschichte jener Tage. Und die arkadische Kleinwelt im Ganzen, als edleres Abbild der Welt überhaupt, wird nun eine geschichtliche Welt wie die römische. Sie erlebt ebenso die Entscheidungen der Geschichte zwischen Verderben und Rettung. Da ist zum Beispiel mit dem Tode des Hirten-Heros Daphnis Unheil und Verderben über die Welt gekommen, aber die böse Weltzeit hat sich zum Guten gewendet, seitdem Daphnis als Gott in den Himmel eingezogen ist. Endlich erhält diese entscheidungsvolle Gegenwart ihre Vergangenheit und Zukunft im berühmtesten der Hirtengedichte, dem prophetischen Lied von der Schicksalswende. Der Dichter deutet die Weltstunde. Die Folge der Zeiten von der paradiesischen Urzeit des goldenen Weltalters bis zur äußersten Not des eisernen in Schuld und Leid geht jetzt zu Ende. Ein Kind wird geboren, mit dessen Leben wird der alte, reine Weltstand wiederkehren, Gewalttat und Unrecht verschwinden, Friede in Natur und Menschenleben, auch zwischen Natur und Mensch, herrschen, Segensfülle überall verbreitet sein. Bevor sich das vollendet, wird man eine neue Zeit der Heroen erleben, worin Schuld und Recht, Fluch und Segen beieinander sein werden; und so wird man Schweres, Gewaltiges, was man erlebt, als Übergang zum Endgültigen deuten können. Hier ist die entscheidungsvolle Gegenwart auf den erhabenen Gang der Weltalter bezogen, auf das Ganze einer allumfassenden Geschichte der Welt, die sich durch die Schuld der Menschen von ursprünglicher Vollkommenheit weg dem Verderben zu bewegt, bis sie sich umwendet und zum Vollendeten, Endgültigen zurückkehrt. Die Gegenwart ist am Wendepunkt angelangt.

Sieht man alles das zusammen, so ist das Wesentliche von Virgils Ansicht der Geschichte schon in den Bucolica vorgezeichnet. Das Sinnen geht von der erlebten Gegenwart aus, und zwar von dem Erlebnis, daß die Welt aus den Fugen, ihr Heil und Bestand in Frage gestellt ist, – sucht Heil, Frieden und Harmonie, deren es im Inneren versichert ist, findet sie in der Urzeit der Welt, fühlt sich innerlich dazugehörig, wartet gewissermaßen auf die Heimkehr der Welt in die eigene Heimat, schaut nach Zeichen aus, die auf Umkehr deuten, bereit, wo ihm etwas Rettendes, Helfendes begegnet, es den gütigen Mächten zuzurechnen, die im Bunde mit der guten Weltzeit sind. Das ist keine Geschichte, wie sie der Staatsmann denkt, der Geschichtsschreiber darstellt, keine Geschichte, die Tun und Lassen der Politik fachmännisch nachrechnet oder den Wandel der Dinge auf die politisch-sittlichen Zustände zurückführt, sondern eine Geschichte, die das Erlebte im Zusammenhang mit den Zeitaltern der Welt sieht. Das bedeutet mehr, als daß der Dichter in größeren Zeiträumen denkt; er denkt in einer anderen Ordnung der Dinge. Die Weltalter sind zugleich die wesentlichen Zustände der Welt und der Menschheit, sind wesentliche Wahrheiten über die Beschaffenheit der menschlichen Dinge. Kurzum, das ist Mythus, und zwar Weltmythus, wie wir ihn bei Hesiod und bei Arat kennen. Und trotzdem ist es doch auch Geschichte. Das Jetzt und Hier dessen, was in Italien und im Dasein des Dichters vor sich geht, im Zusammenhang mit dem, was im römischen Staat geschieht, spielt eine Hauptrolle. Der große Wandel der Weltalter ist nicht in einer unbestimmten

Vergangenheit angesiedelt, einem abgeschiedenen Raum der großen Ereignisse und Bilder, und auf eine unbestimmt dauernde Gegenwart bezogen, wie es die Art des Mythus ist, sondern kommt in ununterbrochener Folge auf das Jetzt und Hier der geschichtlichen Gegenwart zu und gelangt da zur Krise. Dies ist wesentlich für die neue Dichtung, die damals um das Jahr 40 v. Chr. in den schweren Nöten der Zeit geboren ist: Geschichte, erlebte, erlittene Geschichte, Geschichte Roms in dieser Notzeit, tritt in die Dichtung ein. Die Dichtkunst treibt nicht mehr nur ihr Spiel mit Kleinigkeiten und mit schönen, entrückten Bildern der Sagen, sondern faßt in sich das, was alle bewegt, die großen allgemeinen Anliegen der erlebten Geschichte. Aber die Geschichte verwandelt sich und verbindet sich mit der Ordnung des Seins, in der der Dichter zu Hause ist, mit dem Mythus, und zwar derart, daß die konkrete Geschichtlichkeit der erlebten Gegenwart erhalten bleibt, aber übergeht in den Mythus, wie ein Park in eine freie Gebirgslandschaft übergeht. Der Dichter erlebt Geschichte, aber in solchen Tiefen, daß er durch sie hindurch Größeres spürt, was jenseits des politisch-geschichtlichen Geschehens und auch der sittlichen Zustände und wesentlicher ist und sie umgreift. Man kann, um sich das verständlich zu machen, daran denken, daß etwa in der Neuzeit jemand durch schwere geschichtliche Ereignisse hindurch etwas davon spüren könnte, was eigentlich Jüngster Tag ist.

Doch das greift vor; jetzt soll gezeigt werden, wie in den größeren Werken die Grundformen bleiben, aber sich zu einem reicheren Bilde ergänzen. In den Georgica ist zweierlei miteinander vereinigt und hat einander gewissermaßen durchdrungen: das Wunschland Arkadien und Italien, so daß »Arkadien«, indem es in Italien eingeht, es musisch verwandelt, Italien aber dem dichterischen Traum Daseinsschwere und -fülle verleiht. Dieses heimliche, vom Dichter entdeckte Italien des

Landmannes ist nun zugleich reineres Abbild des Daseins überhaupt wie früher Arkadien, Bild des Reinen und Rechten überhaupt, Bild der wesentlichen Verhältnisse, der rechten Maße des Lebens, zugleich aber auch – eben Italien, dieses besondere Land hier. In beiden Hinsichten hat es geschichtliche Tiefe, geschichtliche Dimension. Als Welt im Kleinen ist es ein übrig gebliebenes Stück der paradiesischen Urzeit Saturns, im Verborgenen übrig geblieben inmitten der eisernen Zeit, die ringsum herrscht. Aber nur eine Spur, nur etwas, nicht das Ganze des saturnischen Reiches ist geblieben. Denn auch über die Welt des Landmanns ist der Wandel der Weltalter gekommen. Auf Saturns Herrschaft ist Jupiters härteres Regiment gefolgt, Mühe und Plage ist über die Welt gekommen; die Natur widerstrebt dem Menschen, und es ist schwer für ihn, der Erde die Frucht abzugewinnen, – so wie es schwer ist, gegen den abwärts ziehenden Fluß zu rudern. Die Welt der Georgica ist aber auch Italien, dieses Land hier. Als das konkrete Italien steht sie im Zusammenhang der römischen Geschichte, und zwar als ihr Ursprung. Nämlich Italien ist in der goldenen Zeit gewissermaßen das Stammland des Herrn dieser Zeit, Saturnus, gewesen. Dort hat er geherrscht, und das Wesen seiner Herrschaft ist nirgends sonst so verwirklicht gewesen. Und in jenem heimlichen, eigentlichen Italien, das Virgil darstellt, ist immer etwas davon erhalten geblieben. Daraus hat sich die geschichtliche Größe Roms erhoben. Alles, was bedeutend und gut an der römischen Geschichte ist, kommt daher: die kernige, gute Art des Volkes, die Kraft seiner Heere, seiner großen Männer, die Hoheit und Würde Roms: all das ist gleichen Wesens mit der Natur des saturnischen Landes. Also die Welt der Georgica enthält den reinen Ursprung der römischen Geschichte.

Am anderen Ende dieser geschichtlichen Ansicht steht wieder die erlebte Geschichte. Es ist die Zeit des Krieges gegen Antonius, der ja als Krieg gegen Ägypten und

Kleopatra, als Kampf Italiens gegen den Osten geführt worden ist. Der Dichter deutet ihn so: Italien verteidigt sein Wesen und damit die Idee des Menschlichen, die Würde des Menschen gegen etwas Unmenschliches, Barbarisches, was vom Osten her droht. Nämlich das Wesen des saturnischen Landes ist Kraft und Fülle der Natur in Erde, Pflanzenwuchs, Tier, Mensch und Menschenwerk, aber einer Natur, die nicht wie die des Morgenlandes das Überschwengliche, Übertriebene liebt, überschwengliche Wunder und Kostbarkeiten und verführerische Genüsse, aber auch übergewaltige Schrecknisse, sondern im Ausgleich der Gegensätze menschengemäß geordnet ist, menschliches Leben nicht zerstört, sondern fördert, menschliche Gesittung, die auf ausgeglichener Ordnung der Gegensätze beruht, schon in sich trägt. Und dieses Wesen steht auf dem Spiel im Kampf mit Ägypten und den anderen Ländern des Ostens, deren Völker Antonius und Kleopatra zum Kampf herangeführt haben. Vorkämpfer Italiens ist Cäsar Octavianus.

Und hier fügte sich nun alles wunderbar zusammen. Auf ihn hatte Virgil seit einem Jahrzehnt seine Hoffnung gesetzt, in ihm hatte er an eine rettende, göttliche Kraft geglaubt, die mit seiner Welt im Bunde stand, von ihm erwartete jetzt nach seinem Siege über den Osten alle Welt das Ende der Bürgerkriege und den Frieden. Für den Dichter bedeutete das die Aussicht darauf, daß sein heimliches Italien, der Pflug, die stille, gute Arbeit, Redlichkeit, Güte und Treue wieder zu Ehren kämen. So wie also der Retter Italien gegen äußere Gefahren schützte, so war er im Begriff, Italiens inneres Wesen wieder zu Tage treten zu lassen und damit den Traum des Dichters zu erfüllen. Als eine Bitte, es zu tun, kann man das ganze Gedicht auffassen.

Rückkehr des Ursprünglichen: so deutet er die Stunde. Ursprung und Gegenwart, des Saturnus Reich und Cäsar Octavianus: das sind die beiden Pole der Geschichte. Von einem zum anderen reicht durch die Zeit die Reihe der edlen Taten, der bedeutenden Römer: Decius, Marius, Camillus, die Scipionen. Zwischen beiden Enden ist aber auch Schuld und Leid eingebrochen, und unmittelbar vor der Wende ist es zur Krise gekommen. Mit dem Mord an Cäsar hat sie begonnen, danach sind die Schreckenszeichen am Himmel und auf Erden erschienen, der Bürgerkrieg ist von neuem losgebrochen, unaufhörlich, unabsehbare Vernichtung, *eversum saeculum,* Zusammenbruch des Zeitalters; *saevit toto Mars impius orbe,* gottloser Mars wütet auf dem ganzen Erdenrund.

Das ist das Bild der Geschichte in den Georgica, sehr viel reicher, konkreter als in den Bucolica, aber gleich in Hauptrichtungen und Grundformen. Und nun die dritte Fassung des Bildes in der Aeneis. Das Gedicht ist ein Preis des Augustus, seines Sieges und seines Friedens, nicht nur nebenbei, sondern in der Hauptsache. Dazu hat Virgil die größte Form gewählt, das Epos. Nun gab es das in Rom seit alter Zeit: das Denkmal großer Taten in epischer Form. Wahrscheinlich erwartete man ein gleiches von Virgil, nur besser. Er hat aber Augustus so gerühmt, wie nie vorher ein Dichter einen Großen dieser Welt, hat nicht von Augustus erzählt, sondern von Aeneas, dem Urahn des Augustus, aber auch Stifter eines geschichtlichen Zusammenhanges, der zur Gründung Roms und zu seinem Reich geführt hat. So ist das Ganze der römischen Welt der eigentliche größere, unendlich weite, erhabene Gegenstand des Epos, die geschichtliche Entelechie Rom im Ganzen, nicht Augustus persönlich. Aber Augustus verliert nicht dadurch, daß er einem umfassenden Ganzen eingeordnet ist, sondern er gewinnt dessen überpersönliche Hoheit für sich.

Das Ganze dieses allumfassenden geschichtlichen Zusammenhanges ist so gebaut. Er ist gestiftet worden damals, als Aeneas etwas von dem Leben Trojas über Untergang und Irrfahrten hinweg gerettet und am vorbestimmten Orte, im alten Saturnusland Italien angesiedelt hat. In diesem Ursprung ist das Ganze schon enthalten, die ganze römische Welt, der Sinn ihrer Geschichte; die Vollendung ist in gewissem Sinne vorweggenommen. Denn in dem, was Aeneas ist, leidet und tut, konnten Virgils Zeitgenossen ihre und des Augustus eigene Geschichte wiedererkennen, das, was sie selbst sein wollten, ihr besseres Ich. Von diesem keimhaften Ursprung reicht der Zusammenhang durch die zwiespältigen Räume der Geschichte, worin Schuld und Leid sich mit dem Echten verflicht, durch bis zu seinem Ziel, nämlich zu dem, was der Dichter selbst erlebt hat. Da kehrt die neue Ordnung der Dinge zum uralten Grunde zurück, wovon sie ausging und wovon sie ihren Adel herleitet. Zugleich erfüllt sich alles Vergangene: was seit dem bitteren Schicksal des Aeneas Furchtbares in der römischen Geschichte erlitten ist, das ist alles um der Vollendung Roms willen erlitten. Jetzt offenbart sich der Sinn des Ganzen.

So ist die geschichtliche Welt in der Aeneis gebaut, und man erkennt leicht die alten Grundformen wieder; nur ist hier das Ganze mehr zusammengeschlossen, der Bezug zum Ursprung und zur Vollendung genauer und reicher. Mythus und Geschichte sind in der alten Weise vereinigt; nur ist das hier in neuer Art dargestellt. Unmittelbar erzählt ist nur die Aeneassage, Geschichte ist nur mittelbar in Durchblicken gegenwärtig, besonders an der Stelle, wo Aeneas in der Unterwelt die zukünftige Hoheit seines Stammes sehen und sich daran ermutigen darf. Geschichte ist also nur als Bild innerhalb des Mythus da. Sie nimmt dadurch teil an seinem entrückenden, verklärenden Glanz, während der Mythus auf die gegenwärtige Geschichte hinblickt und hinstrebt und so in einem besonderen Sinne zur eigenen Angelegenheit des Schreibenden wird.

Der ganze mythische und geschichtliche Zusammenhang erscheint nun aber in der Aeneis überwölbt von einem Geisterreiche, das Götter und Menschen umfaßt und über die Geschichte und die Schranken unserer diesseitigen Welt hinausreicht. Die letzten Geheimnisse auch der Geschichte entschleiern sich erst drüben in dem Bereich, den uns der Tod verschließt. Dort liegt das Ganze der Geschichte in reiner Gegenwart dem Blick des Vaters des Aeneas, Anchises, offen; dort läßt er den Sohn einen Blick auf das Ganze tun. Jenseits der Geschichte, im höchsten Bezirk jenes Geisterreiches, wirkt auch, selber unbewegt, das, was die Geschichte bewegt, der Wille Jupiters. So ist Geschichte nicht in sich geschlossen, sie kommt von einem übergeschichtlichen Bereiche her und mündet darein und spielt sich vor seiner Tiefe ab. Dort erst erhält der geschichtliche Zusammenhang seine letzte Einheit, seinen tiefsten Sinn.

Gewiß, es ist vieles problematisch in Virgils Bild der geschichtlichen Welt, und es würde lange Erörterungen brauchen, um darüber ins reine zu kommen. Zwei Fragen liegen vielleicht am nächsten. Zuerst eine philosophische: »Wieweit ist das überhaupt Geschichte?«

Den Alten stellt sich Geschichte gern in einer Form dar, die Karl Reinhardt kyklisch genannt hat[1]. In einer im Ganzen gleichbleibenden Welt ereignen sich Kreisläufe des Geschehens. Von einem Anstoß geht ein jeder aus und geht seinen Gang, bis sich am Ende alles erfüllt und offenbar wird, während vor der Erfüllung die beteiligten Menschen nicht wissen, was im Werke ist; nur die Gottheit weiß es. Nach der Erfüllung ist sozusagen wieder Gleichgewichtszustand. Diese geschlossenen Kreisläufe – in gewisser Hinsicht dem Wandel der Jahreszeiten innerhalb des Jahres vergleichbar – sind oft verhältnismäßig klein wie bei Herodot. Nur innerhalb dieser Einheiten gibt es den Lauf und Drang der Zeit oder vielmehr den Drang der Dinge, die auf ein bestimmtes Ende zulaufen; danach ist Ruhe. Das Sein der Welt übergreift gleichbleibend die vielen Kreisläufe des Geschehens, die abgeschlossen vor dem Blicke des Geschichtsschreibers liegen.

Anders stellt sich die Geschichte dem Christen dar. Nicht das Sein der Welt umgreift dauernd und beständig die vielen »Kreisläufe« geschichtlicher Vorgänge, sondern die Ewigkeit Gottes umfaßt den einen Ablauf der Geschichte, der mit der Schöpfung der Welt beginnt und über den Abfall des Menschen und die Menschwerdung Gottes und die Erlösung auf das Ende der Welt und den Jüngsten Tag zuläuft. Hier umgreift nicht die Welt die Geschichte, sondern eher umgreift die Geschichte die Welt; genauer: die Welt ist von ihrem Anfang bis zu ihrem Ende in die Geschichte einbezogen. Und es ist der eine Zusammenhang der Zeitlichkeit und der Geschichte, der von dem einen Anfang zu dem einen Ende hingeht. Der Betrachter und Geschichtsschreiber aber hat seinen Stand nicht außerhalb der dargestellten Kreisläufe des Geschehens in dem ruhenden Sein der Welt wie bei den Griechen; der Kreislauf liegt nicht abgeschlossen vor seinem Blick, sondern zu einem guten Teil als ungewisse Zukunft vor ihm. Er, der Mensch, fühlt den ganzen Zusammenhang der Vergangenheit hinter sich, aber Zeit und Geschichte steht danach nicht still, sondern jede Gegenwart ist Übergang zu einer Zukunft, ist Entscheidung des Unentschiedenen im Zusammenhang mit aller Vergangenheit und in Bezug auf das Letzte, Endgültige. Der Drang des Geschehens drängt über jede gegenwärtige Zeit hinaus in das Ungewisse, von Entscheidung zu Entscheidung und schließlich zur endgültigen Entscheidung, zum Ende alles Vorläufigen, Unentschiedenen.

Nimmt man aus diesem christlichen Bilde der Geschichte den Anfang, die Schöpfung, und das Ende, das Gericht, so gelangt man etwa zu dem Begriff von Zeitlichkeit und Geschichtlichkeit, den man den modernen nennen kann, einem säkularisierten christlichen Begriff der Geschichte. Auch da gibt es keine Wiederkehr in bleibendes Sein der Welt, keinen Kreislauf, sondern die Dinge der Welt gehen unaufhaltsam in der Dimension der Zeit ihren Gang weiter und weiter vorwärts, in jeder Gegenwart zwischen

Vergangenheit und Zukunft ausgespannt. Aber der Ablauf der Dinge immer in einer Richtung ist nun nicht nur ungeheuer weit erstreckt und weltumfassend wie im christlichen Bilde der Geschichte, sondern schlechthin unendlich und absolut.

Kehrt man nun zu Virgil zurück mit der Frage, wie es sich mit seinem Bilde der Geschichte verhält, so stellt es sich heraus, daß er zwischen den älteren Anschauungen und der christlichen mitten inne steht. Kyklisch ist die geschichtliche Welt bei ihm insofern gebaut, als mit dem Eintritt der neuen, guten Weltzeit ein Kreislauf abgeschlossen und offenbar vor seinen Augen liegt. Ein Zustand ist erreicht, der eben als Zustand, als richtiges, beständiges Sein empfunden wird, so daß die Zukunft gewissermaßen ungeschichtlich gedacht werden kann. Und doch nähert sich Virgils Geschichtsbild dem christlichen, auch darauf hat Reinhardt bereits hingedeutet. Schon daß der überblickte Zusammenhang so allumfassend weit ist, daß es nur die eine Geschichte, nämlich die römische, gibt, und daß das römische Schicksal mit dem Schicksal der Welt in eins gesehen ist, daß die Welt ihr Schicksal hat, geht über die früheren Gestalten der geschichtlichen Welt hinaus. Dann aber und vor allem hat ja Virgil dieses Weltbild schon vor dem Siege des Augustus, schon in der unentschiedenen Not gedacht und dargestellt, als er noch im drangvollen, unabgeschlossenen Geschehen darinnen war und das Kommen des Endgültigen erwartete und das Entscheidungsvolle der Gegenwart im Übergang zu Heil oder Unheil spürte. Dieses fast prophetische und eschatologische Geschichtsbewußtsein ist es, wovon auch nach dem Eintritt der erwarteten neuen Zeit des Augustus Virgils Zeitgefühl lebt. Er fühlt sich an das Ende der Geschichte, in einen Zustand ohne Ende gelangt. Und das bedeutet bei ihm mehr, als wenn etwa ein griechischer Geschichtsschreiber jenseits des Kreislaufes steht, den er überblickt und darstellt. Für diesen ist es selbstverständlich, sich in dem wesentlich gleichbleibenden Zustand der Welt und der Natur zu befinden, der sich nach den Kreisläufen der Geschichte immer wieder herstellt. Für Virgil bedeutet es den Eintritt in einen mit religiöser Inbrunst erwarteten neuen Weltstand, den etwas wie Ewigkeit verklärt, bedeutet einen Schritt, der mit dem aus Zeit in Ewigkeit von fern vergleichbar ist. So etwa verhält sich der Bau der geschichtlichen Welt bei Virgil zu den anderen wesentlichen Grundgestalten der Geschichte.

Eine zweite Frage liegt dem Geschichtsforscher nahe. Auch er wird fragen: »Ist denn das überhaupt Geschichte?« Gewiß, das ist nicht Geschichte, wie sie der Historiker sieht. Im Grunde ist es etwas sehr Schlichtes, Einfaches, was vor der Geschichte im engeren Sinne besteht, nämlich Mythus, und dann noch dies: der Sinn dafür, das Ganze eines weither aus der Vergangenheit in die entscheidende Gegenwart erstreckten Schicksalszusammenhanges zu spüren, sich eins zu fühlen mit dem Vergangenen, die Ursprünge heilig zu halten. Geschichte, sobald sie selbständig wird, läßt dieses oft hinter sich oder achtet es wenig, ich meine, zu ihrem Schaden. Virgils Aeneis ist ein Werk, das nichts anderes tut, als diesen geschichtlichen Sinn zu betätigen. Und gerade daß sich dieses einfache menschliche Grundphänomen bei Virgil so rein und so stark in einem Werke hohen Ranges und reifer Kultur darstellt, macht ihn bedeutend als Dichter der geschichtlichen Welt.

[1] Über »kyklisches« und »eschatologisches« Geschichtsdenken s. Karl Reinhardt, Herodots Persergeschichten, in: Geistige Überlieferung, ein Jahrbuch, Berlin 1940, S. 141 f., wieder abgedruckt in: Vermächtnis der Antike, Göttingen 1960, S. 133 ff. Ähnlich hat Friedrich Schlegel das Prinzip des Kreislaufes und das der unendlichen Fortschreitung unterschieden; die Stellen aus den Jugendschriften hat Walther Rehm, Der Untergang Roms im abendländischen Denken, Leipzig 1930 (= Das Erbe der Alten, II. Reihe, Heft 18), S. 171 zusammengestellt.

DAS ERSTE HIRTENGEDICHT VIRGILS

MELIBOEUS

Tityre, tu patulae recubans sub tegmine fagi
silvestrem tenui musam meditaris avena:
nos patriae finis et dulcia linquimus arva,
nos patriam fugimus: tu, Tityre, lentus in umbra
formosam resonare doces Amaryllida silvas.

TITYRUS

O Meliboee, deus nobis haec otia fecit.
namque erit ille mihi semper deus, illius aram
saepe tener nostris ab ovilibus imbuet agnus.
ille meas errare boves, ut cernis, et ipsum
ludere quae vellem calamo permisit agresti.

MELIBOEUS

Non equidem invideo, miror magis; undique totis
usque adeo turbatur agris. en ipse capellas
protinus aeger ago; hanc etiam vix, Tityre, duco.
hic inter densas corylos modo namque gemellos,
spem gregis, a, silice in nuda conixa reliquit.
saepe malum hoc nobis, si mens non laeva fuisset,
de caelo tactas memini praedicere quercus.
sed tamen, iste deus qui sit, da, Tityre, nobis.

MELIBOEUS

Tityrus, du, zurückgelehnt unter der Hülle der weitausgreifenden Buche
denkst dir auf zartem Rohr dein Waldlied aus.
Ich muß die Heimatgefilde und die lieben Fluren lassen,
ich muß aus der Heimat fliehen. Du, Tityrus, gelassen im Schatten
lehrst den Wald den Namen der schönen Amaryllis nachsingen.

TITYRUS

Meliboeus, ein Gott hat mir diesen Frieden geschaffen.
Denn ein Gott wird er immer für mich sein, seinen Altar wird
oftmals ein zartes Lamm aus meiner Hürde (mit seinem Blute) benetzen.
Er hat gewährt, daß meine Kühe frei schweifen und ich, wie du es siehst,
mein Spiel, wie ich es will, auf ländlicher Flöte betreiben kann.

MELIBOEUS

Ich verdenke dir's gar nicht, ich wundere mich mehr; denn rings von allen
Gütern verjagen sie die Leute. Sieh, auch ich treibe meine Ziegen
traurig voran; die hier, Tityrus, schleppe ich sogar nur mühsam mit.
Denn hier zwischen dichten Haselbüschen hat sie eben Zwillinge,
die Hoffnung der Herde, ach Gott, auf nacktem Stein geboren und dort gelassen.
Mehrmals haben dies Unheil – wär' nur mein Verstand nicht (zu) töricht gewesen (es zu verstehen) –
Einschläge des Blitzes in Eichen vorausgesagt, ich erinnere mich wohl.
Aber nein, sag mir doch, Tityrus, wer der Gott ist, den du meinst!

TITYRUS

Urbem quam dicunt Romam, Meliboee, putavi
stultus ego huic nostrae similem, quo saepe solemus
pastores ovium teneros depellere fetus.
sic canibus catulos similes, sic matribus haedos
noram, sic parvis componere magna solebam.
verum haec tantum alias inter caput extulit urbes,
quantum lenta solent inter viburna cupressi.

MELIBOEUS

Et quae tanta fuit Romam tibi causa videndi?

TITYRUS

Libertas, quae sera tamen respexit inertem,
candidior postquam tondenti barba cadebat,
respexit tamen et longo post tempore venit,
postquam nos Amaryllis habet, Galatea reliquit.
namque, fatebor enim, dum me Galatea tenebat,
nec spes libertatis erat nec cura peculi.
quamvis multa meis exiret victima saeptis,
pinguis et ingratae premeretur caseus urbi,
non umquam gravis aere domum mihi dextra redibat.

MELIBOEUS

Mirabar, quid maesta deos, Amarylli, vocares,
cui pendere sua patereris in arbore poma:
Tityrus hinc aberat. ipsae te, Tityre, pinus,
ipsi te fontes, ipsa haec arbusta vocabant.

TITYRUS

Die Stadt, die sie Rom nennen, Meliboeus, ich habe sie
in meiner Dummheit für ähnlich unserer Stadt hier gehalten,
der, wohin wir Hirten immer
die zarten Jungen der Schafe treiben.
So, wußte ich, sind die jungen Hunde den großen ähnlich, so die Zicklein den Muttertieren,
so stellte ich (bei mir) immer das Große zum Kleinen.
Aber die hat unter den andern Städten so hoch das Haupt erhoben,
wie unter schwankenden Faulbaumbüschen die Zypresse.

MELIBOEUS

Und was hast du für einen wichtigen Grund gehabt, Rom zu sehen?

TITYRUS

Die Freiheit, die doch wenigstens spät mich Lässigen angesehen hat,
nachdem schon recht weiß beim Scheren der Bart zu fallen begonnen, –
aber doch noch angesehen hat und, gar spät, gekommen ist,
nachdem mich Amaryllis besitzt und Galatea verlassen hat.
Denn, ich will es gestehen, solang Galatea mich hatte,
war keine Hoffnung auf Freiheit noch Sorge um Ersparnis.
Wie viel auch Schlachtvieh aus meinen Hürden ging
und fett der Käse für die undankbare Stadt gepreßt ward,
nie kam doch meine rechte Hand vom Gelde schwer heim.

MELIBOEUS

Wunderte ich mich doch, was du betrübt die Götter anriefst, Amaryllis,
für wen du Äpfel am Baume hängen ließest.
Tityrus war fort! Ja, auch die Pinien, Tityrus,
ja, selbst die Quellen, ja, selbst die Baumgärten hier riefen nach dir!

TITYRUS

Quid facerem? neque servitio me exire licebat,
nec tam praesentis alibi cognoscere divos.
hic illum vidi iuvenem, Meliboee, quotannis
bis senos cui nostra dies altaria fumant.
hic mihi responsum primus dedit ille petenti:
pascite ut ante boves, pueri, submittite tauros.

MELIBOEUS

Fortunate senex, ergo tua rura manebunt,
et tibi magna satis, quamvis lapis omnia nudus,
limosoque palus obducat pascua iunco.
non insueta gravis temptabunt pabula fetas
nec mala vicini pecoris contagia laedent.
fortunate senex, hic inter flumina nota
et fontis sacros frigus captabis opacum.
hinc tibi, quae semper, vicino ab limite saepes
Hyblaeis apibus florem depasta salicti
saepe levi somnum suadebit inire susurro;
hinc alta sub rupe canet frondator ad auras,
nec tamen interea raucae, tua cura, palumbes
nec gemere aeria cessabit turtur ab ulmo.

TITYRUS

Ante leves ergo pascentur in aequore cervi
et freta destituent nudos in litore piscis,
ante pererratis amborum finibus exsul
aut Ararim Parthus bibet aut Germania Tigrim,
quam nostro illius labantur pectore voltus.

TITYRUS

Was sollte ich tun? Ich konnte (anders) nicht aus dem Sklavenstande heraus
noch anderswo die Götter so hilfreich nahe gewahren.
Hier hab' ich den Jüngling gesehen, Meliboeus,
für den (nun) zwölf Tage im Jahr mein Altar raucht.
Er ist es, der zuerst mir Bittendem (göttliche) Antwort erteilt:
»Weidet, wie vorher, die Kühe, Kinder, laßt Stiere aufwachsen!«

MELIBOEUS

Beglückter Alter, so wird dein Land dein bleiben, –
und dir groß genug, wiewohl alles bloßer Steingrund ist
und Sumpf mit schlammiger Binse alles überzieht.
Es wird nicht ungewohnte Weide die Muttertiere gefährden
noch böse Ansteckung vom Nachbarvieh versehren.
Beglückter Alter, hier zwischen vertrauten Bächen
und geweihten Quellen wirst du schattige Kühle atmen.
Hier vom Nachbarrain die Hecke wie immer,
von Hybla-Bienen in den Weidenblüten abgeweidet,
wird dich oft mit leisem Gesumm Schlaf zu suchen locken;
dorther wird unter der hohen Felswand der Laubsammler in die Lüfte singen,
aber dabei werden auch die Ringeltauben mit gedämpfter Stimme, deine Lieblinge,
und von den luftigen Ulmen die Turteltauben ihre klagenden Stimmen ertönen zu lassen nicht aufhören.

TITYRUS

So sollen aber auch eher die flüchtigen Hirsche im Meere weiden
und das Meer (zurückweichen und) die Fische nackt auf dem Strande liegen lassen,
eher sollen ihr Land verlassend und gegenseitig ihr Gebiet durchziehend
der Parther aus der Saône trinken und Germanien aus dem Tigris,
als daß sein Antlitz aus meinem Herzen glitte!

MELIBOEUS

At nos hinc alii sitientis ibimus Afros,
pars Scythiam et rapidum cretae veniemus Oaxen
et penitus toto divisos orbe Britannos.
en umquam patrios longo post tempore finis
pauperis et tuguri congestum caespite culmen
post aliquot mea regna videns mirabor aristas?
impius haec tam culta novalia miles habebit,
barbarus has segetes. en quo discordia civis
produxit miseros: his nos consevimus agros.
insere nunc, Meliboee, piros, pone ordine vites.
ite meae, felix quondam pecus, ite capellae.
non ego vos posthac viridi proiectus in antro
dumosa pendere procul de rupe videbo;
carmina nulla canam; non me pascente, capellae,
florentem cytisum et salices carpetis amaras.

TITYRUS

Hic tamen hanc mecum poteras requiescere noctem
fronde super viridi. sunt nobis mitia poma,
castaneae molles et pressi copia lactis.
et iam summa procul villarum culmina fumant
maioresque cadunt altis de montibus umbrae.

MELIBOEUS

Aber wir andern werden fort von hier ins dürstende Afrika gehn,
manche nach Skythien und an den schlammreißenden Oxus
und in das ganz von der Welt geschiedene Britannien.
Sieh, werd ich je viel später wieder mein Heimatgefild
und den Rasendachfirst des armen Hüttleins,
mein Reich nach vielen Ernten sehend, verwundert anschauen?
Gottlose Söldner werden diese wohlangebauten Felder haben,
Ausländer ohne Gesittung diese Saatgefilde! Sieh, dazu hat der Unfriede
unsere unseligen Mitbürger gebracht! Für diese Menschen haben wir unsere Felder bestellt!
Nun veredle du (noch) Birnbäume, Meliboeus, setze Weinstöcke in Reihen!
Geht, meine lieben Ziegen, Herde voll Gedeihen vormals, geht!
Nie werd ich nun, ausgestreckt in begrünter Grotte,
euch an buschigem Felsen schweben sehen,
werde keine Lieder mehr singen; in meiner Hut, ihr Ziegen,
werdet ihr nicht mehr blühenden Cytisus und herbe Weidenblätter rupfen.

TITYRUS

Aber du könntest doch hier bei mir heute Nacht ausruhen
auf grünem Laub. Ich habe reife Äpfel,
weiche Kastanien und Käs in Fülle.
Und es rauchen ja auch schon fern die Firste der Güter
und größer fallen von den hohen Bergen die Schatten.

Meliboeus, der von Haus und Hof Vertriebene, tritt vor den gelassen musizierenden Tityrus hin; dessen friedliches Glück stellt sich seinem eigenen Unglück entgegen. Meliboeus spricht den unfaßbaren Gegensatz aus. Dabei bleibt das Bild des flötenden und singenden Tityrus die hauptsächliche Vorstellung; damit beginnen die Worte des Meliboeus und dahin kehren sie wieder zurück. Sie wissen gleichsam noch nicht, ob sie glücklich preisen, Vorwurf erheben oder eine andere Haltung des Gemüts einnehmen sollen; sie stellen zunächst nur die beiden einander entgegengesetzten Lebenszustände und besonders den Frieden hin, den Tityrus genießt.

Tityrus deutet in gleich viel Versen (6–10) auf die wunderbare Ursache so wunderbaren Friedens hin: »Ein Gott hat mir den Frieden gegeben«. Diese Aussage wird erst kurz in einem Verse gemacht, dann, nach ihren beiden Hauptvorstellungen »ein Gott« und »Frieden« in gleiche Hälften geteilt, in vier Versen entfaltet, und zwar so, daß am Ende der Bewegung wieder die Vorstellung des gelassen Musizierenden dasteht.

Damit hat nun jeder der beiden gleichsam seine Melodie, sein Thema hingestellt. Zugleich ist aber mit der Hindeutung auf das Geheimnis, daß ein Gott, und zwar ein irdischer Gott, von dem Tityrus es besonders und mit Nachdruck sagen muß: »Er wird immerfort für mich ein Gott sein«, diesen wunderbaren Zustand bewirkt habe, eine Spannung gesetzt, die ihre Auflösung verlangt.

Nun beginnt eine seltsam retardierte Bewegung auf das Geheimnis hin. Denn das Erstaunen des Meliboeus (Vers 11 »Ich verdenke dir's nicht, ich wundere mich mehr«) zielt doch schon darauf, und so kommt auch am Ende der acht Verse des Meliboeus die Frage: »Sage mir, Tityrus, wer der Gott ist, von dem du sprichst.« Aber sie muß durch ein Abbrechen gewaltsam erreicht werden (»Aber nein, sage mir, Tityrus«

usw.). Der Gedanke hatte sich hilflos grübelnd vom Erstaunen zu dessen Begründung und damit zu dem allgemeinen Wirrsal, vom allgemeinen (Vers 11 *undique totis usque adeo turbatur agris,* denn rings von allen Gütern verjagen sie die Leute) in das eigene Mißgeschick des Meliboeus (Vers 12 *en ipse*... sieh, auch ich...) und dessen Einzelheiten verloren (Vers 13 *hanc etiam vix Tityre duco,* die hier, Tityrus, schleppe ich sogar nur mühsam mit usw.), assoziativ, in einer Richtung, die nicht von der ursprünglichen Absicht bestimmt wird, hinter das Geheimnis des andern zu kommen, sondern von der Schwere des eigenen Leides, das jeden Gedanken, er mag beginnen wo er will, so leicht in kurzer Zeit immer wieder auf die eine Stelle sinken läßt.
Auch die Antwort (Vers 19 ff.) kommt über die Vorstellung »Rom«, die freilich schon kein geringer Teil der Antwort ist, nicht hinaus. Sie bleibt bei dem übermächtigen Eindruck, den die Größe Roms auf Tityrus gemacht hat, stecken, und auch nachdem sie von Meliboeus mit der Frage: »Da hattest du wohl einen recht wichtigen Grund, daß du nach Rom gegangen bist?« einen neuen Anstoß erhalten hat, gerät sie auf ein Geleise, das nicht zum Ziele führt. Die Freiheit wollte sich Tityrus erwerben, ein Beweggrund, der zwar der wirkliche war, aber mit dem, worauf die Frage des Meliboeus eigentlich zielte, nichts zu tun hatte, nämlich mit der geheimnisvollen Hilfe des Gottes in Rom. Und statt ferner von der Absicht des Tityrus, sich freizukaufen, vorwärts zu dem Erlebnis in Rom zu führen, läuft der Gedanke von der beiläufig eingeflossenen Vorstellung »spät«, nachdem er einen Augenblick zwischen »spät erst« und »doch endlich« geschwankt hat, rückwärts zur Vorgeschichte, vom Freikauf zu den Gründen, weshalb er nicht früher gelang. Auch das ist bezeichnend, daß der Ansatz zu dieser Rückwärtsbewegung in einer nebensächlichen Ergänzung zur Zeitbestimmung des Freikaufes liegt. »Spät erst gelang der

Freikauf, aber er gelang doch nach lange inzwischen verflossener Zeit«: das könnte genügen; »seitdem Amaryllis mich in Besitz hat«: das ergänzt die unbestimmte Angabe »spät«, dazu folgt noch ein negatives Komplement: »und Galatea mich gelassen«. An dieses bloße Komplement einer ergänzenden Zeitbestimmung schließt sich nun jene rückläufige Bewegung des Gedankens, von der hier die Rede ist. Da erfährt denn Meliboeus von der früheren Hausfrau, deren Herrschaft weniger günstig auf Tityrus wirkte, und von den leidigen leeren Händen, mit denen er damals immer an Markttagen vom Verkauf seiner Waren aus der Stadt heimkehrte. Durch dieses Schweifen des Gedankens zwischen mancherlei lebhaften gegenständlichen Vorstellungen (27 bis 35) ist schließlich auch auf der Seite des Meliboeus die Frage nach der Person des hilfreichen Gottes zur Ruhe gekommen, das Drängen zum Innern jenes Geheimnisses beiseite gelockt in idyllische Vorstellungen des Kleinlebens, in die ferne Vergangenheit des Tityrus. Meliboeus fragt nicht mehr. Er, der erstaunt eingeführt worden ist, gibt sich damit zufrieden, sich nun das angstvolle Gebaren der zurückgebliebenen Amaryllis erklären zu können, über das er sich damals gewundert hat, als Tityrus in Rom gewesen ist. »Ich konnte mir's doch gar nicht denken, weshalb Amaryllis bekümmert zu den Göttern rief ... Die ganze Heimat rief nach dir«. Die Spannung, die seit den ersten Worten des Tityrus auf die angedeutete Hilfe des Gottes hinzielte, ist aus dem Bewußtsein geglitten.

Aber sie besteht im Untergrunde des Bewußtseins weiter. Ganz verdrängt ist wenigstens für die Personen des Gedichtes die besondere Aufklärung über die Person des Gottes, die Meliboeus verlangt hat. Im Hörer bleibt freilich auch diese Spannung zurück. Er soll offenbar in diesem Schwebezustande, mit einer Ahnung im Herzen entlassen werden, sonst hätte Virgil nicht die Frage stellen und dann alle die Retardierungen spielen lassen, um die Antwort zu umgehen; ein Verfahren, das ihn zur Anwendung der beschriebenen assoziativen Gedankenbewegungen bringt, die sonst gar nicht seine Art sind. So lenkt das Gedicht gespannte Aufmerksamkeit auf den Gottmenschen im fernen Rom – es muß natürlich der junge Cäsar Octavianus sein –, ohne ihm doch den Nimbus des Geheimnisses zu nehmen. Auch das vierte Gedicht läßt uns ja aufhorchen, ohne uns zu sagen, auf wen es hindeutet, und es ist möglich, daß es sich mit dem fünften ähnlich verhält.

Da also die Spannung des Gedichts auf das Geheimnis des Tityrus hin gewissermaßen unterirdisch noch vorhanden ist, so kann das Stillstehen der Bewegung in Vers 39 kein wahrer Schluß sein. Es soll eben offenbar – abgesehen von dem Eigenwert der Kleinmalerei – die Notwendigkeit umgangen werden, über die Person des Gottes Auskunft zu geben, und damit zugleich in dem retardierenden Teile ein Gegengewicht geschaffen werden, ein Widerhalt, an dem sich nun die Wucht der zweiten Hälfte des Gedichts entwickeln kann.

Die letzten Worte des Meliboeus bringen nämlich Tityrus gleichsam auf einem Umwege wieder zu seinem Erlebnis in Rom zurück. »Wie konntest du in der Heimat alles so in Sehnsucht nach dir zurücklassen?«: einen solchen Vorwurf entnimmt Tityrus aus den letzten Worten; das bringt ihn, diesmal von einer anderen Seite, zu dem Preisen zurück, das der Inhalt seiner ersten Worte war, oder besser, es läßt seinen Mund wieder aus der Fülle des Herzens das eine sagen, das es beherrscht (40–45). Das wirkt nun aber hier – zunächst auf Meliboeus, dann aber auch auf den Hörer – nicht mehr als die spannende Andeutung eines Geheimnisses, die es am Anfang war, obwohl es dem Inhalt nach fast genau dasselbe besagt wie Vers 6–10, sondern vielmehr nach dem langen Hintanhalten als Auflösung der Spannung. Die Wirkung auf Meliboeus ist nicht mehr die, daß er dem Geheimnis nachforscht, sondern die, daß ihm der Sachverhalt nunmehr einleuchtet und daß er sein Empfinden vor diesem offenbaren Wunder strömen läßt.

In diesem freien Strömen besteht nämlich das Neue, das nun nach den Versen des Tityrus (40–45) beginnt. Es ist der entscheidende Wandlungspunkt des Gedichts. Virgil hat ihn genau in die Mitte der Komposition gerückt. Wie diese Verse des Beglückten dasselbe sagen wie seine ersten Verse am Anfang des Gedichtes, aber hier eine andere Bedeutung für das Kräftespiel des Kunstwerks haben, so nehmen die sich nunmehr breit ergießenden Worte des Meliboeus (46–58, 64–78) nur das wieder auf, was Meliboeus am Anfang der Bewegung gesagt hat, aber nicht mehr wie dort nur feststellend und zag tastend, wohin sich die Empfindung wenden solle, sondern ohne Rückhalt den in der Heimat Bleibenden glücklich preisend und die Vertriebenen bejammernd. Es sind etwa gleich abgewogene Massen (13 und 15 Verse), in denen sich so die Antithese der Verse 1–5 entwickelt; sie heben sich hier voneinander ab dadurch, daß dazwischen Tityrus noch einmal seine Melodie aufnimmt (59–63). So kommt beides, das Glücklichpreisen und die Klage, für sich zur Geltung, rein und von nichts Fremdem beeinträchtigt.

Zuerst das Glücklichpreisen vergegenwärtigt tiefste, zarteste Beruhigung eines ländlichen Daseins – ein Stück, dessen zweite Hälfte mit der Vorstellung zusammenklingender ländlicher Laute zu den schönsten Zeugnissen für die Fähigkeit Virgils gehört, in Klängen und Tönen die Seele der Dinge aufzunehmen.

Das Gefühl des Tityrus – es ist auch hier immer wieder dasselbe, Dank und Bedürfnis der Verehrung – antwortet auf diese mit stärkerer, ungehemmter Empfindung gesprochenen Worte mit gesteigertem Überschwang. Schon die Kritiker des Altertums beobachteten, daß der Stil zum Erhabenen aufsteigt. Ein Vers wie (62)

aut Ararim Parthus bibet aut Germania Tigrim

spannt nicht nur die Vorstellung vom kleinen Lebenskreise der Hirten und Bauern zur Weite des Weltkreises, sondern enthält auch Namen, die Würde und Schicksal Roms erleben lassen. Dieser Vers vollzieht mit seinem Fortissimo in der Dynamik des Gedichtes den Durchbruch zum Erhabenen.

Und die so gewonnene Größe und Weite wirkt sich nun in der Klage des Meliboeus aus, dem Gegenstück zur Glücklichpreisung, in der eine trauliche Nähe vorgestellt wird. Der Gedanke an die äußersten Länder des Erdkreises klingt weiter: dahinaus müssen die Vertriebenen flüchten, während Barbaren von draußen das wohlangebaute Land in Besitz nehmen. Das Durcheinander, das Tityrus in seinen pathetischen Worten als reine Unmöglichkeit erwähnte, ist für die Vertriebenen Wirklichkeit. Die gesteigerte Erregung hat das Gedicht auf eine Höhe hinaufgetrieben, wo es über die Welt hinblickt und wo die Stimme des Meliboeus das Schicksal des Reiches und das Leiden Italiens Sprache werden läßt. Aber schon im zweiten Teil der Worte des Meliboeus (73–78) sinkt die Empörung und Bitterkeit des Römers in die Wehmut des Hirten zurück, das Entsetzen vor dem Gegenwärtigen und Bevorstehenden löst sich allmählich in Erinnerung an das vorige Dasein auf, das Meliboeus nun etwa wie das des Tityrus als etwas Fremdes betrachten muß. Der Ring des Gedichts beginnt sich zu schließen ... beginnt, aber die wirklich schließenden Verse hat Virgil dem Beglückten, nicht dem Klagenden gegeben. Er hat sie eigens zum Abschluß bestimmt, indem er ihnen ein Motiv gab, das dem Spiel und Widerspiel der in dem Gedicht bisher entwickelten Motive selbständig gegenüber steht. Der Jammer des Fortziehenden wird im Frieden des Bleibenden wenigstens für die einbrechende Nacht gleichsam mild aufgefangen, das Unglück des Meliboeus, das im Widerspiel zum Glück des Tityrus dem Gedicht erst die Entfaltung ermöglichte, hereingenommen in die Lebenssphäre des Beglückten. Das Gegenüber, die zweipolige Spannungseinheit geht in zentrische, entspannte, ruhende Einheit über. Die Bewegung des ganzen Gedichts kommt in einer der schönsten Vergegenwärtigungen des Abendfriedens zur Ruhe.

HORAZ

Wie wir vor einem halben Jahrzehnt Virgils gedacht haben, so fanden wir uns vom Jahre 1935 aufgefordert, Horaz, den Zeitgenossen und Freund Virgils, zu feiern, inne zu werden, daß sich wieder das zweite Jahrtausend eines Lebens vollendet hat, das, in dauernden Gestalten befestigt, bis zu uns reicht und uns im Werke begegnet; daran zu denken, daß dieses Werk zu jener weiteren, mittelbaren Gegenwart der *memoria* gehört und trotz der zweitausend Jahre, die zwischen Horazens Geburt und diesem Jahre liegen, dennoch ein Stück unseres weitreichenden Daseins ist.
Anteil am Hohen zu gewinnen, ist freilich immer schwer. Zwar hält gelehrte Arbeit den Weg auch zu Horaz offen, und sehr vielen Menschen sind seine Gedichte vertraut. Trotzdem kann es jedem zu guter Stunde geschehen, daß ihm Horaz wie ein unentdeckter Dichter begegnet. Es ist eben keinem erspart, die Mühe, die Nöte und das Glück wahrhafter Aneignung von neuem durchzumachen.
Unsere Vorfahren sind uns hierin vorangegangen, und die Leistung des einen ist immer für den nächsten nicht verloren gewesen in lebendiger Gemeinschaft über die Zeiten hinweg. Schon im neunten Jahrhundert hat man in Weißenburg im Elsaß, dort wo das erste erhaltene große Gedicht der hochdeutschen Sprache entstanden ist, Otfrieds Christus-Gedicht, etwa zu derselben Zeit Horaz studiert und sogar tüchtige Gelehrtenarbeit daran gesetzt, durch Vergleichung zweier verschiedener Bücher den Wortlaut der Gedichte zu berichtigen. Unermeßlich viele Menschen haben dann im Laufe der Jahrhunderte die sittigende Kraft der horazischen Ge-

dichte gespürt und die antiken Begriffe der Sittlichkeit daran gelernt, ja sie haben Horaz den Ehrennamen Ethicus gegeben. Viele haben in seiner Nachfolge gedichtet. Aber es hat lange gedauert – bis zum 18. Jahrhundert –, ehe auch in der deutschen Sprache die Kräfte erwachten, die Töne, Harmonien und Bewegungsarten zu verwirklichen, die denen Horazens entsprechen. Wieland hat den Horaz der Satiren und Briefe unserer Sprache einverleibt, Klopstock den Lyriker, indem er eine neue Art lyrischer Dichtung schuf, die auch nach neuen, hohen Gegenständen greifen konnte. Sie hat den alkaiischen Strophen Hölderlins den Weg bereitet, in deren vollkommener Harmonie das Kräftespiel horazischer Strophen fortlebt, wie sehr auch die Verehrung des Dichters den Griechen gegolten hat. Der dichterischen Leistung Klopstocks ist die Betrachtung Herders auf dem Fuße gefolgt. Wir haben eine eigentümlich deutsche Deutung Horazens, auf die wir stolzer wären, wenn wir sie genug kennten, Herders Briefe über das Lesen des Horaz, eine wahrhaft musische Auslegung des Dichters, welche die sittliche Schönheit und die Gestaltung in eins zu sehen weiß. Sollte aber der Herdersche Horaz doch etwas zu viel vom Klassizismus Winckelmanns an sich haben und zu wenig Erdenlast und Sprachgewalt, so gibt es einen Ausspruch Friedrich Nietzsches, der den »feierlichen Leichtsinn« Horazens auf Gefahren, Sorgen und Verzweiflungen bezieht, und einen andern, der uns eine horazische Strophe als Kraftfeld, als höchst beziehungsreiche Spannungseinheit der Wortkräfte auf knappstem Raume würdigen lehrt, als eine Gestaltung, »vornehm par excellence«.

Was es vielleicht manchem schwer macht, sein Verhältnis zu Horaz zu finden, mag der Umstand sein, daß man bei ihm, wie übrigens auch bei den anderen Augusteern, noch weniger als sonst bei Dichtern damit auskommt, Inhalt und Gedankengehalt aufzunehmen.

Nur allzuoft sind wir geneigt, dabei stehen zu bleiben, ohne Ohr für die musische Harmonie, die sich an den Gedanken verwirklicht, als ob die Gestaltung nur ein Schmuck des Gehaltes wäre.

Seine Gegenstände, um damit zu beginnen, sind dem jungen Horaz damals, als im Bürgerkrieg sein Dasein zerbrach und er, mit der Welt zerfallen, die ersten Gedichte schrieb, die sich erhalten haben, vorgezeichnet gewesen durch die Gattungsformen, die er gewählt hat, den archilochischen Iambos und die lucilische Satire, vorgezeichnet und gewissermaßen mitgegeben wenigstens so weit, daß manche Arten von Gegenständen nahegelegt, andere ausgeschlossen gewesen sind. Aber die beiden Gattungsformen hat er auch des Gehaltes wegen gewählt. Archilochos sowohl wie Lucilius sind in ihren Dichtungen Menschen, denen eine widrige Welt gegenübersteht, und beide wissen sich tapfer und überlegen zu behaupten, der eine, indem er allem Feindlichen seinen männlichen Grimm und Hohn entgegenwirft, der andere mehr, indem er mit Freunden gleicher Überlegenheit darüber plaudert und lacht. Gerade in der Zeit der Wahl dieser Formen muß das Bild der Welt, so wie es sich dem Archilochos und Lucilius darbot, und ihr Verhältnis zur Welt dem Dichter nahe gelegen haben.

Nachfolger der beiden alten Meister ist Horaz doch auch Kind seiner Zeit. Stellt er sich zu Archilochos, wendet er sich ab von Versmaß und Haltung der Hohngedichte seiner Zeit, wie wir sie von Catull kennen, so kommt er doch daher und kann es nicht verleugnen. Dichterfehde und Liebelei gehören zum Gegenstandsbereich der Kleinkunst jener Zeit und zu dem bohèmehaften Wesen, worin sich auch Catull bewegt hat. Aber wie gründlich hat Horaz diese Gegenstände verwandelt!

Nox erat et caelo fulgebat luna sereno,

»Nacht war es, und am klaren Himmel glänzte der Mond«: das beginnt wie ein sentimentales Gedicht der Zeit. Aber auf die Erinnerung an die Liebesschwüre folgt keine Klage, sondern die Drohung

o dolitura mea multum virtute Neaera,

»O Neaera, die du noch Schmerzen haben wirst von meiner mannhaften Festigkeit«, und das Gedicht schließt archilochisch triumphierend

ast ego vicissim risero,

»Doch an mir wird es sein, zu lachen!« Die Überlegenheit der eigenen virtus siegt, da wo die zeitgenössischen Dichter Liebesqual und hilfloses Verfallensein, allenfalls vergebliches Sichauflehnen und Zurücksinken dargestellt hätten.

Auch die anderen Gedichte, die es mit Frauen zu tun haben, versteht man nicht ohne diesen kräftig-überlegenen Widerspruch selbstbewußter und selbstsicherer Mannhaftigkeit gegen modische Weichlichkeit, ob nun Horaz mit tollem Gelächter die herkömmliche Liebesklage, grausam karikiert und ins Triviale umgesetzt, dem weiblichen Partner in den Mund legt oder mit derbem Hohn die unsaubere Verbindung von Schöngeisterei und Ausschweifung bloßstellt oder schließlich sinnlich verliebt, aber innerlich frei und unabhängig auf sein früheres Schmachten zurückblickt.

Mit noch größerem Erstaunen müssen die Römer damals die Gedichte gelesen haben, deren Gegenstand, in der Nachfolge der frühgriechischen Dichter um Tyrtaios und Solon gewählt, weit außerhalb des herkömmlichen Bereiches der Dichtung lag. Der Dichter redet die Römer insgesamt an, als spräche er in der Volksversammlung, deutet ihnen ihre gegenwärtige Schicksalsstunde, verkündet den Untergang Roms, ruft sie auf, die fluchbeladene Stadt aufzugeben, stößt dann den kraftlosen Teil des Volkes, der keinen Mut zur

Hoffnung hat, verachtungsvoll zurück und wendet sich an die Besseren, Wackeren:

vos quibus est virtus, muliebrem tollite luctum,

»Ihr, die ihr Mannestum habt, hört auf mit dem weibischen Grämen«, um ihnen den Weg zu den Inseln zu weisen, auf denen der Segen der Götter ruht, vorbehalten denen, die von dem Verderben der anderen rein sind.

Dieses Gedicht ist von jenem Horaz geschrieben, der nach Philippi, nach jähem Aufstieg und jähem Sturz, die Grundlage seines äußeren Daseins und das Vertrauen auf Rom verloren hatte, von einem Manne, der in der Wirklichkeit aus den politischen Lebenszusammenhängen geglitten war. So hat auch nichts, was Horaz in dem Gedicht vorstellt, in der römischen Wirklichkeit Raum, weder diese Volksversammlung, noch die Flucht auf den Schiffen. Verzweifelte Anteilnahme, kräftiges Sichlosreißen, Mut zu reineren Bezirken des Daseins, das alles ist in das Innere des Dichters zurückgedrängt und sucht sich zu dichterischer Verwirklichung gegenständliche Vorstellungen aus der Vergangenheit. Aber eben dieses verzweifelte Entbehren ist es gewesen, das in der Dichtung die politische Situation erzwungen hat, und in dieser Not wurzeln alle jene hohen späteren, der augusteischen Zeit so eigenen Gedichte, in denen Horaz deutend, warnend, mahnend und führend zum römischen Volk überhaupt oder zur römischen Jugend spricht; in dieser Not hat der römische Dichter Amt und Würde eines *vates* des römischen Volkes übernommen, den Raum der Dichtung so weit gemacht, daß sie das Schicksal von Volk und Staat in sich zu fassen vermochte.

In den Satiren haben so hohe Gegenstände keinen Raum. Im übrigen herrscht in den frühen Stücken die gleiche Lust am derben Parodieren wie in den Epoden dieser Zeit, ein tolles Lachen, so unbekümmert verwegen wie niemals später, und das überlegene, seiner selbst gewisse Bewußtsein des Gegensatzes zur Umwelt. Am weitesten geht darin die zweite Satire *Ambubaiarum collegia*, wo ein derb anspruchsloser, leicht epikureisch gefärbter gesunder Menschenverstand sich der zu ernsthaften Formen stoischer und kynischer Sittenpredigten bedient, um den verliebten Modeunfug der Zeit dem Gelächter der Leser preiszugeben.

Äußert sich da eine scheinbar nur naturhafte *virtus*, so steht im Hintergrunde doch auch schon bei dem Horaz der vier Jahre zwischen Philippi und der Freundschaft mit Maecenas (42–38/7) ein eigentlich sittliches Bestreben. In der vierten Satire stellt er seine komischen Schilderungen menschlicher Verkehrtheiten als Selbsterziehung, als Fortsetzung der Unterweisungen hin, die sein Vater ihm einst gegeben; rechtes Leben, Sichwahren vor unbewußten Fehlern beschäftigen ihn, ein liebenswerter Charakter immer mehr zu werden, ist sein Anliegen. Es verbindet sich also von früher Zeit an naturhaftes Gefühl der gesunden, überlegenen Kraft mit dem Sinn für das Rechte, für die Arbeit am Charakter.

Bei Maecenas aufgenommen, hat dann Horaz keine so derben Gedichte mehr wie früher geschrieben. Nicht als ob ihm nur Rücksicht den Mund verschlossen hätte; sein Dasein hatte sich auch innerlich verwandelt. Die Satire *Non quia Maecenas* (1,6) läßt es erkennen, daß die Freundschaft mit Maecenas und den Dichtern seines Kreises dem Entwurzelten, mit der Welt Zerfallenen, nur auf die eigene Kraft und den eigenen Wert Gestützten und verwegen sich Behauptenden etwas unermeßlich Wichtiges geschenkt hat, eine erste Gemeinsamkeit mit etwas, was außerhalb der eigenen Brust draußen in der Welt bestand, die erste Brücke zur Welt, gegründet auf den sittlichen Charakter. Von da an setzen die Satiren meist diese Gemeinschaft aristo-

kratischer Geister als Raum des Gesprächs voraus, ob es sich nun um heitere, höchst vergeistigte Erzählung der Kleinigkeiten des Lebens handelt – wobei jene Naturkraft der Seele als Anmut den Leser in ihr eigenes Behagen hineinzieht – oder um ein Plaudern über rechte Lebensführung, was Horaz selbst durch die Einleitungssatire als Hauptanliegen bezeichnet hat.
Kaum minder wichtig als die Freundschaft mit Maecenas ist für Horaz der eigene Grund und Boden, das sabinische Gut, als Brücke zur Welt geworden: ein Stück Welt, das frei von den Verkehrtheiten des Lebens ist, wo sich ein rechtes Dasein verwirklichen läßt. Man braucht die sagenhaften glückseligen Inseln nicht mehr, wenn man eine solche Zuflucht hat. Der idyllische Preis dieses eigenen Daseinsraumes und des musisch-philosophischen Lebens darin machen in der sechsten Satire des zweiten Buches ein neuartiges Thema aus, das von den derb parodischen, verwegenen Themen früherer Satiren sehr weit entfernt ist.
Auch die späten Epoden, im Kriege gegen Antonius entstanden, zeigen die verwandelte Daseinslage des Dichters an. Durch Maecenas hat er Anteil an der Sache Cäsars gewonnen; er ist bereit, mit dem Freund in den Krieg zu ziehen, wobei er sich zugleich von der Beutegier des üblichen Abenteurers lossagt; er bangt nach der Schlacht bei Actium dem Triumph entgegen, und so finden wir ihn denn am Ende dieses Jahrzehnts auf neue, mannigfache Weise wieder mit der Welt verflochten. Archilochos und Lucilius konnten ihm, zumal nach dem entscheidenden Siege Cäsars, nicht mehr genügen, seinen neuen Anteil an der Welt auszudrükken. An ihre Stelle ist Alkaios getreten und mit ihm die Schar der alten Lyriker.
Die Grenzen der neuen Gattung schlossen sich so an die alten an und waren so beschaffen, daß Horaz viele Hauptgegenstände und -anliegen seiner bisherigen Dichtung verwandelt hat fortbilden können. Auf:

Quando repostum Caecubum ad festas dapes
victore laetus Caesare
tecum sub alta, sic Iovi gratum, domo,
beate Maecenas, bibam? (epo. 9)

»Wann werde ich den aufgehobenen Caecuberwein zum Festmahl, froh des Sieges Cäsars, mit dir trinken?« – antwortet alsbald (c. 1,37):

Nunc est bibendum, nunc pede libero
pulsanda tellus,

»Jetzt soll man trinken, jetzt mit freiem Fuß die Erde stampfen.« Es läßt sich vielfach zeigen, wie die lyrischen Gedichte die Themen der Satiren und Epoden aufnehmen und abwandeln. So gibt es zum Beispiel eine ganz frühe Ode, *Intactis opulentior* (3,24), die eine Umbildung von Themen der ersten Satire mit dem politischen Thema der sechzehnten Epode *Altera iam teritur* verbindet; sogar die utopische Aufforderung an eine versammelt gedachte Bürgerschaft fehlt nicht. Seine Vollendung hat dann dieses Thema in der Paränese der großen Römeroden gefunden. Dabei ist mit dem Offenbarwerden der weltgeschichtlichen Entscheidung allmählich von einem Gedicht zum andern die Verzweiflung am Schicksal Roms gewichen und hat zögernd der Zuversicht auf Augustus und sein Werk der Erneuerung Raum gegeben, das er und Virgil der Mitwelt und Nachwelt gültig und wesensgleich wie sonst niemand gedeutet haben.

Alle die mannigfaltigen Umbildungen alter Themen haben das eine gemeinsam: während die Satire überlegen plaudernd Abstand hält und die Epode spottend, drohend, abweisend oder aufrüttelnd entgegentritt, wohnt der Lyrik von Haus aus etwas Festliches inne, Gemeinsamkeit und Freude. Der lyrische Dichter ist bekränzt und damit über Alltag und Zwist gehoben.

Auch neue Gegenstände sind in seine Dichtung eingegangen: die Götter und das eigene Dichtertum. Horaz bekennt in einer frühen Ode, er sei vorher *parcus deorum*

cultor et infrequens, einer, der nur spärlich und selten die Götter verehrt, gewesen. Und wirklich spricht der Horaz der Satiren und Epoden kaum je von Göttern; worauf er sich verläßt und was er anerkennt, scheint nur der eigene Wert und die eigene Kraft, der Wert der Freunde und der Sinn für das Richtige zu sein. Der Horaz der Oden dagegen weiß sich selbst und den Lauf der Welt göttlichen Mächten anheimgegeben. Man darf das nicht zu sehr biographisch deuten, denn jede Dichtart setzt von vornherein den Dichter mit bestimmten Bereichen der Wirklichkeit in Beziehung. Aber daß Horaz diese Dichtart gewählt hat, in der neue Beziehungen vorgezeichnet waren, das hängt allerdings mit den Verwandlungen seines Daseins zusammen.
Das Göttliche scheint dem Dichter nicht so sehr an Dingen der Welt oder im Kultus begegnet zu sein. An der Gottesverehrung sieht er vor allem die *pietas,* den frommen Sinn, und auf die fromme Menschenhaltung und das Gefühl rechter, segenbringender Lebensordnung ist es ihm offenbar mehr angekommen als auf die Begegnung mit dem Numen, im Gegensatz zu Virgil, in dem sich beides vereinigt. Das Göttliche ist ihm vielleicht am meisten im Wunder, in der Weisheit des eigenen Dichtertums erschienen, in der Fügung seines Lebens, in der weisen Ordnung überhaupt. Und die ordnenden, fügenden Kräfte hat er in Gedichten der Zeit nach dem Bürgerkriege auch im Schicksal Roms erkannt und verehrt, bis zum *Carmen saeculare,* wo sich dann seine vergeistigte Frömmigkeit mit dem Kultus Roms vereinigt, um im Namen des ganzen Volkes durch den Mund der Jugend alle segnenden Götter, von den naturhaften Gewalten bis hinauf zu den reinsten gestalthaften Vorbildern, anzurufen und sich in die Gewißheit ihrer Gunst zu singen.
Besonders aufschlußreich ist das große Musengedicht *Descende caelo* (3,4), eines seiner persönlichsten Bekenntnisse und zugleich der Beitrag Horazens zur

Feier von Cäsars Sieg über Antonius und die Gewalten des Bürgerkrieges[1]. Vom Innewerden der beginnenden Erleuchtung durch die angerufene Muse aus versenkt sich da der Dichter in die Fügungen des eigenen, durch göttliche Mächte geweihten Lebens, bekennt sich als Eigentum der Musen, führt die wunderbaren Rettungen seines Lebens auf sie zurück und weiß sich geborgen, wenn sie ihn nicht verlassen.

Utcumque mecum vos eritis, libens
insanientem navita Bosporum
temptabo . . .
visam pharetratos Gelonos
et Scythicum inviolatus amnem.

Sowie ihr nur bei mir seid, will ich es gern
mit dem wütenden Bosporus zu Schiff
wagen . . .
aufsuchen die köcherbewehrten Gelonen
und den Skythenstrom unverletzt.

Es ist ein Gefühl der Geborgenheit wie in »Wen du nicht verlässest, Genius«. Und es ist ein Glaube, der nicht nur in einem Gedicht, in einem flüchtigen Augenblick Horaz beseelt hat. Besonders gut lehrt diese fromme Zuversicht *Velox amoenum saepe Lucretilem* (1,17) verstehen[2], eins von den horazischen Gedichten, die einem jahrelang unscheinbar vorkommen können, bis sie zu guter Stunde eine stille, unsägliche Schönheit offenbaren. Faunus, der Hirtengott, behütet mit seiner Schalmei das friedliche Tal, das Anwesen des Dichters. Im Grunde ist damit das gleiche gemeint wie in jenem Musengedicht. Denn die nächsten Verse deuten das Bild:

Di me tuentur, dis pietas mea
et musa cordi est.

Die Götter behüten mich, den Göttern
liegt mein frommer Sinn
und meine Muse am Herzen.

[1] Siehe S. 376 ff. – [2] Siehe S. 412 ff.

Der musische Mensch, der zugleich der fromme, dem Göttlichen zugewandte Mensch ist, zieht durch seinen frommen Sinn göttliche Kräfte zu seinem Schutz herbei, so daß sich ihm sein Leben wohl fügt. Es verwirrt nun nicht mehr, daß es hier Faunus, ein andermal Mercurius, der kluge, kunstreiche Gott des Logos, dort aber im Musengedicht eben die Musen sind, denen Horaz ein und dieselbe Rettung dankt. Die Vorstellungen, deren sich seine Gottesverehrung bedient, wechseln auch sonst leicht und gelten also an sich nicht unbedingt; aber die Gewißheit, göttlichen Mächten, von denen sein Leben gesegnet ist, zuzugehören, ist beständig.

Dieselben Musen, denen der Dichter diesen Segen verdankt, sind es nun aber bei der nächsten Wendung jenes großen Gedichts, die den siegreichen Cäsar erquicken, und schon in der nächsten Strophe sind sie Trägerinnen der gelassenen, geordneten Herrscherweisheit, die in der Gemeinschaft mit Jupiter und den olympischen Göttern steht und im Sieg der Götter über Titanen und Giganten ein für allemal über bloße Kraft, die nicht vom Geiste geleitet ist, triumphiert hat. Die Göttinnen, denen der Dichter seine Kunst verdankt, sind die gleichen, die ein erhabenes Vorbild über Cäsar aufrichten, ja sie vergegenwärtigen die göttliche Weltordnung. Und umgekehrt wirkt in der Kunst des Dichters und in seinem Leben das gleiche Göttliche wie in der Weltordnung und in der weisen Kraft des Herrschers. Seit Pindars erstem pythischen Gedicht an das goldene Saitenspiel hat kein Dichter so von der Würde seiner Kunst gesprochen, hat keiner so einen Herrscher gepriesen. Von einer Begegnung mit Pindar zeugt auch sonst dieses einzigartige Werk.

Die Hauptwerke der Spätzeit, von denen hier allein noch die Rede sein soll, die Briefe, bringen wieder eine Beschränkung nach der Entfaltung der Lyrik. Horaz verzichtet im Gefühl des Alterns und im Unmut über den Widerstand der Menschen auf Verse und alles Jugendspiel, wie er behauptet, verzichtet in Wahrheit darauf, die *mens divinior* (s. 1, 4, 43) zu betätigen, seine Worte mit dem Göttlichen, das dem eigentlichen Dichter von der Muse geschenkt wird, zusammenschwingen zu lassen, die Bewegungen der eigenen Seele den Bewegungen der Strophen anzuvertrauen, sich und seinen Gegenständen durch den Zauber der Rhythmen Anteil an höherer Wirklichkeit zu erwerben. Er begnügt sich mit jener schwebenden Zwischenform zwischen Dichtung und Prosa, deren er sich schon in den Satiren bedient hatte, und zieht sich auf eine rein menschlich gesellige Daseinslage zurück.

Die Daseinslage der Satiren des ersten Buches ist die leichte Unterhaltung zwischen geistig überlegenen, gesitteten Menschen, zumeist abgestimmt auf Horaz und Maecenas. Das zweite Satirenbuch gibt *vitae praecepta beatae,* Lehren für ein glückliches Leben, eigentliche und Karikaturen davon, den Freunden durch mannigfache Ironien und die Künste komischer Dialogszenen als Spiel und geistreiche Unterhaltung dargeboten. Um etwas wie *vitae praecepta beatae* handelt es sich auch in den Episteln. Die Entfernung des Briefschreibers gibt hier die Möglichkeit, ohne Verletzung der Geselligkeit und des Schicklichen, den Freunden an seinem sittlichen Bestreben Anteil zu geben.

Denn was als Rückhalt in den Satiren mehr und mehr spürbar geworden ist, das tritt jetzt als ausgesprochenes Anliegen und als Gegenstand hervor:

> verae numerosque modosque ediscere vitae
>
> des rechten Lebens Takt und Maß erlernen (2, 2, 144)

und

> quid verum atque decens, curo et rogo, et omnis in hoc sum,
>
> was recht und schicklich sei, kümmert mich, ich lebe ganz darin (1, 1, 11).

Je mehr Jugendspiel und -lust vergeht, um so dringlicher wird Pflicht und Bedürfnis, beizeiten einen Vorrat von Lebenskunst und Lebensweisheit zu sammeln. Diese neue Lebensform, auf das besondere Dasein des Horaz angewandt, zu rechtfertigen, darzustellen und zu betätigen, sich in mannigfaltigen Lagen und gegenüber verschiedenartigen Menschen äußern zu lassen; mitzuteilen, zu helfen, zu mahnen: darin ist Inhalt und Anliegen der Briefe beschlossen.

Es sind erstaunlich mannigfaltige Gegenstände, die sich da in der horazischen Dichtung zusammenfinden. Alles, was zum Dasein des Dichters gehört, scheint auch in die Dichtung eingegangen zu sein. In jeder der Gattungen ist Hohes und Niederes in mancherlei Abstufungen anzutreffen, so weit voneinander entfernt wie in den Epoden jene tollen Verhöhnungen zudringlicher Verehrerinnen von den feierlich drohenden Worten an das fluchbeladene Rom und in den Episteln die Sorge um das Rechte und Schickliche von der Frage nach einem angenehmen Seeaufenthalt entfernt ist. Eine gewisse innere Notwendigkeit im großen und ganzen ist freilich spürbar geworden, als unsere Betrachtung dem Wechsel der Dichtungen und der Gegenstände gefolgt ist. Es hat sich zum mindesten gezeigt, daß die Übergänge von einem zum andern verständlich sind, daß alles Wesentliche mit dem Dasein des Dichters verwachsen ist und nicht nur von der Gattungsform abhängt. Überblickt man alles auf einmal, so wird außerdem die Einheit einer Natur, eines Charakters, einer Gesinnung sichtbar, welche allen Gehalt abgrenzt, ordnet, bestimmt und färbt. Ja, hinter den Einzelgegenständen tritt ein großes Anliegen hervor.

In allen diesen Gedichten liegt eine elementare Freude des Dichters an sich selbst. Vom Selbstvertrauen aus hat sich sein zerstörtes Dasein wieder aufgebaut. Auf sein Selbstbewußtsein stützt sich der Gescheiterte, in der Gemeinsamkeit der Charakterüberlegenheit besteht dann die erste neue Verbindung mit der Welt, und auf den entscheidenden Anfang bleibt bis zum Ende alles bezogen.

In der Hinsicht auf den entscheidenden Ausgangspunkt sind die beiden großen Dichter der Zeit einander gerade entgegengesetzt. Virgil ist eine Fähigkeit eigen, die Horaz selbst in der Freundschaft fehlt – und er ist doch ein großer Meister der Freundschaft –, das Mitleben im Herzen der Dinge und der Menschen. So ist denn für Virgil damals, als sich sein Dasein zu der gleichen Zeit wie das des Horaz verfinsterte, das erste Licht in der Welt außer ihm selbst erschienen. Er ist von Anfang an darauf angewiesen gewesen, dieses Licht weiter um sich greifen und die ganze geschichtliche Welt durchdringen zu sehen.

Horaz hat nicht zufällig nur solche Dichtarten gewählt, die ihn in eigener Person und eigener Sache haben sprechen lassen. Es ist eines seiner wesentlichen Bedürfnisse, der Freude am eigenen Verhalten freien Lauf zu geben, auf dem reichen Instrument zu spielen, das ihm die Natur in ihm selber gegeben, seine innere Beweglichkeit mit Freude zu verwirklichen. So spürt denn der Leser überall gleichsam den Atemzug, die inneren Gebärden und Lebensbewegungen des Sprechenden, auch wenn er erzählt und lehrt, und eine gewissermaßen ansteckende Freude daran.

Dabei ist aber kaum eine Spur Beschäftigung mit dem eigenen Wesen im Spiel, dem Ich, das an sich mit seinen Eigenheiten in seiner besonderen Daseinslage Gegenstand der Betrachtung, der Rücksicht oder auch nur der Beachtung werden könnte. Was dergleichen die neueren Beurteiler etwa mit Freude oder Ärger zu finden geglaubt haben, das haben sie hineingelegt. Horaz ist sich selbst nicht ein Wesen, sondern sozusagen Lebenselement.

Über die elementare Freude an sich selbst und seinen Lebensbewegungen erhebt sich nun aber, ebenso ursprünglich, in treuem Bemühen immer mehr geformt, ein hoher Sinn für das Rechte: für Gesundheit und Charakter. Beides tut sich zusammen; so erst kommt dieses Wohlbefinden im Rechten zustande, das so charakteristisch für die Dichtungen Horazens ist; so wird die Überlegenheit, Anmut, Munterkeit, Gelassenheit eines wohlgearteten, verläßlichen, weisen Charakters zugleich Gegenstand und Seele eines Dichterwerkes.

Diese sittliche Harmonie hat zum Inhalt und Stoff all das, was dem Dichter in seinem Dasein gegeben ist; das alles gilt es zum geordneten Ganzen eines Lebens zu fügen, so zu ordnen, wie es einem wohlgearteten Verhalten gemäß ist. Horaz bedient sich dafür gern des Maßbegriffes und ähnlicher Begriffe; in seinen Gedichten ist eine Philosophie des Maßes enthalten.

Aber diese Philosophie und alles Philosophische überhaupt, das ihm erreichbar gewesen ist, hat nicht genügt, um jene wohlgefügte Ordnung menschlichen Verhaltens auszudrücken, die dem reifen Horaz gegenwärtig gewesen ist. Nimmt man alles zusammen, Horazens Äußerungen und auch den tatsächlichen Vollzug der Harmonie im Gedicht, so darf man von einer gewissen Freiheit sprechen. Es ist keine Auflehnung und beileibe keine Schrankenlosigkeit dabei, es ist nicht die Freiheit gemeint, das und jenes zu tun oder zu denken, nicht die Teilnahme an bestimmten Rechten oder gar die Entfaltung des angeborenen Wesens, sondern das schwebende Gleichgewicht der Seele inmitten der bedrohenden Dinge. Die Dinge, die jeden Menschen in seiner typischen und besonderen Lage umgeben, drohen ihn zu unterdrücken, oft brutal von außen, wie es Horaz nur allzusehr an sich selbst erfahren, öfter noch von innen durch Verführung und Verblendung, durch den Druck der Sorge, Angst und Verstimmung. Aber Seelenkultur, Wissen um die eigene Lage und ihre Erfordernisse, Wissen um das Genug und Zuviel, treue

Übung, Selbstzucht, Verzicht und Loslösung, Beständigkeit und Gelassenheit zwingen dieser immer bedrohten Lage ein liebenswertes Schicksal, den Dingen eine gute Lebensfreude ab.
Weil es um die Freiheit der lebendig bewegten Seele geht, so kann sie nicht ohne weiteres in einer philosophischen Lehre vorgefunden werden. Auch eine *sapientia* kann man, mit Horaz zu reden, übertreiben und dadurch unfrei werden. Der horazische Eklektizismus, ungeheuerlich nach griechischen Begriffen, wird verständlich, wenn man beides bedenkt: die geringe Fähigkeit des Römers zu philosophischer Anschauung, aber auch seinen feinen Sinn für die Gefährdung jener freien Schwebelage durch eine Philosophie. Jede Lehre, dazu bestimmt, die Freiheit zu erwerben, droht sie auch zu verhindern, indem sie trotz der gemeinten geistigen Freiheit seelisch lastet und lähmt.
Man begreift, daß Horaz seine Fahrt zwischen der Scylla der leidenschaftlichen Verirrungen und der Charybdis der starren Philosophie zu lenken bemüht gewesen ist. Diese Stelle theoretisch zu bestimmen, hat er nicht vermocht, aber im dichterischen Daseinsvollzug ist er nicht müde geworden, sie zu zeigen. Es ist die Eigenheit der Satiren, die der Charakterbildung gelten, daß sie die Sittenlehren nicht schlechthin vortragen. Horaz schiebt ihren Gehalt von sich, indem er ihn etwa einem anderen in den Mund legt, vielleicht gar einem Menschen wie Damasippus, der sie durch sein Leben selbst verhöhnt, oder einem Taugenichts von Sklaven. Er karikiert sie durch Übertreibung, unterbricht ihren Ernst durch bloßes Spiel oder kehrt am Ende mit heiterer Wendung auf die Ebene entspannter Plauderei zurück. Immer bewährt er jene schwebende Freiheit, die sich der Lehren als notwendiger Mittel der Andeutung bedient, aber Abstand wahrt, und vor plumpem Zugriff und Festnageln neckisch entweicht. Man kann dieses Spiel Ironie nennen und an Sokrates

denken. Und was in dieser Hinsicht von den Satiren gesagt ist, gilt einigermaßen auch von den Episteln.

Jene weise Freiheit der Seele, *aequa mens, mens temperata,* beseelt und erfüllt, ordnet und bestimmt in anderer Weise auch die lyrischen Gedichte. Unfreiheit, Not, Irrtum, Leidenschaft, Gefährdung und Bedrohung durch die Dinge und die Bereitschaft der Seele, sich verführen zu lassen und vermessen zu sein, stellen sich auch da immer wieder als das Gegebene dar, das der Überwindung bedarf. Immer wieder wird von mannigfaltigen Umständen aus die gesunde, gemäße Lage gesucht und auch gefunden; das Gedicht vollzieht gern die Wendung und Bewegung zu diesem Ziele hin. Oder es schließt im Preis eines guten Loses das Widrige aus. In solchen Bewegungsvorgängen findet die horazische Lyrik immer wieder ihr Glück. Seichte Vertrauensseligkeit im Verhältnis zu Welt und Dingen würde ein solches Glück als etwas Leeres zu verschmähen geneigt sein. Horaz ist anders geartet, ganz abgesehen davon, daß er aus einer Zeit hervorgegangen ist, die das Ungeheure, Bedrohende bis zum Äußersten getrieben hat. Er hat das Gefährliche der Dinge allzusehr gespürt, um ihnen recht zu trauen. Nur wenn man das erkennt und zugleich das im letzten doch bewahrte, ungebrochene Selbstvertrauen, versteht man das Glück solcher inneren Bewegungen. Es ist wie ein Aufatmen zur Gesundheit, wie ein Heimfinden, eine Erquickung im Reinen und Rechten.

In einem horazischen Trinkliede darf man nichts Derbes, keine ahnungslos vergnügte, spießbürgerlich gefärbte Feuchtfröhlichkeit erwarten. Schon eine Epode, die dreizehnte, die der Lyrik nahe steht und wohl für das erste der Trinklieder gelten kann, geht von der drohenden Verzweiflung aus. Davon reißt sich eine kraftvolle Bewegung los und steigt zum Vorbild des Achilles auf, der es gewußt hat, daß er einem frühen Tod verfallen sei, und doch ungebrochen geblieben ist.

Und so bleibt es: die Lust des Bacchus und alles Drohende bleiben aufeinander bezogen, so wie alles Glück bei Horaz vielfachen Gefahren abgewonnen ist und darauf bezogen bleibt. Niemals löst sich das Bacchische aus diesem Verhältnis ganz los, sonst würde es in blinde, widergöttliche Gier umschlagen und Unsegen bringen (1, 18).

Leidenschaft darzustellen, kann nie das eigentliche Anliegen eines horazischen Gedichtes sein. Zwar gehört auch Venus zu den Gottheiten des Lyrikers Horaz; Liebesgedichte sind wie die Trinklieder zwischen gewichtigere Stücke gestreut. Aber man sollte sich hüten, seine Aufmerksamkeit auf das zu lenken, was der Umwelt und der Kunstart angehört. Das Eigene dieser Liebesgedichte liegt darin, daß die Leidenschaft auch hier nie auf sich selbst allein bezogen ist, sondern auch auf die sittliche Harmonie, die bei Horaz jedem Gegenstand eine neue Richtung gibt. Entfesselte, sich selbst überlassene Leidenschaft ist Abirrung, ist Not. Gesucht und gepriesen kann immer nur in mannigfachen Verhältnissen und Lagen das sittliche, von allem Dumpfen befreite Gleichgewicht im Innern der Seele oder zwischen den Menschen sein, ein Gleichgewicht allerdings, das die Leidenschaft voraussetzt und in gewissem Sinne darauf zurückbezogen bleibt, teilhaftig nur des Segens der Göttin.

Niemals geben die Dinge selbst und die Hingabe daran bei Horaz Freude und Genuß der Gesundheit, sondern immer nur die Beziehung auf das Maß jener Freiheit. Darum findet man bei ihm nie höchste Unmittelbarkeit, aber inneren Reichtum, der unaufdringlich auf eine gute Stunde wartet und dann überrascht. Es gibt keine ungemischten Gefühle, keine geradeaus stürmenden Affekte bei Horaz. Der Weg vom Gegenteil zum Gegenteil ist eine der häufigsten Bewegungen seiner Gedichte. Das Siegeslied nach dem Fall von Alexandreia (1, 37) beginnt bei der elementaren Wirkung der

Siegesnachricht, bei Wein und stampfendem Tanz: *Nunc est bibendum ...*, um dann auf dem Wege über die überstandene Gefahr und den Sieg über das vermessene Unwesen auf eine gedämpfte, vor eigener Vermessenheit bewahrende Betrachtung der Feindin Kleopatra hinauszulaufen, die sich im Sturz zur Größe im Tode erhoben hat. Die unmittelbare, leidenschaftliche, im Grunde gefährliche Lust ist zur Freiheit gefaßter Besinnung geläutert.

Die schwebende, beziehungsreiche Harmonie solcher sittlichen Freiheit, die Anmut und Überlegenheit so treu bewahrter innerer Gesundheit ist ein übergeordneter Gegenstand, der genannt oder ungenannt zu der Vielfältigkeit der Einzelgegenstände hinzukommt, der sie alle offen oder geheim bestimmt und bewegt. Nichts anderes meint im Grunde Horaz, wenn er sich zu den Musen bekennt (3,4), wenn er Apollo mit gelassenem Verzicht auf die Herrlichkeiten der Welt um heiteren Genuß des Gegebenen und um musischen Geist bis ins Alter bittet (1,31), wenn er sein Los rühmt, das durch frommen Sinn und Melodie in göttlicher Hut ist (1,17), wenn er im leichten Spiel sein stillvergnügtes *Integer vitae* singt (1,22).

Das Gleiche ist aber auch in der Gesamtheit alles Inhaltlichen und in seinem Wechsel mit im Spiel. Immer wieder wechselt festlich Auflockerndes mit ernsterem Besinnen in vielfältigen Abstufungen, und von *Donec gratus eram tibi* (3,9) bis hinauf zu den »Römeroden« wirkt jeder Gegenstand, jede Höhenlage mit, um die schwebende Harmonie des Ganzen zu verwirklichen.

Das alles, was bisher von Horazens Werk gesagt ist, gilt nun freilich nicht viel mehr, als wenn man von einer Oper spräche und die Musik nicht erwähnte, und man mag es nur mit einem ähnlichen Vorbehalt gelten lassen, wie Horaz die Diatriben seiner Satiren und Episteln; denn es ist immer nur vom Inhaltlichen die Rede gewesen. Als Dichter ist aber Horaz doch zunächst ein Mensch, der aus Worten musische Harmonien zu fügen versteht, zumal da er ein römischer Dichter ist. Je weniger die Römer im Verhältnis zu den Griechen dazu begabt sind, durch gegenständliche Phantasie Dinge und Menschen nachzuschaffen, die für sich selbst da zu sein und zu leben scheinen, um so großartiger und feiner ist ihre Bewegungsphantasie. Und Horaz zeigt sich hierin als Römer wie irgendeiner. Ein römisches Dichtwerk ist von vornherein nicht zum wenigsten ein in Worten gestalteter Bewegungsvorgang, die Gestaltung lebendiger Bewegungskraft.

Damit soll nicht gesagt sein, daß man von der Gestaltung ohne Rücksicht auf den Inhalt sprechen solle. Im Gegenteil, die Gestaltung bedeutet nichts als die Art und Weise, den Gehalt zu vollziehen und die Maße, in denen sich diese Weise offenbart. Gehalt und Form gehen ineinander über. Als vorhin vom Spiel des Humors und der Ironie in Satiren und Episteln und dann von der dichterischen Darstellung der beziehungsreichen Daseinsharmonie durch Bewegungsvorgänge in seiner Lyrik die Rede gewesen ist, hat es dieser Gedankengang schon mit dem künstlerischen Gebilde zu tun gehabt, und umgekehrt ist die Gestaltung des Siegesliedes *Nunc est bibendum*, die Harmonie aller Einzeldinge und Bewegungen, die im Gedicht sind, auch das Höchste des Inhalts.

Schon die Epode *Altera iam teritur* (16) ist unerhört streng bis ins Kleinste durchgearbeitet. Die Worte behalten dort, wo sie zusammenstoßen, ihren Klang so ohne Verschleifung rein, wie es noch kein römischer Dichter gezeigt hatte. In den Hexametern gilt das ohne Ausnahme, und damit wechseln reine Senare ab, so daß die Urform der archilochischen Gebilde – so muß es sich Horaz gedacht haben – in funkelnder Reinheit dargestellt ist. Die Teile des Gedichts setzen sich reinlich voneinander ab und sind in sich durch Entsprechungen, Gegensätze, Vorbereitungen und Verbindungen zwischen dem Ungleichen auf das festeste gebunden und gegliedert. Wenn etwas unfertig ist, so ist es gerade die allzu strenge Form, die noch nicht in allen Stücken mit dem inneren Leben der Worte eins ist. Im wesentlichen ist aber die Gestaltung kein in sich selbst befangenes Spiel, sondern das Maß der federnden Schnellkraft, womit die Worte drohen, aufrufen, zurückstoßen und sich losreißen – hier und in den Epoden überhaupt.

Recht im Gegensatz zu dieser zusammengeballten Wucht richten die Satire und der Brief ihren Gang nach der Entspannung einer heiter-überlegenen Plauderei. Anlage, Ausdruck, ja der Vers sind bis zum äußersten aufgelockert. Aber diese Lässigkeit tritt dem Leser nicht als Verzicht entgegen, sondern mit höchstem Anspruch als etwas in sich Vollkommenes, wie im Dasein, so im Sprechen. Ist sie doch eine Erscheinungsform jener Vollkommenheit der Lebensbewegungen, worauf es Horaz immer angekommen ist. In unablässigem Wandel und leichtestem Wechsel begriffen, ist Gedanke und Rede dennoch bis in die kleinste Bewegung hinein von den bestimmtesten Beziehungen durchwaltet, so daß der Betrachter auch in einer einzelnen Versgruppe noch eine klar gestaltete Welt findet.

Da es sich um gestaltete Bewegung handelt und der beständige Wechsel der Satire und, in anderem Maße, auch dem Briefe besonders eigen ist, so sind die vielen Übergangsbewegungen vor allem wichtig. Selten folgt abgesondert Teil auf Teil. Meist steigen in einem Gedanken, der in aller konkreten Fülle gedacht ist, Nebenmotive auf, er beginnt sich zu drehen, schlägt um und unversehens ist er in einer neuen Richtung, oft auch in einer anderen Stilhöhe angelangt, wo dann das Spiel von vorn beginnen kann, je überraschender und neckischer, desto besser, und der Tanz aller dieser Wendungen und Bewegungen macht recht eigentlich das Gebilde der Satire aus.

In der Satire *Non quia Maecenas* (1,6) traut er dem

hohen Sinn des Freundes zu, an der Verehrung für seinen verachteten Vater, der doch edler Art gewesen, teilzunehmen. Die Erzählung, wie der Vater den Charakter des Sohnes gebildet habe, ist zwar mit lustigen Versen aufgelockert, die über die scheinbar unerreichbare Vornehmheit von Altersgenossen lächeln, aber der Ernst herrscht vor. Und schwere Überwindung steht hinter den Versen:

Wollte die Natur, daß jeder mit
gewissen Jahren sein vergangenes Leben
von vorn begänne und sich andere Eltern,
großartig, wie er wollte, wählte, würd' ich
zufrieden mit meinen keine nehmen wollen,
die Glanz von hohen Würden borgten, – töricht
im Wahn der Menge, doch vielleicht, Maecen,
nach deinem Urteil weise ...

Man denkt natürlich: deshalb weise nach dem Urteil des Maecenas, weil dieser die wahren Werte richtig schätzt, aber im Lächeln des Einverständnisses hat sich bereits der Gedanke gedreht und die Untiefen des horazischen Daseins weit zurückgelassen.

Nach deinem Urteil weise,

geht es weiter,

daß ich meine Schultern
mit keiner größern Last, als ich gewohnt
zu tragen bin, beladen möchte. Denn
da müßt' ich auch für größre Renten sorgen,
mehr Leute sehen, – wenn ich reiste oder
aufs Land nur ginge, (um beileibe nie
allein zu sein) stets einen und den andern
Begleiter mit mir schleppen, mehr Bediente
und Pferd und Wagen halten ... (nach Wieland)

Und nun läßt Horaz einen niederen Streber, der sich ohne Erfolg das Leben einer Standesperson anquält, als komische Figur in einer peinlichen Lage auftreten und führt dagegen sein eigenes anspruchsloses Dasein, als wäre es eitel Behagen, seinen Neidern und, in anderem Sinne, dem Freunde vor. Dieses übermütig beschwingte Schlußstück hält den Ernst des vorangehenden in der Schwebe. Am Drehpunkt gilt es die Wendung zu spüren, oder das Ganze liegt grau und flau vor dem Leser, wie eben ein Gedicht, dessen eigentliches Leben man noch nicht spürt.

Für die Gestaltung der Oden soll eine Gruppe von sechs Strophen eines frühen Gedichts ein Beispiel geben, *Delicta maiorum immeritus lues* (3,6), worin die Verwüstung von Ehe und Mutterschaft den Römern warnend, ja drohend, vor Augen gestellt ist. In dreien dieser Strophen ist von der Verderbnis die Rede, in dreien von der Zucht der Vorzeit. Schon dieses, daß eine einzige, gegensätzlich gestaltete und ausgewogene Bewegung sechs Strophen zu einer zweiteiligen Gruppe vereinigt, unterscheidet Horaz von Alkaios, dem er die Strophenform nachgebildet hat. Und nun spüre man, wie der Zug dieser großen Bewegung mit allen Einzelbewegungen, die die Worte bringen, sich der Magie der gleich wiederkehrenden Strophen anvertraut und im freien Zusammenspiel mit diesem Bann seine beziehungsreichen Geleise zieht.

Motus doceri gaudet Ionicos
matura virgo et fingitur artibus
iam nunc et incestos amores
de tenero meditatur ungui.

mox iuniores quaerit adulteros
inter mariti vina neque eligit
cui donet inpermissa raptim
gaudia luminibus remotis,

sed iussa coram non sine conscio
surgit marito, seu vocat institor
seu navis Hispanae magister,
dedecorum pretiosus emptor.

non his iuventus orta parentibus
infecit aequor sanguine Punico
   Pyrrhumque et ingentem cecidit
      Antiochum Hannibalemque dirum,

sed rusticorum mascula militum
proles, Sabellis docta ligonibus
   versare glaebas et severae
      matris ad arbitrium recisos

portare fustis, sol ubi montium
mutaret umbras et iuga demeret
   bubus fatigatis, amicum
      tempus agens abeunte curru.

*

Bewegen lernt sich gern in ionischem Tanz
erwachsnes Mädchen, künstlich verstellt sie sich,
   beginnt schon jetzt unreine Liebe,
      fast noch im Kindergelock, zu sinnen.

Bald sucht sie Buhlen, jünger an Jahren, aus
beim Weingelag des Mannes, und wählt nicht erst
   den, dem sie heimlich unerlaubte
      Lüste gewährt, wenn die Lampen fort sind;

nein, auf Geheiß und offen und wissentlich
dem Manne steht sie auf, ob ein Krämer jetzt
   sie einlädt, jetzt ein fremder Schiffsherr,
      schmutziger Schande ein reicher Zahler.

Nicht solcher Eltern junges Geschlecht hat einst
das Meer gefärbt mit Blute der Punier,
   Pyrrhus geschlagen, den gewaltigen
      Antiochus, Hannibal, den furchtbarn;

nein, bäuerlicher Krieger gehärteter
Nachwuchs, gelehrig, mit dem Sabellerkarst
   Erdreich zu wenden und der strengen
      Mutter zu willen im Wald geschlagne

Holzlast zu schleppen, noch, wenn die Sonn' am Berg
die Schatten dehnte und das Geschirr abnahm
   den müden Ochsen, Feierabend
      freundlich mit sinkendem Wagen bringend.

Steigern sich die ersten drei Strophen in klaren Stufen bis zur letzten Zeile *dedecorum pretiosus emptor* hinauf, so teilen sich die dagegen gestellten drei nächsten mit der Vergegenwärtigung der alten Zucht von vornherein in zwei gegensätzliche Gruppen: »Nicht solcher Eltern junges Geschlecht ...; nein, bäuerlicher Krieger gehärteter Nachwuchs ...« Die erste Gruppe ist vorwärts und rückwärts bezogen. Die großen Namen drängen sich gegen das Ende der Strophe und steigern sich bis zu Hannibal. Dann folgt eine Anschauung: man sieht die Kraft, die so gesiegt hat, unscheinbar bei harter Alltagsarbeit, gebückt unter der Last des Knüppelholzes. »Der strengen Mutter zu willen«: das genügt, in der neuen Anschauung auch den vorher angelegten Gegensatz lebendig zu erhalten, das ganze alte Frauenleben jener Verkommenheit der neuen Zeit entgegenzusetzen. Im übrigen treten hier mehr die Männer hervor.

Diese Anschauung entwickelt sich in einem zweistrophigen Gebilde, dessen erste Hälfte von lauter Härte und Strenge erfüllt ist, die noch über die Strophengrenze hinüberdrängt und sich gerade da fast zur Brutalität steigert *(portare fustis)*. Darauf folgt in der zweiten Strophe gedanklich eine Steigerung der Härte: »noch am Abend, wenn selbst die Zugtiere feiern«; weil aber dieser Nebensatz aus milden Worten besteht, so verläuft die Strophe trotzdem erleichtert, und dieses wohltuende Abklingen – es ist so unvergleichlich horazisch – steht im Gegensatz zu dem furchtbaren Schlage am Ende der ersten drei Strophen.

Das Gefüge dieser nahen und fernen Beziehungen zwischen den Einzelmomenten in der Gesamtbewegung und besonders der Schluß, worin weiter gesteigerte Härte unversehens zugleich abklingende Milde wird, so daß Gleichgewicht in Anschauung und Form zustande kommt: das ist horazische Harmonie, die Harmonie einer weitgeschwungenen, geordneten und

trotzdem nie berechenbaren, bei aller schweren Wucht doch im Gleichgewicht schwebenden, ihrer selbst sicheren Bewegung.
Nehmen wir diese Gestaltung nicht obenhin als etwas Abgesondertes, nur dem Verstand allein oder den Sinnen zum Genuß dargeboten. Wir sehen, daß sie der sittlichen Harmonie entspricht, nach der sich alle Gegenstände bei Horaz richten, und daß sie mit seinem Frommsein und mit seinem Preis des Musischen auf das innigste zusammenhängt. Nehmen wir also diese Schönheit in ihrer vollen Würde, als Abglanz von etwas, was über dem Menschlichen ist.

GEDANKEN ÜBER HORAZ

Die hier vorgetragenen Gedanken wollen erweisen, daß die verschiedenen Gedichte und Dichtarten des Horaz zusammen etwas Einheitliches, in sich sinnvoll Aufgebautes ausmachen. Besonders die Lyrik der zwanziger Jahre, also der ersten drei Odenbücher, mit der vorangehenden Epoden- und Satirendichtung in eins zu sehen ist wichtig und, wie es scheint, ungewohnt. Gelingt es, so fügen sich die Episteln und späten Oden von selbst an. Darum darf sich der hier vorgelegte Versuch auf die Betrachtung der Epoden, Satiren und der lyrischen Sammlung des Jahres 23 beschränken.

Wie im Pflanzenkeime zwar nicht die künftige Pflanze in ihrer Wirklichkeit, die ja von äußeren Einflüssen mitbedingt ist, und nicht die Materie enthalten ist, die sie sich einmal einverleiben wird, aber doch die Form, die ihren Wuchs dem Wesen nach bestimmen wird, ähnlich birgt bereits das Gedicht *Altera iam teritur*, das sechzehnte im Epodenbuche, viel von Horazens späterer Dichtung keimhaft in sich. Es ist der Aufruf an die Römer, vor dem Verderben, das infolge der lange in Bürgerkriegen angehäuften Schuld nun losbrechen und Rom vernichten wird, zu flüchten und auf die glückseligen Inseln im Westmeer auszuwandern. Das sieht freilich von den späteren Dichtungen verschieden genug aus; um zu sehen, wie sie sich doch darin ankündigen, muß man den mehrschichtigen historischen Aufbau des Gedichtes verstehen. Der Dichter tritt als prophetischer Führer vor die gegenwärtig gedachten Römer, rüttelt sie auf und zeigt ihnen den Weg zu ihrem Heile. Das ist eine Haltung, die seit Jahrhunderten aus der Dichtung verschwunden war; Archilochos und Solon und ihre Zeit- und

Kunstgenossen hatten so zu ihren Mitbürgern gesprochen; später, etwa nach Euripides, hatte die große Dichtung überhaupt darauf verzichtet, dem Leben der Gesamtheit ihre Stimme zu leihen, die wichtigsten überpersönlichen Anliegen in sich aufzunehmen. Mit der sechzehnten Epode hat Horaz diese Haltung, dieses Amt und diese Würde der Dichtung zurückgewonnen, zunächst für sich selbst. Aber freilich besteht ein großer Unterschied. Jenen alten Dichtern war die angedeutete Konstellation aus Führer und Bürgerschaft in der Wirklichkeit gegeben, und ihre Worte fügten sich in dieses Wirkliche als ein möglicher Text ein. Der Dichter konnte wirklich vor seine Mitbürger hintreten und ihnen sein Gedicht so vortragen wie wir es lesen. Horaz dagegen konnte sich nur vorstellen, es gebe auch in seinem Leben eine Gelegenheit, so zur Gesamtheit seiner Mitbürger zu sprechen. Statt einen möglichen Text zu wirklichen Zusammenkünften zu dichten, konnte er nur mit der Einbildungskraft nach dem Vorbild jener alten Verhältnisse die schwebende, von aller Wirklichkeit abgelöste Vorstellung einer solchen Versammlung erzeugen und sich in dieser Sphäre sprechend einführen. Er hat es in der bekannten kallimacheischen Weise getan, die uns auch aus Catull und Tibull vertraut ist, indem er in den Worten des Volksführers sich zugleich die Szene in ihrem Ablauf abbilden läßt, in der er sich redend denkt. Der Leser erfährt nicht nur die Gedanken des Redners, sondern erlebt es mit, wie die Menschen sich entschließen, wie keiner auf die Frage nach einem bessern Rate antwortet, wie der Führer die Menge, die schon zur Ausführung fortdrängt, zum Schwur zurückhält. Hierin ist das Gedicht nun wieder hellenistisch, und wer das erkennt, der zweifelt, wieweit das, was da geraten und versprochen wird, wörtlich genommen werden will; es hat ja zunächst nur in der Phantasie des Dichters Leben und Bedeutung. Freilich, am Eingang des Gedichts stehen blutig ernst die Bürgerkriege, und überhaupt wird daran niemand gezweifelt haben, daß es sich um eine Angelegenheit handelt, die dem Dichter auch über seine Phantasie hinaus wirklich am Herzen liegt. Aber was denn eigentlich dieses Anliegen ist, fragt sich. Daß sich nämlich die Römer im Augenblick entschließen sollen, ihre Habseligkeiten auf Schiffe zu packen und samt und sonders ins Ungewisse hinauszufahren wie einst die Phokäer, die ihnen als Vorbild vorgehalten werden, das gehört sicher nur zum Phantasiebild der vorgestellten Volksversammlung. Auf die Auswanderung kommt es Horaz in Wirklichkeit gar nicht an, auch auf die Inseln im Westmeer nicht, überhaupt nicht auf das Räumliche. Sonst hätte er den Gedanken festgehalten, der sich aus dem Phokäermotiv ergibt und den er zuerst verfolgt, daß nämlich womöglich die ganze Bürgerschaft von dem am Orte haftenden kriegerischen Verderben fortgeführt werden soll. Anstatt dessen verschiebt sich der Gedanke dahin, daß sich die Schuldlosen, Frommen aus der verschuldeten Umwelt und ihrem Verderben, das heißt doch aus dem römischen Leben, wie es den Dichter umgab, aus der Masse der Römer retten sollen. Aus der Richtung der Verschiebung erkennt man, worauf es dem Horaz ankommt: nicht auf das, was sich im Raume abspielt, sondern auf Verhältnisse der moralischen Welt. Das Gedicht ist nicht nur eine von Wunsch und Sehnsucht eingegebene politische Schwärmerei, die dem Dichter eine in der Wirklichkeit unmögliche Befriedigung in leerer Einbildung gewährte, sondern eine in räumlichen Anschauungen ausgedrückte Abkehr von dem schuldbeladenen, verderbenschwangeren Wesen und Treiben ringsum, ein Aufruf an die Wackeren, reine Bezirke des Lebens aufzusuchen. Das ist aber wirklich, wie vorhin gesagt wurde, der Inbegriff dessen, was Horaz in seinen späteren Gedichten tut. Immer wieder kehrt er sich von einer Verkommenheit, von etwas Ungesundem, Verderben-Drohendem ab, immer wieder weist er auf reine, gesunde, sichere Bezirke des Daseins hin, freilich ohne sie ins Räumliche zu verlegen.

Die innere Abwehr gegen das Widrige, Verkommene, das ihn bedrängte und in der schlimmen Zeit der sechzehnten Epode an Rom verzweifeln ließ, hat etwa zehn Jahre lang im Vordergrunde seines Dichtens gestanden, während die Führung zu Zielen und Normen des Lebens dahinter zurücktrat. Kundgebungen dieses Sich-wehrens und Sich-wahrens sind auf der einen Seite die Epoden. Sie unterscheiden sich nicht nur in Stil und Versmaß von artverwandten Gedichten Catulls und seiner Kunstgenossen, sondern auch in der Richtung des Willens. Nicht so sehr einen Gegner wollen sie aus purem persönlichen Haß vernichten als vielmehr sich männlich-kräftig gegen Schlechtes, Verkommenes, Bedrückendes aufbäumen, wobei die Person des Gegners, wenn es sich überhaupt um einen Gegner handelt, wenigstens zumeist von untergeordneter Bedeutung ist. Aber nicht nur die einzelnen Gedichte mit ihrer besonderen Willensrichtung ordnen sich der großen Abwehr dieser Jahre ein, sondern schon dieses, daß Horaz überhaupt Epoden, archilochische Iamben, dichtete, beruht auf einem Akt der Auflehnung und des Abrückens. Seine klassische Haltung ist nicht wie die Virgils in kampflosem, fast unmerkbarem Hinauswachsen über seine künstlerische Herkunft entstanden, sondern in einer heftigen Ablehnung dessen, was in seiner Jugend herrschte, die mit Entschiedenheit schon vollzogen war, als seine ersten erhaltenen Verse entstanden. Damals hatte er sich schon von der herrschenden zeitgenössischen Dichtkunst losgesagt, nicht nur von ihren literarischen Formen, sondern auch von dem menschlichen Wesen, von dem sie zeugte. Sieht man sie mit Horazens Augen an, so machte sich darin ein unmännliches, haltloses Menschentum breit, das, in Genuß und Schmerz und Schwärmerei ohne Maß, Leben und Seele vergeudete und dabei doch des großen Ernstes ermangelte. Sie verschob die Verhältnisse des Lebens, rückte Liebe und Liebelei in die Mitte und umging fast alles, was sonst von Rechts wegen das Dasein des Mannes erfüllte, vor allem öffentliches Wirken und Wohl und Wehe Roms. Gegen dieses Unwesen hat Horaz den Archilochos ins Feld geführt, um seines gesünderen, männlicheren, mehr auf das Ganze gehenden, vielleicht kann man sagen: klassischen Geistes willen. Von ihm hat er den herben Ton gelernt, der schon an sich auch Widerspruch gegen das Treiben der Dichter rings um ihn her bedeutet.

Aber es gibt doch erotische Gedichte in der Sammlung, voll von hellenistischen Motiven, und das elfte, an Pettius gerichtete hat man geradezu eine umstilisierte Elegie genannt. Gewiß, aber gerade diese Gedichte und besonders das Pettiusgedicht lassen die innere Befreiung erkennen. Zwar stimmen in diesem Gedichte die Züge, mit denen Horaz seine vergangene Leidenschaft schildert, alle mit der Elegie überein. Wie die Liebenden in der Elegie und wie Cornelius Gallus in dem letzten der Hirtengedichte Virgils schmachtete damals auch Horaz in kranker Sehnsucht. Er glaubte, sein gutes, anständiges Herz gebe ihm das Recht auf Gegenliebe. In ihm wechselten tapfere, unausführbare Entschlüsse mit kläglichem Unterliegen. Kurz, da war er mit seinem ganzen Wesen in Leidenschaft verstrickt. Aber das war vor drei Jahren; jetzt schämt sich Horaz des Treibens. Von dem Gegenstand seiner gegenwärtigen Leidenschaft, einem Knaben, heißt es nur kurz und verhältnismäßig gefühllos, daß er an zartem Körperreiz jedes Mädchen übertreffe. Und während bei den Elegikern und vorher bei Catull und sicher auch bei seinen Zeitgenossen der Gedanke an das Ende der Leidenschaft dem Liebenden, solange er in ihrem Banne steht, unmöglich ist, weil sie sein ganzes Wesen durchdringt, rechnet Horaz damit, daß ihn zwar nicht die Vorhaltungen seiner Freunde befreien werden, wohl aber irgend ein neuer Brand, Knabe oder Mädchen. Er weiß, verliebt wird er immer sein, aber der Gegenstand wird wechseln. Das ist die gegenwärtige Verliebtheit des Horaz, deren er sich offenbar nicht schämt, zurückgedrängt aus dem Seelischen, wo sie früher eingedrungen war, so daß der Dichter nicht in allen Schichten seines Wesens an den jeweiligen Gegenstand gebunden ist. Sie steht im geraden Gegensatz zur Verliebtheit des Gallus und der späteren Elegiker. Wo käme es denn auch in der Elegie vor, daß ein Aussetzen der Dichtung mit einer Liebessache entschuldigt würde, wie es hier am Anfang des Gedichts geschieht? Im Gegenteil, diese Dichter können nur dichten, weil sie verliebt sind, mit der Leidenschaft würde zugleich ihre Dichtung erlöschen. Horaz stellt sich also mit allem, was sich auf seine gegenwärtige Lage bezieht, in Gegensatz zur Liebesdichtung seiner Zeitgenossen, dagegen sein früherer Zustand stimmt mit dem inneren Verhalten ihrer Dichtung überein. So spiegelt sich in dem Gedicht die menschliche Befreiung vom Banne der damals geltenden Dichtkunst, dieselbe Befreiung, die sich auch in der wohl zuerst entstandenen Satire kundgibt, der zweiten des ersten Buches. Auch dort rückt Horaz von dem verstiegenen verliebten Getue ab; er lacht über den Nimbus, mit dem eine spielerisch gefühlvolle Jugend die Erotik umgeben hat, und hält es mit einer vereinfachten Geschlechtsliebe ohne Aufwand von Schwärmerei. Diese Befreiung war ein für allemal in Horaz vollzogen. Nicht nur, daß sie die übrigen Gedichte des Epodenbuches bestimmt, soweit sie Erotisches enthalten, sondern sein Leben lang hat er bewußterweise jenem Liebesstile ferngestanden, in dem Eros alles Denken über Welt und Leben durchdringt und sich untertan macht. Auch in den lyrischen Gedichten ist beim Dichter selbst nur jene andere Art der Leidenschaft anzutreffen, die sich in engen Schranken hält und darin nicht mehr ist als die immer noch von Ethos eingegrenzte Betätigung jugendlicher Lebenslust und Lebenskraft.

Neben Archilochos trat für Horaz Lucilius, der Satirendichter, als Vorbild, der persönlichste unter den Römern neben den persönlichsten der Griechen, auch er für Horaz ein Bundesgenosse in der inneren Abwehr der dreißiger Jahre. Lucilius hatte die läßliche, immer zur Entspannung des Spaßens und Lachens bereite Seelenhaltung des hochkultivierten Menschen, die ganze Sphäre des intimen auflockernden Plauderns und Scherzens, die in Rom der Scipionenkreis zuerst kultiviert und besonders als feine Ironie in das Lebensideal einbezogen hatte, als erster in die lateinische Literatur eingeführt und in höchst persönlichen Dichtunten dargestellt, worin die Überlegenheit des innerlich gesunden, philosophisch gebildeten Mannes über die große Masse seiner Zeitgenossen entschieden in die Erscheinung trat. Diese lucilische Haltung, abgewandelt natürlich, half dem Horaz neben der archilochischen in den zehn Jahren der Abwehr, sich gegen das Widrige zu wahren. Das Häßliche, Bedrückende wurde zum Lächerlichen; Unmut und Verzweiflung, wie sie sich in der sechzehnten Epode zeigen, milderten sich zur Ironie, zum urbanen Lächeln, zum nachdenklichen Scherzen ab. So entstanden die Satiren. Man würde ihnen unrecht tun, wenn man sie unter dem Eindruck ihrer witzigen Plauderei nur für eine Ausgeburt natürlicher Schalkhaftigkeit und nichts anderes nähme. Horaz selbst verwahrt sich gegen diese Ansicht in der vierten Satire des ersten Buches, indem er sagt, seine Satirendichtung sei ein Stück der Arbeit, die er an sich beständig leiste, so wie ihn sein Vater gelehrt habe. Freilich nur die eine Seite davon drückt sich in den Satiren aus, die Vergegenwärtigung verkehrten oder lächerlichen Lebens. Die andere, der Blick auf rechtes Leben, bleibt unausgedrückt, aber wer die Linien in den Plaudereien über Lebensführung ins Positive weiterzieht, der erkennt, daß sie überall auf dieselbe Stelle hinweisen: auf rechtes Maß, gefaßt etwa mit den Gedanken eines Epikureers, und sittlichen Takt und Gesundheit des Seelenlebens. Daß das unausgedrückt bleibt, gehört zu der von Horaz gewählten Form der Satire, gehört zum abwehrenden Verhalten dieser Jahre.

Aber nicht nur das Positive, das Rechte, Nachahmenswerte bleibt unausgesprochen, sondern bis auf gelegentliche Seitenblicke tritt auch die Rüge, der Hinweis auf das Verkehrte eigentümlich verhüllt auf. Wenn schon einmal der lehrhafte, diatribenartige Ton einsetzt, so wird er gleich wieder durch einen Scherz, eine Selbstironie zurückgenommen, oder er wird von vornherein einer fremden Person in den Mund gelegt, meist mit irgendeiner Art Ironie, so daß Horaz nicht ganz beim Wort genommen werden kann. Das ist aber wieder kein ethischer Nihilismus, kein bloßes Versteckspiel und Ausweichen, sondern Humanität, die im gesitteten Verkehr, im Gespräch Abstand, im Verhältnis zu sich und den Dingen die Freiheit des betrachtenden Gemüts zu bewahren weiß.

Diese Humanität der Satiren löst in etwa die Schwierigkeiten und Nöte auf, die den Dichter am Anfang mit Unmut und Verzweiflung bedroht hatten. Dafür verzichtet er darauf, sich anders als abwehrend und spöttisch zu äußern, unmittelbar zu nennen und zu preisen, was recht und gut ist, was er liebt. In den Gedichten vom Ende der dreißiger Jahre tauchen Anzeichen dafür auf, daß die engen Schranken dieses Verzichtes dem inneren Bedürfnis des Dichters nicht mehr genügen. Die sechste Satire des zweiten Buches steht ihrer inneren Form nach für sich gegen alle anderen: Horaz ist allein draußen auf seinem Gute. Sonst liegt es im Wesen des »Geplauders« *(sermo)*, daß es sich an einen Partner wendet, ob dieser nun ausdrücklich angeredet ist oder nicht; auch die Erzählungen unter den Satiren sind so gefaßt, wie man sie in Gesellschaft zum besten gibt. Und die Umwelt der Satire ist naturgemäß die Großstadt; wenn in der dritten des zweiten Buches Damasippus dem Dichter zur Saturnalienzeit draußen auf dem Lande seinen unerwünschten Vortrag hält, so überfällt in ihm eben das römische Treiben den Dichter, der sich daraus zurückgezogen hat. Hier aber ist der Dichter wirklich allein auf seinem Landsitz. Es ist ein Morgen, vielleicht nach der Ankunft aus der Stadt; es ist freie Zeit. Da tritt ihm das Schöne dieses Besitzes, dieses Daseins ins Bewußtsein; er spricht diesen Gedanken beglückt aus, und alsbald wird daraus ein Gebet an Mercurius, in dem er, statt mehr Besitz zu wünschen, um hellen, wachen Geist und den Schutz des musisch klugen Gottes bittet. Dann beginnt er sein Tagewerk mit dem wohligen Gefühl der Befreiung und einem Anruf an Matutinus-Janus, dem er in der Ruhe dieses Aufenthaltes von seinen Plackereien drunten in der Stadt erzählt, die ihn immer nach dem schöneren, besseren Leben auf dem Lande verlangen lassen. Aus dem Bewußtsein des gegenwärtigen Daseins kommt das Bild des gegensätzlichen Stadtlebens, worin wieder, vom Verlangen erweckt, das Bild des ländlichen Daseins auftaucht, und so kehrt das Gedicht am Ende zu seinem Anfang zurück, in einer Gedankenbewegung, die verschieden von der der anderen Satiren und eher der der Elegien verwandt ist, wie sie eben dem einsamen Sprecher ansteht, dem Gedanke aus Gedanken ohne Rücksicht auf ein menschliches Gegenüber auftaucht.

Das alles geht fast schon über das Maß dessen hinaus, was eine Satire eigentlich fassen kann, wenn sie bleibt was sie ist; so geheime Zwiesprache mit sich selbst und den Göttern gehört nicht in die Sphäre des urbanen Geplauders. Aber auch was gesagt wird, geht über das Maß der Satire hinaus, es enthüllt mehr, als es diese

Dichtart sonst zuläßt, die innere Meinung des Herzens, das Verlangen nach der Zurückgezogenheit, die Freude an dem kleinen Besitz und der Daseinsmöglichkeit, die er gibt, die Gesinnung und Richtschnur seines Lebens. Kurz, die nicht abwehrenden, sondern bejahenden Regungen und Gesinnungen des Innern kommen hier in geheimer Zwiesprache mit den Göttern aus der Verborgenheit hervor, in der sie sonst die Kunstform der Satire hält, anders noch als in der positivsten unter den früheren Satiren, der sechsten des ersten Buches, wo die Rücksicht auf den Gesprächspartner die Rede mitbestimmt.

Schwerlich ist es Zufall, daß sich gerade in dem Gedicht jener Verzicht zu lösen beginnt, in dem das Sabinergut, das ihm Maecenas geschenkt hatte, zuerst zum Gegenstand der horazischen Dichtung wird. »Das kleine Anwesen, das mich mir zu eigen gibt«, nennt er es später einmal in den Briefen. Etwas zu haben, wo er sein Leben nach Wunsch und Idee gestalten konnte, eine Art äußere Verwirklichungsmöglichkeit seiner inneren Anschauungen von rechtem Leben, das muß für Horaz etwas so Erfüllendes gewesen sein, daß in ihm mit der Freudigkeit das Bedürfnis entstand, mehr in seiner Dichtung auszusprechen, als er sich in der Zeit der Satiren gestattet hatte.

Etwas Ähnliches ist um dieselbe Zeit in der Epodendichtung vor sich gegangen. In dem späten Gedichte, das Horaz bei der Herausgabe an den Anfang der Sammlung gestellt hat, weist er das Ansinnen zurück, daheimzubleiben, während Maecenas in den Krieg zieht, in dem die Entscheidung zwischen Cäsar Octavianus und Antonius fallen wird. Dieser kräftige Widerstand gegen eine Zumutung, die ihn in seinem Werte nicht erkennt, das männlich feste Verhalten zu Gefahr und Mühsal fügt sich wohl in Ton und Haltung zu den übrigen Epoden. Aber wogegen sich Horaz wehrt, das ist nicht mehr etwas feindlich Widriges, sondern allzu große Rücksicht, gegen die er freundschaftlich Einspruch erhebt. Und in dem Widerspruch verbirgt sich nur halb das eigentliche Anliegen des Gedichtes, dem Freunde die Treue anzutragen, die sich hier im Kriege einmal bewähren kann. »Über Alpenhöhen und den Kaukasus und bis zum äußersten Rande des Westens gehe ich tapfer mit dir«: so warme Beteuerungen der Freundschaft wachsen über Stil und Haltung der früheren Epoden hinaus.

Bald danach, kurz vor der letzten Entscheidung, im bangen Warten ist das neunte Gedicht der Sammlung entstanden. Die Bewegung des Gedankens geht von der sehnsüchtigen Frage, wann endlich der volle Sieg gefeiert werden könne, über die Vergegenwärtigung der Schande, die die Antonianer dadurch über Rom gebracht haben, daß sie der orientalischen Königin untertan wurden, allmählich zum Anruf an den Gott Triumphus und endlich zu dem Entschlusse, die bange Spannung beim Wein zu lösen. Hierbei stimmt wieder das Letzte, das kräftige Sich-aufraffen aus der Beklommenheit, mit der Haltung der anderen Epoden überein. Aber der Ausdruck der Sehnsucht in der Bedrängnis, der wiederholte Anruf an Triumphus, dann der Preis des Feldherrn Cäsar, der über Marius und den jüngeren Scipio gestellt wird, kurz, all das, was auf dem bejahenden Verhalten zu Cäsar und seiner Sache beruht, sprengt fast die Schranken des »Iambos«, des Rügegedichts.

Also auch in den Epoden des Jahres der Schlacht bei Actium tun sich Dinge hervor, die entweder zur Umbildung der Gattung oder zu einer neuen Form führen müssen. Auch hier wird der Gegenstand der Gedichte nicht gleichgültig sein, in denen das Neue auftritt. Die Zeiten der Gefahr und der Entscheidung, die Teilnahme des Horaz am Schicksal des Maecenas und dadurch auch des Octavianus mögen ähnlich wie die neue Daseinsmöglichkeit, die ihm um die gleiche Zeit sein Sabinergut gab, dazu beigetragen haben, daß sich bejahende Gefühle und Gedanken in seine Gedichte einschlichen.

Man muß aber außerdem bedenken, daß Horaz ohnehin reif zum Aufgeben seiner Abwehrstellung gewesen sein muß. Denn es mußte einem von vornherein keineswegs nur zum Verneinen begabten Menschen nach zehn Jahren des Sich-wehrens und Sich-wahrens, in denen er sich nach dem Unmut und der Verzweiflung ein gewisses Gleichgewicht in sich und der Umwelt gegenüber errungen und in seinem neuen Dasein Wurzeln geschlagen hatte, gewiß nahe liegen, nun auch das Positive seines Innern in Gedichten auszusprechen.

Aber wie man sich die Antriebe auch denken mag, jedenfalls tauchen einerseits am Ende der dreißiger Jahre Ansätze in der Dichtung des Horaz auf, die eine neue Form zu fordern scheinen, und auf der andern Seite wendet sich genau zur gleichen Zeit Horaz wirklich einer neuen Gattung, der Lyrik, zu. Und der Hauptunterschied der neuen Gattung denen der dreißiger Jahre gegenüber ist dem Gehalte nach eben der, daß das Verneinende, die Abwehr, das Sich-wahren zurücktritt und wie hinter einem verschwindenden Schutzwall, der nun überflüssig geworden ist, der Vollgehalt des horazischen Geistes, und zwar zumeist in positiver Gestalt, sichtbar wird. Im übrigen gibt die Lyrik, in die Horaz nun eintritt, ebensogut wie die Art des Archilochos und die des Lucilius Gelegenheit zur persönlichen Auseinandersetzung mit Welt und Menschen, zur Aussprache über gut und ungut, schön und unschön. Die neue Form vermag also Wesentliches von dem alten Anliegen in sich aufzunehmen, und sie kann gerade das erfüllen, was die sprengenden Ansätze in Epoden und Satiren unmittelbar vorher forderten. Wenn das richtig ist, dann hat Horaz an dieser Stelle seines Wirkens nicht willkürlich oder mit bloß literarischer Folgerichtigkeit – die lesbische Lyrik war nach Horazens Meinung aus der archilochischen Vorstufe erwachsen – die beiden Dichtarten der dreißiger Jahre mit einer neuen vertauscht, sondern eine wesentlich von der Mitte der geistigen Persönlichkeit her bestimmte einheitliche Entwicklung umfaßt die Werke beider Jahrzehnte.

Diese Einheit im Wandel muß sich auch beim Vergleich einzelner Gedichte der beiden Jahrzehnte offenbaren. Und wirklich wachsen viele einzelne künstlerische Gedanken so, daß man es verfolgen kann, aus den Satiren und Epoden in die Oden hinüber und klären sich dort allmählich zu vollendetem Ausdruck. Wie es nicht anders zu erwarten ist, sind darunter die, welche in den vorwärts weisenden Satiren und Epoden ausgedrückt sind; sie spielen gerade in den frühesten Oden eine wichtige Rolle. Aber auch andere erscheinen verwandelt in den Oden wieder. Was die Satiren betrifft, so hat die lustige Erzählung natürlich keinen Raum in der ernsteren Gattung; aber Lehre und Mahnung, die wenigstens mittelbar und negativ gewandt ein Hauptbestandteil der Satire sind, und das Bekenntnis des eigenen Lebensgefühls wachsen in die Lyrik hinein. Die achtzehnte Ode des zweiten Buches, als eine der frühesten an dem noch ungefestigten Odenstil und dem epodenartigen Versmaß kenntlich, das Horaz später nicht wieder angewandt hat, enthält in ihrem zweiten Teile in einer Form, in der man noch die Art der volkstümlichen Moralphilosophen spürt, eine Mahnrede, gerichtet an einen unbestimmt gedachten bausüchtigen, landgierigen Reichen. Wie da der schrankenlosen Begehrlichkeit ihr Bild vorgehalten wird, das könnte ähnlich in den Satiren stehen – man kann an die erste des ersten Buches denken –, nur daß hier die Wucht der Mahnung nicht durch Ironie und Scherz gemindert wird, wie es die Art der Satire ist, und daß der Gedanke an den Tod, der alle übermäßige Anstrengung fruchtlos erscheinen läßt, für die Satire als Beweisgrund zu schwer und zu ernst wäre. Vor dieser Mahnrede steht im Gegensatz dazu das Bekenntnis des eigenen Glückes in freiwilliger Beschränkung auf das Gegebene. »Ich habe kein kostbares Haus mit Reichtümern, aber andere Güter, einen Charakter, auf den man sein Vertrauen setzen kann, und meine Dichtergabe, und bei meinen bescheidenen Verhältnissen wirbt doch der Reiche um mich. Um mehr bitte ich nicht die Götter und meinen mächtigen Freund; er hat mir mein Sabinergut geschenkt, und damit bin ich glücklich genug«: das ist etwa der Gedanke dieses Teiles. Jedermann erkennt Stimmung und Gedanken jener sechsten Satire des zweiten Buches wieder, das Glück über das kleine Anwesen und das Bekenntnis zu freiwilliger Beschränkung und zu geistiger Lebenshaltung. Aber noch ein anderes Gedicht des Jahres 31 klingt nach, die erste Epode, wo Horaz am Ende dem »mächtigen Freunde« Maecenas bekennt, es sei ihm genug an dem was dieser ihm geschenkt, er habe seinen Willen nicht auf Reichtum gerichtet. Man erkennt, wie in dieser Zeit der vollen Gunst des Maecenas Horazens Gedanken um die Entscheidung für das Geistige, für das Maß, und um das Glück der rechten Entscheidung kreisen, und wie diese Gedanken aus Satire und Epode hinüber in die Ode wachsen, wo sie inniger, ohne Rücksicht auf den leichten Ton gepflegten Geplauders und den abwehrenden Ton des Iambos zur Sprache kommen können.

Was aber den mahnenden Teil dieses Gedichts betrifft, so hat ihn, etwas abgewandelt, Horaz in dem ebenfalls sehr frühen vierundzwanzigsten Gedicht des dritten Buches in den beiden ersten Strophen noch einmal in gedrängter Wucht zusammengefaßt. Von da geht die Linie zum sechzehnten Gedichte des zweiten Buches; dort ist der Gedanke milder, reicher und in freierer, nicht mehr schematischer Bewegung ausgestaltet und wiederum mit dem Bekenntnismotiv der vorhin betrachteten Gedichte verbunden, aber wirksamer so, daß dieses strahlende Motiv als Ziel am Ende des ganzen Gedichts steht.

Dies Bekenntnis zum Geistigen und zum Maße ist

vielleicht zu seinem schönsten Ausdruck im einunddreißigsten Gedicht des ersten Buches gediehen, in dem der Dichter bei der Weihe des palatinischen Apollotempels sein Gebet bedenkt und dann ausspricht: nicht um ungemessenen Reichtum, sondern um rechtes menschliches Verhalten zum Gegebenen in bleibender Frische und in dauerndem Genuß der Kunst. Einzelne Worte erinnern den aufmerkenden Leser daran, daß das Gedicht im Grunde eine Weiterbildung der schon betrachteten ist. Es steht ja auch hier noch das Widrige, das unbeherrschte Begehren, für Horaz das Feindliche an sich, wenigstens als mögliche Versuchung zu ungutem Beten, dem Bekenntnis und Gebet gegenüber. Aber es bleibt gleichsam da draußen, Horaz wendet sich ihm nicht mit seiner Anrede zu; gegenwärtig ist nur er mit dem Gotte, zu dem er betet. So wird das Positive, Bekenntnis und Gebet, hier noch mehr zur Hauptsache als früher. Wie auch die Bewegung des Gedichtes alle Reste von unartikulierter Unbestimmtheit der ganz frühen Oden verloren hat, kann nur eben erwähnt werden. Hier sollte vor allem klar werden, wie das Bekenntnis zum Geistigen und zum Maße, das sich als Gebet an Mercurius in einer Satire des Jahres 31 zuerst hervorgewagt hat, verbunden mit dem Blick auf das Widrige, von dem sich Horaz befreit hat, in die Oden hineinwächst und dort allmählich zu vollendetem Ausdruck gedeiht.

Der politische Gedanke des Horaz läßt sich ebenfalls so von den früheren Gedichten zu den späteren verfolgen, daß die Einheit im Wandel sichtbar wird. Die ersten beiden politischen Gedichte stammen aus frühen Jahren, die sechzehnte und siebente Epode, beide voll Zorn und Verzweiflung an Rom; die nächsten sind erst gegen das Ende der dreißiger Jahre entstanden. Dazwischen liegt die Zeit, in der Horaz nur mit Aufregung und Ekel an den Staat denken konnte, wie er es selbst zu der Zeit, als er sich ihm wieder zuwandte, im vierzehnten Gedicht des ersten Odenbuches, gesteht. In dieser Zeit war ihm also nicht etwa der politische Sinn abhanden gekommen, der sich so entschieden am Anfang kundgibt, sondern Horaz hatte verzichtet und sich aus der Verheerung des staatlichen Lebens in den sicheren Bereich der Bildung des Innern zurückgezogen, freilich immer mit dem Blick auf das, was allgemein schadet und frommt. So ist es verständlich, daß sich ein ununterbrochener Zusammenhang von den Epoden zu den Oden zieht, und daß nach der Zeit des Schweigens nicht etwa nur neue politische Gedanken auftreten, die mit den alten nichts mehr gemein haben, wie man es erwarten müßte, wenn das Politische Horaz nur von außen angeflogen wäre. Die alten Motive bilden sich unter dem Einfluß der neuen Weltlage allmählich fort, so wie sich etwas Organisches fortbildet.

Dem widerspricht es nicht, daß der Anlaß, das Politische wieder in die Dichtung eingehen zu lassen, in den Weltereignissen gelegen hat, und daß Horaz, wohl auf dem Wege über Maecenas, ein neues Verhältnis dazu gefunden hat, so wie es bei Gelegenheit der beiden Epoden aus dem aktischen Kriege gezeigt worden ist. Wenn also zwei politische Gedichte dieser Zeit, die neunte Epode und die siebenunddreißigste Ode des ersten Buches, noch wenig Verbindung mit den früheren halten, so ist das nicht verwunderlich. Dafür ist in ihnen der Zusammenhang zwischen Epoden und Oden besonders deutlich. Es ist vorhin gezeigt worden, daß in der neunten Epode Ansätze stecken, die über die Dichtart hinaus zu mehr bejahendem Verhalten führen. Immerhin ließ sich die Lage vor der endgültigen Entscheidung des Krieges noch mit dem Epodenmotiv fassen, daß sich der Dichter aus der dumpfen Beklommenheit tapfer aufrafft. Die Erfüllung dessen aber, was in der Epode in banger Sehnsucht erwartet wird, konnte die archilochische Epode nicht mehr umspannen.

Wenn also Horaz Sieg und Triumph des Krieges, von dem ein entscheidungsvoller Augenblick in seine Kunst eingegangen war, mit einem Gedicht bejahend begleiten wollte, so bedurfte er einer neuen Form, die die Entspannung nicht als ein Sich-aufraffen gegen das Widrige, sondern als festliche, sich frei entladende Freude in sich zu fassen vermochte. Die lesbische Lyrik konnte es leisten, und so ist es wohl verständlich, wie Horaz von der neunten Epode zu dem berühmten Siegesliede *Nunc est bibendum* gekommen ist. Die inneren Bedingungen für die Ode lagen in Horaz schon bereit, als er die Epode dichtete.

In der dann folgenden Zeit sind die alten politischen Gedanken der sechzehnten Epode wieder aus der Verborgenheit hervorgetreten und haben die aus den neuen Erlebnissen entstandenen Gedanken in sich aufgenommen. Im vierundzwanzigsten Gedicht des dritten Buches – der Anfang des Gedichts ist vorhin von den Satiren aus betrachtet worden – tritt dem verwüsteten Leben in Rom, wo die unbeherrschte Gier in allen Teilen des Daseins zur Verderbnis und zum Bürgerkrieg geführt hat, das Bild eines reinen, gesunden Lebens gegenüber wie in der sechzehnten Epode, doch diesmal bei den unverdorbenen Nordvölkern vorgestellt. Aus der Vergegenwärtigung dieses Bildes entspringt die Sehnsucht, daß einer kommen und so gesundes Leben auch in Rom wieder begründen möge; fast ist es ein Ruf an ihn. Aber die Vorstellung der Schuld läßt die Gedanken hinter das, was Gesetze erfassen können, auf die Wurzel des Übels, die moralischen Zustände, zurückgehen. Da hilft nichts, als Tand und Prunk von sich zu werfen, dessen sich das Böse bedient hat. Horaz fordert seine Mitbürger dazu auf, wie in der sechzehnten Epode in Haltung und Gebärde des Volksführers und Redners, der erst das Unheil schildert und dann zu tapferem Entschluß auffordert. Die Jugend muß herber erzogen und geformt werden,

daß sie nicht wie jetzt verspielt dahinlebt, während ihr das ältere Geschlecht das Beispiel des Betruges und des unbeherrschten wirtschaftlichen Kampfes vorlebt. So sinkt das Gedicht am Ende zu den traurigen Vorstellungen des Anfangs zurück. Die Verwandtschaft mit der sechzehnten Epode liegt an mehreren Stellen offen zutage. Und auch das ist deutlich, daß das Urteil über den Zustand des römischen Lebens nicht durch den siegreichen Krieg ausgelöscht ist; nein, es ist streng und unbestechlich. Aber das ist den Epoden gegenüber neu, daß die Sehnsucht nach dem Retter und einer allgemeinen Gesundung des Lebens ausgesprochen wird, während die Epode nur in der Flucht aus dem römischen Leben ein Heil erblickte. Auf dem Grunde der Sehnsucht liegt doch aber wohl eine Hoffnung, wie klein sie auch noch sein mag. Und diese Hoffnung knüpft sich an einen Retter; nach der begründeten Ansicht der Erklärer meinen Horazens Worte Octavianus: mit Octavianus haben die alten Gedanken eine neue Hoffnung in sich aufgenommen.
Nach dem eben betrachteten Gedicht, in dem der Odenstil noch nicht zur Reife gediehen ist, etwa zwei Jahre nach der Schlacht bei Actium, ist das sechste Gedicht des dritten Buches entstanden, wie jenes ein strenger Ruf zur Umkehr. Diesmal ist nicht der entfesselte Erwerbssinn die Seite des Verfalls, die ins Auge gefaßt wird, sondern die Abkehr von den Göttern, die geheiligte Schranken setzen, und die Verwüstung der Familie. Auch dieses Gedicht kommt letzten Endes von der sechzehnten Epode her; das zeigen außer der allgemeinen Haltung Züge wie der Gedanke eines Erbfluches an, der auf den Zeitgenossen lastet, oder wie das Schreckbild der fremden wilden Völker, die über Rom herfallen, nachdem sich die Römer selbst im Bürgerkriege zum Handeln unfähig gemacht haben. Dem Bösen steht auch hier das Vorbild gegenüber; aber Horaz verlegt es nicht mehr in fabelhafte Ferne auf glück-

selige Inseln oder zu den Nordvölkern, sondern in die Vergangenheit des eigenen Volkes, eine Entwicklung, die der Virgils von den Hirtengedichten zum »Landbau« ähnlich ist. Sie zeigt trotz den strengen, am Ende fast wieder hoffnungslosen Worten an, wie sich in Horaz das römisch-italische Selbstbewußtsein erneuert und vertieft hat.

Von diesem Gedicht an gewinnt die Hoffnung, die Horaz auf Cäsar Octavianus setzt, immer mehr an Kraft, die Last trauriger Gedanken und Sorgen aufzuwiegen. Wenn das vierundzwanzigste Gedicht des dritten Buches an einer Stelle fast zum Hilferuf an den Retter wird, wie vorhin gezeigt worden ist, so läuft das zweite des ersten Buches aus dem Jahre danach wirklich auf eine flehende Anrede an den Cäsar hinaus, und zwar in der Vorstellung, daß in ihm eine göttliche Kraft verkörpert sei, fähig, die angehäufte und in Unheil ausbrechende Schuld des römischen Volkes zu sühnen. Aber immerhin ist das römische Volk hier noch einmal wie in der sechzehnten Epode das fluchbeladene, der Bürgerkrieg, der Sturz des Reiches und das drohende Chaos sind noch nicht gebannt. Überwunden und gefesselt von der sieghaften göttlichen Kraft des Geistigen, die in Cäsar Octavianus verkörpert ist, oder wenigstens ihr wesenhaft unterlegen werden die chaotischen Kräfte in der vierten der Römeroden vorgestellt, die wohl etwas früher entstanden ist, unter dem Bilde der Giganten und Titanen, die von Jupiter und den anderen olympischen Göttern gestürzt und in Fesseln gelegt sind.

Die Verzweiflung an dem Rom der Bürgerkriege hatte die Teilnahme des Dichters an den Angelegenheiten der Bürgergemeinde zurückgedrängt und zur Abkehr in den Epoden, zum ironischen Sich-wahren in den Satiren werden lassen. Der Glaube an das Wirken des Augustus hat jene Teilnahme wieder ans Licht gebracht und hat, sich festigend, allmählich das drohende Prophetenwort in feierliche Lehre für die römische Jugend verwandelt. Augustus ist nun Bürge für die Hoffnung, daß es nicht fruchtlos sein werde, als Führer und Mahner zu sprechen. So sind die Römeroden entstanden, keineswegs Zeugnisse dafür, daß Horaz sich wider sein innerstes Wesen zur Begeisterung für ein fremdes Programm habe verleiten lassen, sondern vielmehr Urkunden einer Weltstunde, in der die staatliche Ordnung dem Dichter durch ihr Dasein die Möglichkeit gewährte, die innerlich erkannte Würde des Dichters als eines Vermittlers zwischen dem Göttlichen und der Volksgemeinde nach langer Zeit wieder zu verwirklichen, die Weisheit seines Innern an den Tag zu stellen, und in der andererseits eben dadurch der Dichter dem Neubegründer des Staates dazu verhalf, daß seine Ordnung in geistiger Gestalt vor Welt und Nachwelt trat.

In Horazens Werk erkannte das antike Stilurteil den sogenannten mittleren Stil, der zwischen dem erhabenen des Epos und der Tragödie und dem niederen der Komödie steht, so wie es ihn bei Alkaios feststellte. Horaz hat wohl selbst schon Alkaios im Lichte dieses Urteils gesehen. Von seiner eigenen Lyrik jedenfalls hat er geglaubt, daß sie in einer gewissen mittleren Stilhöhe und Gemütslage zu Hause sei. Darauf führt der Vergleich der Stellen, wo er von seiner Kunst spricht. Einerseits nimmt er nämlich den Ehrennamen *vates* und damit die Würde eines Vermittlers zwischen Göttlichem und Menschen für sich in Anspruch und faßt sein Amt als priesterliches auf, wenn er sich Musenpriester nennt, und andererseits stellt er gern seine Kunst als eine scherzende hin, leichten Sinnes und anspruchslos, ein Spiel. Sieht man genauer zu, so kehrt er die geringere Würde seines Stils und seine Unfähigkeit, erhabene Gegenstände zu fassen, immer da hervor, wo es sich darum handelt, ihn in Gegensatz zu pathetischen oder sonst besonders erhabenen Gegenständen zu stellen. Sinnt man dem Dichter an, die

Taten eines Kriegsmannes zu verherrlichen, so kehrt er aus dem großen Bereiche der Lyrik flugs das hervor, was nach antiker Auffassung darin dem Erhabenen am fernsten steht, die erotischen Gedichte. Man muß solche Äußerungen aus dem Gegensatz heraus verstehen. Aber immerhin ist sich Horaz bewußt, daß sich sein Stil nicht mit dem Pathetischen verträgt. Und als den Ort seiner Inspiration nennt er gern einen kühlen Bach mit Busch und Baum, mit Nymphen und Satyrn. Also seine Lyrik ist in seiner Anschauung weniger erhaben im Stil als Epos und Tragödie, aber andererseits doch fähig, priesterliche Klänge in sich zu fassen. Der Befund der Gedichte bestätigt diese Anschauung. So wie diese Gedichte nie ins Alltägliche herabsinken, so machen sie auf der andern Seite vor dem Pathos halt; auch in den ernsten herrscht Ethos; Pathos kommt nur als Ausgangspunkt oder leichter Einschlag vor. Wo einmal die Grenze gestreift oder wohl ein wenig überschritten wird, ruft sich der Dichter bald zurück.

Menschlich entspricht dieser mittleren Stilhöhe eine gewisse Mittellage des Gemütes mit einem Spielraum nach zwei Seiten hin von den Römeroden bis zur lustigen Anrede an die *pia testa,* die Weinamphora, in Hymnusform (3,21). Zwischen den Grenzen ist alles so temperiert, daß im ganzen beim Leser der Eindruck eines heiter-kräftigen, in sich ruhenden Lebens zurückbleiben muß, das wohl die verschiedenen Richtungen und Dimensionen kennt und besitzt, die dem menschlichen Leben überhaupt gegeben sind, auch wohl einmal hierhin und dorthin mit besonderer Kraft gezogen wird, aber im ganzen doch das Gleichgewicht wahrt und damit das In-sich-ruhen. In diesem Gleichgewicht hat alles einzelne seine Bedeutung und seine Leistung – zum Beispiel das Symposion; Horaz bestätigt es an einer Stelle ausdrücklich: »du machst«, redet er die Amphora an, »sonst spröden Geist geschmeidig« (3, 21, 13). Das süße »Unweise-sein« (4, 12, 28) und die

Gewalt, die man dem »verschanzten Vernünftigsein« (3, 28, 4) antut, sind aufgehoben in der höheren Weisheit jenes Gleichgewichts.
Auch in der Komposition der Bücher ist diese Harmonie, dieses Gleichgewicht ausgedrückt. Im mittleren Buche stehen zumeist mahnende, lehrende Gedichte: da herrscht jene Harmonie am entschiedensten; der Ton der Gedichte ist trotz allen feinen Abtönungen der Ton der abgeklärten Weisheit, des seelischen Gleichgewichts; außerdem ist aber auch der Inhalt der Lehre in diesen Gedichten im ganzen eben jene »Mitte«, wo die verschiedenen Lebensspannungen sich zur Harmonie ausgleichen. In den umgebenden Büchern wechseln zumeist Gelegenheitsgedichte, leichte und schwere, ernste und leichtherzige Stücke in der Weise miteinander ab, daß die leichteren überwiegen – dem schwereren Gewicht des mittleren Buches zum Ausgleich –, daß aber dazwischen immer wieder ernstere gesetzt sind, die das Spiel der anderen auch in diesen Büchern nicht als erfüllenden Lebensinhalt erscheinen lassen, sondern an das Ganze des Lebens erinnern. Der Kreis der sechs Römeroden scheint mit seinem zusammengeballten Ernst eine Ausnahme zu sein und sich nicht in die Harmonie zu fügen; aber da zeigt sich eben das Bedürfnis nach Ausgleich: Horaz hat danach eine nur von einer Aufforderung zum Fest unterbrochene Reihe von fünf Liebesgedichten folgen lassen, wie sie sonst nicht bei ihm wiederkehrt, und hat außerdem dieses Buch auch weiterhin noch leichter als das erste ausgestattet. Wie wenn auch im Ernst eine Hybris sein könnte – die Hybris, die in mancher Satire in der Person eines stoischen Eiferers am Pranger steht –, wiegt ihn Horaz mit Spiel und Scherz auf. Kurz, die Komposition der Bücher sorgt dafür, daß die rechte »Mitte«, das Gleichgewicht, das rechte menschliche Maß immer in der Herrschaft bleibt. Durch diese Komposition wird aus der lyrischen Sammlung des Jahres 23 gleichsam ein

einziges Kunstwerk, und man könnte sagen, sein Gegenstand ist eben edles menschliches Maß und das Gleichgewicht eines heiter-kräftigen, gesunden Lebens. Ja, es scheint, als käme es Horaz oft nicht so sehr auf diesen oder jenen Gegenstand seiner Gelegenheitsgedichte an als darauf, daß sich an ihnen allen jene eine menschliche Haltung auswirken und darstellen könne. Das rechte menschliche Maß, die gesunde Harmonie des Lebens, entgegengesetzt aller Hybris, ist nun aber auch das, was immer wieder den Inhalt der lehrenden, mahnenden Gedichte ausmacht. Hier liegt also das, was der ganzen lyrischen Sammlung ihre Einheit gibt.

Und jetzt zeigt sich auch, daß es dasselbe ist, was Horaz in der Zeit der Epoden und Satiren gegen jede Art Hybris verteidigt und in sich gewahrt hat. Es ist im Grunde jene Weisheit, die in der Zeit, in der sich Horaz die Vorbilder für seine Epoden und Oden suchte, das Sinnen und Dichten der Griechen erfüllt hat, die Weisheit griechischer Gesittung und wohl aller Gesittung überhaupt. Horaz hat sie für Rom entdeckt, nicht nur als Lehre, sondern auch als Form geistigen Daseins, die seiner eigenen Berufung entsprach und darum in seinem Werk nicht nur als Inhalt, sondern auch gewissermaßen als bewegende, gestaltende Seele wohnen konnte. Und indem er damit zugleich die geistigen Züge einer neuen Zeit prägen half, die durch Leiden dafür reif geworden war, hat er die römische Dichtkunst zu einer bedeutenden Würde erhoben, die sie niemals vorher gehabt hatte und die sich mit der Hoheit früher griechischer Dichtung wohl vergleichen läßt.

HORAZISCHE ODEN

Das Musengedicht

3,4

Das Gedicht Horazens, das hier ausgelegt werden soll, führt in die denkwürdige Lage des Übergangs zwischen zwei Zeitaltern. Man hatte ein Jahrhundert des Niedergangs, zwanzig Jahre fast ununterbrochenen Bürgerkrieges erlitten, zuletzt den Krieg des Octavianus mit Antonius. Es war der Fluch des Bürgerkrieges gewesen, daß er sich immer wieder aus sich selbst erzeugte, daß jede Gewalt die brutalere Gewalt auf den Plan rief, sie zu stürzen. Bedenkt man die ungeheuren Heere, mit denen

Descende caelo et dic age tibia,
regina, longum, Calliope, melos,
seu voce nunc mavis acuta,
seu fidibus citharaque Phoebi.

auditis? an me ludit amabilis
insania? audire et videor pios
errare per lucos, amoenae
quos et aquae subeunt et aurae.

me fabulosae Volture in Apulo
nutricis extra limina Pulliae
ludo fatigatumque somno
fronde nova puerum palumbes

texere, mirum quod foret omnibus,
quicumque celsae nidum Aceruntiae
saltusque Bantinos et arvum
pingue tenent humilis Forenti,

ut tuto ab atris corpore viperis
dormirem et ursis, ut premerer sacra
lauroque conlataque myrto,
non sine dis animosus infans.

am Ende diese Kriege geführt worden sind, und den erschöpften Zustand des Reiches, so ahnt man, wie schwer es gewesen ist, Antonius niederzuringen und damit den Krieg zu beenden, der der letzte in dieser Kette des Verhängnisses bleiben sollte.

Augustus verdankte diesen entscheidenden Sieg zunächst der eigenen Willenskraft und den Fähigkeiten bedeutender Freunde. Der Dichter aber sah im Innersten von alledem etwas wirken, was nicht der grausigen Abfolge der einander immer steigernden Gewalten des Bürgerkrieges angehörte, sondern wesensverschieden davon schien. Das ist es, was er nach der späten Rückkehr des Heerführers im Sommer des Jahres 29, getragen von einem weit verbreiteten Gefühl, Endgültiges zu erleben, in diesem Gedicht, worin er auf seine Weise den Triumph mitfeiert, gepriesen hat.

Komm vom Himmel herab und singe, wohlan, zur Schalmei,
Herrin Kalliope, langen Gesang,
sei es auch, daß du es lieber mit heller Stimme willst
oder zu Saitenspiel und Kithara Apollos.

Hört ihr? Oder narrt mich ein lieblich
Irresein? Mir ist, als hörte ich und schweifte
durch fromme Haine, wo unter den Zweigen erfrischend
Wasser dahingeht und Lufthauch.

Mich haben wie in Sagen am apulischen Voltur
draußen vor der Tür meiner Nährmutter Pullia
von Spiel und Schläfrigkeit ermattet
mit jungem Laub als Kind Tauben

überdeckt: als Wunder sollte es gelten
allen, die das Genist des hohen Aceruntia,
die Bergwälder von Bantia und das fette
Fruchtland von Forentum in der Niederung bewohnen,

daß ich heilen Leibes, sicher vor den schwarzen Schlangen
und Bären schlief, daß ich unter heiligem
Lorbeer zumal und Myrten lag,
nicht ohne Götter ein beherztes Kind.

vester, Camenae, vester in arduos
tollor Sabinos, seu mihi frigidum
Praeneste seu Tibur supinum
seu liquidae placuere Baiae.

vestris amicum fontibus et choris
non me Philippis versa acies retro,
devota non exstinxit arbor,
nec Sicula Palinurus unda.

utcumque mecum vos eritis, libens
insanientem navita Bosporum
temptabo et urentis harenas
litoris Assyrii viator,

visam Britannos hospitibus feros
et laetum equino sanguine Concanum,
visam pharetratos Gelonos
et Scythicum inviolatus amnem.

vos Caesarem altum, militia simul
fessas cohortes abdidit oppidis,
finire quaerentem labores
Pierio recreatis antro.

vos lene consilium et datis et dato
gaudetis, almae. scimus, ut inpios
Titanas inmanemque turbam
fulmine sustulerit caduco,

qui terram inertem, qui mare temperat
ventosum et urbis regnaque tristia,
divosque mortalisque turmas
imperio regit unus aequo.

magnum illa terrorem intulerat Iovi
fidens iuventus horrida bracchiis
fratresque tendentes opaco
Pelion inposuisse Olympo.

sed quid Typhoeus et validus Mimas
aut quid minaci Porphyrion statu,
quid Rhoetus evolsisque truncis
Enceladus iaculator audax

Euch zugehörig, Musen, erheb ich mich hoch
in das Sabinerland, oder vielleicht, daß mir das kühle
Praeneste behagt oder Tibur am Bergeshang
oder das hell umflossene Baiae.

Euern Quellen und Reigen verbunden
hat mich nicht bei Philippi das rückwärts fliehende Heer,
der fluchbeladene Baum nicht erlöschen lassen
noch Palinurus im sizilischen Meer.

Sowie ihr nur bei mir seid, will ich es gern
mit dem wütenden Bosporus zu Schiff
wagen und dem brennenden Sand
des syrischen Strandes zu Fuß,

will aufsuchen Britannier, Fremdlingen unholde,
den Concaner, der in Roßblut schwelgt,
aufsuchen die köcherbewehrten Gelonen
und den Skythenstrom unverletzt.

Ihr gebt dem hohen Cäsar, wenn er die krieges-
müden Kohorten in ihren Städten birgt
und nun ein Ende der Mühen sucht,
Erquickung in pierischer Grotte.

Ihr gebt milden Rat und habt Wohlgefallen,
segnende, an der Gabe. Wir wissen, wie die frevelhaften
Titanen und die Schar der Ungeheuer
mit herabfallendem Blitz vernichtet hat

er, der die dumpfe Erde, der das stürmische
Meer zügelt, und Städte und finstere Tyrannenreiche,
und Götter- und Menschenscharen
in ausgeglichener Herrschaft lenkt, der eine.

Groß Schrecknis hatte da gegen Jupiter herangebracht
die starrende junge Schar, die auf ihre Arme trotzte,
und die Brüder, die auf den waldigen
Olymp den Pelion zu türmen sich mühten.

Was sollten aber Typhoeus und der starke Mimas
und was mit drohender Gebärde Porphyrion,
was Rhoetus und mit ausgerissenen Baumstämmen
Enceladus ein verwegener Schleuderer

contra sonantem Palladis aegida
possent ruentes? hinc avidus stetit
Volcanus, hinc matrona Iuno et
numquam umeris positurus arcum,

qui rore puro Castaliae lavit
crinis solutos, qui Lyciae tenet
dumeta natalemque silvam,
Delius et Patareus Apollo.

vis consili expers mole ruit sua:
vim temperatam di quoque provehunt
in maius: idem odere viris
omne nefas animo moventis.

testis mearum centimanus Gyges
sententiarum, notus et integrae
temptator Orion Dianae
virginea domitus sagitta.

iniecta monstris Terra dolet suis
maeretque partus fulmine luridum
missos ad Orcum, nec peredit
inpositam celer ignis Aetnen

incontinentis nec Tityi iecur
reliquit ales, nequitiae additus
custos; amatorem trecentae
Pirithoum cohibent catenae.

Es gibt nur wenige horazische Gedichte, die so wie das hier übersetzte damit beginnen, daß der Dichter die Muse anruft. Nur noch einmal hat er am Eingang eines Gedichts soviel Pracht und Majestät wie hier versammelt, und es ist kein Zufall, daß er auch dort Augustus huldigt (1, 12). Er hat den Prunk der höchsten Form der Lyrik, soweit ihm überhaupt seine Scheu erlaubte, sich Pindar zu nähern, der Würde eines solchen Preisliedes vorbehalten.

Vom Himmel ruft der Dichter die Muse herab. Es ist Kalliope, die königlichste im Chor, und als Herrscherin ist sie auch angerufen. Schalmei, Gesang und Saiten-

gegen die dröhnende Aegis der Pallas
ausrichten im blinden Daherstürmen? Dort stand der ver-
Volcanus, dort die Herrin Juno und, [zehrende
der nie seinen Bogen von der Schulter legen mag,

er, der im reinen Tau der Kastalia
das gelöste Haar wäscht, der in Lycien
die Haine und die Bäume seiner Geburtsstätte zu eigen hat,
von Delos und Patara Apollo.

Kraft, des Rates bar, stürzt durch eigene Wucht.
Gezügelte Kraft fördern auch die Götter
zu Größerem. Sie hassen aber die Kräfte,
die auf lauter Frevel im Innern sinnen.

Zeuge ist der hundertarmige Gyges
für mein Wort und wohlbekannt er, der die reine
Diana anzutasten versuchte, Orion,
der vom Pfeil der Jungfrau erlegt ist.

[Söhne,
Darüberher liegend leidet die Erde um die Ungeheuer, ihre
und trauert um ihres Leibes Kinder, die vom Blitz in den fahlen
Orcus gestürzt sind. Und es frißt sich nicht
das rasche Feuer durch den daraufgetürmten Aetna,

noch läßt von der Leber des zuchtlosen Tityus
der Adler, der Verworfenheit beigegeben
als Hüter; den verbuhlten
Pirithous fesseln hundert und aberhundert Ketten.

spiel, die ganze Fülle der Musenkunst ist ihrem Gebot unterstellt. Dazu kommt die entfaltete Pracht der feierlichen, zur Wahl stellenden Form, wie sie seit Homers Zeit der Sprache des Gebets eigen war, und endlich ein ebenso feierlicher Nachklang altrömischer Dichtung des Ennius.

Das alles läßt, so unbestimmt die Bitte des Dichters sonst ist, auf Großes warten, und wirklich steigt das Gedicht in seinem späteren Verlauf zu Höhen empor, wohin sich der Dichter Horaz nur selten wagt, zu Augustus und dann über ihn hinaus zu Jupiter und den olympischen Göttern, zum Kampf der Titanen und Giganten gegen die Götter und zum Sieg der erhabensten Ordnung. Aber zuerst wird der Gesang in andere und, es scheint, in entgegengesetzte Bereiche getrieben.

Die zweite Strophe bildet nämlich den Vorgang ab, der ihn aus dem planenden, entwickelnden Denken hebt und der Gnade des Findens anvertraut. Die angerufene Macht kommt über den Dichter und entrückt ihn in ihre eigenen stillen Bezirke; sie nimmt und führt ihn, wohin sie will.

Nur ist es keine unheimlich fremde Macht, die da Gewalt über ihn gewinnt; es sind die Musen, und sie hängen im Innersten mit seinem eigenen Dasein und Wesen zusammen. So folgt denn im Gedicht auf das Entrücktwerden tiefstes Innewerden und Versenkung in das Geheimnis, das sich wieder kund getan hat: daß da göttliche Mächte bereit, auf seinen Anruf zu antworten, und mit ihm im Bunde sind. Dieses Seltsame beginnt nun das Gedicht zu preisen. Es geht in die frühe Kindheit zurück zu dem Wunder, das zuerst den Bund zwischen himmlischen Mächten und diesem Menschendasein gestiftet und offenbar gemacht hat, und dann dem Wirken dieses Verhältnisses ehrfürchtig nach.

Dieser Gang bringt es mit sich, daß der Gedanke zuerst in eine abseitige, weit entlegene Kleinwelt geführt wird. Denn es ist ein unberühmter, ganz unbeachteter Winkel Italiens, wo dieses Dasein im Verborgenen beginnt. Ein paar unbedeutende Orte sind dort schon der weiteste Bereich, wohin die Rede dringen kann; klein sind alle Verhältnisse, wo der Name der Nährmutter schon wichtig scheint; und das ganze Wunder ist nichts, als daß sich ein kleines Kind im Walde verläuft und müde spielt, einschläft und behütet bleibt. Und dennoch berührt der Dichter diese Kleinwelt zärtlich als etwas Verklärtes. Denn in Wahrheit ist es etwas Bedeutendes, Beglückendes, was da in der Stille gestiftet ist und in der engen Umwelt seinen ersten Widerhall gefunden hat, indem es als Wunder berühmt geworden ist. Es ist das ganze in diesem Gedicht gemeinte und gepriesene Geheimnis, das sich hier im kleinsten Kreis darstellt, und so fehlt denn auch das Bedrohende, Zerstörende nicht im Bilde: Schlange und Bär haben dem schlafenden, von Tauben mit heiligem Laubwerk bedeckten Kinde nichts antun können.

Horaz bedient sich dabei weit verbreiteter Legendenformen; was er aber meint, ist im Grunde das seltsame Behütetsein, das er immer wieder gerühmt hat, wenn er an den Gang seines gefährdeten, abseits von vorgezeichneten, sicheren Bahnen verlaufenen Lebens und an sein dennoch dem Schicksal abgewonnenes liebenswertes Dasein gedacht hat. Diese Fügungen hat er oft als Wunder gepriesen und Götter darin verehrt; hier sind es die Musen, deren Huld er den göttlichen Schutz und die Zuversicht verdankt. Sie haben ihn zum Dichter geweiht und sich zum Dienst erhalten. Es ist etwas Unauflösliches an dieser Zuversicht auf die Götter; aber der verstehende Gedanke mag sich dem Wunder doch wenigstens nähern, und der weitere Verlauf dieses Gedichts und andere, verwandte Gedichte zeigen an, wie sich Horaz sein Los zu deuten liebt. Die Gabe der Musen ist für ihn ein fügendes, seinem Ursprung und Wesen nach göttliches Vermögen, frommem Sinn verwandt, das nicht nur im Werk geordneten Wohllaut schafft, sondern auch im Leben als eine gewisse Weisheit selbst inmitten drohender Gefahren, oft in unerklärlicher Weise, wohlgefügtes Dasein und eine behütete Sphäre um den in sich wohlgefügten Menschen bildet.

Horaz mag diese Weisheit erfahren haben, als es ihm glückte, nach frühem Verlust des inneren Gleichgewichts und von Halt und Stand im bürgerlichen Leben, als Dichter und musischer Charakter Freunde wie Virgil und Maecenas zu erwerben und sich von Werk und Wesen aus ein neues Leben zu schaffen. Im Licht dieses Glaubens sah er aber nun sein ganzes vergangenes Leben und selbst jene frühe Kindheit.

Dem preisenden Innewerden folgt Bekenntnis und Anrede an die Musen. Sie sind also die göttlichen Mächte gewesen, die das Kind behütet und zu höherem Leben geweiht haben. Ihnen weiß sich der Dichter zugehörig, jetzt wie damals. Und Zuversicht und gute Fügung des Lebens bewähren sich noch immer. Die schönen Orte, die Herz und Gedanken zugleich sammeln und anregen oder sonst erquicken, stehen ja doch dem Schützling der Musen offen. Und es ist nun nicht mehr die unberühmte Kleinwelt hinter den Bergen, worin sich sein Leben bewegt, sondern es ist eigenes Haus und Land in den Sabinerbergen, und es sind die Orte, die als Kostbarkeiten Italiens auch dem großen Herrn begehrenswert vorschweben, wenn er an erquickendes Leben nach dem eigenen Herzen denkt, an Ruhe, Freundesgespräch und Bücher, an Liebhabereien und Scherze, kurz, an die ganze andere Hälfte des Lebens, die das aufreibende Treiben in der römischen Öffentlichkeit erst erträglich macht.

Horazens Worte, die diesen Raum seines Daseins durchmessen, bewegen sich in bedeutender Schrittfolge von dem bescheidenen eigenen Landsitz hinten im rauhen Gebirge hervor über Praeneste und Tibur mit seinen fürstlichen Landsitzen bis zu dem phäakischen Baiae herab. Sie lassen den kühlen geistigen Hauch hoch über dem Dunst der Ebene spüren, das hoch Entrückte oder hinauf Gebaute, und auch als sie Baiae nennen, bezeichnen sie nicht die bloße Pracht und Üppigkeit des Ortes, sondern das weiche, sonnenhelle Element, das ihn umfließt und verklärt.

Aber indem nun der Gedanke weiter des Dichters Los rühmt, führt er aus diesem heiteren, kostbaren Raum seines gegenwärtigen Daseins rückwärts in vergangene Gefahren, worin sich die Hut der Musen bewährt hat, führt auf das Schlachtfeld bei Philippi, in Seesturm und Schiffbruch, zu dem Unglück auf eigenem Grund und Boden, als der stürzende Baum ihn zu erschlagen drohte. Hier ist das Drohende, Vernichtende, das vorher in Schlange und Bär hervorgetreten ist, ohne doch wirklich schrecken zu können, in näheren, erschütternden Gestalten gegenwärtig gemacht, aber nur, um die Geborgenheit des Dichters um so höher preisen zu helfen.

Und wie sich vertrauende Liebe in solcher Erinnerung nur immer sicherer fühlt, dringt sie kühn in die unbestimmten Möglichkeiten zukünftigen Geschickes vor bis zum Äußersten. Um ihre Zuversicht ermessen zu lassen, sucht sie in Gedanken fremde, schreckende Meere und Länder auf, bereit und ruhig und getrost, wenn die Musen nur bei ihr sind. Als ob sie sich nicht genug tun könnte, greift sie immer weiter aus. Die eine Strophe, die sich mit den beiden vorigen zu schöner, gegensatzreicher Harmonie zusammentut, genügt dem Drange nicht; sie wird in einer zweiten überhöht, die mit Bildern noch fernerer, noch grausamerer Wildheit dichter als die vorangehende erfüllt ist und nun furchtbare Völker vergegenwärtigt, die weit draußen am Rande der gesitteten Welt, an den Grenzen des Reiches und schon im Blickfeld gegenwärtiger römischer Sorgen und Pläne, drohen.

Nach den friedvollen Bildern einer legendenähnlichen Darstellung, in der nur flüchtig die Worte Schlange und Bär auftauchen, nach heiterem Beginn der folgenden Strophengruppe, hat das Finstere, Furchtbare vorzuwalten angefangen und, wenn auch immer auf die Zuversicht bezogen, nur für einzelne Worte aus jener erfreulichen Sphäre, wie »gern« und »unverletzt«, Raum gelassen. Aus einer abseitigen, unberühmten, verklärten Kleinwelt ist das Gedicht zuerst zu den schönen Stätten übergegangen, die dem großen römischen Leben angehören und dennoch die gemäße Umwelt eines musischen Daseins sind, ist aber dann zu Orten der Gefahr und weiter zu Schrecknissen bis zum Rande der Welt vorgedrungen, wo die Geborgenheit des Dichters und das Furchtbare feindlich gespannt auseinandertreten, wenn auch sieghafte Zuversicht der Wildnis trotzt; das Gedicht hat immer mehr große, aber auch furchtbare Welt in sich gefaßt. Das Sprechen des Dichters ist aus einem stillen Preisen zur Anrede an die Musen, zum Bekennen, zum Hymnus geworden und hat sich mit drängender, ausgreifender Bewegung erfüllt. Nachdem sich das Gedicht so verwandelt und zu weltüberblickender Höhe erhoben hat, bleibt es Musenlob und hält sich in der erreichten Höhe, aber es läßt nun jäh all das hinter sich, was sich auf den Dichter bezieht. Es wendet sich von den wilden Völkern an den Grenzen zu Cäsar Octavianus, der ja doch die gesittete Welt gegen all das Wilde, was darüber herzufallen droht, zu schützen berufen ist. Auch ihn bezieht es in den Bannkreis der Musen ein.

Freilich entfernt sich der Gedanke hier, wo er so hohe Gegenstände erreicht, erst recht weit von den Bahnen des entwickelnden Denkens und nähert sich der pindarischen Weise, an den konkret erfaßten Dingen gedankenmächtig neue, unvorhergesehene Sinnbezüge zu erfahren und Verbindungen zu schlagen, die dann das Wort ohne Rücksicht auf stumpfe Hörer oft mehr zu raten gibt als nachzeichnet. »Den hohen Cäsar«, fährt das Musenlob fort; und nachdem es vorher so seltsam den Schutz gepriesen, den die Musen vor dem Grausam-Wilden draußen an den Grenzen des Reiches gewähren würden, mag wohl der Hörer ihn, der Roms Sache dort zu verfechten bestimmt ist, in dem gleichen Schutzverhältnis zu sehen erwarten. Ein solcher Gedanke ist indessen höchstens durch den Weg, den das Gedicht nimmt, als Ahnung nahegelegt, im übrigen ist aber ein anderer Bezug zwischen Musen und Herrscher genannt: sie erquicken ihn nach kriegerischen Mühsalen in ihren Bereichen. So kommt es schon bei Pindar dem König zu. Was Augustus betrifft, so ereignete es sich damals, daß er, kaum von den Feldzügen zurückgekehrt, die mit der Schlacht bei Actium begonnen hatten, sich an vier aufeinanderfolgenden Tagen dem neu entstandenen Werk Virgils widmete, den

Georgica, daß er bei den Triumphspielen den Dichter Varius hoch ehrte und dem Meister des Musenchores, Apollo, auf dem Palatin Verehrung und Tempel vorbereitete, die neben der alten Gottesverehrung auf dem Kapitol die vornehmsten in Rom werden sollten. Deshalb und vor allem weil vorher so Bedeutendes, Erstaunliches von der Macht der Musen gesagt ist, faßt der Hörer die Begegnung zwischen Musen und Herrscher nicht nur als königlichen Zeitvertreib, sondern bedeutender und man möchte sagen: pindarischer auf; er sucht ein wesenhafteres Verhältnis darin.

Und wirklich muß ein unausgesprochener Zusammenhang zwischen dieser Strophe, die Cäsar in den Bannkreis der Musen zieht, und dem Satz bestehen, wozu das Musenlob danach fortschreitet: »Ihr gebt milden Rat und habt Wohlgefallen, segnende, an der Gabe.« Denn der Fortgang zeigt, daß Cäsar, nachdem er einmal in diese Ordnung gestellt ist, immer weiter darin gedacht wird, und daß eben dies unausgesprochen den Gedanken weiter leiten hilft. Jener Satz ist allgemein ausgesprochen, aber wie er den Strophen, die dem Dasein Horazens gelten, nachträglich erst das rechte Licht gibt, so wirkt er auch auf die Gedanken zurück, die zwischen den Göttinnen und Augustus zu spielen begonnen haben. Rat, Weisheit, die sich lieber mit den Dingen verbündet, anstatt sie mit blinder, starrer Gewalt zu zerbrechen: diese fügende, ordnende, milde Gewalt verehrt der Dichter wie in den Fügungen seines eigenen Lebens, so in den Taten des Herrschers und ihrem Gelingen.

Diese Erkenntnis greift nun freilich dem Gang des Gedichts vor. Der Hörer kann sie an dieser Stelle noch längst nicht vollziehen; erst allmählich erhellt sie sich, und geradezu ausgesprochen ist sie nirgends. Der Satz von der Weisheit der Musen ist zunächst selbst ein Rätsel, rätselhaft auch, worauf er sich bezieht. Er ist wie ein erster, vorläufiger Wurf nach einem Ziel, zu dem man selbst erst später gelangt. Die in den Blick gefaßte Wahrheit beginnt sich erst langsam in Sage und Spruchweisheit der nächsten Strophen zu öffnen. Rat und Weisheit rückt nun in bestimmte Verhältnisse. Es ist ein Vermögen, das zwischen Gegensätzen ausgewogene Ordnung fügt, das die Kraft zügelt. Es ist der bloßen Kraft, der blinden, selbstgenügsamen Gewalt entgegengesetzt, erhaltend, wo jene zerstört. Verbindet es sich zügelnd mit Kraft, dann ruht darauf Wohlgefallen und Segen der Götter, sonst ist die Kraft ohnmächtig, den Göttern verhaßt. So bestimmt sich vom Gegenteil her die gemeinte Weisheit; sie ist es, die die Musen verleihen, daran haben sie ihr Wohlgefallen.

Musenlob ist das Gedicht in den Strophen, worin sich dies klärt, nicht mehr. Das Musenlob hat am Ende zur höchsten, allgemeinsten Gabe der Göttinnen geführt, zu weisem Rat. Hier aber ist etwas erreicht, was zwar die Musen dem Dichter wie dem Herrscher vermitteln, was aber noch höheren Rechtes und höheren Ursprungs ist, höhere Gunst und höheren Schutz genießt, Jupiters Reich und Ordnung. Und so entläßt denn das Musenlob, indem es sich steigert und erfüllt, den Dichter zuletzt in einen höheren Bezirk, wo Weisheit und Rat in vollerem Licht erscheinen.

Der Grund zu diesem Anstieg liegt wohl darin, daß Augustus genannt und nun gegenwärtig ist. Als er zu den Musen in Bezug gesetzt wurde, ließ der Verlauf der vorigen Strophen erwarten, auch ihn in einem solchen Verhältnis wie den Dichter zu finden. Allein es ging nicht wohl an, den Herrscher in gleicher Weise in den Schutz der Göttinnen zu stellen. Und so begnügte sich der Dichter zunächst, ihn in anderer, gemäßerer Weise mit den Musen zu vereinigen. Aber im Sinn lag ihm etwas Bedeutenderes, was er an seinem eigenen Leben gepriesen hatte. Suchte er das Gleiche im Dasein und Wirken des Augustus zu erfassen, ohne in das Ungemäße zu geraten, so mußte über dem Herrscher ein höherer Träger der göttlichen Ordnung als schützende, fördernde Gottheit sichtbar werden: Jupiter mit den olympischen Göttern. So fand er auf dem Wege über das, was seinem Leben und dem des Augustus, den Musen und Jupiter gemeinsam eigen ist, den Aufstieg zu Jupiter. Also der Eintritt des Augustus in den Musenhymnus hat den Gedanken gezwungen, über die äußerste Grenze dessen, was man den Musen in Hinsicht auch auf den Herrscher noch zuweisen konnte, hinüberzugehen und das Musenlob zu übersteigen und unter sich zu lassen.

Unvermerkt in den neuen Bereich hinübergelangt, gleichsam schwer sinnend, weit ausholend, pindarisch auch in einzelnen Gebärden der Worte, setzt das Gedicht dazu an, die in das Auge gefaßte Wahrheit zu durchmessen. Vom Gegenbild her dringt der Gedanke vor, vergegenwärtigt den Sturz der Titanen und Jupiters Sieg, erwägt die Gefahr, die den Göttern gedroht hat, und urteilt über die Ohnmacht ihrer Feinde. Sie, die des weisen Rates bar sind, müssen die Ordnung Jupiters bestätigen, wonach Rat, der die Kraft zügelt, Gedeihen und Gelingen erntet. Erst in der Spruchweisheit, die nach sechs Strophen das Entfaltete wieder sammelt, geht der Gedanke vom Gegenbild zur anderen Seite zurück und nennt wieder unmittelbar den Segen weisen Rates. Aber selbst da beginnt die Strophe und endet auch mit dem Gedanken an das, was zu stürzen verurteilt ist. Obwohl alles auf das Sieghafte hinblickt, füllt sich doch das Gedicht immer mehr mit Bildern der stürzenden Mächte und wird zum Triumphliede, das die Niederlage der Götterfeinde verherrlicht – so wie Pindar im ersten Pythischen Gedicht die friedevoll gefügte, sieghafte Ordnung des Zeus, Apollons und der Musen preist, indem er Sturz und Ohnmacht des chaotischen Ungeheuers Typhos vergegenwärtigt, wobei übrigens auch er es auf den Preis eines Herrschers abgesehen hat.

Ohnmacht und Sturz der Götterfeinde sind ein Beispiel für die Lehre vom Wohlgefallen der Himmlischen an weisem Rat oder, genauer gesprochen, ein Beispiel für die Kehrseite dieser Lehre, dafür, daß da, wo weiser Rat fehlt, sich auch der Segen der Götter und das Gelingen nicht einstellen kann. Aber im Grunde kommt es Horaz nicht auf Lehren und Sprüche an, die durch herbeigezogene Beispiele erläutert und bestätigt werden müßten. Sonst wäre doch das Sagenbeispiel hier nicht gerade gut gewählt. Denn anstatt eines Gegensatzes zwischen unweisen und weisen Sagengestalten, über denen die Götter als Verteiler von Heil und Unheil walteten, tritt vielmehr der Kampf zwischen unweisen Mächten und den Olympiern ein, die selbst die Seite der Weisheit vertreten und nun also den Segen der Weisheit gewissermaßen zugleich zuteilen und genießen müßten. Nein, die Sagenstrophen enthalten ebensoviel oder noch mehr von der Wahrheit, worauf es Horaz abgesehen hat, als die abgezogene Spruchweisheit, der sie ursprünglich zugeordnet schienen. Im Bereich der Sagenstrophen wandelt sich der Gedanke. Er entdeckt in den Gegenständen der Sage neuen Sinn, der unabhängig von dem Begriff des vorangehenden Satzes doch der gleichen Wahrheit zugehört, auf die auch jener Satz zielt. Im beständigen Hinblick auf diese konkrete Wahrheit ist er dem Zwang des entwickelnden Denkens, das die begrifflichen Bezüge von Anfang bis zu Ende festhält, enthoben, ohne doch willkürlich zu werden.

Die Götter sind also nicht mehr nur die Förderer weisen Rates, sondern selbst Weisheit und gezügelte Kraft in Person. Sie geben nicht nur gutes und schlimmes Ergehen, sondern verfechten selbst ihr Wesen gegen die Urbilder roher Kraft und entscheiden ein für allemal dessen Sieg. Weisen Rat zu bewähren stellt sich demnach als Teilnahme am Wesen und an der sieghaften Überlegenheit Jupiters und der Seinen dar. Alles

Gedeihen und Gelingen, das der Weisheit zuteil wird, sei es im musischen Dasein, sei es in dem des Herrschers, ruht in dem ewigen Siege Jupiters.

Betrachtet nun der Dichter dieses sieghafte Wesen in den Göttern, so gewährt es ihm einen neuen, noch bedeutenderen Anblick. In Jupiter ordnet eben diese Weisheit die ungeheuren gegensätzlichen Kräfte des Alls, die dumpfe Last der Erde und die stürmische Bewegung der See, die Menschenwelt mit ihren gegensätzlichen Weisen des Zusammenlebens in Staaten, die gegensätzlich verschiedenen Geistwesen Götter und Menschen, zum einheitlichen, ausgeglichenen Weltgefüge, während die rohen Kräfte der Götterfeinde aufsässig und ungefüge sind. Jupiters Wesen schafft Ausgleich, schafft Gerechtigkeit, während sich die Unholde in überheblichem Trotz auf sich selbst stellen. Es bewirkt friedlich gesittetes Leben, wie es sich in den Gewerben des Volcanus und der Minerva, in der Ehe und in Apollos Bereich: in der Musenkunst und im höheren geistigen Leben und Schaffen überhaupt darstellt.

Mit alledem hat sich eine letzte Sicht vorbereitet, die nun in den drei abschließenden Strophen entschieden vorwaltet, wo das Gedicht nach zusammengefaßten Sprüchen von neuem die Unholde für die eigene Erkenntnis zeugen läßt, indem es an das Ende des Aufruhrs erinnert. Schon die letzten Worte der Spruchweisheit vorher neigen sich von der bisher betrachteten Ansicht zu der neuen: die Götter hassen die Mächte, die auf Frevel sinnen.

Um diesen letzten Wandel der Sicht recht aufzufassen, wird es gut sein, zurückzublicken. Das Gedicht ist davon ausgegangen, daß der Dichter der Zugehörigkeit zu himmlischen Mächten, ihres Schutzes und seiner Geborgenheit preisend inne geworden ist. Indem es den Herrscher in den gleichen Kreis göttlichen Wirkens zog und über ihn hinaus zu den olympischen

Göttern aufstieg, hat es die Überlegenheit der Weisheit, die Ohnmacht ihrer Widersacher verkündet. Dem Ausgang und Verlauf der Gedanken gemäß hat es auf Klugheit und gezügelte Kraft und ihre überlegene Sicherheit vor dem Bedrohenden, Zerstörenden auch all das bezogen, was die Anschauung von den Göttern und ihrem Reich erweitert hat. Jetzt aber leuchtet in diesem Verhältnis vor allem sittlicher Wert und Unwert auf, apollinisch reines und verbuhltes unreines Wesen. Die letzte Strophengruppe setzt nicht so sehr Rat und blinde Gewalt in Gegensatz zueinander, sie läßt vielmehr die Verworfenheit für immer gebändigt in ihren Verliesen büßend erscheinen, wodurch dann auch mittelbar auf der Seite der Götter das Sittliche in Erscheinung tritt.

Damit aber am Ende das Ganze und Einheitliche in all dem beobachteten Wandel zu seinem Recht komme, ist es gut, auf die durchlaufenden Bewegungen und Bezüge zu achten.

Vom Persönlichen des Dichters, ja vom Jetzt und Hier des Musenanrufes und der Antwort der Göttinnen geht der Gedanke aus, und indem er sich der musischen Macht eines findenden, im Konkreten entdeckenden Denkens überläßt, wird er am Ende zur Anschauung einer allumfassenden, ewigen Ordnung getragen.

Diese ewige Ordnung ist freilich von Anfang an gegenwärtig, durch die Musen vermittelt, ist gegenwärtig auch in allem, was der Dichter nacheinander berührt. Sie ist immer eine und dieselbe, von Anfang bis zu Ende, wenn sie auch der Dichter auf einem, wie es scheint, planlosen Wege durchmißt.

Die Gedankenbahn, die durch den Raum dieser Ordnung gezogen ist, führt durch die getrennten Daseinsbereiche des Dichters, des Herrschers und der Götter. Sie führt gewissermaßen in immer weiteren Kreisen höher und höher zu immer weiterer Sicht, von Stufe zu Stufe des Daseins, schon im Bereich des Dichters und dann erst recht beim Übergang zu Augustus und endlich zu den Göttern.

Vor allem tritt ein Gegensatz zwischen zwei Teilen des Gedichts hervor, zwischen dem Bereich des Dichters und dem der Götter. Die beiden Teile sind durch gegensätzlich verschränkte Verhältnisse verbunden; das macht die Einheit und Harmonie des ganzen Gebildes aus.

Das musische Dasein des Dichters nämlich ist vorwiegend von innen her, von dem geborgenen Bezirk des göttlichen Schutzes aus dargestellt. Jupiters Reich dagegen ist von außen her mehr mittelbar, von der Ohnmacht seiner Feinde aus, gerühmt. Infolgedessen ist der eine Teil vom Glück der Geborgenheit, von kampfloser Ruhe erfüllt, der andere von Widerstreit, Sieg und Untergang. Auf der Daseinsstufe des Dichters ist das hellere Innere der gleichen Ordnung gegenwärtig, deren finstere Umgebung in der zweiten Hälfte des Gedichts die Bilder dunkel färbt. Wie aber im ersten Teil bald nach dem Anfang das Zerstörende in der Gestalt von Schlange und Bär auftritt und gegen das Ende des Teiles sogar überhand nimmt, dort, wo die schreckende Wildnis genannt ist, so hält umgekehrt im zweiten Teil zuerst die lichte Vorstellung der Olympier dem Dunkeln noch das Gleichgewicht, und selbst in der dreistrophigen Schlußgruppe wirkt im Bereich der büßenden Unholde das vorige Thema des Kampfes noch nach, und die reine Diana, Apollos Schwester, verleiht der ersten dieser Strophen noch ihr Licht. So ergibt es sich, daß gegen die stetig aufsteigende Bahn eines sich mächtig weitenden Gedankens eine Gegenbewegung geführt ist: die hellen Bilder nehmen ab und die Anschauung verfinstert sich. So wie jedoch schon im ersten Teil die überhand nehmende Finsternis keineswegs auf sich selbst bezogen, sondern nur Kehrseite und mittelbarer Ausdruck einer sich steigernden Zuversicht ist, so sind die schrecklichen Bilder des Schlußteiles das Sieghafteste in dem ganzen Gedicht.

Es halten also hier wie auch sonst bei Horaz die Gegensätze einander in der Schwebe; hier sind sie so gewaltig wie nur selten.

Nehmen wir hinzu, daß bei weiterem Nachsinnen auch im einzelnen immer mehr einander durchdringende, rein gestimmte Verhältnisse zutage treten, so wird es vollends offenbar, daß Horaz jene musische und himmlische Ordnung nicht nur genannt, gelobt und gewollt, sondern auch in der Weise seines Sprechens und Bildens verwirklicht hat.

Das aber ist das Entscheidende, Eigenste seiner Zeit, daß sich die Besten eben diese wohlgefügte, im Gleichgewicht schwebende Ordnung in Leben und Wirken sowohl wie im Dichtwerk zum erstenmal in Rom wahrhaft zu eigen gemacht haben, die großen Dichter und der Herrscher. Catull und Lucrez auf der einen Seite und Virgil und Horaz auf der anderen unterscheiden sich hier im Tiefsten voneinander, und was Augustus betrifft, so darf man in den Apollo zugeneigten Seiten seines Wesens, in seinem von Cäsars Weise grundverschiedenen Ausgleich zwischen altem Römerstaat und neuer Herrschaft ein verwandtes Gepräge erkennen. Dieses Wesen hat Horaz zum eigentlichen Gegenstand seines Triumphgedichtes auf den Sieg des neuen Herrschers gewählt, und wir haben ihn darum doppelt glücklich zu schätzen, daß es ihm vergönnt gewesen ist, den würdigsten, dem Ewigen zugewandten Gehalt eines bedeutenden Zeitalters zugleich zu preisen und leibhaft darzustellen.

Anmerkung. Die ganze Folge der sechs sogenannten Römeroden (3, 1–6) zu interpretieren ist versucht in: Varia variorum, Festgabe für Karl Reinhardt, Münster-Köln 1952, 118 ff., jetzt in: Studien zur griechischen und römischen Literatur, Zürich und Stuttgart 1964, S. 333 ff.

Herculis ritu

3, 14

Kunstwerke haben nach allem Werben, das in noch so vielen Jahrhunderten daran gewendet ist, immer noch jedem neuen Betrachter Neues zu schenken; ihr Gehalt ist unendlich und bedarf aller künftigen Zeiten, um sich ganz zu erschließen. So erleben wir es, daß an den augusteischen Dichterwerken neue Seiten sichtbar werden. Ist in diesem Zusammenhang von der Horazischen Lyrik die Rede, so denkt man wohl zuerst an die bedeutende geschichtliche und menschliche Wirklichkeit, die darin Gestalt geworden ist. Schwerer zu erkennen, aber um so tiefer beglückend für den, der sie findet, ist die Gestalt selbst: der Gang, den das Gedicht nimmt, alle die Schritte, die es macht, alle Bezüge und Verhältnisse, die dabei obwalten, und schließlich das Ganze, das sich in alledem verwirklicht.

So im bewegten Ablauf ein Ganzes zu formen, darin sind die augusteischen Dichter Meister gewesen. Sie haben zum erstenmal in Rom das völlig überwunden, was man den Materialismus des Inhalts nennen könnte. Obwohl nämlich gerade sie den großen Gegenstand für die Dichtkunst wiedergewonnen haben, ist ihnen der Sinn dafür aufgegangen, daß er bedeutend nur dann ist, wenn er durch die Form Anteil an der höchsten Ordnung der Welt, des Lebens und der Geschichte hat, und daß andererseits ein bescheidener Inhalt durch vollkommene Form Symbol des Höchsten sein kann. Im Hinblick auf dies Wesen der Horazischen Kunst ist der folgende Versuch unternommen, dergleichen an einem bestimmten Gedicht aufzuzeigen. Es ist vielleicht das seltsamste unter den Augustusgedichten, das vierzehnte im dritten Odenbuche.

Herculis ritu modo dictus, o plebs,
morte venalem petiisse laurum
Caesar Hispana repetit penatis
victor ab ora.

unico gaudens mulier marito
prodeat iustis operata sacris
et soror clari ducis et decorae
supplice vitta

virginum matres iuvenumque nuper
sospitum; vos, o pueri et puellae
iam virum expertae, male nominatis
parcite verbis.

hic dies vere mihi festus atras
exiget curas: ego nec tumultum
nec mori per vim metuam tenente
Caesare terras.

i pete unguentum, puer, et coronas
et cadum Marsi memorem duelli,
Spartacum siqua potuit vagantem
fallere testa.

dic et argutae properet Neaerae
murreum nodo cohibere crinem:
si per invisum mora ianitorem
fiet – abito.

lenit albescens animos capillus
litium et rixae cupidos protervae:
non ego hoc ferrem calidus iuventa
consule Planco.

Mit *Herculis ritu* setzt das Gedicht sehr hoch ein. Der Halbgott, der ausharrend unter einem harten Gebot heldenhaft bis zum Ende der Welt gegen Sonnenuntergang gezogen ist, um allenthalben das Rohe, Ungeheure zu bändigen und für menschlich gesittetes Leben Raum zu schaffen, und der sich mit diesem Erdenleben den Platz am Göttertisch verdient hat, Herkules be-

Der, Herkules gleich, noch jüngst, so sagten sie, Volk,
nach Lorbeer, der den Tod kostet, ausgezogen sei,
Cäsar, zieht vom hispanischen Gestade
als Sieger heim.

Über den Mann ohnegleichen in Freude die Gattin
halte Umgang, gebührenden heiligen Dienst leistend,
die Schwester auch des erlauchten Anführers und im Schmuck
gottesdienstlicher Binde

die Mütter der Jungfrauen und der jungen Männer, die nun
errettet sind. Ihr, Jünglinge und junge Frauen,
die den Mann schon haben, haltet
heiliges Schweigen!

Dieser Tag wird mir wahrhaft Fest die finstern
Sorgen vertreiben. Ich fürchte nicht Aufruhr
noch gewaltsam zu sterben, wenn Cäsar
auf Erden herrscht.

Geh, hol Salböl, Knabe, und Kränze
und einen Krug, der noch vom Marserkriege weiß,
wenn dem streifenden Spartacus vielleicht noch
ein Weingefäß hat entwischen können.

Sag auch der hellsingenden Neära, sie soll eilen,
das braune Haar zum Knoten zu raffen!
Wenn es bei dem garstigen Türhüter Aufenthalt
gibt – geh wieder fort!

Es beschwichtigt bleichendes Haar den Mut,
der Händel und verwegenen Streit gesucht.
Nein, das ertrüg ich nicht, jugendlich hitzig
im Jahr des Plancus.

herrscht das Gedicht, noch ehe ein Mensch genannt ist. Augustus, der in der zweiten Hälfte der Strophe dazutritt, ist nach diesem Anfang von dem bedeutenden Wesen des Halbgotts umwittert und erhöht und nimmt teil daran.
Was das sprachliche Gefüge anlangt, so enthalten die ersten beiden Verse nichts, was in sich ruhen könnte.

Die majestätische Last des Beginns hängt gewissermaßen in der Schwebe, bis sie sich in der zweiten Strophenhälfte auf das Subjekt Cäsar niedersenkt. Mit diesem weitgespannten syntaktischen Bogen verbinden sich kleinere zu einem krafterfüllten, verschränkten Gebilde, wie es dem hohen Stil eigen ist: *Herculis ritu – petiisse, dictus – petiisse, morte venalem – laurum, Hispana – ab ora.*
Bei aller Verschränkung ist doch auch wieder jeder Vers dieser ersten Strophe verhältnismäßig selbständig, wenn man die Sinnesabschnitte bedenkt. Eine außergewöhnliche Wucht ist jedesmal am Anfang des Verses zusammengeballt: *Herculis, morte venalem, Caesar, victor*; und dieser Rhythmus trägt viel zu der schweren, feierlichen Pracht der Strophe bei.
Mit der Hoheit seines Inhalts und seiner Form vergegenwärtigt der Beginn des Gedichts den römischen Imperator, wie er im Herzen des Volkes lebte und wie er sich im Triumph am strahlendsten darstellte. Eine Fülle von Gedanken und Gefühlen haftete an dem Bild des siegreich heimkehrenden Feldherrn. All das wird in dieser Strophe lebendig; ja, wenn auch Horaz das bloße Schema geradezu vergessen läßt, so ähnelt sie doch in gewissen herkömmlichen Zügen den Preisgedichten, in denen damals römische Dichter einem Triumphator zu huldigen pflegten.
Aber das Gedicht geht nun diesem Thema nicht weiter nach. Auf Verdienst und Ruhm des Siegers antwortet die heilige Handlung der Frauen in Rom, und so erfüllt sich die zweite Strophe mit der Würde einer römischen Matronenprozession, die sich geordnet zu den Heiligtümern bewegt. *Gaudens, iustis operata sacris, decorae supplice vitta:* diese wenigen Worte genügen, um das fromme Tun in seiner gehaltenen Schönheit zu vergegenwärtigen. Dem siegreichen Augustus der ersten Strophe entspricht hier die höchste Frau Roms, Livia. Im ersten Verse sind beide miteinander vereint: *unico gaudens mulier marito.* Augustus herrscht noch vor, aber er ist hier auf Livia

bezogen. Livia ist nicht mit einem hervortretenden Wort genannt, aber sie erhält durch die Fügung der Worte Anteil an der Ehre des Mannes. So fein abgewogen sind die Verhältnisse.

Während nun aber in der ersten Strophe der Sieger allein herrschte, ist hier der lange Zug der Frauen in das Auge gefaßt. Auf Livia folgt Octavia, die Schwester des Augustus, und dann die ganze Schar der Teilnehmerinnen.

Der Satz, der die Frauen im Zuge nennt, zieht sich weit in die nächste Strophe hinein; es könnte scheinen, als ob diese nur einen Überschuß brächte, der in der vorigen keinen Platz gefunden hätte. Aber obwohl erst hier gesagt ist, wer diese sind, die im Schmuck der heiligen Binden hinziehen sollen, verwandelt sich dennoch an der Grenze der neuen Strophe das Gedicht ebenso wie am Eingang der zweiten. Noch indem es die Mütter nennt, wendet es sich all den jungen Menschen zu, die dem Sieg ihr Heil und Glück verdanken, den jungen Männern, die glücklich aus dem Felde heimgekehrt sind, und den jungen Frauen, die nun mit ihnen neuvermählt sind: *virginum . . . iuvenumque nuper sospitum; pueri et puellae iam virum expertae:* diese sind es, die die Strophe beherrschen.

Gegensatz und Zusammenklang der beiden ersten Strophen sind durch Augustus und die Frauen seines Hauses bestimmt. Auf der Seite der Frauen hat sich ein ganzer Zug zu entwickeln begonnen. Aber erst die dritte führt alles ins Weite und Breite. Nicht nur, daß erst da auf der Seite der Frauen die *matronae* genannt werden: in der zweiten Strophenhälfte kommen die Töchter dazu und die Jünglinge des siegreichen Heeres, eine große, um die heilige Handlung versammelte Festgemeinde, die ganze junge Bürgerschaft, wobei denn auch die in den beiden vorangegangenen Strophen getrennten Seiten, die Männer des Heeres und die Frauen der Heimat, vereint beieinander sind.

Dabei hat sich das Gedicht von der Höhe und dem strengen Ernst des Anfangs unvermerkt schrittweise entfernt. Dort kommt der Sieger, von übermenschlichem Glanz umgeben, aus fast sagenhafter Ferne und aus der Nähe des Todes. Weiter halten die Frauen ihre feierlich-frohe Begehung. Die jungen Leute hier aber sind von jungem Eheglück umstrahlt. Noch innerhalb der Strophe selbst geht die angedeutete Bewegung weiter: *pueri et puellae* ist, verglichen mit *virgines iuvenesque* weniger feierlich, leichter, der Liebe und ihrem Spiel zugehörig, wie es denn bevorzugte Worte der Liebesdichtung sind. Dabei erinnert *sospitum* noch einmal an *morte venalem,* und alles Frohe ist noch nicht aus dem Bann des ehrfürchtigen Schweigens entlassen, das die heilige Handlung fordert.
In der Gruppe der ersten drei Strophen macht sich der Dichter, indem er sich einer bekannten, in Hymnen des Kallimachos zuerst ausgebildeten allgemeinen Form der Darstellung bedient, zum Mund eines auffordernden Rufes, der aus Tag und Stunde spricht und durch das öffentliche Leben des gesamten Volkes klingt. Dann aber läßt er das öffentliche Wesen hinter sich. Nachdem er dem Volk das Fest angesagt und die Frauen und die weitere Gemeinde aufgefordert hat, es recht zu begehen, tritt er zurück als einer von den vielen in der Menge, der sich die frohe Kunde gesagt sein läßt und den Tag nun wirklich auch in seinem eigenen Lebensbereich festlich begehen will. Und als Mitfeiernder ist er jetzt nicht einmal mehr der öffentlichen heiligen Handlung zugewandt, auch nicht als stiller, Ehrfurcht zollender Teilnehmer, sondern einfach dem Erleichtert- und Frohsein hingegeben, das mit dem Fest über ihn kommt. Denn er hat vor dem Sieg des Augustus mit Sorgen den Gang der Dinge miterlebt – Sorgen, die hier dem Charakter der Strophe gemäß ganz schlicht auf das eigene Leben bezogen sind, in denen aber der Freund Horazens die alten Ängste um Roms Schicksal wiedererkennt, die

ihn seit den verzweifelten Jahren nach Philippi immer wieder gepeinigt haben. Jetzt weichen die schweren Gedanken einer guten Zuversicht.

Hat sich in den ersten drei Strophen der Gang des Gedichts vom übermenschlich Erhabenen schrittweise zur anspruchslosen Fröhlichkeit einer Festgemeinde von jungvermählten Menschen bewegt, so ist diese Bewegung an der Grenze der Strophengruppen nicht stehengeblieben. Ja, der Schritt vom öffentlichen Wesen zum Widerhall des Festes im Lebensbereich eines einzelnen Menschen ist selbst ein Stück dieser Bewegung. Immerhin hat die erste Strophe der neuen Gruppe noch Cäsar im Blick; er beherrscht noch den Gedanken. Nun aber befreit sich das Gedicht weiterhin auch davon und von dem ernsten Hintergrund des Festes und überläßt sich ganz den Gedanken an häusliche Freuden. Der Dichter, eben noch fast Herold und Priester, ist jetzt nur noch Herr eines Dieners, der den Festbedarf besorgen soll, Wohlgerüche, Blumen und Wein.

Je höher das Fest, desto kostbarer, desto älter der Wein. Horaz zeichnet zunächst nur den Tag aus, wenn er alten Wein wünscht. Aber außerdem ist alter Wein ein Stück Wirklichkeit aus dem großen Italischen Krieg, aus den Tagen des Marius und Sulla. Gerade dies muß nun dienen, Erquickung und Friedensglück hoch zu feiern und zu genießen. Die Erinnerung an die alte Pein muß dem Genuß des neuen Segens dienen, und sie kann es; denn sie schadet nicht mehr. Wer aber dem Gang des Gedichts nachdenkend folgt, erkennt wohl das alte, zuerst in *morte venalem* und dann in *curas* angeschlagene Gegenthema wieder. Hier, wo sich alles gelöst und ins Leichte, Heitere verwandelt hat, ist auch dieses Thema in wunderbarer Weise umgeschlagen in eine halb übermütige, halb nachdenkliche Erinnerung an den Italischen Krieg und Spartacus.

In der vorletzten Strophe erinnert dann nichts mehr auch nur von fern an diesen Bezug, während die Anstalten zur häuslichen Abendfreude weiter ihren Gang nehmen und nun allein übrigbleiben. Das Gedicht lenkt hier, wo es den Diener die Musikantin holen heißt, ganz in die Bahn der geselligen Lieder ein und kommt, um ein Beispiel zu nennen, der Schlußstrophe der elften Ode des zweiten Buches nahe.

Nur das letzte Wort *abito* geht unversehens einen anderen Weg, der dann zum Finale des ganzen Gedichts führt, wo sich alles noch einmal verwandeln und vollenden wird.

Neära soll eilig kommen, so lautet der Befehl; und wenn es an der Haustür Schwierigkeiten gibt, ... Der Eifer, mit dem der Dichter nur noch an sein häusliches Fest denkt und immer leichter beflügelt auf Lust und Freude zueilt, die Ungeduld, mit der er zur Eile mahnt und ein mögliches Hindernis nennt, zielt hier entschieden auf ein Wort, das rücksichtslos das Hindernis beiseite schiebt. Mit dem Gedanken an eine zugesperrte Tür und den Pförtner hat sich das Gedicht in das Gebiet bittersüßer Liebeshändel und jugendlichen Ungestüms begeben, hat sich in jugendliches Tun und Treiben verirrt und ist nahe daran, verschlossene Türen aufbrechen zu wollen. Da besinnt es sich und gibt die bänglich-dringende Bewegung auf. Statt eines ungestümen Befehls sagt es: »Laß und geh wieder!« Wonach es eben noch angespannt gegriffen, läßt es mit lockerer Hand fahren.

So endet die zweite Strophengruppe des Gedichts, die mit ihren Befehlen immer noch etwas Vorwärtsdrängendes in sich hat, im Verzicht, und die Schlußstrophe läßt nun alle Bewegung des Gedichts in die tiefe Ruhe heiterer Betrachtung münden. Bei seinem Verzicht besinnt sich der Sprechende auf sich und seine Lebenslage und die Milde des beginnenden Alters, die über ihn gekommen ist. Das jugendlich-hitzige Wesen, das einen Augenblick hat aufwallen wollen, hat sich an der gegenwärtigen Ruhe rasch gebrochen und verwandelt sich in

Erinnerung an den jungen Horaz, der im Jahre des Plancus, das heißt in dem Jahre, in dem die entscheidende Schlacht bei Philippi geschlagen wurde, als Tribun unter Brutus in wilder Zeit ein heißes, ungestümes Leben geführt hat. Der gegenwärtige Horaz, der sich jetzt im Verzicht geoffenbart hat, betrachtet und vergleicht nachdenklich jenes Gegenbild, das ihm fremd geworden ist, mit sich, und wird sich des Wandels bewußt.

Hier wiederholt und vollendet sich nun in einem Bereich, der noch viel heimlicher und noch weiter von dem öffentlichen Wesen entlegen ist als der häusliche Kreis der vorigen Strophen, im tiefsten Fürsichsein, Thema sowohl wie Gegenthema: eine wirre Vergangenheit tritt dem Segen des Gegenwärtigen in heiterem Innewerden gegenüber. Wie Horaz ein anderer geworden ist, so ist die Zeit der Bürgerkriege überhaupt der Gegenwart weit entrückt. Und beides ist nicht bloß vergleichbar, sondern ein und derselbe Vorgang. In seinem persönlichsten Leben erfaßt hier Horaz am Ende des Gedichts den gleichen Wandel, der sich auch im Schicksal Roms ereignet hat. Darum hat er hinter dem jungen Tribunen und seinem stürmischen Wesen die Wirren des Bürgerkrieges auftauchen lassen. Mittelbar ist damit auch hinter dem abgeklärten gegenwärtigen Wesen des Dichters der Friede des Augustus gegenwärtig geworden. Ja, der Bezug auf Augustus ist hier sogar noch genauer als vorher, wo die Zeit des Marius und Sulla das Gegenbild abgegeben hat. Denn diese fernere Zeit liegt jenseits des Lebens wie des Dichters so auch des Herrschers, bei Philippi aber hat Augustus gesiegt. Und so hat denn Horaz ihn, mit dem das Gedicht beginnt, am Ende doppelt gegenwärtig sein lassen, als Sieger von Philippi und als Fürsten der milden Gegenwart.

Das geschieht freilich alles leise und mittelbar, dem wunderbaren Charakter dieses Gedichtschlusses gemäß, der nach aller Bewegung so überaus still ist und nach aller Weite abseitig und einwärts gekehrt. *Consule Planco:* die zwei Worte genügen. Sie geben zunächst nur ein bestimmtes Lebensjahr des Dichters an, nachdem zuvor seine Jugend überhaupt genannt war. Wie eine Nebensache abklingend, warten sie auf ein feines Ohr, das jene fernen Bezüge darin mit vernehmen kann wie Obertöne im Nachhall eines Tones.

Dieser Schluß ist dem Anfang entgegengesetzt, das leise Verhallende dem weitreichenden kräftigen Ruf, das Anspruchslose dem feierlich Erhabenen, das Fürsichsein dem öffentlichen Wesen, die heitere Ruhe der Betrachtung, die von Festfreude umgeben ist, dem Siegeszuge, der siegreiche Imperator dem Dichter, der Segen und Frieden im Innersten spürt und verwirklicht. Als äußerste Gegensätze sind Anfang und Schluß gesetzt, halten einander das Gleichgewicht und gehören zusammen. Zwischen beiden verläuft das Gedicht in klar abgemessenen, bedeutenden Schritten, wobei sowohl Augustus und das öffentliche Wesen wie Volk und Dichter, die im Fest den Wandel der Dinge erleben, trotz allem Wechsel der Bezüge zwischen ihnen immer gegenwärtig sind. Nur einmal, in der vorletzten Strophe, dort, wo der Sklave fortgeschickt wird, um die Musikantin zu holen, scheint Augustus und das Schicksal Roms ganz vergessen. Aber auf das Ganze gesehen, ist diese Stelle eine Art Trugschluß, der dazu dient, den wahren Schluß vorzubereiten und seine Harmonie dadurch doppelt spüren zu lassen. Wenn es einen Augenblick scheint, als sollte das Aufbrausen von Jugendlust und Ungestüm im Symposion das Letzte im Gedicht sein, so stellt es sich alsbald heraus, daß dadurch nur der Umschlag zur letzten Heiterkeit der Betrachtung vorbereitet ist, und in der Schlußstrophe ist dann wieder das Thema, das von Augustus herkommt, mit dem des Dichters vereinigt, wenn es auch nur leicht und mittelbar angedeutet ist.

Nur durch den Anfang des Gedichts ist der Schluß das, was er in Wahrheit ist, und nur durch den Schluß der Anfang das, was er im Sinne Horazens bedeutet, und auch in der Mitte ist alles aufeinander und auf das Ganze bezogen. Dieses Ganze steht über jeder einzelnen Stelle; jede ist darauf bezogen, aber an keiner ist es stofflich faßbar, auch in der bloßen Summe nicht; es gibt auch keinen Oberbegriff, der es zu fassen vermöchte. Es ist vielmehr das organische Gebilde, zu dem sich das zeitlich ablaufende Gedicht zusammenfindet.

Die künstlerische Ordnung dieses Gebildes ist keine bloße Begleiterscheinung, die naturhaft zustande käme und erst von einem fremden, anders gearteten Betrachter wahrgenommen werden könnte. Sondern der Dichter hat offenbar alles einzelne von vornherein als Glied einer Ordnung erfaßt und sie mit im Sinn getragen und eigens gespürt; er hat Freude daran gehabt, zwischen entgegengesetzten Enden ein durch verschränkte Bezüge geordnetes Gebilde aufzubauen oder vielmehr in lebendig spontaner Bewegung entstehen zu lassen; denn es regt und bewegt sich ja doch alles frei, es gleitet und verwandelt sich wohlig gelöst und ist unberechenbar: im Zusammenspiel dieses lebendig bewegten Wesens mit der künstlerischen Ordnung liegt gerade das letzte Geheimnis dieser Kunst.

Geordnete, lebendig bewegte Mannigfaltigkeit zwischen äußersten Gegensätzen hat immer etwas von dem Gepräge des Universums an sich. Horazens Gedicht will nicht inhaltlich das ganze Fest, die ganze Gegenwart, die ganze *pax Augusta*, das ganze Leben in sich fassen; es deutet sehr sparsam nur weniges davon an. Aber es vergegenwärtigt dennoch das Ganze besser als irgendein noch so reiches Gedicht, dessen Dichter das Geheimnis der künstlerischen Form noch nicht entdeckt hätte.

Septimi, Gadis aditure mecum
2,6

Septimi, Gadis[1] aditure mecum et
Cantabrum[2] indoctum iuga ferre nostra et
barbaras Syrtis, ubi Maura semper
  aestuat unda:

Tibur Argeo positum colono
sit meae sedes utinam senectae,
sit modus lasso maris et viarum
  militiaeque.

unde si Parcae prohibent iniquae,
dulce pellitis ovibus Galaesi
flumen et regnata petam Laconi
  rura Phalantho.

ille terrarum mihi praeter omnis
angulus ridet, ubi non Hymetto
mella decedunt viridique certat
  baca Venafro,

ver ubi longum tepidasque praebet
Iuppiter brumas et amicus Aulon
fertili Baccho minimum Falernis
  invidet uvis.

ille te mecum locus et beatae
postulant arces: ibi tu calentem
debita sparges lacrima favillam
  vatis amici.

[1] Gades: Cadix. – [2] Das Land der Cantabrer in Asturien war gefährliches Aufstandsgebiet. Die Strophen 3 bis 6 bezeichnen

Septimius, bis Gades mit mir zu gehen bereit und
zu den Cantabrern, die unser Joch zu tragen nicht lernen
wollen, und
den wilden Syrten, wo unaufhörlich die maurischen
Wasser branden:

Tibur, von argivischem Siedler erbaut,
soll Wohnsitz meines Alters sein,
soll mein Ziel sein, der müde ist, des Meeres und der Wege
und des Dienstes.

Und wenn dorthin das Schicksal ungnädig mich nicht läßt,
so will ich hin zur süßen Tränke der Mantelschafe, dem
fluß und zum Lande, wo der Lakone [Galäsus-
Phalanthus König gewesen.

Dort auf der weiten Welt vor allen anderen
der Erdenwinkel lächelt mir zu, wo dem Hymettus
der Honig nichts nachgibt und mit dem grünen
Venafrum die Ölfrucht den Wettstreit aufnimmt;

wo langen Frühling und lauen
Mittwinter Jupiter schenkt, und das Aulon-Tal,
fruchtbringendem Bacchus lieb, auf falernische
Trauben keinen Neid hat.

Dort das Gelände und die seligen
Höhen begehren nach dir und mir. Dort sollst du
mit schuldiger Träne besprengen die warme Asche
des Dichters, deines Freundes.

die Gegend von Tarent. Dort gab es wie in Attika Schafe mit so feiner Wolle, daß man sie mit einem Ledermantel schützte.

Septimius ist dem Dichter als der Mensch gegenwärtig, dessen Freundschaft fähig und bereit wäre, ihn nie zu verlassen, ja sich dringend dazu erbietet, es ihm in außergewöhnlichen Fährnissen zu beweisen. Nicht, als ob die ersten Worte des Gedichts ein Gespräch über Reisepläne und Reiselust voraussetzten und fortsetzten, wie man wohl gemeint hat. Es handelt sich um eine auch sonst gebräuchliche allgemeine Form, sich zu jemand zu bekennen und ihm unbedingte Treue zu beteuern. Hier hilft sie den Überschwang darstellen, der dem Dichter entgegenkommt.

Durch die ganze erste Strophe breitet sich das Pathos der Ausdrücke und der furchtbaren Bilder aus, die die Reichweite einer so tapferen Freundschaft ermessen lassen. Dem tritt in der zweiten Strophe die Süßigkeit des Ausruhens, die sanfte Lockung der nahen Bergstadt, die milde, sogar müde Gelassenheit des Dichters entgegen; *meae,* »meines Alters«, in Vers 6 ist deshalb durch seine Stellung hervorgehoben, weil es dem Du der Anrede das eigene Wunschbild entgegenstellt. Die gegensätzliche Entsprechung beherrscht die beiden Strophen durchaus: den barbarischen Schrecknissen draußen am Rande der gesitteten Welt entspricht der Adel griechischen Ursprungs, der Tibur sofort nicht nur als Ort der Erquickung, sondern als Träger einer höheren Würde und Sinnbild der Gesittung erscheinen läßt. Dem Ausgreifen des *aditure,* »hinzugehen bereit«, und der weltweiten Aufzählung, die sich nicht genug tun kann, stellt sich *sedes,* »Wohnsitz«, und *modus,* »Ziel«, und *lasso,* »dem Müden«, entgegen; *maris et viarum militiaeque,* »des Meeres und der Wege und des Dienstes«, blickt dann ablehnend noch einmal hinüber auf all das, woran Septimius denkt, und ein Kreis ist damit geschlossen. Gesinnung und Bereitschaft des Freundes sind gepriesen, aber insofern zunächst abgelehnt, als der Wunsch des Horaz dagegen gesetzt ist, der mit jener Bereitschaft sozusagen nichts anfangen kann.

Die dritte Strophe scheint vielleicht manchem Leser eine

bloße Verdoppelung, ein bloßes Gegenstück zur zweiten zu bringen; Tibur und Tarent stehen als Wunschorte nebeneinander in den innerlich verwandten Versen (epi. 1, 7, 44):

mihi iam non regia Roma,
sed vacuum Tibur placet aut imbelle Tarentum.

Ich mag nicht mehr das königliche Rom,
sondern das geruhige Tibur oder das friedliche Tarent.

Ein Erklärer läßt den Wunschgedanken an der Unmöglichkeit der Erfüllung abprallen und sich so Tarent zuwenden. Aber auch das wird der Wendung von der zweiten zur dritten Strophe kaum ganz gerecht. Sie wiederholt die Bewegung von der ersten zur zweiten Strophe insofern, als sie noch einmal so weit vom Anspruchsvollen zum Schlichten, Stillen fortrückt. Tibur ist zwar ein stiller, musischer Ort, aber nebstbei immerhin auch der Sitz der großen Herren. Horaz läßt auch ihn fahren und weicht in das bukolische, ganz stille und entlegene Land von Tarent zurück. Übrigens schließen sich die Tiburstrophe und die Tarentstrophe nicht nur durch die Entsprechung des Inhalts zusammen, sondern auch durch die Gestaltung. »*Regnata ... Laconi rura Phalantho*, zum Lande, wo der Lakone Phalanthus König gewesen« am Ende entspricht den Worten »*Tibur Argeo positum colono*, Tibur, von argivischem Siedler erbaut« am Anfang. So ist die erste mit der zweiten Strophe, die zweite aber auch mit der dritten zu einer Gruppe vereinigt. Zwischen eins, zwei und drei bestehen durchweg klare Bezüge. Die drei Strophen tun sich in schönen Intervallen zu einer Harmonie zusammen. Die Bewegung, in der sie sich verwirklicht, durchläuft den gegliederten Gegensatz zwischen jenen äußersten, gefährlichen Enden der Welt, die nur anspruchsvollem Pathos gemäß sind, und dem verborgensten, stillsten italisch-griechischen Winkel, und ist damit nach den ersten drei Strophen zu einem vorläufigen Ruhepunkt gekommen.

Danach beginnt Horaz das Liebenswerte dieses Landes zu preisen, zu dem er die Gedanken hingeführt hat. Es liegt nicht so sehr in der Fülle als in der Erlesenheit dieser Natur. Sie nimmt an der edelsten griechischen Natur teil, an Attika – während der Gründer der Stadt aus Sparta stammt. Das Beste von Italien ist da mit dem Besten von Griechenland vereinigt. Und es handelt sich nicht bloß um Erlesenheit stofflicher Güter, Honig, Öl und Wein, nicht nur um die Gunst eines ausgeglichenen Klimas, sondern um göttlichen Segen. Jupiter und Bacchus beherrschen die vorletzte Strophe und geben dem Bild erst seine volle Würde. Und edle Namen leuchten wie Kleinode über die Strophen hin.

Jetzt wird es auch sichtbar, wie der Preis des Landes von Tarent zwar erst in der Mitte des Gedichts beginnt, aber in der Strophe vorher schon vorklingt. Wo es zuerst bezeichnet ist, steht es bei den Worten:

dulce pellitis ovibus Galaesi
flumen

zur süßen Tränke der Mantelschafe, dem Galäsusfluß,

als eine bukolische Landschaft vor dem innern Auge, *pellitis ovibus* vergegenwärtigt schon nebenbei die Erlesenheit dessen, was das Land hervorbringt, und schließlich fängt schon dort die Reihe der kostbaren Namen an. Der Anfang der letzten Strophe umfaßt den Inbegriff des Preises noch einmal mit den Worten (21): *ille ... locus et beatae ... arces,* »dort das Gelände und die seligen Höhen«. Außerdem nimmt das erste Wort *ille* den Anfang der zweiten Hälfte wieder auf:

ille terrarum mihi praeter omnis
angulus ridet

Dort auf der weiten Welt vor allen anderen
der Erdenwinkel lächelt mir zu,

und bindet so die zweite Hälfte zusammen. Und nun stellt sich das Lob der gepriesenen Lebenssphäre als

Vorbereitung auf das heraus, was in den letzten Worten geschieht. Der Dichter wünscht nicht nur sich dorthin, sondern wendet sich zu dem Freunde zurück und nimmt auch ihn in diese Sphäre mit hinein.
Dieser Schluß ist das Gegenstück zum Anfang. Der lauten, angestrengten Beteuerung entspricht ein leises, zartes Wort, das gerade mit seiner Stille viel mehr sagt. Vor dem Jüngeren und seiner stürmisch in abenteuerliche Ferne drängenden Bereitschaft hat sich eine klarere, tiefere Sphäre, ein Stück Wunschwelt des musischen Menschen enthüllt, scheinbar erst, um Gegensatz und Abstand fühlbar zu machen, dann aber, um ihn der tiefsten Gemeinschaft zu würdigen. Der Dichter nimmt den Freund in seine Sphäre mit hinein und erwählt ihn dazu, in seiner letzten Stunde bei ihm zu sein und sein Begräbnis auszurichten. Wenn ein Gegensatz, eine Berichtigung ausgesprochen ist, so hat das doch nichts Gegnerisches, weil es sich um einen jungen Menschen handelt. Es ist mehr das Öffnen und Mitteilen eines Schatzes, einer Weisheit.

Velox amoenum saepe Lucretilem

1, 17

Velox amoenum saepe Lucretilem[1]
mutat Lycaeo Faunus et igneam
defendit aestatem capellis
usque meis pluviosque ventos.

inpune tutum per nemus arbutos[2]
quaerunt latentis et thyma deviae
olentis uxores mariti
nec viridis metuunt colubras

nec Martialis haediliae lupos,
utcumque dulci, Tyndari, fistula
valles et Usticae cubantis
levia personuere saxa.

di me tuentur, dis pietas mea
et musa cordi est. hic tibi copia
manabit ad plenum benigno
ruris honorum opulenta cornu.

hic in reducta valle caniculae
vitabis aestus et fide Teia[3]
dices laborantis in uno
Penelopen vitreamque Circen.

hic innocentis pocula Lesbii
duces sub umbra, nec Semeleius[4]
cum Marte confundet Thyoneus
proelia, nec metues protervum

suspecta Cyrum, ne male dispari
incontinentis iniciat manus
et scindat haerentem coronam
crinibus inmeritamque vestem.

[1] Lucrétilis und Ustíca, zwei Bergnamen, stellen die Landschaft um Horazens Gut im sabinischen Gebirge dar, Lycaeus das arkadische Bergland, das eigentliche Gebiet des Pan-Faunus. [2] Der Arbutus (Erdbeerbaum) gibt wie der

Zum lieblichen Lucretilis wechselt oft der geschwinde
Faunus vom Lycaeus herüber und wehrt immer den bren-
Sommer meinen Ziegen ab [nenden
und die Regenwinde.

Ungestraft sicheres Gehölz entlang
suchen versteckten Arbutus und Quendel weitab
des böse riechenden Gatten Frauen
und fürchten sich nicht vor grünen Schlangen,

noch fürchten sich die Ziegenlämmer vor des Mars Wölfen,
sowie nur, Tyndaris, von der süßen Schalmei
die Gründe und an der hingelagerten Ustica
die Felsenwände tönen.

Die Götter behüten mich, den Göttern liegt mein frommer
und meine Muse am Herzen. Hier soll dir ein Reichtum [Sinn
in aller Fülle fließen
von Gaben der Flur üppig aus schenkfreudigem Horn.

Hier sollst du im entrückten Tal des Hundssterns
Hitze entgehen und zum Saitenspiel von Teos
singen von den Frauen, die um den einen Not litten,
von Penelope und der falschen Circe.

Hier sollst du Becher arglosen Lesbierweines
unter Schattenlaub schlürfen. Und Semeles Sohn
Thyoneus wird nicht mit Mars wirre
Kämpfe erregen, und du brauchst nicht den verwegenen

Cyrus, von Argwohn belauert, zu fürchten, daß er der ar-
mit unbeherrschten Händen zusetzt [men Schwächeren
und den Kranz zerreißt
auf deinem Haar und das unschuldige Kleid.

Quendel (Thymian) Leckerbissen für die Ziegen. [3] Teos ist die Heimat des lyrischen Dichters Anakreon. [4] Semeles Sohn Thyoneus ist Dionysos-Bacchus.

Das Gedicht ist dem an Septimius insofern ähnlich, als darin ein anderer Mensch in den Daseinsbereich des Dichters hereingenommen wird. Diesmal ist es eine Frau, Tyndaris. Und der Daseinsraum des Dichters ist nicht das Land bei Tarent, sondern sein sabinisches Anwesen mit seiner Umgebung[1]. Aber es ist auch hier bukolische Landschaft, ein arkadienhafter Bezirk, von dem arkadischen Gotte, Faunus-Pan, behütet. Pan und die launige Umschreibung des Begriffes »Ziegen«: *olentis uxores mariti,* »des böse riechenden Gatten Frauen«, sorgen dafür, daß ein leichtes Lächeln gespürt wird.

Gefahrlose Sicherheit in göttlichem Schutze, das ist es, was vor allem in den drei ersten Strophen an diesem Bereich gepriesen wird. Der Gott Faunus ist von den ersten Worten an gegenwärtig, und die letzten (Vs. 10–12) lassen seine schützende Schalmei Berg und Tal erfüllen. In tiefem Frieden weiden Horazens Ziegen und Schafe. Vorstellungen von Glut und Regenschauern, Schlange und Wolf tauchen auf, aber nur, um die Geborgenheit des Bezirkes vor alledem zu bezeichnen. Welche Bedeutsamkeit die Erwähnung des Drohenden später enthüllen wird, ist hier noch nicht zu spüren.

Denn die ersten drei Strophen machen zusammen, wie so oft Gruppen von drei Strophen, ein Teilgebilde für sich aus. Es enthält die bukolische Landschaft; und was die Gestaltung angeht, so schließen sich Anfang und Ende zusammen: zwischen den beiden Vergegenwärtigungen des Gottes mit der Hirtenflöte und den beiden sabinischen Bergnamen vollzieht sich die ganze Bewegung. Wie dabei die erste der drei Strophen das Thema schon ein erstes Mal hinstellt, wie es dann in den zwei nächsten in rückläufiger Bewegung reicher durchgeführt wird und dabei Anfang und Ende dieses zweistrophigen Teilgebildes sich wieder mit ihren friedlichen Klängen zusammenschließen, während sich in der Mitte vor und nach der Strophengrenze die drohenden Vorstellungen erheben, das soll nur angedeutet sein.

Bei aller Leichtigkeit dürfen diese Strophen wohl an Goethes Novelle erinnern, zumal da die Fortsetzung ihre eigentliche Meinung offenbart:

> di me tuentur, dis pietas mea
> et musa cordi est.

Die Gegenwart des musischen Menschen, der zugleich der den Göttern zugewandte, allem Widergöttlichen enthobene, *pius,* ist, sie zieht Gegenwart und Hilfe der Götter herbei, schafft eine geweihte Sphäre, die Lebenssphäre eines Menschen, der sich dankbar geborgen fühlt, eine Sphäre, in der der Zauber des Göttlichen waltet. Diese lebendige Sphäre ist es, die in den ersten drei Strophen als bukolische, geweihte Landschaft gegeben ist. Dann nennt Horaz, sein Geschick preisend, die Seele dieses geborgenen Bezirkes, *pietas mea et musa,* der die Götter zugetan und segensvoll und schützend sind.
»Frommer Sinn und Melodie«, *pietas* und *musa,* das sind die letzten Worte der goetheschen Novelle, die Geborgenheit, die ruhige Sicherheit vor dem Drohenden, Wilden, Zerstörenden, die frommer Sinn und Melodie um den Menschen breiten, ist das Thema des ganzen Werkes. Es ist eigen, beim Innewerden dieser tiefen Übereinstimmung zwischen den beiden Dichtern gerade im Preise des Musischen an Goethes hartes Urteil über Horazens Lyrik zu denken. Dabei handelt es sich hier um ein Hauptanliegen dieser Lyrik. Es hat wenige solche Entdecker, Verehrer und Verkünder des Musischen gegeben wie Horaz.
Es ist, wie wenn an der Orgel ein neues Register gezogen wird, wenn hier nach den ersten drei Strophen die menschliche Seele in diesem Raume hervortritt. Es erfüllt die Landschaft mit neuem Sinn. Es läßt den Bewohner des Tales einen Augenblick gegenwärtig werden, macht den ländlichen Bezirk zum Daseinsraum des Dichters. Es ist ein neuer Einsatz auf anderer

Ebene, und es ist zugleich ein Wendepunkt im Ganzen des Gedichts. Von hier an wird der Tyndaris Anteil an der gepriesenen Sphäre gegeben. Zuerst werden die Gaben des Landes in überschwenglicher Fülle vor ihr ausgebreitet (14–16). Dann beginnt in der neuen Strophe (17) eine Art Wiederholung dessen, was sich in den ersten drei Strophen abgespielt hat. Die entrückte Geborgenheit, der Schutz vor dem Sonnenbrand, Musik in der Stille (17–20): das alles gehört zum wesentlichen Gehalt auch der drei ersten Strophen. Aber jetzt ist es Tyndaris, die da geborgen sein soll, eine menschliche Stimme, die zum Saitenspiel singt, statt der Urlaute der Pan-Flöte. Was erst nur bukolische Landschaft gewesen ist, wird jetzt auf eine menschliche Gestalt bezogen. Einen Augenblick nur ist sie als Sphäre des Dichters dargestellt, dann ist Tyndaris hineingenommen, um sie alles ausgebreitet.

Tyndaris singt von Penelope und Circe, den Frauen, die beide gelitten haben um Odysseus. Menschliche Verhältnisse, menschliche Not klingen hier zuerst auf, aber noch im bloßen Nachklang des Liedes.

Dann entwickelt sich in der nächsten Strophe (21 f.) die Vorstellung eines ländlichen Festes im Freien. Man kann sagen, das menschliche Parallelthema zu dem bukolischen Thema der ersten drei Strophen wandelt sich weiter ab.

Aber wie schon in der vorigen Strophe (17–20) die seltsamen Kontrasttöne aufgeklungen sind, das Lied von der Not der zwei Frauen um Odysseus, so setzen in der Mitte dieser Strophe drohende Töne ein und ballen sich zusammen:

hic innocentis pocula Lesbii
duces sub umbra, nec Semeleius
  cum Marte confundet Thyoneos
    proelia, nec metues protervum . . .

Mit seiner Form nimmt dieser *nec*-Satz – der übrigens in *in-nocentis* leise vorbereitet ist – eine Bauform der ersten drei Strophen auf:

nec viridis metuunt colubras
nec Martialis haediliae lupos

Und mit der Form ist der Gehalt verbunden: hier wie dort schließen die verneinenden Ausdrücke etwas Drohendes aus, dort Schlange und Wolf. Hier bekommen die drohenden Vorstellungen und Worte, die zunächst nur drohen, ohne zu verraten, worauf sie zielen, viel mehr als dort die Oberhand. Am Ende der Strophe bleibt ein Ausholen zu etwas Wildem in der Schwebe:

nec metues protervum ...

Und jetzt tritt in der Schlußstrophe mit einer großen Verwandlung aus all den Vorstellungen von drohenden Dingen, die bisher im Gedicht nur erwähnt gewesen sind, um ausgeschlossen zu werden, die Gestalt des mißtrauischen, bösartigen Liebhabers der Tyndaris hervor, etwas Ungutes, was »reinem Sinn und Melodie« feindlich entgegengesetzt ist:

... suspecta Cyrum, ne male dispari
incontinentis iniciat manus
et scindat haerentem coronam
crinibus inmeritamque vestem.

Die Gestaltung mit dem Finalsatz läßt die Gebärde der Brutalität in zwei Kola, deren zweites wieder zweigeteilt ist, die ganze Strophe erfüllen und doch das Gedicht mit einer Reihe zarter Vorstellungen enden, so daß ein wunderbar schwebender Schluß zustande kommt.

Von der Verwandlung aus, die in dieser Schlußstrophe geschieht, bekommt auch die bukolische Landschaft der ersten drei Strophen und das ländliche Fest der nächsten drei einen neuen Anblick. Es wird zur Zuflucht vor der Brutalität, der die Freundin außerhalb ausgeliefert ist. Das Lied von der menschlichen Not zwischen Odysseus, Penelope und Circe wird zum Vorklang von Tyndaris' Pein.

Von Horaz ist sehr wenig die Rede. Und doch genügen jene Verse:

> di me tuentur, dis pietas mea
> et musa cordi est,

um den ländlichen Bezirk als den beseelten Daseinsraum des Dichters fühlen zu lassen. Wenn Tyndaris dahinein gedacht wird, so wird sie in Horazens eigentlichsten Bereich hineingenommen. Im Spiegelbild des Liedes von der treuen Penelope und der tückisch unzuverlässigen Circe ist still auf die Beständigkeit Horazens und die Unzuverlässigkeit und Gefährlichkeit des andern Liebhabers hingedeutet. Im übrigen tritt Horaz als Wünschender; Werbender zurück. Statt für sich zu bitten, fügt er die Tyndaris – man möchte fast sagen: ehrfürchtig in die Sphäre der *pietas* und *musa* ein, tröstend und helfend. Nicht als Bedürfender, sondern als Gebender ist er im Gedicht. Da nun aber das Anliegen des Gedichtes doch auch wieder im Grunde ein Werben ist, so kommt eine eigene Schwebe der Haltung zustande. Das Pathos ist zu mildestem Ethos geklärt, erfüllt es aber noch mit Leuchtkraft und Zauber.

Heinze macht darauf aufmerksam, wie fern diese Haltung dem ansteckenden Feuer jugendlicher Liebesglut ist. Wenn er aber daran nur den naturhaften Entwicklungszustand des Dichters abliest, so bezeichnet er nur die eine Seite der Sache. Sonst müßten wir Gedichte bei Horaz finden, die von solcher Glut noch erfüllt sind. Aber es gibt keine. Ein Glaube an die Würde des Ethos und seinen Vorrang vor dem Pathos gehört zu den Grundtatsachen des inneren Daseins des Horaz.

LIEBESELEGIEN

Goethes römische Vorbilder

Die Gärten der lateinischen Dichtung nach langer Vergessenheit neu zu erschließen, die Zugänge zu öffnen und die rechten Durchblicke zu zeigen, bedarf es heute bei uns im allgemeinen eines kundigen Führers. Nur weniges öffnet sich dem Verständnis von selbst, darunter die Liebeselegien des Tibull, Properz und Ovid – so scheint es. Sie ähneln der modernen Liebeslyrik gerade noch genug, um den Leser anzuheimeln. Und sie bewegen sich in so allgemein menschlichen Verhältnissen, daß sie jedermann ansprechen.

Aber um dieses Allgemeinen und ohnehin schon Vertrauten willen lohnt es nicht, die fremde, in jedem Fall schwere und bei Properz durch harte Fügungen, einander überholende Metaphern und schroffe Übergänge doppelt schwierige Sprache zu lernen. Die wesentlichen, unterscheidenden Vorzüge unserer besten Liebesgedichte werden von den römischen ohnehin nicht erreicht. Der Gewinn solcher Studien stellt sich erst dann ein, wenn sie über die Grenzen dessen hinaustragen, was uns unsere Umwelt von selbst zubringt: wenn sie uns befreien und erweitern. Der Weg dazu geht über das Befremden zu wahrerem Verständnis und bereichernder Liebe, auch im Falle der römischen Elegie.

Daß an den römischen Elegien etwas schwer Verständliches, Problematisches sein muß, darauf weisen die Urteile derer hin, die sich genauer damit befaßt haben. J. J. Scaliger hat gegen das Ende des 16. Jahrhunderts geglaubt, Tibulls Verse seien in den Handschriften wie Splitter eines zerbrochenen Glasgemäldes durcheinandergeworfen. Man müsse sie von neuem zusammensetzen, damit vernünftig geordnete Gebilde entstünden. Im Grunde läuft es auf das gleiche hinaus, wenn in unserem Jahrhundert ein Kritiker die Verse zwar stehenläßt, wie sie überliefert sind, dafür aber dem Dichter die Fähigkeit abspricht, seinen Elegien einen inneren Zusammenhang zu geben. Oder wenn ein anderer darin etwas vom Wesen der lateinischen Dichtung überhaupt sehen will, daß die Gedichte aus einzeln gedachten, einzeln gearbeiteten Blöcken zusammengestückt seien, ohne je einheitliche Gebilde werden zu können. Der Grund des Übels ist jedesmal anderswo gesucht, das Übel selbst aber immer das gleiche: Mangel an Einheit und Zusammenhang. Und ganz abgesehen von der besonderen Frage nach dem Formgefüge der Gedichte lassen die angeführten Urteile eins erkennen: man steht ein wenig ratlos vor diesen Elegien.

Doch in Sachen der Dichtkunst sehen oft die Dichter richtiger als die Gelehrten. Mitunter schließt erst die produktive Einsicht des Künstlers nachschaffend einen lange verschlossenen Bereich für die nachfolgende theoretische Erkenntnis der Gelehrten auf. Ähnlich ist auch das Verhältnis zwischen Petrarcas Cicero-Nachfolge und der wissenschaftlichen Erforschung Ciceros. Im Falle der römischen Liebeselegie sind wir, so scheint es, in einer besonders günstigen Lage. Goethe, der sich sonst unter den römischen Dichtern nur noch Lucrez zum Vorbild gewählt, hat in den Römischen Elegien eingestandenermaßen die Kunst Tibulls, Properzens und Ovids zu erneuern unternommen. Und so könnte man hoffen, daß er uns einen unmittelbaren Zugang zu ihren Gedichten zeigen kann. Sieht man genauer hin, so täuscht auch diese Hoffnung. Goethes Römische Elegien können mehr durch ihre entgegengesetzte Art als durch ihre Ähnlichkeit zum Verständnis jener alten Gedichte verhelfen. In diesem Sinne ist allerdings ihre Hilfe unschätzbar. Und umgekehrt tritt die Eigenart der neurömischen Elegien erst recht in das Bewußtsein, wenn man ihren Gegensatz zu den alten erfaßt.

Erinnern wir uns, was uns in Goethes Zyklus begegnet! Der Dichter, in Rom angekommen, verhält sich zunächst noch unbetroffen, »wie ein bedächtiger Mann schicklich die Reise benutzt«, einer von den vielen, die sich zu unterrichten reisen. Er sieht und lernt, ohne doch angesprochen zu sein. »Mir schweiget noch alles so still.« »Eine Welt zwar bist du, o Rom; doch ohne die Liebe wäre die Welt nicht die Welt, wäre denn Rom auch nicht Rom« (1). Diesem trüben Zustand ist er sehr bald entronnen. Die Liebe hebt ihn mit einem Male aus aller Konvention der Gesellschaft, ihren Spielregeln und Gewohnheiten, ihrem Getriebe und Gerede, in den Zustand reiner »Gegenwart«, reiner »Natur« (2). Es ist eine rasche, schlichte, befriedigte Liebe; das Leibhafte ist hervorgekehrt. Mit Freude ist die Befreiung von einer vergangenen seelenhaften, schleichenden, verlarvten, leiblich unbefriedigten Liebe erfahren (3). Die neue römische Liebe entrückt zu der unbekümmerten Art des Tibull, Properz, Ovid, und so sind neue Liebe und Dichtkunst miteinander innig vereint (5). Eifersucht und erneute Treue (6), Verlodern und Aufflammen der Glut (9) folgen naturhaft aufeinander und machen zusammen das volle, ganze, in Gegensätzen spielende Dasein aus. Die Geliebte ist wie Blüte und Frucht des Weinstocks (8). Hinter dem glücklich Entronnenen liegt der farb- und gestaltlose Norden (7). Gegen Ruhm und Größe und Vergangenheit ist enge, dicht erfüllte Gegenwart ausgespielt (10). Am Anfang der zweiten Hälfte der Reihe (11) erhöht die Schar der altgriechischen und römischen Götter das neue Leben des Dichters. Der einfache, naturhafte Sinn der Demeter-Mysterien enthüllt sich ihm; diese Einsicht macht seine Liebesfeier zum Vollzug jener Begehungen (12). Amor bietet sich als der wahre Lehrer der Kunst an, nicht ohne in den Verdacht der Sophisterei zu geraten; Wirklichkeit der Liebe und Kunst erscheinen in einem schalkhaft gespannten Verhältnis (13).

Noch anders finden sich Liebe und Dichtkunst, Amor und Musen, im fünfzehnten Stück zusammen. Zwischen Tag und Nacht, verstohlener Verheißung und gewisser Erfüllung entsteht am Abend das Gedicht, von beiden erfüllt und belebt, die Zwischenzeit betrügend. Es fehlt nicht an lustigen Gegenstücken zu all dem sicheren Gelingen. Das Mädchen muß im Weingarten des Oheims vergeblich warten, weil die Vogelscheuche den Liebenden getäuscht und vertrieben hat (16). Hundegebell, sonst dem Dichter verhaßt, läßt er beim Hund des Nachbarn gelten. Es erinnert ihn an die glücklich überstandene Gefahr eines Abends, an dem dadurch das Geheimnis beinahe verraten worden wäre (17). Doch gegen dergleichen Mißgeschick ist im nächsten Stück der sichere Genuß gesetzt, die Treue, die diese Liebe der Unruhe entrückt (18). Dann aber, im vorletzten Gedicht, erhebt sich eine ernstere Gefahr. Fama und Amor liegen von jeher im Streit. Der Liebende hat es zu büßen und kann sich nur mit schweigendem Ertragen helfen (19). Doch schließlich siegt Amor über die Schutzgöttin Verschwiegenheit (20). Der Dichter vertraut den Elegien das Verborgene an.

Und ihr wachset und blüht, geliebte Lieder, und wieget
euch im leisesten Hauch lauer und liebender Luft,
und entdeckt den Quiriten, wie jene Rohre, geschwätzig,
eines glücklichen Paars schönes Geheimnis zuletzt.

In dieser Liebe ist zugleich ein »neues Leben« überhaupt dargestellt. Die Elegien sind das Sinnbild eines neuen Daseins. Der neue Liebesstil vertritt den neuen Lebensstil. Und beides versteht man nur, wenn man sein Widerspiel zugleich gegenwärtig hat. Denn das Neue ist nicht von selbst wie ein neues Lebensalter über den Dichter gekommen, sondern ist Ziel einer Flucht; man darf und muß an die Hedschra, die Flucht denken, die am Anfang des Westöstlichen Divans den Dichter aus einer berstenden Welt in Paradiesesnähe trägt. Beschränkung auf tüchtig erfaßte, sinnlich faßliche Gegenwart – mit Goethe zu reden – zeichnet das neue Leben seiner römischen Elegien aus. Da gibt es kein Hangen und Bangen um das Ferne, Unerreichbare, Unfaßbare, nur Verheißene, Vertröstende, Ersehnte, nebelhaft Vorgestellte und Erwartete, kein Grübeln und Sichquälen, keine seelische Überanstrengung. Man lebt klar und innerlich gelöst im Augenblick, nach außen gewandt; man erfaßt rasch, scharf und sicher das Nahe rings um sich her und läßt sich damit genügen. Das ist »Gegenwart« in Goethes Sinn. Antike Kunst ist gesteigertes Bild dieses Zustandes. Ihre Werke weisen nicht als bloße Zeichen über sich hinaus und hinter sich zurück auf etwas Fernes, Jenseitiges. Sie machen die Natur sinnfällig, die den Leibern innewohnt, sind Gegenwart der nach Form und Gesetz bildenden göttlichen Natur, ihrer Gesetzmäßigkeit und Schönheit. Man könnte bei alledem von heiler, unverletzter Natur sprechen und um so mehr die Flucht des Dichters zu ihr mit der Flucht in Paradiesesnähe am Anfang des Divans vergleichen. Auch hier schwebt das Dichterwort »um Paradiesespforten«, mag Weg und Weise noch so wunderlich scheinen.

Den neuen Lebens- und Glaubenszustand, wie ihn außer den Elegien alle Äußerungen jener Jahre bezeugen, in Gedichten leibhaft darzustellen, haben dem Dichter Properz, Tibull und Ovid mit ihren Liebeselegien geholfen. Auch von der übernommenen Gattung abgesehen, hat er ihnen im einzelnen manche Kunstgeheimnisse abgelauscht, wie das Max Kommerell gezeigt hat[1]. Aber durfte er sich auch mit seinem eigentlichen Anliegen auf sie berufen? Ich fürchte, die altrömischen Elegien meinen und wollen etwa das Gegenteil von dem, was Goethe meint und will.

Er würde vielleicht darauf erwidern: In diesen alten Gedichten bildet sich immerhin auf jeden Fall antikes Leben ab, ein natürliches, einfaches, unbefangenes Leben, in dessen Ordnung der Leib selbstverständlich die ihm

[1] Anmerkung s. S. 429.

gebührende Stellung hat und in dem es in Dingen der Liebe der Geschlechter nicht zimperlich und verkniffen zugeht. Antikes Leben: das ist es wohl, was ihn angezogen und begeistert hat, ähnlich wie das italienische Volksleben. Hier begegnen einander der Neurömer und die alten Liebesdichter. Hier werden sie ihm zu Befreiern, zu Bundesgenossen gegen drückende Lebensformen seiner Zeit und seiner nördlichen Umwelt mit all den beklemmenden Schwierigkeiten verwickelter, vielschichtiger Mißverhältnisse, die er in den Jahren zuvor an sich schmerzlich erfahren hat.

So einfach, leib- und sinnenfreudig, gesund und ausgeglichen ist freilich das antike Leben und zumal das römische in Wahrheit nicht gewesen, wie man es sich damals gern vorgestellt hat. Immerhin, der *concessus amor*, dessen feste Grenzen die Liebeselegie der augusteischen Zeit einhält – so weit ist sie gezähmt und hierin wesentlich verschieden von Catulls Liebesgedichten –, die erlaubten Liebesverhältnisse mit Mädchen und Frauen niederen Standes, vor allem mit Freigelassenen, bei denen nach der damals geltenden Ansicht Sitte und Recht nicht verletzt wurden, dieser Ausschnitt aus dem Leben des augusteischen Rom mag wirklich vielfach »antik« in Goethes Sinn, naturhaft, von einfacher Genußfreude und unbekümmertem Genügen am Augenblick erfüllt gewesen sein. Nur ist dies nicht wie bei Goethe das, was die Dichter suchen, wollen, meinen und leisten. Es gehört zu dem gegebenen, vorausgesetzten Lebenshintergrund. Gesucht und geschätzt ist etwas ganz Anderes, Entgegengesetztes.

Zum Wesen von Goethes neuem, »antikem« Leben gehört ebenso wie die Beschränkung auf »Gegenwart« auch Sicherheit und Glück. Der Dichter erfreut sich, befreit von allem Hangen und Bangen einer seelenhaft angestrengten Liebe, der sicheren Gegenwart seines Glücks. »Wie wir einst so glücklich waren ...« steht über dem Zyklus der zwanzig Elegien. Und im letzten Vers wiederholt es sich: »... eines glücklichen Paars schönes Geheimnis ...« Im achtzehnten Stück der Sammlung heißt es: »Reizendes Hindernis will die rasche Jugend; ich liebe, mich des gesicherten Guts lange bequem zu erfreun.« Faustina – der Name wird kaum von ungefähr eins der lateinischen Worte enthalten, die »glückbringend« bedeuten – Faustina hat sich ihm rasch ergeben (2). Nachdem sie früh Witwe geworden, gehören die Liebenden schlicht, ohne Sorgen und ernste Gefahren einander an. Die Umwelt nimmt es hin, und zwischen ihnen herrscht reines Wohlwollen. Es fehlt auch nicht an äußerem Gedeihen. Der wohlhabende Fremde sorgt dafür, daß es den armen Leuten einmal besser geht. Allem Unseligen, Verwickelten ist das kleine Idyll entrückt. Der Dichter ruht in der Gewißheit, nach schmerzhaftem Entbehren endlich den verläßlichen Grund unverdorbener menschlicher Natur erreicht zu haben.

Gerade das fehlt nun aber in den Elegien der alten Römer. Wie wenig ist darin von Genuß und Befriedigung die Rede! Sie leben nicht vom Gewinn, sondern vom Verlust von Gegenwart, Glück und Sicherheit. Sie leben von der Unruhe, von der wesenhaft unerfüllbaren Liebe. Unerfüllbare, gefährliche Liebe ohne Maß und Ziel weckt die Seele zu Bewegungen, deren sie sonst nicht fähig wäre, sie erschließt verborgene Bereiche seelischer Abenteuer. Und eben darum geht es in den altrömischen Liebeselegien: um neuentdeckte Möglichkeiten des bewegten Innern. Die literarische Tradition der griechischen Liebesgedichte von epigrammatischer Form, das griechische Hetärenwesen, das sich darin spiegelt, und die vergleichbaren römischen Lebensverhältnisse geben nur die äußeren Voraussetzungen ab; worauf es ankommt, ist bei allen Unterschieden zwischen den Dichtern im einzelnen, auf das Ganze gesehen, etwas Seelenhaftes, ja, es neigt zum Empfindsamen.

Weil alles darauf ankommt, darzustellen, was in dem Liebenden durch die Liebe vor sich geht, darum ist die äußere Wirklichkeit verhältnismäßig unwichtig. Kommerell hat wohl Recht, wenn er von Properzens Cynthia sagt: »Cynthia ist eine so wilde als gescheite, sogar dichterische Hetäre und bleibt, auch wenn sie leidlich gezähmt scheint, ein gefährliches Raubtier.« Aber es fällt schwer, sich von Cynthia, Delia, Nemesis und erst recht von Corinna ein genaueres Bild zu machen oder gar ihre Lebensverhältnisse zurechtzulegen. Wieviel besser gelingt das im Falle von Goethes Faustina und ihrer kleinen, beruhigenden Umwelt mit Mutter, Kind und Oheim, dem Weinberg und der Wohnung, wo sie hausmütterlich hantiert! Bei den altrömischen Liebesdichtern bleiben die geliebten jungen Frauen natürlich unendlich wichtig; ohne sie gäbe es die Verzauberung nicht, die sich im Gedicht ausspricht, und alles ist zu ihnen hin gesprochen, so daß sie innerlich gegenwärtig sind. Aber der innere Dialog mit ihnen hat viel vom Monolog an sich. Genug, daß sie in dem Liebenden einmal alle die mannigfachen Bewegungen zwischen gläubigen Aufschwüngen und verzweifelten Zusammenbrüchen haben beginnen lassen und ständig nähren, daß sie Sinnen und Trachten gesammelt auf das gerichtet halten, was der Dichter mit ihrem Namen bezeichnet. Zugegeben, Delia gibt der Liebe Tibulls einen anderen Charakter als Nemesis, und Cynthia wiederum der des Properz einen von beiden verschiedenen. Aber eben nur so, mittelbar, ist meist ihr eigenes Wesen in den Gedichten mit gegenwärtig oder von ihnen aus zu erschließen. Unmittelbar ist nur Bewegung der Seele des Liebenden von Wort zu Wort, von Zeile zu Zeile da.

Man würde aber ganz und gar fehlgehen, gelangte man von dem Gesagten aus dazu, zu meinen, diese alten Dichter schienen also die neuzeitliche Freude am Zergliedern und womöglich am Entlarven seelischer Zustände und Vorgänge vorweggenommen zu haben. Sie hätten schon damals den Mechanismus des Innenlebens beobachtet und bloßgelegt. Sie seien die Vorläufer unserer Psychologen und der psychologisch unterrichteten Schriftsteller. Nicht einmal das würde ihnen ganz gerecht, zu sagen, sie genießen die Bewegungen des eigenen Innern, und das sei es, was ihr Dichten erfülle und leite. Gewiß ist die Freude daran stark, sich als Dichter in diesen neuen Bereichen zu ergehen. Aber man wird kaum etwas von der aufdeckenden Neugier finden, die den privatesten Wirklichkeiten, eigenen und fremden, nachzuspüren liebt. Dazu ist im Einzelnen, Stofflichen des Inhalts wieder zuviel Überliefertes, schon vorher anderswo Ausgesprochenes, auch allgemein Menschliches. Das hat sogar zu dem Urteil geführt, die Elegiendichter hätten oft nichts anderes getan, als hellenistische Epigrammthemen entfaltet und aneinandergeschoben.

Das Neue, worauf es ankommt, sind die geformten Abläufe der seelischen Bewegungen, die schönen Gebilde, zu denen sie sich gestalten wie die Bewegungen von Schlittschuhläufern. Sie sind sehr verschieden bei den drei Dichtern. Properz liebt die jähen Umschwünge, Tibull wenigstens in den Gedichten, die als seine wesentlichsten gelten können, den träumerischen Zug von Gedanken, die sich im Vollzug verwandeln, haltlos scheinbar, aber insgeheim von einem überlegenen Künstlerwillen gehalten und auf und ab durch Sorgen und beglückende Wunschbilder oder sonst zwischen Gegensätzen in schön bemessener, wohltuender Folge geführt, Ovid kann sich kaum genug tun, die alten Themen und Motive reich zu entfalten und sie dabei mit Geist und Grazie und unbeschwertem Übermut auf Schritt und Tritt überraschend zu wenden und zu verbinden. Auch der einzelne Dichter bleibt nicht in jedem Fall bei einerlei Gebilden stehen. Properz geht nach den einfacheren Gedichten des ersten Buches zur Vereinigung mehrerer Themen in längeren über, verschärft später die Gegensätze und treibt Gefühl und Ausdruck derber heraus, Tibull versucht es zur Abwechslung einige Male mit bizarren, verwegenen Kombinationen, in denen nicht nur dem Inhalt nach alles auf den Kopf gestellt wird, was uns aus den sanften Delia-Gedichten mit den frommen ländlichen Wunschbildern vertraut ist,

sondern auch der Ablauf der Gedanken des geplagten Liebenden in ihrer Hilflosigkeit heftiger hin und her geführt ist; man denkt an die Bewegungen der gefangenen Maus, mit der die Katze spielt. Bei allen Unterschieden handelt es sich doch in jedem Falle mehr um geformten Ablauf innerer Bewegungen und Gedanken als um den Rohstoff des Innenlebens oder um entdeckte Natur. Der künstlerische oder, wenn man will, der artistische Trieb ist überaus stark. Man tut gut, daran zu denken, daß etwa ein Menschenalter vor Tibulls und Properzens Anfängen in Rom die Liebe als das große Thema und, mehr als je vorher, die Kunst als Kunst in einem entdeckt worden waren. Dorther kommt es, daß die Liebesgedichte der römischen Elegiendichter bei allem echten Sinn für die Verzauberungen der Liebe und für das innere Leben, das sie erweckt, so fühlbar und so entschieden Kunstgebilde, ja, Spiele der Kunst sind.
Damit hängt nun noch ein letztes zusammen, etwas, was ebenfalls dazu beiträgt, daß die Gedichte nicht zu sehr in das »Psychologische« geraten. In jener vorausgegangenen Generation der »neuen Dichter« waren Gedichte entstanden, in denen sich das Äußerste an »Kunst« im neuen Sinne mit dem Höchsten an Liebe, mit der hohen, der allumfassenden großen Passion zu neuartigen Gebilden zusammengefunden hatte. Wir besitzen noch einige solche Stücke Catulls, und wir erkennen, daß sich dem Dichter darin die Weihe eines höheren, festlichen Daseins darstellt, dem seellosen, entgötterten römischen Alltag entgegengesetzt und dem Leben der Sagenzeit näher, als Götter und Menschen noch miteinander verkehrten. Etwas von solcher Würde, mit mehr oder weniger Ernst behauptet und verteidigt, kommt auch bei den Dichtern der Elegie dem Dasein der Liebenden zu. Das drückt sich bei Properz gern in den Beispielen aus der griechischen Sage aus. Was sich mit Gestalten und Geschehnissen der Sage vergleichen läßt, hat Anteil an ihrer entrückten Hoheit und steht innerlich im Zusammenhang mit ihr.

Bei Tibull in einigen seiner eigensten Gedichte ist es ein stilles, frommes bäuerliches Leben, Überrest des götternahen Urzustandes der Menschenwelt, fast möchte man sagen: ein übriggebliebenes Stück Paradies, was als Wunschbild und gemäßer Daseinsraum den Liebenden aus der ruchlosen Umwelt aussondert und einem Höheren zuordnet. In manchen Stücken Tibulls und Properzens vergleicht der Dichter Gehalt und Wert seines Lebens mit dem, was die Menschen gemeinhin haben wollen, mit dem Ruhm, dem Reichtum und dergleichen. Was ist besser? Was ist der überlegene Wert, die wahre Erfüllung des Lebens? Was erweist sich als Trug und Schein? Der Dichter bekennt sich zu seinem Leben wie der Philosoph, indem er es wagt, sich gegen die ganze Welt zu stellen und ihr Sinnen, Trachten und Urteilen als lauter Wahn hinzustellen. Es kommt beinahe zu einer Philosophie der Leidenschaft.

So ist auf mancherlei Weise gesorgt, daß die Bewegungen und Bilder der von Liebe verzauberten Seele nicht nur genossen und wie ein nun einmal vorhandener, aber bedenklicher Rausch dargestellt und ausgekostet ist, sondern sich mit innerem Recht zu behaupten, ja, als Zugang zu einem höheren Dasein auszuweisen vermag.

Freilich ist es ein mühereiches, qualvolles Leben, das der Liebende auf sich nimmt, ein Leben, das an seiner inneren Unmöglichkeit immer wieder scheitern muß.

Das Ganze entbehrt seines tiefen Ernstes nicht. Da es aber in eine Sphäre betonter Kunst gerückt ist, so ist der Anteil des Spiels nicht gering. Und dadurch ist der Ernst aufgelockert und erleichtert.

Anmerkung. Max Kommerell, Gedanken über Gedichte, Frankfurt a. M. [1943], 224 ff., hat die Hilfe, die Properz und Tibull dem Goethe der Römischen Elegien gerade damals zu gewähren hatten, meisterhaft verstehen gelehrt. Auf Unterschied und Gegensatz hat er wohl gelegentlich gedeutet, doch ist dies nicht sein Thema gewesen.

PROPERZENS ELEGIE QUALIS THESEA

Qualis Thesea iacuit cedente carina
Languida desertis Gnosia litoribus,
Qualis et accubuit primo Cepheia somno
Libera iam duris cotibus Andromede,
Nec minus assiduis Edonis fessa choreis
Qualis in herboso concidit Apidano,
Talis visa mihi mollem spirare quietem
Cynthia non certis nixa caput manibus,
Ebria cum multo traherem vestigia Baccho
Et quaterent sera nocte facem pueri.
Hanc ego nondum etiam sensus deperditus omnis
Molliter inpresso conor adire toro.
Et quamvis duplici correptum ardore iuberent
Hac Amor hac Liber, durus uterque deus,
Subiecto leviter positam temptare lacerto,
Osculaque admota sumere et arma manu,
Non tamen ausus eram dominae turbare quietem
Expertae metuens iurgia saevitiae;
Sed sic intentis haerebam fixus ocellis.
Argus ut ignotis cornibus Inachidos.
Et modo solvebam nostra de fronte corollas
Ponebamque tuis, Cynthia, temporibus,
Et modo gaudebam lapsos formare capillos,
Nunc furtiva cavis poma dabam manibus,

Wie beim Entweichen des Theseusschiffes dalag
matt am verlassenen Gestade das Mädchen von Knossos,
und wie im ersten Schlaf Kepheus' Tochter dalag,
eben befreit vom harten Felsen, Andromeda,
und auch wie von endlosen Tänzen matt eine edonische
[Mänade
am grasgesäumten Apidanus hingestürzt ist,
so sah ich weiche Ruhe atmen
Cynthia, auf willenlose Arme ihr Haupt gelegt,
als ich spät in der Nacht meine Füße, berauscht
von vielem Bacchus, schleifte
und die Diener Fackeln schüttelten.
Und noch nicht ganz und gar mit allen meinen Sinnen verstört,
versuchte ich mit sanftem Druck auf das Polster
mich ihr zu nähern.
Und wie sehr auch mich von doppelter Glut Gepackten
hier Amor, dort Bacchus, beide strenge Götter, hießen,
sanft mit darunter geschobenem Arm die Liegende zu
[berühren
und anzufassen und Küssen und Kämpfen zu beginnen,
wagte ich doch nicht den Schlaf der Gebieterin zu stören,
aus Furcht vor dem Schelten ihres unbarmherzigen
Zorns, den ich wohl kannte,
sondern hing nur so mit angespannten Augen gebannt an ihr,
wie Argus an den seltsamen Hörnern der Inachos-Tochter.
Und bald löste ich von meiner Stirne Kränze
und legte sie um deine Schläfen, Cynthia,
bald hatte ich meine Freude daran, die herabgeglittenen
Haare zu formen,
jetzt gab ich verstohlen Äpfel in deine hohlen Hände.

Omniaque ingrato largibar munera somno,
Munera de prono saepe voluta sinu.
Et quotiens raro duxti suspiria motu,
Obstupui vano credulus auspicio,
Ne qua tibi insolitos portarent visa timores,
Neve quis invitam cogeret esse suam:
Donec diversas praecurrens luna fenestras,
Luna moraturis sedula luminibus,
Compositos levibus radiis patefecit ocellos.
Sic ait in molli nixa toro cubitum:
›Tandem te nostro referens iniuria lecto
Alterius clausis expulit e foribus?
Namque ubi longa meae consumpsti tempora noctis
Languidus exactis, ei mihi, sideribus?
O utinam tales perducas, inprobe, noctes,
Me miseram quales semper habere iubes!
Nam modo purpureo fallebam stamine somnum,
Rursus et Orpheae carmine fessa lyrae,
Interdum leviter mecum deserta querebar
Externo longas saepe in amore moras,
Dum me iocundis lapsam Sopor inpulit alis.
Illa fuit lacrimis ultima cura meis.‹

Und alle Geschenke verschwendete ich an den Schlaf ohne Dank,
Geschenke, die oft von den niederhängenden Falten des Kleides herabglitten.
Und so oft du einmal bei einer Bewegung aufseufztest,
erschrak ich abergläubisch bei dem nichtigen Zeichen,
daß dir nicht etwa Traumgesichte unheimliche Ängste brächten,
daß dich nicht einer zwänge, unfreiwillig die seine zu sein,
bis endlich der Mond vorüberziehend am Fenster gegenüber,
der Mond eifrig beflissen bei bleibebereitem Scheinen
die geschlossenen Lider mit leichten Strahlen öffnete.
So sprach sie da, den Ellbogen auf den weichen Pfühl gestützt:
›Endlich hat dich an mein Bett gebracht die Unbill
einer andern, hat dir die Tür verschlossen, dich davongejagt?
Denn wo hast du die lange Zeit meiner Nacht verbracht,
matt, da, oh, die Sterne schon abgelaufen sind?
Ach wenn du doch solche Nächte durchleben müßtest, Böser,
wie du mich Arme sie immer haben läßt!
Manchmal betrog ich, müde, mit purpurnem Webfaden den Schlaf,
dann wieder mit der Orpheus-Lyra.
Manchmal klagte ich verlassen still für mich hin
über dein langes Säumen bei fremder Liebe,
bis mich wohlig mit seinen Flügeln der Schlafgott traf und umsinken ließ.
Das war meinen Tränen die letzte Sorge.‹

Der Liebende findet das Mädchen schlafend: das Thema hat so gut wie sicher Properz nicht zuerst gefunden. Vergleichbar ist ein spätes »epigrammatisches« Gedicht der justinianischen Zeit in der griechischen Anthologie (5, 275 [274]). Man darf annehmen, daß darin ein hellenistisches Epigramm variiert ist. Gesetzt, es verhalte sich so und Properz habe ein solches Gedicht gekannt, so ergibt sich, in Anbetracht der wohlbekannten Grenzen dieser Kleinform, zweierlei. Unmöglich hat darin etwas wie Properzens Anfang Platz gehabt, der dreifache, in drei Distichen entfaltete Vergleich der Cynthia mit Frauen der griechischen Sagenwelt. Ebenso unmöglich hat darin der Vorgang, der in dem lateinischen Gedicht erzählt ist, mit allen seinen Schritten entwickelt werden können. Diese erste Erkenntnis vermag weiter zu führen.

»Wie Ariadne am verlassenen Strand . . .«, so beginnt der erste Vergleich. Der Vergleich überhaupt ist seit Homer das Vorrecht hoher Dichtung. Im alten Epos macht er Vorgänge und Erscheinungen, die unmittelbar nicht mit den Mitteln Homers greifbar sind, mittelbar der Anschauung zugänglich, indem er den Blick auf analoge Dinge der allgemeinen, alltäglichen Vorstellungswelt lenkt. Im Lauf der Zeit hat sich das geändert. Wir können darauf nicht eingehen. Es genügt, sich an das Folgende zu erinnern. In einem der größeren Gedichte Catulls, der Allius-Elegie (68), haben die reichlich angebrachten Vergleiche verschiedenerlei, aber jedenfalls einen anderen Sinn als im alten Epos. In einem ist die geliebte Frau damals, als sie das erste Mal zu Catull gekommen ist, verglichen mit Laodamia, der liebevollsten unter den Frauen der Sagenwelt. Überhaupt richtet Catull in seinen anspruchsvolleren Stücken hinter und über Verhältnissen seines eigenen Lebens Bilder des höheren Daseins jener Zeit auf, als Menschen und Götter noch miteinander vereint waren. Damit erhebt und adelt er das, was er selbst erlebt. Die Kunst wird Zugang zum Höheren.

Die Liebeselegie des Properz – und, auf andere Weise, des Tibull – lebt noch davon. In dem Gedicht, mit dem wir es zu tun haben, sind drei der schönsten Schläferinnen der heroischen Welt aufgeboten, Cynthia über die Banalität der üblichen lockeren Liebeleien hinauszuheben und neben die Heroinen zu stellen. Den griechischen Liebesgedichten der kleinen, »epigrammatischen« Form ist dergleichen fern. Sie bewegen sich durchaus im Bereich des Alltags, und zwar eines umgrenzten, gering geachteten Teils davon, in dem die Liebe zu Hetären und schönen Knaben ihren festen Platz hat.

Dem Bedürfnis, zu erhöhen, genügt der eine Vergleich mit Ariadne nicht. Dem Drang, der sich nicht genug tun kann, hielt die Kunst Catulls, die ihrerseits von der des Kallimachos und seiner Nachfolger herkommt, die überschwengliche Form des mehrfachen Vergleichs bereit. In der Allius-Elegie ist die Liebe der »Herrin« mit der Laodamias verglichen, Laodamias Liebe aber wieder dreifach mit dem Abgrund der Schlucht bei Pheneos in Arkadien, mit der Liebe des alten Mannes zu dem spät, aber doch noch geborenen Enkel, dem Erben, und mit der unersättlichen Begier der Taube.

Von den herrlich überschwenglichen Bizarrerien Catulls ist nun freilich Properz weit entfernt. Ihm ist die Freude des anderen an kunstvollen Irrgärten des Gedankens fremd. Doch auch noch in dem verwandelten Stil der augusteischen Zeit schafft der dreifache Vergleich Raum für die Gebärde eines Dranges, zu rühmen, der sich nicht genug tun kann.

»Wie Ariadne am verlassenen Strand lag ...« Dabei schwebt etwas anderes vor als das, was Catull im Mittelteil seines Gedichts von der Hochzeit des Peleus mit Thetis erzählt. Dort blickt die Verlassene voll Gram auf das Meer, das Theseus davonträgt; da kommt Bacchus und findet sie. Hier »liegt sie matt«, sie ist in die Reihe von Schläferinnen gestellt. Auch gibt sie ein Gleichnis für die schlafende Cynthia ab. Die Erklärer erinnern an die bekannte Skulptur im Vatikan, die schlafende Ariadne, mit Recht, doch dürften sie sich nicht damit begnügen. Jene Figur ist der vereinzelt kopierte Teil einer verlorenen Gruppe, von der eine Bronzemünze von Perinthus zeugt. Ariadne schläft genau in der Haltung der vatikanischen Skulptur; Dionysos mit seinem Gefolge tritt zu ihr. Außerdem weiß man von einem berühmten Bild im Dionysostempel in Athen. Ariadne schlief, Theseus sah man davonfahren, auf der anderen Seite kam Dionysos, sie zu sich zu nehmen. So liest man es bei Pausanias 1, 20, 2. Diese alte Darstellung ist offenbar vielfach wiederholt und abgewandelt worden, oft auf Reliefs und Sarkophagen, aber auch auf Wandbildern. Bei L. Curtius, Die Wandmalerei Pompejis (Darmstadt² 1960), findet man drei Beispiele (Abb. 176, 178, 179). In dieser Darstellung ist Ariadne nun wirklich die schöne Schlafende. Und vor allem: sie ist die vom Blick des erstaunten Hinzutretenden Getroffene. Das ist es, wovon Properz ausgegangen ist, vom ganzen Bild, von seinen beiden Seiten, dem Liebesblick des Herantretenden wie von der herzbewegenden hohen Schönheit der Schlafenden. Nicht von ungefähr erscheint er selbst als dionysische Figur, anders als in einem späteren, im Motiv vergleichbaren Gedicht, wo er einfach gegen Morgen die Liebste beschleicht, um zu sehen, ob sie nicht einen anderen bei sich habe (2, 29 b). – Auch das mag noch mit den Ariadne-Bildern zusammenhängen, daß Cynthia als Verlassene klagend erscheint: 43 *deserta querebar.* Ihre Klage beschließt das Gedicht, so wie die verlassene Ariadne seinen Anfang beherrscht. Nicht als ob das Verlassensein allein um jenes Zusammenhangs willen als Thema gewählt sein müßte. Es ist aber nicht unwahrscheinlich, da doch der große Einfall des Gedichts der Vergleich Cynthias mit Ariadne ist. Im Nationalmuseum zu Neapel sind – oder waren mindestens im Jahre 1962, als ich sie sah – drei Ariadnebilder der geschilderten Art in einem Raum beisammen mit dem Bild einer schlafenden Mänade aus der Casa del citarista in Pompeji; eine männliche Gestalt (von der nur die Beine erhalten sind) links von ihr stehend, hat die Schläferin betrachtet. Man kennt auch sonst Darstellungen nicht nur der Mänade, die von ihrem ekstatischen Treiben erschöpft zum Schlaf niedergesunken ist, sondern auch des Betrachters, der sie überrascht, Pans oder eines Satyrs.

Sie sind mit den Ariadne-Bildern ohne weiteres vergleichbar. Nur wenn man an Werke der bildenden Kunst denkt, gesellt sich die Mänade leicht zu Ariadne.

Auch Andromeda gehört zu den geläufigen Themen der Malerei. Perseus, der von seinem Sieg über die Gorgo durch die Lüfte heimkehrt, erblickt und befreit sie von dem Felsen, an den geschmiedet sie dem Seeungeheuer ausgesetzt ist. Vergleichbar ist hier nur der Liebesblick auf die Schöne. Als Schläferin, ausruhend von der Pein, ist sie nicht dargestellt worden, soviel ich weiß. Sie erscheint auf den Bildern gewöhnlich am Felsen in Fesseln, oder auch herabsteigend, nachdem sie eben befreit ist; Perseus hilft ihr dabei. Properz läßt sie in den ersten Schlaf danach gesunken sein.

Welche Lebensmacht ist in die drei Vergleiche gelegt! Und was ist nicht getan, einen großen Gedichtanfang zustande zu bringen! Es ist ja gar nicht selbstverständlich und fast schon unnatürlich, wie die Elemente der ersten zehn Verse, einer einzigen Periode, angeordnet und syntaktisch organisiert sind. Erst nach acht Versen, und zwar in einem Nebensatz, als Vergleich und Anwendung auf Cynthia vorüber sind, erfährt der Leser die Gelegenheit, bei der diese epiphanieartige Erscheinung der Schönheit Cynthias geschehen ist: »Als ich spät in der Nacht, berauscht von vielem Bacchus, die Füße schleifte und die Diener Fackeln schüttelten.« Wie wenig sich diese Anordnung von selbst ergibt, erkennt man beim Vergleich mit dem schon angeführten Gedicht 2, 29b: »Früher Morgen war es, und ich wollte nachschauen ... Auf ihrem Bett lag sie allein ... Ich war betroffen: nie war sie mir schöner erschienen, auch nicht, als ...« Da folgt alles natürlich der Reihe nach aufeinander.

Kaum ist der turbulente Eindringling aufgetreten, der betroffene Blick auf die Schöne gefallen, die Bewegung auf sie hin begonnen, da wird sie aufgehalten: »*Non tamen ausus eram dominae turbare quietem. sed sic intentis haerebam fixus ocellis* (19).« Was zu der Schläferin hindrängt, ist syntaktisch untergeordnet und also auf die Scheu und das Anhalten hingeordnet: *quamvis ... iuberent ... Amor ... Liber ... temptare ... oscula sumere et arma.* So kommt ein Satzgefüge zustande, weit durch vier Distichen erstreckt, das das gespannte Verhältnis von Kraft und Gegenkraft auch durch seine Gestalt abbildet. Auch der gebannt Schauende ist mit einer Sagenfigur verglichen, mit Argus, dem Wächter, den Hera der Io beigegeben hatte und der mit seinen vielen Augen schlummerlos die Kuh, die verwandelte Geliebte des Zeus, zu bewachen bestellt war. Diesen Vergleich versteht man, wie die vorangehenden, leichter, wenn man an Bilder, nicht an literarische Erzählungen denkt. Io und Argus erscheinen in einer Zweifigurenkomposition, die man auf ein Original des vierten Jahrhunderts von Nikias zurückführt; Beispiele sind erhalten. Io ist da nicht als Kuh, sondern als die schöne Heroine dargestellt. Die Verwandlung ist nur leicht, durch Hörner unter den Haaren, fast mehr Schmuck als Verunzierung, angedeutet. So betrachtet der Mann gespannt die Schöne. Und damit kann Properz sein Schauen vergleichen.

Von hier an, wo der Eindringende festgebannt, sein Zustand in ein gespanntes Schauen verwandelt ist, wird alles leiser, zarter, gedämpft. Es beginnt das behutsam verstohlene Spiel mit der Schlafenden (21 ff.), vergnügt zum Teil (23 *gaudebam*), dann wieder mit leicht klagendem Bedauern darüber, daß er ihr umsonst Äpfel in die hohlen Hände legt; sie rollen herab. Dann hält er immer wieder betroffen inne, wenn sie aufseufzt; Mitgefühl und eifersüchtige Sorge regen sich.

Noch stiller gedämpft geht es im folgenden zu (31 ff.). Nicht der berauschte Eindringling, nicht der geduldig gespannte Betrachter weckt am Ende das Mädchen; es kommt in diesem Gedicht alles ganz anders, als nach dem jeweils Vorangehenden zu erwarten ist. Das Zarteste, was es gibt, ein Mondstrahl, der im Wandern ihr Gesicht trifft, läßt sie aufwachen.

In dem, was sie danach spricht, ist nichts von der *saevitia*, deren sie fähig gewesen wäre (18) und mit der sie in dem äußerlich ähnlichen Gedicht 2, 29 b den Besucher für sein argwöhnisches Spähen grausam bestraft. Eine getragene Klage ist es, was hier beginnt (35–46). Und auch sie verläuft diminuendo. In den ersten drei Distichen wiegen noch Vorwürfe vor. Der letzte dieser Verse lenkt zu dem Thema der drei abschließenden Distichen hin, einer nur noch sanften Klage darüber, wie armselig sie diese Nacht wartend verbracht hat. Um sich wach zu halten, hat sie gesponnen, auf der Lyra gespielt, leise vor sich hingeklagt, geweint. In der Klage entsteht so das stille, fast trauliche Bild des Abends einer treuen Frau, die schmerzlich auf den geliebten Mann wartet. Der Not hat zuletzt der Schlaf ein Ende gemacht. In seiner tiefen Ruhe kommt die Rede und das Gedicht zum Ziel. Und Properz hat diese Schlußwendung mit aller Liebe bedacht: *dum me iocundis lapsam Sopor inpulit alis*, der Schlafgott hat sie, die sich gegen den Schlummer gewehrt hat, wohlig mit seinen Flügeln gestreift, und dieser geringe Anstoß hat genügt, sie entspannt dahinsinken zu lassen.

Aus dem bedrohlich Verwegenen, der drauf und dran ist, einen leidenschaftlichen, wilden Auftritt zu beginnen, ist der scheue Betrachter geworden. Auch im Spiel mit der Schlafenden hört sein Tun bald auf; er ist ihren unwillkürlichen Regungen passiv ausgesetzt. Dann, in ihrer Klage, ist er nur noch mittelbar als der stumme, der schuldige Hörer gegenwärtig. Und auch auf der Seite Cynthias bleibt das Bedrohliche fern, das als Möglichkeit lauert – *expertae metuens iurgia saevitiae;* die Mänade!

Wie sich das Gedicht zwischen gegensätzlichen Positionen in einer Folge wohlabgestimmter Zwischenglieder von dem gewaltigen Anfang zu dem stillen, hauchartig leise verklingenden Schluß bewegt – wie diese Bewegung geführt und gehalten ist, das sichert dem Gedicht einen hohen Rang unter den Werken jener begünstigten Zeit.

Dem Wandel in Vorstellungen und inneren Bewegungen entspricht ein ähnlicher im Bereich der Sprache. Mit großem Atem setzt das Gedicht ein. Ein mächtiges Satzgefüge umspannt die ersten zehn Verse, und zwar so, daß darin ein jedes Glied weiter drängt und erst am Ende eine Ruhepause zuläßt. Weit spannt sich auch noch die Form des Satzes, der mit *quamvis* und *tamen* die drängenden und die hemmenden Kräfte balancieren läßt (13–18). Dazu darf man auch das Distichon 19 f. rechnen: *sed ... haerebam* antwortet auf *non ... ausus eram ...* Nachdem aber zum letztenmal Gestalten der Sage hereingespielt haben, Argus und Io (20), wird die Rede kleinteilig. Es darf nicht irre machen, daß in den Versen, in denen sich das behutsame Spiel des Schauenden und Wartenden mit der Schlafenden darstellt (21–26), die einzelnen Sätze, die sich je durch ein Distichon oder durch einen Vers erstrecken, in unseren Ausgaben nur mit Komma abgegliedert sind. Das Wesentliche ist, daß jeder dieser Sätze verhältnismäßig selbständig in sich ruht, nicht kräftig weiter drängt; nur *modo ... modo ... nunc* halten die Gruppen zusammen.

Auch die Verse vom betroffenen Innehalten beim Aufseufzen Cynthias (27 f.) könnten in sich ruhen; der darauffolgende Finalsatz *ne qua tibi insolitos portarent visa timores* usw. schließt sich nicht mit der gleichen Notwendigkeit daran wie in den vorhin beschriebenen, weitgespannten Gebilden der *talis*-Satz an die *qualis*-Sätze, der *tamen*-Satz an den *quamvis*-Satz. *Donec ... luna ... patefecit ocellos* (31–34): auch diesen Nebensatz zieht der vorangehende Satz nicht notwendig nach sich; etwas Neues, ja Überraschendes ereignet sich auch syntaktisch. Diese, von Virgil ebenfalls benutzte, Erzählform hat einen doppelten Vorteil. Auf der einen Seite hebt sie – ähnlich wie die Sätze mit cum inversum – das Neue kräftig heraus und von dem Vorhergehenden ab. Auf der anderen läßt sie nachträglich das Vorhergehende, das in sich geschlossen wirkte, auf das Neue insgeheim bezogen erscheinen, als etwas Vorläufiges, wobei der Sprechende schon vorausgedacht hat. In unserem Falle könnten allenfalls die Imperfekt-Formen der Verba in den Versen 21–25 auf das bevorstehende Ereignis warten lassen. In Cäsars Bellum Gallicum wäre es sicher so – ein paar Stellen im siebenten Buch ausgenommen. Hier bei Properz nimmt man die Verse 19 (oder 21) bis 30 ohne Arg als selbständige Schilderung. Erst nachträglich, durch den *donec*-Satz, merkt man, daß doch alles auch ein Warten auf den Augenblick des Erwachens gewesen ist.

Der *donec*-Satz, der das Erwachen bringt, ist seiner Bedeutung gemäß dadurch stilistisch ausgezeichnet, daß in ungewöhnlicher Weise seine Hauptaussage den Hexameter noch eines zweiten Distichons einnimmt: *compositos levibus radiis patefecit ocellos*. Auch im weiteren gibt es keine Sätze von langem Atem. Sie halten sich in den Grenzen eines Distichons oder eines Verses, wie es dem Ethos dieser Partie entspricht.

Die Eigenart und, wie ich meine, der Wert des Gedichts kann dem Betrachter noch deutlicher ins Bewußtsein treten, wenn er drei äußerlich ähnliche damit vergleicht. In der schon genannten Elegie 2, 29 b, die so einfach verläuft und sich so anspruchslos im Bereich des Alltäglichen hält, bricht der wilde Zorn der Überraschten, der in unserem Stück nur als Möglichkeit und auch schon früher erlebte Wirklichkeit in den Blick kommt – *expertae metuens iurgia saevitiae* –, in Worten und sogar auch handgreiflich los, ja, das Zerwürfnis ist fertig und hält in der

Gegenwart des Gedichts an. Im zweiten Buch experimentiert eben Properz gern auch damit, daß er Möglichkeiten drastisch heraustreibt, die in einem Thema enthalten sind. Wendet man sich von einem solchen Gedicht wieder zurück, so lernt man die Verhaltenheit von *Qualis Thesea* . . . doppelt schätzen – und auf den stufenreichen Gang, von dem sich der Dichter des späteren Stückes zugunsten einer ganz einfachen Kunstgestalt entschlossen losgesagt hat.

Wieder anders ist das Thema »Besuch bei der Schlafenden« in dem epigrammatischen Stück des Paulus Silentiarius gewendet, das wir anfangs als Hinweis auf ein verlorenes hellenistisches Epigramm zu erwähnen hatten (Anthologia Graeca 5, 275 [274]). Hier geht der Eindringende ohne Bedenken auf sein Ziel los und hat seine Lust an dem Mädchen, kaum daß sie aufwacht und sich zu wehren beginnt.

Goethe hat etwa in der Zeit der Römischen Elegien das Gedicht des Properz oder vielmehr beide, die wir in Betracht gezogen haben, auf seine Weise variiert: »Meine Liebste wollt ich heut beschleichen.« Der Freund betrachtet die »gar zierlich Eingeschlafene«, betroffen und beglückt nicht von ihrer Schönheit, sondern von dem Ausdruck ihres guten Herzens auf ihrem Gesicht und in der gelösten Ruhe ihrer Glieder, erwägend, daß der Schlaf, »der Verräter jedes falschen Zuges«, sie jetzt entlarven müßte, wenn er sich in ihr getäuscht hätte, und nun ihres Wertes und seiner Liebe freudig bewußt. In dieser Betrachtung traut er sich nicht, sie zu wecken, und schleicht sich davon.

Der äußere Vorgang ähnelt dem der Properz-Elegie 1, 3. Was innerlich vorgeht, der zweifelnde Gedanke und das Bewußtwerden der Gewißheit, macht den eigentlichen goetheschen Kern des Gedichts aus. Doch spielt wohl die andere properzische Elegie herein (2, 29 b): der Beschleichende sieht, daß sein Mißtrauen grundlos ist. Mag sich das so verhalten oder auch nicht: der Vergleich zeigt auf jeden Fall, daß Goethe trotz römischer Reise und neuem, sinnenhaftem Liebesstil in die Innerlichkeit von Gedanken und Gegengedanken verlegt hat, was bei dem Römer sich in äußeren Situationen zwischen Mann und Mädchen, dem Mißtrauischen und der Schuldlosen, abspielt. – Und denken wir wieder an *Qualis Thesea* (1, 3): wie ist doch auch in Hinsicht darauf bei Goethe am Anblick der Schläferin alles Ausdruck des Innerlichen geworden, was bei Properz einfach Schönheit großer, übermenschlicher Art ist. »Frieden«, »Treue«, »Lieblichkeit«, »Unschuld eines guten Herzens«, das sind die Hauptzüge, die an der Schläferin erscheinen.

Die Bewegung vom mächtigen Anfang zu dem stillen Schluß, die wir an dem Gedicht des Properz bewundert haben, ist außerhalb von Goethes künstlerischen Gedanken geblieben. Das Traulich-Gute, Häusliche der letzten Distichen des Cynthia-Gedichts, sogar die Wollarbeit ist in dem deutschen Gedicht gleich am Anfang da: »auf dem Sofa«, »das Gestrickte mit den Nadeln ruhte zwischen den gefaltnen zarten Händen«. In dieser Hinsicht geht also im Lauf des Gedichts nichts vor, nichts, was dem vielfachen Wandel bei Properz entspräche. Das Idyll bleibt vom Anfang bis zum Ende gleich. So haben ja auch die »Römischen Elegien« durchweg viel vom Idyll an sich, sind weit entfernt von der Unruhe stets gefährdeter, verfallener, göttlich-übermenschlicher Leidenschaft, wie sie die Elegien des Properz beseelt. Erst recht das Gedicht »Meine Liebste wollt ich heut beschleichen« läßt den Abstand ermessen. Darum hätten darin auch die mythischen Figuren keinen Platz, Ariadne, Andromeda und die Mänade.

TIBULLS ELEGIE AUF DEN GEBURTSTAG DES MESSALLA

1,7

Hunc cecinere diem Parcae fatalia nentes
 stamina non ulli dissoluenda deo,
hunc fore Aquitanas posset qui fundere gentes,
 quem tremeret forti milite victus Atax.
evenere: novos pubes Romana triumphos
 vidit et evinctos bracchia capta duces.
at te victrices lauros, Messalla, gerentem
 portabat niveis currus eburnus equis.
non sine me est tibi partus honos: Tarbella Pyrene
 testis et Oceani litora Santonici,
testis Arar Rhodanusque celer magnusque Garunna,
 Carnutis et flavi caerula lympha Liger.
an te, Cydne, canam, tacitis qui leniter undis
 caeruleus placidis per vada serpis aquis,
quantus et aetherio contingens vertice nubes
 frigidus intonsos Taurus alat Cilicas?
quid referam, ut volitet crebras intacta per urbes
 alba Palaestino sancta columba Syro,
utque maris vastum prospectet turribus aequor
 prima ratem ventis credere docta Tyros,
qualis et, arentes cum findit Sirius agros,
 fertilis aestiva Nilus abundet aqua?
Nile pater, quanam possim te dicere causa
 aut quibus in terris occuluisse caput?
te propter nullos tellus tua postulat imbres
 arida nec pluvio supplicat herba Iovi.
te canit atque suum pubes miratur Osirim
 barbara, Memphiten plangere docta bovem.
primus aratra manu sollerti fecit Osiris
 et teneram ferro sollicitavit humum,

Dies ist der Tag, von dem die Parzen gesungen, die da Schick-
spinnen, die kein Gott auflösen darf, [salsfäden
dieser werde es sein, der die aquitanischen Stämme in die Flucht
[jagen könnte,
vor dem erzitterte der Atax, mit tapferem Heer besiegt.
Eingetroffen ist's: einen neuen Triumph hat das römische Volk
gesehen, und Heerführer, gefesselt die gefangenen Arme.
Aber dich, Messalla, mit dem siegreichen Lorbeer bedeckt,
trug mit strahlend weißen Pferden der Wagen aus Elfenbein.
Mit mir zusammen hast du die Ehre erworben. Die Pyrenäen
[bei den Tarbellern
sind Zeugen und die Ufer des Weltmeers bei den Santonern,
Zeuge ist der Arar und der schnelle Rhodanus und der breite
und des blonden Carnuters blauer Strom, der Liger. [Garunna
Oder sing ich dich, Cydnus, der mit schweigender Flut sanft
blau mit friedlichem Wasser in seinem Bett dahinzieht,
und wie, gewaltig, mit seinem Gipfel hoch in Lüften an die
[Wolken reichend
der kalte Taurus die langhaarigen Kiliker auferzieht?
Und dann, soll ich's berichten, wie unangetastet durch men-
[schenwimmelnde Städte fliegt
die weiße Taube, heilig für den Syrer in Palästina,
und wie auf des Meeres weite Fläche mit seinen Türmen
[hinausschaut
Tyrus, das zuerst es verstanden hat, ein Schiff den Winden
[anzuvertrauen;
und wie, wenn Sirius die dürren Felder rissig macht,
fruchtbar der Nil im Sommer überströmt von Wasser?
Vater Nil, aus welchem Grund, könnt' ich es sagen,
und in welchem Land hast du dein Haupt verborgen?
Du bist es, dessentwegen dein Land nach keinem Regen verlangt
und kein dürres Gras zum Regen-Jupiter fleht.
Dich besingt und verehrt ergriffen als seinen Osiris
das fremde Volk, das dem Stier in Memphis die Totenklage zu
[feiern gelernt hat.
Als erster hat er mit kunstreicher Hand den Pflug gebaut, Osiris,
und den zarten Boden mit Eisen aufgewühlt,
als erster dem unerprobten Land Samen anvertraut
und Früchte von unbeachteten Bäumen gesammelt.
Er ist es, der die zarte Rebe an Pfähle binden gelehrt,

primus inexpertae commisit semina terrae
pomaque non notis legit ab arboribus.
hic docuit teneram palis adiungere vitem,
hic viridem dura caedere falce comam.
illi iucundos primum matura sapores
expressa incultis uva dedit pedibus.
ille liquor docuit voces inflectere cantu
movit et ad certos nescia membra modos.
Bacchus et agricolae magno confecta labore
pectora tristitiae dissoluenda dedit,
Bacchus et adflictis requiem mortalibus adfert,
crura licet dura compede pulsa sonent.
non tibi sunt tristes curae nec luctus, Osiri,
sed chorus et cantus et levis aptus amor,
sed varii flores et frons redimita corymbis,
fusa sed ad teneros lutea palla pedes
et Tyriae vestes et dulcis tibia cantu
et levis occultis conscia cista sacris.
huc ades et genium ludo geniumque choreis
concelebra et multo tempora funde mero.
illius et nitido stillent unguenta capillo
et capite et collo mollia serta gerat.
sic venias hodierne: tibi dem turis honores
liba et Mopsopio dulcia melle feram.
at tibi succrescat proles, quae facta parentis
augeat et circa stet veneranda senem.
nec taceat monumenta viae, quem Tuscula tellus
candidaque antiquo detinet Alba lare.
namque opibus congesta tuis hic glarea dura
sternitur, hic apta iungitur arte silex.
te canat agricola, magna cum venerit urbe
serus inoffensum rettuleritque pedem.
at tu, Natalis, multos celebrande per annos
candidior semper candidiorque veni.

und er, ihr grünes Laubhaar mit hartem Krummesser zu
Ihm hat reif zuerst den süßen Wohlgeschmack, [beschneiden.
gekeltert von ungelernten Füßen, die Traube gegeben.
Dieser Saft hat gelehrt Töne zum Gesang biegsam zu lenken
und nach bestimmtem Maß unkundige Glieder bewegt.
Bacchus hat auch des Bauern Herz, wenn es von schwerer
[Mühe verschmachtete
von Trübsinn und Unmut befreien lassen.
Bacchus bringt auch Sterblichen, die von Unglück geschlagen
[sind, Ruh und Frieden,
mögen auch die Beine, von der harten Fessel gestoßen, klirren.
Zu dir gehören nicht trübe Sorgen und Gram, Osiris,
nein, Reigen und Gesang und leichtherzige Liebe,
nein, bunte Blumen und mit blühendem Efeu umwundene Stirnen,
nein, das safrangelbe Kleid, das bis zu den zarten Füßen
[herabfließt,
und Purpurgewänder und, lieblich mit ihrer Musik, die Schalmei
und der leichte Korb, der die verborgenen geweihten Dinge kennt.
Komm herbei und hilf mit Spiel und Reigen den Genius
feiern und durchtränke das Haupt mit viel Wein!
Ihm sollen vom glänzenden Haar Wohlgerüche träufen,
um Haupt und Hals soll er weiche Blumengewinde tragen.
So komm du heute herbei, dir will ich Verehrung mit Weih-
[rauch geben
und Opferkuchen, süß von attischem Honig, bringen.
Dir aber (Messalla) mögen deine Kinder nachwachsen, die ihres
mehren und geehrt um dich im Alter stehen. [Vaters Taten
Und die Straße, die an dich erinnert, soll der nicht zu rühmen
[vergessen, den die Erde von Tusculum
und das helleuchtende Alba beim alten Lar heimisch hält.
Denn aus deinen Mitteln ist hier der harte Kies herangebracht
und schichtet sich auf, hier verbinden sich mit fügsamer Kunst
[die Steine.
Dich soll der Bauer preisen, wenn er aus dem großen Rom kommt,
spät, und, ohne sich Schaden zu tun, seine Füße heimwärts setzt.
Du aber, Geburtstagsgott, sollst viele Jahre lang gefeiert sein;
heller und immer heller leuchtend erscheine!

Läßt man das Gedicht an sich vorüberziehen, so kann man sich ohne weiteres die Nöte vorstellen, die die Ausleger lateinischer Gedichte und besonders der Elegien Tibulls geplagt haben, soweit sie überhaupt nach dem Ganzen und seiner Form gefragt haben. Eben darauf ist es bei dem gegenwärtigen Versuch abgesehen. Doch läßt es sich freilich nicht vermeiden, zuerst auch auf den Inhalt des seltsamen ägyptischen Teils einzugehen. Was Messalla und seinen Ruhm betrifft, so genügt es daran zu erinnern, daß er in dem gleichen Jahre 27 v. Chr., in dem Octavianus den Namen Augustus angenommen hatte, der Ehre des Triumphes über Aquitanien und andere Teile Galliens gewürdigt worden ist und vor diesem Höhepunkt seines Lebens dem Octavianus geholfen hat, Antonius und Kleopatra bei Actium zu schlagen und später den Osten des Reiches fest in die Hand zu nehmen.

Die Segensfülle Ägyptens tritt dem Leser erst als Nil entgegen, der mit seinem überschwemmenden Wasser das Land auf wunderbare Weise fruchtbar macht und Pflanzenwuchs und alles Leben hervorbringt, dann in der fremdartigen, das seltsame gottesdienstliche Wesen des Landes vergegenwärtigenden Gestalt des Gottes Osiris, der nun als Stifter von Ackerbau, Obstzucht und Weinbau und damit als Begründer eines milderen, freundlichen Lebens gepriesen ist. Erst scheint er dem griechischen Triptolemos ähnlich, der das Getreideanbauen gelehrt hat. Dann tritt seine dionysoshafte Seite mehr hervor. Bei ihr verweilt das Gedicht und gelangt so zu Gesang, Reigen, Frohsinn, Festfreude und zum Zusammenklang von alledem im religiösen Fest, worin sich die ganze friedliche Segensfülle zusammenfaßt und steigert.

Der heilig gehaltene Apisstier in Memphis ist nach der Überzeugung des griechisch-römischen Altertums Abbild der Seele des Osiris. Der Zusatz *Memphiten plangere docta bovem,* »das dem Stier in Memphis die Totenklage zu feiern gelernt hat« (28), bringt also zu den Worten *te canit atque suum pubes miratur Osirim,* »dich besingt und verehrt ergriffen als seinen Osiris das fremde Volk«, nicht bloß äußerlich eine neue Seltsamkeit des ägyptischen Götterdienstes hinzu, sondern läßt, offenbar auf Grund genauer Kenntnis, eine andere Gestalt der seltsamen göttlichen Macht aufscheinen, die eben mit dem Namen Osiris bezeichnet war. Muß aber eine wie immer vermittelte Kenntnis ägyptischer Lehren angenommen werden, dann wird man sich nicht wundern, auch in der Umgebung dieser Worte solche Lehren wirksam zu finden.

Wenn im folgenden Osiris und Bacchus gleichbedeutend für einander eintreten, so spiegelt sich darin eine alte, schon von Herodot bezeugte Auffassung der Griechen. Daß die Ägypter den Nil als Osiris verehren, ist ebenfalls eine uralte, freilich weniger beachtete Lehre. Plutarch in seiner Schrift über Isis und Osiris bezeugt es, daß nach ägyptischer Lehre der Nil Osiris ist, welcher Isis, der Erde, beiwohne (Kap. 32). Die tiefsinnigeren unter den Priestern nennen aber nicht nur den Nil Osiris, sondern überhaupt das feuchtmachende Prinzip. Nicht nur den Nil, sondern alles Feuchte schlechthin nennen sie Ausfluß des Osiris. Und wie sie den Nil für den Ausfluß des Osiris halten, so das Land für den Leib der Isis, nicht das ganze Land, sondern nur das, über welches der Nil kommt, es besamend und sich mit ihm mischend. Und wenn der Nil übermäßig anschwillt und sich darüber hinaus den äußersten Bezirken naht, so nennen sie dies Beilager des Osiris mit Nephthys – Nephthys vertritt das Land am Rande der Nilebene. Der Rückgang des Nils wirkt auf den Gang des Osiriskultes ein. In dem Monat, in dem der Nil am schwächsten ist, ist Osiris verschwunden, ist in den Kasten geschlossen; sein Feind Typhon herrscht, seine Priester begehen Trauerzeremonien. Später folgt eine Nachtfeier am Meer, wobei Trinkwasser in ein goldenes Behältnis getan wird und die Gemeinde daraufhin in Jubel ausbricht, Osiris sei gefunden. Glaubt man also Plutarch, so sind nach ägyptischer Priesterlehre Osiris und Nil ein und dasselbe, wenigstens in gewisser Hinsicht.

Wollte man dagegen einwenden, was Plutarch mehr als hundert Jahre nach der Entstehung unserer Elegie geschrieben, könne für Tibull nichts beweisen, und außerdem müsse man damit rechnen, daß Plutarch oder sein Vorgänger eigene theologische Spekulationen den ägyptischen Priestern, die er anführt, untergeschoben habe, so könnten wir uns zunächst im allgemeinen auf einen gelehrten Erklärer der plutarchischen Schrift, Th. Hopfner, berufen, der Plutarch das Zeugnis eines nicht nur gut unterrichteten, sondern im allgemeinen auch eines gewissenhaften Gewährsmannes ausstellt. Lesen wir dann in Plutarchs 64. Kapitel, daß schon ein Schüler Platons, Eudoxos, Osiris als Gott der Nilschwelle gekannt hat, so werden wir noch zuversichtlicher. Schließlich bringt die Ägyptologie volle Gewißheit. Alexander Scharff – um nur den letzten in der Zahl der Erforscher dieser Zusammenhänge zu nennen – hat dargelegt, das eigentliche Element des Osiris sei das Wasser, und zwar das fruchtbare Überschwemmungswasser des Nils, und er hat sich dabei auf eine weit herabreichende Reihe von Text- und Bildzeugnissen, von den Pyramidentexten bis in die späteste Zeit, berufen können.

Darf man so den ägyptischen Teil des Gedichts als Ausdruck eines wohlbedachten Gedankenzusammenhanges nehmen, so fragt es sich immer noch, was dieser Preis der Segensfülle des ägyptischen Landes und seiner göttlichen Quelle in einem Gedicht soll, das mit der Erinnerung an die Ruhmestitel des Messalla beginnt und mit Geburtstagswünschen endet, zumal da dieser Preis nicht weniger als ein Drittel des ganzen Gedichts einnimmt, und zwar das mittlere Drittel.

Man hat versucht, das Dasein dieses merkwürdigen Teiles aus der Person Messallas, aus der inneren Verfassung Tibulls oder aus dem Geist seiner Zeit zu erklären. Und gewiß ist diese lebensgeschichtliche und geschichtliche Erklärung richtig. Gewiß hat sich Messalla gern an Ägypten erinnern lassen, an den ehrenvollen Auftrag, der ihn dorthin geführt hatte, und an das Seltsame und Schöne, das ihm dort begegnet war. Gewiß lag es in der Zeit, die Wunder und Eigenheiten des eben noch gefährlichen, nun dem römischen Machtbereich einverleibten und in mancher Hinsicht lockenden Landes zu genießen. Gewiß deuten die »unzähligen ägyptischen Landschaften, die in der römischen Kunst das glückliche Land der Isis ausmalen« (K. Schefold), und ebenso deutlich die immer von neuem erfolgten Verbote des Kultes der Isis auf eine weit verbreitete Vorliebe für Ägypten und seine Religion in Italien hin. Und gewiß hat Tibull für die friedliche Segensfülle des Nil- und Osirislandes, für die idyllische Sphäre des Osiris-Dionysos eine entschiedene Vorliebe gehabt. Aber diese Erklärungen betreffen den Inhalt, nicht das Kunstwerk. Achtet man auf die Kunstgestalt, so fällt es auf, daß mit den bacchischen Versen des ägyptischen Teiles ein entschiedener Gegensatz zu dem kriegerisch erhabenen Anfang erreicht ist. Wie aber das Gedicht von dem einen zum anderen gelangt, das ist das Eigene, was es in der Dichtkunst des Mittelalters und der Neuzeit schwerlich gibt. Und eben dies gilt es jetzt zu beobachten: wie Tibull die Bewegung zwischen diesen Gegensätzen geformt hat.

Er fängt so hoch wie nur möglich an. Da breitet sich nicht nur die siegreiche Majestät Roms aus, sondern wie im Epos setzen Götter unverrückbar fest, was dann bei den Menschen geschieht. Die Triumphprozession ist ein Inbegriff der Hoheit Roms, von religiösen und patriotischen Schauern umwittert. Eine Stufe tiefer steigt das Gedicht mit den Worten *non sine me est tibi partus honos*, »mit mir zusammen hast du die Ehre erworben« (9). Der Dichter stellt s i c h in Messallas Gefolge und zählt die Stellen auf, die Zeugen ihres Zusammenseins bei jenen ruhmwürdigen Taten gewesen sind. Dadurch wird der

Aufenthalt in Gallien von der Bühne der römischen Taten und Schicksale in die Sphäre gemeinsamer Erlebnisse gezogen. Doch bewegt sich hier Sprache und Gedanke immer noch ziemlich hoch. Das anaphorisch wiederholte *testis*, »Zeuge ist ...« klingt nach Preisrede. Die gehäuften gallischen Flußnamen dürfen noch an den Triumphzug und die dabei mitgetragenen Namensschilder erinnern, dann aber wird es immer stiller, friedlicher, entfernt sich immer weiter vom Angestrengten und damit auch vom Hohen, Majestätischen, Römischen, bis zum vollen Gegenteil.

Non sine me est tibi partus honos (9) und dann die Reihe der gallischen Örtlichkeiten: das scheint zunächst nur auf den Triumph über Aquitanien bezogen. Aber zu den gallischen Flüssen kommt der Cydnus in Cilicien. Es zeigt sich, daß *honorem parere,* Ehre erwerben, auch den Zug in den Osten einschließt, daß also der Bezug auf Gallien und den Triumph allein aufgegeben ist. Ja, sogar der Bezug auf »Ehre erwerben« und auf »mit dir« bleibt nicht allein gegenwärtig. In der Reihe der »Zeugnisse«, die zunächst einem anderen Gedanken, nämlich der Ehre, dem Triumph untergeordnet und nur Stützen jenes Gedankens gewesen sind, sich aber unvermerkt aus dieser Abhängigkeit gelöst haben – also in einer zuerst untergeordneten Ebene bewegt sich der Gedanke weiter. Der Sprechende denkt nur noch an die gemeinsamen Erinnerungen – in Gallien, in Cilicien, in Syrien und Ägypten – und gibt sich, so scheint es, willenlos dem Zuge schöner Gedächtnisbilder hin. Es ist die bekannte Art Tibulls, die Gedanken wandeln sich unaufhörlich im Vollzug. Sie lösen sich aus ihren ursprünglichen Bezügen – hier aus dem erwarteten Preis großer Taten und Verdienste – und ordnen sich neuen zu. Sie schlagen unerwartete Verbindungen, bei durchgehender anschaulicher Kontinuität. Ohne Hilfe eines logischen Leitfadens oder einer rednerischen Disposition bewegen sie sich gleitend fort, so wie es beim unkontrollierten träumerischen Denken zu geschehen pflegt. Solche seelischen Bewegungen im Gedicht nachzubilden ist Tibulls eigentümliche Kunst.

Aber das ist nur die eine Seite der Sache. In der außerkünstlerischen Wirklichkeit sind solche Bewegungen oft chaotisch. In Tibulls Gedichten sind sie wie von einem geheimen Willen gelenkt und geformt, und erst darin vollendet sich seine Kunst. Gleiten sie aus der Ordnung des scheinbar beabsichtigten Preisgedichts und seiner logischen Anlage heraus, so werden sie von einer anderen Ordnung aufgefangen, die künstlerisch ergiebiger ist. Man beobachte nur, wie genau sich alle Schritte des Gedichts unvermerkt vorbereiten. *Tarbella Pyrene,* »die Pyrenäen bei den Tarbellern« (9), *Oceani litora Santonici,* »die Ufer des Weltmeers bei den Santonern« (10): das bezeichnet nur den Schauplatz großer Taten, nicht ohne einen Beiklang von rauher, unwirtlicher Ferne. *Arar Rhodanusque celer magnusque Garunna,* »der Arar und der schnelle Rhodanus und der breite Garunna« (11): hier wirkt zunächst die Häufung; man bemerkt es kaum, daß Rhône und Garonne schon charakterisierende Epitheta bekommen haben. *Carnutis et flavi caerula lympha Liger,* »des blonden Carnuters blauer Strom, der Liger« (12): das ist schon ein ganzes Bild, im vorigen durch Völkernamen, Flußnamen und charakterisierende Epitheta vorbereitet, beherrscht von einem Farbenakkord, Blond und Blau. *An te, Cydne, canam, tacitis qui leniter undis caeruleus placidis per vada serpis aquis,* »oder sing ich dich, Cydnus, der mit schweigender Flut sanft blau mit friedlichem Wasser in seinem Bett dahinzieht« (13 f.): hier erfüllt das Bild schon ein ganzes Distichon und enthält ein gewisses Eigenleben; dieser Fluß hat sein charakteristisches Wesen. Die Bewohner des Landes aber, eben noch im Falle der Loire in einem Verse mit ihrem Flusse vereinigt, helfen hier in einem eigenen Distichon einen Kontrapost gegen den stillen Strom der Ebene setzen: *quantus et aetherio contingens vertice nubes frigidus intonsos Taurus alat Cilicas,* »und wie, gewaltig, mit seinem Gipfel hoch in Lüften an die Wolken reichend der kalte Taurus die langhaarigen Kiliker auferzieht« (15 f.). In diesen beiden letzten Distichen (13 bis 16) ist auch nicht mehr wie in den beiden vorigen mit *testis*, »Zeuge ist ...« weitergebaut, sondern mit *an te ... canam*, »oder soll ich dich singen ...«. Das scheint vielleicht zuerst nichts als eine rhetorische Abwandlung zu sein und den lobpreisenden Gedanken nur fortzusetzen und in den Osten hinüberzuspielen. In Wahrheit geht der Ton damit ins Lyrische über, und es bereitet sich unvermerkt die scheue Frage vor, mit der der Sprechende danach an das Geheimnis des Nils rühren wird: *Nile pater, quanam possim te dicere causa ... occuluisse caput*, »Vater Nil, warum nur ... hast du dein Haupt verborgen?« (23). Und im Du der Anrede bereitet sich schon die hymnische Wendung des ganzen ägyptischen Teiles vor, darin aber wieder die Wendung zur Bitte *huc ades*, »komm herbei« (49).

Beim Taurus angelangt streift der Gedanke zum erstenmal leicht das Wunderbare. In Syrien ist es dann durchaus wunderbare Fremde, durch ihre religiösen Eigenheiten wunderbar. Dieses Motiv wird sich im ägyptischen Teile vollenden. Von Tyrus ist gesagt, daß sich da einmal in ferner Vorzeit zuerst auf Erden etwas so Bedeutendes wie die Schiffahrt ereignet hat. Auch darin bereitet sich das Ziel, der ägyptische Teil, vor, in dem ja das, was Osiris zuerst gestiftet und den Menschen gegeben hat, eine so wichtige Rolle spielt.

Und so ist es dort, wo das Gedicht mit dem äußersten Ziel des Zuges des Messalla auch die wunderbarste Ferne erreicht, als hätten alle genannten Flüsse nur dem Nil präludiert, alles Erstaunliche, was genannt ist, dem Wunder der Segensfülle Ägyptens, die genannte Errungenschaft der des Osiris, alles fremdartige Volkswesen dem dieses ganz von Religion durchdrungenen Landes Ägypten. Und dabei ist man nicht nur auf der Erdoberfläche vom Nordwesten weit in den Südosten geraten, sondern auch, in einer sehr genauen Folge von Übergängen, vom Krieg zum Frieden, von angestrengtem römischen Imperatorentum zum ländlichen Idyll, zur lösenden, entspannenden Befreiung des mühseligen Menschen im bacchischen, vom Glanz milder Religion beseelten heiteren Fest, von strenger Hoheit zu einem Behagen, in dem auch leichtherzige Liebelei nicht fehlt, nach den geltenden Maßstäben Roms also vom Hohen zum bescheiden Niedrigen, eine Bewegung übrigens, wie sie auch Horaz geliebt und vor allem in der Ode *Herculis ritu* (3, 14) meisterlich geformt hat.

Man sieht: bei aller Freiheit von den Regeln logischer Folgerichtigkeit und Disposition ist es das Gegenteil von chaotischer Bewegung, was sich hier abspielt.

Am Ende des beobachteten Teiles ist nun das Gedicht, indem es sich scheinbar frei schweifend weiter und weiter vom Jetzt und Hier, von dem festlich zu begehenden Tage und also von seinem Gegenstande weg verlor, in Wahrheit unvermerkt nahe an sein Ziel gelangt, zu der Geburtstagsfeier in Messallas Hause.

In dem ägyptischen Teile hat sich die Segensfülle in den Osiris-Bacchus-Versen (33 bis 42 bzw. 48) gesteigert. Die Aussageform ist von dem Anführen von Zeugnissen (*testis* 10–12) über vermittelnde Stufen (*an te, Cydne, canam* 13) zum Hymnischen gelangt. Der Osiris-Bacchus-Hymnus (29–48), auf den sich, wie gezeigt, das Gedicht weither zubewegt, preist in den letzten drei Distichen die friedliche Festfreude, die diesem Gotte gemäß und zugehörig ist. »Zu dir gehören nicht trübe Sorgen und Gram, Osiris, nein, Reigen und Gesang und leichtherzige Liebe, nein, bunte Blumen und mit blühendem Efeu umwundene Stirnen, nein, das safrangelbe Kleid, das bis zu den zarten Füßen herabfließt, und Purpurgewänder und, lieblich mit ihrer Musik, die Schalmei und der leichte Korb, der die verborgenen geweihten Dinge kennt.«

Dies alles setzt insgeheim schon zu dem neuen überraschenden Schritt an, zur Bitte eines Hymnos kletikós in aller Form, eines herbeirufenden Gebets: *huc ades,* »komm herbei ...« (49). Deshalb also hat Tibull den Preis des Osiris gerade so gelenkt, damit er ihn als Bringer des Festglanzes – und zwar eines in allen den erlesenen Farben der Erinnerung kostbar leuchtenden Festglanzes – herbeirufen könnte, im Hause des Messalla den Genius mitzufeiern.

Damit biegt nun endlich das Gedicht in die Bahn eines rechten Geburtstagsgedichts ein, mit dem Bild des festlich geschmückten Genius, der Bitte um seine Gegenwart, der leicht angedeuteten Opferszene, den Geburtstagswünschen – üblicherweise Inhalt des Gebets an den Genius, hier aber an Messalla gerichtet –, und der Bitte um gute Wiederkehr des Festes in der Zukunft.

Der erste Geburtstagswunsch (55 f.) ist offenbar der herkömmliche, übliche: Nachkommenschaft, würdige Nachkommenschaft. Dabei ist mit den Worten *facta parentis augeat,* »Taten des Vaters mehre«, unauffällig auf jene Taten verwiesen, die am Anfang das eigentliche Thema zu werden schienen. Der zweite Wunsch entwickelt sich breiter in drei vollen Distichen (57–62). Nicht ohne Grund, denn dem Nachruhm, der hier angewünscht ist, ließ sich eine Seite abgewinnen, die sich der Bewegung des ganzen Gedichts einfügt. Zwar hängt das Werk, das hier in der Form des Geburtstagswunsches, des Gedankens an künftigen Ruhm gepriesen wird, die Erneuerung der Via Latina oder eines Stückes von ihr vor den Toren Roms, noch mit den Kriegstaten zusammen. Sieg und Triumph hatten die Pflicht nach sich gezogen, auf diese Weise aus den Beutegeldern zum stattlichen Aussehen Roms und seiner Zugangsstraßen beizutragen. Aber es ist ein friedliches Werk. Es ließ sich aus dem Zusammenhang mit Kriegstaten, Siegesehren und großartiger Repräsentation lösen und in den Zusammenhang einer Kleinwelt fügen, Tibulls geliebter ländlich altertümlicher Welt, als Wohltat für die Landleute aus den Albanerbergen, für den kleinen Mann, der zu Fuß durch die Campagna nach

Rom und wieder heim gehen muß. So stellt sich jetzt der Ruhm des Messalla dar: daß ihn künftig diese Leute preisen werden, wenn sie nach Markt- oder Festtagen bei Nacht glücklich heimkommen, ohne sich Schaden zu tun. Wie weit hat sich damit das Gedicht von Prunk und kriegerischer Majestät des Anfangs entfernt! Und nicht nur bis zum Ende des ägyptischen Teiles reicht die Bewegung von Gegenteil zu Gegenteil, sondern von Anfang bis zum Ende des ganzen Gedichts.

Rechnet man nach, so findet man alles berücksichtigt, was zum Ruhm des Triumphators Messalla an seinem ersten Geburtstag nach der Siegesfeier schicklicherweise vorzubringen war. Aber es ist verwandelt in ein ganz freies Kunstgebilde eingegangen. Den Gang des Gedichts bestimmt nicht der Gehalt des Festes, sofern er der außerkünstlerischen Wirklichkeit angehört, nicht die begriffliche Entwicklung dieses Gehalts, sondern die Spontaneität des träumerischen Denkens zusammen mit einem insgeheim genau und sicher leitenden Formgedanken. Beide zusammen bringen eines von den Spielen beseelter Bewegung zustande, die zu entdecken zu den erlesensten Freuden im Bereich der lateinischen Philologie gehört.

LIVIUS

Zur Zweitausendjahrfeier

Vier Zweitausendjahrfeiern haben an das Zeitalter des Augustus, an seine Leistungen, die ununterbrochene Dauer seines Ruhmes und die Männer, die ihn gestiftet haben, erinnert: im Jahre 1930 an Virgil, 1935 an Horaz, 1937 an Augustus und nun im Jahre 1941 an den Geschichtsschreiber jener Epoche, Titus Livius aus Padua, den Erzähler der römischen Geschichte vom Ursprung der Stadt bis zum Jahre 9 v. Chr., dessen Werk sich so sehr durchgesetzt hat, daß er außer Sallust und Cäsar alle früheren Geschichtsschreiber ersetzt und verdrängt hat und so Inbegriff der Geschichte des Freistaats geworden und auch geblieben ist, bis ihn die kritische Geschichtsforschung des 19. Jahrhunderts gewissermaßen abgesetzt hat.

Die vier Gedenkjahre sind in Italien von Staats wegen mit Vorträgen und Ausstellungen in aller Öffentlichkeit, aber auch in den Kreisen, denen die Antike gegenwärtig ist, gefeiert worden, mit bemerkenswerter Bereitschaft, Wesen und Wert jener bedeutenden Zeit zu verstehen und zu würdigen. Mommsens eindrucksvolles Bild der römischen Geschichte, worin außer Pompeius, Cicero und anderen auch Augustus den Schatten für das leuchtende Cäsarbild hergeben mußte, bannt die Geister nicht mehr so wie ehedem, so daß wir, von seiner einseitigen Liebe und seinem einseitigen Haß befreit, uns wieder mehr im Einklang mit den Stimmen der Jahrhunderte befinden. Auch für Livius ist eine günstigere Zeit gekommen. Die Wissenschaft des 19. Jahrhunderts war seinem Ruhm gefährlich geworden, viel gefährlicher als die bloß verneinende Kritik des 18. Denn sie hatte gelernt, sich von der überlieferten Fassung der Geschichte zu befreien, indem sie die Überlieferung geschichtlich erklärte, und nach Maß und Bedürfnis des eigenen Denkens aus dem jenseits der Überlieferung liegenden Rohstoff des Tatsächlichen eine neue Geschichte aufzubauen. Livius hat sie nicht schätzen können, der weder gute Materialien lieferte noch Geschichtsforscher gewesen war, wie man stillschweigend verlangte. Darin nämlich hat sie, die doch alles andere historisch erklärte, dogmatisch und nicht historisch gedacht, daß sie nicht daran zweifelte, die Maßstäbe des eigenen historischen Denkens seien schlechthin gültig und nicht selbst ein Stück Geschichte und damit bedingt und eingeschränkt in ihrer Gültigkeit. So ist es dahin gekommen, daß man vielfach Livius mit dem Bedauern, nichts Besseres zu haben, zusammen mit anderen, leider ebenfalls schlechten Geschichtstexten notgedrungen von Fall zu Fall benutzt, aber kaum eigentlich gelesen hat, um sich daran zu erfreuen.

Erst jetzt ist mit der Einsicht in die Bedingtheit jeder Art des geschichtlichen Denkens der Blick auch auf die Geschichtsschreiber frei, die dem modernen Ideal sehr fern sind wie Livius. Hat er gleich etwas ganz anderes gewollt als wir, so ist sein Werk als Äußerung des Geistes jener immer denkwürdigen Epoche bedeutend. Was wiegen nun noch die sehr leicht sichtbaren Fehler und Mängel, die wir gar nicht leugnen oder verkleinern wollen: daß er, weder Staatsmann noch Heerführer noch kritischer Forscher, einer schwer verfälschten Überlieferung hilflos verfallen ist? Er bleibt ein großer Schriftsteller, der dem alten Rom in einer seiner bedeutendsten Situationen seine Geschichte so erzählt hat, daß es sich gern darin wiederfinden und sein Werk anerkennen und sich zu eigen machen mochte. Seine Stimme ist die Stimme Roms geworden. Er hat die Sprache geformt, in der das Rom des Augustus sein Verhältnis zu der neu erschlossenen Vergangenheit ausgesprochen hat, und das ist nichts kleines. Man muß vorbereitet dafür sein, den Ton dieser Sprache zu vernehmen. Dann aber wird man Schönheit gewordene römische Größe vernehmen, die gelassen durch die Zeiten zieht, solange es Menschen gibt, die würdig und imstande sind, daran Anteil zu gewinnen. Deshalb kann man noch immer dem, der sich in die römische Geschichte von ihren legendenhaften Anfängen bis gegen das Ende der Samnitenkriege – genauer: bis zum Jahre 293 – und dann vom Beginn des Hannibalkrieges bis zur Schlacht bei Pydna (168) einlesen will, nur empfehlen, es zuerst mit Livius zu versuchen und dann erst zu modernen Büchern überzugehen. Wir wollen ja nicht nur wissen, wie es in der Königszeit, beim Galliersturm, im Hannibal-, Antiochos- und Perseuskriege wirklich und genau zugegangen ist, sondern auch, wie das Rom des Augustus, das Rom, das uns faßbar und verständlich ist, weil es zu uns spricht, über seine Vergangenheit gedacht hat, und das finden wir bei Livius. Wir wissen es, Augustus selbst hat sein Werk anerkannt, obwohl er darin an Cäsar das Fragwürdige hervorgehoben und Pompeius so gepriesen fand, daß er den Geschichtsschreiber einen Pompejaner nannte. »Das tat ihrer Freundschaft keinen Schaden«, läßt Tacitus den unter Tiberius angeklagten Geschichtsschreiber Cremutius Cordus zu seiner Verteidigung sagen (*ann.* 4, 34). Freundschaft bestand zwischen dem Kaiser und Livius, und dafür spricht auch, daß man ihm im Kaiserhause Einfluß auf einen der Prinzen verstattete, Claudius, den späteren Kaiser, der sich in seiner Jugend, angeregt von Livius, selbst in der Geschichte versucht hat (Suet. *Claud.* 41, 1). So nehmen wir denn dieses Werk als vollgültiges Stück der augusteischen Geisteswelt, und gerade die ersten Bücher, die der Geschichtsforscher von heute vielleicht am geringsten achtet, sind in dieser Hinsicht besonders wertvoll, weil darin der Hauch des Geistes, der sich nach dem Sieg des Augustus bei Actium beim Eintritt in das neue

Zeitalter erhoben hat, noch stärker als in den übrigen fühlbar ist. Denn es ist offenbar das große gemeinsame Erlebnis der ersten Jahre des Augustus, der eigentlichen hohen Zeit der Epoche, das gewesen, was ihn hat Geschichte schreiben lassen, und das ist in den ersten Büchern, die gleichzeitig mit der Aeneis und Horazens Oden entstanden sind, noch am frischesten.

Damit wäre denn gesagt, daß wir trotz allen Mängeln im livianischen Werke wesentliche Geschichtsschreibung sehen, nämlich eine echte Begegnung Roms mit seiner Vergangenheit in einer bedeutenden Schicksalsstunde.

Nur im Vorübergehen sei es angemerkt, daß es auch mit den sachlichen Irrtümern des Livius nicht so schlimm bestellt ist, wie es nach soviel Kritik dem Laien scheinen könnte. Wir sind heute im Gegenteil geneigt, dessen inne zu werden, wieviel er durch eine Überlieferung, deren Gebrechen wir nun durchschauen, ohne sie noch übermäßig betonen zu müssen, doch immer noch gewußt hat, wie dicht sein Werk von Wirklichkeit erfüllt ist. Aber das soll hier nicht weiter verfolgt werden. Statt uns mit dem stofflichen Inhalt zu befassen, gehen wir dem Gedanken nach, der soeben ausgesprochen ist: daß das Werk des Livius die Frucht einer wesentlichen Begegnung Roms mit seiner Vergangenheit sei, und fragen zuerst, was es eigentlich gewesen ist, was ihn hat Geschichte schreiben lassen, welches sein Anliegen, welches sein Gedanke gewesen ist.

Hier ist es freilich nötig, zu unterscheiden zwischen den Denkinhalten eines Geschichtsdenkers und der Denkart eines Geschichtserzählers, der gar nicht Denker sein will. Livius ist kein Geschichtsdenker, und man soll ihn nicht mit Gewalt dazu machen. Er trägt fast keine Reflexionen, selten einfache Urteile vor. Auch hat er nicht eine unausgesprochene, aber ausgedachte Verstandeserkenntnis in sein Werk gelegt, die sich etwa in der Folge und Verkettung der Ereignisse selbst darstellte. Die Römer neigen im allgemeinen weniger als die Griechen zu solchem Geschichtsdenken, und unter den Römern wieder hat Livius viel weniger davon als Sallust und Tacitus. Doch ist es ein unterscheidbarer, sehr bestimmter Geist, der da am Werke ist. Und darum ist die Geschichte des Livius, obwohl er doch nur das Überlieferte getreulich weitergeben will und dem jeweils gewählten Vorgänger Abschnitt für Abschnitt nacherzählt, dennoch sehr rein gestimmt. Was ist es also, was hier wirkt und gestaltet? Was ist das Wesentliche an dieser Begegnung Roms mit seiner Vergangenheit in Livius?

So oder ähnlich haben die gefragt, die in den letzten Jahrzehnten über Livius nachgedacht haben – und es ist viel über ihn in diesen Jahren geschrieben worden. Da ist es nun besonders Livius der Volkserzieher, auf den man vorzugsweise geachtet hat, der Verkünder eines staatsmännischen Ideals, nämlich dessen des Augustus. Livius hat die Geschichte in einem neuen, eben dem augusteischen Geiste ausgelegt: das Ganze des römischen Volkes und Staates gegen das Einzelne, Teilende, Entzweiende überall zur Geltung gebracht, den bösen Wahn der Habgier, Herrschsucht und Parteileidenschaft, der in den Bürgerkriegen gewütet hat, verurteilt, Eintracht und Opferfreudigkeit gepriesen, die gottgewollte Herrschaft der Römer über die andern Völker verherrlicht, wie sie Augustus vollendet hatte, an Aufstieg geglaubt – trotz dem Sittenverfall, den er beklagt – und an die Kräfte und Werte im römischen Wesen, die ihn bewirken; diese sind es, auf die er allenthalben achtet, die er erzählend hervortreten läßt. Da ist vor allem *virtus*, die mannhafte, tapfere Art des römischen Bürgers, *pietas*, der fromme Sinn, der sich im Verhältnis zu den Göttern, den Eltern und Verwandten, den Schutzherren und Schutzbefohlenen und dem Vaterlande treu bewährt, *iustitia*, die Rechtlichkeit, *fides*, die Verläßlichkeit, *clementia*, die Milde, die zur Nachsicht bereit ist, *magnitudo animi*, der hohe Sinn, der auf Großes gerichtet ist und über Niederes wegsieht, *moderatio*, die Fähigkeit, das eigene Ungestüm zu bezwingen und die Grenzen höherer Ordnung zu achten[1].

Man hat den Begriff des Volkserziehers Livius so weit getrieben, daß die »Genesung des römischen Volkes« nach den Bürgerkriegen und seine »geistige Konsolidierung« als sein eigentliches Ziel erscheint. Sogar seine feine psychologische Kunst stellt man als Mittel zum Zweck, als »heilende Psychagogie« hin[2].

Der prüfende Betrachter wird an diesen und ähnlichen Gedanken zweierlei unterscheiden. Livius hat in der Geschichtsschreibung wie Virgil und Horaz in der Dichtkunst das verwirklicht, was die geschichtliche Daseinslage ermöglichte und erforderte. Jene bewahrende, wiederherstellende, erneuernde, ordnende, der Harmonie des ganzen römischen Daseins zugewandte Sinnesart, die den besten Geistern der Zeit gemeinsam ist, spricht sich ebenso wie bei den Dichtern auch bei Livius aus, und sie ist im Bunde mit dem staatsmännischen Wirken des Augustus. Dies ist das eine. Das andere wäre der absichtsvolle Versuch, durch erzählte Geschichte pädagogisch auf die Menschen einzuwirken. Was nun dieses zweite angeht, so sieht freilich der Römer im allgemeinen gern in der Geschichte einen Vorrat von *exempla*, von nachahmenswerten und verwerflichen Beispielen, und gilt es einen Entschluß zu fassen, so hält er sich und anderen solche Beispiele vor. Und Livius selbst fordert in der Vorrede den Leser auf, auf Lebensformen, Sitten, Männer und Verhaltungsweisen zu achten, wie sie Aufstieg und Niedergang bewirkt haben, und sich für das eigene Verhalten im Staatsleben ein Beispiel daran zu nehmen. Doch vereinzelt man dies, erklärt man den ganzen Livius aus diesem Bestreben, so liegt das Mißverständnis nahe, das ganze Werk als ausgeklügeltes, auf Wirkung berechnetes Unternehmen, als bloße Publizistik aufzufassen. Damit würde man dem Geschichtsschreiber nicht gerecht. Er spricht ja selbst vorher von der tiefen Befrie-

[1] Anmerkungen s. S. 482.

digung des Gemüts, die es ihm gewährt, wenn er sich anschauend in die alte Zeit versenkt.

Die hier angezogene Vorrede zu dem ganzen Werke ist am besten geeignet, verstehen zu lehren, was Livius in der Geschichte gesucht und gefunden hat. Zugleich läßt sie den unverwechselbaren livianischen Ton und gewissermaßen die Musik seiner Satzfolgen vernehmen, die bei diesem Schriftsteller, der so wenig Verstandesmensch gewesen ist, ebenso wichtig sind wie die Begriffe und der Gedankeninhalt. Sie soll daher in diesem Zusammenhang hier vergegenwärtigt sein. Wenn wir sie dann ausdeuten, so sollen andere Äußerungen, die über das Werk hin verstreut sind, mit berücksichtigt werden. Die Vorrede lautet folgendermaßen:

»Ob mein Beginnen lohnen wird, von Anbeginn der Stadt die Taten des römischen Volkes aufzuzeichnen, das weiß ich nicht recht; und wenn ich auch wüßte, daß ich etwas Lohnendes unternehme, so möchte ich es doch nicht zu behaupten wagen. Denn ich sehe, daß es etwas längst und oft Geschehenes ist: immer wieder von neuem haben Geschichtsschreiber geglaubt, noch gewissere Wahrheit zu bringen oder in Sprach- und Darstellungskunst über die altertümliche Formlosigkeit ihrer Vorgänger hinauszukommen.

Wie dem sein mag, mir wird das Bewußtsein Befriedigung geben, daß auch ich dann an meinem Teil etwas für die Überlieferung der Taten des führenden Volkes der Erde getan habe. Und wenn in dieser Schar der Geschichtsschreiber mein Ruhm im Dunkel bleiben sollte, so möchte ich mich mit dem Adel und der Größe derer trösten, die dann vor meinem Namen stehen werden.

Weiter fordert der Gegenstand, um den es sich handelt, Rom, eine unermeßliche Leistung. Seine Ursprünge liegen über siebenhundert Jahre in der Zeit zurück, und es ist von dürftigen Anfängen so ins Breite gewachsen, daß es jetzt krank ist an seiner Größe. Und bei soviel daran gewandter Arbeit wird doch gewiß ein großer Teil der

Leser wenig Gefallen finden an den Anfängen und dem, was unmittelbar nach den Anfängen folgt; sie werden es eilig haben, zu unserer neuen Zeit zu kommen, in der sich die Kräfte des schon lange Zeit übermächtigen Volkes selber zerstören.

Ich aber möchte unter anderem das gerade als Lohn meiner Mühe suchen, mich vom Anblick des Unheils, das unser heutiges Geschlecht so viele Jahre hat ansehen müssen, wegwenden zu können, solange wenigstens, wie ich mir die alte Zeit vergegenwärtige, erlöst von aller Sorge, welche den Geschichtsschreiber vielleicht nicht von der Wahrheit abzuwenden braucht, aber ihm die unbefangene Gelassenheit nehmen könnte.

Was sich vor der Stadtgründung und vor dem, was zu ihr hinführte, zugetragen haben soll, Dinge, die mehr in die Sagen der Dichter gehören als in die lautere Überlieferung der Geschichtsbücher, das will ich weder als sichere Wahrheit hinstellen noch bestreiten. Man billigt der Vorzeit das Recht zu, Menschliches mit Göttlichem zu vereinigen und den Ursprung einer Stadt mit überirdischer Hoheit zu umgeben. Und wenn es einem Volke erlaubt werden muß, seine Anfänge zu weihen, so darf es gewiß Rom. Sein Kriegsruhm ist so überwältigend, daß die Völker der Erde an Mars als seinen Urahn und Vater seines Gründers ebenso gerne glauben, wie sie das Reich hinnehmen.

Doch wie man auch dergleichen auffassen und beurteilen will, ich möchte darin nicht das Entscheidende sehen. Dagegen wünsche ich, daß jeder einzelne scharf darauf acht hat, wie damals die Lebensform und wie der sittliche Zustand gewesen ist, was für Männer und was für Wandel in Krieg und Frieden das Reich zustande gebracht und groß gemacht haben. Er soll im Geiste verfolgen, wie darauf mit dem allmählichen Verfall der Strenge der sittliche Zustand zuerst gleichsam zusammengesunken ist, dann, wie er mehr und mehr ins Gleiten gekommen, wie er dann jäh abgestürzt ist, bis es endlich zu unserer Zeit gekommen ist, in der wir weder unsere Verkommenheit mehr ertragen können noch die Mittel, die man dagegen anwendet. Das ist das Heilsame, Fruchtbringende, das man an der Geschichte preist: man hat Lehre aller Art über Gut und Böse an einer weit sichtbaren Gestaltung anschaulich vor sich. Dorther mag man für sich und sein Leben im Staate die Vorbilder nehmen, aber auch abschreckende Beispiele dafür, wie schmachvolles Beginnen schmählich enden muß.

Ich glaube übrigens kaum, daß mich die Liebe zu dem begonnenen Werke verführt, sondern daß wirklich kein Staat größer, reiner und an guten Vorbildern reicher gewesen ist. Nirgends sind Habgier und Genußsucht so spät eingedrungen, nirgends Armut und Kargheit so lange in Ehren gestanden. Denn je geringer der Besitz, desto geringer war auch die Begehrlichkeit. Erst in neuerer Zeit hat der Reichtum die Habsucht hereingebracht, und mit dem Übermaß aller Genüsse ist die Sucht gekommen, durch Prassen und wüstes Leben unterzugehen und Untergang rings um sich her zu verbreiten.

Aber Klagen, auch später nicht willkommen, wenn sie nötig werden, sollen jedenfalls beim Eintritt in das große Beginnen fernbleiben. Wenn es nur bei Geschichtsschreibern so wie bei Dichtern Brauch wäre, so wollte ich lieber mit Worten guter Vorbedeutung anfangen und mit Gebet und Bitte an Götter und Göttinnen, sie möchten dem Beginner des großen Werkes guten Fortgang geben.«

Ein Volk – das römische, das eigene – erstes, führendes Volk in der Welt, ist den andern an kriegerischer Fähigkeit überlegen, vom göttlichen Willen zur Herrschaft berufen von Anbeginn, ohne Gewinnsucht und Herrschgier, vielmehr vor allem rechtlich und in seiner Rechtlichkeit, indem es für sein und seiner Verbündeten gutes Recht einstand, Schritt für Schritt den wunderbaren Weg von kleinen Anfängen bis zu der ihm gebührenden Majestät der Herrschaft über den Erdkreis aufgestiegen, einer Herrschaft, die ursprünglich und wesenhaft auf dem Gehorsam beruht, den man dem Wertvolleren willig leistet[3], einer Herrschaft also, die nichts anderes ist als die des Wertes in der Welt. Dieser Größe, dieser sittlichen Würde Roms, dieser Schicksalsfügung ist Livius mit religiös gestimmter Ehrfurcht zugewandt, so ergriffen und so tief bewegt, wie man es nicht vor dem selbstverständlich Offenbaren ist, sondern vor dem, was verborgen war und sich jetzt erst beglückend geöffnet und enthüllt hat. Das hat es ihm angetan, darum schreibt er. Reich und überreich tut sich ihm in den Räumen der Vergangenheit eine Welt des Wertes auf. »Und nun spotte man noch«, schreibt er hingerissen von der Selbstlosigkeit des Titus Manlius Torquatus, der im Hannibalkriege seine schon sichere Wahl zum Konsul unter Hinweis auf sein Alter und die gefährliche Kriegslage verhindert hat[4], »man spotte noch über Menschen, die das Alte anstaunen! Ich glaube nicht, daß in einem etwa bestehenden Staat von Weisen, wie ihn Denker mehr ersinnen als kennen, die Führenden charakterfester und von Herrschsucht freier und die Menge besser geartet ausfallen könnte«. Das heißt: das alte Rom ist so gut wie der Idealstaat Platons und der anderen Philosophen und hat vor ihm den Vorzug der Wirklichkeit voraus – ein Gedanke übrigens, den schon Cicero ausgesprochen hatte.

Imperium und sittlicher Wert: beides verbunden war in den vergangenen Jahrzehnten vor dem Siege des Augustus in Frage gestellt und fast schon verloren geglaubt. Als Livius erwachsen wurde, hatte Horaz[5] dem »gottlosen Geschlecht fluchbeladenen, dem Untergang verfallenen Geblüts«, das Rom vernichten werde, nachdem es so viele Jahrhunderte lang seine schlimmsten Feinde nicht haben vernichten können, im Prophetenton gedroht, der Barbar werde als Sieger durch die Stadt reiten und die Stätte zur Wüste machen. Und man könnte hier noch andere Worte Horazens, aber auch andere, verwandte von Cicero[6] anführen, um zu zeigen, daß das mehr als ein flüchtiger Einfall des Dichters ist. Das war die Ansicht der Dinge in den vierziger Jahren v. Chr. für einige der wachsten, besten Geister gewesen, und auch ein Virgil hatte sich davon nur dadurch zu befreien vermocht, daß er einen religiösen Glauben dagegen setzte, den Glauben an eine Umkehr in der letzten Not von Schuld und Leid zu ursprünglicher Reinheit und zum Heil. Doch auch in ihm war die Furcht vor dem Ende geblieben, und andere, wie Sallust, stellten die Dinge so dar, daß der Leser keinen Ausblick ins Freie hat und fürchtet, diesem Volke sei nicht mehr zu helfen. So tief ging das Grauen, daß die Menschen, an der Wurzel ihres Daseins erschüttert, die Not wie einen Stand der Ungnade im religiösen Sinne nehmen konnten, wie eine religiöse Schuld, ein *piaculum,* das nach Entsühnung verlangt. Dies alles muß man als Hintergrund gegenwärtig haben, um das Anliegen des Livius und seinen Blick auf die Geschichte ganz zu verstehen. Stolz auf das Imperium und Freude am sittlichen Wert sind bei ihm ebenso verbunden wie beim frühen Horaz und bei Sallust Sorge um das Reich und der Zwang, überall das Arge zu sehen. Nur daß dort der Zusammenhang noch offener zutage liegt: Verkommenheit führt zur Uneinigkeit und diese schließlich zu den Bürgerkriegen, Bürgerkrieg aber läßt das Imperium verfallen und Rom zur Beute der Barbaren werden. Und wie in dieser Not und Gefahr religiöse Schuld und Ungnade der Götter im Spiel zu sein schienen, so fühlte man nach der Rettung im neuen Zustand Bedürfnis und Zuversicht, entsühnt im rechten Verhältnis zu den Göttern zu leben und sich ihrer Huld und ihres Segens zu erfreuen. Die Umkehr war nicht nur ein politisches, sondern auch ein religiöses Ereignis, Augustus und seine Ordnung von übermenschlicher Weihe umglänzt; das besagt ja der Name Augustus.[7] Daher die fromme Verehrung, in der Livius der Geschichte des Imperiums und der Entfaltung seiner sittlichen Kraft und Würde naht. Schließlich antwortet dem Erlebnis der äußersten Gefahr, die das Dasein Roms in Frage gestellt hatte, die Idee der Ewigkeit Roms, das Bedürfnis und der Glaube, auf unzerstörbarem Grunde zu ruhen. Wie denn überhaupt das Hochgefühl der Zeit des Augustus und die Gedanken, in denen es sich ausdrückt, von den Schreckenszeiten lebt, die vorangegangenen waren, vom Erlebnis tödlicher Gefahr und von den Kräften der Innerlichkeit, die damals in einigen Menschen erschlossen worden waren.

Das Hochgefühl schlägt übrigens bei Livius ebensowenig wie bei Virgil und Horaz in Überheblichkeit um, und es ist wichtig, dies in seinem Geschichtsbewußtsein zu bemerken. Wohl wagt der Blick wieder, neu ermutigt, sich zur Größe und Würde Roms zu erheben, aber er verehrt sie in der Geschichte, vor allem in der fernen Vergangenheit, als Vorbild, ohne sich und das gegenwärtige Geschlecht auf die gleiche Stufe zu stellen oder sich gar darüber zu erheben, vielleicht auch in der Gegenwart, aber als gute Fügung, als demütig empfangenes hohes Gut, als Aufgabe. Wir wissen leider nicht genau, wie er die nahe Vergangenheit und die eigene Zeit dargestellt hat. Aber wir erkennen es in den erhaltenen Teilen allenthalben, wie er über den tiefen Fall des Geschlechtes, dem er angehört, und zwar nicht mit dem Bewußtsein, daß das abgetan sei, trauert im Aufblick zur Höhe früherer Zeiten. Diese Trauer dämpft das Hochgefühl und läßt es nicht zum Hochmut werden.

Es ist im Verlauf der bisher vorgetragenen Gedanken schon nebenbei deutlich geworden, daß das Geschichts- und Gegenwartsbewußtsein, das das Livianische Werk beseelt, seinen genauen geschichtlichen Ort in einer fruchtbaren, aber schmalen Grenzsituation zwischen den Zeiten hat und ein recht gebrechliches, schnell vergängliches Ding ist, so wie überhaupt die augusteische Hochkultur, von der freilich Jahrhunderte geistig gelebt haben, eine nur kurze Zeit dauernde Blüte gewesen ist. Das ist es, was nun in einer zweiten Gedankenreihe verfolgt werden soll. Denn die eine Seite an Livius, seine

Teilnahme an dem allgemeinen Aufschwung der Geister und am gemeinsamen Bestreben, ist teils im Vorgetragenen genugsam bezeichnet, teils auch von anderen im einzelnen geschildert. Dagegen lohnt es zu zeigen, wie das Geschichtswerk des Livius nur an der Grenze zweier Zeiten so hat entstehen können und wie es bedingt ist durch ein merkwürdiges, unwiederholbares Verhältnis zu Altrom, worin sich Einssein und Fremdheit, Zugehörigkeit und Abstand, Wiederfinden und Trennung in eigener Weise verschlingen.

Livius ist einer von den „Letzten“, die in der Geschichte der Literatur eine so bedeutsame Rolle spielen. Er hat noch einmal in der neuen Zeit die alte Aufgabe auf sich genommen, die Geschichte Roms vom Ursprung an zu erzählen. Kein Späterer hat es ihm nachgetan, und das ist begreiflich. Denn es war nur so lange möglich, wie man die alte Zeit des Freistaates noch nicht als abgeschlossenen, fremden Zeitraum ansah, wie man in der Staatsordnung des Augustus noch vorzugsweise eine Wiederherstellung sah, das heißt, nur in der ersten Zeit des Prinzipats. Später kam die Erkenntnis, daß der Bürgerkrieg die alte römische Welt, das alte Gemeinwesen nicht nur gefährdet, sondern zerstört hatte, daß man davon Abschied genommen hatte, ohne dessen recht inne zu werden, daß der Prinzipat einen Bürgerkriegssieg verewigt hatte. Von da an waren Werke wie das des Livius unmöglich. Die Zeit des Freistaates wurde ein fremdes Zeitalter, entweder gleichgültiger als vordem, sofern man sich nämlich wohl und überlegen in dem neuen Zustand fühlte, oder aber – wenn man von bloß gelehrter Kennerschaft absieht – mit heftigerer, gefährlicherer Leidenschaft ersehnt, betrauert und einer fragwürdigen Gegenwart als Gegenbild vorgehalten. Es beginnt die Geschichtsschreibung der Zeit des julisch-claudischen Kaiserhauses, deren Anliegen es ist, zu zeigen, wie es zu dem gegenwärtigen Zustand, das heißt zum Prinzipat, gekommen ist[8]. Der Prinzipat wird zum Problem, und die schweren Fragen erheben sich, die später Tacitus wieder aufgenommen und vertieft hat. Cremutius Cordus ist der erste, bei dem sie gefährlich scharf geworden sind; ihn hat zwar Augustus in seiner gelassenen Herrscherweisheit ertragen, aber unter Tiberius ist der Konflikt gekommen: angeklagt, weil er Brutus, den Cäsarmörder, gelobt und Cassius den letzten Römer genannt hatte, hat er sich selbst den Tod gegeben, und sein Werk ist von Staats wegen verbrannt worden (Tac. *ann.* 4, 34). Schon Livius hält die alte Zeit mahnend der Gegenwart vor und setzt die eine der andern entgegen, aber daraus wird bei ihm noch kein gefährlicher Zwiespalt, noch keine Frage nach Recht und Unrecht der gegenwärtigen Form des Staatslebens; das dürfen wir aus der Stimmung der erhaltenen Teile und aus dem guten Verhältnis zwischen Livius und Augustus getrost schließen, wenngleich sich in dem Ausspruch des Augustus, Livius sei Pompejaner, die bevorstehende Schwierigkeit bereits ankündigt. Er hat die versöhnlichste Geschichte geschrieben, die es je in Rom gegeben hat; ein Stück *pax Augusta* ist das Werk einmal genannt worden. Gegensätze, die bald wieder feindlich auseinandertreten sollten, sind einmal und gerade noch versöhnt beieinander in diesem Werk, das in den Jahren der allgemeinen Versöhnung seinen Ursprung hat. In dieser Gestalt, dargestellt mit ruhig verehrendem Blick ohne Hintergedanken, konnte Altrom den späteren Geschlechtern überliefert werden. Aber entstehen konnte ein solches Werk, ebenso wie die übrigen Hochleistungen der augusteischen Kultur, die das geistige Erbe der Kaiserzeit begründet haben, nur an der Grenze zwischen den beiden Zeitaltern.

In diese Grenzsituation, in die geschichtliche Lage am Beginn des Prinzipats, gehört auch das eigentümliche Verhältnis zum alten Rom und seiner Geschichte, worin Zugehörigkeit und Abstand zugleich wirksam sind. Vor allem der Abstand ist ein überaus wichtiges, für die Zeit bezeichnendes und längst nicht nach Gebühr gewürdigtes

Bedingnis des livianischen Geschichtswerkes und seiner Eigenart.

Jede Zeit sucht sich den Dichter, den Geschichtsschreiber, der ihren Bedürfnissen genug tut und sie vor der Nachwelt gültig vertritt. So werden Menschen zu Sinnbildern ganzer Zeitalter emporgehoben, die in anderen Zeiten im Dunkel verborgen geblieben wären. Man kann sich nicht denken, daß ein Ennius der Dichter des augusteischen Rom geworden wäre, ebensowenig wie das Umgekehrte, daß eine Natur wie Virgil der Herold des Ruhmes der großen Herren der Jahrzehnte nach dem Hannibal-Kriege hätte werden können. Und was die Geschichte betrifft, so hätte ein Cato keinen Raum in der gedämpften Welt um Augustus gehabt. Sie hat sich zu ihrem Geschichtsschreiber einen Mann aus Patavium im Veneterlande, einen Gelehrten und Künstler, ein lauteres, argloses Gemüt ausgewählt, einen also, der weit davon entfernt war, selbst Geschichte zu machen. Die Geschichte, die ein solcher schrieb, mußte freilich anders ausfallen als die eines Cato und der meisten anderen vor Livius. Wenn man es böse bezeichnen will, mußte es eine Geschichte des wohlmeinenden Privatmannes werden.

Von Haus aus war die Geschichtsschreibung in Rom Sache von Staatsmännern und selbst ein Stück Politik gewesen. So hatte Fabius Pictor, der erste römische Geschichtsschreiber, nach dem Zweiten Punischen Kriege das siegreiche, aber geistig bis dahin wehrlose Rom auch in der griechisch sprechenden Welt mit einem griechisch geschriebenen Geschichtswerk gerechtfertigt und als vollwertigen Kulturstaat hingestellt. So hatte der alte Cato wenig später in seiner Geschichte gegen die neue, griechischen Einflüssen zugängliche Art, gegen die großen herrschenden Familien gestritten, indem er gegen eine Geschichte der großen Einzelnen seine Geschichte der römischen Heere und des römischen Volkes gesetzt hatte, und überhaupt seine Ansichten verfochten. So war es lange geblieben; die Geschichtsschreibung war eine senatorische

Schriftstellerei, eine Fortsetzung der Politik mit anderen Mitteln. Noch Tacitus hat später als Konsular Geschichte geschrieben, um das richtige Urteil über das erste Jahrhundert des Prinzipats zu retten, und gegen das Ende des Altertums hat noch einmal ein vornehmer Senator, Nicomachus Flavianus, Geschichte geschrieben, auch er gewiß mit dem Willen, einen politischen Standpunkt zu verfechten; in diesem Falle war es der Standpunkt des um seine überlieferte Kultur kämpfenden heidnischen Hochadels. Freilich, um die Wende vom zweiten zum ersten vorchristlichen Jahrhundert, in dem neuerungsfreudigen Rom der Gracchen, ist zum ersten Male ein Geschichtsschreiber aufgetreten, der kein Staatsmann, sondern Gelehrter und Wortkünstler gewesen ist, Coelius Antipater, der Darsteller des Hannibalkrieges, und mit dieser neuartigen Gestalt ist eine Geschichte neuer Art gekommen, das Heldengedicht in Prosa. Und nach ihm, in der Zeit des sullanischen Aristokratenstaates und in Cäsars Zeit, hat es neben den Geschichte schreibenden Staatsmännern wie Cornelius Sisenna, Licinius Macer, Sallust und Aelius Tubero Annalisten wie Claudius Quadrigarius und Valerius Antias gegeben, von denen die Geschichte nichts zu berichten weiß. Es scheint also, als habe sich die Geschichtsschreibung längst der Art des Livius genähert. Und sie hat es auch getan. Nur darf man eins dabei nicht übersehen: auch diese unpolitischen Annalisten haben wahrscheinlich auf ihre Art Politik gemacht. So wie im Jahrhundert vorher die großen Herren selbst geschrieben hatten, um für ihre Ansichten oder ihren Ruhm zu wirken, so konnte jetzt der kleine Sippengenosse, der Gefolgsmann oder gar der Freigelassene dieses Geschäft übernehmen. So erkennen wir gerade noch, daß Valerius Antias die Geschichte der ersten Jahrzehnte des jungen Freistaates rücksichtslos zugunsten des Ruhmes seiner Sippe[9] verfälscht hat. Man hat sich ihn als Angehörigen der mächtigen valerischen Sippe, aber eines Zweiges vorzustellen, der es im öffentlichen Leben nie weit gebracht und dennoch seinen Sippenstolz bewahrt hatte[10]. Auch dieser nächste Vorgänger des Livius macht also in seinen Annalen noch eine Art praktische Politik, ist noch in das Getriebe des öffentlichen Lebens einbezogen, wie es sich in Rom abspielt. Erst recht gilt das natürlich von Sisenna, dem Parteigänger der sullanischen Nobilität, von Licinius Macer, dem popularen Agitator, von Aelius Tubero, dem Cäsarianer. Sie hatten alle ihre Hände mit in dem großen Spiel und wußten gründlich Bescheid darum, sie brachten ihre Erfahrungen, ihre Liebe und ihren Haß, ihre Bitternisse mit in die Geschichte.

Was eine solche Geschichte von geistig einfachen Männern der Tat an Vorzügen und Nachteilen haben kann, ist leicht einzusehen. Sie spricht unmittelbar aus einer Situation heraus und aus Verhältnissen, die den erzählten ähnlich sind. Andererseits ist sie in das Triebwerk der Politik zu sehr verstrickt, um sich zur Unbefangenheit freier, weiter Sicht erheben zu können, die immer Abstand voraussetzt. Die Leidenschaften des Kampfes schreiben mit an der Geschichte. *Exempla maiorum*, Beispiele der Vorfahren, sucht der Römer in der Geschichte; der Politiker braucht sie, sonst kann er seine Pläne und Vorschläge nicht rechtfertigen. Nun gut, der Geschichte schreibende Politiker schafft sie herbei. Fehlen sie, so erfindet er sie, beruft sich womöglich auf uralte Leinwandbuchrollen, wobei er sicher sein kann, daß niemand diese in den Archiven aufsucht und ihn der Lüge überführt ... Adel ist Macht, Adel beweist man durch die Ahnenbilder im Atrium und die Inschriften darunter, die Ämter und Verdienste der Vorfahren nennen; auch die Leichenreden im Familienarchiv geben darüber Auskunft. Doch im Kampf um den Vorrang hilft der Ehrgeiz nach, mehrt den Ehrenschatz des Hauses, und solche gefälschte Familienüberlieferung fließt dann in die Geschichte Roms ein. Es ist vor allem die frühe, von den älteren Historikern nur ganz spärlich erzählte Geschichte, worin sich die Kampfleidenschaften der spätrepublikanischen Geschichtsschreiber ausdichtend oder auch erfindend ergehen konnten. Eduard Schwartz hat es wahrscheinlich machen können, daß ein solcher Annalist eine Verschwörung in den ersten Jahren des Freistaates zu dem Zweck erfunden hat, um an diesem Ebenbild die catilinarische Angelegenheit und die Art, wie Cicero sie behandelt hatte, zu verhöhnen[11]. Wo solches möglich ist, da muß das Bewußtsein, für das Überlieferte verantwortlich zu sein, sehr tief stehen. Je größer eine gewisse Lebensnähe dieser Geschichtsschreibung des Freistaates ist, desto schlimmer ist es mit der Wahrheit bestellt.

Livius ist kein Senator, kein Staatsmann, nicht einmal Stadtrömer gewesen. Seine Heimatstadt Patavium – Padua – hatte eine ruhmvolle eigene Vergangenheit und war stolz darauf; aber im römischen Staate hatte sie erst im Jahre 49 das volle Bürgerrecht erhalten. Und mag es selbst die Familie des Livius – von dem manche Äußerungen auf vornehme Herkunft schließen lassen – schon früher besessen haben, so ist doch das eine gewiß, daß sie mit der hohen Politik in Rom nichts zu tun gehabt hat. Als Paduaner, als Künstler und Gelehrter und als der Mensch, der er von Natur war, ist Livius dem politischen Getriebe der Hauptstadt ferner gewesen als wohl irgendein namhafter Geschichtsschreiber vor ihm. Im Grunde hat er hierin nicht anders dagestanden als Virgil, der aus dem nahen Mantua stammte. Halb von außen hat er das politisch-geschichtliche Wesen angeschaut, das er darzustellen unternahm.

Einen solchen brauchte das Rom des Augustus. Keiner von denen, die den Bürgerkrieg an hohen Stellen miterlebt hatten oder deren Familien beteiligt gewesen waren, hätte das geschichtliche Rombild des neuen Friedensreiches entwerfen können. Denn keiner war den bitteren Erinnerungen und Leidenschaften des Kampfes so entrückt, daß er die Gelassenheit hätte aufbringen können, die dazu nötig war. Auch hatten sie zu tief in die Vorgänge hineingeblickt, um mit reiner Begeisterung Geschichte schreiben zu können. Was in anderen Zeiten Ansporn gewesen war, war jetzt, in einer veränderten Welt, ein Hindernis: sie standen der Politik zu nahe[12]. Sollte sich das unter Augustus erneuerte Rom in einem Geschichtswerk bezeugen, so mußte es ein Mann wie Livius schreiben.

Der politische Laie, der wohlgesinnte Privatmann ist vielleicht überhaupt eine wesentliche Gestalt in diesem neuen Rom. Hatte der Prinzipat den Frieden gebracht, so hatte er auch das leidenschaftlich bewegte öffentliche Leben genommen, hatte, so überraschend das klingen mag, die Römer zu entpolitisieren begonnen. Die eigentlich wichtigen Dinge wurden nicht mehr im Senat ausgekämpft, sondern verborgen vor der Öffentlichkeit hinter den Mauern des Palatium vom Kaiser und dessen höheren und niederen Helfern, Fachleuten der Verwaltung, geregelt. Eine ganze Schicht von Menschen, deren Leben in der Politik aufgegangen war, lieferte zwar noch die Inhaber der alten Ämter und der höheren Stellen im Heere, näherte sich aber dennoch dem Stande des Privatmannes, des Geführten, um nicht zu sagen: des Untertans, dem der Einblick in die *arcana imperii* und das Mitbestimmen über Wohl und Wehe Roms entzogen, der Mitbesitz am Staate geschmälert war. *Inscitia rei publicae ut alienae,* Nichtbescheidwissen um das Gemeinwesen als etwas Fremdes: so hat Tacitus bitter den Zustand bezeichnet, den der Prinzipat gebracht hatte (*hist.* 1, 1).

Laie im Verhältnis zur hohen Politik wird also der Römer unter dem Prinzipat. Dieser Lage ist nun der Blick des politischen Laien Livius auf die Geschichte gemäß. Zwar fehlt ihm so jene eigentümliche Lebensnähe der älteren Geschichtsschreiber. Er durchschaut weder das realpolitische noch das strategische Triebwerk der Vorgänge. Menschen mit entlarvendem Blick für die Wirklichkeit dieser Dinge werden bei ihm immer wieder den Eindruck haben, so könne es nicht zugegangen sein. Auch der Mangel an sachlicher Genauigkeit kann Fachleute zur Verzweiflung bringen. Aber die Römer haben sich daran nicht gestoßen. Sie suchten im allgemeinen in der Geschichte etwas anderes als das bloßgelegte Uhrwerk der Vorgänge, und vollends unter dem Prinzipat sahen sie mehr und mehr als Laien auf ihre alte Geschichte.

Es ist auch durchaus nicht nur Schaden daraus erwachsen, daß Livius der hohen Politik, dem politisch-kriegerischen Getriebe des alten Freistaates ferngestanden hat. Vor allem war für die Wahrheit bei ihm besser gesorgt als bei seinen Vorgängern. *Sine ira et studio, quorum causas procul habeo*, nimmt Tacitus für sich in Anspruch. Man kann es mit besserem Recht von Livius sagen. Alle die Versuchungen, denen die Geschichte schreibenden Politiker und auch die anderen in einer leidenschaftlich erregten Welt schreibenden Historiker ausgesetzt waren, fochten ihn nicht an. Von Natur ein redliches, argloses Gemüt, verfolgte er keine eigennützigen Pläne, war in keinen Kampf der Machtgruppen verstrickt, stand dem ehrgeizigen Wettkampf der stadtrömischen Familien fern und wurzelte schließlich in seiner entlegenen, ihrer Sittenreinheit wegen berühmten paduanischen Heimat[13], so daß ihm das politisch erhitzte, ziemlich verdorbene stadtrömische Wesen im Grunde fremd war. So trat er unbefangen wie keiner vor ihm an seine Aufgabe heran. Man kann gewiß sein, das, was ihm überliefert war, unverfälscht bei ihm zu finden. Freilich ist es schon vor ihm arg verwüstet gewesen. Livius hat das zum Teil gewußt und hat sich gewundert. Wenn sich seine Kritik darauf beschränkt hat, abweichende Aussagen zu verzeichnen und hin und wieder nach der Wahrscheinlichkeit zu urteilen, so liegt darin kein Mangel an Wahrheitssinn. Hatte sich im Altertum über ein Stück Geschichte einmal eine Überlieferung gebildet, so war sie eine Art Realität[14]. Hinter sie zurückzugehen, wäre niemand in den

Sinn gekommen. Gewissenhaftes Bewahren im Erneuern der Darstellung und allenfalls hier und da ein Berichtigen im einzelnen war schon viel; das hat Livius getan, und darin liegt ein wesentlicher Unterschied zwischen ihm und seinen Vorgängern.
Ein zweiter Vorzug, der dem Livius aus seinem Abstand zu der hohen Politik in Rom erwächst, ist die Ehrfurcht und Liebe, womit er an seine Aufgabe geht, die Offenheit für die Werte des alten Rom. Allzu große Nähe ist manchmal der Verehrung nicht gut, Abstand lehrt unter günstigen Umständen liebevoll entdecken. Livius unterscheidet sich hierin von den anderen römischen Geschichtsschreibern, ähnlich wie Cicero von den Staatsmännern seiner Zeit, die sich im Besitz der »Erbweisheit der Nobilität«[15] zwar auf das Umgehen mit stofflichen und geistigen Machtmitteln besser als er verstanden, aber als illusionslose Praktiker Würde und Größe des römischen Staates, das geheiligte Vermächtnis der Vorzeit, rein anzuschauen und darzustellen nicht vermochten. Dazu bedurfte es des Mannes, den man gerade deshalb als den »Romulus aus Arpinum«, als den, der sich als Erben der Scipionen aufspielt, verhöhnt hat[16]. Sie hatten es leicht zu spotten, aber etwas ahnten sie nicht: diese Schwäche war auch eine Stärke. So hat auch kein Stadtrömer, kein Senator zur Zeit des Augustus den Römern ein liebenswertes Bild ihrer Vorzeit in ihr Leben mitgegeben. Dazu mußte Livius kommen, über dessen »Patavinität«, das heißt über dessen paduanische Provinzlerart, Asinius Pollio gespottet hat, wobei er Eigenheiten des Stils meinte, vielleicht nicht ohne an seine provinzhafte treuherzige Art im allgemeinen zu denken. Es liegt freilich etwas hoffnungslos Weltfernes, Wohlmeinendes darin, wie Livius die harten Machtmenschen der alten Zeit mit der milden, edlen Gebärde der augusteischen Kunst auftreten läßt. Und doch hat er nicht nur Unrecht mit seiner Liebe und Ehrfurcht. Sie läßt ihn auch echte Wahrheit sehen, die Wahrheit, um derent-

willen er schreibt: Größe, Wert und Würde des geschichtlichen Rom. Es ist ja doch wirklich bei allem Abschreckenden, das uns die entlarvende moderne Forscherarbeit gezeigt hat, auch viel ehrfurchtgebietende innere Größe und sittliche Würde in der Geschichte Altroms enthalten. Livius hat Recht, wenn er die hohen Werte, auf die der Römer blickt, darin ausgeprägt findet, ganz abgesehen von der gezügelten Kraft, die das Weltreich geschaffen hat. Wir unsererseits sehen es mit Staunen, wie unverbrüchlich die geheiligten Formen und Maßstäbe des Lebens im alten Rom lange Zeit gegolten und wie sich diese vollkräftigen, harten Menschen daran gebunden haben. Diese Wahrheit in den Blick zu bekommen und mit solcher Liebe anzuschauen, daß der Antrieb für das Riesenwerk der Erneuerung der gesamten römischen Geschichtsüberlieferung ausreichte, dazu war die eigentümliche Daseinslage des Livius, sein Blick halb von außen, seine »Patavinität« – wenn man das Wort einmal so im weiteren Sinne verwenden darf – eine und nicht die geringste Vorbedingung.

Es schien uns geboten, einmal auf diese sonst wenig beachtete Seite an Livius, am augusteischen Geistesleben zu blicken: auf den Abstand zu dem bis dahin lebenden altrömischen Wesen, auf die Ferne, den Abschied. Sich-wieder-finden, Wiederaneignen: ja; aber ehe das möglich ist, muß man sich entfernt, verloren haben. Dieses Verhältnis zeichnet das Zeitalter des Augustus und sein Geistesleben aus. Damit hängt es auch zusammen, daß sich das geistige Bild der geschichtlichen Welt, die Bilderwelt der Ideen und Symbole, mehr als früher von der unmittelbaren Wirklichkeit des äußeren, politischen Lebens trennt, dafür aber in sich bedeutender wird und eine gewisse innere Wahrheit gewinnt. Es beginnt das, was am Ende des Altertums so merkwürdig ist: strahlkräftige geistige Bilder schweben über einer furchtbaren, weithin unmenschlichen Wirklichkeit des Staatsmechanismus. In gewissem Sinne verfälscht ein Dichter wie Virgil, ein Geschichtsschreiber wie Livius das Bild seiner Zeit, indem er uns verführt, über ihre Härten wegzusehen. Es schien also nötig, einmal darauf zu achten, daß das livianische Werk auch den Abschied von der alten römischen Welt in sich schließt. Doch ist es nicht so gemeint, als sei dies die allein wichtige Hauptsache. Vielmehr ist ganz gewiß das ursprüngliche Einssein und die Wiedervereinigung wenigstens ebenso wichtig und wirksam. Es kommt darauf an, beides gebührend zu bedenken, will man geschichtlichen Ort, Stand und Daseinslage dieses Werkes und damit sein Wesen erkennen. So ist denn Livius ganz gewiß in erster Linie Römer, der Rom und seiner Geschichte ursprünglich zugehört, der seine eigene Vergangenheit noch einmal feierlich mitbegeht, indem er »die Taten des römischen Volkes« erzählt, der nach den Bürgerkriegen gewissermaßen geistig in die alte Heimat wieder heimkehrt, sich eins damit fühlt, sich mit allen seinen Kräften dazu bekennt, nichts in Frage stellt, nichts aufgibt. Verurteilt er etwas, so sind es nur die Fehler einzelner Menschen. »Gar nicht römisch« nennt er dann wohl das Verurteilte. Rom selbst hat im ganzen keine Tat zu bereuen, keinen Schritt zurückzutun gehabt. Seine ganze Geschichte stellt sich als ein wunderbarer Zusammenhang richtiger Vorgänge dar. Immer ist es im Recht, man könnte von Unfehlbarkeit sprechen. Drückt sich diese Überzeugung bei Livius mit einer Innigkeit aus, in der die eben überstandene Gefahr nachschwingt, so wurzelt sie doch tief in einer römischen Eigenart: nichts aufzugeben, keinen Schritt zurückzugehen. Etwas ungeheuer Positives liegt hierin, das nur Hinzufügen, nicht Wegnehmen kennt. Freilich ist damit auch etwas ungewöhnlich Engstirniges verbunden. Der Römer kennt in Politik und Geschichte meist kein wahres Gegenüber, keinen fremden Standpunkt, sondern nur gutes oder ungutes Verhalten zu Rom[17]. Die Freiheit des Geistes, die dazu gehört, sich in ein fremdes Volk hineinzudenken, ist den Römern lange Zeit versagt geblieben; erst bei

Tacitus erscheint sie, tragisch verdüstert. Livius erweist sich in diesem Stück als Römer wie irgendeiner.

Nur daß sich bei ihm dieses angestammte und keineswegs aufgegebene römische Wesen mit später, reifer Gesittung zusammengefunden hat. Die Römer der alten Zeit, die diesen harten, beharrenden Willen betätigt und Rom als Staat groß gemacht haben, sind zweifellos in Wirklichkeit Menschen gewesen, mit denen nicht gut Kirschen essen war. Man preist die Männer alten Schlages, die die Samniten- und Punierkriege geführt haben. Nun, man kann daran zweifeln, ob wir es mit ihnen aushalten würden. Bei Livius erwecken diese Gestalten keine solchen Bedenken. Wie kommt das, da er doch ebenso engstirnig imperial denkt wie die Römer vor ihm? Doch wohl eben daher, daß sich dieser treu bewahrte geistig enge altrömische Sinn bei ihm mit der Milde, Weite und Schönheit des späten, in langen, leidvollen Erfahrungen und in der Liebe zur griechischen Geisteswelt gereiften Menschentums, das die feinste Blüte der Zeit des Augustus ist, verbunden und vereinigt hat. Auch dies ist römisch: im Alten beharren und trotzdem ohne inneren Umsturz feinster Gesittung fähig sein. Es ist etwas Komplexes, was so in den hohen römischen Leistungen zustande kommt; aber das ist nicht immer eine Schwäche. Das Werk des Livius ist von der höchsten Seelenkultur dieser späten Zeit und von der Innerlichkeit geprägt, die damals einige Menschen gewonnen haben. Er erzählt die Geschichte vom Inneren der Beteiligten her[18] wie Virgil, in Abfolgen innerer Bewegungen und Gebärden, die ein unfehlbarer Sinn für Schönheit und Harmonie leitet und gestaltet. Er sieht auf die inneren Werte, die sich im Handeln ausprägen, mehr als auf seinen äußeren Verlauf, seine mechanischen Ursachen und Wirkungen. Und dabei ist er so altrömisch!

In dieser Gestalt ist die altrömische Geschichte auf spätere Geschlechter gekommen, in dieser Gestalt haben sie sie geliebt und sich dafür erwärmt. Es ist sehr zweifelhaft, ob sie trotz aller ihrer inneren Größe so lange, und zwar auch Menschengeschlechtern, die sie unmittelbar nichts anging, liebenswert erschienen wäre, wenn sie nicht Livius so herbstlich verklärt, bildhaft verwandelt und menschlich mild erzählt hätte. Der alte Cato hat seinen Zeitgenossen etwas zu sagen gehabt und hätte einigen von uns wieder etwas zu sagen, aber Livius hat zu zwei Jahrtausenden gesprochen.

[1] So etwa E. Burck, Die Welt als Geschichte 1, 1935, 446 ff.
[2] F. Hellmann, Livius-Interpretationen, Berlin 1939, 23 ff.
[3] 22, 13, 11.
[4] 26, 22, 14.
[5] epod. 16, 1 ff.
[6] Cic., *de leg. agr.* 1, 26; *pro Rab. perd.* 33. Vgl. [Sall.] *ad Caes.* 1, 5, 2.
[7] Vgl. G. Stübler, Die Religiosität des Livius. Stuttgart-Berlin 1941, 201 ff.
[8] Den Anfang macht, gleichzeitig mit den ersten Stücken des livianischen Werkes, Asinius Pollio, indem er eine Geschichte der Bürgerkriege schreibt, *periculosae plenum opus aleae* (Hor. *carm.* 2, 1, 6).
[9] Ein Vorfahr taucht in der valerischen Sippenpolitik während des Zweiten Punischen Krieges auf. Der Prätor M. Valerius hat als Flottenkommandanten den Legaten P. Valerius Flaccus; dieser wieder beauftragt einen L. Valerius Antias, abgefangene Gesandte Philipps von Makedonien zu Schiff nach Rom zu bringen; Liv. 23, 24, 3 ff., 38–39, 4, wohl aus valerischer Familienüberlieferung; vgl. 24, 40, 5.
[10] Daß so etwas möglich war, zeigt das Beispiel Catilinas.
[11] *Notae de Romanorum annalibus.* Programm Göttingen 1903.
[12] Asinius Pollio hat zwar zur gleichen Zeit wie Livius Geschichte geschrieben, aber es war das Werk eines Mannes, der sich vor Actium dem Augustus verweigert hatte und abseits stand, eher der Anfang der widerstrebenden, dem Prinzipat abholden Geschichtsschreibung als Ausdruck des augusteischen Rom.
[13] Wichtig, daß er dort auch gestorben ist.
[14] Vgl. W. Hoffmann, Livius und der Zweite Punische Krieg; Hermes, Einzelhefte 8. Berlin 1942, 104 ff.
[15] M. Gelzer, RE. »Tullius« 1939, 1089.
[16] [Sall.] in Cic. 7.
[17] Hierzu vgl. W. Hoffmann, Livius und der Zweite Punische Krieg; Hermes, Einzelhefte 8. Berlin 1942, 25 f.
[18] Vgl. G. Funaioli, Camillo e i Galli in Tito Livio; estratto dal volume »Studi Liviani« (Instituto di Studi Romani); Rom 1934, 21.

TACITUS
UND DIE GESCHICHTSSCHREIBER
DES ERSTEN JAHRHUNDERTS
NACH CHRISTUS

Tacitus sind wir gewohnt als großen Einzelnen zu nehmen und zu schätzen. Zwar stellen wir ihn gern auf den Hintergrund seiner Zeit, sehen ihn in den letzten acht Jahren Domitians im Innern für sein ganzes Leben verletzt durch das Erlebnis der Unterdrückung, verfolgen es dann, wie das große Aufatmen unter Nerva und in den ersten Jahren Trajans, das weitverbreitete Bestreben, das Unrecht der eben erlebten Zeit wiedergutzumachen, ihn zum Geschichtsschreiber macht, wie er zuerst an dem allgemeinen Hochgefühl seiner Standesgenossen, das sich in den Briefen des Freundes Plinius vielfältig widerspiegelt, einigermaßen teilnimmt und dann, je mehr Trajans Prinzipat die ursprüngliche Hoffnung auf Rückkehr der alten Senatsherrlichkeit enttäuscht, desto weniger von einem zuversichtlichen Bewußtsein der römischen Geschichte spüren läßt, bitterer wird und am Ende von der ursprünglichen Absicht, beides, die Erinnerung an die ausgestandene Knechtschaft unter Domitian, *memoriam prioris servitutis,* und das Zeugnis des gegenwärtigen Guten, *testimonium praesentium bonorum,* im Geschichtswerk festzuhalten, nicht einmal mehr spricht. Die ganze Geschichte Roms seit Augustus hat sich für ihn als Zeit der Zwangsherrschaft entlarvt, und diese darzustellen ist sein einziges Anliegen geblieben. Wir folgen also dem Gang der allgemeinen Geschichte jener Jahrzehnte im äußeren und inneren Leben des Tacitus und im Wandel seines Lebenswerkes. Aber seinen Ort im Gang der römischen Geschichtsschreibung zu bestimmen hat man bisher unterlassen.

Tacitus vertritt für uns die ganze römische Geschichtsschreibung der Kaiserzeit bis auf Trajan. Er ist der einzige, dessen Werke wenigstens zu einem guten Teil erhalten geblieben sind; Velleius Paterculus und Quintus Curtius sind von so verschiedener Art, daß wir sie hier außer Betracht lassen können.

Bald nach dem Siege des Augustus, nach dem Beginn seines Prinzipates, beginnt eine Geschichtsschreibung, die viel Einheitliches gehabt haben muß, eine Reihe von Historikern, in der Tacitus der letzte ist. In gewissem Sinne hat er zusammengefaßt, was seine Vorgänger gedacht und formuliert hatten. In dieser Hinsicht könnte man ihn fast mit Livius vergleichen, der gerade an der Grenze der Zeiten die Geschichtsschreibung des Freistaates zusammengefaßt hat: nach ihm hat niemand mehr die Geschichte des römischen Volkes *ab urbe condita* zu schreiben vermocht. Das Thema Tacitus erweitert sich so zu dem Thema Lateinische Geschichtsschreibung des ersten Jahrhunderts der Kaiserzeit.

Aber ist es nicht von vornherein vergeblich, dieses gewiß wichtige Thema ins Auge zu fassen, da wir so gut wie nichts von den Vorgängern wissen? Es genügt, die beiden Bände von Peters Historicorum Romanorum reliquiae in die Hand zu nehmen, den umfänglichen mit den Fragmenten der Geschichtsschreiber des Freistaats und den schmalen mit den kaiserzeitlichen, um bedenklich zu werden. Das Werk des Livius transparent zu machen, haben wir immerhin genug Proben von den republikanischen Geschichtswerken, um wesentliche Errungenschaften der Vorgänger in dem Werk des zusammenfassenden Nachfahren zu erkennen. Von den kaiserzeitlichen Werken haben sich kaum geringfügige Bruchstücke erhalten, und sie ergeben fast nichts. Die Vorlagen des Tacitus, die Quellen seiner Kenntnis der Geschichte durch

Rückschlüsse zu erreichen haben manche versucht. Einiges wohl, aber, aufs Ganze gesehen, nur weniges ist gewonnen, soweit man darauf aus gewesen ist, bestimmte überlieferte Autorennamen für spürbare Überlieferungsmassen in Anspruch zu nehmen. Der Vergleich zwischen Teilen der Historien mit den Lebensbeschreibungen des Galba, Otho und zum Teil auch des Vitellius bei Sueton und Plutarch läßt uns einiges von einer formulierten Überlieferung über die Geschichte der Bürgerkriege um das Jahr 69 erkennen, aber trotz Mommsens berühmter Abhandlung (Ges. Schr. 7, 224) können wir nicht feststellen, wer sie formuliert hat. Der Vergleich der Geschichte des Tiberius bei Tacitus, Dio Cassius und Sueton läßt sehr wohl weithin den Schluß auf das zu, was dem Tacitus vorgelegen hat. Ja, es ist möglich, die Zeit bald nach dem Ende des Tiberius, als die unter ihm unterdrückte und verfolgte Familie des Germanicus zur Herrschaft gekommen war und am Anfang sogar ein Hochgefühl der Befreiung, vergleichbar dem nach dem Sturze Domitians, für kurze Zeit um sich gegriffen hatte, wenigstens mit Wahrscheinlichkeit für den Ursprung des bekannten und vielberufenen Tiberiusbildes in Anspruch zu nehmen und sogar die Kräfte und Menschenkreise zu erkennen, die daran gestaltet haben[1]. Aber den Mann, der das Bild, mit seinem fragwürdigen Licht und seinen schrecklichen Schatten, zuerst so entworfen hat, wie es für die Späteren und auch für Tacitus gegolten hat, haben wir bis jetzt nicht mit Namen nennen können. Wie die Ursprünge des flavischen Prinzipates, die Unternehmungen der flavischen Heerführer im Bürgerkrieg der Jahre 69 bis 70, ihr Verhalten und ihre Beweggründe, im Sinne der flavischen Dynastie, besonders in der Zeit Domitians, dargestellt gewesen sind, durchschauen wir seit kurzem besser, als es bisher möglich war[2]. Aber benennen können wir auch da die Vorgänger des Tacitus nicht.

[1] Anmerkungen auf S. 503.

Auf Quellen soll auch der hier vorgelegte Versuch gar nicht zielen. In einer anderen Hinsicht können uns die spärlichen Notizen über die Vorgänger des Tacitus, so scheint es mir, doch etwas und nicht Unwichtiges sagen. Wenn nichts anderes, so lassen sie uns erkennen, wie die Thematik der Geschichtsschreiber des ersten Jahrhunderts n. Chr. beschaffen gewesen ist, wie sie zustande gekommen ist, welcher Art das geschichtliche Bewußtsein gewesen ist, das sich darin ausdrückt, und wie sich schließlich Tacitus dazu verhält.

Wie die Römer in der Friedenszeit des Augustus den Zustand der Dinge, worin sie lebten, aufgenommen und beurteilt haben, lesen wir gewöhnlich an den Werken der großen Dichter der Zeit ab, des Virgil und Horaz. Rom schien nach langen Irrwegen durch Schuld und Leid an sein Ziel gelangt. Der göttliche Sinn, der in seine Geschichte von Anfang an gelegt war, schien nun erfüllt, Recht und Sitte durch Rom zu herrschen. Das Geschlecht, das noch unter dem Fluch der Bürgerkriege gestanden hatte, schien entsühnt, eine neu geheiligte Zeit eröffnet.

Würden wir aber verallgemeinern und annehmen, dieses sublime geistige Bild Roms gäbe ohne weiteres das geschichtliche Bewußtsein der damaligen Menschen überhaupt oder auch nur der herrschenden Schicht wieder, so würden wir irren. Noch in dem Jahrzehnt, das wir als die eigentlich hohe Zeit des augusteischen Rom anzusehen haben, in der Zeit des Aufatmens, als man zu Ruhe und Frieden Zutrauen fassen konnte, während Virgils Aeneis und die Römer-Oden des Horaz entstanden, hat eine Geschichtsschreibung von Männern begonnen, die sich innerlich der neuen Ordnung der Dinge versagten oder doch Vorbehalte machten.

Motum ex Metello consule civicum
bellique causas et vitia et modos
ludumque Fortunae gravisque
principum amicitias et arma

nondum expiatis uncta cruoribus,
periculosae plenum opus aleae,
tractas et incedis per ignis
suppositos cineri doloso.

So kündigt Horaz (c. 2, 1, 1 ff.) nicht ohne bedeutsamen Blick auf den bedenklichen Gegenstand, die Geschichte der Bürgerkriege des Asinius Pollio an. Pollio, der es liebte, seine Unabhängigkeit durch freimütige Worte im Senat zu betonen[3], wird auch im Werk seine eigene freie Ansicht nicht verleugnet haben. Plutarchs Leben Cäsars läßt noch das Bestreben erkennen, das Bild des Bürgerkrieges, das der Sieger Julius Cäsar entworfen hatte, damit ihn Mitwelt und Nachwelt so sehen müßten, wie er gesehen sein wollte, zu berichtigen und damit ein freies Urteil über Vorgänge zu retten, die doch mit dem Prinzipat des Augustus wenigstens mittelbar zusammenhingen.

Unter Tiberius, im Jahre 25 n. Chr., als die Macht Sejans noch im Steigen war, ist Cremutius Cordus, Verfasser einer Geschichte des Bürgerkrieges und mindestens der Anfänge des Augustus, angeklagt worden, *quod editis annalibus laudatoque M. Bruto C. Cassium Romanorum ultimum dixisset* (Tacitus, ann. 4, 34, 1). Die Anklage betraf also Worte in dem Geschichtswerk, offenbar, weil sie darin versteckte, mittelbare Angriffe auf Cäsar und Augustus und damit auf die bestehende Ordnung des Prinzipats sah. Tacitus erzählt, wie sich der Angeklagte freimütig verteidigt habe, wobei er sich auf Vorgänger berufen konnte, besonders auf Livius, der Pompejus so gelobt hatte, »daß Augustus ihn einen Pompejaner genannt habe, und das habe ihrer Freundschaft keinen Eintrag getan«. Cremutius habe mit dem Hinweis auf die kluge Mäßigung des Augustus und mit einer Sentenz geschlossen: »Was man unbeachtet läßt, verschwindet;

erzürnt man sich, ist es offenbar bemerkt.« Auf die freimütige Verteidigung folgt in auswegloser Lage der freiwillige Tod. Das Werk wird von Staats wegen verbrannt. Heimlich bleibt es in der Hut der Tochter Marcia erhalten, und als nach dem Tode des Tiberius mit Gaius Caligula die Familie des Germanicus zur Herrschaft kommt, wird es verbreitet und gierig gelesen. »So wie der Umschwung der Zeit eine Gelegenheit gab«, so beschreibt und lobt Seneca am Anfang der Trostschrift an Marcia deren Tat und Verdienst, »hast du Geist und Gesinnung deines Vaters, den man hingerichtet hatte, wiedergebracht in den Verkehr der Menschen und ihn vom eigentlichen Tod erlöst, hast dem gemeinsamen Schatz von Erinnerungsmalen die Bücher wiedergeschenkt, die der tapfere Mann mit seinem Blute geschrieben hatte. Ein hohes Verdienst um die geistigen Bestrebungen in Rom hast du dir erworben, ein bedeutender Teil davon hatte im Feuer gebrannt – ein hohes Verdienst um die Nachwelt, auf die nun unverfälscht zuverlässige Kunde des Geschehenen kommen wird –, eine Verläßlichkeit, die man ihrem Verfechter schwer übel genommen hat, – ein hohes Verdienst um ihn, an den das Andenken frisch lebendig ist und bleiben wird, so lange es etwas wert sein wird, daß man Roms Ergehen kennt, solange es noch jemand gibt, der im Geiste zu den Taten der Vorfahren zurückkehren mag, solange es noch jemand gibt, der wissen will, was ein römischer Mann ist, was inmitten der hinab unter das Joch Sejans gezwungenen Nacken ein Unbeugsamer ist, was ein Mensch ist, der mit Geist, Herz und Hand frei ist« (ad Marciam 1, 3).

Das Gesinnungspathos, der erbitterte, zurückgepreßte Groll des Werkes klingt offenbar in diesen Worten Senecas nach. Alles, was wir sonst erfahren, bestätigt diesen Eindruck. Dio Cassius 57, 24 sagt über seinen politischen Charakter: »Er hielt sich an Volk und Senat«, also an das alte Gemeinwesen, *res publica,* das ja der Form nach weiter bestand. »Cäsar und Augustus schmähte er durchaus nicht, aber er verherrlichte sie auch nicht weiter.« Bedeutsam, was er aus dem Zusammenhang der Lectio senatus im Jahre 18 v. Chr. erzählt hat (Sueton, Augustus 35, 2): »Damals sei keiner von den Senatoren auch nur vorgelassen worden, es sei denn einzeln und nach Leibesvisitation.« »Die Machthaber der Bürgerkriege, die ihre Mitbürger geächtet hatten, hat er selbst auf ewig geächtet«, schreibt Seneca an Marcia (26, 1). Gelobt, und zwar so gelobt, daß man das bittere Pathos deutlich spürt, hat er nicht nur Brutus und Cassius, sondern auch Cicero, den Verfechter des Freistaates gegen Antonius. Aus der Würdigung Ciceros hat der ältere Seneca bezeichnende Sätze bewahrt, darunter die folgende zusammenfassende Schlußwendung: »Ein Bürger, nicht nur durch die Größe seiner Werte, sondern auch durch ihre reiche Fülle bewundernswert« (Suas. 6, 23). Uneingeschränktes Lob dieses Mannes bedeutete unter Augustus und danach noch ein politisches Bekenntnis. Für Quintilian ist das Werk gekennzeichnet durch Freimut, *Cremuti libertas* (10, 1, 104), und schon Seneca rühmt in dem vorhin berührten Zusammenhang der Schrift an Marcia (1, 3) *eloquentia ac libertas.*

Das Werk des Cremutius, sein Tod und Ruhm sind zum Sinnbild geworden, wichtig als solches nicht nur für die Menschen der claudischen Zeit, sondern noch oder wieder für Tacitus. In der Geschichtsschreibung lebt und wirkt das alte römische Gemeinwesen weiter und alles, was in den Herzen der Römer damit verbunden war und blieb. Das Verhältnis zum Kaiser, zum neuen Zustand der Dinge, blieb hier ungesund, ein unverwundener Schaden, äußerlich beschwichtigt durch die Klugheit des Augustus, der in solchen Fällen tolerant gewesen wäre, doch hervorbrechend, wenn ein überlegener Kaiser fehlte und verfahrene Verhältnisse sich erhitzten.

Tacitus knüpft an die Geschichte vom Tod des Cremutius Cordus Gedanken über die Erbärmlichkeit derer an, die mit gegenwärtiger Macht glauben, auch das Gedächtnis – *memoria* – zukünftiger Zeiten auslöschen zu können (ann. 4, 35, 5). Er drückt sie fast mit den gleichen Worten aus, mit denen er am Anfang des Agricola die Unterdrückung der Biographien des Paetus Thrasea und des Helvidius Priscus unter Domitian gebrandmarkt hatte (2). Die Ähnlichkeit sitzt nicht nur auf der Oberfläche, sie geht in die Tiefe des Grundverhältnisses zwischen dem Geschichtsschreiber als Hüter altrömischer Maßstäbe und der Kaisermacht, die sie bedroht.

Unheimlich in die Nähe des Tacitus gerät man bei Senecas Worten, wenn er *eloquentia ac libertas* des Cordus rühmt und von der Gefahr spricht, in die beide unter dem Tyrannen geraten sind (Ad Marciam 1, 4). Das ist es ja, was Tacitus an der republikanischen Geschichtsschreibung rühmt, am Eingang zu seinem ersten großen Werk, den Historien: *dum res populi Romani memorabantur, pari eloquentia ac libertate* (1, 1, 1), »solange es wirklich Geschichte des römischen Volkes und nicht der Kaiser war, was man darstellte, ist es gleichermaßen mit Sprachkunst und mit Freimut geschehen«. Das Verhältnis von Freiheit und Wortkunst ist es, um das sich die tiefsten Gedanken auch des Dialogs über die Redner bewegen.

Viel weniger genau können wir das Gepräge des Geschichtswerkes des Aufidius Bassus noch fassen. Das ist schmerzlich; er muß bedeutend gewesen sein: Quintilian (10, 1, 103) und Tacitus im Dialog (23) rühmen ihn. Immerhin können wir über sein Thema etwas sagen. Er hat die Geschichte seiner Zeit geschrieben, *Historiae;* Plinius der Ältere hat seine Zeitgeschichte an ihn angeschlossen, *A fine Aufidii Bassi,* so wie es alter Brauch seit Asellio, Sisenna und Sallust gewesen ist, die eigene Zeitgeschichte an die eines Vorgängers anzuknüpfen. Andrerseits ist der Tod Ciceros in dem Werk vorgekommen:

Seneca der Ältere hat an der vorhin berührten Stelle zwei Stücke aus dem zusammengefaßten Urteil erhalten. Also sind die Bürgerkriege der vierziger Jahre wenigstens zum Teil am Anfang des Werkes noch mit einbezogen gewesen. Am Ende hat es vielleicht bis zum Sturze Sejans gereicht: Cassiodor in seiner Chronik hat nach dem Jahre 31 n. Chr. Aufidius Bassus als Gewährsmann verlassen. Der ältere Seneca, der zwischen 37 und 41 gestorben ist, hat das Werk jedenfalls noch kennengelernt. Für unser Anliegen ist an alledem nur eines wichtig: die Geschichte seiner Zeit umfaßte für Aufidius, der noch im Jahre 60 n. Chr. gelebt hat, wie für Cremutius, außer der Zeit des Augustus, und etwa zum Teil der des Tiberius, auch den Bürgerkrieg oder Teile davon. Für das Bewußtsein der Menschen gehörten zur Geschichte ihrer Zeit noch die Vorgänge, die zu dem gegenwärtigen Zustand geführt hatten. Der Bürgerkrieg stand noch nicht jenseits des Horizonts der eigenen geschichtlichen Erfahrung.

Das bestätigt sich, wenn wir die Thematik anderer Geschichtsschreiber der claudischen Zeit ins Auge fassen, besonders L. Annaeus Seneca des Älteren. Sein Sohn, der Philosoph, hat in einem erhaltenen Bruchstück der Lebensbeschreibung seines Vaters dessen Geschichtswerk und seinen Inhalt so bezeichnet: *historias ab initio bellorum civilium ... paene usque ad mortis suae diem*, d. h. bis zu einem Jahr zwischen 37 und 41 n. Chr. (Peter, HRR II S. 98). Zu den Worten *ab initio bellorum civilium* fügt er hinzu: *unde primum veritas retro abiit*, von denen (den Bürgerkriegen) an die Wahrhaftigkeit zurückgegangen und geschwunden ist. Seneca hatte offenbar diesen Gedanken benutzt, um den Beginn der Erzählung mit den Bürgerkriegen zu rechtfertigen. Ist seit den Bürgerkriegen wahrhaftige Geschichtsschreibung möglich? Wie kann man der entstellten Wahrheit aufhelfen? Das ist offenbar schon für Seneca die Frage, die Aufgabe, und seine Worte kommen schon denen des Tacitus am Anfang der Historien nahe: *postquam bellatum apud Actium, ... veritas pluribus modis infracta* (1, 1, 1).

Der spätere Kaiser Claudius hat dieses Problem recht drastisch zu spüren bekommen. Er hat nicht nur geschichtliche und antiquarische Studien getrieben. Als er in jüngeren Jahren selbst daran ging, ein Geschichtswerk zu schreiben, war es fast selbstverständlich eine Geschichte von Cäsars Tode an, also auch etwa *a bellis civilibus.* Aber er mußte bald bemerken, daß er nicht freimütig, nicht wahrhaftig erzählen konnte. Die Mutter Antonia, die Großmutter Livia redeten ihm oft drein: das und das ginge doch nicht. Er gab nach, verzichtete auf das schon Geschriebene und wechselte das Thema: *a pace civili* statt *a bellis civilibus; ... a pace civili, cum sentiret neque libere neque vere sibi de superioribus tradendi potestatem relictam* (Sueton, Claudius 41). Das Thema *a bellis civilibus* drängt sich auf, aber man darf die Wahrheit nicht sagen. Das Ausweichen in das Unverfängliche, die Formel *a pace civili,* worin sich noch wie in einem umgekehrten Abdruck die eigentliche Form *a bellis civilibus* zu erkennen gibt, haben etwas zugleich Rührendes und Lächerliches. Auf jeden Fall fällt von der Anekdote ein Licht auf das Grundverhältnis zwischen Bürgerkrieg und Gegenwart, Geschichtsschreibung und Gegenwartsbewußtsein in den Jahrzehnten des späten Augustus, des Tiberius, Claudius und Nero.

Mit Namen ist von den Geschichtsschreibern dieser Jahrzehnte noch M. Servilius Nonianus bekannt, Konsul im Jahr 35, also in den schlimmsten Jahren des Tiberius, gestorben erst unter Nero im Jahre 59. Als Persönlichkeit ist er so bedeutend gewesen, daß Tacitus ihn im Dialog neben Aufidius Bassus als Vertreter der modernen Kunst der Geschichtsschreibung nennt (23) und daß er ihn in den Annalen bei Gelegenheit seines Todes einer rühmenden Wesensschilderung würdigt (14, 19). Er sei begabt als Redner und in späten Jahren auch als Geschichtsschreiber gewesen und als Meister einer erlesenen Lebensführung, geistig und sittlich ruhmwürdig. So eindeutig lobt Tacitus selten einmal.

Auf seine Gesinnung darf man wohl daraus schließen, daß der Dichter Persius ihm nicht nur nahe gestanden ist, sondern ihn »wie einen Vater verehrt hat«, *coluit ut patrem;* das erwähnt der Lebensabriß des Dichters als eine Grundtatsache seines Lebens. Nun gehört alles, was man sonst von der geistigen Umwelt des Persius kennt, zwar nicht zum Stärksten, aber gewiß zum Lautersten, was es in der Neronischen Zeit gegeben hat. Cornutus, der stoische Philosoph, hat den Ton bestimmt, und sein junger Schüler hat gläubig seiner Lehre angehangen. Es ist nicht wahrscheinlich, daß der Mann, den er wie einen Vater verehrte, von einem fremden Geist beseelt gewesen ist. Auch er wird zu jenen Aristokraten gehören, die die stoische Philosophie nicht nur äußerlich, sondern als Lebenselement in ihr Dasein aufgenommen hatten.

Ob und wie weit auch er die Ursprünge seiner Gegenwart in Frage gezogen hat, läßt sich leider nicht mehr erkennen. Es könnte aber leicht sein, daß er einer von denen gewesen ist, die das finstere Bild des Tyrannen Tiberius entworfen haben. Zwei Jahre vor dem Ende des Tiberius Konsul, wird er sein Geschichtswerk nach römischem Brauch erst danach geschrieben haben, also in der Hauptsache wohl erst unter Caligula und Claudius. Er gehört zu denen, die nach dem Tode des Tiberius seine Geschichte mit frischem Haß erzählt haben: *Tiberii Gaique et Claudii ac Neronis res florentibus ipsis ob metum falsae, postquam occiderant, recentibus odiis compositae sunt.* So sagt Tacitus ganz im allgemeinen, ohne Ausnahmen zu machen (ann. 1, 1, 2). Und wie sollte gerade

Servilius Nonianus eine Ausnahme machen, der in einem der letzten Jahre des Tiberius amtiert hatte, als es in Rom keine Spur der Achtung für diesen Kaiser mehr gab, nur noch Haß und allgemeine Furcht?

Die Geschichtsschreibung dieser Jahrzehnte ist, auf das Ganze gesehen, eine Reihe von Versuchen gewesen, mit einer unaufgearbeiteten nahen Vergangenheit ins Reine zu kommen. Unbehagen und ein Groll, der äußerlich durch Furcht und innerlich durch Respekt vor Leistung und Person des Augustus und vor seinem Hause gehemmt war, gehören mehr oder weniger stark mit zu dem Zeitbewußtsein, aus dem diese Werke sich nähren. Kein Wunder, daß man die eigene Zeit leicht als Abstieg und Verfall angesehen hat. Es ist eine Einteilung der gesamten römischen Geschichte überliefert, die man mit Wahrscheinlichkeit dem älteren Seneca zuweist; vielleicht stammt sie aus der Einleitung oder einem Exkurs seiner Historien (Lactant. 7, 15, 14 [HRR II S. 98]). Der Gang der Geschichte Roms gleicht danach den Lebensaltern eines Menschen, und zwar die Zeit des Romulus dem Säuglings- und Kleinkindesalter *(infantia)*, die übrige Königszeit dem Knabenalter, die bis zum Ende des Kampfes mit Karthago der Jünglingszeit, die Zeit der Weltherrschaft bis zum Beginn der Bürgerkriege der Manneszeit; Bürgerkrieg, Verlust der Freiheit, die unter Brutus noch einmal verteidigt wurde, und Monarchie bezeichnen das Greisenalter, etwas wie eine zweite hilflose Kindheit; es ist »als ob Rom sich nicht von selbst aufrecht zu halten vermöchte, stützte es sich nicht auf die, die es leiten, als Stütze«, *tamquam sustentare se ipsa non valeret, nisi adminiculo regentium niteretur.* Wir merken nur im Vorbeigehen die Ähnlichkeit der Formel mit den Worten an, die Galba bei Tacitus in der Adoptionsrede an Piso benutzt: *si immensum imperii corpus stare ac librari sine rectore posset* (hist. 1, 16, 1) ... Worauf es in unserem Zusammenhang ankommt, ist das Bewußtsein des Rückganges und der Gedanke, daß der Prinzipat ein Notbehelf ist. Nehmen wir das vorhin verzeichnete Urteil des gleichen Seneca hinzu (s. oben S. 491), seit den Bürgerkriegen sei es mit der Wahrhaftigkeit rückwärts gegangen, so empfangen wir einen starken Eindruck von dem Bewußtsein des Verfalls in jener Zeit.

Es gehört freilich von altersher zum römischen Geschichtsschreiber, der Gegenwart im Hinblick auf die Vorväter vorzuhalten, wie arg es um sie stehe. Das liegt in dem zuchtmeisterlichen, zensorischen Zug der römischen Geschichtsschreibung. Bereits der alte Cato hat ihn in den Grundriß gelegt. Man bemerkt ihn bei Piso, bei Sallust, ja auch bei Livius, um nur diese wenigen zu nennen. Die Geschichtsschreiber befinden sich damit von jeher im Gegensatz zu den Dichtern, zu Naevius, Ennius, zu Virgil, von dessen Preis der erfüllten Zeit unsere Besinnung über das geschichtliche Selbstbewußtsein der Zeit des Augustus ausgegangen ist. Den Ausdruck des Unbehagens, des Verfalls bei Männern wie Cremutius Cordus und Seneca dem Älteren deshalb nicht ernst zu nehmen wäre aber ebenso verfehlt wie im Falle der eben genannten Vorgänger Cato, Piso, Sallust und Livius. Das Wichtige ist, daß sich der Gedanke des Niedergangs nun mit dem Bürgerkrieg und mit dem Prinzipat als dem Ergebnis des Bürgerkrieges verbunden hat. In Neros Jahren ist zu dieser allgemeinen Denkgewohnheit noch die besondere Not der Zeit gekommen. Diesem Kaiser ist es vorbehalten geblieben, den Vorrat an Autorität mit einem Male zu vergeuden, der dem Hause der Julier und Claudier von Augustus her trotz allem immer noch geblieben war, und zwar diesmal auch bei den Heeren zu verspielen. Erst recht empörte sich bei den Römern der führenden Schicht alles gegen die Herabwürdigung durch Nero. Dabei blieben die Kulissen des goldenen Zeitalters, am Anfang seiner Regierung besonders prunkvoll aufgebaut und in den guten fünf Jahren willig hingenommen, der verbreiteten Angst und dem Widerwillen zum Trotz erhalten und wurden übertrieben beleuchtet. Ein Taumel der Modernität und der Überheblichkeit gehört ebenso wie der Widerwille und die Weltangst zum Gepräge der Zeit.

Fast alles, was bisher vom geschichtlichen Gegenwartsbewußtsein dieser Jahrzehnte im allgemeinen und der neronischen Zeit im besonderen vergegenwärtigt ist, steigert sich in einem Gedicht. Die hohe Dichtung ist sonst der literarische Raum der Kaiserideologie und der Sicht auf die Gegenwart Roms unter dem Aspekt der Goldenen Zeit gewesen, während die Geschichtsschreiber das Amt strenger, ja bitterer Zuchtmeister von der Vergangenheit geerbt hatten, so daß ihnen der Blick auf den Niedergang näher lag. In dem Gedicht, das wir meinen, ist beides unheimlich vereinigt, das Bewußtsein, daß seit den Bürgerkriegen die römischen Dinge verfehlt sind, und ein emphatischer Preis des gegenwärtigen Kaisers und der glückseligen Zeit, die er gebracht hat, dies zweite freilich in der grausigen Falschheit, die der neronischen Epoche noch mehr als den vorangegangenen Jahrzehnten eigen ist.

Das Thema von Lucans Pharsalia hat man freilich bisher kaum in den Zusammenhang gestellt, um den es uns hier geht. Es gibt der Pathetik des pompösen neronischen Stils Nahrung und Gelegenheit sich zu entfalten. Das scheint zu genügen, um die Wahl des Bürgerkrieges als Gegenstand verständlich zu machen. Im übrigen liegt es nahe, einfach auf das Herkommen der geschichtlichen Epik Roms von Naevius bis zu Virgil zu verweisen. Dabei muß es aber auffallen, daß der Gegenstand der römischen Epen sich stets auf die Zeit des Dichters bezieht. Naevius und Ennius rühmen die großen Taten ihrer Tage und drücken das Selbstbewußtsein ihrer Generation aus. Die sagenhafte Vorgeschichte hilft dem ganzen Schicksalszusammenhang Roms Adel und Weihe geben. Wird bei Virgil dieser Vorbau zum Hauptinhalt des Epos, so bezieht sich doch die neue Gestaltung durchaus auf die eigene Zeit des Dichters. Diese ist es, auf die sich der Gang der Geschichte schon von Ursprung her zu bewegt. Aber Lucan und der Bürgerkrieg zwischen Cäsar und Pompejus? Man braucht die Frage nur zu stellen und dabei im Sinn zu behalten, was bisher überblickt ist, um zu erkennen: auch dieses Gedicht spricht Anliegen seiner Zeit aus und gehört insofern in die Reihe der wesentlichen römischen Epen, nur daß es mit dem vermessenen Mut des Zeitalters auf den homerischen Einschlag verzichtet. Der Bürgerkrieg ist eben noch die große Angelegenheit der geschichtlichen Selbstbesinnung Roms. *Victrix causa deis placuit, sed victa Catoni:* damit ist der Sieg Cäsars über das alte Gemeinwesen als geschichtliches Unglück bezeichnet, als Fehler der Geschichte. Das Urteil über die Gegenwart, das darin mit enthalten ist, wird auf eine vergangene Zeit abgeschoben und überdies mit einem wahnwitzigen Preis Neros überdeckt:

quod si non aliam venturo fata Neroni
invenere viam . . . . . . ,
iam nihil, o superi, querimur; scelera ista nefasque
hac mercede placent (1, 33f. 37f.).

Es wäre eine lohnende Aufgabe, den Gedanken des Niedergangs und Verfalls und den der goldenen Zeit durch das erste Jahrhundert zu verfolgen. Uns geht hier das eine an: der Dichter Lucan hält, ebenso wie die Geschichtsschreiber der ersten Jahrhunderthälfte, das Bewußtsein lebendig, daß die Bürgerkriegssiege und ihr Ergebnis, der Prinzipat, fragwürdig sind.

Der Sturz Neros und der Bürgerkrieg danach haben für Rom nicht nur eine vorübergehende Störung und einen neuen Träger des Prinzipats, Vespasian, gebracht, sondern eine neue Lage in verschiedener Hinsicht. Den Wechsel in der herrschenden Schicht, in die nach dem Ende der meisten alten Familien der Nobilität in den Konflikten des letzten halben Jahrhunderts eine große Anzahl tüchtiger Männer und damit neuer Familien aufstiegen, den Wechsel im Lebensstil der Aristokratie, deren neue Mitglieder dank dem Vorbild Vespasians ihre alte Einfachheit auch nach dem Aufstieg beibehielten, hat Tacitus gebührend bezeichnet und auch den Wechsel im Verhältnis zum Kaiser wenigstens angedeutet (ann. 3, 55,5 vgl. Sueton Vesp. 9). Bis dahin hatten die großen Familien einen Rest des alten oligarchischen Selbstbewußtseins beibehalten und sich einigermaßen gleichen Ranges gefühlt, obwohl daneben auch ein Gefühl für die herausgehobene Würde des Hauses des Augustus und der Verwandtschaft mit ihm aufgekommen war. Von nun an waren die Spannungen, die sich aus diesem Verhältnis ergeben hatten, minder gefährlich. Das alte oligarchische Gemeinwesen war damit wieder um ein entscheidendes Stück in die Ferne gerückt.

Für die Menschen, die diesen Wechsel und die vorangegangene Erschütterung erlebt hatten, konnte »Geschichte ihrer Zeit« nicht mehr wohl die Geschichte des Ursprungs und des Verlaufs des Prinzipats von Augustus an sein. »Mit Vespasian beginnt ein neuer Abschnitt der Prinzipatsgeschichte, für den die Vorgänger im einzelnen nur mehr geschichtliches Interesse haben[4].« Der Blickpunkt und der Horizont waren verschoben, ein neues Thema war dem geschichtlichen Bewußtsein und den Geschichtsschreibern gesetzt: der Gang der Dinge hin zu der Katastrophe Neros und zu den Bürgerkriegen der Jahre 68 bis 70, die Ereignisse dieser Kriegsjahre, der Beginn einer neuen festen Ordnung durch das Verdienst Vespasians und das Wirken dieses Kaisers.

Lebte jemand in Frieden und Ordnung Vespasians, nachdem er vorher alles in Frage gestellt gesehen hatte, so mußte es für ihn naheliegen, auf den Beginn der flavischen Herrschaft, also auf die Erhebung der Ostarmee, helles Licht fallen zu lassen, woraus sich dann die Verteilung der Schatten im Bilde von selbst ergeben mußte. Man muß bedenken: erst im Lauf der Zeit Domitians ist ja der Prinzipat des flavischen Hauses zur Not geworden. Die Grundzüge des Bildes der eigenen Zeit konnten nach dem Wandel nicht gut anders aussehen. Wir müßten auch ohne Kunde vom Inhalt der Geschichtswerke dieser neuen Epoche erwarten, daß der tiefe Einschnitt in die Geschichte einen solchen Wechsel der geschichtlichen Thematik nach sich gezogen hat. Wir werden finden, daß es wirklich so gewesen ist.

Freilich, wir wissen bitter wenig über die Historiker auch der flavischen Zeit, selbst über diejenigen, die wir mit Namen kennen, Cluvius Rufus, Fabius Rusticus, Plinius den Älteren, Vipstanus Messalla und Pomponius Planta. Immerhin läßt sich so viel erkennen, daß ihre Werke den Umschwung von Nero bis zu Vespasian zum Inhalt gehabt haben. Cluvius Rufus hat außerdem Nero und vorher Caligula und Claudius dargestellt. Fabius Rusticus und Plinius wenigstens auch Nero, Plinius auch Teile der Geschichte Vespasians.

Fabius ist Senecas Freund gewesen. Die verherrlichende Darstellung von dessen Tode wird zuerst von ihm geformt sein. Das Licht, das auf Seneca fiel, wird mit der Dunkelheit zusammengehören, in der bei Fabius Nero gestanden ist. *Recentibus odiis compositae:* diese Charakteristik des Tacitus wird auf das Werk des Fabius Rusticus gewiß zutreffen (ann. 1, 1, 2).

Plinius der Ältere hat sein Werk selbst nicht bei Lebzeiten herausgegeben; »um mich nicht dem Urteil auszusetzen, mein Leben habe irgend um Gunst gebuhlt«, sagt er im Jahre 77 in der Vorrede der Naturalis Historia (praef. 20). Das stimmt mit allem anderen überein, was wir sonst von diesem grenzenlos tüchtigen, pflichttreuen, fleißigen, gelehrten kaiserlichen Prokurator und Flottenkommandanten in Misenum wissen. Dem Hause der Flavier, von dem er nur die Glanzzeit, nicht die Entartung und die Schreckensherrschaft erlebt hat, weit mehr verbunden als den Überlieferungen der senatorischen Gesellschaft, hat er die Geschichte des flavischen Prinzipats offenbar im Geiste rückhaltloser Ergebenheit und Bewunderung geschrieben.

Scriptores temporum, qui potiente rerum Flavia domo monumenta belli huiusce composuerunt, so faßt Tacitus die Geschichtsschreiber der flavischen Zeit in einer sehr wichtigen entlarvenden Bemerkung am Ende des zweiten Buches der Historien zusammen (2, 101, 1). Auch wir dürfen getrost verallgemeinern und Plinius als Vertreter einer ganzen Generation von Historikern nehmen, wenigstens in Hinsicht auf Hauptthema und Verhältnis zur gegenwärtigen Macht und ihrem Ursprung: die unheimliche Spannung im Verhältnis der Geschichtsschreiber der vorangegangenen Jahrzehnte zu ihrer Gegenwart muß gefehlt haben.

Kehren wir jetzt zu Tacitus zurück, so ergibt sich aus dem bisherigen Überblick ein unverächtlicher Gewinn: daß wir uns über Tacitus wundern. Die geschichtliche Lage, in der sein Lebenswerk wurzelt, das Aufatmen der ersten Jahre Trajans stellte den Geschichtsschreiber in ein Blickfeld, worin die Zeit der unter Domitian ausgestandenen Not und der Umschwung zu Nerva und Trajan hin den Blick beherrschte und allein den Schreibenden nahe anging: das war das Stück Vergangenheit, mit dem er innerlich fertig zu werden hatte; das war sein unmittelbar gegebenes geschichtliches Thema. So ist es am Anfang des Agricola auch gezeichnet (3, 3).

Wie leicht hätte von da aus etwas entstehen können, was die flavische Geschichtsschreibung zwar bekämpft hätte, ihr aber im Grunde wesensähnlich gewesen wäre: Tacitus hätte, wie es in den ersten Jahren nach dem Umschwung allgemein üblich war, geistig Rache an Domitian und den Mächtigen seiner Zeit genommen, aus einer sicheren Gegenwart heraus die nahe Vergangenheit geistig vernichtet und den neuen Zustand arglos gelobt. Das *beatissimum saeculum* (3, 1) Trajans hätte in seinem Urteil etwa der glücklichen Zeit Vespasians entsprochen. Stellt man sich diese vielleicht allein naheliegende Möglichkeit verwirklicht vor, so hat man das entmutigende Bild einer unentrinnbaren Wiederkehr des Gleichen: immer vernichtet ein neues Geschlecht von Historikern geistig die letzte vergangene Phase der Geschichte, unfrei verfallen der jeweiligen Gegenwart.

Die Gefahr ist in der Tat groß gewesen. Wie nahe kommen am Anfang des Agricola die preisenden Worte über Nerva und Trajan den Adulationsformeln der flavischen Zeit! Es ist ein wesentlicher Teil der Größe des Tacitus, daß er ihr entgangen ist.

Die Geschichte Domitians als *memoria prioris servitutis*, uns verloren, hat sich, rein als Thema genommen, noch in den Grenzen der unmittelbaren Reaktion auf den vorher erlittenen Druck und eines weit verbreiteten politisch-literarischen Treibens gehalten; in den Briefen des jüngeren Plinius drückt es sich recht lebendig aus. Aber schon die Teile der Historien, die es mit dem Bürgerkrieg und der Regierung des Vespasian und Titus zu tun gehabt haben, gingen darüber hinaus. Anstatt die erfreuliche Seite des Bildes, Nerva und Trajan, gutgläubig auszuführen, ist er weiter in die Vergangenheit zurückgegangen und hat Hauptthemen der flavischen Geschichtsschreibung wieder aufgenommen, wieder aufgenommen freilich in neuer Lage: nicht im ruhigen Hafen des vespasianischen Jahrzehnts mit dem Blick des Geretteten zurück auf den überstandenen Sturm, sondern im Abstand der frühen trajanischen Zeit mit dem Blick des Mannes, der, noch im Banne seines Domitian-Erlebnisses, vom Ende her auch den immer nur gepriesenen Ursprung des flavischen Prinzipats im Bürgerkrieg kritisch zu betrachten gelernt und gefunden hat, daß es auch da Geschichtslügen zu entlarven, falsche Urteile zu berichtigen gab. Was vorher als glorreiches Ende des Chaos erschienen war, hatte sich ihm als Anfang dessen dargestellt, was schließlich zur Tyrannis Domitians geführt hatte. Hinter dem, womit er unmittelbar fertig zu werden hatte, hatten sich ihm weitere Gebiete unbewältigter Vergangenheit erschlossen. Wieder aufgenommen hat er Thema und Inhalt der flavischen Geschichtswerke nur, um sie von seiner neuen Situation aus umzudenken. Er ist auch dabei nicht stehen geblieben. In den Büchern *Ab excessu divi Augusti* hat er die Themen der flavischen Geschichtswerke, soweit sie sich mit Nero und etwa mit Claudius befaßten, wieder aufgenommen, aber auch, und dies ist das Erstaunliche, Themen der Werke aus der Zeit vor dem Ende Neros, deren eigentliches Anliegen dem geschichtlichen Bewußtsein seiner Zeitgenossen doch sehr ferngerückt war. Auch dabei hat es sich nicht darum gehandelt, den Stoff als Stoff noch einmal darzustellen, nur vielleicht etwas besser, wirkungsvoller. Vielmehr hat ihn der in Nervas Tagen freigesetzte Drang, das erlittene Böse zu entlarven, über die Horizonte seiner Zeit hinaus dazu geführt, den tiefen Zwiespalt des Prinzipats überhaupt wahrzunehmen, das schmerzhaft gespannte Verhältnis zwischen Gemeinwesen und Prinzeps, das die Werke und Gemüter jener früheren Jahrzehnte so mit Unruhe erfüllt hatte. Nicht nur der gepriesene, am Ende in offenbares Unheil verkehrte flavische Prinzipat, sondern der Prinzipat überhaupt, ganz gewiß von Tiberius an, aber schließlich sogar von Augustus, von den Bürgerkriegen, von den vorbereitenden Ansätzen der spätrepublikanischen Zeit an, war für Tacitus zum unheimlich gegenwärtigen Problem geworden. Der Anfang der Annalen zeigt es deutlich genug.

Nur so ist Tacitus der Zusammenfasser und letzte Vollender der ganzen frühkaiserzeitlichen Geschichtsschreibung nach Inhalt und nach geistigem Gehalt und Problematik geworden. Die Kraft seines entscheidenden Zeiterlebnisses, des Umschwungs von Domitian zu Nerva, hat ihn tiefe, wurzelhafte Nöte und Spannungen jenseits des Gesichtsfeldes seiner Zeitgenossen wahrnehmen und als die eigenen erkennen und neu erleiden lassen.

Je mehr die Vorgänger in Tacitus erkennbar werden, desto deutlicher stellt er sich als der große Einzelne dar.

[1] Vgl. Klingner, Tacitus über Augustus und Tiberius; Sitzungsberichte der Bayerischen Akademie der Wissenschaften 1953, Heft 7, 1954; jetzt in: Studien zur griechischen und römischen Literatur, Zürich und Stuttgart 1964, 624 ff.

[2] A. Briessmann, Tacitus und das flavische Geschichtsbild; Hermes, Einzelschriften 10; Wiesbaden 1955.

[3] Heinze zu carm. 2, 1 Einleitung.

[4] D. Timpe, Untersuchungen zur Kontinuität des frühen Prinzipats, Dissert., Freiburg i. Br. 1956, 138 (jetzt in Historia, Einzelschriften V 1962, 121).

TACITUS

Der Kenner und Erforscher der Antike, der es unternimmt, den gegenwärtigen Menschen römische Dichter, Redner und Geschichtsschreiber zu zeigen und zu deuten, muß sehr oft zuerst bei seinem Leser Widerstände und Hemmungen beseitigen und ihn auf halbverschütteten Wegen an Stellen führen, die den Blick auf das Ziel freigeben, damit dann die lebendige Wechselbeziehung zwischen dem Gegenstand und seinem Betrachter beginnen kann. Zu Tacitus bedarf es, wenn ich nicht irre, zumeist keiner solchen Hinführung; die Bezauberung ist doch wohl ohne weiteres über uns alle gekommen, sobald wir einmal seine stolze, schwermütige Erzählung gelesen haben. Man mag sich wundern, daß es gerade Tacitus ist, der so unmittelbar anspricht, er, der weder im Altertum wie Livius und Sallust als Klassiker noch dann im geistigen Haushalt der neueren europäischen Völker als ein so unentbehrliches Gut gegolten hat wie die anderen Großen. Vielleicht wird es sich aus dem erklären, was hier aufgezeigt werden soll; jedenfalls verhält es sich so, daß Tacitus heute leichter und unmittelbarer zu wirken pflegt als die Römer sonst. Und doch ist sein Lebenswerk als Ganzes genommen auch heute noch dunkel und seine Deutung eine *magna quaestio*.

Es begann damit, daß die kritische Geschichtsforschung an Tacitus irre wurde. Ranke urteilte mit anderen Forschern, er sei dem Tiberius nicht gerecht geworden; und als gar Mommsen bald danach die Reichsgeschichte als Aufgabe entdeckte und es unternahm, die Ordnung der Machtmittel des Reiches und besonders der Provinzen in der Hand der Kaiser und ihrer Beamten zu erforschen, da mußte Tacitus, der sich als Geschichtsschreiber um dergleichen nicht gekümmert hat, fast notwendig mit so manchem anderen in die Zahl derer geraten, die nach Mommsens Meinung ihren Beruf verfehlt hatten. Die Philologie hat sich darauf der gestürzten Größe angenommen. Mußte man Tacitus als Geschichtsschreiber preisgeben, so konnte man ihn um so mehr als Dichter, als Dramatiker, als Tragiker bewundern und die Schönheit und innere Gewalt seiner Darstellung genießen. Allein dieser Rückzug ins Ästhetische konnte doch auf die Dauer nicht befriedigen; denn schließlich wollte ja Tacitus doch Geschichtsschreiber sein. Freilich kam man nicht auf den Gedanken, daß es ein Rest von ungeschichtlichem Denken gewesen war, wenn Mommsen und Leo ihr eigenes historisches Bewußtsein, ihr eigenes Wunschbild der Geschichtsschreibung für die Geschichte überhaupt genommen und nicht mit der Möglichkeit gerechnet hatten, daß es viele Arten des geschichtlichen Bewußtseins gibt, von denen die der jeweiligen Gegenwart nicht schon deshalb, weil sie die gegenwärtige ist, Maßstab für alle anderen sein kann.

Immerhin hat R. Reitzenstein Tacitus wieder als Historiker und politischen Denker genommen: als Geschichtsschreiber der inneren Staatsform Roms, als urteilenden Betrachter des Prinzipates; ja, in der Auseinandersetzung mit der einen Idee des Staates liegt nach seiner Meinung das, wovon bei Tacitus alles andere ausgeht. In dieser Auseinandersetzung ist Tacitus nach Reitzensteins Ansicht einer Entwicklung derart unterworfen, daß er als gläubig vertrauender Verehrer des Prinzipats beginnt und als Anhänger der altrömischen republikanischen Staatsform endet. Historisch-politisch, nicht ästhetisch, hat endlich auch J. Vogt den Tacitus genommen, nur daß er umgekehrt meint, die Anteilnahme am Verhalten des Reiches nach außen, der imperialistische Gedanke, sei das, was die Werke vom Agricola bis zu den Annalen recht eigentlich beseele.

Soviel nun auch in diesen beiden letzten Versuchen, Tacitus zu deuten, Wesentliches beleuchtet worden ist, so erreichen sie doch schwerlich ihr Ziel. Letzten Endes ist Tacitus' Aufmerksamkeit weder auf den Prinzipat als Staatsform noch auf die Ausbreitung des Reiches gerichtet, und seine politische Überzeugung hat sich im Wesentlichsten nicht geändert.

Reitzensteins Meinung, Tacitus habe sich im Verlaufe seiner Entwicklung innerlich vom Prinzipat zur Republik altrömischer Art gewendet, ruht auf einer bestimmten Deutung des Dialogs von den Rednern, und zwar der politischen Überzeugungen, die sich darin aussprechen. In der letzten Rede dieses Gesprächs hört Reitzenstein die Stimme eines Mannes, der sich freudig zum gegenwärtigen Zustand der Dinge bekennt, weil er die altrömische Republik für die minderwertige Staatsform und die Ursache vieler Mißstände hält und anerkennt, daß der Prinzipat bessere moralische Zustände und eine Ordnung gebracht habe, in der immer der Wertvollere dem Minderwertigen übergeordnet ist. So spricht freilich Maternus dort, und mit dieser Rede endet das Gespräch. Aber spricht er rückhaltlos? Spricht er im Sinne des Tacitus? Wenn es so ist, dann allerdings ist es wahr: dann hat sich Tacitus nach seinem vierzigsten Jahre von einem Gegenteil zum andern »entwickelt«.

Nun ist es zwar ganz unmöglich, dieses kleine, wahrhaft tiefsinnige Werk hier zu erklären, das bei aller ciceronischen Anmut, die es zur Schau trägt, doch sehr weit von Ciceros Eindeutigkeit entfernt ist – wo Ciceros eigene Meinung in seinen Dialogen verfochten wird, das kann man ja immer sehr leicht erkennen –, ja, das mit seiner Hintergründigkeit den Erklärern immer noch Schwierigkeiten macht, wenn es gilt, den Sinn des Ganzen und das Verhältnis der Teile zu erfassen. Aber soviel wird doch hoffentlich deutlich werden, daß Maternus nicht seine ganze Überzeugung und erst recht nicht die des Tacitus aussprechen kann. Er mißt nämlich die altrömischen und die gegenwärtigen politischen Zustände nur an einer bestimmten Wertgruppe, an Ordnung, Friede und Ruhe, wobei dann freilich die alte Republik minderwertig dasteht. Eine andere Wertgruppe, in deren Mitte die *virtus* steht, die tapfere, wackere, tatkräftige, unbeugsame Haltung des römischen Bürgers, in der sich eine starke Lebenskraft äußert – denn so im altrömischen Sinne, nicht etwa als Gegenwert für die griechische *ἀρετή*, hat Tacitus das Wort immer genommen – diese Wertgruppe also, zu der dann auch *gloria* gehört, die ruhmreiche Verherrlichung, und *libertas,* die freie Gesinnung und der freie Raum zu Handeln, ist beiseite gelassen, als gelte sie nicht. Sonst würde das Urteil über Prinzipat und Republik notwendig anders ausfallen. Denn *virtus, gloria* und *libertas* sind in der Welt des Tacitus ebenso mit der alten Republik verbunden wie Friede und Ordnung mit dem Prinzipat. Ist es nun wirklich so, daß die um *virtus* gruppierten Werte für Maternus so wenig bedeuten, daß er sie nicht einmal ernstlich in Betracht zieht? Sollte wirklich der vornehme Römer diese Werte, auf die die Römer von jeher achten, rein vergessen haben? Das ist von vornherein so gut wie unmöglich. Und dann hat es Maternus früher ausgesprochen, daß die Gegenwart im allgemeinen im Vergleich zur Vergangenheit entartet ist; und so kann er nicht die eigentümlichen Werte der Vorzeit gering achten; vor allem ist er aber der Dichter der Cato-Tragödie, deren Hauptgestalt geradezu eine Verkörperung der altrömischen *virtus* ist. So tritt er am Anfang des Werkes zuerst vor den Geist des Lesers, und so ist vorgesorgt, daß man ihn nicht mißversteht. Seine Worte am Schlusse des Werkes sind also hintergründig; mit ihrer überbetonten Einseitigkeit deuten sie etwas Verschwiegenes an, das innere Verhalten des Maternus zu den Werten der altrömischen Staatsform. Nicht als ob er heuchelte, um sich zu sichern, nicht als ob er sich als Dialektiker daran weidete, von zwei gegensätzlichen Meinungen die eine auf die Spitze zu treiben, sondern sein Fühlen ist gebrochen, sein Bewußtsein gespalten und seine

Seele hat sich im Verzicht mit den Dingen abgefunden. Die große Kunst der Rede – das ist die Meinung seiner Worte – gibt es nicht mehr, weil wir die Freiheit nicht mehr haben und all das, was nur in der Freiheit gedeiht. Jedoch die Freiheit wünschen hieße die Gegenwart zerstören, hieße Zuchtlosigkeit und grauenvolle Wirrnis herbeirufen und wäre im Grunde ruchlos. Aus diesem Zwiespalt gibt es keinen Ausweg; es heißt entsagen. Nur in der Dichtung kann man sich schadlos halten und an der heldenhaften Größe der alten Zeit erbauen ... So spricht der Mann, der in der reineren Welt der Dichtung und Betrachtung seine Ruhe gefunden hat und der nur noch mit einem Teil seines Lebens der gegenwärtigen Wirklichkeit verhaftet ist, ein Mensch mit seiner bestimmten, anschaulich und konkret erfaßten seelischen Art, wie es denn überhaupt ein Vorzug dieses kostbaren kleinen Werkes ist, daß seine Figuren viel mehr als nur Vertreter einer Überzeugung – und doch auch wieder vorbildhaft sind.

Es ist eine ganz eigene, unheimliche Erkenntnis, die den Worten des Maternus zugrunde liegt. Die Werte, die Herz und Geist anerkennen, stehen nicht in Harmonie miteinander und sind nicht vereinbar – wie Cicero und im Grunde auch noch die Schrift über das Erhabene große Kunst, Freiheit und gute Staatsform in eins setzen –, sondern sie sind antinomisch. Und weil dieser Gedanke so eigen ist, weil er der bedeutendste, tiefste zu der Hauptfrage des Werkes und weil er der letzte der größten Figur darin ist, so muß er irgendwie auch der Gedanke des Tacitus sein. Freilich, Tacitus ist nicht Maternus, ist kein Dichter, ist nicht so gelassen zum Entsagen bereit und kann nicht so friedlich vor der Antinomie in die Wunschwelt der Dichtung zurückweichen, aber er erkennt und fühlt die Antinomie und empfindet sie nur noch bitterer als der Dichter, der sich leichter schadlos hält.

Übrigens darf es nach all dem nicht so scheinen, als sei

Tacitus ein besessener Dialektiker und ein Grübler, vor dessen zerbohrendem Verstande alles antinomisch auseinanderfällt. Es ist im Gegenteil bezeichnend, daß er es vermeidet, das Tiefste, Schmerzlichste auf die Spitze getrieben geradezu auszusprechen; als ob er, leidend und entsagend, die letzten Unvereinbarkeiten, die er wohl spürt, ganz auszudenken Scheu trüge. So hat es ja eben kommen können, daß man sich über den Sinn der Worte des Maternus täuschte und das Hintergründige darin verkannte.

Ist die Deutung des Dialoges richtig, die hier vorgeschlagen ist, dann bleibt von dem freudigen Glauben an den Prinzipat, den Reitzenstein darin erkennen wollte, nichts übrig. Dann ist es aber auch nicht wahr, daß sich Tacitus derart »entwickelt« habe, daß er sich erst zum Prinzipat und am Ende zur altrömischen Staatsform bekannt hätte. Ein und derselbe Schmerz über die eigene Zeit herrscht in den Werken vom ersten bis zum letzten, ein und derselbe Zweifel daran, daß *virtus* sich unter den Kaisern hervortun könne, und immer dieselben Spuren eines gespaltenen Bewußtseins, nur daß am Anfang der neuen Zeit, die Nerva und Trajan heraufführten, all dieses von einer gewissen inneren Teilnahme an dem Aufatmen überdeckt gewesen ist. Freilich, das Bild der Welt ist für Tacitus im Lauf der Zeit immer dunkler geworden und hat immer mehr historischen Raum in sich gefaßt, und in diesem Sinne kann man mit gutem Rechte von Entwicklung sprechen.

Keimhaft ist das historische Weltbild und der Aufriß seiner Geschichtsschreibung schon in der Einleitung zum Leben des Agricola vorhanden. Sie ist nicht lange nach dem Umschwung der Dinge geschrieben, nachdem Domitian beseitigt und ein Kaiser erhoben war, der nicht im Machtbereich des Kaiserhauses und der Reichsverwaltung, sondern nur in der *res publica,* d. h. im Senat, seinen Rückhalt gehabt hatte, wozu dann freilich bald in Trajan die Kraft des Heeres kommen mußte, diesmal nicht selbstherrlich und gewaltsam wie früher oft, sondern stützend und die *res publica* verteidigend; so etwa faßte man es wenigstens damals auf.

»Hervorragender Männer Taten und Art der Nachwelt zu überliefern, so wie es in der Vorzeit Brauch war, hat selbst in unserer Zeit ein Geschlecht, das sonst freilich seine Rechte und Pflichten wenig wahrnimmt, nicht unterlassen, so oft eine erhabene, berühmte Größe besiegt und unter sich gelassen hat den Fehler, der kleinen und großen Städten gemein ist, Unkenntnis des Rechten und Eifersucht.

Allein bei den früheren haben – sowie auch Erzählenswertes zu tun leichter und zugänglicher war – die berühmtesten Geister sich dazu, der Welt Kunde von großer, edler Art zu geben, ohne Gedanken an Gunst oder Erfolg nur durch den Lohn des Bewußtseins, das Rechte zu tun, locken lassen. Und gar viele haben sogar ihr eigenes Leben zu erzählen eher für ein Zeichen von gutem Gewissen als von Anmaßung gehalten, und dem Rutilius und Scaurus hat das nicht Mißtrauen oder Herabsetzung eingetragen. Große Eigenschaften weiß man eben in denselben Zeiten am besten zu schätzen, in denen sie am leichtesten ins Dasein treten.

Aber jetzt hätte ich, willens, das Leben eines hingeschiedenen Mannes zu erzählen, Duldung nötig gehabt, um die ich nicht gebeten hätte, hätte ich anschuldigen wollen. So brutal und großen Eigenschaften feindlich ist die Zeit. Wir haben es gelesen, daß, als Arulenus Rusticus den Paetus Thrasea und als Herennius Senecio den Helvidius Priscus gepriesen, ihnen das den Tod gebracht hat; und nicht nur gegen die Menschen, sondern auch gegen ihre Bücher ist brutal verfahren worden; hat doch die Polizei den Auftrag erhalten, die Denkmale erlauchtester Geister auf Comitium und Forum zu verbrennen. Natürlich, mit dem Feuer damals gedachte man die Stimme des römischen Volkes und die Freiheit des Senates und das Bewußtsein des menschlichen Geschlechtes auszutilgen, wobei obendrein die Lehrer der Weisheit vertrieben worden sind und jedes geistig-sittliche Bestreben in die Verbannung gejagt, damit nirgends etwas Edles anzutreffen sei. Wir haben wirklich einen rechten Beweis gegeben, wieviel man sich gefallen läßt; und wie die Vorzeit gesehen hat, wieweit die Freiheit gehen kann, so wir, wieweit die Knechtschaft, wobei durch Überwachung selbst der Austausch durch Sprechen und Hören genommen war. Auch das Gedächtnis hätten wir noch mit der Stimme verloren, wenn es ebenso in unserer Macht stünde zu vergessen wie zu schweigen.

Jetzt kehrt endlich der Lebensmut zurück. Doch wiewohl gleich beim Anbruch seines glückseligen Zeitalters Nerva Cäsar zwei Dinge, die sonst unvereinbar waren, vereint hat, Prinzipat und Freiheit, und Nerva Trajanus mit jedem Tage das Glück der Zeit voller macht, und die allgemeine Sicherheit nicht bloß auf den frommen Wunsch angewiesen ist, sondern schon beim Wünschen ein neues Gefühl der Zuversicht und Verwirklichung gefunden hat, so liegt es doch im Wesen der menschlichen Schwachheit, daß die Mittel langsamer als die Krankheit wirken; und wie unser Leib langsam wächst und rasch erlischt, so kann man geistiges Bestreben leichter ersticken als wieder ins Leben rufen. Denn es kommt unvermerkt über die Menschen ein Reiz auch der Trägheit, und ist einem das tatenlose Dahinleben erst verhaßt, so liebt man es am Ende. Und dann: sind nicht fünfzehn Jahre lang, eine lange Zeit im Leben eines Menschen, viele durch zufällige Schicksalsschläge, die Wachsten durch die Brutalität des Kaisers umgekommen, und sind wir nicht ihrer nur wenige, die wir sozusagen nicht nur die andern, sondern auch uns überlebt haben, wobei uns mitten aus dem Leben die vielen Jahre genommen sind, in denen wir jüngeren ins Greisenalter, ältere ganz ans Ende des Lebens ohne Sprache gekommen sind?

Und doch soll mich die Mühe nicht verdrießen, auch mit ungefüger, ungeschulter Stimme die Kunde von der früheren Knechtschaft und ein Zeugnis für das gegenwärtige Gute im Geschichtswerk niederzulegen. Dieses Buch unterdessen ist der Ehre meines Schwiegervaters Agricola geweiht; es bekennt, ein Werk anhänglicher Liebe zu sein, und so wird man es vielleicht loben, sonst entschuldigen.«

Der Schreibende vergegenwärtigt sich im Gedanken an seine Aufgabe den Abstand, der seine eigene Zeit von der Vorzeit trennt, und die Widerstände, die sich in der durchlebten Zeit der *virtus* und dem Willen entgegengesetzt haben, die Kunde von ihr für die Nachwelt aufzubewahren. Beim Gedanken an seine Vorgänger, die er zur Bestätigung seines Urteils anführt, bricht der bittere Gedanke an die Schmach des Zeitalters aus den Grenzen seiner ursprünglichen Bestimmung, die Schwierigkeit der Aufgabe bewußtzumachen, wird selbständig und breitet sich weiter aus. Die Stimme des römischen Volkes, die Freiheit des Senates, das sittliche Bewußtsein des Menschengeschlechts, jedes höhere Leben ist unter Domitian unterdrückt worden bis auf die Erinnerung. Und auch das Gute, das eben angebrochen ist, kann doch nicht sogleich ein neues geistiges Leben erwachsen lassen, nachdem die regsten Männer ausgetilgt und die Überlebenden nach langem geistigen Tod hilflos sind. So ist die unsägliche Last vergegenwärtigt, die auf dem Geschlecht und auch auf dem Schreibenden liegt, und ihr wird dann ein Trotzdem entgegengesetzt: trotz allem will er – nicht etwa nur das Leben des Agricola beschreiben, wie der Leser erwartet – das soll nur etwas Vorläufiges sein –, sondern *memoriam prioris servitutis ac testimonium praesentium bonorum,* die Kunde von der früheren Knechtschaft und ein Zeugnis für das gegenwärtige Gute, im Geschichtswerk niederlegen.

Die unterdrückte Stimme des römischen Volkes, die Freiheit des Senates, das Bewußtsein des Menschengeschlechts und letzten Endes die der *virtus* zugewandte Gesinnung ist es also, was sich in Tacitus in dem Augenblick, als es frei wird, nicht etwa in gerichtliche Verfolgung der

Nutznießer des vergangenen Zustandes umsetzt, wie das sonst damals vorkam, nicht in einen Lobpreis der neuen Zeit, sondern in Geschichtsschreibung, und zwar eine Geschichtsschreibung, die die Knechtschaft, d. h. die Unterdrückung der *virtus* und ihrer Geltung, eben als Knechtschaft dem Urteil der Nachwelt überliefern will, eine Geschichtsschreibung also, der es letzten Endes auf Dasein, Schicksal und Geltung der *virtus* ankommt, wovon ja auch der Gedankengang der Einleitung zum Agricola ausgeht. Was den Agricola selbst betrifft, aus dessen Vorrede sich das ergibt, so handelt es sich auch bei ihm um nichts anderes als *virtutis memoria;* diese Lebensbeschreibung gehört also für Tacitus mit den geschichtlichen Werken zusammen, und der Unterschied der Gattungen, Biographie und Geschichte, ist für ihn erst in zweiter Linie wichtig.

So ist die Geschichtsschreibung des Tacitus entsprungen, an der Grenze zwischen der domitianischen und trajanischen Zeit und in der Seele eines Mannes, der damals schon vierzig Jahre alt gewesen ist und in dessen Innerem die Erlebnisse der überstandenen Zeit eine Wunde zurückgelassen hatten: das Verlangen nach menschlicher, römischer Größe (*virtus*) war, gleichsam zurückgescheucht, zur Anklage gegen sich selbst und die Zeit geworden und hatte Lebenszuversicht, Selbst- und Gegenwartsbewußtsein krank gemacht. Und wie sie entsprungen ist, so ist die taciteische Geschichtsschreibung im wesentlichen auch geblieben. Noch im letzten Werk, den Annalen, ist die Aufgabe der Geschichte so bestimmt: »Das halte ich für die vorzüglichste Aufgabe der Geschichte, zu sorgen, daß Tugenden (*virtutes*) nicht vergessen werden, und daß schlechtes Reden und Tun bedroht sei durch die Furcht vor Nachwelt und Schmach« (3, 65). Zwischen Agricola und Annalen sind, abgesehen von der Germania, von der hier nicht die Rede sein soll, die Historien entstanden, die die Geschichte der flavischen Zeit enthalten. Dort heißt es am Anfang, wo der Geschichtsschreiber seinen

Gegenstand im ganzen überblickt und beurteilt: »Noch grausamer war die Brutalität in Rom. Adel, Reichtum, Würden im Staate, ob man sie übernahm oder sein ließ, galten als Schuld, und auf Größe (*virtutes*) stand unfehlbar sicher der Tod« (1, 2), und dann in demselben Zusammenhang, nachdem die sittlichen Verwüstungen erwähnt sind, die dieser Zustand angerichtet hat: »Und doch ist die Zeit nicht so an Tugenden (*virtutes*) unfruchtbar, daß sie nicht auch gute Vorbilder hervorgebracht hätte« (1, 3). Die Geschichte ist hier nach altrömischer Weise gewissermaßen als der Raum aufgefaßt, in dem gute und böse Vorbilder, *bona et mala exempla*, zum Gebrauch der Nachwelt aufbewahrt werden, und der Geschichtsschreiber hat also hauptsächlich auf *virtus* und ihr Gegenteil zu achten und zu sorgen, daß *virtus* auch wirklich als *virtus* und Minderwertigkeit als Minderwertigkeit vor der Nachwelt stehe.

Gerade dieses letzte ist ein Hauptanliegen des Tacitus und seine Sorge. Die schwerste Aufgabe des Geschichtsschreibers ist die, ein freies, wahres Urteil über die Menschen je nach ihrer *virtus* zu begründen und für die Nachwelt festzustellen. Denn das Urteil ist in der dargestellten Zeit, der Zeit vom Tode des Augustus an, gefährdet gewesen, ja recht eigentlich verfälscht worden, so daß die Aufgabe im Falle des Tacitus selber die ist, das freie, wahre Urteil wiederherzustellen, der *virtus* nachträglich wieder zur Geltung und der Schlechtigkeit zu der verdienten Schande zu verhelfen. So stellt sich die Aufgabe in der Einleitung der Historien und der Annalen dar, also genau so, wie man es nach der Einleitung zum Agricola erwarten muß. Es ist eben immer wieder die ehemals unterdrückte *vox populi Romani, libertas senatus, conscientia generis humani*, die sich da in Geschichtsschreibung umsetzt, immer wieder das eine taciteische Erlebnis der eigenen Zeit.

Dazu gehört auch das lastende Bewußtsein der Minderwertigkeit des Zeitalters, und auch das drückt sich in den Einleitungen der späteren Werke ebenso wie in der des Agricola aus. Und bei alledem handelt es sich nicht etwa um unverbindliche Eingangsworte, die man vergißt, wenn der Zweck der Einleitung erfüllt ist, sondern genau um das, was der Leser in der geschichtlichen Darstellung als das wiederfindet, was die Richtung der Aufmerksamkeit und den Maßstab bestimmt.

Es kann also als sicher gelten, daß die Geschichtsschreibung und das geschichtliche Bewußtsein des Tacitus ihrem Wesen nach das geblieben sind, was sie zur Zeit des Agricola waren. Verschoben hat sich allerdings Plan und Ausführung des Lebenswerkes und gewandelt auch Färbung und Stimmung der Darstellung. Wie es mit der politischen Gesinnung steht, das soll sich am Ende dieses Gedankenganges zeigen.

Zuerst hat sich Tacitus nach den Worten am Anfang des Agricola, die vorhin angeführt wurden, vorgenommen, zusammen mit der Kunde von der überstandenen Knechtschaft im Geschichtswerk ein Zeugnis für das gegenwärtige Gute niederzulegen, *testimonium praesentium bonorum*. Man kann diese Worte nicht gut anders verstehen als so, daß Tacitus die ganze eigene Zeit habe darstellen wollen, die der Flavier sowohl wie die des Nerva und Trajan. Als er dann die Historien begann, war dieser zweite Teil seines Planes bereits beiseite gestellt, wenn auch nicht aufgegeben: »Wenn mein Leben dazu reicht«, sagt Tacitus in der Einleitung, »so habe ich mir für diesen Fall den Prinzipat des Divus Nerva und die Regierung Trajans, einen mehr ergiebigen und gefahrloseren Gegenstand, für mein Alter aufgespart. Ist die Gunst der Zeit doch selten, wo man denken kann, was man will und aussprechen, was man denkt.« Das Gefühl, daß die Gefährdung des freien, wahren Urteils nur einmal für kurze Zeit ruht, beherrscht den Schriftsteller derart, daß er alles andere beiseite stellt und alle seine Kräfte der Zeit zuwendet, deren Schmach es durch eine geschichtliche Darstellung zu sühnen gilt, welche der *virtus* nachträglich zu ihrem Recht und zu der gebührenden Geltung verhilft. In den Annalen endlich ist vom *testimonium praesentium bonorum* nicht mehr die Rede.

Was die Darstellung der erduldeten Knechtschaft betrifft, so ist sicher zuerst im Agricola an die fünfzehn Jahre Domitians gedacht; die vorangegangene Zeit der andern beiden Flavier Vespasian und Titus dazu zu nehmen, ergab sich vielleicht von selbst. Dann aber hat Tacitus, anstatt sich zur lichteren Seite seines ursprünglichen Planes zu wenden, ein halbes Jahrhundert zurückgegriffen und in den Annalen die Geschichte Roms in der Zeit des julisch-claudischen Hauses geschrieben; das heißt: er hat diese ganze Zeit in die Schmach einbezogen, die es nachträglich zu sühnen galt, soweit das die Geschichtsschreibung vermag. Denn daß Tacitus die Zeit von Tiberius bis zu Nero so aufgefaßt hat, kann niemand bezweifeln, der die Annalen kennt. Ja, am Anfang des Werkes hat er mit einem Blick auf die Regierung des Augustus deutlich zu verstehen gegeben, daß auch der Begründer des Prinzipates seine Zeit zu einem Stück der Knechtschaft gemacht hat, von der Tacitus Kunde zu geben im Agricola versprochen hatte. Und so ist es nur folgerichtig, daß er sich schließlich mit dem Gedanken getragen hat, auch die augusteische Zeit in einem dritten annalistischen Werke darzustellen, zu dem es freilich nicht mehr gekommen ist. Während also auf der einen Seite die Absicht, vor der Nachwelt Zeugnis von dem Guten der neuen Zeit Nervas und Trajans abzulegen, nicht ausgeführt worden ist, hat sich die andere Seite des ersten Planes, von der erduldeten Knechtschaft Kunde zu geben, weit über die Zeit hinaus erweitert, die Tacitus auf Grund seines eigenen Zeiterlebnisses am Anfang ins Auge gefaßt hatte. Man kann vielleicht sagen, daß sich das Domitian-Erlebnis in Zeiträume der Vergangenheit ausgebreitet hat, die Tacitus nur in mittelbarer Erinnerung erreichbar waren. Und so ist Tacitus in der Darstellung der Unterdrückung zu Hause geblieben. Im Erlebnis des

Jahres 96 ist der Gedanke an die erlebte Unterdrückung, die in die Vergangenheit zurückgewandte Auflehnung dagegen und das Bewußtsein, der *virtus* nachträglich zu ihrem Recht verhelfen zu müssen, so stark gewesen, daß die andere Hälfte des Inhalts jenes Erlebnisses, nämlich das Gefühl der Befreiung und der Gedanke, daß eine neue, bessere Zeit angebrochen sei, nicht dagegen hat aufkommen können. Vielleicht ist Tacitus schon zu alt, die Verwundung in seinem Innern zu tief gewesen, sicher hat ihn auch Trajan mehr und mehr enttäuscht; genug, der Glaube, der im Erlebnis der Befreiung enthalten war, ist je länger, desto weniger stark genug gewesen, der Schwermut die Waage zu halten, und hat sich nicht in ein historisches Bild, nicht in eine Idee der neuen Zeit umgesetzt. Erscheint in der Einleitung zum Agricola der Gedanke an die neu aufgehende Zeit noch als der Halt, der die Last der Erinnerung trägt, so erweist es sich dann immer mehr, daß die Befreiung die Geschichtsschreibung des Tacitus zwar ermöglicht, aber bloß ermöglicht hat; daß keine Anschauung oder Idee der neuen Zeit die geschichtliche Darstellung unmittelbar bestimmt hat und in das historische Weltbild eingegangen ist. Es ist der trajanischen Erneuerung der römischen Welt das nicht mehr vergönnt gewesen, was die augusteische Zeit durch Virgil, Horaz und Livius noch erreicht hat, ein groß gesehenes historisches Weltbild, in dem sich die Gegenwart gegen die ferne Vergangenheit behaupten könnte; denn was man bei Plinius findet, wird man nicht dafür nehmen wollen.

Der Verschiebung des Planes entspricht die Verdunkelung der Farben. In den Annalen ist das Finstere dichter zusammengeballt und undurchdringlicher als in den Historien. Rücksichtsloser, ja fast gehässig sind die Menschen, vor allem die Kaiser, dargestellt. Besonders gut faßbar ist es in der Geschichte des Tiberius, wo man stellenweise die geschichtliche Überlieferung vor Tacitus recht gut zurückgewinnen kann, wie Tacitus zwischen den einzelnen Handlungen und Äußerungen des Kaisers die vernünftigen Motivierungen weggeschlagen hat und wie nun dieses Tun und Verhalten in irrationaler Unheimlichkeit stehengeblieben ist, Mißtrauen an sich, Heuchelei an sich ohne eine verständige Überlegung, nicht mit dem Erkennen zu begreifen, sondern nur als seelische Gebärde zu spüren. Aber auch Gestalt und Werk des Augustus werden in ein fahles Licht gestellt, so daß tiefe Schatten an ihnen sichtbar werden. Und es ist nicht etwa so, daß sich dafür auf der Seite des Senates das Gute, Helle sammelte; gleich am Eingang des Werkes steht das grausig verächtliche *ruere in servitium patres,* die Senatoren drängten sich überstürzt in die Dienstbarkeit. Es ist fast eine Wollust, der Tacitus nun in dem späten Werk freien Lauf läßt, überall finstere Hintergründe und Abgründe zu öffnen. Unheimliche Paradoxien drängen sich ihm auf allen Seiten entgegen, und er wehrt ihnen nicht mehr.

Man nennt ihn deshalb einen großen Psychologen, mit Unrecht, wofern es die Psychologie mit dem Logos der Seele zu tun hat. Verständlich und sinnvoll weiß Tacitus nichts Seelisches zu machen; wohl aber hat er eine unerhörte Spürkraft für seelische Dinge, und zwar dafür, daß hinter der Oberfläche des Tuns und Verhaltens der Menschen Hintergründe, und zwar finstere, letzten Endes undurchdringliche, unverständliche Hintergründe wirksam sind.

Ist nun erkannt, daß sich der Plan der Geschichtsschreibung des Tacitus einseitig verschoben hat, und zwar zugunsten der Geschichte der Unterdrückung, zuungunsten des Bildes des neuen, besseren Zustandes, und ist ferner erkannt, daß es immer finsterer und fahler in der Welt des Tacitus geworden ist, so wird der Gedanke schließlich wieder zu der Frage nach seinem politischen Denken und seiner politischen Überzeugung zurückgeführt. Zwar die Annahme hat sich als unhaltbar erwiesen, daß Tacitus sich so verwandelt habe, daß er erst gläubiger Verehrer des Bestehenden und dann ebenso entschiedener Anhänger der altrömischen Staatsform geworden sei.

Und ferner hat sich gezeigt, daß die Hauptsinnrichtungen seines historischen Weltbildes immer dieselben geblieben sind und daß dieses Bild im ganzen wesentlich von seinem Domitian-Erlebnis mit bestimmt ist. Aber es könnte nach all dem Dargelegten doch immer noch möglich sein, daß die Verschiebung des Gesamtplanes und die Verdunkelung der Farben auf eine Verlagerung auch der politischen Überzeugung etwa derart zurückwiese, daß der Tacitus der Spätzeit die Zwiespältigkeit des Wertempfindens, von der bei Gelegenheit des Dialoges die Rede gewesen ist, nicht mehr ertragen hätte und daß er sich entschlossen dem Wunschbild der republikanischen Staatsform zugewendet hätte. – Nun, den Prinzipat wirklich abzuschaffen und die Zustände der ciceronischen Zeit wieder einzuführen, daran hat in der damaligen Zeit wohl kein Mensch ernstlich denken können. Seit Jahrzehnten war das Höchste, was man in der Wirklichkeit wünschen mochte, daß der Princeps die *res publica*, das heißt im wesentlichen den Senat, achtete und anerkannte. Aber die Zeit vor dem Prinzipat ist auch niemals für Tacitus gewissermaßen ein Wunschland gewesen, an dessen bloßer Anschauung er sich erbaut hätte; er entwirft gerade in den Annalen hin und wieder nebenbei grausige Bilder der Verwüstung jener Zeit, als der gesetzmäßige Zustand durch rohe Gewalt, durch die Ränke der Großen beim Kampf um die Staatswürden und endlich durch Geld in Verwirrung geriet (1, 2), und er setzt den Anfang dieser Auflösung des Staatslebens nicht wie Sallust ins zweite Jahrhundert vor Christus, sondern ins fünfte, in die Zeit der Decemvirn, so daß als gute Zeit nur die der Könige und ein halbes Jahrhundert der Republik gelten kann (3, 26–27). Was bleibt also vom Republikaner Tacitus übrig? Wohl ebensowenig wie vom gläubigen Anhänger des Prinzipates. Denn es ist auch nicht so, daß Tacitus zwar die geschichtliche Wirklichkeit der republikanischen Zeit verworfen, aber die reine Idee der Republik hochgehalten hätte. Nichts weist darauf hin, daß ihn die alte Frage der Griechen und Ciceros nach der besten Staatsform an sich je angezogen hätte. Nur das stellt er in den Annalen als allgemeingültigen Satz hin, daß sich die Staatsform, die die klassische Staatsphilosophie als die beste hinstellte, die nämlich, in der sich Monarchie, Aristokratie und Demokratie vereinigen, nur sehr schwer und, wenn überhaupt, nur für kurze Zeit verwirklichen lasse (4, 33). Das klingt freilich entsagender, hoffnungsloser als das, womit Tacitus kurz nach der Befreiung vom Druck Domitians Nerva gehuldigt hatte, der im Aufgang einer neuen, glücklichen Zeit zwei Dinge, die sonst unvereinbar waren, Prinzipat und Freiheit, vereinigt habe; aber eine grundsätzlich andere politische Überzeugung drückt sich kaum darin aus, und keinesfalls ist darin irgend etwas von republikanischer Gesinnung enthalten. Ja, Tacitus erkennt es in demselben Zusammenhang ausdrücklich an, daß es in der Gegenwart einen römischen Staat nicht anders geben kann, als wenn einer regiert. Letzten Endes ist eben Tacitus weder »Monarchist« noch «Republikaner» gewesen; schon die Frage ist sinnlos, ob er das eine oder das andere gewesen sei, weil sie den Hauptsinnrichtungen seines Denkens nicht gemäß ist. Die äußere und auch innere Notwendigkeit des Prinzipates nach dem Chaos der Republik ist ihm ebenso selbstverständlich gewesen wie seine Sinnwidrigkeit in Hinsicht auf Freiheit und *virtus;* beides steht irrational gegeneinander.

Und jetzt ist es Zeit, die Betrachtung der Geschichtswerke wieder mit der des Dialoges zu verknüpfen. Dieselbe Spaltung des Bewußtseins, dieselbe intellektuelle Verzweiflung, die im Dialog wirksam ist, steht auch hinter den geschichtlichen Werken. Und der Dialog steht den andern Werken innerlich ganz nahe, hilft sie verstehen und erhält seinerseits Licht von ihnen. Wann er entstanden ist, diese Frage ist – wenn man nur zugibt, daß die Zeit Domitians und die vorher ausgeschlossen ist – vielleicht nicht mehr von so ausschlaggebender Bedeutung, nachdem sich gezeigt hat, daß die Entwicklung des Tacitus nicht zwischen Gegensätzen verlaufen ist, sondern innerhalb einer und derselben Denkart und Gesinnung. Immerhin lockt es, nun auch dieser Frage von neuem nachzugehen. Und da heißt es zunächst auf die Gewißheit verzichten, mit der man gewöhnlich den Dialog an den Anfang des Lebenswerkes setzt. Denn die Annahme jener Entwicklung der politischen Überzeugung des Tacitus ist doch dabei das Hauptbeweisstück gewesen. Und ferner spricht etwas dagegen, das Werk in die Zeit der Befreiung unmittelbar neben den Agricola zu setzen; das ist seine Stimmung. Da ist nichts von der erregten Hochstimmung des Anbruchs einer neuen Zeit, aber auch nichts von dem frischen Groll und der leidenschaftlichen Erbitterung im Gedanken an die überstandene Knechtschaft, die im Agricola zugleich mit der inneren Erhebung hervorbricht. Der Gedanke ist skeptischer, die Stimmung milder, gelöster, das ganze Werk mit dem Reichtum seines Weltaspekts die Frucht einer reifen Besinnlichkeit. Zum Tacitus des Agricola will sich das nicht fügen; die tiefe Erregung jener Zeit ist abgeklungen. Aber andererseits ist es auch schwerlich der Tacitus der Annalen, dem wir die Darstellung solcher milden Gelassenheit zutrauen mögen, wie die des Maternus bei aller Skepsis ist. Zutrauen wird man all das am ehesten dem Tacitus der Historien, dem Fünfziger, wie er in den Briefen des Plinius erscheint, als Ratgeber in literarischen Angelegenheiten, umgeben von einem Kreise jüngerer kunstbeflissener Männer, die zu ihm als ihrem Meister emporschauen. Endlich gibt es im ganzen Lebenswerk des Tacitus kaum eine Stelle, die der Hauptfrage des Dialoges von den Rednern innerlich so nahe stünde wie der Eingang der Historien mit seinem Hinweis auf die geschichtliche Verknüpfung zwischen Freiheit, Wahrhaftigkeit und Sprachkunst. Das Wahrscheinlichste wird also sein, daß der Dialog nicht im letzten Jahrzehnt des alten Jahrhunderts, sondern im ersten des neuen entstanden ist.

Indessen ist das eine Frage, die erst in zweiter Linie wichtig ist; unerläßlich für das Verständnis des Tacitus ist es, daß man ebenso wie die Fragestellung, ob Tacitus Monarchist oder Republikaner gewesen sei, auch die andere vorhin am Anfang erwähnte hinter sich läßt, ob Tacitus mehr an dem inneren Leben des römischen Staates oder an der kraftvollen Verteidigung und Ausbreitung des Reiches Anteil genommen habe, ob der Imperialismus bei Tacitus das erste sei oder die innere Politik. Die zweite Frage ist dem Gegenstand ebensowenig gemäß wie die erste. Tacitus ist eigentlich kein Kritiker und noch viel weniger ein philosophischer Betrachter der Staatsform. Denn es ist nicht eigentlich die Staatsform, nicht der Aufbau des Staates als Organismus oder Mechanismus, was ihn am Prinzipat beschäftigt und beunruhigt, sondern nur die Frage, ob unter den Kaisern *virtus* möglich gewesen sei oder nicht. Dahin richtet sich die Aufmerksamkeit bei der Darstellung und Betrachtung des Verhältnisses zwischen Domitian und Agricola, und so ist es bis zu den Annalen geblieben. Immer belauert gewissermaßen Tacitus das Verhalten des Kaisers und der Senatoren mit seinem brennenden Verlangen, menschliche, römische Größe in der Welt verwirklicht zu sehen; überall, wo er sie findet, übrigens auch bei den Kaisern, etwa in der Geschichte vom Tode des Otho, stellt er sie mit tiefster Teilnahme dar; aber es ist ihm selten vergönnt: fast immer wiederholt sich das Erlebnis der domitianischen Zeit: die Größe wird von den Kaisern unmittelbar oder mittelbar erstickt.

Eine ähnliche Bewandtnis hat es mit dem inneren Verhalten des Tacitus zur Verteidigung und Ausbreitung des Reiches. Er ist kein Imperialist, wie man das behauptet hat; der sachliche Erfolg von Eroberungen scheint ihn wenig zu kümmern. Und doch spricht er immer von allen Eroberern mit besonderer Wärme, ob es sich nun um Agricola und Corbulo oder um Germanicus handeln mag, und von den Kaisern, die den Unternehmungen der

Eroberer Einhalt gebieten, immer mit bitterer Abneigung. Schon im Agricola, dort wo er im Rückblick zu berichten hat, daß nach Cäsar lange nichts gegen Britannien geschehen sei, steht ein Satz, dessen gehässige Schärfe der Annalen würdig wäre: »Augustus nannte das kluge Absicht, Tiberius Willen des Augustus«, *consilium id Divus Augustus vocabat, Tiberius praeceptum.* Dabei hat keiner, wohl auch kein christlicher Schriftsteller im Verteidigungskampfe, die Scheußlichkeit des römischen Imperialismus so rücksichtslos gekennzeichnet wie Tacitus. Nirgends hat er versucht, die römische Weltherrschaft etwa in der Art Ciceros und Virgils damit zu rechtfertigen, daß die Römer den Unterworfenen Menschlichkeit und Gesittung gebracht haben. Im Gegenteil, Tacitus hat solche Versuche mit fast brutalem Nachdruck zurückgewiesen, wo er von den klugen Maßnahmen Agricolas spricht, die den Britanniern die Lebensgewohnheiten der Römer, auch die fragwürdigen, und damit Verderbnis brachten: »Und das hieß bei den Ahnungslosen menschliche Gesittung, während es ein Stück Knechtschaft war, *idque apud imperitos humanitas vocabatur, cum pars servitutis esset*« (21). Es ist nicht gut anders möglich: Tacitus muß das Abscheuliche der Eroberung tief empfunden haben, die er verherrlichte.

Das erscheint rätselhaft, ist auch im Grunde zwiespältig, und doch wohl verständlich, wenn man Tacitus kennt. Vergleicht man ihn mit Cicero, Virgil und Horaz, so erscheint er altrömisch-brutal, untheoretisch, ja der griechischen Art, das Leben gern durch Ideen gerechtfertigt zu sehen, geradezu abgeneigt. Und er ist wirklich römisch untheoretisch. Vergleicht man ihn dann aber mit dem älteren Cato und selbst mit Sallust, der sich ja auch gern rein römisch gebärdet, so wird es deutlich, daß diese altrömische Brutalität nicht naiv ist. Die älteren Römer – das wird man allgemein sagen dürfen – haben mit der Vorstellung Krieg geführt, daß es gelte, entweder eine gerechte Rache zu vollziehen oder eine Gefahr abzuwenden oder Vorenthaltenes einzutreiben; jedenfalls war Wille und Denken sicher auf das äußere Ziel gerichtet. Bei Tacitus spielt all das keine erhebliche Rolle, und die Gerechtigkeit der römischen Sache steht ihm keineswegs außer Zweifel: er vermag die römischen Eroberungen vom Standpunkt der Unterworfenen und der Feinde aus anzuschauen. Woher mag er dann aber die Kraft nehmen, sich für Eroberung und Eroberer zu begeistern und die Kaiser zu verachten, wenn sie den Eroberer hemmen, da es für ihn doch keine erheblichen Ziele, wohl aber manches gibt, was den Willen zur Eroberung hemmen muß? Was an der Eroberung und am Eroberer mag Tacitus so begeistern, daß die Hemmungen gleichsam überrannt werden? Der bloße Machttrieb scheint es doch nicht zu sein, obwohl vielleicht ein gebrochener Rest davon im Spiele ist. Tacitus gibt selbst die Antwort an die Hand, wo er von den Eroberungen des vierten Sommerfeldzuges des Agricola in Britannien spricht. »Wenn die Tapferkeit (*virtus*) der Heere und die Glorie des römischen Namens das zuließen, so wäre innerhalb Britanniens ein Endpunkt erreicht gewesen« (23). Es ist kein äußeres Ziel, was die Römer hätte darüber hinaus treiben können, nur *virtus exercituum et Romani nominis gloria;* die Eroberung ist *materia virtutis,* um es mit einem sallustischen Ausdruck zu benennen. Und sie ist es nicht nur hier, sondern im Grunde überall für ihn; diese Anschauungsart macht sein inneres Verhalten erst verständlich. Nicht die Eroberung an sich noch ihr äußerer Erfolg, sondern die gleichsam freischwebende menschliche Haltung der Eroberer und, als die Fahne, die diese Eroberer vortragen, die Glorie des römischen Namens ist das, was – man kann nicht sagen: die Brutalität der Römer rechtfertigt, aber doch Tacitus so fühlen läßt, daß alle Hemmungen nichts dawider vermögen.

Es ist freilich ein gebrochenes Fühlen, was sich da zu erkennen gibt, und intellektuelle Verzweiflung. Niemals wäre einem Römer der alten Zeit ein so gespaltenes Fühlen möglich gewesen, niemals wäre ihm der Gedanke gekommen, daß man Abscheulichkeiten begehen müsse, um die *virtus* zu verwirklichen und daß – um es abstrakt auszudrücken – die Werte, die sich um *virtus* gruppieren, unvereinbar mit der Wertgruppe der Gerechtigkeit seien. Noch bei dem schwermütigen, hoffnungslosen Sallust scheint es keinen Zweifel daran zu geben, daß die höchsten Werte miteinander vereinbar sind. Erst mit Tacitus ist die furchtbare Spaltung gekommen, bei der ein Wert feindlich gegen den andern steht, ein Gefühl das andere lähmt und kein Glaube an eine übergreifende Harmonie oder Gnade den Widerstreit beschwichtigt.

Es ist nun längst klar geworden, daß der Bruch im Fühlen, der Zwiespalt im Denken, der sich offenbart, wenn man Tacitus' Verhalten zu den Eroberern untersucht, derselbe ist, der auch sein Nachdenken über das innere Leben Roms durchzieht, und daß hier wie dort *virtus* das ist, wonach sich sein Denken und Fühlen letzten Endes richtet. Dabei darf man freilich einen Unterschied nicht übersehen. Was die inneren Angelegenheiten des römischen Staates betrifft, so ist offenbar die Scheu, an die Grundlagen des gegenwärtigen staatlichen Daseins zu rühren, so stark gewesen, daß sie den Wunsch lahmgelegt hat, um jeden Preis und trotz allem der *virtus* freien Raum geöffnet zu sehen. Wo es sich aber um das Verhalten des Reiches nach außen handelte, hat der Wille zur *virtus* entschieden die Oberhand bekommen, obwohl die Spaltung des Wertempfindens auch da zunächst ganz ähnlich war, und Tacitus hat sich mit einem entschlossenen Trotzdem dem schmerzlichen Pathos einer edlen, aber letztlich sinn- und hoffnungslosen *virtus* hingegeben. Hier stand ihm nicht jene Scheu davor entgegen, ein Chaos zu wünschen, und wenn er es auch vermochte, die römischen Eroberungen vom Standpunkt der Gegenseite aus anzuschauen, so waren seine römischen Instinkte und der Stolz auf Rom schließlich doch stärker. Dazu kommt wohl noch eins: je mehr Tacitus beim Betrachten der inneren Zustände des Staates sein Verlangen nach Größe gelähmt fand, mit um so größerer Inbrunst mochte er sich an der Anschauung der Eroberungen erbauen. Waren doch die Grenzen des Reiches und jenseits das Barbarenland fast die einzigen Räume in der Welt, wo sich auch unter den Kaisern, selbst unter Domitian noch hin und wieder, altrömische *virtus* verwirklichen konnte, und waren doch die Heere eine Zuflucht der *virtus* aus der lähmenden, erstickenden *saeva pax (hist.* 1, 50), dem grausamen Frieden des Prinzipates.

Ist es notwendig, hier noch einmal auf den Ausgangspunkt des durchmessenen Gedankenganges zurückzublicken, auf die Behauptungen, die Tacitus bald zum Monarchisten, bald zum Republikaner, bald zum urteilenden Betrachter des inneren Staatsaufbaus, bald zum Imperialisten gemacht haben? Nur das ist gut sich noch einmal zu vergegenwärtigen, daß diese Bezeichnungen und die Fragestellungen, die ihnen zugrunde liegen, an den Hauptsinnrichtungen der taciteischen Welt vorbeigehen und deshalb nicht allzuviel darüber aussagen. Die Gedanken des Tacitus bewegen sich letztlich immer um eine Stelle wie um ihren Pol, um die *virtus,* den Inbegriff allen Wertes, der der mit Schmerz und Stolz geliebten römischen Welt innewohnt. Das Verlangen nach menschlicher, römischer Größe muß als eine Grundtatsache der geistig-seelischen Welt des Tacitus gelten. Der Druck der domitianischen Zeit hat ihn hierin tief und für immer verwundet; was er an seinem Schwiegervater Agricola erlebte, muß einen großen Anteil daran haben. Die Unterdrückung und die Preisgabe der *virtus* hat von da an seine Aufmerksamkeit überall mit magischer Gewalt auf sich gezogen und nicht losgelassen, und mit dieser lauernden Aufmerksamkeit ist ein tiefes Gefühl der Minderwertigkeit des Zeitalters, aus dem er selber hervorgegangen war, vor der großen Vorzeit und ihrer *virtus* verbunden gewesen. So hat sich sein Herz der großen Vorzeit zugewandt; aber wenn sich diese Neigung in Gedanken umsetzte, konnte sie in der republikanischen Zeit keine Ruhe finden; jene Zustände zurückzuwünschen erschien unmöglich, sinnlos und ruchlos, denn was so groß an ihnen war, hatte in der Wirklichkeit eine furchtbare Kehrseite. Auf diese Weise kam er zu der Erkenntnis, daß *virtus* und friedliche Ordnung schwer oder letzten Endes und auf die Dauer nicht miteinander vereinbar seien, und zu jener Entsagung, die eine intellektuelle Verzweiflung einschließt; und nun gab es in der historisch-politischen Welt keine Form und Einrichtung, kein Ziel mehr, wozu er sich bekennen und woran sich sein Glaube halten konnte; alles war fragwürdig geworden. Und weil das keine bloße Meinung, sondern eine Art, sich und die Welt zu fühlen, geworden war, so hat es seinen Darstellungsstil mehr und mehr bestimmt und ihm das Hintergründige und die Fähigkeit gegeben, das unergründliche Dunkel unmittelbar gegenwärtig zu machen, das hinter der Oberfläche alles Menschlichen liegt. In die Wunschwelt der Philosophie oder der Dichtung auszuweichen, dazu ist er zu sehr römischer Senator gewesen. So ist ihm – abgesehen von Rom und der römischen Welt überhaupt, woran selbstverständlich kein Zweifel rührt – nur eins geblieben, woran sich seine Seele halten kann, die nach Gegenständen der Verehrung sucht: die leidenschaftliche Liebe zu römischer, menschlicher Größe. Er kann sich nicht zu ihren Voraussetzungen in der Wirklichkeit bekennen, sie ist für ihn auch losgelöst von allen Rechtfertigungen, Zielen und Hoffnungen, nur freischwebende, irrationale menschliche Haltung und Gebärde. Aber die leidenschaftliche Liebe zu ihr ist doch – wieder abgesehen von dem selbstverständlichen, wohl kaum bewußten Stolz auf Rom überhaupt – das, was das ganze taciteische Lebenswerk trotz aller Last der Schwermut trägt und jedem Satz die unendlich edle Gebärde geben hilft, deren Erlebnis niemand in seinem Leben missen möchte, der sie einmal gespürt hat.

VOM GEISTESLEBEN IM ROM DES AUSGEHENDEN ALTERTUMS

Das ausgehende griechisch-römische Altertum sieht man gemeinhin als eine Zeit des Verfalls an. Man vergleicht es mit dem zweiten Jahrhundert, dem »goldenen Zeitalter« der Antonine, mit dem des Augustus oder gar mit der Jugend der griechischen Gesittung und der römischen Macht, und je weiter der vergleichende Blick zu den Ursprüngen zurückgeht, desto mehr wird er des Nachlassens, der Schwäche in der Spätzeit gewahr. Man kann die gleiche Zeit aber auch als Anfang betrachten, wenn man nämlich auf die danach folgenden Jahrhunderte blickt und bedenkt, daß im ausgehenden Altertum das griechische und römische Erbe mit dem christlichen zum Grund der abendländischen Gesittung zusammengefügt ist, oder wenn man die Germanen ins Auge faßt, die sich im Reich als Hilfsvölker niederließen und Staaten gründeten; aus einem dieser germanischen Staaten, dem fränkischen, ist ja später, als die mohammedanischen Eroberer den Süden zerbrochen hatten, das neue, von Norden her beherrschte abendländische Reich des Mittelalters entsprungen. Endlich kann man in der späten Antike einen beispielhaften Fall betrachten, eine Zeit, in der sich typische Verhältnisse des menschlichen, geschichtlichen Daseins groß und klar wie kaum anderswo darstellen, jene nämlich, die sich im Zusammentreffen einer bedeutenden Hinterlassenschaft der Vorfahren mit dem allumfassenden Anspruch des neuen Christentums ergeben haben. Nur alle drei genannten Hinsichten zusammen erschließen die Spätantike dem Verständnis.

Das gilt besonders vom Geistesleben, das, soweit es sich

in den Schriftwerken ausdrückt, den Gegenstand dieses Versuchs ausmacht. Die geschichtliche Lage im Grenzgebiet zwischen zwei großen Zeitaltern unserer Vergangenheit, wo man zugleich vorwärts und rückwärts blickt und gerade dies den Blick in beiden Richtungen belebt, das unvergleichliche Beieinander und Miteinander bedeutender Geisteswelten, die erst feindliche und endlich doch fruchtbare Begegnung, das Wechselverhältnis der einander hemmenden oder steigernden Kräfte, die sich allmählich umordnen: dies alles zusammen mit dem ungeheuren Wandel des äußeren Lebens im späten römischen Reich kann nur ein Blick würdigen, der angesichts eines mehrschichtigen, vielfältig bedingten, in langen Schicksalen zusammengekommenen und zusammengeordneten Gebildes nicht alsbald das Bedürfnis empfindet, es von einem einzigen Bezug aus aufzulösen, sondern der spannungsreichen Vielfalt gewachsen ist und standhält. Einem solchen Blick öffnet sich der Sinn und das Leben auch solcher Werke des ausgehenden Altertums, die dem anders gewandten Auge vielleicht wenig zu bedeuten scheinen. Das sind besonders manche Schriften der althellenisch und altrömisch Gesinnten in dem großen Geisteskampf jener Zeit. Sie sprechen mit leiser Stimme und verlangen feinhörige Ohren. Große Werke haben sie wenig geschaffen. Doch ihr Anliegen ist wesentlich und geht jeden an. Auf der Seite der Christen sind die bedeutendsten Werke von vollerem, stärkerem Leben erfüllt. Hätten wir nichts als die Hauptwerke Augustins, des Basilius, der beiden Gregor und die Reden des Johannes Chrysostomus, so würde das genügen, um ihr Zeitalter auch nach seinen Leistungen in Schriftwerken zu denen zu rechnen, die zu vergessen uns wesentlich ärmer machen würde.

Um die eigentümlichen Verhältnisse der ausgehenden Antike an den lebendigen Menschen und an ihren Werken selbst beobachten zu können und im Kleinen, Übersichtlichen doch ein zusammenhängendes Ganze in den

Blick zu bekommen, wird es gut sein, sich zu beschränken und auszuwählen. So sollen denn Menschen und Gedanken, geistige Verhältnisse und Vorgänge dargestellt werden, die in der lateinischen Westhälfte des Reiches, hauptsächlich in Rom und Italien, hervorgetreten sind, und zwar von der Zeit an, als in dem christlich gewordenen Reich Constantins die Menschen, die altrömisch gesinnt waren, dem neuen Wesen kräftig entgegenzuwirken begannen, bis zur Zeit des Ostgotenkönigs Theoderich, unter dem die »letzten Römer« noch einmal das ganze alte Geisteserbe festhielten und in bedeutenden Werken Zeugnis dafür ablegten, also etwa von der Mitte des vierten bis zu den ersten Jahrzehnten des sechsten Jahrhunderts. Es wird sich eine Kette lebendiger Wirkung zeigen. Und gerade danach gilt es zu trachten: loszukommen von dem vereinzelnden Verfahren, das einseitig entweder auf Staatsgeschichte oder auf Nachleben der alten Wortkunst und Philosophie oder auf Kirchengeschichte aus ist und unbeachtet und unverstanden läßt, was es nicht auf seinen einseitigen Zweck beziehen kann.

Geschichtliche Voraussetzungen

Auch wer es wie wir mit dem geistigen Bereich des Daseins und mit den Schriftwerken zu tun hat, ist doch darauf angewiesen, sich wenigstens einige Grundtatsachen und Zusammenhänge der Geschichte des späten römischen Reiches überhaupt gegenwärtig zu halten.

Im dritten Jahrhundert haben äußere und innere Gefahren in Wechselwirkung miteinander das Reich nahe an das Verderben gebracht und so tief in sein Schicksal eingeschnitten, daß es danach zwar immer noch das gleiche gewesen ist, aber sich doch wesentlich verwandelt aus den Wirren wieder zusammengefunden hat. Damals in der Notzeit um die Mitte des Jahrhunderts hielt der Grenzschutz an Rhein und Donau die Germanen nicht mehr auf. Das bis heute schwäbische Südwestdeutschland ging an die Alemannen verloren. Germanische Scharen streiften verheerend im Westen bis nach Spanien und Oberitalien, im Osten bis nach Griechenland und Kleinasien. Auf der anderen Seite drangen die Perser, deren erneuertes Reich, von den Sasaniden seit 226 geführt, den alten persischen Anspruch auf die Weltherrschaft aufleben ließ und kraftvoll verfocht, siegreich bis Syrien und in das östliche Kleinasien vor. Im Innern schichtete sich unterdessen die Bevölkerung in umstürzenden Kämpfen und Bürgerkriegen um, mit denen verglichen die früheren Bürgerkriege Roms weniger einschneidend und verderblich scheinen. Solange nämlich die Kaiser mit den Trägern der alten Stadtkultur gegangen waren, die in den städtisch geordneten Teilen des Reiches überall führten, war das Heer, der eigentliche Machtkörper, dienendes Glied im Ganzen gewesen. Hatten die Truppen längst in der Hauptsache aus kleinen Bauern der Grenzländer bestanden, wehrhaften Männern, die noch nicht recht zu Römern geworden waren, so hatten sie doch Anführern gehorcht, die aus dem Innern des Reiches und aus der herrschenden Schicht kamen. Im dritten Jahrhundert nun hielten es die Kaiser zum ersten Male mit jenen militärisch ergiebigen Teilen des Reichsvolkes und ließen die bisher führenden Schichten fallen. Nichts bezeichnet den Wandel besser als der Rat, den der Kaiser Septimius Severus (193–211) seinen Söhnen gegeben haben soll: »Seid einig, bereichert die Soldaten, aus allem andern macht euch nichts.« Im Verlauf dieses Vorgangs verschwand die alte Führerschicht aus dem Heere, eine neue trat an ihre Stelle, aus dem Mannschafts- und Centurionenstande hervorgegangen und gleicher Art wie die Masse, Germanen, Illyrier, Syrer und Araber. Unter diesen Anführern standen die Heere der städtisch geordneten und gesitteten Bevölkerung fremd, ja feindselig gegenüber. Sie besannen sich mehr und mehr auf ihre Macht, und nach dem Tode des letzten Verwandten des Septimius Severus, des Alexander Severus (222–235), erhoben sie ihre Anführer zu Kaisern und stürzten sie wieder; die meisten haben nur wenige Monate regiert. Das traf mit dem Aufbruch des mächtigen Feindes im Osten, des Sasanidenreiches, und mit den Einfällen der Germanen zusammen. Jahrzehntelang haben die Heere ununterbrochen gegeneinander und gegen äußere Feinde im Norden und Osten Krieg geführt. Nur noch ärger wurde die Not, als sich in der allgemeinen Wirrnis der Senat als höchster Vertreter der Oberschicht erhob und unter der Führung seiner Kaiser in Kriege gegen die Kaiser der Soldaten geriet, worin seine Sache endgültig unterlag. Die städtische gesittete Bevölkerung war nun erst recht den Soldaten ausgeliefert, die das friedliche Land nur als widerwillig zahlendes, lieferndes Hinterland ansahen und ausbeuteten und denen sein Gedeihen gleichgültig war. Kurzum, anstatt des Bewohners der Städte, des Menschen mit hochentwickelten, reichgegliederten Lebensformen, kam eine neue Menschenart zur Herrschaft, wehrhafter, aber auch derber und weder dem feineren Gliederwerk der älteren Lebensordnungen noch den eigentümlichen Werten der älteren Gesittung gewachsen.

Die Staatsverwaltung wurde unter diesen Verhältnissen mehr und mehr zu einer mächtig ausgebauten Zwangsanstalt, dazu bestimmt, die nötigen Mittel für die Bedürfnisse des Heeres und ihren eigenen Unterhalt aus den überanstrengten, widerstrebenden Ländern herauszupressen. Denn der Wohlstand ging ständig zurück, während die Erfordernisse des Heeres stiegen, und die Kaiser taten nichts, um ihn neu zu heben, sondern sie wählten umgekehrt den Weg der plumpen Gewalt und trieben Raubbau an dem Vorhandenen. Außer der Steuer ließen sie Lebensmittel, Rohstoffe, Fertigwaren, Geld, Schiffe, Zugtiere, menschliche Arbeitskräfte eintreiben; dazu kamen Fronarbeiten. Je mehr diese Leistungen die geschwächten Kräfte überanstrengten, desto größer mußte der Druck werden, der sie erzwang. Ihn auszuüben wählte der Staat eine Stelle, wo er verhältnismäßig mit der geringsten Mühe eingreifen konnte, die Körperschaften der städtischen Selbstverwaltung, die Curien, in denen die wohlhabenden, meist grundbesitzenden Bürger der Städte zusammengefaßt waren. Sie waren dafür verantwortlich, daß alle Leistungen erfüllt wurden, und hafteten mit ihrem Vermögen dafür. Ein guter Teil des städtischen Wohlstands muß auf diese Weise vom Staat aufgezehrt worden sein, denn die Flucht aus den Curien ist ein dauerndes Übel der Zeit gewesen; der Staat mußte die Angehörigen der Curien gewaltsam darin festhalten, und nichts bezeichnet die Not so scharf wie die Tatsache, daß mancher sogar strafweise in die Curien versetzt worden ist. Die Menschen an ihrer Stelle festzuhalten, ist nicht nur im Falle der Curien notwendig gewesen. Die Berufe wurden meist erblich, immer mehr Menschen an Ort und Gewerbe gebunden. All diesen Zwang auszuüben und die Menschen zu überwachen, brauchten die Kaiser ein wachsendes wahres Heer von Staatsdienern, das, auch seinem innern Aufbau und Bestand nach, sich dem eigentlichen Heer immer mehr anglich; nicht umsonst heißt im späten Altertum jeder Staatsdienst beliebiger Art *militia,* d. h. »Soldatendienst«, und das Dienen *militari.* Diese Staatsdienerschaft zehrte begreiflicherweise ihrerseits an dem Wohlstand des Reiches, zumal da die Unredlichkeit mit ins Spiel kommen mußte. Kurz, ein Druck zog immer einen neuen Zwang nach sich; dabei schmolz die besitzende städtische Oberschicht und ihr Wohlstand mehr und mehr zusammen.

Man sollte meinen, in diesen umstürzenden Vorgängen sei Reich und Gesittung zugrunde gegangen. Und in Wahrheit kann man den Wandel kaum überschätzen. Alles, was vom Bestand der städtischen gebildeten Oberschicht abhing, ging zurück, beschränkte sich auf weniger

Träger und sank auf einen niederen Durchschnitt. Aber den Soldaten ist es am Ende gelungen, um diesen und manchen anderen hohen Preis das Reich als Machtkörper gegen die äußeren Feinde zu halten. Und die Kaiser illyrischen Stammes, die das geleistet haben, vor allem Claudius (268–270), Aurelian (270–275) und Diocletian (284–305) und seine Helfer, sind treue, pflichtbewußte Diener des Reiches gewesen. Diocletian und, nach neuen Bürgerkriegen, Constantin (306–337) haben in die verarmten Verhältnisse wenigstens Ordnung und Stetigkeit gebracht. Und als vollends Constantin den Gott der Christen statt des Sonnengottes seiner Vorgänger zum neuen Einheitsgott des Reiches erwählt und so den Widerstand der Christen, den jene um der Einheit willen mit aller Gewalt zu brechen versucht, in Beistand verwandelt hatte, waren die schwersten Aufgaben bewältigt. Der Bau des constantinischen Reiches hat denn auch gehalten und im vierten Jahrhundert unter der Herrschaft der Familie Constantins (bis 363) und Valentinians (bis 392) und unter Theodosius (379–395) seinen Bewohnern ein gewisses Maß Ruhe und Ordnung gewährt. Nicht als ob das wiedergekommen wäre, was das wilde Jahrhundert genommen, und abgeschafft worden wäre, was es gebracht hatte. Das neue Reich mit seiner neuen Hauptstadt Constantinopel ließ das alte, dessen Hauptstadt und gewissermaßen Herz Rom gewesen war, geflissentlich abgetan sein. Die neuen Formen wurden nur immer starrer und strenger. Dennoch war Kümmerlichkeit und Zwang bei einer gewissen Stetigkeit leichter zu ertragen, zumal da niemand mehr den alten Zustand kannte. Eine neue Oberschicht hatte sich wohl zum guten Teil aus Beamten gebildet. Über alle erhoben sich die Großgrundbesitzer, die sich in den schweren Zeiten am besten behauptet hatten.

Ferner hatte sich auch in den schlimmsten Zeiten des dritten Jahrhunderts immerhin sehr viel von der alten Kultur erhalten, wie dürftig es auch im Vergleich zu der alten Fülle sein mochte. Die herkömmlichen Grundformen des höheren Unterrichts blieben in bescheidenen Maßen bestehen. Er beruhte auf dem Studium großer Werke der Vergangenheit, und so konnte der Zusammenhalt mit der Gesittung der alten, ferngerückten Zeit nicht abreißen. Constantin pflegte geradezu das Unterrichtswesen, indem er dem Lehrstand ebenso wie dem der Ärzte Vorrechte verlieh. Der Fortbestand der Jugendbildung und damit der Kenntnis des alten Schrifttums über die Jahrzehnte des Wandels hinweg ist eine andere wichtige Vorbedingung für das geistige Leben im weiteren Verlauf des vierten Jahrhunderts und später.

Doch wichtiger ist die Unruhe gewesen, die das neue Verhältnis zwischen Christentum und Heidentum in dem erneuerten Reich erweckte. Die Christen genossen Freiheit, Vorrechte und die Gunst des Kaisers; sie feierten den Gottesdienst nicht mehr in Katakomben oder an anderen geheimen Orten, sondern in den prächtigen Kirchen, die ihnen der Kaiser errichtete. Die Anhänger des alten Götterdienstes dagegen durften zwar unter Constantin noch ihre Opfer und Feste begehen, aber sein Sohn Constantius (337–361) verbot es bei Todesstrafe und schloß die Tempel – ohne freilich überall durchzudringen. Wenn sie nun vollends erlebten, daß er den Tempelsturm wilder christlicher Volkshaufen stillschweigend duldete, so lag es für sie nahe genug zu fürchten, daß nicht nur die alte Religion, sondern mit ihr auch Kunst und alles höhere geistige Dasein, kurz, alles, was ihnen teuer war, in Gefahr sei, aus der Welt zu verschwinden, ausgetilgt von der Barbarei, die aus einer verachteten Tiefe aufstieg. Innere Abwehr und Haß gegen das Christentum, aber auch bewußte Liebe zu allem, was sie selbst besessen hatten und auch jetzt noch besaßen, vertiefte und verstärkte sich und bewegte das innere Dasein eines guten Teiles der Gebildeten und gab der Wortkunst und der Philosophie ein neues großes Anliegen. So hat sich der Kampf der Geister um die ererbte Gesittung verschärft, vor allem im griechisch sprechenden Osten. Dort war geistiges Streben noch ungleich weiter verbreitet und lebendiger als im Westen. Einmal hat die Bewegung sogar noch die Macht des Staates für kurze Zeit auf ihrer Seite gehabt und zum Rückschlag gegen das Christentum ausgeholt, als Julianus, der letzte aus dem Geschlechte Constantins, nach einer überaus seltsam gefügten, zum Heidentum in umstürzendem Erlebnis förmlich bekehrten Jugend als Kaiser seinen Bekehrungseifer stürmisch in die Tat umzusetzen unternahm (361–363).

Julianus hat für das hellenische Erbe gekämpft; römisch-italische, lateinische Überlieferung ist ihm fremd gewesen. Doch auch der Westen, auch Rom hat, etwas später als der Osten, seinen Kampf um das alte Erbe erlebt. Es ist wie dort ein fruchtbarer Geisteskampf gewesen, hier wie dort haben die Verteidiger des alten Götterdienstes auch die Staatsmacht noch einmal für kurze Zeit in ihre Hand gebracht, ja, es ist bis zum Religionskrieg gekommen. Die geistige Seite dieser aufrüttelnden, weit wirkenden, bedeutsamen Vorgänge ist es, der sich unsere Darstellung nach dem geschichtlichen Rückblick und Umblick jetzt zuwendet.

Bewahrung und Wiederherstellung

Rom ist schon im Altertum das gewesen, was es seitdem für viele Geschlechter der abendländischen Menschheit bedeutet hat: die Stadt, in der eine unvergleichliche Vergangenheit sichtbar gegenwärtig ist, der Ort, wo die Geschichte der Welt nicht vorbei und abgetan ist und nur in Gedanken wieder erdacht werden kann, sondern in bedeutende Bauwerke verwandelt und gewissermaßen in das höhere Dasein der Kunstwerke erhoben den Betrachter leibhaft umfängt, die Stelle in der Welt, wo es mehr als anderswo gelungen ist, das Nacheinander der Zeiten zum Beieinander eines bleibenden Erbes zu versammeln. Als nun erst das Leben des Kaiserhofes, der Hofämter und aller der Einrichtungen, die zum Beherrscher des Weltreiches gehörten, entwich – also seit Diocletians Zeit, der Nikomedia am Marmarameer und Mailand zum Sitz der beiden obersten Kaiser machte, und gar seit Constantin, der das neue Rom am Bosporus zur Weltherrscherin erhob und das alte damit entthronte –, da wurde Rom erst recht die Stadt der sichtbar dauernden Geschichte; die große Vergangenheit herrschte nun darin, unbehelligt vom Treiben der Gegenwart. Der Kaiserpalast stand leer; es muß viel stiller zwischen den großen Bauwerken der Ewigen Stadt geworden sein. Sie war dem Senat überlassen, und er, übriggeblieben aus dem alten Freistaat und bei aller Machtlosigkeit stolz auf die alte Würde des eigentlichen Trägers des Staates, konnte in diesem abseits vom Gang der Staatsdinge ausruhenden Rom die alten, eigentümlich römischen und lateinischen Überlieferungen vielleicht besser pflegen als vorher, als das Reich das alte Eigengepräge der Hauptstadt immer mehr gleichsam einebnete und besonders der Osten seinen übermächtigen Einfluß geltend machte. Der Senatsadel – oder doch die geistig regen Männer dieses Standes – ist es gewesen, der nach dem Wandel des dritten und des beginnenden vierten Jahrhunderts Rom zu einer Stätte treuester Bewahrung und womöglich der Wiederherstellung der gesamten damals noch erreichbaren altrömischen Überlieferung gemacht hat.

Der Eindruck, den dieses Rom auf den empfänglichen Menschen machen konnte, der es zum ersten Male sah, lebt in einer Schilderung des Geschichtsschreibers Ammianus Marcellinus fort. Er erzählt, wie im Jahre 356 der Kaiser Constantius mit triumphalem Gepränge in Rom eingezogen ist. Es ist bedeutsam, daß der Geschichtsschreiber zuerst den Aufzug des Kaisers auf seinem Romzuge beschreibt, wobei sich die ganze Macht des Kaisertums in überwältigendem kriegerischen Prunk darstellt. »Als ob er den Euphrat mit Waffenglanz schrecken wollte oder den Rhein«, so erzählt Ammianus (16,10,6), »zogen rechts und links Feldzeichen voran. Er selbst saß ganz allein auf einem goldenen Wagen; der glänzte von der Helligkeit bunter Edelsteine, und bei seinem Funkeln schien eine Art Lichtglanz zu entstehen, in dem das Licht von alledem sich wechselweise steigerte und mischte. Um ihn waren, nach vielen anderen Voranziehenden, aus Purpurgewebe bestehende Drachenbanner, an goldenen, edelsteingeschmückten Lanzenspitzen befestigt, mit weitaufgerissenem Rachen dem Wind Durchgang gewährend und dadurch wie im Zorne fauchend.« Rechts und links ziehen die verschiedenen Waffengattungen funkelnd auf, darunter die Panzerreiter, wie leblose Bilder von Menschen. »So wurde er denn mit glückwünschenden Zurufen Augustus genannt, wobei sich der Stimmenschall donnernd an Hügeln und Gestaden brach. Er erstarrte und zeigte sich derart und so unbeweglich, wie man ihn in seinen Provinzen zu sehen gewohnt war. Seinen niedrigen Leib bog er, als er durch die hohen Tore einzog, und als ob sein Hals gesteift wäre, hielt er starr den Blick geradeaus gerichtet und wandte sein Gesicht nicht rechts noch links, wie ein künstlicher Mensch.«

Diesem starren Übermenschentum begegnet nun das alte Rom. »Als er nun in Rom war, der heiligen Heimstätte des Reiches und aller Tugenden, und zu den Rostra (der Rednerbühne) kam, dem hochberühmten Forum der alten Macht, da staunte er, und auf allen Seiten, wohin sich sein Blick wendete, von dichtgedrängten Wunderwerken überrascht, hielt er eine Ansprache an den Adel im Senatshause und an das Volk von der Rednerbühne. Dann wurde er unter mannigfaltigen Zeichen der Ergebenheit im Kaiserpalast auf dem Palatin aufgenommen und genoß nun erwünschte Freude. Und oft, wenn er Pferderennen gab, freute er sich an der schlagfertigen Dreistigkeit des Volkes, das weder anmaßend war, noch auch von dem angeborenen Freimut abwich; dabei hielt auch er rücksichtsvoll Maß. Denn er ließ nicht, wie in anderen Städten, die Wettkämpfe nach seiner Willkür beenden, sondern überließ sie, wie es hier Sitte und Brauch ist, den mannigfaltigen Wechselfällen. Dann besah er sich die Teile der vielgegliederten Stadt zwischen den sieben Hügeln an den Hängen und in der Ebene und die Umgebung. Und immer glaubte er, das, was er gerade zuerst sah, das müsse über alles andere erhaben sein: der Tempel des Jupiter auf dem tarpeischen Felsen, so überragend wie Göttliches das Menschliche überragt, die Bäder, die im Ausmaß ganzer Provinzen errichtet sind, der Riesenbau des Amphitheaters, gediegen aus einem Gefüge von Stein aus Tibur erbaut, zu dessen oberem Rande sich der Blick des Menschen kaum zu erheben vermag, das Pantheon, wie ein runder Teil der Stadt zu schöngeformter Höhe gewölbt, und die hochragenden Gipfel, die auf Stufenunterbauten emporsteigen und oben die Bilder früherer Kaiser tragen, und der Tempel der Stadt Rom und das Friedensforum und das Pompeiustheater und das Odeum und die Rennbahn und dazwischen die anderen Zierden der Ewigen Stadt. Doch als er zum Trajansforum kam, einem Bau ohnegleichen unter dem weiten Himmel, wie ich meine, einem Wunderwerk auch im Sinne der Götter, da war er sprachlos vor Erschütterung, als er seinen Geist rings an den riesenhaften Gefügen hingehen ließ, die man nicht mit Worten zu schildern vermag und die Menschen nicht ein zweites Mal so zu bauen versuchen können.«

Das ist ein eigentümlich spätantikes Bild der Stadt Rom, von bewußterer Liebe entworfen, als man sie früher empfunden hatte. Rom ist als Heimat des Reiches und allen Wertes angeschaut; das gibt allem Sichtbaren Bedeutung und eine gewisse Weihe. Die geschichtliche Größe ist alles; die Gegenwart kann sich nicht dagegen behaupten, sie fühlt ihren Abstand, ihr bleibt nur ehrfürchtiges, man möchte sagen andächtiges Schauen. Auch der Kaiser muß die Hoffnung aufgeben, etwas Gleichartiges zu versuchen – so erzählt Ammianus weiterhin –; ein Gegenstück zum Reiterbild Trajans ist alles, was er glaubt erreichen zu können, ein Obelisk für den Circus Maximus das einzige, was er bescheiden den Zierden Roms einfügt.

Ähnlich schaute nun der Geistesadel nicht nur die sichtbare Stadt und ihre Werke an. Sie war ja nur ein Teil des Vätererbes; sie setzte sich gleichsam in dem unsichtbaren Rom der alten Überlieferungen und der Schriftwerke fort. Und so wendete sich die gleiche innerlich bewegte, ehrfürchtige Liebe auch den schriftlichen Denkmälern der alten Zeit zu. Sie beseelte die gelehrte Kennerschaft und den Unterricht und wirkte mit Ruhe und Frieden des neuen Reiches zusammen, den Studien in der zweiten Hälfte des vierten Jahrhunderts neuen Aufschwung und ihr eigentümliches Gepräge zu geben.

Es ist die Zeit, in der Männer wie die gelehrten Kenner alter Sprache und Dichtung Aelius Donatus und sein Schüler Servius und der Meister der Redekunst Marius Victorinus die Lehrer der adligen Jugend und anderer aufstrebender Geister gewesen sind. Wir können uns von den höchsten Möglichkeiten des damaligen Unterrichts ein lebendiges Bild machen, denn wir kennen diese Männer recht genau. Von ihnen allen sind bedeutsame Werke erhalten, Werke, die im Falle des Donatus und Servius unermeßlich weit durch Zeiten und Völker gewirkt haben. Donat wurde für mehr als ein Jahrtausend der Grammatiker schlechthin, von dem das spätere Abendland die Sprachlehre gelernt hat, und außerdem der Erklärer Terenzens; Servius aber blieb fast allein von allen Virgilerklärern des Altertums erhalten und hilft uns noch heute den größten Dichter der Römer verstehen. Wir lernen in diesen Werken eine Schule der Dichterauslegung kennen, die empfänglichen jungen Menschen eine sehr hohe Kultur des Geistes und der Sprache und ein tiefes, wohlbegründetes Verständnis der Werke der Dichtkunst überliefern konnte. Im Kreise des Servius hat man sogar noch einen Dichter wie Juvenal, der etwa zwei Jahrhunderte lang verschollen gewesen war, wiederentdeckt und so wieder heimisch gemacht, daß seine Satiren zum Lieblingsbuch der Vornehmen werden und im Mittelalter fleißig gelesen werden konnten. Auch Marius Victorinus flößt durchaus Achtung ein. Philologie und Redekunst machten das eigentliche Feld seiner Tätigkeit aus, aber wie Cicero war er ein Humanist, dem die ganze überlieferte Geisteswelt am Herzen lag, auch und vor allem die Philosophie. Plotins Lehre – der vor einem Jahrhundert (244/5–270) in Rom und Campanien gelebt hatte –, war nicht erloschen; Marius Victorinus hat in einer Zeit, als Rom abseits vom großen Leben wieder eine lateinische Stadt geworden war und das Griechische nicht mehr als zweite Muttersprache empfand, Schriften der platonischen Philosophen in das Lateinische übertragen. So gehört er wie Cicero und Seneca zu denen, die den griechischen Gedanken lateinisch ausgesprochen haben, und ist der Vorläufer des Boethius. Bedenkt man das alles, so gelangt man dazu, bei dem regeren Teile des Senatsadels ein unverächtliches geistiges Leben zu vermuten. Davon zeugen auch Leistungen. Die verschwägerten Familien der Symmachi und der Nicomachi, beide führend im Adel, haben mit gemeinsamer Mühe das Geschichtswerk des Livius durchgearbeitet und dafür gesorgt, daß sein Wortlaut rein auf die Nachwelt käme. Und das ist nur ein Beispiel. Es hat weithin als Ehrenpflicht des Adels gegolten, durch solche gelehrte Arbeit die Werke der Alten zu hüten. Je mehr die dünne Schicht derer zusammenschmolz, die am Vollgehalt der alten Gesittung Teil hatten, desto mehr fühlten sie sich dafür verantwortlich.

Wir haben ein Werk der Zeit um 400, das uns unmittelbar in eine Zusammenkunft dieser vornehmen Kenner, in ihre Bestrebungen und zu ihren Anliegen führt, die »Saturnalien« des Macrobius, einen Dialog nach dem Vorbild der ciceronischen. In den Tagen eines religiösen

Festes – denn nur zu solchen Zeiten darf sich der römische Senator von Staats- und anderen öffentlichen Angelegenheiten frei machen –, an den Saturnalien also versammelt sich eine erlesene Gesellschaft bei einem der ersten des Adels, Vettius Agorius Praetextatus, einem Mann, den die Geschichte als hohen Würdenträger des Westreiches kennt (gestorben 384), am folgenden Tage bei Nicomachus Flavianus, der in den religiösen Kämpfen der neunziger Jahre eine Hauptrolle gespielt hat, und am dritten Tage bei Aurelius Symmachus, dem römischen Stadtpräfekten der Jahre 384/5 und Wortführer des heidnischen Adels im Streit um den Altar der Siegesgöttin. Das fröhliche Dezemberfest benutzte man gemeinhin dazu, sich ein paar vergnügte Tage zu machen. Praetextatus und seine Freunde kommen nicht zu Brettspiel und dergleichen zusammen, sondern zu heilig-nüchternen Gesprächen; die heiligen Tage sollen dem *sacrum studium litterarum,* heiligem geistigen Bestreben, geweiht sein. Es sind Aristokraten, dann zwei, die gewissermaßen das gelehrte Gefolge der großen Herren bilden: der junge Servius, der eben erst sein Lehramt angetreten hat, ganz Ehrerbietung in dem adelsstolzen Kreise, Eusebius, der beste Lehrer der Redekunst; endlich drei unerwünschte Gäste, die eintreten, als das Gespräch im Gange ist: Euangelus, ein dreister Bursche, der den heiteren Frieden des Gesprächs immer wieder mit seinen frechen Einwürfen stört – in seinem Namen liegt vielleicht eine boshafte Anspielung auf die Christen –, Disarius, ein Arzt, und Horus, ebenfalls mit fremdem Namen, ein Ägypter, früher Berufsboxer, jetzt Philosoph, allerdings vom Philosophenpöbel, der Sekte der Kyniker. Diese drei sorgen für Widerspruch und einen Hintergrund, wovon sich das altrömische, allem Fremden schroff abgeneigte, vornehme Wesen der übrigen gehörig abhebt. Abgesehen von diesen drei Widersachern geht alles mit der gravitätischen Urbanität zu, die wir aus Ciceros Dialogen kennen. Ja, es scheint überhaupt, als bestehe zwischen dem Kreis des jüngeren Scipio und dem des Praetextatus kein erheblicher Unterschied; die Herren fühlen sich als echte Nachfahren der Männer, die Karthago und Numantia zerstört hatten. Es ist leicht, darüber zu lächeln, und gewiß, es ist etwas Wunderliches dabei. Aber je mehr man diesen spätrömischen Adel kennenlernt, desto mehr vergeht einem das Spotten, wie klar man auch seine Schwächen sehen mag. Man fühlt sich eher zu Gedanken über die Kraft einer Überlieferung angeregt, die es vermocht hat, so beharrliche Treue an sich zu binden.

Wunderlich wie der Ton und die Form scheint auf den ersten Blick auch der Inhalt der Gespräche: nicht höchste Anliegen des Staatslebens und der Menschenbildung wie bei Cicero, sondern Kunde vom römischen Altertum in buntem Allerlei. Zuerst trägt man manches zusammen, was alte Bräuche, Namen und Worte zu erklären dient, bis Euangelus dem Gespräch eine andere Richtung und einen einheitlichen Gegenstand gibt. Durch schnöden Zweifel reizt er die andern, Virgils allumfassenden Geist in das Licht zu stellen. Um dieser Mephistopheles-Rolle willen hat ihn Macrobius eingeführt. Der größte Teil des Gesprächs ist also dem Nachweis gewidmet, daß Virgil überall da, wo man etwas an ihm auszusetzen finde, im Recht sei und daß es immer nur am Leser liege, wenn ihm etwas unverständlich scheine. Der Dichter sei der Inbegriff aller Weisheit und menschlichen Gesittung, sei unfehlbar. Es fehle nur an dem tieferen Blick, das zu erkennen; denn die berufsmäßigen Ausleger kümmern sich meist nur um die Worte. »Wir aber«, sagt Symmachus, »wir wollen nicht das innere Heiligtum des heiligen Gedichts verborgen und unzugänglich lassen, sondern den Eingang zu den geheimen Gedanken aufspüren, das Innere des Tempels erschließen und freigeben zum Kult gebildeter Menschen.« Man sieht, es handelt sich um eine Art Mysterium; die Auslegekunst wird, wie damals oft die Wissenschaften überhaupt, »Mystagogie« – um es mit einem Lieblingswort der Zeit zu nennen –, Führung der Seele zu einer heiligen verborgenen Schau. Und es geht Macrobius darum, Virgils Werke als heilige Schrift der Gebildeten und Offenbarungsquelle in Anspruch zu nehmen, also wahrlich um kein geringes Anliegen. Wo er freilich diesen Gedanken ausführt, da enttäuscht das Werk wieder. Am Ende kommt er doch nicht darüber hinaus, daß Virgil Pontifical- und Auguralrecht, griechische Dichtung, Astronomie und Astrologie, Philosophie, römische Altertumskunde und Redekunst beherrscht habe.

Man weiß nicht, ob man es vornehm oder hochmütig nennen soll, daß Macrobius so tut, als gebe es das Christentum nicht. Vielleicht wird man auch sagen, er habe keinen Anlaß gehabt, darauf zu sprechen zu kommen. Doch wird der Leser schon bei dem wenigen, was hier berichtet ist, vermutet haben, insgeheim blicke Macrobius doch auf die feindliche Seite hinüber, darauf bedacht, die altrömisch Gesinnten eines religiösen Besitzes zu versichern, den sie den heiligen Büchern der anderen entgegenzusetzen haben. Wie weit freilich dieser unausgesprochene Bezug reicht, und wie weit nur das allgemein herrschende religiöse Streben des späten Altertums im Spiele ist, das ist schwer abzugrenzen.

Das unsichtbare Rom der alten Überlieferungen treu zu bewahren und nach den Wirren, die beim Wandel vom alten zum neuen Reich vieles hatten abreißen lassen, das Alte womöglich wiederherzustellen, dieses Bestreben beseelt alles geistige Wirken in dem Kreis, den wir bei Macrobius versammelt sehen. Wie kühn der wiederherstellende Wille gewesen ist und wie weit er gegriffen hat, zeigt die Tatsache, daß selbst die Geschichtsschreibung altrömischer Art wieder belebt worden ist. Man bedenke: nach Tacitus hatte sie aufgehört; an die Stelle der »Jahrbücher« (*annales*), die die »Taten des römischen Volkes« erzählten, wie sie sich für den römischen Senator darstellten, waren, den veränderten Zuständen im Staat entsprechend, die Lebensbeschreibungen der Kaiser getreten.

Und nun griff ein führender Senator, Nicomachus Flavianus – wir kennen ihn bereits aus den Saturnalien des Macrobius –, auf die alte Form und damit auch auf die alte Art der Betrachtung zurück. Sicherlich hat also der Geschichtsschreiber seinen Standpunkt in der Stadt Rom genommen, nicht am Kaiserhof, und noch ein letztes Mal, wie es so viele Senatoren vordem getan, die Anliegen einer bewegten Zeit in der Form des Geschichtswerkes vorgetragen. Wie der Versuch ausgefallen ist, wissen wir nicht.

Erhalten hat sich aus dem damaligen Rom eine Geschichtsdarstellung, die zwar von einem Griechen aus anderem Geist und wohl mit anderem Können verfaßt ist, sich aber doch in mancher Hinsicht zu der Geschichte des römischen Senators gesellt. Es ist das lateinisch geschriebene Werk des Ammianus Marcellinus aus Antiochia gemeint, das die Zeit von Nerva bis Valens (96 bis 378) umfaßt. Ein Grieche aus Syrien, ein Kriegsmann, der unter Constantius und Julianus eine höhere Stelle im Heer innegehabt hat, hat nach dem Ende seines Dienstes und nach weiten Reisen seine Wahlheimat in Rom gefunden, sich in das lateinische Schrifttum eingelebt und Tacitus zu seinem Vorgänger auserwählt; denn Tacitus hatte die Geschichte von Tiberius bis Domitian erzählt, also bis zu der Stelle, an der Ammianus das Werk aufnahm. So bezeugt er die Kraft des damaligen Rom, geistige Kräfte an sich zu ziehen, bezeugt auch den wiederherstellenden, über die Kluft der Zwischenzeit hinweg zu den bedeutenden Vorbildern zurückgreifenden Willen. Man kann nicht genug darüber staunen, daß der Mann, dem die ganze griechische Geisteswelt offen stand und der mit Libanios, dem gefeierten Meister der griechischen Rede, Briefe wechselte, den Weg nach Rom und gerade zu Tacitus gefunden hat, der doch eigenwillig römisch und griechischer Art fern, ja eher abgeneigt gewesen ist. Freilich ist Ammianus nicht soweit Römer geworden, daß er den altrömischen Ton getroffen hätte, der etwa in den Werken eines Macrobius den Leser so bewegen kann, weil er, ganz abgesehen vom Inhalt, Gefühl für das geistige Rom in sich trägt. Und er ist nicht soweit Nachfolger des Tacitus geworden, daß er sich dessen strenge, verzichtend auswählende senatorische Art angeeignet oder gar seine Fragen und Gedanken im Sinn getragen hätte. Sondern als Grieche, als Angehöriger des Heeres, der Hof und Reich kannte, hat er die Fülle des Erfahrenen, Beobachteten mit offenerem Blick aufgefaßt und reichlicher ausgebreitet. Als kluger, tüchtiger Ehrenmann, der viel und auch Bedeutendes selbst mit erlebt hat, hat er selbständig gedacht und geurteilt. Was ihn Geschichte zu schreiben bewogen hat, ist ungewiß, doch erkennt man wohl, wie wichtig die kriegerischen Taten Julians, die er, zum Teil als Augenzeuge, erzählt hat, sein Wirken und seine Menschlichkeit für ihn geworden sind. Er hat sein Leben und Sterben mit besonderer Teilnahme des Herzens dargestellt und den Kaiser selbst in einer Wesensschilderung so gepriesen: »Er war ein Mann, den man wahrlich unter die Geister von alter Heldenart der Sagenzeit zählen muß«, – und: »Man konnte glauben, die alte Göttin der Gerechtigkeit, von der Arat sagt, sie habe sich, beleidigt von der Schlechtigkeit der Menschen, in den Himmel erhoben, sei unter seiner Regierung wieder auf die Erde zurückgekehrt.« Dabei verzichtet Ammianus auch hier, im Lobpreis des Toten, nicht auf sein eigenes Urteil. »Nur«, fährt er fort, »daß er manchmal etwas mit rücksichtsloser Willkür tat und sich dadurch sich selbst unähnlich zeigte«, wie denn auch sonst der Erzähler einzelne Taten des verehrten Kaisers mißbilligt, so etwa sein Verbot, das den christlichen Lehrern der Redekunst und der Philologie untersagte, ihr Amt auszuüben. Sieht man auf das Ganze, so zeigt sich, daß in Ammians Werk die innere Bewegung des Zeitalters Julians und die Weite und Tüchtigkeit eines hohen Offiziers aus vornehmer griechischer Familie sich sehr eigentümlich mit dem Wiederaufleben des Geistesschaffens und dem wiederherstellenden Bestreben des Geistesadels in Rom zusammenfindet.

Auch der Dichter fehlt nicht im Kreise derer, die Roms alten Ruhm zu erneuern trachteten. Claudianus aus Alexandria ist heutzutage fast vergessen. Aber es lohnt, ihn zu entdecken. Denn es gibt unter den römischen Dichterwerken wenige von diesem Wohllaut und diesem Atem. Dazu kommt eine eigentümlich geistig-sinnliche Art, die Dinge zu erfassen, die zwischen Anschauung und Gedanken schwebt, in jedem Bild geistige Bezüge erkennt, so daß jedes Wort, jede Wendung gewissermaßen tiefen geistigen Glanz ausstrahlt, doch ohne daß die Rede dadurch je in das Nebelhafte, barbarisch Schwierige, Tiefsinnige abglitte, weil sie sich an ein von lichter Genauigkeit durchwaltetes Erbe römischer Dichtersprache glücklich fortbildend hält. Damit verträgt sich gar wohl eine lebhafte Sinnlichkeit, die besonders an Licht und leuchtenden Farben Freude hat, so daß man an Mosaiken denkt. Stellt man sich endlich zu alledem die bedeutenden Gegenstände der Gedichte vor: die Sage vom Raub Proserpinas, wo Himmel und Unterwelt einander begegnen und sich endlich zum Segen des Menschengeschlechts versöhnen, vor allem aber die Gefahren und Taten der eigenen Zeit des Dichters, der letzten Heldenzeit des Westreiches, als Rom unter Stilichos Führung (395–408) in schweren Gefahren seine alte Kraft zu bewähren schien, – so wird man den Stolz des Senates und des Hofes auf den Dichter nachempfinden können. Beide haben sich vereinigt, ihn mit einem Steinbild auf dem Trajansforum zu ehren, zu dem die Inschrift noch erhalten ist; sie preist ihn mit den höchsten Ruhmesworten, die es für einen Dichter nur geben kann.

Beim römischen Adel ist Claudian zuerst zu Ansehen gelangt, dann am Kaiserhofe des Honorius (395–425). Er ist geradezu der Sänger Stilichos geworden, des Reichsfeldherrn aus vandalischem Stamme. Zwischen beiden hat zum letzten Male das alte römische Verhältnis zwischen dem großen Heerführer und dem Dichter, dem Herold seiner Taten, bestanden; Claudian hat selbst ausdrücklich an Scipio und Ennius erinnert. Die Stadt Rom und ihre geistige Gestalt hat er eigens in einer glänzenden Versreihe im dritten Buch des Preisgedichts auf Stilichos Konsulat gerühmt, von der die Übersetzung in ungebundener Rede wenigstens ein schwaches Abbild geben mag.

Ganz nahe du den Göttern, Konsul, du sorgst für diese große Stadt,
das Höchste, was auf Erden der Äther umfängt!
Ihren Raum faßt der Blick nicht, noch das Herz die Schönheit,
noch irgendeine Stimme ihr Lob. Von goldenem Licht
gleichermaßen funkelnd streckt sie ihre Firste nahe zu den Sternen.
Mit sieben Hügeln tut sie es den sieben Zonen des Himmels gleich,
sie, Mutter der Waffen und Gesetze, die über alle
ihre Befehlsgewalt ausbreitet und die Wiege des jungen Rechts geschenkt hat.
Sie ist es, die, in engen Grenzen entsprungen, sich geweitet hat
zu beiden Polen und, von kleinem Wohnsitz ausgegangen,
mit ihren Armen weit wie die Sonne um sich gegriffen hat.
Sie ist dem Schicksal begegnet,
hat Kämpfe ohne Zahl zu gleicher Zeit geführt,
Spanien gewonnen, Siziliens Städte belagert,
den Gallier zu Lande niedergeworfen, zur See den Karthager,
und ist doch nie Verlusten erlegen, und von keinem Schlag erschreckt
hat sie größer nach Cannae und nach der Trebia Mut geschnoben,
und als schon das Feuer sie bedrängte und der Feind gegen die Mauer
stieß, sandte sie zum äußersten Rande Spaniens ihren Schlachthaufen
und stand vor dem Weltmeer nicht still, fuhr mit Rudern über die Tiefe
und suchte drüben, in einer andern Welt, sie zu besiegen, die Britannier.
Sie ist es, die allein die Besiegten in ihrem Schoße aufgenommen

und das Menschengeschlecht mit gemeinsamem Namen gehegt,
nach Mutterart, nicht Herrinnenart, und Mitbürger genannt,
die sie bezähmt, und mit dem Band der Liebe das weit Auseinanderliegende verknüpft hat.
Ihrem friedebringenden Brauch verdanken wir es alle,
daß der Fremde wie in der Heimat ist,
daß einer seinen Wohnsitz wechseln kann, daß Thule zu sehen
ein Spiel ist und einzudringen in einst grausige Entlegenheit,
daß wir ohne Unterschied aus Rhône und Orontes trinken,
daß wir alle ein einziges Volk sind. Und es wird nie Grenze und Ende
der römischen Macht sein. Denn die andern Reiche
hat Schwelgerei durch Laster und Hochmut durch Haß gestürzt.
— — — — — — — — — — —
Sie aber, Roma, ist gefeit durch Wahrsprüche der Sibylle,
sie ist mit Lebenskraft erfüllt durch Numas Götterdienst, von ihr aus schleudert seine Blitze
Jupiter, die Tritonia (Athene) umschirmt sie mit ganzer Aegis,
in sie hat Vesta ihre geheimen Fackeln, in sie Bacchus seine Mysterien
übertragen und die getürmte Mutter ihre phrygischen Löwen.
Zu ihr ist, Krankheiten abzuwehren, der Gast aus Epidaurus (Aesculap)
in heiterem Hinziehen gewallt, und wie er über Wellen geschwommen,
hat die Tiberinsel die heilbringende Schlange geborgen.

Daß die Idee Rom gerade damals so hoch gepriesen worden ist – es ließe sich dafür noch manches anführen, vor allem die überschwenglichen Verse des Rutilius Namatianus, die er auf der Reise von Rom in seine gallische Heimat gedichtet hat –, das versteht man wohl, wenn man sich alles vor Augen hält, was bisher von der Verehrung der alten Hoheit Roms gesagt ist. Überall aber und auch in der Rom-Idee Claudians und seiner Zeitgenossen beobachten wir, daß Götter und das Göttliche mit im Spiele sind. Das ganze sichtbare und unsichtbare Rom, sein Schrifttum und seine Gesittung sind für die Menschen, mit denen wir es zu tun gehabt haben, Tempeln und heiligen Bezirken vergleichbar, in denen die römischen *numina*, die römischen Götter, wohnen. Wir haben gesehen, wie es Macrobius auf Virgil als heilige Schrift ankommt. Derselbe Macrobius hat in gleicher Gesinnung den religiös gestimmten Mythus, der den Abschluß von Ciceros Dialog vom Staate bildet, im Sinne der religiösen neuplatonischen Lehre ausgelegt. Nicomachus Flavianus, der Geschichtsschreiber, hat die Lebensbeschreibung des Apollonios von Tyana, eines nichtchristlichen Wundertäters, in das Lateinische übertragen, gewiß in der Absicht, den Besitz der Nichtchristen an religiösen Gütern zu verstärken. Wir wissen auch, daß ein Teil des senatorischen Hochadels damals nicht nur die Studien gefördert, sondern vor allem auch mit hingebender Treue den alten Götterdienst erhalten hat. Obwohl der Senat bis in die Zeit des Theodosius nicht wenige Heiden enthielt, muß die Zahl derer, die tätig für die Sache der Götter einstanden, zusammengeschmolzen sein. Mancher von den wenigen Getreuen nahm in dieser Not mehrere Priestertümer und ihre Lasten auf sich. Besonders Praetextatus, in dessen Hause sich bei Macrobius die erlesene Gesellschaft zusammenfindet, hat sich darin hervorgetan, wie ihn denn Macrobius selbst das Haupt der religionsbeflissenen Menschen, *princeps religiosorum*, nennen und an anderer Stelle von allen versichern läßt, er sei vor anderen in das geheime Wesen der Götter eingeweiht, er, der allein das Göttliche innerlich erfassen und mit seiner Geisteskraft auch aussprechen könne. Aller Götterdienste Vorsteher heißt er an einer dritten Stelle, und seine Grabschrift bestätigt es, indem sie zehn religiöse Würden vor seinen Staatswürden aufzählt.

Zweifellos hat das überhandnehmende Christentum, indem es den Fortbestand der Überlieferung gefährdete, dem alternden Rom diese religiöse Glut einhauchen helfen. In solcher Gefahr liebt man das Bedrohte hundertfach, man besinnt sich auf das, was man gehabt hat und noch hat, man sucht schließlich nach Gegenkräften, die man den drohenden Mächten entgegenzustellen hat, wobei es denn freilich auch nicht ausbleibt, daß man sich Gegenstücke zu dem erschafft, was der Gegner hat, während es einem selber fehlt. So ist es den Römern ergangen, die damals am Überlieferten festhielten; sie haben eine gewisse Leere der alten Staatsreligion zu erfüllen, eine gewisse Kühle zu erwärmen getrachtet, indem sie sich bei den griechischen Mysterien und der Philosophie, aber mit Vorliebe auch bei den östlichen mysterienartigen Kulten Hilfe holten, die alle der Seele des Menschen und ihrem Bedürfnis nach dem lebendigen Ich-und-Du, nach Läuterung, Vergöttlichung und Stärkung in Bedrängnis genug zu tun versprachen.

Das Christentum hat sich als stärker erwiesen. Doch darf man trotzdem und trotz den Schwächen, die man jenem erneuerten Altrömertum anmerkt, nicht zu gering von dessen Kraft denken. Im Westen gehörte noch ein sehr großer Teil der Bevölkerung nicht dem Christentum an. Und es hat doch immerhin zu einem Religionskrieg kommen können, in dem sich die römische Aristokratie für ihre Sache eingesetzt hat. Im Jahre 392 hatte in Gallien der heidnisch gesinnte Heerführer Arbogast, ein Franke von Geburt, die tatsächliche Macht an sich gerissen und den Kaiser des Westens, den zwanzigjährigen Valentinian II., der ein treuer Christ war und sich nicht zum Werkzeug erniedrigen ließ, brutal unterdrückt und gefangen gehalten. Nachdem der rechtmäßige Herr eines gewaltsamen – übrigens nicht aufgeklärten – Todes gestorben war, erhob Arbogast einen von ihm abhängigen Hofbeamten, Eugenius, der früher Gelehrter und Lehrer der Redekunst in Rom gewesen war, zum Kaiser. Eugenius versuchte vergeblich, den Kaiser Theodosius, der eben erst einen Bürgerkrig im Westen siegreich beendet hatte und danach in den Osten zurückgekehrt war, und den Bischof Ambrosius von Mailand, den führenden Geist der Kirche im Westen, für sich zu gewinnen. Er mußte sich auf den Kampf gegen Theodosius und die

Kirche gefaßt machen und war dabei vor allem auf den heidnischen Adel angewiesen, der seinerseits von ihm sein Heil erwartete. So wurde dieser Staatsstreich zum Aufstand des Heidentums im Westen und zumal in Italien, wo in der entscheidenden Zeit Nicomachus Flavianus, der Führer der altrömisch Gesinnten, als *praefectus praetorio* gebot. Es konnte so scheinen, als sei die Stunde gekommen, das abgebrochene Werk Julians fortzusetzen und das alte Rom nicht nur in Gedanken, sondern in der Wirklichkeit wiederherzustellen. Alte Umzüge zeigten sich zum ersten Mal seit Jahrzehnten, ja, manche nach einem Jahrhundert wieder in den Straßen, und Senatoren nahmen daran teil. So ist die Göttermutter Cybele auf ihrem Wagen damals wieder durch die Stadt gezogen, das Florafest ist mit Schaustellungen nackter Tänzerinnen gefeiert worden, der Sühneumgang (*amburbium*) ist um Rom gegangen. Und als es zum Krieg zwischen Theodosius und den vereinigten Empörern und zu den ersten Kämpfen um die Pässe der Julischen Alpen kam, da zeigte es sich, daß es ein Kampf auch um die Religion war. Hinter den Truppen des Eugenius standen auf den Höhen vergoldete Jupiterbilder. Und beim Auszug aus Mailand drohten Arbogast und Eugenius, sie würden nach dem Siege die Basilika des hl. Ambrosius in einen Pferdestall verwandeln und die Kleriker zum Waffendienst pressen. Flavianus ist an den ersten Kämpfen um die Pässe beteiligt gewesen, hat sich aber, nachdem sie unglücklich ausgegangen waren, vor der Hauptschlacht den Tod gegeben.

Diese Schlacht am Frigidus – einem heute Wippach genannten Nebenfluß des Isonzo –, in der Theodosius über Eugenius siegte, hat weithin als Gottesgericht gegolten (394 n. Chr.). Danach sind viele römische Senatoren zum Christentum übergetreten. Das war der Ausgang dieses Krieges um die altertümliche Überlieferung. Dennoch haben die Männer um Praetextatus und Flavianus nicht umsonst jahrzehntelang so beharrlich das Vätererbe verteidigt. Denn ihnen ist es zu einem guten Teil zu verdanken, daß so viel altrömisches Gedankengut der christlich-römischen Bildung des folgenden Jahrhunderts und dadurch der Nachwelt unverloren geblieben ist.

Geisteskämpfe

Bewahren und Wiederherstellen ist das große Anliegen der altrömisch gesinnten Senatoren und ihrer Freunde gewesen. Kampf ist in den Werken, mit denen wir es bisher zu tun gehabt haben, kaum mittelbar zu spüren. Jetzt gilt es nun, das eigentliche Ringen der Geister zu verfolgen, das große Streitgespräch um Rom und sein geistiges Erbe darzustellen, das in den achtziger Jahren des vierten Jahrhunderts mit dem Streit um den Victoria-Altar im Senatssaal begonnen und mit Augustins »Gottesstaat« geendet hat. Hier wird ein Hauptdenkmal der heidnischen Bewegung seinen Platz finden, die Schrift des Symmachus, worin er die Kaiser bittet, den Altar der Siegesgöttin wieder zuzulassen. Auf der anderen Seite wird das geistige Aufstreben der Christen gerade in dieser Zeit darzustellen sein. Es wird sich zeigen, daß sie damals fähig wurden, die geistigen Güter, die der Adel Roms so unbedingt mit dem alten Götterdienst verbunden glaubte, die er gegen die andringende Barbarei des Christentums verteidigen zu müssen meinte, aus dem Bunde mit der heidnischen Religion zu lösen und selbst in ihre Obhut zu nehmen, ja, daß sie sogar ihren Gegnern jetzt auch auf dem Felde des Geistes voraus zu sein begannen. Der Kampf, den es zu betrachten gilt, ist einer der würdigen, in die sich das Gemeine kaum mischt, aber auch einer der fruchtbarsten, von denen wir wissen.

In der ersten Hälfte des vierten Jahrhunderts waren die Christen der lateinisch sprechenden Reichshälfte noch im Vergleich mit den Griechen geistig rückständig, wie denn überhaupt der Osten seinen Vorrang entschiedener denn je behauptete. Dort hatte sich schon seit dem zweiten Jahrhundert in Alexandria und später in Cäsarea in Palästina und in Antiochia an regelrechten hohen Schulen eine wissenschaftliche Theologie herausgebildet, die, der Philosophie mächtig, es unternahm, die Wahrheit, die in der Weisheit der Griechen enthalten ist, in das allumfassende Gefüge der christlichen Wahrheit aufzunehmen. Clemens von Alexandria (gestorben gegen 215) und Origenes (etwa 185–255) haben das Entscheidende geleistet. Von der Mitte des vierten Jahrhunderts an sollten es die kappadozischen Väter Basilius (bis 379), Gregor von Nazianz (bis 390) und Gregor von Nyssa (gestorben 394 oder bald danach) vollenden. Dieser Theologie der Griechen hatten nun die christlichen Lateiner nichts an die Seite zu stellen; Tertullian, der streitbare, eifernde Anwalt (etwa 160 bis nach 220; Karthago), und Cyprian, der milde, kluge Berater, Gesetzgeber und Kirchenfürst (etwa 248–258 Bischof von Karthago), beherrschten mit ihren mehr tätig in das Leben eingreifenden als Erkenntnis spendenden Schriften noch im vierten Jahrhundert weithin das Feld. Den höchsten Gütern der griechisch-römischen Geisteswelt aber stand man im allgemeinen fern. »Was hat Athen mit Jerusalem, was Akademie mit Kirche zu tun?« sagt Tertullian. Rom war für viele noch Babylon, der Sitz des Bösen, oder im günstigsten Falle die furchtbare Macht, die das Ende der Dinge noch aufhält.

Nicht alle haben so bitter gedacht und so bissig gesprochen wie Tertullian. Aber man findet auch kaum bedeutende Zeugnisse dafür, daß die Christen im Westen die alte Geisteskultur klar zu schätzen gewußt hätten. Lactanz ist zwar ein guter Stilist und ein gebildeter Mann gewesen, aber sein Verhältnis zur alten Geisteswelt ist merkwürdig unklar. Auch im neuen christlichen Reich änderte sich nichts Wesentliches, bis in der zweiten Jahrhunderthälfte Ambrosius (333 oder 340–397) der Vorkämpfer des Christentums wurde.

Obschon Ambrosius kein eigentlicher Denker war, hat er doch unermeßlich viel dafür getan, daß die Christen ein genaueres Verhältnis zu Rom und seiner Kultur gewannen. Er stammte aus dem Amtsadel; sein Vater war *praefectus praetorio* von Gallien und Spanien mit dem Amtssitz Trier. Er selbst ist nach römischen Jugendjahren rasch zum Consular (Statthalter) der wichtigsten Teile von Oberitalien aufgestiegen und wäre einer der besten Würdenträger des Reiches geworden, wenn ihn nicht das Volk von Mailand, der Kaiserstadt und zugleich Hauptstadt seiner Provinz, wider seinen Willen zum Bischof erwählt hätte (374). So trug er denn Wesen und Stil des besten Römertums lebendig in sich. Er besaß alle Eigenschaften eines großen Lenkers der Menschen und der menschlichen Angelegenheiten. In seinen Worten spricht sich wahre Vornehmheit, sittliche Würde, reife, maßvolle, geläuterte Menschlichkeit und eine eigene Vereinigung von Willensstärke und Milde aus. Mit den Vorzügen des guten Römers verband er tiefen, klaren Glauben. Rom und das Reich waren ihm nicht weniger teuer als irgendeinem seiner Standesgenossen, aber es war das christliche Rom, das christliche Reich, das er dabei meinte. Es ist christlich geworden durch Constantin. Rom und die römische Kirche ist Haupt der römischen Welt durch die römischen Apostel Petrus und Paulus, die die alte Reichshauptstadt zum Sitz höchsten apostolischen Rechtes in der Welt gemacht haben. *Electa gentium caput sedes magistri gentium*, »erwählt ist das Haupt der Völker zum Sitz des Lehrers der Völker«: so hat Ambrosius seine Rom-Idee in der groß gearteten Sprache seiner Hymnen ausgesprochen. Das Reich und der Kaiser, der Herr der Erde, dienen Gott und dem Glauben. Und daraus ergibt sich, daß der Kaiser in Glaubenssachen auf die Kirche zu hören verpflichtet ist. Er ist Sohn der Kirche, ist in der Kirche, nicht über ihr. Dies alles sind keine müßigen Gedanken, sondern Überzeugungen, für die Ambrosius oft in gefährlicher Lage eingestanden ist.

In solchen Fällen hat seine überragende, lautere Persönlichkeit tief auf die Menschen gewirkt. Auch ein so gewaltiger Kaiser wie Theodosius (379–395) hat sich davor gebeugt.
Doch bevor wir den Kampf verfolgen, den Ambrosius als Berater der Kaiser gegen Symmachus und den heidnischen Senatsadel geführt hat, müssen wir versuchen, uns sein Verdienst um das Geistesleben der Christen zu vergegenwärtigen. Von seinen Schriften soll dabei nur kurz die Rede sein; sie sind eilig nach griechischen Werken gearbeitet. Immerhin haben sie die Gedanken der großen griechischen Theologen, auch zeitgenössische des Basilius, in den Westen gebracht und damit wesentlich dazu geholfen, das Geistesleben der lateinischen Christen aus der Rückständigkeit zu befreien. Wichtiger ist das, was uns Augustinus in den »Bekenntnissen« ahnen läßt: Ambrosius hat einem Manne wie Augustinus die Bahn frei gemacht.
Augustinus kannte den Wert der alten Philosophie, ja die Begegnung mit ihr war ein wesentliches Stück seines inneren Daseins. Er lebte auch in der Schönheit und Würde des antiken Wortes. In dieser Lage stieß ihn zuerst die Heilige Schrift ab. Er sah sich außerstande, dem Glauben, der in der Kindheit durch seine Mutter in ihn gelegt war, Folge zu leisten. Offenbar war er auch keinem Lehrer begegnet, der es vermocht hätte, ihm einen guten christlichen Sinn jener Werte, die ihm lieb waren, zu erklären und die biblischen Gedanken in seine Sprache zu übertragen. So war er denn längst an der Kirche verzweifelt, als er im Jahre 384, von Symmachus erwählt, der damals Stadtpräfekt von Rom war, als Lehrer der Redekunst nach Mailand kam. Dort wurde er mit väterlicher Güte von Ambrosius empfangen, und bald geriet er in den Bann des großen Menschen. Er hörte seine Lehrvorträge. Zuerst zog ihn daran nur die Schönheit des gesprochenen Wortes an, die also derart gewesen sein muß, daß sie einen Kenner und Meister wie Augustinus

hat fesseln können. Sie war eine Seite der *humanitas*, der gebildeten Menschlichkeit, die in Ambrosius lebte. Augustinus brauchte sie wie ein Lebenselement, worin ihm alles Weitere erst zugänglich wurde. Indem er aber so diese Predigten auf sich wirken ließ, ging ihm später auch eine entscheidende Erkenntnis dabei auf. Er sah ein, daß man um der heiligen Schrift willen nicht an der Kirche zu verzweifeln brauche; nur dürfe man die Schriftworte nicht grob stofflich nehmen, sondern müsse sie in einem geistigeren Sinne auslegen, so wie es der Bischof tat. »Der Buchstabe tötet, der Geist aber macht lebendig«, sagte Ambrosius oft in seinen Predigten.

Eine geistigere Auffassung der kirchlichen Lehren, das ist es, was Augustinus in diesem Manne alter Kultur, aber auch in dessen Kreise entgegengetreten ist. Schwankend, wie er noch immer war, erzählte Augustinus einmal Simplicianus, dem Taufpaten des – nach dem Brauche der Zeit spät, ja erst unmittelbar vor dem Antritt seines Amtes getauften – Bischofs, er habe neuplatonische Schriften in der lateinischen Übersetzung des Marius Victorinus gelesen. Simplicianus drückte ihm seine Freude darüber aus, daß er nicht an andere Philosophen geraten sei; die Platoniker lehrten Gott und seine Wahrheit erkennen. Dann erzählte er ihm, wie Victorinus von jenen aus den Weg zu der »Demut Christi, die den Klugen verborgen ist«, gefunden habe. Victorinus nämlich war mit Simplicianus in Rom befreundet gewesen und hatte ihm, nach langem Suchen, freundschaftlich und vertraulich gestanden: »Ich bin ja schon Christ.« Und als Simplicianus erwiderte, er könne das nicht glauben, bis er ihn in der Kirche gesehen, hatte er ihn ausgelacht, indem er sagte: »Also die Wände (eines Gebäudes) machen den Christen aus?« Dabei war es geblieben, solange sich Victorinus vor seinen Freunden scheute; denn er war ja der bevorzugte Lehrer des heidnischen Adels von Rom. Dann endlich hatte er auch diese Scheu überwunden und war offen Christ geworden.

Dieser Vorgang ist offenbar überaus wichtig. Ein Mann in ähnlicher Lage wie Augustinus hat den Weg zur christlichen Religion von der platonischen Philosophie aus gefunden. Er muß die Glaubensüberlieferung sehr geistig erfaßt und mit den Mitteln der Philosophie darüber nachgedacht haben. Seine christlichen Schriften bezeugen es. Auch sein Freund Simplicianus hat die platonische Philosophie bedingt anerkannt. Und dieser ist der Taufpate des Ambrosius und später als Bischof von Mailand sein Nachfolger gewesen, hat ihm also sehr nahe gestanden. Hier ist den Christen ein neuer Weg gezeigt; diesen Weg ist Augustinus gegangen. Und die geistige Weite, die ihn zuließ und empfahl, ist dem Kreise des Ambrosius eigen gewesen. Das ist entscheidend für das lateinische Christentum und den Kampf um die römischen Geistesgüter gewesen.

Drei Jahre, nachdem Augustinus in Mailand angekommen war – es war das große Jahrzehnt des Ambrosius, in dem er dem Symmachus und der Kaiserin Justina erfolgreich widerstand –, im Jahre 387, hat Augustinus von Ambrosius die Taufe empfangen. Vorher hat er sein Lehramt aufgegeben und sich mit Freunden nach Cassiciacum bei Mailand auf ein Gut zurückgezogen, um von dem religiösen Leben aus, in dem er nun Stand gefaßt hatte, seine Gedanken in Ordnung zu bringen. Das ist der Anfang der abendländisch-christlichen Philosophie geworden, eine wahrhaft schöpferische Begegnung von christlichem Glauben und antikem Geist.

Uns sind diese stillen, innerlich bewegten Tage so genau wie weniges im Altertum bekannt. Augustinus hat sie in seinen Dialogen »Gegen die Philosophen der Akademie *(contra Academicos)*«, »Über das glückselige Leben *(de beata vita)*« und »Über die Ordnung *(de ordine)*« bis in kleine Einzelheiten hinein genau geschildert, das gemeinsame Leben, Virgillesen und Philosophieren. Um zu verstehen, was da vorgegangen ist, muß man sich Augustins erste wesentliche Begegnung mit der Philosophie gegenwärtig halten. Nachdem der unentwickelte Glaube, der unverlierbar in der Kindheit in ihn gelegt war, in den Schüler- und Studienjahren überdeckt worden war, teils durch die Wirren der eigenen vielschichtigen Natur, teils durch die verführerische karthagische Umwelt, in die der Kleinstädter geriet, vor allem aber durch Ehrgeiz und den Drang, sich den Weg zu den Höhen des Lebens zu bahnen, erschütterte ihn noch während seiner rhetorischen Studien in Karthago Ciceros Dialog »Hortensius« und wandte sein inneres Leben wieder um. Es war ein Anruf an das Ewige im Menschen. Cicero wies in diesem – uns nur mittelbar bekannten – Werk das Verlangen des Menschen nach Glück von den niederen Gütern weg zu den höheren, zog es vom Stofflichen, Vielfältigen, Verwirrenden zum Geistigen, Einen, Sammelnden, vom stofflichen Genießen zu geistigem Anschauen und Besitzen, zum Göttlichen. Und das entschied so über Augustins Schicksal, daß von da an sein Wille und seine Liebe, allen Hemmnissen und Irrtümern zum Trotz, doch stetig auf den höchsten Wert und das Heil des Menschen gespannt war, auf das Gut, dem er in innerster Seele seit der Kindheit anhing. Nun in Mailand, ein Jahrzehnt später, ergriff er die Wirklichkeit dessen, was er inzwischen nur gesucht, was er vor kurzem mit der Hilfe der Neuplatoniker geistig anzuschauen gelernt hatte, im christlichen Mysterium. Es war für ihn das gleiche, was auch der »Hortensius« Ciceros meinte. Und noch war das Bedürfnis ganz stark, dem religiösen Akt mit der philosophischen Erkenntnis nachzukommen, mit jener Weisheit, die zum höchsten Gut führt. »In den Schoß der Philosophie geflüchtet«, so bezeichnet er sich selbst in Cassiciacum im ersten der Dialoge.

Alles Fragen geht wie im »Hortensius« von dem sicheren Befund aus: *beati certe esse volumus,* »glückselig wollen wir doch ohne Zweifel sein«. Ist das aber möglich, ohne daß man die Wahrheit weiß? Cicero hatte im »Hortensius« nicht nur den Willen zur Weisheit erweckt, sondern ihm auch ein Hindernis in den Weg gestellt. Für ihn beglückend, weil sie Spielraum und eine gewisse Freiheit gab, war die Skepsis der Neuen Akademie für Augustinus ein tödlich lähmendes Hemmnis. Ob man es beseitigen und zur beseligenden Wahrheit dringen und sie ergreifen könne, war eine Lebensfrage für ihn. Sie ist das Anliegen des ersten der Dialoge. Er sucht Cicero, der in dem Dialog »*Academica*« eben jene skeptische Erkenntnislehre der Akademie verteidigt hatte, geistig zu überwinden, und er vermag es mit der Hilfe neuplatonischer Gedanken. Augustinus überblickt da die Geschichte der Philosophie. Er dringt zu Platon und seinem großen Gedanken vor: sichere Erkenntnis ist möglich, nicht der stofflichen Welt, sondern der geistig anschaubaren, des *mundus intelligibilis*. Diese Erkenntnis ist es, was die hellenistischen Philosophen auch der platonischen Schule – eben der »Neuen Akademie« – vergessen hatten. Was bei Platon dazu dienen sollte, von dem vergeblichen Bemühen, sichere Erkenntnis der sinnfälligen Welt zu suchen, weg zur Ideenerkenntnis hinzuführen, nämlich das sokratische ἐλέγχειν, das widerlegende Prüfen, das war im Kampf gegen das starr und steif behauptende Wesen der stoischen Schule zur Hauptsache geworden, ja, von der platonischen Philosophie allein übriggeblieben. Erst die Neuplatoniker haben den Bann gebrochen und sind zu Platon und zu jener entscheidenden Erkenntnis zurückgekehrt.

Hier philosophiert jemand wie Platon auf Tod und Leben um Wahrheit und Heil, so wie es keiner vorher in lateinischer Sprache getan hat. Sein Dasein steht auf dem Spiel. Cicero hat es mit seinem »Hortensius« auf das Göttliche gewendet, hat es aber auch durch seinen Zweifel an sicherer Erkenntnis gehemmt und ratlos gemacht. Es gilt durchzukommen oder auf das Heil zu verzichten.

Ausgang und Fragen des Dialogs *»Contra Academicos«*

sind also, obwohl ciceronisch, nicht willkürlich gewählt, sondern gehen notwendig aus Augustins Dasein hervor. Diese Notwendigkeit und diese Daseinswucht ist bei aller ciceronischen Dialogkunst und der klassischen Sprache so groß, daß einem wohl, wenn auch nur einen Augenblick, Ciceros Philosophieren im Vergleich damit mühsam angequält vorkommen kann. Hier ist Nachfolge Ciceros, Platons und der anderen großen Alten ohne klassizistische Schwäche – andererseits aber auch ohne das neue magische, spukhafte Wesen, das seit Jamblichos im Osten in der Philosophie überhand genommen hatte.

Es ist ersichtlich, daß in dem angedeuteten philosophischen Ansatz dieses frühen Dialogs, nämlich in der Wendung zu der sicheren Erkenntnis der inneren, geistigen Welt, in der die Weisheit zu dem höchsten Gut aufsteigt und glückseligen Anteil daran gewinnt, bereits die spätere Philosophie der inneren Welt im Keim enthalten ist, die, von Augustinus ausgehend, die Menschen des Abendlandes erleuchtet hat.

So hoch zielte damals (386/7) in Mailand das höchste geistige Streben der Christen. In Rom hielt sich in der ersten Hälfte des gleichen Jahrzehnts Hieronymus auf, der Schüler des Donatus und der Philologe unter den Vätern (340–419). Nachdem er im Osten sich im Griechischen vervollkommnet und das Hebräische gelernt hatte und dazu Schüler der großen Kirchenlehrer, des Basilius und der beiden Gregor, gewesen war, ging er, im Besitz von philologischen und theologischen Fähigkeiten und Kenntnissen, die damals kein anderer Mensch so in einer Person vereinigte, auf Anraten des Papstes Damasus an das große Werk, einen berichtigten lateinischen Text der Heiligen Schrift herzustellen. So ist bekanntlich die lateinische Bibel entstanden, die heute noch im kirchlichen Gebrauch ist.

Erwägt man alles, was in diesen achtziger Jahren in Italien teils in Männern lebendig dargestellt, teils in Werken geleistet, teils angebahnt ist, und blickt man auf die andere Seite hinüber, so ermißt man, daß, auch abgesehen von der äußeren Macht, die Ambrosius auf seiner Seite festzuhalten wußte und die dann nach dem Sieg über Eugenius erst recht bei den Christen war, diese auch innerlich, ja, in ihren höchsten Leistungen sogar geistig überlegen waren. Und so steht denn die Sache der altrömisch Gesinnten, wie sie sich in den vorhin betrachteten Bestrebungen und unmittelbar in der Schrift des Symmachus an die Kaiser darstellt, unter einem tragischen Umsonst. Dennoch enthält auch dies Werk als Ausdruck der Altersweisheit Roms, das mit seinem Sinn für geschichtlichen Zusammenhang den abendländischen Völkern ein Vorbild gegeben hat, den Abglanz von etwas zeitlos Gültigem.

Im Jahre 382 hatte Kaiser Gratian den Altar der Victoria, der Jahrhunderte lang im Senatssaal gestanden hatte, dann von Constantius entfernt, von Julian aber wiederhergestellt war, von neuem beseitigen lassen und zugleich dem stadtrömischen Götterdienst die staatlichen Mittel und das Stiftungsvermögen entzogen und für die Zukunft Vermächtnisse verboten. Eine Senatsgesandtschaft, die den Kaiser bewegen sollte, diesen Schritt rückgängig zu machen, war auf Betreiben der christlichen Senatoren, des Papstes Damasus und des Ambrosius abschlägig beschieden, ja, nicht einmal vom Kaiser selbst empfangen worden. Im Jahre darauf war Gratian gestürzt und ermordet worden. Mißernte und Hungersnot hatten Teile des Reiches heimgesucht. Die Kaiserin Justina bemühte sich nun, gute Beziehungen zum heidnischen Hochadel zu gewinnen, indem sie Praetextatus zum *praefectus praetorio* von Italien, Symmachus zum Stadtpräfekten von Rom machte. Es sind die beiden Männer, die wir in den Saturnaliengesprächen des Macrobius als führende Hüter und Bewahrer des ererbten Geistesgutes kennengelernt haben. Diese Lage benutzte die altrömisch gesinnte Gruppe des Senates dazu, einen Beschluß in ihrem Sinne zustande zu bringen und ihr

Anliegen beim Kaiser Valentinian II. in Mailand durch eine neue Abordnung vorzutragen (384). Symmachus, der sich als Stadtpräfekt für ganz Rom zu sprechen berufen fühlte, faßte die Bitten in Worte, die über ihren nächsten Zweck hinaus als Ausdruck der altrömischen Sache so nachhaltig gewirkt haben, daß noch fast zwei Jahrzehnte danach der Dichter Prudentius eine Gegenschrift geschrieben und darin dem Werke und seinem Verfasser höchste Achtung erwiesen hat.

Die wesentlichen Teile dieser Urkunde lauten so: »Sobald der hohe, Euch immer ergebene Senat wahrgenommen hat, daß das Schlechte dem Gesetz unterworfen ist, und gesehen hat, daß von frommen Kaisern der Ruf jüngstvergangener Zeiten beseitigt wird, hat er, der ermutigenden Mahnung eines guten Zeitalters Folge leistend, den lange hinabgedrückten Schmerz ausgespien und mir aufgetragen, noch einmal Botschafter seiner Klagen zu sein. In doppelter Pflichterfüllung berichte ich also als Euer Präfekt die Staatsvorgänge und lege Euch als Botschafter den Auftrag meiner Mitbürger ans Herz ...

Wir suchen um den religiösen Zustand nach, der dem Gemeinwesen lange förderlich gewesen ist. Gewiß mag man Kaiser beider Richtungen aufzählen. Die früheren haben die heiligen Begehungen der Väter gepflegt, die späteren sie nicht entfernt. Wenn das religiöse Gewissen der alten kein bindendes Beispiel gibt, so gebe es das Geschehenlassen der letztvergangenen ...

Doch man sagt, der göttliche Constantius habe das gleiche getan (den Altar der Victoria beseitigt) ... Möge Eure Ewigkeit doch anderes Tun dieses Kaisers annehmen; dessen mag sie sich würdiger bedienen. Er hat nichts von den Vorrechten der geweihten Jungfrauen (der Vestalinnen) weggenommen; er hat die Priestertümer mit Adligen voll besetzt, hat für die römischen heiligen Begehungen die Ausgaben nicht abgelehnt. Und alle Straßen der Ewigen Stadt auf und ab ließ er sich von einem frohen

Senat führen und sah mit mildem, heiterem Gesicht die Heiligtümer, las die Namen der Götter an den Giebeln, fragte nach dem Ursprung der Tempel, bewunderte ihre Gründer, und obschon er eine andere Religion befolgte, erhielt er doch diese dem Reiche. Denn ein jeder hat seinen eigenen Brauch, seinen eigenen Gottesdienst. Nicht einerlei Götterdienst hat den Städten der göttliche Geist zu Schutz und Schirm zugewiesen. Wie die Seelen bei der Geburt den Menschen, so werden den Völkern schicksalbestimmte Schutzgottheiten zugeteilt. Dazu kommt Nutzen und Frommen; das vor allem beweist dem Menschen die Götter. Denn da alles Erkennen im Dunkel befangen ist: woher besser als aus der Überlieferung und den Denkmalen günstigen Geschicks kommt das Wissen um Götter? Wenn weiter lange Dauer der Religion Autorität gibt, dann muß man diesen vielen Jahrhunderten die Treue halten, und wir müssen unseren Vätern folgen, die zu ihrem Heil den ihrigen gefolgt sind. Wir wollen denken, Roma stehe jetzt bei uns und wende sich mit diesen Worten an Euch: »Ihr auserwählten Kaiser, Väter des Vaterlandes, habt Scheu vor meinen Jahren, in die mich frommer gottesdienstlicher Brauch geführt hat. Ich will die heiligen Begehungen der Vorfahren behalten, denn es braucht mich nicht zu reuen. Ich will nach meinem Brauch leben, denn ich bin frei. Dieser Götterdienst hat den Erdkreis unter meine Gesetze gebracht, diese heiligen Handlungen haben Hannibal von den Mauern, vom Capitol die Senonen zurückgeworfen. Dazu bin ich also gerettet und erhalten, daß ich mich im hohen Alter zurechtweisen lassen muß? Ich werde sehen, welchen Wert das hat, was man glaubt einführen zu müssen; doch verspätet und demütigend ist die Zurechtweisung des Alters. So bitten wir denn um Frieden für die Götter der Vorfahren, für die angestammten Götter. Billigerweise hält man für Eines jenes Unbekannte, das alle verehren. Es sind die gleichen Sterne, zu denen wir aufschauen, gemeinsam ist der Himmel, eine und dieselbe Welt hüllt uns ein; welchen Unterschied macht es, mit welcher Denkart jeder die Wahrheit sucht? Auf einem einzigen Weg kann man nicht zu diesem großen Geheimnis gelangen.«

Man kann es nachfühlen, daß diese Worte, in denen sich uralte, eigentümlich römische Überzeugungen noch einmal aussprechen, im Consistorium des Kaisers solchen Eindruck machten, daß alle, auch die Christen, den Wunsch des Senates zu gewähren rieten. Bevor aber etwas Endgültiges geschah, trat Ambrosius mit einem Schreiben dazwischen, worin er den jungen Kaiser davor warnte, sich umgarnen zu lassen und einen Gottesfrevel zu begehen, indem er die christliche Mehrheit des Senats in die Lage bringe, auf einen heidnischen Altar schwören zu müssen; tue er es doch, so werde er nicht zum Gottesdienst zugelassen werden. Dieser Einspruch wirkte. Noch ehe Ambrosius die Schrift des Symmachus in einem zweiten Brief an den Kaiser beantwortet hatte, wurden die Senatsgesandten abschlägig beschieden, und Symmachus hatte verloren. Die Antwort des Ambrosius, rasch im Drang der Dinge hingeworfen, kann sich als Werk nicht mit dem Schreiben des Symmachus messen. Sie widerlegt nur nüchtern und kräftig die Hauptsätze des Symmachus. Doch hat auch Ambrosius Roma redend eingeführt. Aus dieser Rede lauten ein paar wichtige Sätze so:

»Nicht auf Tiereingeweiden, sondern auf der Kraft der Krieger beruhen die Triumphmale des Sieges. Anderer Brauch ist es, womit ich die Welt überwunden habe. Für mich hat Camillus gestritten, der erst, nachdem er die Gallier, die Sieger am Tarpeischen Felsen, vernichtet hatte, die Götterbilder des Capitols zurückbringen konnte. Die Tapferkeit hat die Feinde zu Boden geworfen, die der Götterdienst nicht hat entfernen können...

Was bringt ihr mir die vorbildlichen Beispiele der Alten vor? Ich hasse die Bräuche von Leuten wie Nero... Ich schäme mich meines Falles. Mein altes, graues Haupt ist schamrot über schmachvolles Blut geworden. Nicht erröte ich, mich im hohen Alter mit der ganzen Welt zu bekehren ... Kommet her und lernet auf Erden himmlischen Dienst; hier leben wir und dort haben wir unsern Dienst. Des Himmels Geheimnis soll mich Gott lehren, der ihn geschaffen, nicht der Mensch, der um sich selbst nichts gewußt hat ... Was ihr mit Mutmaßungen sucht, das haben wir von der Weisheit und Wahrheit Gottes selbst vernommen.«

Mit den Vorgängen des Jahres 384 war der Streit um Altar und Bild der Siegesgöttin noch nicht zu Ende. Es ist früher in anderem Zusammenhang erzählt worden, wie im Jahre 392 in Gallien der Christenfeind Arbogast so mächtig wurde, daß er sich über den Willen des Kaisers Valentinian II. geringschätzig hinwegsetzen konnte, während zugleich in Italien Nicomachus Flavianus gebot. Die Gunst dieser Lage hat sich der heidnische Adel zunutze gemacht. Er erhob seine alte Forderung von neuem. Valentinian blieb standhaft, aber bald darauf mußte er sterben. Der Aufstand des Arbogast und seines Schattenkaisers Eugenius wurde darauf zum Religionskrieg. Mit dem Götterdienst wurde auch der Altar der Victoria wiederhergestellt, bis der Sieg des Theodosius endgültig dagegen entschied. Nur das Bild, nicht den Altar, ließ im Jahre 399 Stilicho durch ein Gesetz des Honorius als Kunstwerk, nicht als Kultbild, wieder aufstellen, so wie er auch die Tempel als Kunstwerke unter den Schutz der Gesetze stellte.

Damals um die Jahrhundertwende hat der spanische Dichter Prudentius in seinem Gedicht »Gegen Symmachus« und in dem Hymnus auf den heiligen Laurentius, den römischen Märtyrer, die Vollendung des christlichen Rom gefeiert. Als Würdenträger des Reiches – er war Statthalter einer Provinz gewesen – und als Kenner und Verehrer der römischen Dichter, der in Virgil und Horaz wie nur irgendeiner seiner Zeitgenossen lebte, verstand und teilte er die Liebe der heidnischen Senatoren zu Rom und seiner Vergangenheit. Als Christ, der sein spätes Dichten im Dienste Gottes betrieb, war er stolz auf den Sieg der christlichen Sache und eifrig darauf bedacht, die innerlich noch Widerstrebenden zu überzeugen. Denn sicher waren viele nach dem Sieg des Theodosius nicht mit dem Herzen übergetreten. Es waren bewegte Zeiten. Im Jahre 401 fiel Alarich in Italien ein. Bis ihn Stilicho bei Pollentia besiegte, haben wohl viele Römer, die innerlich wie Symmachus dachten, warnend an die alten Götter erinnert. Das ist die eigentümliche Lage, in der Prudentius, voll Stolz und zugleich voll Sorge, eine Rom-Idee verkündete, die die alte nicht einfach verneint, sondern, christlich verwandelt, in sich aufnimmt. Hier ist es noch einmal gelungen, daß ein Dichter die eigene Zeit im Zusammenhang des Gesamtschicksals als Zeit der Vollendung hat ansehen können, so wie es einst Virgil getan hatte.

Wie Virgil feiert er im Laurentius-Hymnus das, was er selber miterlebt hat, nicht unmittelbar, sondern schaut es vorgebildet, ja vorentschieden im Sieg des römischen Märtyrers an. In seinem siegreichen Untergang schaut der Sterbende das christliche Rom, so wie es sich zur Zeit des Theodosius dadurch, daß der Adel christlich wurde, vollends verwirklicht hat. Es waltet wirklich ein ganz ähnliches Verhältnis wie bei Virgil ob: eine bedeutende Wende der Zeit des Dichters erhält Bedeutsamkeit und Würde dadurch, daß die Geschichte von alten Zeiten her darauf zuläuft, und auf der andern Seite haben Geschehnisse der Vorzeit erst dadurch ihre Sinnfülle, daß sie innerhalb des großen Zusammenhanges der römischen Geschichte auf etwas Zukünftiges, Erfüllendes vordeuten und gewissermaßen hinstreben; der Dichter aber wird ehrfürchtig und stolz dessen inne, was er miterlebt, und verkündet es den Menschen. Wie er nun dabei Rom im Licht einer göttlichen Sendung sieht, geschieht es unvermerkt, daß er auch umgekehrt den Bereich des Göttlichen mit römischen Bildern bezeichnet. In seiner

Romliebe geht er so weit, daß er von Laurentius sagen kann:

Mir ist, als sähe ich mit erlauchten
Edelsteinen glänzen ihn,
den das himmlische Rom sich
zum ewigen Consul erwählt hat.

So etwas hat, wenn ich nicht irre, erst Dante wieder gewagt.

In den beiden Büchern »Gegen Symmachus« stellt sich die ganze römische Geschichte, ähnlich wie in Virgils Aeneis, als heilige Geschichte dar. Von Anfang an läuft sie einem Ziele zu, das der Wille Gottes gesteckt hat. Bei Virgil ist es die Herrschaft von Recht und Sitte, bei manchen Späteren auch die Einheit und Eintracht der Menschheit. Auch Prudentius glaubt an die Sendung Roms. Zur Weltherrschaft bestimmt, hat es, ohne darum zu wissen, den Plan der Vorsehung befördert, Eintracht zu stiften, damit Christus die Welt vorbereitet auf sein Kommen vorfände. Doch auf dem Wege zum Ziel ist es von der Höhe seiner Würde herabgesunken. Es hat zwar äußerlich immer neue Macht gewonnen, dabei aber, anstatt über allem Irdischen zu stehen und nur Gott untertan zu sein, sich innerlich der Welt und ihren Bestandteilen untertänig gemacht; denn die Götter sind Kräfte und Teile der Welt. Erst Theodosius hat die Herrscherin Roma zu ihrer vollen Hoheit zurückgeführt, indem er sie aus der letzten Untertänigkeit befreite und zu dem machte, was sie nach dem göttlichen Willen sein sollte.

Die Voraussetzungen dieses Bildes der römischen Geschichte bei früheren Denkern sollen hier nicht aufgewiesen werden; es ist an anderer Stelle geschehen[1]. Hier kam es darauf an, zu zeigen, wie christliches Denken Rom und seine Geschichte liebevoll hegte und den alten Gedanken Virgils zugleich aufnahm und verwandelte. Ein neuer, von Virgil selbst nicht gekannter Sinn leuchtete beglückend in den alten Versen auf.

[1] S. 645 ff.

Es ist wahrhaftig nichts Geringes, seine Gegenwart so zu erleben, eine irdische Macht und ein Ereignis so in göttliches Licht zu stellen, wie es Prudentius getan hat. Nur bangt der Betrachter bei dem Gedanken, daß dieses Rom von der Höhe seiner ohnehin nur noch mühsam errungenen Siege herabstürzen könne, und fragt, was dann aus dieser Idee werden soll. Ist sie nicht an eine sehr unsichere geschichtliche Lage gebunden? Mußte nicht einem Manne wie Prudentius sein ganzes inneres Dasein wanken, wenn es Rückschläge gab? Versucht man sich so in seine Lage zu versetzen, so versteht man, wie tief unzählige Menschen erschüttert gewesen sind, als im Jahre 410, wenige Jahre, nachdem Prudentius das Ende des heidnischen und die Vollendung des christlichen Rom verkündet hatte, Alarich Rom einnahm und plünderte. Es war das erste Mal seit acht Jahrhunderten, daß Rom in die Hand auswärtiger Feinde fiel. Die Zuversicht, die dem christlichen Rom eine Art überirdische Unvergänglichkeit zugetraut und sich selbst darin geborgen gefühlt hatte, mußte bitter enttäuscht werden; ja, wenn man Rom dem Himmel genähert hatte, so hatte man gewissermaßen auch den Himmel an Rom, das Herz des Reiches, gebunden, und auch der Himmel mußte für manche bei dem Sturze Roms in Mitleidenschaft gezogen werden. Jetzt schienen wieder die Heiden Recht zu behalten, die wie Symmachus sagten: »Dieser Götterdienst hat den Erdkreis unter Roms Gesetze gebracht.« Sie gaben denn auch den Christen die Schuld an dem Unheil. Die Geschichte schien gerichtet zu haben.

In dieser Lage begann Augustinus – dessen Reifen, Schaffen und geistliches Wirken in dem Vierteljahrhundert nach den Tagen von Mailand und Cassiciacum hier nicht dargestellt werden kann – sein großes Werk über den Gottesstaat zu schreiben, eine Antwort auf die Vorwürfe und Ansprüche der Anhänger der alten Religion und eine Auskunft auf die bangen Zweifel der Christen. Wie Prudentius hat Augustinus auf die Fragen der geschichtlichen Stunde mit einem christlichen Geschichtsbild geantwortet, im Vergleich zu dem nun freilich das des Prudentius allzu treuherzig erscheint. Alles, was im Altertum über Rom, seine Geschichte und den Wert seiner Tradition gedacht worden war, ist hier von neuem erwogen, an seinen Platz gestellt und in das Bedingte gerückt.

Rom mit dem ganzen Erbe seiner Geschichte war bis dahin in den Augen der Menschen oft eine heilige Stadt gewesen, sei es, daß es die Altrömer als Wohnsitz der Götter, als Vollstreckerin des göttlichen Willens angesehen, sei es, daß es die Christen als auserwählte Wegbereiterin des Glaubens verehrt und ebenfalls mit der Religion innig verbunden hatten. Andererseits hatten es früher viele Christen als die unheilige Stadt, als Babylon, als Wohnsitz des Bösen verabscheut. Augustins Gedanke unterscheidet sich von dem der früheren wesentlich dadurch, daß er Rom als metaphysische Größe entthront. Hier ist Rom nicht mehr an sich heilig oder unheilig, nicht wesenhaft Sitz des Guten oder Bösen. Augustin hat es aus dem Unbedingten, Endgültigen der überirdischen Wesenheiten in das Bedingte, Bezogene des Irdischen gerückt. Nun erscheint es in der Lage, worin sich alles Irdische, Vergängliche befindet. Eines endgültigen, ganz wahren Seins und Wertes ermangelnd, aber zum Besitze solchen Seins und Wertes erschaffen, ist es vor die Entscheidung gestellt, ob es Gott zugewandt Anteil daran gewinnt, oder abgewandt, sich in sich selbst verschließend, auf sich selbst bestehend, sich selbst, Wesen, Wert und Heil verliert. Denn nur dem Höheren hingegeben, findet alles sich selbst. So schwebt das Irdische zwischen beiden Seiten. Auch was auf dem rechten Wege ist, hat doch etwas von Abfall an sich. Auch was abgefallen, trägt doch abbildlich etwas vom wahren Sein und Wert in sich. In der geschichtlichen Wirklichkeit ist also beides miteinander. Würde alles Irdische seiner Bestimmung nach dem höchsten Sein und Gut zugewandt sein, so würden sich alle Wesen zur rechten Ordnung des Führens und Folgens zusammenfügen, zur *civitas Dei*, dem Gottesstaat. So aber entstehen immer wieder aufrührerische Gegenbilder dieser Ordnung: die *civitas terrena* sucht sich in immer neuen Formen aufzurichten. Das ist aber nicht der irdische Staat, sondern das metaphysische Gegenstück zur *civitas Dei*. Geschichte bewegt sich nun immer zwischen den beiden *civitates*. Anders ausgedrückt: beide *civitates* durchdringen einander immer, solange es Geschichte gibt. Geschichte schreitet von der Schöpfung über Sündenfall und Menschwerdung Christi zum Ende der Zeit. Wenn die Zeit aufhört, dann werden beide *civitates* auseinandertreten; alles wird offenbar und endgültig werden. Inzwischen darf man nichts auf Erden für unbedingt nehmen.

Der späte Adel
Ausgleich und Ende

Das Werk über den Gottesstaat schließt die Kämpfe und Gespräche ab, die seit Julian um das geistige Erbe der alten Welt geführt worden sind. Es hat zwar auch danach noch Anhänger der alten Religion unter den Senatoren gegeben, aber sie haben sich nicht mehr in bleibenden Geisteswerken ausgesprochen. Während die überblickten Jahrzehnte Zeiten fruchtbarer Unruhe, eines regen Strebens und eines wesentlichen Wandels gewesen sind, in denen vieles, was weit durch die Zeiten gewirkt hat, teils gerettet ist, teils sich zusammengefunden hat, so daß, wenn man die grundlegenden Zeitalter der abendländischen Kulturüberlieferung aufsucht, dieses als eines der wesentlichen gelten muß, hat das fünfte Jahrhundert in seinem übrigen Verlauf nichts Wesentliches gebracht.

Es ist die Zeit, in der die Germanen völkerweise das Westreich durchzogen und sich in den besten Gebieten in Gallien, Spanien und Afrika niederließen. Zwar gelang es oft, ihrer Herr zu werden oder sie als Bündner in das Heer einzugliedern. Und waren sie einmal angesiedelt, so lebten sie in rechtlich geordneten Verhältnissen mit den alten Bewohnern zusammen. Aber der Kaiser hatte sie nicht fest in der Hand. Überhaupt lockerte sich die Herrschaft über die Provinzen. Afrika und Britannien gingen sogar ganz verloren, denn Vandalen und Angelsachsen erkannten die römische Oberherrschaft nicht an. Afrika aber war das Hauptgetreideland. So sank die Leistungskraft, während die Aufgaben der Verteidigung stiegen. Als vollends mit Valentinian III. (425–455) das Kaiserhaus erlosch, das von Theodosius begründet war, ging es im Sturz abwärts. Im Jahre 476 erhob Odoaker, der Heerführer, der wie mancher Reichsfeldherr seit Stilicho die wirkliche Macht hatte, keinen Kaiser mehr, sondern herrschte verhältnismäßig selbständig im Namen des oströmischen Kaisers, der nun der einzige war. In Odoakers Stellung rückte Theoderich ein (493–526), Reichsverweser mit der Würde eines Patricius und zugleich König der Goten. Unter diesem weisen Herrscher hat Italien noch eine letzte Nachblüte am Ende des Altertums erlebt. Nach seinem Tode aber begannen die Verwicklungen, die zum kriegerischen Eingreifen Justinians und zur Wiederherstellung der unmittelbaren Kaisergewalt führten. Die Gotenkriege (535–553) haben Italien, das fast allein noch vom Westreich übrig war, in das Elend gebracht und das höhere Geistesleben fast erstickt.

In dieser ganzen Zeit hielt sich trotz allem Verfall das herkömmliche Unterrichtswesen; die Ämter des Staates und der Kirche brauchten es. Davon soll nun hier nicht weiter die Rede sein; wir haben es vielmehr mit dem Weiterleben der alten Hochkultur zu tun. Was aber diese anlangt, so hängt ihr Schicksal in eigentümlicher Weise von dem Ergehen eines Standes ab.

Schon im dritten Jahrhundert, aber erst recht im vierten und auch im fünften, während die andern Stände herunterkamen, hat sich der senatorische Adel, der Stand der Großgrundbesitzer, in seinem Wohlstand erhalten. Ja, er ist vergleichsweise sogar, besonders im Westreich, immer höher gestiegen. Seine wirtschaftliche Macht war so stark, daß er sich auch des größten staatlichen Druckes zu erwehren vermochte. Die großen Familien besaßen einen guten Teil des Grundes und Bodens von Italien und den Provinzen. Ihre Besitzungen waren wie Fürstentümer und auch ein wenig wie Staaten im Staat in sich geschlossen. Eine Anzahl dieser Geschlechter ist es gewesen, auf die die obersten Reichsämter immer wieder fielen, ähnlich wie in der Zeit des ausgehenden Freistaates, so daß man sagen kann, das weströmische Reich habe sich besonders in den letzten hundert Jahren seines Bestehens, was seine Zivilverwaltung anlangt, einer Oligarchie des hohen Adels genähert.

Dem Staat und seinem straffen Zusammenhalt sind diese Verhältnisse kaum zuträglich gewesen, zumal da der Gegensatz zwischen Heer und Adel wieder zur Gefahr wurde. Doch wie schwer auch die Bedenken sind, die sich einstellen, eines hat dieser Stand geleistet: er hat mit einigen Gelehrten von Beruf noch von der geistigen Hinterlassenschaft der Vorzeit das durch die Zeiten getragen, was über das Maß des gewöhnlichen rhetorischen Unterrichts hinausging. Er brauchte keine Kämpfe mehr darum zu führen. Der Gegensatz zwischen Christentum und griechisch-römischer Überlieferung hatte aufgehört oder war verwischt. So hatte das mehr oder weniger innerlich angenommene Christentum nichts an den geistigen Bestrebungen des Adels geändert. Stellen wir uns diese Herren nicht insgesamt und nicht allzusehr dem Geistesleben zugewandt vor! Aber es ist doch auch nichts Geringes, daß sich in ihrem Kreise die Möglichkeit erhielt, volleren Anteil an dem alten Erbe zu gewinnen. Da las und verstand man noch die Dichter – nicht nur Virgil –, man schrieb Verse und Kunstprosa in alter Weise, freilich in einem künstlich geschraubten, mühsamen Stil, dem man es anzumerken meint, daß er nur von einer kleinen Menschengruppe genossen werden konnte. Das griechische Schrifttum war noch erreichbar: Sidonius Apollinaris, Liebhaber und Schriftsteller aus höchstem Adel Galliens, Schwiegersohn eines Kaisers und am Ende Bischof von Clermont (gest. um 479), hat sogar die Komödien des Aristophanes noch verstanden. Auch die Philosophie erhielt sich hier und da – abgesehen von dem dürftigen Überblick, den der allgemeine rhetorische Unterricht vermittelte – und genoß sogar Ansehen. Hat doch im Jahre 470 der Kaiser Anthemius sogar noch einen heidnischen Philosophen, Severus, zum Stadtpräfekten, Patricius und Konsul gemacht. Das Studium der alten Werke um ihrer selbst willen, die Kenntnis der Dichter – von Virgil abgesehen –, des Griechischen und der Philosophie, dieses obere Stockwerk der alten Geistesbildung – um im Bilde zu sprechen – war allein da noch bewohnt und gepflegt, wo der senatorische Adel es hielt. Als er in den Schreckenszeiten der Gotenkriege von seiner Höhe herabsank, verfiel mit ihm auch dieser Rest. Zweihundert Jahre später haben dann im Karolingerreich ganz andere Kräfte versucht, mit dem Kaisertum auch etwas von dem geistigen Glanz dieser späten Antike wieder aufleben zu lassen.

Uns sind die geistigen Bestrebungen des Adels im fünften Jahrhundert dadurch wichtig, daß sie die dünne Kette der Überlieferung nicht haben abreißen lassen. Jeder, der die Schriftwerke der Antike und alles Leben, das sich an ihnen entzündet hat, nicht missen möchte, schuldet ihnen Dank. Denn ohne diese Überlieferung wären die bedeutenden Werke nicht im Mittelalter geschätzt, in der Folgezeit mit neuem Sinn wieder entdeckt und angeeignet worden. Und ohne die ältere humanistische Kultur, die sich an die Lateiner hielt, hätte es niemals dazu kommen können, daß man den Weg zu den Griechen zurückfand. Schätzen wir aber die Geistesbeflissenen des fünften Jahrhunderts um dessentwillen, was sie durch die Zeit getragen, so fällt es uns schwer, sie um ihrer selbst willen zu lieben. Nur am Ende, im Italien Theoderichs, leuchtet die Geistesbildung und Gesittung des römischen Adels noch einmal bedeutend auf.

Es lebten damals die Urenkel derer, die einst um den Altar der Siegesgöttin gestritten und von Eugenius die Wiederherstellung des alten Götterdienstes erhofft hatten. Auch unter ihnen war der alte bewahrende Sinn nicht erstorben. Aber nichts kennzeichnet die verwandelte Lage besser als eine unscheinbare Tatsache aus der Dichterüberlieferung. Vettius Agorius Basilius Mavortius, ein Nachkomme jenes Praetextatus, bei dem die Saturnaliengespräche des Macrobius stattgefunden hatten, hat, wie er selbst bezeugt, nicht nur den Wortlaut der Gedichte Horazens überprüft und in möglichst reiner Gestalt der Nachwelt überliefert, sondern die gleiche bewahrende Sorge auch dem christlichen Dichter Prudentius angedeihen lassen, der in jenen Kämpfen seine Bücher gegen Symmachus geschrieben hatte. Die alten Gegensätze der Zeit des Theodosius waren eben erledigt; den Prudentius sahen die Nachfahren der letzten Kämpfer für das Heidentum als einen der Ihren an.

Auch ein Symmachus, Urenkel des Redners, der vor mehr als einem Jahrhundert im Namen Roms für den alten Götterdienst gesprochen hatte, ragt seines Vorfahren würdig unter diesen letzten Römern hervor. Wie der ältere Symmachus hat er sein öffentliches Wirken auf Rom und den Senat beschränkt und keine Hofämter angenommen. Sein Ansehen beruhte auf einem Geistesadel, der von den besten Männern der Zeit anerkannt worden ist. Gefeierter Redner, Geschichtsschreiber, Förderer der Studien, von dem ein Zeitgenosse sagt: »Blüte und Sicherung des geistigen Strebens in Rom beruhen auf Euren Bemühungen«, Denker, der einem Boethius das Glück geistiger Gemeinsamkeit zu gewähren vermochte, ist er zugleich ein frommer Christ gewesen, der in den Nöten der römischen Kirche um das Jahr 500 seinen Mann gestanden hat. Boethius hat ihm die Schrift über die Heilige Dreifaltigkeit gewidmet, als bleibendes Zeugnis von Gesprächen, wie sie die beiden miteinander geführt hatten. Die philosophische Strenge und Höhe dieser Schrift zeigt den Stand eines christlichen Geisteslebens an, das in der Nachfolge Augustins dem höchsten Inhalt des Glaubens mit den Mitteln des Gedankens griechischer Herkunft nahezukommen trachtete. Die hohe christliche Philosophie, worin sich das beste aus beiden Überlieferungen verband, ist offenbar nur wenigen Männern dieses späten Geistesadels eigen gewesen. Dennoch wird man nicht sagen können, sie sei eine unwesentliche, unfruchtbare, zufällige Erscheinung gewesen. Denn im hohen Mittelalter ist eben das im großen aufgebaut worden, was in der Nachfolge Augustins ein Symmachus und Boethius auf ihre Weise versucht und entworfen haben, wie sich denn überhaupt in diesen Jahrzehnten auf der Grenzscheide zwischen den Zeitaltern Endhaftes mit Zukunftsträchtigem, zur Dauer Bestimmtem verschlingt.

Das klassische Schriftdenkmal der Zeit, den »Trost der Philosophie« des Boethius, hat ein Mann geschrieben, der die besten Überlieferungen des hohen Adels in sich trug, selber aber ein ungewöhnlicher Mensch war. Schon der Plan, den ganzen Platon und Aristoteles in das Lateinische zu übertragen, verrät eine philosophische Bildung und eine Kühnheit, die im Westen kaum ihresgleichen hat. Das Eigenste ist aber die Fähigkeit, der Not, ja der bängsten Lage vor drohendem gewaltsamen Tode ein Werk wie den »Trost der Philosophie« abzugewinnen. Dieses Buch ist ja nicht die Frucht sicherer Muße, sondern der Gefangenschaft, der Monate zwischen dem Sturz des Boethius und seiner Hinrichtung (524). Eine bewegte Zeit hat es hervorgebracht, und es scheint sich auch daran die Regel zu bestätigen, daß bedeutende

Werke meist nicht in Zeiten ruhigen Besitzes und ungestörter Überlieferung hoher Güter entstehen, sondern in der Bewegung drangvollen Wandels. Der »Trost der Philosophie« ist auf eigene Weise mit dem Beginn der Vorgänge verknüpft, die das mit Kraft und Weisheit drei Jahrzehnte lang erhaltene Gleichgewicht der Herrschaft Theoderichs zerstört und den römischen Adel wie die Macht der Goten gleichermaßen zugrunde gerichtet haben. Denn Boethius fiel als Opfer des Verdachts Theoderichs gegen den römischen Adel. Die Folgen des Zusammenstoßes haben wenige Jahre später zum Gotenkrieg geführt.

Doch das Schicksal des Boethius und sein Werk sollen in dem folgenden Versuch dargestellt und erläutert werden. Darum genügt es hier, mit wenigen Worten Verdienst und Würde des »Trostes der Philosophie« zu bezeichnen.

Indem der gestürzte, gefangene Boethius den Trost der Philosophie empfängt und nach dem innern Zusammenbruch das hohe Dasein wieder gewinnt, worin der Mensch des besseren, wertvolleren Seins, das in der gemeinen Ansicht der Dinge schwach und unwirklich scheint, als des wahreren, stärkeren gewiß und darin getrost ist, vollzieht sich die ganze alte Philosophie von neuem, soweit sie von den Neuplatonikern anerkannt und weiter überliefert war. Das Geisteserbe wird lebendig gegenwärtig. Und Boethius ist ihm gewachsen. Er vermag Kräfte daraus zu schöpfen, die ihm helfen zu leben und zu sterben. Die hohe Freiheit des Geistes spiegelt sich in der Form des Kunstwerks, diesem abgemessenen Stufengang, worin ein jeder der überlieferten Gedanken der Philosophie seine gemäße Stelle hat und alle zusammen zum Ganzen wirken. Aber auch im Gehalt ist des Eigenen, Selbständigen nicht wenig – in der besonderen Weise, die der Spätzeit angemessen ist. Es sind mehrmals Hauptgedanken und Hauptfragen Augustins weitergedacht und möglichst rein mit den Mitteln der Philosophie geklärt.

Eigen ist Boethius' Art, das Erbe der Philosophie zu übernehmen, auch darin, daß er die wuchernden Auswüchse der Neueren abgestreift hat. Kommt man zu ihm von Jamblichos und Proklos, den führenden Philosophen, die ihm der Zeit nach am nächsten gestanden haben, so fühlt man alles licht und klar und einfach werden – nicht einfach und leicht im schlechten Sinne, denn Boethius hat tiefe Gedanken der beiden wohl zu schätzen gewußt, und manche Kapitel halten sich in den höchsten Lagen, die die antike philosophische Schau überhaupt erreicht hat. Aber man findet keine Spur von dem magischen, spukhaften Dämonenwesen, nichts von dem maßlosen Gebrauch des Stufengedankens, der sonst den späten Neuplatonikern meist eigen ist. Römertum und Christentum werden hier zusammengewirkt haben, dem Unmaß zu wehren.

Auch wer nicht gering von den früheren Versuchen der Römer denkt, Anteil an der griechischen Philosophie zu erwerben, wird zugeben, daß sie kein philosophischeres Werk hervorgebracht haben als dieses. Nur von Augustinus kann man ihm einiges an die Seite stellen.

Auch die lateinische Sprache hat hier noch eine neue Vollkommenheit erreicht. Boethius hat sie in den Stand gesetzt, die schwierigsten, feinsten Gedanken der Philosophie mühelos und dabei genau auszusprechen.

So ist denn das Römertum nicht unwürdig und auch nicht kraftlos zu Ende gegangen. Der Abendfrieden im Werke des Boethius ist nicht Schwäche, sondern enthält die Stärke alter Weisheit in sich, in Gefangenschaft und Todesnähe geprüft und bewährt. Bewahren, ehrfürchtig-behutsames Erneuern, Überliefern: die alte Eigenheit und Stärke der Römer im Bereich des Geistes verwirklicht sich noch einmal im »Trost der Philosophie« auf das beste. So hat denn dieses Werk auch ungeheuren Wandel siegreich überdauert.

BOETHIUS

Boethius ist bald nach dem Ende des weströmischen Kaisertums um das Jahr 480 n. Chr. geboren. Er entstammt dem römischen Hochadel; das Haus der Anicier, dem er angehört, längst bedeutend unter den Kaisern, ist seit der Zeit Diocletians eines der vornehmsten in Rom gewesen. Die Männer dieses Geschlechts waren gewohnt, die höchsten Stellen der bürgerlichen Verwaltung des Reiches innezuhaben, mit den höchsten Würden ausgezeichnet zu werden. Ein Anicier ist sogar unter den letzten Kaisern des Westens zu finden. Der Vater des Verfassers der Consolatio, der ältere Boethius, hat in der Zeit Odoakers als *praefectus praetorio* an der Spitze der Verwaltung und Rechtspflege eines Reichsteiles gestanden und ist Konsul und Stadtverweser von Rom gewesen. So war Boethius, der Sohn, zum Wirken auf den Höhen des öffentlichen Lebens geboren, und er hat denn auch den Glanz der Würden genossen, wie nur irgendein Römer es sich wünschen mochte. Er hat früh die seltene Würde eines Patricius erhalten, ist im Jahre 510 Konsul gewesen, hat es 522 erlebt, daß seine beiden Söhne Konsuln waren, eine Auszeichnung, die ihresgleichen sucht, und ist selbst um dieselbe Zeit *magister officiorum* geworden, Kanzler – so könnte man vielleicht sagen – am Hofe zu Ravenna.

Der Stand, worein Boethius durch seine Geburt gestellt war, fand sich im römischen Senat zusammengefaßt. Die Körperschaft bewahrte ihren Glanz aus alten Tagen; am Senat hing für die Römer der Staat ebenso wie am Kaiser. So gering die Macht seiner Beschlüsse war, so schwer wog doch das Dasein des Standes. Denn die senatorischen Familien besaßen einen guten Teil des italischen

Bodens, und Angehörige dieses Standes hatten allein noch vollen Anteil an der altüberlieferten Kultur. Diese Männer sahen es als ihre Sache an, sie zu hüten und weiterzugeben. Mancher hat, während er ein hohes Amt verwaltete, alte Dichtungen oder andere Schriftwerke neu schreiben lassen und selbst durchgesehen, damit sie unverfälscht auf die Nachwelt kämen.

Inmitten solcher Bestrebungen ist Boethius als ein offenbar geborener Geistesmensch aufgewachsen. Seine erhaltenen Werke und noch mehr seine gewaltigen Pläne bezeugen ganz am Ende des römischen Schrifttums nicht nur einen außergewöhnlichen Kenner und Liebhaber der Philosophie, sondern einen ernsten Mitarbeiter, ja einen Denker. Denn nur dem entschiedensten Trieb konnte es allem Gewohnten zum Trotz gelingen, Gehalt und Form der platonischen Schriften so gegenwärtig zu haben, ihre Gedanken bis ins Innerste aufzuspüren und zu verknüpfen, sie in der Weise der neuplatonischen Schule auszulegen – die unter Proklos noch einen bedeutenden Aufschwung genommen hatte –, auch Aristoteles einzubeziehen und gerade die Logik zu seinem Studium zu machen, kurz, auf der Höhe der damals überhaupt erreichbaren Philosophie zu stehen. Man wundert sich ohnehin, daß es im Westen Lehrer und Bücher genug gegeben hat, sich so gründlich zu unterrichten.

Gefördert und begünstigt wurde der angeborene Trieb durch ein Schicksal, das dem jungen Boethius früh den Vater nahm und ihn dafür unter die Obhut anderer hervorragender Männer stellte, unter denen gewiß schon Symmachus gewesen ist, der später sein Schwiegervater werden sollte.

Auch Symmachus gehörte zum Hause der Anicier. Sein Urgroßvater war jener Symmachus gewesen, der sich zur Zeit des Gratian und Theodosius unter den altrömisch gesinnten Senatoren im Kampf um die alte Religion hervorgetan hatte, das Haupt eines ganzen Kreises, dessen Angehörige mit Inbrunst alle Güter der ererbten

Gesittung umfaßten, um sie in der höchsten Gefahr zu retten. Der Urenkel, Christ und ein Führer der streng rechtgläubigen Senatoren im Schisma der Jahre um 500, läßt sich dennoch mit seinem Vorfahren vergleichen. Rom und sein Senat war die Welt, worin auch er lebte und webte; ohne ein Hofamt zu übernehmen, hat er sich mit den stadtrömischen Würden begnügt. Am Ende ist er, hoch angesehen, Vorsitzender des Senats gewesen. Offenbar stand sein Verlangen nicht so sehr nach Macht, sondern vielmehr danach, die alte römische Gesittung zu bewahren und zu pflegen, ihre Denkmäler in Ehren zu halten und die Studien zu betreiben und zu fördern, die den Zugang dazu offenhielten. Als Redner, Philosoph und Geschichtsschreiber war er angesehen, aber von allem einzelnen abgesehen, was er geleistet hat, muß ihn wahrer Geistesadel und ein milder, verehrungswürdiger Charakter über die meisten seiner römischen Zeitgenossen emporgehoben haben.

So genoß er denn weit über Italien hinaus bis Konstantinopel hohes Ansehen, und auch seine wissenschaftlichen Beziehungen reichten so weit; Priscianus, der letzte bedeutende lateinische Sprachgelehrte, hat ihm dort einige seiner Schriften gewidmet. Boethius aber verehrte und liebte in ihm einen der wenigen, bei denen er auf Verständnis für strenge Wissenschaft rechnen konnte. Am Anfang seiner Schrift über die Heilige Dreifaltigkeit sagt er, nur mit ihm unterrede er sich hier über den schweren Gegenstand. »Wohin ich von Euch herab meine Augen gehen lasse, überall begegnet teils schlaffe Trägheit, teils listiger Neid, so daß jemand Schmach auf Forschungen über das Göttliche zu bringen scheint, der dies vor solche Mißgebilde von Menschen wirft, damit sie es, statt es anzuerkennen, mit Füßen treten. Darum ziehe ich den Lauf des Griffels zur Knappheit zusammen, und was ich aus den innersten Lehren der Philosophie nehme, umhülle ich mit der Bedeutung neuer Ausdrücke, daß es nur zu mir und zu Euch, wenn Ihr einmal einen Blick darauf werft, sprechen kann.« Wie sehr also auch die beiden in dem gemeinen Wesen Roms und des Senates wurzelten, so waren sie doch auch zusammen einsam im Höchsten, Feinsten, was sie in gemeinsamem Streben erreicht hatten.

Sucht man sich nun aber möglichst vollständig die Bedingungen klarzumachen, unter denen ein Boethius das hat werden und leisten können, was uns im »Trost der Philosophie« begegnet, so muß man über den Umkreis seines Hauses und Standes hinaus vor allem die bedeutende Zeit bedenken, in der sich sein Leben abgespielt hat. Es ist die letzte Blütezeit Roms und Italiens im Altertum und zugleich die erste Blütezeit eines der neuen germanischen Reiche auf dem alten Reichsboden: die Zeit der Herrschaft Theoderichs (493–526). Sie hat ihn begünstigt, aber am Ende ihm auch den Untergang gebracht. Und sein Tod ist auf eigentümliche Weise mit dem Scheitern Theoderichs verknüpft. Der »Trost der Philosophie«, den Boethius vor seinem Tod in der Gefangenschaft geschrieben hat, weist also sowohl auf den Glanz wie auf das Ende jener Nachblüte zurück und zeugt von Wendejahren der Weltgeschichte.

Theoderich, König der Ostgoten, hat seine Herrschaft in Italien als einer der germanischen Heerführer begründet, die im Dienst des Reiches seit dem vierten Jahrhundert immer unentbehrlicher, immer mächtiger und selbständiger geworden waren, ja, seit der Mitte des fünften Jahrhunderts im Westen unter Scheinkaisern geherrscht hatten. Einer von ihnen, Odoaker, hatte es zuerst verschmäht, die Kaiserinsignien wieder einem der vornehmen Römer zu geben; er hatte sie nach Konstantinopel gesandt, das also von nun an allein Sitz der Kaiserwürde war. Er hatte Italien nicht vom Reiche abgetrennt, hatte sich auch nicht zum Kaiser gemacht, ja, er hatte darauf gehalten, vom Kaiser in noch so unbestimmter Weise anerkannt zu werden, aber er hatte die Macht unabhängig von Konstantinopel ausgeübt, gestützt auf die germanischen Heerscharen, deren König er war (476–493). Und als nun Theoderich mit seinen Ostgoten, nach einem abenteuerlichen Schicksal, das ihn im Ostreich zur höchsten Heerführerstelle und zu den höchsten Ehren erhoben, aber auch immer wieder tief in Gefahren gestürzt hatte, im Auftrag des Kaisers Odoaker niederrang, da bemächtigte sich zunächst nur ein neuer Anführer mit neuen Scharen der alten Stellung, an die sich die Römer wohl oder übel längst gewöhnt hatten. War auch ein kleiner Teil des römischen Hochadels an den Kaiserhof gegangen, so hatte sich schließlich nicht allzuviel im Leben Italiens geändert. Nur waren es diesmal noch größere Scharen, die ins Land kamen, es war ein geschlossenes Volk, das schon jahrzehntelang innerhalb der Reichsgrenzen als Bündner gelebt hatte, und vor allem war Theoderich ein Meister nicht nur der Kriegskunst, sondern ebensosehr der Staatskunst, der es verstanden hat, das eroberte Italien und die übrigen Reste des Westreichs inmitten des furchtbaren Wandels der Dinge durch mehr als drei Jahrzehnte in Gleichgewicht und Frieden zu halten.

Noch fast ein Menschenalter nach seinem Tode, um die Zeit, als nach mörderischen Kriegen die Ostgotenherrschaft für immer zusammenbrach, hat ein Chronist, vielleicht in dem längst wieder kaiserlichen Ravenna, ihn so gepriesen: »Er war ausgezeichnet und guten Willens in allem. Er regierte 33 Jahre. In seiner Zeit war Italien 30 Jahre lang vom Glück begleitet, derart, daß selbst Reisende Frieden hatten. Denn er tat nichts verkehrt. So regierte er die beiden Völker in einem, die Römer und die Goten. Er gehörte zwar selbst der arianischen Sekte an, unternahm aber doch nichts gegen die katholische Religion, gab Zirkusspiele und Amphitheater, so daß er auch von den Römern Trajan und Valentinian genannt wurde – deren Zeit sein Vorbild war – und von den Goten ... allerwege tapferster König. Den Staatsdienst der Römer ließ er den gleichen sein wie unter den Kaisern. Er gab Spende und Lebensmittel, und obwohl er den Staatsschatz ganz leer vorgefunden hatte, stellte er ihn mit seiner Arbeit wieder her und machte ihn reich. Während er ohne Bücherwissen war, besaß er doch solche Weisheit, daß manche seiner Worte beim Volk noch jetzt als Sprüche gelten.« Und an anderer Stelle: »Er war ein Freund von Bauten und ein Erneuerer der Städte. Er erneuerte die Wasserleitung von Ravenna, die der Kaiser Trajan hergestellt hatte, und leitete nach langer Zeit wieder Wasser herein. Den Palast stellte er bis zur Vollendung her; er hat ihn aber nicht eingeweiht. Die Säulengänge um den Palast stellte er fertig. Auch stellte er in Verona das Bad und den Palast her, und vom Tor bis zum Palast den Säulengang. Die Wasserleitung, die lange Zeit hindurch zerstört gewesen, baute er neu und leitete Wasser herein. Er umgab die Stadt mit andern, neuen Mauern. Ebenso stellte er in Pavia Palast, Bad, Amphitheater und weitere Stadtmauern her. Aber auch in anderen Städten leistete er viel Gutes. Er gefiel den Nachbarvölkern so, daß sie sich im Bündnis ihm unterstellten, indem sie sich ihn zum König wünschten. Kaufleute kamen aus abgelegenen Provinzen zu ihm. Denn er hielt solche Zucht, daß, wenn jemand auf sein Landgut Silber oder Gold schicken wollte, man das für genau so hielt, als wenn es innerhalb der Stadtmauern wäre.« In einem Satz, dessen Wortlaut ungewiß ist, heißt es dann, daß die Städte ohne geschlossene Stadttore gewesen seien. »Und auch in der Stadt schloß man die Türen nicht zu. Jeder tat, was er zu tun hatte, zu welcher Stunde er wollte, gerade wie bei Tage.« Ja sogar Prokop, der Begleiter Belisars im Krieg gegen die Goten, nennt Theoderich einen hervorragenden Fürsten. »Tracht und Titel eines römischen Kaisers wollte er nicht in Besitz nehmen, sondern ließ sich weiter König nennen . . ., aber er regierte seine Untertanen so, daß er alles an sich hatte, was dem Wesen nach einem Kaiser ansteht. Denn er sorgte aufs äußerste für Gerechtigkeit und bewahrte die Gesetze in fester Geltung, und vor den ringsumher wohnenden Barbaren hielt er das Land in sicherer Hut, und an Klugheit und Tapferkeit stand er so hoch wie nur möglich. Und Unrecht gegen seine Untertanen tat er fast niemals und ließ auch keinen anderen, der es versuchte, welches tun, außer daß die Goten den Anteil an Grund und Boden untereinander verteilten, den Odoaker seinen Parteigängern gegeben hatte. Theoderich war dem Namen nach ein Usurpator, in Wirklichkeit aber ein wahrer Kaiser, genau so gut wie irgendeiner von denen, die von Anfang an diese Würde besessen hatten. Und die Liebe zu ihm war bei Goten und Italikern gleich groß, ganz gegen die menschliche Art ... Er lebte noch 37 Jahre (nach seinem Siege über Odoaker), ein Schrecken aller seiner Feinde; Verlangen nach sich aber ließ er bei seinen Untertanen zurück.«

Um sich diesen Ruhm zu verdienen, hat Theoderich vor allem die schwere Kunst üben müssen, Goten und Römern, Eroberern und Einheimischen gerecht zu werden und beide Teile in Frieden miteinander zu halten. Was nun die Goten betrifft, so hat es ihnen offenbar im Besitz ihres Ruhmes, ihrer Ländereien und Einkünfte an nichts gefehlt. Den Römern aber bewahrte Theoderich soweit wie möglich den alten Zustand bis hinauf zu den obersten bürgerlichen Ämtern an seinem Hofe, die wie bisher von Römern versehen wurden. Römer und Goten blieben streng voneinander geschieden; kein Römer konnte Krieger werden und im allgemeinen kein Gote bürgerliche Ämter verwalten und gelehrte römische Bildung erwerben. Darauf waren ja die Dinge im Reich schon vorher mehr und mehr hinausgelaufen, daß die Stände erblich wurden und streng getrennt der Sache des Reiches dienten. So kann man auch die Goten Theoderichs den erblichen Wehrstand des Reichsteiles, den er beherrschte, nennen. Mochten sie aber von den übrigen Ständen klar geschieden sein, so sollten sie doch mit ihnen einer gemeinsamen Sache dienen, und alle zusammen sollten miteinander an deren Gedeihen teilhaben. Das ist es offenbar, was Theoderich am klarsten vom bloßen Gewaltherrn unterscheidet: der Sinn für eine übergreifende staatliche, gesetzliche Ordnung, die er sowohl wie die verschiedenartigen Bewohner seiner Länder zu ihrer gemeinsamen Angelegenheit machen sollten, und zwar so, daß alle Beteiligten einander respektierten und sich ineinander fügten. Über Goten und Römern stand der Herrscher, für die einen ihr König, der in der Heldensage von Dietrich von Bern weiterlebt, für die anderen der Regent, der Reichsverweser, der das Land vor den Barbaren schützte und im Innern Ordnung, Recht und Gedeihen förderte. So lief in ihm und an seinem Hofe das Getrennte zusammen. Es ist bedeutsam, daß er seiner Tochter Amalaswintha die römische Bildung gab, von der er sonst die Goten fernhielt; sie sprach griechisch und lateinisch, kannte die klassische Literatur, und selbst die Philosophie war ihr nicht fremd.

Die ausgleichende Staatskunst Theoderichs zeigt nun vielleicht zunächst nur die bare Notwendigkeit und außerdem Klugheit an. Denn Theoderich konnte mit seinen gotischen Kriegern das immer noch leidlich gut bevölkerte, vor allem aber kultivierte Italien zwar erobern, aber nicht regieren; er brauchte dazu die Fähigkeiten der Römer, die sich auf das reichgegliederte Triebwerk verstanden, ja, er brauchte auch ihren guten Willen, vor allem den des Senates und der Kirche, die ja beide geistig und wirtschaftlich mächtig waren. Aber schon die Klugheit, dies zu erkennen und sich darauf einzurichten, so daß ein dauerhaftes Verhältnis möglich wurde, zeichnet Theoderich vor den anderen Eroberern seiner Zeit aus. Und die Sorge nicht nur um Notdurft, sondern auch um Glanz des Lebens der Römer, und dann der Entschluß, im eigenen Hause römische Bildung einzuführen, deutet doch wohl auf ein noch fruchtbareres Verhältnis zur römischen Welt. Seine und seines Volkes Vergangenheit hatte sich nicht umsonst im Reich abgespielt. Der Leitgedanke eines übergeordneten Staatsgebildes, worin die verschiedenartigen Teile der Bevölkerung miteinander in einem ausgeglichenen Verhältnis leben, kommt doch wohl aus dem griechisch-römischen Altertum, und die Staatskunst, die auf einen dauerhaften, ausgeglichenen Friedenszustand hin plante und arbeitete, wäre vielleicht ohne antikes politisches Fühlen und Denken so nicht möglich gewesen. Theoderich muß römische Kultur nicht nur benutzt, sondern auch in sich aufgenommen und zu seiner eigenen Sache gemacht haben. So zeigen denn auch seine Erlasse, die in Cassiodors Fassung erhalten sind, das Kulturbewußtsein eines Mannes, der die gesittete Welt des Reichs den Barbaren gegenüber vertritt. Am prächtigsten stellt sich das Verhältnis zum römischen Wesen auf der Romfahrt des Jahres 500 dar, als er nach einem Besuch am Grabe des heiligen Petrus ein halbes Jahr lang in der Ewigen Stadt die alte Kaiserherrlichkeit erneuerte. Er besuchte damals den Senat, hielt eine feierliche Ansprache an das Volk, worin er versprach, alle Bestimmungen der römischen Kaiser vor ihm unangetastet zu lassen, wohnte im alten Kaiserpalast, gab Zirkusspiele und Lebensmittelspenden und warf Geld dafür aus, Kaiserpalast und Stadtmauern wieder herzurichten.

Die Friedensjahrzehnte dieses außerordentlichen Herrschers haben die letzte Nachblüte Italiens im Altertum begünstigt, eine letzte »goldene Zeit«, deren Glanz und deren Würde noch jetzt dem Auge in Ravenna in S. Apollinare nuovo, in S. Vitale und in andern Bauwerken gegenwärtig sind. Georg Pfeilschifter, der uns Theoderich mit ebensoviel Liebe wie Gewissenhaftigkeit dargestellt hat, macht mit Recht auf den Unterschied zwischen dem Italien Theoderichs und dem Afrika der Vandalen (429–533) aufmerksam. Auf der einen Seite wurde alles geistige Streben erstickt, auf der anderen mittelbar und selbst unmittelbar durch Auszeichnungen gefördert. Nur im westgotischen Spanien (415–711) hat es später noch ein so günstiges Klima für die Studien gegeben,

Beide Bereiche sind für den gefahrvollen Weg, den die Zeugnisse alter Gesittung zu uns genommen haben, von unschätzbarer Bedeutung gewesen.

Das ausgeglichene Zusammenspiel der Teile in der Herrschaft Theoderichs, das Verhältnis zwischen Ravenna und Rom, wobei in Ravenna wieder Goten und Römer zusammenwirkten, schließlich das Verhältnis dieses Ganzen und seiner Teile zu den Mächten ringsum und besonders zu Byzanz ist nun freilich von vornherein von schweren Gefahren bedroht gewesen. Kraft und behutsame Klugheit des Herrschers haben das schwierige Gefüge lange im Gleichgewicht erhalten. Aber es war von einem zufälligen Umstand bedingt, der durchaus nicht in seiner Macht stand; als diese Bedingung wegfiel, ist sein Werk gescheitert.

Schon bevor Theoderich nach Italien kam, seit 484, war Byzanz von Rom kirchlich getrennt. Man hatte sich im Osten des erbitterten Widerstandes gegen das Konzil von Chalcedon und seine Beschlüsse schließlich nicht anders zu erwehren vermocht als durch die »Einigungsformel«, das Henotikon, worin der Patriarch von Konstantinopel seinen Frieden mit den aufsässigen Gegnern, den Monophysiten, machte und dafür Rom preisgab, das entschieden an Chalcedon festhielt. Das Verfahren lief darauf hinaus, am Sitz der Kaisermacht die kirchlichen Angelegenheiten des Reiches ohne Rom zu schlichten und zu lenken, ja, im weiteren Verlauf der Dinge haben der Kaiser und der Patriarch von Konstantinopel versucht, Rom und Italien durch das Henotikon kirchlich unter byzantinischen Einfluß zu bringen. Das Henotikon war also gegen Rom als Hort der Einheit der Kirche gerichtet. Darum leistete die römische Kirche so entschlossenen Widerstand, daß sie den Anhängern des Henotikon die Gemeinschaft verweigerte.

Das Schisma entfremdete alles, was auf Rom stolz war, dem Kaiser. Man mußte sich wehren und nach Hilfe umsehen. So fand man sich in gemeinsamer Gegnerschaft gegen Byzanz mit Theoderich zusammen. Und das ist es, was Theoderichs Herrschaft, wie sie sich uns darstellt, möglich gemacht hat. Denn Theoderich war, wie früher gezeigt ist, auf das Mitwirken und den guten Willen der Römer angewiesen, und er hatte beides nur, solange der natürliche Zug der römischen Gefühle zum Kaiser und zum Reich gehemmt war. Gewiß waren viele durch die Wohltaten des Friedens, der Ordnung und der Gerechtigkeit gewonnen. Aber das tiefe Gefühl der Zugehörigkeit konnte davon nicht ausgelöscht werden, besonders bei den Adligen, für die Rom und Reich noch etwas bedeuteten. Für sie mußte die gotische Macht im Reich doch auch im besten Fall ein notwendiges Übel sein. Neigte sich aber Rom zu Byzanz, so war Theoderich von der großen Gefahr seines Lebens von neuem bedroht.

Von Anfang an war Theoderichs Lage die der spätrömischen Heerführer überhaupt gewesen. Der Kaiser hatte ihn gebraucht, ihn an sich gezogen und zu den höchsten Ehren des Reiches emporgehoben, dann aber auch mehr als einmal zu vernichten gesucht. Auch als er ihn nach Italien schickte, Odoaker zu beseitigen (488), hatte er zwar ihn und seine Goten zufriedenstellen, aber zugleich auch loswerden und womöglich ins Verderben stürzen wollen. Daß ein Anführer germanischer Verbündeter eine selbständige Macht in einem Teil des Reiches aufrichtete, konnte der Kaiser auf die Dauer nicht leicht dulden. Er mußte versuchen, den Zusammenhang des ganzen Reiches wieder zu straffen und darum den Regenten zu unterdrücken.

Konnte so Theoderich Byzanz als die große Gefahr seiner Macht ansehen, so war er auf der anderen Seite doch auch darauf angewiesen. Denn selbst wenn für ihn das Reich und die rechtmäßige Oberhoheit des Kaisers gar nichts bedeutet hätten, so war er doch wenigstens in den Augen seiner Untertanen als »Tyrann« gerichtet, wenn er ein erklärter Feind des Kaisers war. Darum ist

er immer wieder so ernsthaft darum bemüht gewesen, anerkannt zu werden und ein leidliches Verhältnis aufrechtzuerhalten.
Solange nun das Schisma währte, blieb die Gefahr gebannt. Fürchteten aber die Römer nicht mehr die Übergriffe Ostroms, so konnte der Kaiser sie leichter an sich ziehen, und Theoderich konnte den Boden unter den Füßen verlieren.
Im Jahre 518 kam in Byzanz Justinus zur Herrschaft und mit ihm sein größerer Neffe Justinian zu Macht und Einfluß. Sie ließen die Kirchenpolitik des Henotikon fallen, womit ihre Vorgänger den Westen, statt ihn zu unterjochen, sich nur entfremdet hatten und auf die Dauer nicht einmal im Osten zum Ziele gelangt waren. Nachdem man sich jahrzehntelang auf beiden Seiten vergebens bemüht hatte, die Einheit der Kirche wiederherzustellen, einigte sich jetzt der Osten sehr bald mit Rom. Das Verhältnis zwischen Ost und West besserte sich überhaupt; auch Theoderich schien an der glücklichen Fügung Anteil zu erhalten. Die Sorge um die Nachfolge, die bei seinem hohen Alter immer dringlicher wurde, wich von ihm, als der neue Kaiser seinen Schwiegersohn Eutharich feierlich anerkannte, indem er ihn durch Waffenleihe an Sohnes Statt annahm und mit ihm das Konsulat bekleidete. Noch im Jahre 522 wurde dem Westen eine besondere Auszeichnung zuteil, als beide Konsuln aus dem römischen Senat ernannt wurden. Es waren die Söhne des Boethius. Und um dieselbe Zeit wurde Boethius selbst *magister officiorum* am Hofe zu Ravenna, als sollte damit der Bund zwischen Herrscher und Senat, zwischen Ravenna und Rom bekräftigt werden.
Doch war damals Theoderichs Sache schon im Rückgang, Byzanz am Gewinnen. Denn je mehr die Einheit des Reiches zu Ehren kam, desto mehr spitzte sich der Gegensatz zwischen den Verfechtern der gotischen Sache und den bewußten Römern zu. Noch gefährlicher wurde

der Gegensatz dadurch, daß das Glück sich mehr und mehr von dem alten Herrscher zu wenden schien. Nicht nur, daß in diesen Jahren (521–523) einige seiner wichtigsten Verbündeten innerhalb und außerhalb der Grenzen wegstarben, Männer der Kirche wie Ennodius und Papst Hormisdas, die mit ihm im Kampf gegen Ostrom gestanden hatten, und Könige wie Trasamund der Vandale und Sigerich von Burgund, mit denen er den Bund der germanischen Könige geschlossen hatte; schlimmer noch war der Tod des Thronfolgers Eutharich (523). Was sollte aus Italien werden, wenn Theoderich sterben würde? Es ist kaum anders möglich, die Gegensätze müssen sich im Hinblick auf die herannahenden Entscheidungen bösartig verschärft haben. Theoderich hatte es im Laufe der Zeit verstanden, einen Kreis von fähigen, zuverlässigen Römern an seinen Hof zu ziehen, die nicht an den altrömischen Überlieferungen hingen und der Sache der Goten verschworen waren; ehrgeizige, tatkräftige Streber werden gewiß ihre Rolle darunter gespielt haben. Diese mögen statt des redlichen, vermittelnden Cassiodor damals hervorgetreten sein. Auf der anderen Seite wird das freimütige Eintreten des neuen Kanzlers Boethius für Recht und Gerechtigkeit ohne behutsam-kluge Rücksicht auf die Machtverhältnisse bei Hofe auch nicht dazu beigetragen haben, die Gegensätze zu dämpfen. So ist es zu dem Unheil gekommen, das erst Boethius und Symmachus in das Verderben geführt und dann jahrzehntelang nicht aufgehört hat, bis der römische Senat mit allem, was er bis dahin durch die Zeiten getragen hatte, aber auch das Lebenswerk Theoderichs, die Gotenherrschaft in Italien, zugrunde gerichtet war.

Es begann damit, daß man im Jahre 523 einen sehr vornehmen römischen Würdenträger, Albinus, beschuldigte, mit dem Kaiser einen Briefwechsel geführt zu haben, der gegen Theoderichs Herrschaft gerichtet gewesen sei. Boethius verbürgte sich für seine Unschuld und erklärte die Sache des Albinus für seine eigene und die des ganzen Senates. Anstatt aber dadurch die Anklage zum Schweigen zu bringen, zog er sie auf sich und den Senat. Der Senat entzog sich der Gefahr, die über ihm schwebte, indem er Boethius fallen ließ; er hat in irgendeiner Weise sogar mitgewirkt, ihn zu verurteilen. Gehört wurde Boethius nicht. Theoderich, der wohl denken mochte, daß man schon vor seinem Tode seine Herrschaft verschacherte, verlor die sichere Ruhe, die ihn so lange ausgezeichnet hatte, und erzwang das Todesurteil. Er ließ es nach langem Zögern in der zweiten Hälfte des Jahres 524 sogar vollziehen. Es ist doch wohl, auf das Wesentliche, die Frage des Hochverrats, gesehen, ein Justizmord gewesen, der, wie sich in der Folge gezeigt hat, nicht einmal durch heilsame Folgen gerechtfertigt scheinen kann.

Die nächste Folge war vielmehr die, daß die ganze gesittete Welt aufgebracht war. Das gute Verhältnis zu den Römern, so lange behutsam gepflegt, war für immer dahin. Im Ostreich begannen Vergeltungsmaßnahmen gegen die gotischen Arianer. Dadurch mußten die Gefühle der Römer, die sich in ihrer Not nicht vom Kaiser verlassen sahen, noch mehr hinüber nach Byzanz gelenkt werden.

Früher hatten Theoderich und die Römer gegen Byzanz zusammengestanden. Jetzt standen Byzanz und Rom zusammen gegen Theoderich. Seine Macht war untergraben. Die ravennatische Hofpartei konnte nichts daran ändern; sie war dem eigentlichen Rom entfremdet.

Theoderich versuchte es mit der Gewalt. Er ließ Symmachus verfolgen und hinrichten. Endlich zwang er den Papst Johannes, selbst als Gesandter Theoderichs in Konstantinopel auf den Kaiser einzuwirken, daß er seine Maßnahmen gegen die Arianer zurücknehme. Auch diese Gesandtschaft war ein Fehlschlag. Nach der Rückkehr ließ der König die Gesandten gefangensetzen. Der Papst

starb in der Haft. Es war so gut wie alles verdorben, als Theoderich im Jahre 526 starb.
Die neue Regierung, die Theoderichs Tochter Amalaswintha im Namen seines Enkels leitete, lenkte zwar ein, entließ die Männer, die gegen Boethius gehetzt hatten, und setzte die Familien des Boethius und des Symmachus wieder in ihre Rechte ein. Auch Byzanz schien unter dem neuen Kaiser Justinian (527) nicht unversöhnlich. Aber in Ravenna drängte die gotische Partei vorwärts. Die Verhältnisse waren in Bewegung gekommen; niemand hat sie aufzuhalten vermocht. Amalaswinthas wechselnde Versuche, sich bald mit dieser, bald mit jener Hilfe zu behaupten, wobei sie einmal sogar beim Kaiser Rückhalt gesucht hat, zeugen bei aller ihrer Klugheit und Tatkraft von Unsicherheit. Und nach ihrem Tode (534) wurde Rom vollends auf die Seite von Byzanz gedrängt.
Der Kaiser hat diese Verhältnisse mit unbeirrbarem Blick auf das Ziel klug benutzt und gefördert. Nachdem er Afrika zurückgewonnen hatte (533), war es im Jahre 535 soweit, daß er kriegerisch eingreifen konnte. Man kennt den »Kampf um Rom«, der nun fast zwei Jahrzehnte lang geführt worden ist. Schon im Jahre 540 war Italien zum guten Teil kaiserlich. Im weiteren Verlauf des Krieges ist das, was man im volleren Sinne Rom nennen kann, zwischen den Goten, die nun ganz ohne angesehene Römer auszukommen suchten, und den Byzantinern, die Italien als eroberte Provinz behandelten, aufgerieben, der Senat durch Drohungen und Gewalttat gedemütigt worden, verarmt und durch Hinrichtungen zusammengeschmolzen. Der letzte Rest der *res publica* ist damit zu Ende gegangen, eines der großen Dinge des Altertums erloschen.
So sind die beiden Partner im Staate Theoderichs gleichzeitig zugrunde gegangen. Rom und Italien sind von da an entvölkert, verödet und kümmerlich gewesen. Was die Gotenkriege übrig gelassen hatten, fiel, schwach wie

es war, teils der Rücksichtslosigkeit der Langobarden, teils der Despotie von Byzanz anheim. Nur die Kirche hielt sich aufrecht.

Hätte Boethius länger gelebt und wäre ihm die Zeit weiter günstig gewesen, so hätte er wohl mehr von dem Plan ausgeführt, den er im Vorwort eines erhaltenen Werkes mitteilt. Die wirklich vollendeten, zum Teil erhaltenen Arbeiten, vorbereitende Schriften über das »Quadrivium« Arithmetik, Musik, Geometrie und Astronomie, und ein logisches Organon, aus den übersetzten, zum Teil erläuterten logischen Lehrschriften des Aristoteles, aus Kommentaren zu Ciceros und Porphyrios' Lehrbüchern und aus einer Reihe eigener Werke des Boethius bestehend, sollten nur den kleinen Teil eines gewaltigen Lebenswerkes ausmachen, worin sich die ganze platonisch-aristotelische Philosophie in lateinischer Sprache darstellen würde. Der ganze Aristoteles, zum Teil erläutert, sollte darin enthalten sein, dann der ganze Platon, ebenfalls wenigstens teilweise erläutert, und schließlich der Nachweis, daß beide Meister nicht, wie man gewöhnlich sagte, in allen Stücken auseinandergehen, sondern in den meisten übereinstimmen. Der lateinische Westen, der achthundert Jahre lang um die griechische Geisteswelt geworben hatte, sollte sich nun endlich auch die tiefsten Brunnen der Philosophie aneignen. Der gewaltsame Tod des Boethius hat das vereitelt, und um dieses Schicksals willen haben sich sechs weitere Jahrhunderte ohne den ganzen Aristoteles, hat sich fast ein Jahrtausend ohne Platon forthelfen müssen. Dafür hat freilich das Mißgeschick Boethius gedrängt, viel vom Besten, was er von der Philosophie in sich trug, dem »Trost der Philosophie« mitzuteilen, und so geborgen ist es den Jahrhunderten zugute gekommen.
Aber der »Trost der Philosophie« ist mehr als ein Notbehelf. Er gehört zu den Werken, in denen der Menschengeist über Verfall und Zusammenbruch seiner Da-

seinssphäre den Sieg gewinnt. Erst der Boethius des »Trostes« zählt zu den großen Entsagenden, denen es gegeben ist, Verlust in Verzicht, Zwang in Freiheit umzuwandeln und einem hoffnungslosen Schicksal etwas abzugewinnen, was gleichsam mit eigenem Leben ausgerüstet strahlkräftig, helfend und heilend fruchtbar die Zeiten überdauert. Platon, Cicero, Augustin gehören, jeder auf seine Weise, dazu, und zu Boethius gesellen sich, von anderen abgesehen, zwei bedeutende Zeitgenossen, der heilige Benedikt und Cassiodor, der die Studien in die Hut des Klosters genommen hat.

In dem eben Gesagten ist schon angedeutet, daß das Anliegen des »Trostes der Philosophie« eine gemeinsame Menschenangelegenheit ist. Denn es liegt in unserem zeitlichen Dasein überhaupt, daß die Macht des unberechenbaren Wechsels, Fortuna, den Menschen stürzt, das Innere lähmt, mit dem äußeren Halt auch den inneren wegreißt, Überzeugungen vergessen läßt, Lebensbezüge zu geistig erfahrener Wirklichkeit abreißt und dem unmittelbaren, übermächtigen Eindruck gegenwärtiger Dinge ausliefert, der Verführung oder auch dem Schrekken und dem Schmerz. Aber es liegt andrerseits auch in uns allen, daß wir dieser unheimlichen Macht des wirren Wechsels nicht ganz verfallen, sondern auf etwas Verläßliches, Beständiges, Ewiges angewiesen sind, mag der Anteil, den wir daran gewinnen, bedeutender oder geringer sein. So wenig wir das Gedächtnis und den Begriff der Dauer aus uns fortdenken können, so wenig mögen wir auf das Verlangen verzichten, daß etwas sei, was selbst im äußersten Fall standhalte, daß das Gute, dessen wir einmal innegeworden, der wechselnden Zeit zum Trotz sich stark erweise, ja, daß womöglich die Macht Fortunens selbst davon umfaßt und darin aufgehoben sei und daß auch wir darin festen Stand finden; daß wir immer neu aus dem wirren Wechsel wieder zurückgeführt werden zum Festen, Bleibenden wie in eine Heimat. Das ist es nun aber gerade, worum es im

»Trost der Philosophie« geht. Es stellt sich in einer Lebenslage dar, die außergewöhnlich scheint, worin aber doch nur eine allgemeine Not bis zum Äußersten geht. Darum ist das Anliegen des Werkes jedem nahe und bedarf des Erklärers nicht. Die Erfahrungen und Erkenntnisse des Boethius, in Todesnähe bewährt, vermögen einem jeden zu helfen.

Aber die Weise der alten Philosophie, ihre Sprache vor allem, enthält neben manchem, was sogleich vertraut ist, auch vieles, was erst entdeckt sein will. Es wäre wunderlich, wenn es anders wäre, da doch fast anderthalb Jahrtausende zwischen dem Werk und uns liegen. Auch die Verhältnisse und Bezüge, all das, was zwischen den Teilen schwebt, ist nicht ohne weiteres faßbar. Wie alle bedeutenden Werke alter Zeit braucht auch dieses ein betrachtendes Lesen. Dabei kann und muß jeder Leser selbst das Beste tun. Immerhin werden vielleicht einige Hinweise nicht ganz unnütz sein. Besonders gilt es, zu zeigen, daß das Feinste, Eigenste sich nur einem Blick erschließt, der ein vielgestuftes Ganze, die Einheit in der Fülle wahrnimmt.

Vor allem ist überall zu bedenken, daß nichts in diesem Buch als »bloßer Gedanke« gemeint ist, als leeres Erzeugnis eines Hirns. Jeder Gedanke ist vielmehr für Boethius an ein bestimmtes Sein im Denkenden gebunden, er setzt den Denkenden in ein Seinsverhältnis zu Wirklichkeiten und wirkt auf den Denkenden zurück, versetzt ihn auf höhere oder niedere Stufen des Seins. Und alles, was zwischen der Philosophie und ihrem Schüler vor sich geht, ist ein wirklicher Vorgang, worin der Boethius, der sich am Anfang darstellt, verwandelt wird.

Die Klage des Boethius im vierten Kapitel des ersten Buches und in dem darauf folgenden bedeutendsten Gedicht dieses Buches (»Du des Rundes Herr . . .«) führt weit über das einzelne Unrecht hinaus, das man dem Boethius angetan, über den Schaden, den man ihm persönlich zugefügt hat. Die Sache des Guten in der Welt überhaupt scheint auf dem Spiel zu stehen und damit zugleich auch die Sache der Philosophie. In seinem Fall spürt Boethius das Furchtbare, daß der Mensch an dem befriedeten, durch unverbrüchliche Gesetze gebundenen Zustand der Sternsphären keinen Anteil hat, ausgeschlossen ist von dem großen Bund, durch den Gott den Himmel lenkt, der wirren Schicksalsmacht preisgegeben. Innen wie außen ist dem Gestürzten viel zerbrochen, und nicht der äußere Wandel, sondern der innere ist das eigentlich Schlimme. Die Philosophie gibt den Trost, der gegen diese tiefste Not hilft, erst spät. Sie macht es wie der Arzt, der, nachdem das Übel in seinem Ausmaß erkannt ist, erst allmählich den kranken Leib in den Stand setzt, auf stärkere Heilmittel anzusprechen, die ihm dann am Ende zur Gesundheit verhelfen. Der Sinn für gestufte Ordnung und rechte Folge, der sich hierin kundgibt, zeichnet die Anlage des ganzen Werkes aus.

So hat es denn die Philosophie im zweiten Buch zuerst einmal mit dem einfachen Schmerz um die verlorene Glücksstellung und alle dazugehörigen Güter zu tun. Sie hält dem Klagenden vor, wie wenig der Mensch Recht hat, wenn er darum mit dem Schicksal hadert. Die Einsicht, daß das einmal so ist und daß der Mensch es wissen muß, tröstet zwar nur wenig, doch nimmt sie wenigstens der Anklage die innere Sicherheit.

Wenn dann dem Boethius vorgehalten wird, was ihm Fortuna in seinem Leben doch alles gegeben und was sie schließlich ihm noch gelassen hat, so geschieht das scheinbar, um ihn mit ihr auszusöhnen. In Wirklichkeit führt es nur dazu, daß er den Mangel an Vollkommenheit und Dauer der Glücksgüter um so schmerzlicher empfindet und fühlt, wie wenig Fortuna zu geben hat. Er ist dafür vorbereitet, in sich selbst zurückzugehen. Hier deutet sich zum ersten Male die Umkehr des Blickes und des Strebens an, worauf der Trost der Pilosophie überhaupt hinausläuft.

So kann denn in der zweiten Hälfte des Buches – denn die Zweiteilung ist deutlich und bewußt im Großen wie im Kleinen als Grundverhältnis in der Harmonie dieses Buches gewählt – die Philosophie daran gehen, ihren Schüler von den Geschenken Fortunens innerlich abzulösen, indem sie sie entweder entwertet oder fernrückt. Sie zeigt nämlich, daß diese Güter dem Menschen nicht wahrhaft eigen sein können, oder daß sie an sich nicht begehrenswert sind. Dabei nimmt sie die Glücksgaben in der herkömmlichen Folge nacheinander vor, von den minder edlen zu den edleren: Reichtum aller Art, Würde und Macht und endlich Ruhm. Überall ist es hier darauf abgesehen, zu trennen, abzusprechen, zu verurteilen, und schon daran erkennt der Leser, daß dies alles nur etwas Vorläufiges sein kann. Doch fehlt es auch hier nicht an Worten, die darüber hinausweisen. So ist etwa von dem gottähnlichen Wesen des Menschen, wie es Gott begründet hat, die Rede, das der Mensch herabwürdigt, wenn er sich von dem, was unter ihm ist, abhängig macht und sich ihm damit unterordnet. An einer anderen Stelle deutet die Philosophie die Ursache davon an, daß Reichtum nicht reich, Würden nicht würdig, Macht nicht mächtig macht: was man gewöhnlich Reichtum, Würden, Macht nennt, ist es in Wahrheit gar nicht. Endlich fällt am Schluß des Buches in dem Lob des Mißgeschicks das Wort von der Heimkehr zu den wahren Gütern. An allen diesen Stellen deutet sich auf der Seite des Menschen wie der Gegenstände hinter dem Irrtum und dem Entstellten eine Wahrheit, eine Richtigkeit an, die erst in der weiteren Folge ganz hervortreten wird. Einstweilen ahnt der Leser, daß all dies Verneinen nicht um seiner selbst willen geschieht, sondern weiterzielt.

Auch das Schlußgedicht dieses Buches, das wichtigste in seinem Verlauf, klingt tröstlich und verheißend aus, indem es beim Gedenken an die Freunde, die, im Unglück bewährt, geblieben sind, dem Menschengeschlecht, das in dem klagenden Gedicht des ersten Buches (»Du des

Rundes Herr ...«) von der Friedensordnung der Welt ausgeschlossen schien, Anteil an der himmlischen Liebesordnung verspricht, unter der Bedingung freilich, daß es sie in seinem Innern herrschen läßt.

Was im dritten Buch vor sich geht, sieht weithin – in acht von den zwölf Kapiteln dieses Buches – den heilenden Maßnahmen der Philosophie in der zweiten Hälfte des vorigen Buches überaus ähnlich; auch jetzt läuft es darauf hinaus, die äußeren Güter zu entwerten. Aber dabei ist die Absicht verschieden, nicht mehr bloß, den schmerzbringenden Hang zu den Glücksgütern einfach loszuwerden, sondern am Verfehlten das eigentlich Gesuchte, Gemeinte abzulesen, Einsicht in den wahren Sinn des Wollens und Strebens zu gewinnen. Ist im Kampf gegen Fortuna im zweiten Buch die Weise der Stoiker im Spiel, das Elementare soweit wie möglich zu verneinen, so ist das dritte nach Denkart und Verfahrensweise, nach Gehalt und Form platonisch. Was den Menschen Glück zu verheißen scheint, Reichtum, Würden, Macht usw., das ist nur ein trügerisches Abbild des wahren Glückes. Wohl zieht eine Traumahnung des Wahren den Menschen, aber indem er ihr nachgeht, täuscht sich sein Blick, und er nimmt Trugbilder für das, was er eigentlich sucht. So tappt er wie im Schlafe. Aber die Philosophie lehrt ihn, die Trugbilder für Abbilder zu nehmen und darin zu lesen, seinen Blick zu üben und schließlich »auf die andere Seite« zu wenden, wo das Wahre ist. Das alles und manches, was damit zusammenhängt, ist platonisch; das meiste stammt aus dem Gleichnis von den Gefangenen in unterirdischen Räumen, von der Umkehr des Blickes und vom Aufstieg an das Tageslicht, womit Platon in der Mitte des »Staates« seine eigenste philosophische Erfahrung bezeichnet hat. Auch der Aufstieg stufenweise bis zur »Quelle des Guten« bei Boethius ist nichts anderes als der platonische Aufstieg der Seele in der Richtung auf das, wovon zugleich Wahrheit und das Gute ausgeht. Auch ein anderes Gleichnis

Platons fehlt nicht: Erkennen ist Erinnern an das, was die Seele einst geschaut hat.

Auf das Ganze gesehen liegt der platonische Charakter dieses Buches hauptsächlich in dem entschiedenen Drang über das hinaus, was sich stofflich aufdrängt, zu dem, was geistig erfaßbar ist, wobei aber doch auch das sinnlich Erfahrene in gewissem Sinne seinen Stand behauptet; denn ist es gleich nur Trugbild, so ist es immerhin auch Abbild und erinnert an das Wahre, und nichts anderes kann die Erinnerung daran wecken.

In den platonischen Dialogen spricht sich immer wieder die Grunderfahrung aus, daß es mißlingt, wenn die Menschen versuchen, das, was sich stofflich darbietet, für wahr zu nehmen und im Leben damit auszukommen; sie verwirren sich in Widersprüchen und geraten ins Unglück. Überhaupt kommt niemand zu etwas Verläßlichem, der sich an den stofflichen Inhalt statt an die Wesensform hält. Man erinnert sich, wie heillos immer die Unterredner des Sokrates am Ziel vorbeitappen, wenn sie eine Tugend zu erfassen suchen, bis Sokrates im »Staat« die Wesensform als das allein Faßbare an die Stelle des schwankenden Inhalts setzt. Ähnlich tappen bei Boethius die Menschen daneben, wenn sie nach Glück greifen und dafür das, was sich als sein stofflicher Inhalt anzubieten scheint, nehmen: Reichtum, Macht usw. Um sich vor diesen Enttäuschungen zu bewahren, gilt es, »das Genügen«, »das Können« usw. als das eigentlich Gesuchte zu erkennen und noch dahinter zurückzugreifen auf die Einheit von alledem. Jeder Versuch, einen Teil davon gesondert zu erfassen, teilt, also verstofflicht das Gesuchte und wiederholt nur auf höherer Stufe den alten Irrtum und das alte Mißlingen. So reicht das wahre Glück über alles Sterbliche hinaus; es ist göttlich, ja Gott selbst, und Teilhaben an der Göttlichkeit verbürgt dem sterblichen Menschen allein Anteil an dem wahren Glück.

Diese platonisierende Lehre vom Glück ist auf Schritt und Tritt Platons Gedanken über die Tugend, beson-

ders im »Staat«, nahe. Doch ist eines sehr eigen, verglichen mit der Lehre sämtlicher älteren Philosophen über den Gegenstand, wie sie am eindringlichsten im Protreptikos des Aristoteles vorgetragen worden ist, in dessen Nähe sich sonst sehr vieles bei Boethius hält. Sobald nämlich Aristoteles und die übrigen die Güter entwertet haben, denen die Menge nachgeht, führen sie die Tugend des philosophischen Menschen ein, um zu zeigen, daß diese allein es ist, die das Grundverlangen aller zu erfüllen und das Glück zu erreichen vermag. Hier bei Boethius aber ist es Gott. Wohl erwähnt auch Boethius in diesem Zusammenhang den Menschen, der an göttlicher Art teil hat, und auf der anderen Seite würden wohl auch Aristoteles und seine Nachfolger zustimmen, wenn das Vollkommene im Menschen etwas Göttliches genannt würde. Allein der Unterschied ist dennoch für den Kenner der alten Philosophie bedeutend. Nur in Augustins christlichem Platonismus geht der Schritt ebenso von den Trugbildern des Glückes zu Gott. Also ist Boethius wohl auch hier Schüler des großen Lehrers, zu dem er sich im Vorwort seiner theologischen Abhandlung über die Heilige Dreifaltigkeit bekennt, wo er sagt: »Ihr mögt aber auch darauf achten, ob die Gedankensamen, die aus den Schriften des hl. Augustinus in mich gekommen sind, wohl Frucht getragen haben.« Im übrigen verfährt Boethius ganz nach der Weise der griechischen Philosophie und vor allem Platons; das Gespräch der Philosophie mit ihrem Schüler ist bis in hundert Einzelheiten hinein ein platonisierender Dialog.
Dabei ist in manchen Stücken der späte Platoniker nicht zu verkennen, etwa in den Abschnitten, worin das Eine als das Gute gepriesen ist, vor allem aber in dem gedankenschweren Gebet »Du, der das Weltall ...«. Diese Verse enthalten in ihrem Preis des Weltschöpfers den Inbegriff des Platonischen »Timaios«, etwa so wie Proklos ihn verstanden hat. Sie rühmen Gott, indem sie darstellen, wie Zeit und das Zeitliche stufenweis abbildlich vom Ewigen

her kommen, wie auf diesem Wege Weltseele und Einzelseelen in der Welt werden und wie all dieses, herausgetreten in die Zeit, doch auch auf das Ewige zurückbezogen bleibt. So vergegenwärtigt das Gedicht wie der Platonische »Timaios« den göttlichen Sinn von Welt und Natur, um der Menschenseele ihre Stelle darin anzuweisen. Indem es so dessen inne wird, daß der Mensch mit der ganzen Schöpfung vom Ewigen her kommt und wieder zurück zu Gott gewandt ist, fügt es den Menschen betend in diese Bewegung von und zu Gott ein.

Boethius wird jetzt, aus dem Grund seines wahren Wesens heraus dem wahren Gut zugewandt, nicht mehr den Verlust dessen, was ihm Fortuna gegeben und genommen hat, und den jähen Wechsel bejammern. Über sich selbst und sein Geschick mag er wohl beruhigt sein. Ja, nachdem der Gedanke über alles Irdische hinausgedrungen ist und in Gott das geheime Ziel alles dumpfen Dranges nach Glück erkannt hat, erscheint auch der Lauf der Welt am Ende des dritten Buches wieder in die göttliche Ordnung einbezogen. Alles Leben und Streben auf Erden ist nämlich durch die Natur vom höchsten Guten geleitet, das Übel ins Nichtige, in das Nichts aufgelöst. Und so könnte auch des Boethius tieferer Kummer, der in seinem Fall den Ausschluß des Menschen aus Gottes Friedensordnung zu erleben meinte, behoben scheinen. Aber Boethius vermag noch nicht die allgemeine Erkenntnis, die rasch im höchsten Aufschwung des Gedankens gewonnen ist, auf die konkreten Verhältnisse anzuwenden, die ihn irre gemacht haben. Er kommt nicht darüber hinweg, daß die Verworfenheit obenauf und menschlicher Wert ihr, unbelohnt und schwach, preisgegeben ist. Das Wirrsal der Fortuna ist noch nicht aufgelöst. Und so knüpft die Philosophie nun im vierten Buch an die Erkenntnis, daß der angeborene Trieb aller Wesen auf das Gute gerichtet ist, den großen platonischen Gedanken aus dem »Gorgias«, daß die Schlechten das Ziel ihres Wollens – das eben, ob sie es wissen oder nicht, das Gute ist – verfehlen und die Guten es erreichen, daß also die Schlechten notwendig ohnmächtig und die Guten mächtig sind. Und sie ergänzt ihn, indem sie, wieder mit dem »Gorgias«, zeigt, daß das Gutsein den verdienten Lohn, das Schlechtsein seine Strafe immer erhält oder vielmehr schon hat. Vier Paradoxa aus dem »Gorgias« spitzen endlich diesen letzten Satz auf das äußerste zu.

Ist das alles bei Platon darauf abgestellt, einen Gegner, der sich frech an ehrwürdigen Werten vergreift, zu fangen, so daß er, ohne recht zu wissen, wie ihm geschieht, die Wahrheit bekennen muß, so hat Boethius es so einzurichten gewußt, daß der Schüler der Philosophie die Wahrheit auch einsieht. Sie zeigt ihm, daß der Schlechte einen Verlust an Seinsfülle erleidet, weil »Sein« heißt: sein Wesen bewahren und seine Stelle in der Ordnung der Wesen behaupten, und weil der Schlechte unter die menschliche Würde hinabsinkt. Lohn und Strafe liegen in dem, was man nach seinem eigenen Verhalten ist und wird. Freilich ist das eine Wahrheit, die nicht allen zugänglich ist. Um sie zu verstehen, darf man nicht eigentlich menschlichen Wert, menschliches Sein und damit gewissermaßen menschlichen Blick verloren haben. Darauf beruht ja die platonische und jede der platonischen ähnliche Ansicht vom Glück; es kann nur der sie wahrhaft teilen, der sein besseres Selbst nicht verloren hat, es vielmehr als festeste Wirklichkeit besitzt und Heil und Unheil danach zu bemessen vermag, ob dieser Wesenskern heil oder beschädigt ist. Aber eine Wahrheit bleibt auch dann Wahrheit, wenn noch so viele dafür blind sind und wenn man, um sie zu erkennen, sein menschliches Wesen unversehrt bewahren oder wiederherstellen muß.

Mit diesen Betrachtungen ist vollends alles Bittere, was Boethius betroffen hat, und aller Erfolg seiner Feinde umgewertet. Er aber beruhigt sich auch dabei noch nicht. Es bezeichnet seine Art, daß es ihm nicht genügt, abzutun, was ihn bedrängt; es muß zuletzt auf Gottes Friedensordnung bezogen und darin mit aufgehoben sein.

So macht ihm auch nach dem umwertenden Verzicht das unaufgelöste Rätsel noch Unruhe, daß unterhalb des Sittlichen im niederen Bereich Fortunens, wo das Annehmliche doch immerhin einen begründeten Vorzug vor dem Harten behauptet, das blinde Ungefähr zu herrschen scheint, daß in der äußeren Welt Lohn und Strafe, die doch auf Gut und Schlecht zielen, widersinnig verteilt sind. Die Philosophie hilft ihm aus der Not, indem sie Fortuna, die wechselnde, blinde Schicksalsmacht, die nun hier nicht schenkend und nehmend, sondern verteilend vorgestellt ist, auf das Fatum, die Schicksalsordnung, und letzten Endes auf die Providentia, die göttliche Vorsehung, zurückführt.

Hier beginnen nun neuplatonische Gedanken, freilich im christlichen Sinne und wohl auch dem römischen Empfinden gemäß vereinfacht, ohne die vielfachen Stufen des Geisterreichs der neuplatonischen Schule. Auch die Form wechselt; von hier an teilt die Philosophie ihre Wahrheiten in zusammenhängender Rede mit.

Die beiden Worte Schicksal (*fatum*) und Vorsehung (*providentia*) bezeichnen ein und dasselbe. Vorsehung heißt es, wenn man es von der Einheit des göttlichen Geistes aus zu begreifen sucht, Schicksal, wenn man es von der Vielfältigkeit der wechselnden Ereignisse her nimmt. Es kommt nun darauf an, in allem Schicksal nicht so sehr das Verkehrte zu beachten, welches das menschliche Irren, ein Mangel also, hineinbringt und das im Grunde gar kein Etwas ist – sondern das, was darin allein ein Etwas und faßbar ist, nämlich das Feste, Bestimmte, Gesetzmäßige. Die mannigfach bestimmte Art und Weise, in der etwas gerade so und nicht anders geschieht, kommt von der göttlichen Unwandelbarkeit her; sie gibt ihm, trotz allem Hang, ins Unfaßbare, Wirre und Wesenlose zu entgleiten, dennoch Halt und dadurch einen gewissen Bezug auf das Gute. Fällt jemand mit seinem Tun durch seinen eigenen Fehler aus seiner eigentlichen, ihm zugewiesenen Gesetzesordnung, so wird er und was er tut, sogleich von einer anderen aufgefangen, worin er nun doch wieder der alles umfassenden Ordnung dient. Überblicken kann man das alles nur von der göttlichen Vorsehung aus, aber die Philosophie vermag doch wenigstens Fälle vorzustellen, an denen man sich deutlich machen kann, wie die Vorsehung mancherlei, auch wunderliche Schicksale, zu ihren Zwecken benutzt. Gewiß ist das eine, daß von dort aus gesehen alles zum Guten gewandt ist und nichts Böses übrig bleibt. Man darf diesen Gedanken so ergänzen: je mehr jemand sein Denken der göttlichen Vorsehung nähert und gewissermaßen darein aufnehmen läßt, desto mehr gilt auch für ihn, daß alles, auch das scheinbar widersinnige Geschehen, zum Guten dient. Auf diesen inneren Vollzug, auf dieses Umdenken kommt also auch hier wie an allen entscheidenden Stellen alles an. Und wie in den Betrachtungen des dritten Buches bei solchem Umdenken das Böse in das Nichtige, ja in das Nichts sinkt und verschwindet, so geschieht es auch hier.

Im Anschauen von Gottes allumfassender Friedensordnung ist hier wie in den vorangegangenen beiden Büchern ein Höchstes erreicht. Die Klage, daß der Mensch davon ausgeschlossen und einer blinden, unabhängigen Schicksalsmacht ausgeliefert sei, ist nun wirklich beschwichtigt. Und so schließt denn auch das hymnisch preisende Gedicht, das vorletzte dieses vierten Buches, den klaffenden Riß, der sich in dem Klagelied des ersten aufgetan hat. Schon die Versart und die Zahl der Verse zeigen an, daß Boethius dies Gedicht als Gegenstück zu dem früheren gemeint hat. Jetzt ist es offenbar, daß nicht nur im Weltall draußen alles Wechselnde sich zur Dauer fügt und das Gegensätzliche zum Einklang, sondern daß auch auf Erden alle Lebewesen durch den Trieb, der ihnen eingepflanzt ist, gewissermaßen von innen her, im Gefüge von Gottes Ordnung festgehalten werden. Die zusammenhaltende Kraft, ob sie nun die Bestandteile der Welt oder die lebenden Geschöpfe zum göttlichen Ursprung hin lenkt, heißt hier Liebe; die Friedensordnung ist zugleich Liebesordnung. So entschleiert sich auch das Geheimnis des Schlußgedichts des zweiten Buches: »O beglückt ihr, der Menschen Geschlecht, wenn die Herzen die Liebe führt, so wie diese den Himmel lenkt.«

An allen diesen Stellen ist wohl auch eine Bitte des Vaterunsers mit gemeint: »... wie im Himmel, auch auf Erden.«

In dieser höchsten Anschauung, die im übrigen nicht in allen Stücken streng folgerichtig an die vorangegangenen Gedanken gefügt ist – sie ist den Grundgedanken der letzten beiden Abschnitte des dritten Buches näher verwandt –, findet am Ende des schweren Gedankenwegs der Geist Ruhe. Aber er verharrt nicht untätig darin. Es ist römische Art, wenn das Buch damit endet, daß es aufruft, sich kräftig zu rühren und das Schwere, Harte tapfer als bloßen Werkstoff der Weisheit zu nehmen, da es ja in des Menschen Hand gegeben sei, was er aus seinem Schicksal macht. Das Schlußgedicht hat etwas von den anfeuernden Worten eines römischen Feldherrn vor der Schlacht. Als Beispiel stellt es Herkules, das große Vorbild der Stoiker, hin; wie denn überhaupt der alte Bund zwischen Stoa und römischer Art sich in diesem tapferen Aufruf neu bewährt.

Nachdem vorher alles menschliche Tun und Geschehen dem Gesetz des Schicksals und der Vorsehung unterstellt und schließlich dann in das göttliche Wirken gewissermaßen eingebettet ist, hat der Schluß des vierten Buches den Gedanken wieder auf die Seite des Menschen und dessen eigenes Handeln gelenkt. Damit ist das Thema des letzten Buches vorbereitet, dessen Gedankenarbeit darauf hinausläuft, die von Gott her kommende Notwendigkeit mit der Freiheit des handelnden Menschen zu versöhnen und so gewissermaßen die Freiheit des Menschen zu wahren.

Ist der Mensch frei, sich zu entscheiden, da doch alles Geschehen Glied in der Schicksalskette und durch Gottes Vorsehung bestimmt ist? Wie um nur ja die Freiheit ganz und gar auszuschließen, wird am Anfang auch der Zufall nach Aristoteles als unvorhergesehenes Zusammentreffen einer Zweckhandlung mit einer anderen Ursachenreihe erklärt und so in den lückenlosen, allumfassenden Zusammenhang der Ursachen und Wirkungen eingefügt.

Danach antwortet ein kurzes, fast skizzenhaftes Kapitel auf die alte Frage der Philosophie, ob auch die Willensregungen im Menschen gebunden seien. Die Antwort fällt weder ganz im Sinne Chrysipps so aus, daß die innere Entscheidung trotz der äußeren Ursachen, die sie veranlassen, frei sei, noch im Sinne Platons so, daß am Anfang einmal ein freier Entschluß gestanden habe, aus dem dann freilich alles Weitere notwendig folge. Vielmehr lehrt die Philosophie bei Boethius so: Die Freiheit der Entscheidung ist eine wesenhafte Leistung der urteilenden, unterscheidenden Vernunft. Je ungestörter ein mit Vernunft begabtes Wesen die Richtung der Vernunft auf Gott hin innehält, desto freier ist es; je mehr es der Vernunft entgegen abwärts in das Stoffliche sinkt, desto weniger ist es frei.

Der Leser wird hier zuerst vermissen zu hören, wieso die Freiheit vom Stofflichen Freiheit von der Kette des Schicksals ist. Doch erinnert er sich bald der Stelle im vierten Buch, wo Schicksal und Vorsehung voneinander unterschieden sind. Schicksal (*fatum*) findet im Bereich des Stofflichen statt; es ist der Bereich der mechanischen, wir könnten auch sagen der naturwissenschaftlich faßbaren Ursachen. Im Bereich des Geistigen und Sittlichen herrscht nicht Schicksal (*fatum*), sondern Sinn (das Sinnvolle; *providentia*), nicht Zwang der mechanischen Ursachen, sondern Freiheit, die der Einsicht folgt. Freilich kann sich der Mensch, sofern er in das Stoffliche hineinreicht, nie ganz den mechanischen Ursachen und dem Schicksal entziehen. Seine Freiheit ist in jedem Falle beschränkt. Das Mehr oder Weniger ist das Entscheidende.

Und so käme es auch hier wieder darauf an, worin der Mensch in der Hauptsache sein Leben lebt.
Viel weiter geht die Philosophie auf einen anderen Einwand gegen die Freiheit der menschlichen Entscheidung ein, den ihr Zögling breit und fachmännisch vorträgt, offenbar nun ganz wieder zu sich selbst und seinem früheren Können zurückgebracht. Das Vorwissen Gottes scheint die Freiheit des Menschen auszuschließen. Den Schein dieses Zwiespalts zu überwinden, ist die letzte Aufgabe der Philosophie in der zweiten Hälfte des Buches, drei inhaltschweren, in Verfahren und Sprache dem inneren Bereich philosophischer Forschung zugehörigen Kapiteln. In keinem andern Teil seines Werkes ringt Boethius so um eine Antwort, keiner ist so bezeichnend für sein Anliegen, schwierige Gegenstände der Theologie im Lichte der Philosophie zu erhellen, die er von den Griechen gelernt hat.
Schon seit Aristoteles haben die Philosophen bemerkt, daß die sichere Erkenntnis des Zukünftigen an die Bedingung geknüpft ist, daß das zukünftige Ereignis schon in der Gegenwart durch seine Ursachen bestimmt und dadurch gewissermaßen schon mittelbar gegenwärtig sei. Auch die Orakel, sagte man, sind daran gebunden. Diese Gedanken haben nun später eine Rolle im Kampf um die menschliche Freiheit in der Lehre vom Schicksal gespielt. In den Vordergrund rückten sie, als das Christentum sich der Philosophie zu bedienen begann; denn der andere Gegengrund gegen die Freiheit, die Kette von Ursachen und Wirkungen, beschäftigte die Christen von Haus aus weniger. Das Vorauswissen stellte sich jetzt aber in diesem Zusammenhang anders dar, nicht mehr als theoretisches Problem, sondern als Gegenstand des Glaubens. Die frühen Christen, die sich von einem übermächtigen göttlichen Wirken getragen fühlten, waren sich vor aller Philosophie dessen bewußt, daß Gott um ihr Ergehen, um Heil und Unheil vorher wisse, so wie jemand um seinen eigenen Ratschluß weiß. Dieser Glaube

war durch die Heilige Schrift bezeugt und unabänderlich. Wie sollte man es nun aber damit vereinigen, daß die Menschen sich zum Guten oder Bösen frei entscheiden? Oder können die Menschen das etwa gar nicht? Fragte man später noch in der Weise der alten Philosophie danach, ob Entschlüsse von Ursachen bestimmt sind, und ferner nach den Bedingungen des Vorwissens, dann mußte man in die größte Not kommen, wollte man der Freiheit des Menschen, sich zu entscheiden, gewiß bleiben. Man hat auch wirklich jahrhundertelang schwer darum gerungen, am meisten Origenes und Augustin. Origenes hat die Gefahr, mit der Gottes Vorwissen die Freiheit der Menschen zu bedrohen schien, zu bannen gesucht, indem er zeigte, daß das Wissen seinen Gegenstand nicht von sich abhängig mache, sondern selbst davon abhänge. Augustin hat den Widerspruch dadurch aufgelöst, daß er den Begriff der Freiheit anders faßte und darunter nicht mehr die unentschiedene Möglichkeit als Gegensatz zu jedem Muß verstand, das, gleichgültig ob von außen oder von innen, Entschluß und Handeln des Menschen von vornherein festlegt, sondern nur das Gegenteil von dem Muß, das dem handelnden Menschen wider seine Zustimmung und seinen Willen von einem fremden Willen auferlegt wird. So verstanden ist die Freiheit mit Gottes Vorwissen und mit der allumfassenden, von Ewigkeit her von ihm vorbestimmten Ursachenreihe wohl vereinbar.

Boethius macht es sich mit dieser Not nicht leicht. Mit dem, was Origenes und seine Nachfolger vorgebracht, gibt er sich nicht zufrieden; er zeigt (im dritten Kapitel) ausführlich, daß ihre Auskunft die Freiheit nicht retten kann. Augustins Gedanken erörtert er gar nicht – obwohl er die Stelle im neunten Kapitel des fünften Buches des »Gottesstaates« zu kennen scheint –; sie kommen vielleicht deshalb für ihn nicht in Betracht, weil er streng an dem alten Begriff der Freiheit festhält. Und so sieht er denn, wofern er an Gottes Vorwissen glaubt, alle sitt-

lichen Lebensordnungen sinnlos werden, Lohn, Strafe und sittliches Verdienst; denn diese setzen ja voraus, daß das, was geschehen ist, auch anders hätte ausfallen können. Aus demselben Grunde werden Hoffnung und Gebet sinnlos, Gott und Mensch auseinandergerissen.
Das Gebet im Verhältnis zur Notwendigkeit des Weltgeschehens ist im Verlauf des menschlichen Nachdenkens erst verhältnismäßig spät bedacht worden. Daß aber ein allumfassender Schicksalszwang die staatlich-sittliche Lebensordnung aufheben würde, gilt seit den Zeiten der alten Stoa als Hauptgrund gegen die Unfreiheit, der gar nicht in Frage gestellt wird. Für Boethius steht wie für die anderen christlichen Philosophen umgekehrt Gottes schrankenloses Vorwissen fest, er zweifelt nicht nur an der Freiheit, sondern auch an den menschlichen Lebensordnungen. So wird bei ihm das sicherste Beweisstück der Philosophen zur bangen Klage. Die Angst vor dem Wirrsal, die Not um die Gottverlassenheit des menschlichen Lebens spricht sich auch hierin aus.
Diesen Denkzwiespalt überwindet die Philosophie durch einen Gedanken, der Origenes und die Alten, die das Vorauswissen auf vorbestimmte Gegenstände eingeschränkt hatten, bedeutend überholt und zu den eigensten des ausgehenden Altertums gehört. Die freie Wahl bei unentschiedenem Ausgang ist der eigentümlichen menschlichen Daseinsstufe zugeordnet; auf der einen Seite ist nämlich die Entscheidung eine wesenhafte Leistung des unterscheidenden Geistes, auf der anderen Seite setzt die Lage der Entscheidung eines Unentschiedenen die Zeitlichkeit voraus. Gottes »Vorwissen« aber ist nicht von den Bedingungen der Zeitlichkeit eingeschränkt, sondern seiner anderen Wesensart entsprechend etwas ganz anderes. Die Widersprüche, worein sich die früheren Denker verwickelt haben, kommen daher, daß sie sich dessen nicht bewußt gewesen sind, daß es sich um zwei verschiedene, einander über- und untergeordnete Daseins- und Erkenntnisweisen handeln muß. Vom göttlichen

Vorwissen haben sie gesprochen, als handle es sich um das Wissen zeitlicher Wesen. Für ein zeitliches Dasein gilt allerdings die Einschränkung des Vorwissens auf das, was in der Zeit vorher schon feststeht, also unfrei ist. Und im Bereich des Zeitlichen ist allerdings der Gedanke des Origenes unmöglich, daß Gottes Vorwissen den freien Entschlüssen und Handlungen das Merkmal der Freiheit nicht nimmt, denn im Zeitlichen kommt man nicht darum herum, daß das Vorwissen unvereinbar mit der unentschiedenen Zukunft ist, mag nun das Vorwissen unmittelbar das Zukünftige bestimmen oder mittelbar mit seiner Bestimmtheit zusammenhängen. Gott aber ist ewig, nicht nur von unendlicher Zeitdauer, sondern dem Nacheinander der Zeit enthoben, im gegenwarthaften vollen Besitz alles Seins, das im endlosen Lauf der Zeit auseinandergelegt vorkommen kann. Auch wenn er erkennt, so ist in seinem Blick die unzerlegte Einheit dessen beieinander, was in der Zeit im Nacheinander zerstückt ist. Sein Erkennen des Zeitlichen ist kein Erkennen in den Maßen der Zeitlichkeit; denn die Erkenntnisart richtet sich nach der Wesensart des Erkennenden, nicht des Erkannten. Für ihn gibt es den Unterschied zwischen Gegenwart und Zukunft und alles, was daran hängt, höchstens sozusagen als Strukturmerkmal eines fremden Daseins, aber nicht als Erkenntnisgrundlage. Darum ist der Ausdruck »Vorwissen« eigentlich falsch. Was für uns zukünftig ist, ist für ihn schlechthin da, auch für sein Wissen. Darum verlieren aber die Phänomene der Zeitlichkeit in ihrem eigenen Bereich nicht ihren guten Sinn, also auch die Freiheit der Entscheidung nicht, die überhaupt nur dort ihre Stelle hat. Jetzt erst, nachdem man die beiden Bereiche unterschieden hat, darf man mit Origenes sagen, daß Gottes Wissen den Charakter der freien Entschlüsse nicht antastet; jetzt erst darf man gegen die Alten sagen, daß die unentschiedene Zukunft unentschieden bleibt und doch einer sicheren Erkenntnis zugänglich ist.

Das Wesentliche dieses kühnen, tiefen Gedankens hat Boethius nicht zuerst entdeckt. Man findet es schon etwa zwei Jahrhunderte vor ihm bei Jamblichos; es ergibt sich aus der Stufenfolge der Seins- und Erkenntnisarten, wie sie die Neuplatoniker gelehrt haben. Noch näher kommt Ammonios, in dem P. Courcelle den vielleicht wichtigsten philosophischen Lehrmeister des Boethius erkannt hat; er lehrte nach dem Tode seines Lehrers Proklos von Athen (485) in Alexandreia. Aber die Wendung, die Boethius dem Gedanken gegeben hat, ist doch neu und eigen. Er spielt nämlich den Unterschied der Seins- und Erkenntnisarten auf den Unterschied zwischen Ewigkeit und Zeit hinaus, und was er darüber sagt, das nähert sich den bekannten Betrachtungen Augustins in den »Bekenntnissen«. Man wird sich nach dem früher Gesagten nicht wundern, Boethius wieder auf Augustins Spuren anzutreffen.
Ob Boethius Christ gewesen sei, kann heute nicht mehr wie im neunzehnten Jahrhundert zweifelhaft sein. Es steht fest, daß er der Verfasser einiger der theologischen Abhandlungen gewesen ist, die unter seinem Namen überliefert sind. Im »Trost der Philosophie« bezeugt sich sein Christentum weniger durch unmittelbaren Bezug oder Anspielung, mehr durch Rücksicht auf die christlichen Denker und ihre Fragen und endlich dadurch, daß er vieles meidet, was bei den nichtchristlichen Neuplatonikern nicht leicht fehlt, vor allem die vielgestufte Unterscheidung der Wesen im Bereich des Göttlichen; bei ihm gibt es keinen Unterschied zwischen Weltschöpfer und innerweltlichen Göttern und überhimmlischen göttlichen Wesenheiten.
Merkwürdig und oft bemerkt ist nur dies, daß er als Christ vor dem nahen Tode, den er voraussah, seinen Trost in der Philosophie gesucht hat statt in der Gnade Gottes und dem Werk des Erlösers. Wer kann denn aber wissen, daß er sich nicht auch daran gehalten habe, während er sich in dem Kunstwerk, das er mit hoher Freiheit

des Geistes formte, auf das beschränkte, worauf er sich verstand und was gewissermaßen sein Beruf und sein Amt war? Vor allem muß man bedenken, daß das Christentum längst weit geworden war und das Gemäße des griechisch-römischen Geisteserbes und damit die Philosophie in sich aufgenommen hatte. Soviel von der alten Philosophie wie im Falle des Boethius hat es freilich erst wieder zur Zeit des Thomas von Aquino zugelassen. Das mag damit zusammenhängen, daß nach Boethius die Aristokratie fehlte, der an den alten Kulturgütern gelegen war. Boethius gehörte jedenfalls zu den lieber sammelnden als trennenden Geistern, die davon überzeugt waren, daß das Gute, Wahre, das sich irgendwo in der Welt auch außerhalb des geschichtlichen Bereichs des Urchristentums hervorgetan, seinen christlichen Sinn haben müsse, den es nur mit Ernst und Zuversicht zu entdecken gelte. Ob sein Ergebnis in allen Einzelheiten zu rechtfertigen sei, ist eine Frage für sich. Daß er aber an einer nicht unedlen Aufgabe gearbeitet hat, lehrt ein Blick auf die Jahrhunderte vor und nach ihm.

VIRGIL
UND DIE RÖMISCHE IDEE DES FRIEDENS

Das Wort *pax*, das wir mit »Frieden« wiedergeben, bedeutet von Haus aus das Festmachen einer Vereinbarung zwischen solchen, die vorher Krieg gegeneinander geführt haben, und fernerhin die dadurch geschaffene rechtliche Lage zwischen den früheren Feinden. *Pax* gehört also in den Bereich der Rechtsordnungen, und zwar der geordneten Verhältnisse zwischen Staaten. Ein staatsrechtlich genauer Begriff ist *pax* allerdings nicht. Der Wortsinn umfaßt die verschiedenen Formen der Abmachungen und Vertragsverhältnisse, worin die vorher feindlichen Ansprüche geordnet werden, Deditions- und Klientelvertrag, Freundschafts- und Bündnisvertrag. Harald Fuchs, der diese Dinge in seinem Buch »Augustin und der antike Friedensgedanke« (Berlin 1926, 182 ff.) geklärt hat, weist mit Recht darauf hin, daß die römische *pax* ein Vertragsverhältnis, eine von den Partnern hergestellte Lage, ein von Menschen gemachter Zustand ist, und sich eben hierin von der griechischen *εἰρήνη* unterscheidet, die den Zustand des Friedens, des Gedeihens und der Wohlfahrt meint, ohne daß dabei daran gedacht werden müßte, daß Menschen diesen Zustand vereinbart, geschaffen und geordnet haben. In diesem scheinbar geringfügigen Bedeutungsunterschied zeigt sich etwas vom vorherrschenden römischen Wesen: der Rechtssinn und die Fähigkeit, das Leben im großen und im kleinen mit Rechtsordnungen zu meistern – eine Geisteskraft eigener Art, eine Stärke Roms, die Wurzel einer Leistung, worin es nach dem Urteil von Kennern sein Höchstes und Bestes für sich und die Welt erreicht hat.

In der Tat ist es ein Meisterwerk gewesen, den *orbis terrarum* im Lauf der Zeiten mit einem Netz festgelegter Ordnungen zu überziehen, nicht einmal und für kurze Zeit im Aufschwung angestrengter Kraft, sondern dauerhaft durch Jahrhunderte, beharrlich und zäh, ergänzend, anpassend, vervollkommnend, im stetigen Zusammenwirken der aufeinander folgenden Geschlechter. Es gehörte dazu der streng, ja einseitig auf bestimmte Aufgaben gerichtete Wille und Verstand, wie sie in der herrschenden Oberschicht Roms hochgezüchtet waren, in welcher der Mann etwas galt, der die *res,* die *res familiaris* und die *res publica,* zu verwalten und zu mehren und dabei tapfere Tatkraft mit peinlicher Gewissenhaftigkeit zu verbinden wußte, geordnete Rechtsverhältnisse respektierte oder herstellte und so immer das Recht auf seiner Seite zu haben verstand. Ist doch auch die altrömische Religion zu einem guten Teil peinliche Gewissenhaftigkeit in Hinsicht auf die Rechtsordnung, die das Verhältnis des Gemeinwesens und der Sippen zu den übermenschlichen Mächten regelte: *religio* bedeutet mit Vorliebe eben diese Gewissenhaftigkeit, sogar die ängstliche Scheu davor, daß jene genaue und verwickelte Rechtsordnung verletzt werden und dann Unheil in das Dasein einbrechen könnte.

In ihrem Rechtssinn haben sich die Römer den anderen Völkern überlegen gefühlt. Die römische *pax,* dem Gedanken nach ein Rechtsverhältnis zwischen zwei Partnern, ist in Wirklichkeit eine Herrschaftsordnung, Rom ist der Partner, der von sich aus das Verhältnis ordnet, die Bedingungen festsetzt: *pacis leges dicit* oder *imponit* lauten die Ausdrücke. Am Anfang steht ein Sieg Roms oder die freiwillige Unterwerfung eines Gegners. Auf Münzen ist die personifizierte Pax zuweilen wie die Siegesgöttin mit der Lanze dargestellt. Weihinschriften nennen Pax zusammen mit Mars und Victoria, und *pacare* heißt bekanntlich unterwerfen. Zurückgewichen ist Rom in seinen Verträgen nicht, immer ist es seine Sache gewesen, Frieden zu geben, nicht darum nachzusuchen, *pacem dare,* nicht *pacem petere* – ein erstaunliches, vielleicht unvergleichliches Phänomen in der Geschichte der Völker. Dabei haben die Römer immer an dem Glauben festgehalten, daß sie in allen Auseinandersetzungen und Kriegen im Recht gewesen sind, Kriege nur geführt haben, um ein ihnen oder ihren Bündnern angetanes Unrecht rückgängig zu machen, *res repetere, iniurias ulcisci* – daß sie sich den Erdkreis botmäßig gemacht haben, nicht in der Absicht zu erobern, sondern fast wider Willen, indem sie von Fall zu Fall verletztes Recht zur Geltung brachten. Eine lange, immer wieder von diesem Bewußtsein begleitete Erfahrung hat schließlich den Anspruch hervorgebracht, eigentlich dürfe ihnen niemand widerstreben, ohne sich ins Unrecht zu setzen. Rom hat zu bestimmen, zu befehlen. Und als der *orbis terrarum* wirklich gehorchte, von der Zeit des Augustus an, da ist *pax, pax Augusta, pax Romana* sachlich kaum mehr zu unterscheiden von *imperium Romanum,* wobei allerdings *imperium* nicht Willkürherrschaft bedeutet, sondern nach Regel und Gesetz geordnete Herrschaftsgewalt, die mit Fürsorgepflicht für die Beherrschten verbunden ist. Ein wahres Gegenüber, einen fremden Standpunkt kennt und versteht der Römer in allen diesen Verhältnissen im allgemeinen nicht, vermag sich nicht in seine Gegner hineinzudenken, vor allem nicht sich geistig auf einen unparteiischen Standpunkt zu erheben. Aber sein mächtiger Wille weiß sich gebunden, eingeschränkt, zwar nicht durch Rücksicht auf andere, wohl aber durch überpersönliche Rechtsordnungen, Normen und Maßstäbe. Es gehörte zum Größten, Erstaunlichsten am alten Rom, daß für diese vollkräftigen, harten Männer geheiligte Formen und Regeln unverbrüchlich gegolten und den unbändigen Egoismus doch gebändigt haben, im Leben der Bürger untereinander und im

Verhältnis Roms zu den Bündnern, zu den Unterworfenen. Ohne das gäbe es kein *imperium Romanum*, keine *pax Romana*.

Diese *pax Romana* hat der Dichter Virgil in berühmten Versen des 6. Buches der Aeneis treffsicher bezeichnet. Anchises läßt seinen Sohn Aeneas einen Blick in die zukünftige Geschichte Roms tun und schließlich Aufgabe und Werk der Römer wahrnehmen (6,851 ff.):

> tu regere imperio populos, Romane, memento
> – hae tibi erunt artes – pacique imponere morem,
> parcere subiectis et debellare superbos.

Feierlich klingen die Worte des Anchises, in festen Formen der Orakelsprache: *tu ... Romane memento*. Der Inhalt ist ein Sendungsbefehl: ›Vergiß nicht, hab immer vor Augen, was deine auszeichnende Fähigkeit, dein Beruf ist, unterschieden von den *artes*, durch die die Griechen überlegen sind – bildende Kunst, Wortkunst und wissenschaftliche Erkenntnis der Welt! *imperium* und *pax* in der Welt sind dir aufgetragen; Frieden zu stiften, ja, aber du bist es, der die Norm auferlegen soll‹ – *imponere*, so wie, nach einem Wort der Georgica (1,61), die Natur den Ländern und Landschaften der Erde in Hinsicht auf ihren Ertrag eine ewige Gesetzmäßigkeit auferlegt hat, *leges aeternaque foedera ... imposuit. leges dare, iura dare* und ähnliche Ausdrücke stehen ganz nahe, in dem Sendungsbefehl hört man einen Begriff wie *leges* mit, aber er ist mit dem Wort *morem*, Brauch und Sitte, so gewendet, daß man nicht Gebot und Drohung heraushört, sondern die Gesittung, die dadurch gestiftet wird. *Moresque viris et moenia ponet* heißt es einmal von Aeneas, er wird den Menschen »gesittete Lebensordnung und eine Stadt setzen«, nachdem er die »trotzig wilden Stämme zerbrochen« haben wird. (Aen. 1,263). Nichtsdestoweniger spricht sich der altrömische

Herrschaftsanspruch hier so eindeutig wie nur möglich, ja sogar schroff aus. Und gäbe es darüber noch eine Unklarheit, so würde sie durch den Schlußvers aufgehellt: *parcere subiectis et debellare superbos,* zu schonen, die sich unterwerfen und gegen die Überheblich-Stolzen Krieg zu führen, bis sie niedergeworfen sind. Überheblich-stolz, hochfahrend sind offenbar die, welche ihren ungestümen Willen nicht durch eine Rechtsordnung zähmen; die Rechtsordnung in der Welt aber vertritt und verkörpert Rom. Die andern können und sollen Anteil daran gewinnen, sonst sind sie Wilde, bös und aller Übergriffe fähig, solche, denen man notfalls eben mit Gewalt die Friedensordnung auferlegen muß. *Superbia* steht gegen Friedens- und Rechtsordnung, wie einmal im ersten Buch der Aeneis, wo die Königin von Karthago als Kulturstifterin so angeredet wird (1,522):

O regina, novam cui condere Iuppiter urbem
iustitiaque dedit gentis frenare superbas,

»Königin, der es Jupiter gegeben hat, eine neue Stadt zu gründen und mit Rechtlichkeit die überheblich-stolzen Stämme zu zügeln.« Es ist schon so: der Anspruch auf Herrschaft, von dem römischen Friedensbegriff nicht zu trennen, ist vom Dichter mit aller Entschiedenheit ausgesprochen, vielleicht sogar schroffer als vorher, wie das ja auch nicht verwunderlich ist in einer Zeit, in der Rom und das Reich beinahe verloren gewesen und nun herrlicher als je wieder erstanden waren.

So ungeheuer erhebt sich in den angeführten Versen der Anspruch Roms, die Rechts- und Friedensordnung in der Welt allein zu vertreten und allen anderen auferlegen zu dürfen, daß sie verletzen und den Gedanken an die Kehrseite der altrömischen *pax* herausfordern. Ist es diese *pax Romana* wert, von einem Virgil verkündet und gepriesen zu werden? Nicht erst in der neuzeitlichen Geschichtsbetrachtung ist sie entlarvt worden, sondern schon im Altertum, bald nachdem Rom in wenigen Jahrzehnten aus der Tiefe, in die es die Niederlage bei Cannae gestürzt hatte, zur Vormacht der Mittelmeerwelt aufgestiegen war.

Im Jahre 155 v. Chr. befand sich in Rom als einer von den drei Gesandten, die die Athener in einer politischen Angelegenheit geschickt hatten, Karneades, das Haupt der Philosophenschule, die einst Plato gegründet hatte. Er war es gewesen, der dieser Schule die Wendung zur unbedingten Skepsis gegeben hatte. Seine Stärke lag darin, jede beliebige philosophische Behauptung ebenso gut verfechten wie entlarven zu können. Jetzt in Rom gab er ein Beispiel dieser unheimlichen Kunst zum besten. Er hielt, außerhalb seiner politischen Mission, zwei Vorträge über eines der großen Themen der griechischen Philosophie, die Gerechtigkeit. Viel umstritten bei den Griechen, besonders seit den Tagen der Sophisten und Platos, war das Problem für die Römer neu und aufregend. Im ersten Vortrag nahm er die Partei der Gerechtigkeit und verteidigte sie mit den klassischen Gedanken Platos und des Aristoteles, um im zweiten alles das, was er aufgebaut hatte, niederzureißen, zu zeigen, daß die Gerechtigkeit keine in der Natur begründete Wesenheit, sondern eine konventionelle Fiktion, ein Machtmittel, bei Licht besehen aber ein Nichts sei. Wenn es schon eine echte Gerechtigkeit gäbe, so würde sie Torheit sein; leben und gar Politik machen könne man mit Gerechtigkeit nicht. Und hier brachte der Philosoph in seine theoretischen Gedankengänge Beispiele, die wohl seinen Zuhörern durch Mark und Bein gehen konnten. Das römische Volk hat sein Reich nicht mit Gerechtigkeit erworben. Sie gebietet, jedem das Seine zu lassen. Wollten die Römer gerecht sein, so könnten sie wieder zu den Hütten ihrer traurigen Urzeit zurückkehren; alles andere haben sie nicht mit Gerechtigkeit, sondern mit Klugheit erworben, welche gebietet, Macht und Freude rücksichtslos in möglichst großem Maß zu gewinnen.

Seit diesem radikalen Angriff auf das gute Gewissen Roms in Hinsicht auf die Herrschaftsordnung seines Reiches hat es immer wieder Versuche gegeben, *imperium* und *pax* der Römer zu entlarven. Auch die Römer selbst haben später solchen Gedanken Stimme gegeben, wenn nämlich Geschichtsschreiber den Widerstand bedrohter oder unterjochter Völker in Reden oder ähnlichen Texten zu Worte kommen ließen. Harald Fuchs, dessen Buch über Augustin und den antiken Friedensgedanken vorhin zu zitieren war, hat in einem zweiten Buch den »geistigen Widerstand gegen Rom in der antiken Welt« (Berlin 1938) beobachtet und alles gesammelt, was in diesen Zusammenhang gehört. Zwei Texte bei Sallust und bei Tacitus zeichnen sich durch Schärfe und Mut, in der Kritik bis zum äußersten zu gehen, aus. Bei Sallust ist es Mithridates, König von Pontus, der im Jahre 69 v. Chr. in einem Sendschreiben Arsaces, den Partherkönig, als Bundesgenossen gegen die Römer zu gewinnen sucht. Um ihm die Gefahr vor Augen zu stellen, in der auch er schwebe, schreibt er unter anderem (5): »Die Römer haben einen einzigen und zwar schon alten Grund, mit allen Stämmen, Völkern und Fürsten Krieg zu führen, einen abgründigen Willen zu Macht und Reichtum« – und dann gegen Ende des Briefes (17): »Weißt du es nicht, daß die Römer jetzt, nachdem ihrem Weg gegen Westen das Weltmeer ein Ziel gesetzt hat, ihre Kriegsmacht hierher (nach Osten) gewandt haben? Und daß sie von Anfang an nichts haben als Raub: Haus, Frauen, Land, Reich? Daß sie, einstmals hergelaufenes Volk ohne Heimat und Eltern, zum Unheil der ganzen Welt ein Volk geworden sind, sie, die nichts Menschliches und nichts Göttliches hemmt, ihre Bündner und Freunde, nah und fern Wohnende, Ärmliche und Mächtige, auszuplündern und zu ruinieren und alles als feindlich zu behandeln, was ihnen nicht knechtisch dienstbar ist?«

Tacitus versucht sein Vorbild Sallust noch zu überbieten, wenn er in der Biographie des Agricola, bei der Darstellung des letzten Kampfes der Britannier gegen Rom, ihren Heerführer Calgacus so sprechen läßt (30, 5): »Sie (die Römer), die Räuber, die die Welt zusammengeraubt haben, suchen, nachdem ihnen beim Verwüsten von allem neue Länder ausgegangen sind, jetzt das Meer ab, habgierig, wenn der Feind reich ist, ist er arm, ruhmgierig, sie, die nicht der Osten und der Westen ersättigt hat; sie allein unter allen Völkern gieren mit gleicher Leidenschaft nach Reichtum und Armseligkeit. Wegnehmen, morden, rauben nennen sie mit umgefälschtem Wort Herrschaft, und wo sie Menschenleere schaffen, Frieden«, *auferre trucidare rapere falsis nominibus imperium, atque ubi solitudinem faciunt, pacem appellant.* Die Kehrseite von *imperium* und *pax* könnte nicht grausamer, schonungsloser hervorgekehrt, nicht greller beleuchtet werden.

Wenn vorhin gesagt ist, die Römer könnten sich schwer auf den Standpunkt der anderen, der Unterworfenen, der Gegner stellen, so muß das jetzt eingeschränkt werden. In der Weise wie sie als Redner vor Gericht das, was der Gegner vorzubringen hatte, mit allen Beweisstücken durchdenken mußten, so haben sie auch in Geschichtswerken Standpunkt und Gedanken ihrer Kriegsgegner wenigstens einige Male in der Form der Rede oder des Sendschreibens zu Wort kommen lassen und die *controversia* über ihr *imperium*, ihre *pax* durchdacht und abgehandelt. Mindestens bei Tacitus ist dabei mehr als Dialektik im Spiel. An einer anderen Stelle des Agricola (21,3) berichtet er, wie der Statthalter zwischen den Feldzügen die Bewohner des eroberten britannischen Gebiets durch römische Stadtanlagen, römische Formen des Lebens, Unterricht für den Adel und dergleichen an ruhiges Behagen und Genüsse, *quies otium voluptates,* gewöhnt hat, und fährt dann fort: »Und das nannte man bei den Ahnungslosen menschliche Gesittung, wo es doch ein Stück Knechtschaft war«, *idque apud imperitos humanitas vocabatur, cum pars servitutis esset.*

Sind es im allgemeinen Gegner Roms, die mit solchen Gedanken zu Worte kommen, so hat es Cicero im dritten Buch seines staatsphilosophischen Dialogs De re publica gewagt, nicht nur in Platos Weise den Geisteskampf gegen und für die Gerechtigkeit darzustellen – wobei der Gegner freilich nur als advocatus diaboli gegen seine eigene Überzeugung mitspielt –, sondern in diesem Zusammenhang auch Roms *imperium* von einem Römer in Frage stellen zu lassen: L. Furius Philus ist es, der die entlarvenden Gedanken des Karneades vorzutragen hat. Dient dies auch nur dazu, daß mit der Gerechtigkeit auch das Recht der Römerherrschaft um so tiefer begründet werden könne, so läßt es doch erkennen, daß es sich einige wache Römer, zumal in kritischen Zeiten, nicht zu leicht gemacht haben, mit der Frage nach dem Recht ihres Imperiums ins reine zu kommen.

Die Neueren, nicht durch Liebe und elementare Interessen an Rom und sein Reich gebunden, sind, bei uns besonders seit Herder, noch scharfsichtiger für die Kehrseiten der Herrschaft Roms und seiner Rechts- und Friedensordnung gewesen. Bei Herder selbst und anderen mag ein »antirömischer Affekt« komplexer Art mit im Spiele sein. Er äußert sich fast wie Mithridates und Calgacus, wenn er im 14. Buch der Ideen zur Philosophie der Geschichte der Menschheit so schreibt – die Stelle ist von Harald Fuchs als Motto vor das vorhin angeführte Buch gesetzt –: »So machen die Römer, die der Welt Licht bringen wollen, allenthalben zuerst verwüstende Nacht: Schätze von Gold und Kunstwerken werden erpreßt; Weltteile und Aeonen alter Gedanken sinken in den Abgrund: die Charaktere der Völker stehen ausgelöscht da und die Provinzen unter einer Reihe der abscheulichsten Kaiser werden ausgesogen, beraubt, gemißhandelt ... Ihr großen edlen Seelen, Scipionen und Caesaren, was dachtet, was fühltet ihr, da ihr als abgeschiedene Geister von eurem Sternenhimmel auf Rom, die Räuberhöhle und auf Euer vollführtes Mörderhandwerk hinuntersahet? Wie unrein mußte Euch Eure Ehre, wie blutig Euer Lorbeer, wie niedrig und menschenfeindlich Eure Würgekunst dünken! Rom ist nicht mehr und auch bei seinem Leben mußte es jedem edlen Mann seine Empfindung sagen, daß Fluch und Verderben sich mit allen diesen ungeheuren, ehrsüchtigen Siegen auf sein Vaterland häufte.« Kein Wunder, daß Herder für Virgil nichts übrig gehabt und viel dazu beigetragen hat, daß sich die Deutschen von dem Dichter für lange Zeit abgewandt haben.

»Weltteile und Aeonen alter Gedanken sinken in den Abgrund«, diese bittere Wahrheit ist neu bei Herder; sie spielt bei Geschichtsforschern des 19. und 20. Jahrhunderts eine wichtige Rolle. Wissenschaften und Künste sind in den griechischen Ländern unter der Herrschaft Roms verarmt, der Geist entmutigt, wie hoch auch das zu schätzen sein mag, was sich noch hat entfalten können. Hören wir einen Erforscher der Rechtsgeschichte, Rudolph von Ihering (Vom Geist des römischen Rechts, I[4] 1878, 327): »Ein Volk, dem bei der höchsten Freiheitsliebe dennoch die Tugend der Selbstüberwindung zur zweiten Natur geworden, ist zur Herrschaft über andere berufen. Aber der Preis der römischen Größe war freilich ein teurer. Der unersättliche Dämon der römischen Selbstsucht opfert alles seinem Zweck ... Gemüt und Phantasie schrecken vor seinem eisigen Hauch zurück, die Grazien fliehen seine Nähe ... Die Welt, die ihm gehört, ist eine frostige, der schönsten Güter beraubte, eine Welt der abstrakten Maximen und Regeln – eine großartige Maschinerie, bewundernswürdig durch ihre Festigkeit, die Gleichmäßigkeit und Sicherheit, mit der sie arbeitet, durch die Kraft, die sie entwickelt, ... aber eben eine Maschine; ihr Herr war zugleich ihr Sklave.« Das also wäre die *pax Romana* in den Augen eines Mannes, der doch viel von seinem Leben an die Erforschung der Rechtsordnung der Römer gesetzt und sie trotz allem doch bewundert hat. Das römische Volk, sagt er, sei »zur Kultur des Rechts« prädestiniert gewesen, »das Recht ist der Elevationspunkt der römischen Welt« (327). »Was dem Volk Gottes die Religion, dem griechischen die Kunst, das war dem Römer das Recht und der Staat: der Gegenstand des Nationalstolzes allen fremden Völkern gegenüber, an dem sie sich ihrer Überlegenheit am sichersten bewußt waren, der Magnet des Ehrgeizes und der Kraft« (329 f.).

Soll man noch die karikaturhaften Worte von Jacob Bernays anführen? »Heinrich Heine, dem es sowenig wie seinem größeren dichterischen Verwandten Byron an geschichtlicher Kenntnis und geschichtlichem Blicke fehlte, hat einmal (Ges. Werke, 3, Hamburg 1867, S. 171) die Römer der republikanischen Zeit »Mischlinge von roher Raubsucht und feinem Advokatensinn« eine »kasuistische Soldateska« genannt. Es liegt in dieser kurzen und ungezogenen Hyperbel mehr Wahrheit, als in vielen weitläufigen und wohlerzogenen Geschichtswerken über Rom zu finden ist. Denn in der Tat ist das Ineinander von Gericht und Gefecht, die Doppelschneide der juristischen Logik und des Kriegsschwertes ein wesentlicher Zug des Römertums; ja man darf sagen, daß er im Verein mit der nicht minder wesentlichen und ebenfalls juristisch gefärbten Götterangst das römische Wesen erschöpft« (Ges. Abhandlungen 2,255).

Hier verdirbt sich der ungerechte Haß selbst sein Spiel. Nichtsdestoweniger hilft auch die Karikatur sehen. Alle die Versuche, *imperium* und *pax* der Römer zu entlarven, lassen wirklich eine bedenkliche Kehrseite erkennen.

Wenn nun schon seit dem zweiten Jahrhundert v. Chr., seit der Zeit bald nach dem Beginn ihrer Weltherrschaft, die Römer in den Stand gesetzt waren, diese Kehrseite zu sehen, so fragt es sich um so mehr, worauf sich das Selbstgefühl der Eroberer gestützt, wie es das nun angefochtene *imperium*, die Rechts- und Friedensordnung des Reiches, vor sich und anderen gerechtfertigt hat.

Von Haus aus lag den Römern eine naive, altertümliche, selbstsichere Art des Denkens nahe. Wir haben früher zu bemerken gehabt, daß die Römer sich in ihrem Rechtssinn den anderen Völkern überlegen gefühlt haben, und daß es auch wirklich ihre Stärke gewesen ist, ihren mächtigen, gierigen Willen an geheiligte Rechtsformen und Regeln zu binden. Sie durften auf ihre *iustitia* stolz sein, auf ihre Rechtlichkeit; so nämlich übersetzt man das lateinische Wort besser als mit »Gerechtigkeit«; denn gerecht nennen wir eher entweder den, der sich unparteiisch über die einander bestreitenden Gegensätze zu erheben und jedem das Seine zu geben, auch seine eigenen Ansprüche in den Maßen einer wesensgemäßen Ordnung zu halten versteht, oder aber, im biblischen Sinn, einen, der vor Gott gerechtfertigt, anerkannt und gebilligt dazustehen vermag. *Iustus* ist im altrömischen Sinn der, welcher sich an *ius* und *iura*, an die Regeln hält, die für die Ordnung einander widerstreitender Ansprüche bestehen, an die Zeremonien, in denen sich ein solcher Widerstreit ordentlich abspielt. Diese Regeln und Zeremonien, die das Leben aus dem Ungesitteten in das Gesittete heben, sind für die Römer hochehrwürdig und unverbrüchlich. Ihre Anerkennung, die *iustitia*, die Gewissenhaftigkeit in diesen Dingen, zusammen mit der Gewissenhaftigkeit in der Beobachtung der religiösen Pflichten, begründete in den eigenen Augen der Römer ihre Stärke und das Gelingen ihrer Politik. Denn auch anderen Völkern gegenüber haben sie darauf gehalten, nie das Recht zu verletzen, Verträge zu halten und Krieg nur dann zu führen, wenn sie sich dessen gewiß waren, daß es ein *bellum iustum* war. Das uralte *ius fetiale* regelte den Verkehr von Volk zu Volk im Konfliktsfalle, die Form der Sühneforderung und der Kriegserklärung. Daß bei alledem Engstirnigkeit, Blindheit und Verbrämung des Eigennutzes möglich und wahrscheinlich gewesen sind, ändert nichts an dem höchst bemerkenswerten Umstand, daß die Römer in der auswärtigen Politik keinen Schritt haben tun wollen, bei dem sie nicht das Recht auf ihrer Seite gehabt hätten. »Diese moralische Achtung vor dem Recht«, sagt Ihering (S. 330f.), »die bereitwillige Unterordnung des Römers unter die Satzungen des Rechts, . . . der Abscheu desselben (Volks) vor Rechtsverletzungen, das Gefühl der Sicherheit, das in Rom das Recht verlieh, das Vertrauen auf den Sieg desselben, kurz der gesunde kräftige männliche Rechtssinn, das war es, was den Römer mit Stolz erfüllte . . . Eine Rechtsverletzung führte den Sturz des Königtums und des Decemvirats herbei; den Anfang der neuen Zeit, die Einführung der Republik, bezeichnete ein Triumph der Gerechtigkeit über die elterliche Liebe, die Hinrichtung der Söhne des Brutus durch den eigenen Vater, . . . jeder wichtige Moment der älteren Geschichte ist durch einen Triumph der Rechtsidee verherrlicht. Die moralische Macht des Rechts über die Gemüter verleugnete sich selbst im Verkehr mit fremden Völkern nicht. Mit welcher Spitzfindigkeit der Römische Staat es auch verstand, ihnen aus dem Buchstaben des Rechts einen Strick zu drehen . . .: ihre Politik erkannte sich gebunden durch die Prinzipien des Rechts und wagte ihnen nicht Hohn zu sprechen. Dieselben völkerrechtlichen Grundsätze, die Rom gegen andere Völker geltend machte, erkannte es in ihrem ganzen Umfang gegen sich selbst an. Einem solchen Volk war es Bedürfnis und blieb es vorbehalten, den privatrechtlichen Verkehr mit Auswärtigen zuerst juristisch zu organisieren.«

Diese *iustitia* ist es, die den Römern in alter Zeit und lange noch ein gutes Gewissen verschafft, ihr Selbstgefühl in Hinsicht auf *imperium* und *pax* gestützt hat. Eine andere Möglichkeit, die *pax Romana* zu rechtfertigen, selbst wenn man von deren Gerechtigkeit nicht mehr so treuherzig einfach überzeugt war, ließ sich nüchtern pragmatisch mit dem Hinweis darauf führen, daß, wenn das geschichtlich nun einmal so zusammengekommene Reich einstürzen sollte, alle, auch die Unzufriedenen, mit untergehen müßten. So nüchtern, ohne allen Anspruch auf Sendung und Auftrag, Gesittung auszubreiten, bringt in den Historien des Tacitus der Feldherr Cerialis die aufständischen oder doch verdächtigen gallischen Stämme der Treverer und Lingoner zur Vernunft (4,73,2). »Euer Land und das der anderen Gallier haben unsere Heerführer betreten ohne Begehrlichkeit, vielmehr auf den Anruf eurer Vorväter hin, die ihre Uneinigkeit bis zum Untergang heruntergebracht hatte; und die zur Hilfe herbeigezogenen Germanen hatten Verbündeten gleicherweise wie Feinden Knechtschaft auferlegt« – Ariovist mit seinen Sueben. »Mit wieviel Schlachten gegen Cimbern und Teutonen, unter welchen Mühsalen für unsere Heere und mit welchem Erfolg wir die Germanenkriege geführt haben, ist bekannt genug. Und wir haben uns nicht darum am Rhein festgesetzt, um damit Italien zu schützen, sondern damit kein zweiter Ariovist seine Gewaltherrschaft über ganz Gallien aufrichten könnte.« Hier lesen wir noch das alte Motiv des *bellum iustum* zum Schutz der Bündner und der Hilfesuchenden. Dann aber kommt es anders. »Freiheit und schönklingende Worte schützt man nur vor, und noch niemand hat Knechtschaft für die anderen und Zwingherrschaft für sich begehrt, ohne daß er diese selben Worte verwendet hätte. Gewaltherrschaft hat es in ganz Gallien immer gegeben, bis ihr in unseren Rechtszustand eingetreten seid. Wir, wiewohl so oft gereizt, haben nach dem Recht des Siegers euch nur das allein auferlegt, was nötig war, um den Frieden zu sichern. Denn die Ruhe der Völker kann man nicht ohne bewaffnete Macht aufrechterhalten, bewaffnete Macht nicht ohne Sold, und Sold nicht ohne Steuern ... Wenn die Römer vertrieben sind, was die Götter verhindern mögen, was kommt dann anderes als der Krieg aller Völker gegeneinander? Schicksalsfügung und Zucht und Ordnung von achthundert Jahren haben dieses Gefüge zusammenwachsen lassen, und es kann nicht niedergerissen werden ohne den Untergang derer, die es niederreißen; aber ihr habt dann die größte Gefahr, ihr, die Gold und Wohlstand haben, Dinge, die vor anderen zum Kriege Grund geben. Darum sollt ihr den Frieden und Rom lieben und hegen, die Stadt, die wir, Besiegte und Sieger, mit gleichem Recht besitzen.« Die wichtigsten Sätze lauten auf lateinisch: ... *pulsis, quod dii prohibeant, Romanis quid aliud quam bella omnium inter se gentium existent? octingentorum annorum fortuna disciplinaque compages haec coaluit, quae convelli sine exitio convellentium non potest ... proinde pacem et urbem, quam victi victoresque eodem iure obtinemus, amate colite.*

Imperium und *pax* sind – und das ist die dritte Möglichkeit – auch philosophisch gerechtfertigt worden. Cicero ist es gewesen, der das unternommen hat, in jenem grundlegenden dritten Buch des Dialogs De re publica, wo auch der radikale Angriff auf Gerechtigkeit und *imperium* geführt wird. Man erinnert sich: als schlagender Beweis gegen die Gerechtigkeit als Regel des politischen Lebens und Handelns ist der Imperialismus Roms ins Feld geführt. Die Verteidigung stützt sich auf alte platonische Gedanken und den Gebrauch, den Aristoteles davon gemacht hatte, wenn er sich die Eroberungen Alexanders und die griechische Herrschaft über Barbaren zurechtlegte. Der platonische Grundgedanke besagt, daß Gerechtigkeit die wesensgemäße Über- und

Unterordnung von verschiedenartigen, auch verschiedenwertigen Teilen in einem umfassenden Ganzen ist, sei es ein Gemeinwesen, sei es der in sich gestufte innere Aufbau eines Lebewesens, etwa eines Menschen; unser bester Teil, der geistige, herrscht wesensgemäß über die niederen Seelenkräfte, über das Mut- und Zornhafte in uns und über den begehrlichen Teil unserer Natur und schließlich über den Leib. So soll es sein, und ein Kennzeichen der richtigen Ordnung liegt darin, daß jeweils das Höhere über das Niedere zu dessen eigenem Besten herrscht, fürsorgend. Die niederen Bestandteile, die dienenden, könnten allein gar nicht für sich in der rechten Weise sorgen; sie würden zu ihrem eigenen Unheil ihrem blinden Drang folgen, etwa die Erwerbssucht, die Eßgier, die Genußsucht überhaupt. Für sie ist es besser, sich vom Höheren leiten zu lassen, als sich selbst überlassen zu sein. Das Entsprechende gilt für die Menschen in einer Bürgergemeinde. Aristoteles hat den Gedanken auf die Völker eines Reiches übertragen, auf das Verhältnis zwischen Griechen und Barbaren. Es gibt, so meint er, von der Natur zum Dienen Bestimmte. Dieser tiefe, freilich in der Praxis unter Menschen recht bedenkliche, dem schlimmsten Mißbrauch ausgesetzte Gedanke – wer dächte nicht mit Schaudern an den »Herrenmenschen« und die »Untermenschen«? – dieser ist es gewesen, der Cicero bei dem Versuch geholfen hat, das *imperium* – und damit die *pax Romana* – zu rechtfertigen. Und er geht damit nicht leichtfertig um. Er betont, daß das *imperium* nur so lange gerechtfertigt ist, wie es wirklich für die Beherrschten sorgt und – das ist sehr römisch – ihre Rechte achtet, so lange es *patrocinium orbis* ist. Und er warnt davor, Willkür und Gewalt einreißen zu lassen. Es könnte sonst geschehen, daß es dann mit Rom zu Ende ginge, wenn man von den alten Grundsätzen abwiche, die den Herrschenden Pflichten im Verhältnis zu den Provinzialen auferlegen (De re publica 3,35 ff.).

Bei Virgil ist *imperium* und *pax* weder mit staatsphilosophischen Gedanken wie bei Cicero noch pragmatisch mit dem Hinweis auf die Folgen ihres Zusammenbruchs wie bei Tacitus gerechtfertigt. Am ehesten lassen sich die vorhin ausgelegten Verse der Aeneis mit dem alten Selbstvertrauen der Römer vergleichen, das sich auf den überlegenen Rechtssinn stützt. Aber etwas Neues kommt hinzu: das Bewußtsein einer göttlichen Sendung und einer geweihten Zeitenwende. Die Aeneis ist im Grunde ein religiöses Gedicht; eine religiöse Sicht des Imperiums und der *pax Romana* unterscheidet seinen Preis des Römerfriedens von den bisher erörterten Versuchen, sie zu rechtfertigen.

Virgils Verkündigung ist von einem religiösen Erleben der eigenen Zeit getragen. Schon in den Bucolica, in der berühmten vierten Ekloge, der prophetischen, hatte er mythische, religiöse Sinnbilder gebraucht, um etwas von seiner Zeit aussagen zu können. In den Verwüstungen der Bürgerkriege mit all den Schrecknissen, die sie im Gefolge hatten, hatte er ein Unheil gespürt, das nur mit religiösen Begriffen zu fassen war: Frevel, Fluch, segenloser Weltstand. Aber mitten in diesem Unheil hatte sich seine Erwartung mit Sehnsucht ausgestreckt nach einem Zustand der Welt, der auch seinerseits mehr als physische Rettung und Gedeihen wäre: Rückkehr des heiligen, von Göttern gesegneten, durch Schuld verlorenen Urstands der Welt. Jenes prophetische, nicht von ungefähr später messianisch gedeutete Hirtengedicht versteht im Jahre 40 v. Chr. die Weltstunde als Wende in der Folge der Zeitalter:

magnus ab integro saeclorum nascitur ordo,
....
ferrea primum
desinet ac toto surget gens aurea mundo,

»die große Reihe der Zeitalter gebiert sich von vorn,«

....

»das Geschlecht der eisernen Zeit wird aufhören (mit der Geburt des Knaben, die bevorsteht) und in der ganzen Welt die Menschheit der goldenen Zeit sich erheben.« Später, als Augustus den Bürgerkriegen ein Ende gemacht hatte und alle Welt aufatmete, fand Virgil seine Ahnungen erfüllt und deutete die neue Friedenszeit als Rückkehr der goldenen Urzeit der Welt, wie sie einst unter der Herrschaft Saturns bestanden hatte, *Saturnia saecla.*

Um Unheil und Heil der Welt bewegen sich die sorgenden und hoffenden Gedanken Virgils auch sonst. Die Bilder, deren er sich dabei bedient, sind die uralten Vorstellungen vom Wandel der Weltalter, wie sie in der griechischen Welt zuerst um 700 v. Chr. Hesiod in den Erga dargestellt hat (109 ff.). Am Anfang, unter Kronos-Saturnus, hat das »goldene Menschengeschlecht« gelebt wie die Götter, ohne Harm in lauter Freude. Und die Erde brachte von selbst reichlich Frucht zur Nahrung. Dann ist ein Geschlecht nach dem anderen böser und elender geworden, bis zu der eisernen Zeit, in der der Dichter seufzend lebt. Unrecht und Elend gehen miteinander. Von einer Umkehr ist bei Hesiod keine Rede. Aber Virgils Hoffnung und Ahnung ist gerade dies: *redeunt Saturnia saecla.* Als Wiederkehr ist das neue Zeitalter in der vierten Ekloge dargestellt. Was aber wiederkehrt, ist der paradiesische Urstand der Welt. Von selbst gibt dann die Erde, geben die Tiere dem Menschen, was sie brauchen und was sie erfreut, wie in Hesiods Versen. Doch gibt es auch neue Züge in dem Bild. Die Furcht der Wesen voreinander verschwindet. Gewalt und Übergriffe hören auf. Dazu gehört auch die Schiffahrt, die Unterjochung und Überwältigung der Natur durch Menschenkunst. Das sind Züge, die das Bild des Gedeihens zum Bild einer allumfassenden Har-

monie erweitern. Die weitere Vorstellung erinnert in manchem an das, was im Alten Testament an gewissen Höhepunkten, besonders bei Isaia, in eschatologischen Bildern als Friede, šalôm, bezeichnet ist.
Die Grundzüge dieser Ansicht von Welt und Geschichte sind die gleichen geblieben, als durch Augustus erfüllt schien, was zwanzig Jahre vorher nur Hoffnung und Ahnung gewesen war. Auf einem Gipfel der Aeneis ist Augustus so gepriesen (6,792 ff.):

Augustus Caesar Divi genus, aurea condet
saecula qui rursus Latio regnata per arva
Saturno quondam,

»Augustus, der die goldene Zeit wieder stiftet, die einst in Gefilden Latiums von Saturnus beherrscht gewesen ist.«
Und in der großen Weissagung Jupiters im ersten Buch heißt es (291):

aspera tum positis mitescent saecula bellis,

»die harte, rauhe Zeit wird sich dann in Milde wandeln, dem Krieg ein Ende machen.«
In diese religiöse Sicht der Geschichte, den Glauben an eine geweihte Zeitenwende, ist Virgils Verkündigung von *imperium* und *pax* der Römer eingebettet. Der Friede, den er preist, bekommt etwas Eschatologisches; in ihm erfüllt sich der Gang der Zeiten – denn an ein neues Absinken, an neuen Verfall, denkt der beglückte Dichter nicht; für ihn ist das, was er erlebt, endgültig.
Und darin vereinigt sich sehr viel: Gedeihen und segenvolle Zeit, wie sie die Griechen als εἰρήνη gepriesen und dem Krieg gegenübergestellt hatten, Harmonie und Friede aller Wesen und Dinge unter göttlicher Huld wie in den prophetischen Gesichten des Alten Testaments,

und schließlich auch die altrömische *pax*. Nur hatte es damit seine eigene Bewandtnis in einer geschichtlichen Lage, in der die Friedensordnung nicht einem anderen Volk auferlegt, sondern im Bürgerkrieg über dem Untergang der Rivalen des Augustus errichtet war. Insofern war der Friede nicht sachlich der Herrschaft Roms über andere gleich, die sich hätten fügen müssen, nicht fast dasselbe wie *imperium*. Und doch verlangt auch diese Seite der Friedensidee Bezwungene, *superbos debellatos*. Römische Bürger durften es nicht sein; man erinnert sich, daß Augustus seinen entscheidenden Sieg über Antonius als Sieg über die Völker des Ostens hingestellt hat, die Rom bedroht hatten. Der Sieg, der den Bürgerkrieg beendet hat, ist ein Sieg über eine dämonische Macht, *Furor impius;* sie ist nun gefangen in Ketten und Banden gelegt. Treue, Verläßlichkeit herrscht dafür. Romulus und Remus sind versöhnt und geben gemeinsam Gesetze. Aber doch fehlt auch *imperium* nicht in dieser komplexen Idee des Augustusfriedens. Und so kommt es, daß Augustus zugleich auch als Vollender des *imperium* gefeiert wird.

Man wird nach alledem den Preis des Friedensfürsten Augustus erst recht würdigen können, der dem Göttervater selbst in den Mund gelegt ist, dort wo er in der tiefsten Not des Aeneas die Vollendung dessen, was von ihm ausgeht und um dessentwillen er leidet, offenbart. Von Augustus heißt es dort (1,287 ff.):

„An den Oceanus rührt sein Reich, sein Ruhm an die Sterne,
spät fürwahr, mit dem Raub der Morgenländer beladen,
kehrt er dir heim, auch er ein Gott, den Bittende rufen.
Dann entschlummert der Krieg, dann sänften sich rauhe Geschlechter,
Fides und Vesta, Remus, zusamt dem Bruder Quirinus

geben Gesetz. Des Kriegs durch eiserne Klammern gefügtes,
schreckliches Tor fällt zu. Da drinnen hockt die vermessne
Wut auf dem Mördergewehr, durch hundert Fesseln im Rücken,
eherne, festumstrickt, und knirscht mit blutigem Maule. (R. A. Schröder)

Was das Bewußtsein einer göttlichen Sendung betrifft, so meint die Verheißung Jupiters weniger Rom als Augustus, weiterhin: Aeneas und das ganze von ihm ausgehende Geschlecht der Julier, das in Augustus kulminiert. Dieses Geschlecht ist nach göttlichem Willen gesandt, den endgültigen Zustand des Friedens und des Segens wieder in die Welt zu bringen. Um aber die Idee der Sendung Roms einzubeziehen, das mit Augustus und durch ihn sein Ziel, sein eigentliches Wesen und seine Leistung erreicht, so ist es nötig, sich der vorhin einzeln, außer ihrem Zusammenhang, erläuterten Verse zu erinnern, sie darein einzuordnen und sich damit auf Virgils Rom-Idee einzulassen.

Von vornherein soll man sich dabei darüber klar sein, daß es keine leichtfertig und obenhin übernommene Idee gewesen ist, die Virgil hier und da, ohne inneren Zusammenhalt mit dem Ganzen seines Werks, angebracht hätte, um den Wünschen des mächtigen Mannes und dem Zeitgeist seinen Tribut zu zahlen. Er, der mit seinen ersten Gedichten aus dem Sturz der Umwelt, aus den äußeren und inneren Verheerungen in sein Arkadien geflüchtet war wie Goethe in den »reinen Osten«, hat sich von da aus, tief leidend an der zerrütteten politisch-geschichtlichen Welt, aber einem tiefen Bedürfnis seines Innern nach einer heilen Menschenwelt folgend, zögernd und schwer zu seiner Rom-Idee den Weg gebahnt. Und das Rom, das er meint, der immer in der Stille entrückter

Bereiche eines geweihten Daseins heimisch geblieben ist – im Arkadien der Hirten; in dem alten, eigentlichen Italien der Bauern, wo er Spuren der Gerechtigkeit und einer heilen, richtigen Welt fand; in der Sage, wo Göttliches und Menschliches noch nicht voneinander getrennt sind und darum ein höheres Menschendasein sich fern vom verworrenen Alltag abspielt – das Rom, das er meint, ist ein seherisch und dichterisch verwandeltes, in das Höhere gehobenes Rom: nur in der Ferne aufscheinend, gesehen aus dem Abstand, aus dem sicheren, geweihten Bereich der Aeneas-Sage – in der Weissagung Jupiters im ersten Buch, in der Jenseits-Vision des sechsten, in der Bilderprophetie des Schildes des Aeneas im achten. Dafür zeichnet sich Roms eigentliches Wesen vielfach präfiguriert in der Sage ab. Ehe noch Aeneas mit seinen Troern nach Latium kam, ist dort die Rom-Idee wieder und wieder verwirklicht worden. Was Aeneas an Stelle des späteren Rom vorfindet, im achten Buch der Aeneis, ist schon geheimnisvoll erfüllt vom Zukünftigen. Der Fürst Euander in seiner sittlichen Würde macht, wenn der Ausdruck erlaubt ist, einen Typos des Augustus aus. Was er von Hercules erzählt, der das Ungeheuer Cacus bezwungen hat, ist gleichförmig dem, worin Roms Amt und Werk wesentlich besteht: *debellare superbos,* Raum für gesittetes Leben zu schaffen, indem es das Ungefüge, Ungeschlachte bändigt. Und damit nicht genug: diese ferne Vergangenheit hat ihrerseits ihre Vorzeit, in der wieder das Gepräge von Roms Wesen geheimnisvoll sichtbar wird. Euander erzählt davon dem Gast (8,314 ff.):

Vormals hausten im Wald einheimische Faune und Nymphen
und ein Geschlecht von Männern, aus knorriger Eiche geboren,

ohne Gesetz und Gesittung: die kannten nicht Rinder noch Pflugschar,
wußten von keinem Erwerb noch sparsamem Brauch des Erworbnen,
lebten von dürftiger Jagd und Frucht des Baums und der Sträucher,
da denn als erster Saturn vom luftigen Sitz des Olympus
flüchtend vor Jupiters Blitz, ein vertriebener König, ins Land kam,
der aus Berg und Schluft und Wald unschlächtige Völker
sammelte, Recht und Satzung gab ...
Unter dem Szepter Saturns hat, wie sie rühmen, das goldne
Alter gewährt: so mild, so friedsam herrschte der König. (nach R. A. Schröder)

Zu Wilden also, *quis neque mos neque cultus erat,* die keine gesittete, feste Lebensform und keine Pflege von Leben und Umwelt hatten *(cultus)* – zu solchen kommt ein Fremder, Flüchtiger, sammelt sie zu gemeinsamem Leben und gibt ihnen Ordnung und Recht, *composuit legesque dedit.* Und das eben war das Goldene Zeitalter, *aurea quae perhibent illo sub rege fuere saecula,* eine Friedenszeit, *sic placida populos in pace regebat* – hierin ist nicht nur das Schicksal des Euander, des Aeneas vorgebildet, der Landflüchtigen, die der neuen Heimat das höhere Dasein bringen, sondern auch und vor allem Wesen, Bestimmung und Werk Roms, Gesittung zu stiften, und dazu die Vollendung durch Augustus. *mos* und *cultus, leges, aurea saecula, placida populos in pace regebat:* das sind Grundworte der Rom-Idee Virgils.

In Aeneas selbst zeichnen sich Züge der Rom-Idee Virgils ab. Er ist der Fromme: dem göttlichen Willen gehorsam geht er duldend, verzichtend, sich überwindend seinen furchtbaren Weg zwischen Troja und Italien, jeweils auf die göttlichen Winke achtend. Nicht Krieger aus Leidenschaft wie Achilleus und Turnus, verteidigt er notgedrungen, aber unbeirrbar das Recht. In ihm ist Rom, ist Augustus vorgebildet.

So durchdringt und durchformt wirklich Virgils Rom-Idee das ganze Epos im großen und kleinen. Es ist keine Fabelei von Abenteuern und Kämpfen, die nur zufällig mit der sagenhaften Vorgeschichte von Rom zusammenhängen und im übrigen erwünschte Gelegenheit geben, homerisierend zu erzählen, keine Fabelei, die nur hin und wieder unterbrochen wäre von eingelegten politischen Bekenntnissen und Lehren. Die Aeneis lebt vielmehr ganz und gar von einer religiösen Rom-Idee, mit der die Augustus-Idee untrennbar verbunden ist. Vor allem die Jenseitswanderung des Aeneas, die dichterische Vision des sechsten Buches, ist von diesen Ideen erfüllt, und nichts im Epos läßt ihren religiösen Grund so sicher erkennen. Von einem besonders bedeutsamen, heiligen Ort aus, dem Apollotempel in Cumae, dem Sibyllenorakel des Burgbergs und dem nahen Avernussee, läßt Virgil den Aeneas den Einstieg in das Reich der Abgeschiedenen finden. Der Weg ist aber bei ihm nicht nur der Weg von einem diesseitigen Ort zu irgendeinem bei dieser Gelegenheit nun gerade wichtigen Ziel da drüben, in diesem Fall zu Anchises, dem Vater, der ihn erwartet und belehren will wie Teiresias in der Odyssee den Odysseus, sondern es ist der Weg in die Tiefe der Vergangenheit hin zu den Ursprüngen, in die Tiefe des Sinns seines und des römischen, des menschlichen Lebens überhaupt. Denn nur dort im Jenseitigen ist der Sinn des diesseitigen Lebens enthüllt. Der Weg geht drüben erst durch das unaufgelöste Leid der Zwischenregionen – *sunt lacrimae rerum* gilt auch und vor allem in diesen Teilen. Am Ende strahlt Licht im Dunkel auf, tiefes

Glück nach dem Anblick des Leides, *sedes beatae*. Der Vater gibt den Blick auf den allumfassenden Zusammenhang der Dinge frei und von da aus, von den Urgründen her, läßt er die ferne zukünftige Vollendung erkennen – Vollendung des Schicksalszusammenhanges, der von Aeneas ausgehen und am Ende das Rom des Augustus als Ziel einschließen wird – oder soll man sagen: Vollendung der Menschenwelt durch Rom und Augustus? Virgil kennt nur eine Geschichte, die Geschichte Roms, diese aber zielt auf eine fast eschatologische, allumfassende Gesittung und Frieden bringende Herrschaft. Wie grausam hat man dieses sechste Buch der Aeneis mißverstanden! Wie beginnt denn die große Offenbarung der Geheimnisse? Aeneas sieht unzählige Scharen von Gestalten an einem Fluß und fragt, was das sei. Und als er erfährt, das seien Seelen, bestimmt, wieder in das irdische Leben in Leibern zurückzukehren, fragt er entsetzt, ob sie denn den furchtbaren Wunsch und Willen hätten, wieder in dumpfe Körper einzugehen. Das virgilische Weltleid spricht aus diesen Versen: *quae lucis miseris tam dira cupido?* Menschenleben und Geschichte sind für Virgil etwas Schmerzliches, Schweres; der Lebenswille erscheint dem Aeneas unbegreiflich. Hierauf antwortet die nun beginnende Offenbarung des Anchises. Es bleibt nicht beim Weltleid. Der Lebenswille erhält seine Würde, seine Weihe in einer göttlichen Sendung. Wenn im ganzen der göttliche Geist das All durchdringt und bewegt, so ist das irdische Leben und Wirken der Menschen, deren Seele himmlischen Ursprungs ist – *caelestis origo* – Teilnahme an diesem Wirken Gottes in der Welt, mit Verlust der ursprünglichen Lauterkeit und mit der Notwendigkeit schmerzhafter Läuterung nach dem Tod notwendig verbunden. Die neu Geläuterten müssen den Weg zu ihrem Werk wieder antreten. Und damit der Lebenswille entstehen kann, deshalb trinken sie Vergessen aus dem Lethefluß.

Dies ist der Hintergrund, der allumfassende Zusammenhang. Schmerzlich, schwer und kaum dem Willen erreichbar ist das, was die Menschen im allgemeinen und die Römer, auf die nun Anchises zeigt und von denen er spricht, im irdischen Leben zu leisten und zu erdulden haben. Aber es ist Teilnahme am Werk Gottes in der Welt, Mitvollzug seines Weltwirkens.

Wenn nun danach zwei gewichtige Versreihen, die eine auf Augustus, den Neustifter der goldenen Zeit in Italien, die zweite auf Vorrang und Berufung Roms hinauslaufen, so muß man all das zusammen mit jener allgemeinen Offenbarung von Amt und Sendung der Menschen sehen. Die allbekannten und vorhin für sich allein erläuterten Verse erhalten erst auf diesem Hintergrund ihre ganze Würde, ihren vollen Sinn. Herrschaft über die Völker und die Kunst, das Wilde zu bändigen, der Welt die gesittete Friedensordnung aufzuerlegen, *debellare superbos, pacique imponere morem:* das ist nicht nur Anspruch des Urvaters Anchises, auch nicht nur empirische Eigenschaft der Römer, sondern ihre Sendung, ihre Teilnahme an dem Werk Gottes in der Welt. Und vermißt man in jenen Versen selbst etwas von den religiösen Motiven von Virgils Romidee, so hat man sich, abgesehen von dem religiösen Hintergrund der ganzen Offenbarungsrede des Anchises, zu erinnern, daß die Augustus-Verse, die die erste der beiden eben genannten Versreihen krönen, mit den fraglichen Versen zusammengehören, so daß beide Gruppen einander ergänzen (6,792–807):

Augustus Caesar, Divi genus, aurea condet
saecula qui rursus Latio regnata per arva
Saturno quondam, super et Garamantas et Indos
proferet imperium . . .
nec vero Alcides tantum telluris obivit,
fixerit aeripedem cervam licet aut Erymanthi
pacarit nemora et Lernam tremefecerit arcu,

nec qui pampineis victor iuga flexit habenis
Liber agens celso Nysae de vertice tigris.

Der, ja der ist der Mann, der dir so häufig verheißen,
Caesar Augustus, des Göttlichen Sohn, die goldenen Zeiten
bringt er nach Latium wieder, wo einst Saturnus regierte.
Fern über Garamanten und Inder wird er des Reiches
Grenzen dehnen . . .
Wahrlich, nicht so viel Lande hat der Alkide durchmessen,
ob er die Hindin erlegte mit ihren ehernen Hufen,
ob Erymanthus' Wälder er sicherte oder der Lerna
Drachen erschoß, nicht Bacchus, der nach dem Gipfel von Nysa
lenkte sein Tigergespann mit Rebenranken als Sieger.
(Thassilo v. Scheffer)

Goldene Zeit und *imperium* sind nicht voneinander getrennt. Er, der beides vollendet, Augustus, gehört zusammen mit Hercules, der die Erde von Ungeheuern befreit und so zum Raum eines gesitteten Lebens gemacht hat – *Erymanthi pacarit nemora* –, zusammen auch mit Dionysos-Bacchus, der ebenso als erobernder Stifter gesitteten Lebens vorgestellt ist.
Die Vision des sechsten Buches, die all dies umfaßt, bereitet den Aeneas auf den italischen Teil seiner Leiden vor, auf seine Kämpfe in Latium, den Beginn des *debellare superbos,* die ersten Schritte zur *pax Romana.*

Virgil hat die Ara Pacis Augustae, die der Senat zum Dank für die glückliche Heimkehr des Herrschers von fernen Unternehmungen in Gallien und Spanien gelobt hat, nicht mehr erlebt. Aber seine Idee der *pax Augusta* ist diesem Monument und auch dem großen religiösen Fest des Jahres 17 v. Chr., den *ludi saeculares,* innerlich nah verwandt. *Pax* ist im Gegenwartsbewußtsein der Besten jener Zeit zwar dem alten römischen Grund des Begriffs verbunden geblieben. *Pax* und *imperium* gehören nach wie vor zusammen; der Altar ist Denkmal der siegreichen Rückkehr des Augustus; im Carmen saeculare des Horaz fehlt die Ausdehnung des *imperium* nicht, unmittelbar vor der Strophe, in der Pax erwähnt wird. Aber der Friedensgedanke ist doch über den engen alten Wortsinn hinaus ins Höhere gewachsen. Auf den Bildwerken der Altarschranken ist zwar auch Roma, siegreich auf Waffen thronend, und Mars, seine Zwillingssöhne bei ihrer Nährmutter, der Wölfin, betrachtend, dargestellt, aber je daneben die Erdmutter, wohl als italische Erde gedacht, Bild der Segenskräfte eines guten Gedeihens, und Aeneas, nach seiner Ankunft in Italien den Penaten opfernd, Bild der Frömmigkeit, des von frommem Sinn beseelten Ursprungs. Keine Kämpfe, keine Unterworfenen; der von getragener Hoheit und Würde erfüllte Opferzug, der sich an den Nebenseiten hinbewegt, läßt an Gewalt und Streit nicht mehr denken, ebenso wenig wie das schöne vegetative Leben des Rankenwerks. Weniger ausschließlich als früher ist an die Rechts- und Friedensordnung erinnert, die Rom den Völkern auferlegt, mehr an das innere Verhältnis, an die Segensfülle eines neuen *saeculum,* an das Gedeihen eines entsühnten, neu geweihten, innerlich geordneten Geschlechts, in welchem menschlicher, sittlicher Wert gedeiht. »Schon mag Treu und Glauben und Frieden und Würde und Schamgefühl der alten Zeit und die verkannte Mannhaftigkeit zurückkehren, und mit vollem Horn wird sichtbar glückbringende Fülle.« So Horaz in dem Gesang, der als Teil der *ludi saeculares* auf Palatin und Capitol von einem auserlesenen Chor feierlich gesungen wurde. Mit dem sittlichen Wert verbindet sich die Würde hoher Kunst. So ist in diesen Verkündigungen der Dichter und der bildenden Künstler ein Höchstes erreicht.

Virgils hohe Vision des Friedens der Römer, des Friedens des Augustus, hat nur im Gemüt und Werk eines Dichters hervortreten können, der zwar dem besten Gehalt seines Zeitalters verbündet, aber auch abseitig entrückt gewesen ist. Die Musik seiner Verse kommt aus der Stille. Und nur in rasch vergehenden Jahren auf der Grenze zwischen zwei Epochen, als die Pein einer dem Verderben zustürzenden Zeit noch frisch im Gedächtnis gewesen ist und der Segen des neuen Friedens noch hat ermessen und gefühlt werden können, hat eine so bewegte und bewegende Verkündigung entstehen können. Sehr bald danach, schon bei Ovid, etwa in den Fasti, gibt es eine Friedenstopik ohne den Tiefgang Virgils, verbunden mit adulatorischen Motiven, die der *domus Augusta,* dem Haus und fast schon der Dynastie der Julier gelten. Andererseits ist Unbehagen und innerer Widerstand aufgekommen, die sich in der Geschichtsschreibung der frühen Kaiserzeit ausgedrückt haben. Am bittersten hat Tacitus die Kehrseite der *pax Augusta* hervorgekehrt, besessen von dem Gedanken, daß in der stickigen Ruhe dieses Zustands die Mannhaftigkeit nicht mehr gedeihen könne, sondern brutal von den Kaisern und ihren Gehilfen unterdrückt werde. Ihm ist es vorbehalten geblieben, den Ausdruck *saeva pax* dafür zu prägen.

Doch in Zeiten erneuter, alles in Frage stellender Gefahren ist Virgils Rom-Idee und damit seine Verkündigung der *pax* wieder aufgelebt. Je tiefer die Wirklichkeit im späten Kaiserreich verfiel, desto leidenschaftlicher ist die Idee seines Friedens gepriesen worden. Neue Motive haben sich mit den alten verbunden. Wenn Virgil noch in erster Linie an Unterworfene, *subiecti,* und Herrschende denkt, *Romanos rerum dominos gentemque togatam,* so läßt der Dichter Prudentius, der Verkünder der spätrömischen christlichen Rom-Idee, dies zwar für das Werden der *pax Romana* gelten (Contra Symmachum 2,602 ff.):

. . . frenaturus rabiem deus undique gentes
inclinare caput docuit sub legibus isdem
Romanosque omnes fieri,

»ihre Wildheit zu zügeln, lehrte Gott die Völker überallher ihr Haupt beugen unter gleiche Gesetze und allesamt Römer werden.« Aber aus dem alten Herrschaftsverhältnis ist Brüderlichkeit geworden (2,609):

. . . domitos fraterna in vincla redegit,
. . . .
texitur alternis ex gentibus una propago,

»die Gebändigten brachte er in brüderliche Bande,«
. . . .
»aus verschiedenen Völkern wird eine einzige Abkommenschaft gewoben« (618).
Die Sendung Roms in der Welt gewinnt für den christlichen Dichter noch einen tieferen Sinn (2,620): »Dem nahenden Christus ist, glaub mir, schon damals der Weg bereitet worden, der Weg, den von langer Hand die allgemeine Freundschaft unseres Friedens unter der Leitung Roms gebaut hat,«

. . . Christo iam tunc venienti
crede, parata via est, quam dudum publica nostrae
pacis amicitia struxit moderamine Romae.

Prudentius gibt keineswegs Rom als Begründerin und Haupt der Friedensordnung auf, aber die allumfassende Brüderlichkeit läßt die *pax Romana* übergehen in *pax humana*.

Nach dem Ende des kaiserlichen Rom, auch des christlichen, theodosianischen, das Prudentius gemeint hat, liegt es nahe, die *pax Romana*, die Virgil und seine spätrömischen Nachfolger gepriesen haben, als peinliche oder auch als schöne Täuschung anzusehen, peinlich, wenn man das Mißverhältnis zwischen Wirklichkeit und Verkündigung bemerkt, schön, wenn man die vergangene, vergängliche Wirklichkeit als unerheblichen Anlaß einer davon losgelösten, unabhängigen dichterischen Vision, eines unvergänglichen Werks nimmt. Läßt man sich auf solche in die schmerzliche Unauflösbarkeit irdischer Dinge führenden Gedanken ein, so stellen sich ähnliche Verhältnisse vor den inneren Blick: das der Parthenonbildwerke zu den Fragwürdigkeiten der athenischen Politik und Kriegführung, das der Gesänge Pindars für die sizilischen Fürsten zu deren Verhalten in Krieg und Frieden. Für diesmal mögen diese dunklen Probleme auf sich beruhen, damit der Blick noch auf ein helleres Ziel fallen kann. Die von Virgil verkündete *pax Romana* mit ihrer Fülle des Hohen, Würdigen ist nicht nur ein fernes, flüchtiges, meteorhaft vorbeigegangenes Phänomen, etwas, was wir nur als Fremdes betrachten, nur ideell uns zueignen dürften, sondern real und konkret eine Grundtatsache unseres eigenen gesitteten Daseins. Ja selbst die *pax Romana* in jenem altertümlichen, massiven Sinn des Wortes ist mit eingegangen in das irdische Fundament hoher geistiger und überirdischer Güter. In dem erbarmungslosen Getriebe der Weltgeschichte hätte sie, menschlich gesprochen, sich allzuleicht verflüchtigen oder gar nicht erst wirksam werden können. Man versuche es doch, sich die europäische Geschichte ohne die alte *pax Romana* zu denken. Was die Griechen ein für allemal für die Welt errungen, für alle errungen haben, eine Welt geistiger und künstlerischer Formen, und das christliche Erbe, wenn man es geschichtlich, menschlich betrachtet: tradierbar sind sie jahrhundertelang nur durch die – freilich nicht ohne hohen Preis erkaufte – solide *pax Romana* geworden und geblieben. Die Idee des Eusebius von der providentiellen Bedeutung der *pax Romana,* wie sie in den betrachteten Versen des Prudentius erscheint, gilt nicht nur für die Aufnahme und Ausbreitung des Christentums in der durch Rom geeinten Welt, sondern auch für seine Bewahrung durch die Zeit.

ROM ALS IDEE

Roms Schicksal im Altertum enthält gewiß des Erstaunlichen viel; aber nichts ist merkwürdiger, als daß diese ursprünglich recht unbedeutende Stadt harter, nüchterner und – so scheint es – ideenloser Praktiker nicht nur zur Weltherrschaft aufgestiegen ist und sich so lange darin behauptet hat, sondern, als ihre politische Kraft stillstand, allmählich zu einer Idee von unerschöpflicher Strahlkraft geworden ist, ja, als das Reich verfiel, ihren Zauber erst recht bewährt und sich am Ende zur Höhe jener obersten Ideen unserer geschichtlichen Welt erhoben hat, die, ein gemeinsamer Besitz, auch nach dem Ende der Antike von den Völkern des Abendlandes nicht aufgegeben worden sind.

Zwischen uns und dem Altertum stehend, kann uns Dante einen ersten Ausblick auf die Rom-Idee öffnen. Er hat zwar auch von dem Rom der erhabenen Bauwerke und der aus aller Welt zusammenströmenden Pilgerscharen gesprochen, von Rom als dem Inbegriff des römischen Volkes, des Imperiums und der glorreichen Geschichte, von Rom als dem Sitz des päpstlichen Regiments, so wie es auch ein Mensch der gegenwärtigen Zeit wohl tut. Aber schon die universalgeschichtliche Anschauung im zweiten Gesang der Göttlichen Komödie geht darüber hinaus. Virgil, sein Meister, hatte das augusteische Rom als Ziel in eine von Urzeiten her göttlich gelenkte Geschichte gestellt, und in dem Abstieg des Aeneas zur Unterwelt und in der Offenbarung, die ihm dort zuteil wird, hatte er Anfang und Ziel dieses Vorgangs in eins zusammengefaßt. Dante nimmt dort, wo er seinen eigenen Abstieg beginnt, diese Rom-Idee seines Meisters auf, nur daß sie sich ihm viel umfassender darstellt als dem Dichter, dem der Eintritt in das Paradies verwehrt ist. Auch das Rom des Augustus ist in Wahrheit noch nicht das Ziel und trägt seinen letzten Sinn nicht in sich selbst, sondern ordnet sich als vorbereitende Macht in einen größeren Zusammenhang ein. »Aeneas«, sagt Dante, »war im höchsten Himmel zum Vater des großen Rom und seines Reiches auserlesen, und diese beiden wurden in Wahrheit um der heiligen Stelle willen fest gegründet, wo der Erbe Sankt Peters thront. Durch diesen Gang bekam er Dinge zu hören, deren Kenntnis die Ursache seines Sieges und damit schließlich des Papsttumes war« (Inf. 2, 20-29). Auf der Höhe des Läuterungsberges ist der mystische Baum, der das römische Reich bedeutet, zugleich Sinnbild der gottgewollten irdischen Ordnung menschlicher Gemeinschaft überhaupt und mit dem Baume der Erkenntnis eins, an dem die Geschichte der Menschheit ihren Anfang nahm (Purg. 32). Ja, in demselben Gesang kann Beatrice noch höher deuten und sagen: »Hier wirst du kurze Zeit im Walde sein. Dann wirst du mit mir ohne Ende Bürger von jenem Rom sein, in dem Christus Römer ist.« Hier ist gar die *Civitas Dei,* die Stadt, auf die Beatrice am Ende des Gedichts zeigt: »Schau unsre Stadt, wie groß sie sich in der Runde weitet« (Par. 30, 130), Rom genannt, das himmlische Rom. Und wenn Dante im einunddreißigsten Gesang des Paradieses die Ergriffenheit, die er beim Überblick über diese »Stadt« empfunden, mit der des Rompilgers vergleicht, in Worten, die an die Schilderung des Einzuges des Kaisers Constantius in Rom bei Ammianus Marcellinus erinnern können, so muß der Leser verstehen, daß für ihn der Vergleich und das Verglichene tief miteinander verwandt sind. Rom ist für Dante etwas, was sich aus dem Sinnlichen bis zum höchsten Geistigen hinauf durch mehrere Schichten des Seins erstreckt und auf der höchsten Stufe Symbol für die höchste, wahrste Gemeinschaft werden kann. Ein erhabenes Bild Roms leuchtet geheimnisvoll durch das ganze Gedicht.

Das ganze vom Dichter durchmessene Gefüge ist eine *Civitas* mit ihrem Gegenbilde, der *città dolente*, und da Rom und das Prinzip der *Civitas* eines sind, so kann man mit einem gewissen Recht sagen: die Göttliche Komödie handelt eigentlich von Rom. Sollte das zu paradox ausgedrückt sein, so ist doch dies gewiß, daß die Idee Rom bei Dante ihre am weitesten gespannte, sublimste Erscheinung gefunden hat.

Aber Dante steht nicht allein mit dieser Idee: sie hat, mehr oder weniger ähnlich aufgefaßt, ihren festen, beherrschenden Platz in der Gedankenwelt des Mittelalters. Und wer das Altertum kennt, vor dem tut sich der Anblick eines langen Wachstums dieser Idee von den Zeiten der späten Republik an auf.

Gewisse Formulierungen der Gedanken Dantes über Rom lassen sich auf Orosius zurückführen. Nun ist der spanische Anhänger des Augustinus zwar selbst ohne Größe, aber indem er seinem Meister dient, gewinnt er Anteil an dem wahrhaft großen Gespräche, das die geistigen Führer des Westens in jener Zeit durch mehrere Jahrzehnte über Rom geführt haben.

Damals, um 400 nach Christus, traten die Aspekte der Rom-Idee an den Tag, die dann durch die Jahrhunderte die wesentlichen geblieben sind. Aber die Rom-Idee dieser Zeit steht ihrerseits am Ende einer reichen Tradition und birgt einen reichen historischen Aufbau in sich, den es nun zu verstehen gilt.

Es kann nicht verwunderlich sein, wenn die Betrachtung im griechischen Osten, bei Platon beginnt. Platon, dessen erstes und letztes Bestreben die Politik im höchsten Sinne gewesen ist, fing den Sturz von all dem, was bisher dem erkennenden Geist und den handelnden Kräften der Menschen und der Staaten Halt gegeben hatte, auf in dem Reich der Wesenheiten. In diesem ewigen Grunde befestigte er neu Mikrokosmos und Staat, am Ende auch den Makrokosmos, alle drei gleichsam als analoge Sphären, die jenes Reich abbilden. Nachdem nun der Makrokosmos in Platons Alter für ihn und seine Schüler immer wichtiger geworden war, nachdem Aristoteles das Reich der Formen in die Wirklichkeit der Welt hineingesetzt hatte, fiel auch für die Stoiker das Reich des Geistigen mit dem Makrokosmos zusammen zu einem göttlichen All-Wesen. Was aber den Staat betrifft, der bei Aristoteles aus dem einheitlichen platonischen Aufbau einander analoger Gebilde herausgeglitten und der Einzelbeobachtung ausgeliefert worden war, so ging hier Zenon der Stoiker in der Richtung weg von der empirischen Wirklichkeit der Politik noch über Platon hinaus. Hatte dieser gesagt, die historischen Staaten seiner Zeit seien keine Staaten, der einzig wahre sei das Urbild im Himmel, und hatte er gefolgert, also müsse der Mensch die irdischen Staaten zu Abbildern des Urbildes machen, soweit das möglich sei, so zog Zenon seinem völlig verschiedenen Empfinden gemäß aus ähnlichen Voraussetzungen den naheliegenden Schluß, der Weise führe sein politisches Leben nur im Kosmos, der allein wahren Politeia. Es war also nicht nur das Ideenreich, sondern auch der Staat mit dem Makrokosmos zusammengefallen, und nun stand der Mensch in der kosmischen Weite der Stadt der Götter und Menschen.

Die Staaten der hellenistischen Zeit hatten also die Wahl, entweder auf die Verbindung mit den höchsten Angelegenheiten der Menschen, die dem alten griechischen Denken selbstverständlich gewesen war, zu verzichten, oder sich in das neue Weltbild einzuordnen, das immer mehr das höhere Denken beherrschte. In der Tat wuchs der hellenistische König in die Stellung der göttlichen Macht auf Erden hinein, aber der Lage der Dinge nach nur seine Person: ein hellenistischer Staat als solcher ist nicht auf diese Weise zum Abbild des Kosmos und seiner geistigen Ordnung erklärt worden. Das war aber die einzige Möglichkeit, ein politisches Gebilde wieder mit den höchsten menschlichen Angelegenheiten in Beziehung zu bringen.

Diese Lage etwa fand nun Rom vor, als es unter die hellenistischen Staaten trat. Im politischen Nachdenken der Griechen bekam es zuerst in der herkömmlichen Reihe der guten, sogenannten temperierten Verfassungen seinen Platz, und zwar erklärte Polybios den römischen Staatsmechanismus für besser konstruiert als die bisher bekannten Musterbeispiele dieses Typus. Er benutzte dabei hauptsächlich Gedanken, die aus dem dritten Buch von Platons Gesetzen stammen; selbst in einzelnen Wendungen der Darlegung spürt man Platons Formulierung durch. Aber hatte schon Platon dort das, was er in der »Politeia« gleichsam von oben her, von den Ideen aus, begründet hatte, von der Wirklichkeit der Erfahrung, also gleichsam von unten her, gefaßt, so ließ vollends der Fanatiker der Realpolitik alles weg, was über diesen Aspekt von unten her hinausgeht und was Platon im folgenden Buch unter dem Namen der Herrschaft Gottes wenigstens angedeutet hatte. Immerhin war damit ein Gedanke auf Rom angewendet, den ein Späterer aus den Berechnungen der politischen Mechanik zu höherer Bedeutung hinaufführen und wieder mit dem Blick auf den Kosmos vereinigen konnte. Man hat gemeint, Panaitios habe das schon getan; allein seine den großen Sichten und dem Bedeutsamen abgewandte, nüchtern denkende Art macht es unwahrscheinlich. Erst in Ciceros Büchern vom Staat fassen wir es wirklich.

Hier wird der römische Staat nicht mehr als ein Mechanismus mit künstlich berechnetem Zug und Gegenzug erklärt, sondern als Kosmos verherrlicht, in dem ein jeder Teil wie im Weltall seinen ihm wesensgemäßen Raum sucht, damit die Harmonie des Ganzen erhalten bleibe. Diese Harmonie heißt auch Gerechtigkeit, und diese beruht auf der ewigen Ordnung der Natur und stammt also aus Gott. Sie ist es, die das Staatsleben überhaupt erst begründet. Durch ihre Verwirklichung bringt der Menschengeist etwas von der Ordnung und

Harmonie seiner himmlischen Heimat ins Irdische herab und erhält sich mit seinem Ursprung verbunden und bereit zurückzukehren. Es ist also durchaus nicht nur ein Schmuck und beruht nicht bloß auf der Nachahmung des platonischen Vorbildes, daß das eigentlich politische Gespräch in solche über kosmische Dinge eingeordnet ist, sondern Cicero sieht das Leben des Staates vor dem majestätischen Hintergrunde des philosophisch und religiös angeschauten Kosmos. Und wenn er auch bis auf den Teil, der Rom als den Idealstaat darstellt, vom Staat im allgemeinen spricht, so denkt er doch römisch: während das griechische Denken um die ideale Norm kreist, meint der Römer letzten Endes eine historische Wirklichkeit; sie verklärt und verherrlicht er mit dem Licht des Gedankens. Das Höchste, was die Träger einer überlegenen Kultur im Geist erblickt, aber nicht verwirklicht hatten, sollte der Römer als beglückenden, verpflichtenden Besitz in der Wirklichkeit dieses alten Rom verehren. Hier beginnt das, was an dieser einzigen Stadt so wunderbar ist: das wirkliche Rom zieht alles, was sich überall in abgesonderten Bereichen Hohes, Begeisterndes hervorgetan hat, an sich und in sich hinein, läßt sich von ihm durchleuchten, wächst in immer verjüngendem Wachstum mit ihm zusammen und wird eins mit ihm.

Nach dem Ende des Freistaates konnte es wohl scheinen, als ob Cäsar diese Entwicklung abschneiden und Rom zum bloßen Sitz des Herrschers machen oder gar verlassen würde. Aber schon wuchsen die beiden Männer heran, die Rom in neuer Herrlichkeit der Welt zur Verehrung darstellen sollten, Augustus und Virgil. In den jungen Virgil senkten während der Erschütterungen nach dem Tode des Diktators Deutungen und Weissagungen den Keim eines Gedankens ein, der sein ganzes Lebenswerk zu beherrschen bestimmt war. Es war der Gedanke, daß in einer Zeitwende die von Unheil erfüllte Welt sich erneuern und zu ihrem reinen Ursprung zurückkehren könne, und daß dieses Heil an einem göttlichen Menschen hänge. Diese Anschauung ließ er zuerst in die der Zeit und Wirklichkeit entrückte Welt seiner Hirtengedichte hineinleuchten, bald und noch in diesem ersten großen Werk bezog er sie auf die römische Gegenwart und verband sie mit Octavianus, dem jungen Cäsar. Dieses historische Bewußtsein, diese Anschauung der Gegenwart erweiterte sich in den Büchern vom Landbau in die Vorzeit hinein. Statt der bukolischen Welt war ja nun das gegenwärtige, wirkliche Landleben der Raum seiner Dichtung, auf diesem Leben aber ruhte ein in der Abgeschiedenheit bewahrter Glanz aus der reineren Urzeit der Welt, in der die Menschen gut und weise gewesen waren und das besessen hatten, was später die Philosophie nur Auserlesenen gab. Herrscher in jener Urzeit aber war Saturnus gewesen und sein Wohnsitz Italien. Italien war Saturnus' Land, und sein eigentliches, wahrstes Wesen fiel in einem besonderen Sinne mit dem Wesen des saturnischen, goldenen Zeitalters zusammen. Es war mit seiner Fülle und seinem Maß das eigentlich menschliche; alles, was das menschliche Leben fördert und erhält, bot es reichlich dar und war frei von dem, was das menschliche Gleichgewicht stört oder das Leben vernichtet. So hat sich italisches Leben erhöhen können zur Herrlichkeit Roms und seiner Geschichte. Und eben erlebte es der Dichter, wie einer erstand, der die Reihe der großen Römer der Vorzeit zu krönen schien, Octavianus, unter dessen Führung Italien sein Wesen und damit menschliches Wesen überhaupt gegen den Orient behauptete, in einem Entscheidungskampf, dessen Bedeutung der des Perserkrieges und des Kampfes von Ur-Attika gegen Atlantis ähnlich war. Denn der Orient hatte, unter Antonius zusammengefaßt, mit seinem verführerischen und verderblichen, das menschliche Maß nicht wahrenden Wesen in Italien geradezu die Menschheitsidee mit Vernichtung bedroht; der Sieg bei Actium war ein Sieg der Menschheit. Und wenn Virgil das ur-

alte Wesen und den alten Ruhm Italiens besang, während Octavianus das Capitol im fernsten Asien verteidigte, so fühlte er sich gleichsam im Bunde mit ihm.
Virgils Zeitwende- und Heilbringer-Idee hatte sich in diesen Erlebnissen viel tiefer als früher in die historische Wirklichkeit Roms eingesenkt, ein Urbild in der Vergangenheit erweiterte den Aspekt der Gegenwart, und Rom und Italien – wir können beides für eins nehmen – war nicht mehr nur die zufällige Materie dieser Idee, sondern hatte eigenen Wert und eigene Bedeutsamkeit erhalten. Octavianus und die Idee der Zeitwende ordnete sich nun in die römische Geschichte ein.
Die Bedrohung durch den Orient hatte die Menschen zur Besinnung auf Rom und sein Wesen gebracht. Im Aufbau des Staates und in den vornehmsten Kunstwerken der neuen Zeit, in Virgils Aeneis, Horazens Oden und der *Ara Pacis* spricht es sich aus: nicht die Persönlichkeit eines Menschen ist in erster Linie das, was die Welt regiert, sondern Rom, und nur in und durch Rom Augustus. Diese dem Griechen im tiefsten fremde Hingebung und Hinordnung auch der Persönlichkeit des Herrschers an die *res Romana* ist für die folgenden Jahrhunderte entscheidend geblieben. Darum hat es neben der Kaiser-Idee und wohl meist noch über ihr im Abendland immer die Rom-Idee gegeben.
In der Aeneis ist die Zeitwende- und Heilbringer-Idee noch viel tiefer als in den Georgica eingeordnet in den Zusammenhang des römischen Schicksals: Rom ist der eigentliche Held des Gedichts, seine Geschichte, der teleologische Zusammenhang zwischen Urzeit und Gegenwart des Dichters, der eigentliche Gegenstand; die ganze römische Geschichte aber strebt auf das Rom des Augustus hin. Die neue Ordnung der Dinge stellt sich zugleich als Neubegründung im uralten Grunde und als Durchbruch zu dem von Ewigkeit her von Jupiter festgesetzten Ziel dar. Und was Aeneas, die ganze römische Geschichte und Augustus auf Erden behaupten und zum

Siege führen, das ist nichts anderes als die Herrschaft des höchsten Gottes auf Erden, ist die Gestaltung der irdischen Dinge durch die das Weltall durchwaltende geistige Kraft, ist Maß und Kosmos, den im Innern lauernden und von außen allenthalben hereindrohenden chaotischen Kräften abgerungen. Das ist die große Sendung, in deren Licht die blutige römische Geschichte Weihe erhält: Rom unterwirft das Ungefüge und teilt so den Völkern Gesetz, Ordnung, Sinn und Einheit mit, repräsentiert den Logos auf Erden. Darum hat es auch an der Ewigkeit des Kosmos teil.

Es ist deutlich, die Rom-Idee ist die der Georgica, weitergewachsen und bis zu den letzten Gründen des Seins und der Welt ergänzt. Daß sie sich als historische Idee darstellt, ist römisch, im übrigen sind die Elemente griechisch. Sie mögen sich im Osten und in Rom zu der Zeit gebildet haben, als in Eleusis ein Bild des Aion »für die Herrschaft Roms und den Bestand der Mysterien« gestiftet wurde, das heißt, für die beiden die Welt zusammenhaltenden Mächte. Es ist wahrscheinlich, daß Menschen wie Nigidius Figulus auch Rom in den Bereich ihrer Spekulation gezogen haben, und so gut wie sicher, daß die einigende, zusammenfügende Kraft Roms von Varro gepriesen worden ist. Auch an Ciceros Glauben an Rom wäre hier zu erinnern. So wie es im ganzen nicht Aufgabe und Sinn der augusteischen Ordnung war, neue Motive einzuführen, sondern die vorhandenen geistigen und politischen durcheinander gewirrten Kräfte zusammenzufassen, in das ihnen gemäße Gefüge zu bringen und diese *pax Augusta* mit dem Geiste lateinischer Männlichkeit und Würde zu durchdringen, so mag auch die augusteische Rom-Idee Vorhandenes zusammengefaßt, neu beseelt und zu einem Gebilde abendländischen, römischen Geistes verwandelt haben.

Dieses Rombild der augusteischen Zeit ist bis zum Ende des heidnischen Altertums gültig geblieben, nur daß jetzt, als das Denken dazu neigte, das Irdische als Abbild eines Höheren zu fassen, der kosmische Hintergrund des Rombildes stärker hereinwirkte. Der religiös verklärte Kosmos wurde mehr und mehr die beherrschende religiöse Idee. Wir sind einbezogen in die lebendige Architektonik des Weltalls. Dessen Teile stehen wie die Töne in einem Akkord. Wie durch einen Chor schwingt *ein* ewiger Rhythmus durch alle Schichten und Sphären. *Ein* Sinn formt und ordnet alles; *ein* Licht durchdringt und klärt alles; *eine* Kraft durchwaltet das feierliche Gefüge. In dieses eine alles befriedende Gefüge sich zu denken und einzuordnen, es nachzubewegen und in ihm zu ruhen: das wird im späten Altertum immer mehr das allgemeine Gepräge höherer Religiosität. Und Rom und sein Imperium wächst immer mehr mit dem Kosmos in eins zusammen. Redewendungen, Anschauungsformen und damit wohl auch Liebe und Begeisterung der Menschen teilen sich vom Kosmos an Rom mit.

Erst wem all dieser Gehalt der Rom-Idee gegenwärtig ist, versteht die Stimme des spätesten Heidentums im Westen. Es ist mehr als was man gewöhnlich unter Patriotismus versteht, was diese Menschen um Praetextatus, Symmachus und Nicomachus Flavianus mit dieser fieberhaften Inbrunst an Rom hängen und um Rom kämpfen ließ, als mit dem Streit um den Victoria-Altar und der berühmten Relatio des Symmachus jenes bis zu des Augustinus Büchern *De civitate Dei* währende, sich mit dem Weltgeschehen gewaltig steigernde Gespräch über Rom begann, in welchem sich, wie vorhin gesagt worden ist, dem Abendlande die Aspekte des Rom-Bildes offenbarten, die für die späteren Jahrhunderte die wesentlichen geblieben sind. In der Angst vor dem hereinbrechenden Chaos bergen sich diese Menschen in Rom hinein, wie man sich in die Hut eines geheiligten Gebäudes flüchtet, durch dessen Formen seit Jahrhunderten tröstende Kräfte einer Welt strömten, von der die Barbarei ringsum keine Ahnung mehr hat. Freilich, der tief im römischen Wesen angelegte Traditionalismus, der sich in Virgils Zeit mit dem Bewußtsein einer neuen, verjüngten Weltzeit zu schönem Gleichgewicht zusammengetan hatte, ist in dieser müden Zeit allein noch übriggeblieben.

Was hatte man nun diesem Inbegriff abendländischer Kulturtradition auf der Gegenseite entgegenzustellen? Die Kirche fand in ihren Anfängen ein spätjüdisches universalhistorisches Weltbild vor, dessen Entstehung im Gesamt des orientalischen Synkretismus, vom Parsismus irgendwie beeinflußt, im einzelnen heute wohl noch nicht deutlich sichtbar ist. Zwei Städte stehen einander gegenüber, Jerusalem und Babylon, beide nicht nur weltliche, sondern weltlich-überweltliche Mächte. Als das irdische Babylon nichts mehr bedeutete, eignete sich doch sein gleichsam transzendentaler Hintergrund dafür, Hintergrund der jeweiligen Erscheinungsform der bösen Macht zu werden, der feindlichen Griechenmacht im Danielbuche, Roms in der Johannesapokalypse und im vierten Esra-Buche. Dem Zusammenwachsen Babylons mit der Macht des Bösen überhaupt entspricht das Hinaufwachsen Jerusalems in den Himmel. Das irdische Jerusalem hat sein Gegenbild im Himmel, und dieses bleibt gleichsam übrig, als mit der Zerstörung durch Titus die irdische Basis der weltlich-überweltlichen Stadt weggezogen ist. Es wird herabkommen, wenn die unterdessen auf Erden herrschende Gegenmacht am Ende der Dinge fällt, und Inbegriff des Gottesreiches werden. In diesem universalhistorisch-eschatologischen Zusammenhang, den die junge Kirche übernahm, war also Rom, die für Griechen und Römer mit dem Kosmos eng verbundene Stadt, gerade in die Stelle der bösen Macht gerückt, war Sitz der bösen Kräfte, dem ein Ende mit Schrecken bevorsteht.

Diesem Babylon-Motiv, das, so oder so gewandt, wichtig für das christliche Rombild geblieben ist, ordnet sich zunächst das Motiv der aufhaltenden Macht ein, aus der bekannten Stelle des Thessalonicherbriefes (2, 2) entwickelt.

Das furchtbare Weltreich hält doch den Hereinbruch der letzten Schrecken des Antichrist noch zurück. Hier lag ein Keim zu einer positiven Bewertung des Imperiums. Hat sich Tertullian noch keineswegs von dem tiefen Grauen vor dem großen Babylon befreit, wenn er seine Brüder auffordert, für das Reich und den Aufschub des Endes zu beten, so fällt Lactanz dabei unvermutet in die Redeweise der Griechen und Römer, indem er Rom das Augenlicht der Welt nennt; und das ist ein Mann aus der Zeit der hartnäckigsten Verfolgung! Das apokalyptische Bild, Rom *sub specie Babylonis* betrachtet, beginnt unentschieden zu schwanken.

Aber von ganz anderen Motiven aus war das christliche Denken unterdessen schon viel weiter gelangt. Seitdem der Evangelist die Ankunft des Weltheilandes mit dem Census des Weltkaisers zusammen erzählt hatte, seitdem der Heiland selbst die beiden Reiche zusammen gesehen und genannt hatte, lag es nahe, den Synchronismus Christus-Augustus auszudeuten und die beiden Reiche miteinander in Beziehung zu setzen, sei es im Sinne feindlicher Konkurrenz, sei es im Sinne friedlicher Ähnlichkeit. Bei Melito, der sich mit seiner Apologie an Marcus Aurelius wandte, taucht, zunächst bloß im apologetischen Zusammenhang, der Gedanke auf, daß ein Füreinander zwischen den beiden Reichen bestehe. Das Christentum, heißt es, ist zum Segen für das Kaiserreich zugleich mit dessen Beginn zur Blüte gekommen, denn seitdem ist Rom nichts Böses widerfahren. Für das höhere Denken wichtig wurde vor allem dies, daß der mit der neuen Religion zugleich auftretende Gedanke der die Welt umspannenden und über sie hinausgreifenden Einheit durch die Arbeit besonders eines Clemens von Alexandria und Origenes den Universalismus der stoisch-platonischen Philosophie in sich hineinzog. So wurde die *Civitas Dei* immer mehr mit den Anschauungsformen jenes Kosmos, der wahren Politeia im Himmel, versinnbildlicht, der seinerseits nach der herrschenden

Anschauung Ur- und Vorbild des römischen Imperiums war.
Diese manchmal mehr geistig, manchmal mehr sinnlich gefaßte Kosmosanschauung, politisch gedacht, hatte seit Zenon, eigentlich schon seit Platons »Gorgias«, zwei Möglichkeiten in sich getragen: bald ließ sie die gegebenen Staaten als unglückliche Mißbildungen neben der einen wahren Politeia ablehnen, bald sie als ihre irdischen Abbilder verehren. Origenes wendet dem Imperium das Konkurrenzmotiv dieser ins Christliche übertragenen Idee der großen, wahren Politeia entgegen. Indem der göttliche Logos immer mehr Seelen dem Gottesstaate einbezieht, überflügelt er mit seiner einigenden Kraft die Einheit, die das römische Gesetz geschaffen hatte. Die Einheit und der Frieden, der zur Zeit Christi mit Augustus in die Welt kam, waren die Wegbereiter des Gottesreiches: sie ermöglichten die Tätigkeit der christlichen Glaubensboten. Es ist deutlich: Origenes hat das Motiv des Füreinander der beiden Reiche umgekehrt; das Weltreich, sagt er, war nützlich für den Glauben. Jetzt ist mit einem Male das römische Reich ebenso wie die Welt des Alten Testaments eine Macht, die die Ankunft des wahren Reiches vorbereitet. Damit ist aber eins der wichtigsten Motive für das spätere christliche Rombild gefunden, das Providenzmotiv. Das römische Reich hat eine providentielle, vorbereitende Stellung in der Heilsgeschichte.
Eusebius nahm das auf, aber das Konkurrenzmotiv der Idee der wahren Politeia schlug in dem christlich gewordenen Imperium Constantins begreiflicherweise in das Abbildmotiv um. War das geschehen, so konnte der von Origenes nicht sehr tief gefaßte Gedanke der providentiellen Vorbereitung Grundmotiv einer neuen Geschichtsphilosophie werden. Die *Pax Augusta* stellte sich jetzt als Vorbereitung für die *Pax Christiana* dar, nicht nur in dem Sinne, daß so die Ausbreitung der Lehre leichter war, sondern als wesenhaft verwandte Vorstufe. Und so konnte nach dem Vorbild griechischer Kultur-

geschichte eine sich einheitlich fortbewegende Entwicklung der Menschheit aus einem Urzustande völliger Vereinzelung und des Krieges aller gegen alle zur vollkommenen Ordnung und Einheit hin konstruiert werden. Der Logos, so deutet diese Geschichtsphilosophie, hat durch die Jahrtausende allmählich einen Zustand der menschlichen Dinge bereitet, der seiner würdig und zu seiner Aufnahme geeignet wäre. Erreicht worden ist dies mit der *Pax Augusta*. Mit ihr zugleich ist der Logos in die Welt eingetreten, die Theophanie erfüllt und die *Pax Christiana* begründet, und beide Ordnungen ergänzen und stützen einander.

Soweit haben Griechen gedacht; sie kümmerte nur das Reich, nicht Rom. Im Westen dagegen hatte sich die Kirche nicht nur mit der Gewalt des Kaisers und seiner Beamten auseinanderzusetzen, sondern mit dem von seiner besonderen Tradition beseelten Rom, dem Rom Virgils. Sie hatte die Welt nicht überwunden, solange sie dieses Rom, den Inbegriff abendländischer Kulturtradition, mit allen Werten, die sich darum versammelt hatten, nicht irgendwie überwand. Und sie bezwang es in ihrem herrlichsten Siege, indem sie es nicht zerschlug, sondern in ihr Gefüge einordnete.

Das apokalyptische Bild des dem Strafgericht verfallenen Babylon stand dem drohend entgegen. In dem Rom des Papstes Damasus bildete sich nun die Vorstellung des büßenden Rom, das wie ein schuldbeladener Mensch nach Reue über das vergossene Christenblut, Buße und Bekenntnis zu Christus in die Heilsgemeinschaft wieder aufgenommen jetzt die entsetzliche Strafe nicht mehr fürchten darf. Hieronymus, Ambrosius und Prudentius geben von diesem Gedanken Zeugnis. Damit hatte das Babylon-Motiv seine entscheidende Umwandlung erfahren, und Ambrosius von Mailand konnte in der Antwort auf die vorhin erwähnte Relatio des Symmachus, im ersten Manifest der Roma Christiana, jenem müden Rom des spätheidnischen Traditionalismus ein wiedergeborenes christliches entgegenstellen. »Habt Ehrfurcht vor meinem Alter«, hatte Symmachus Rom sagen lassen, und: »Dazu bin ich also gerettet und erhalten, daß ich mich im hohen Alter zurechtweisen lassen muß? ... Verspätet und demütigend ist die Zurechtweisung des Alters.« Das christliche Rom antwortete: »Ich erröte nicht, mich im hohen Alter mit der ganzen Welt zu bekehren. In Wahrheit ist doch kein Alter zum Lernen zu spät. Schämen möge sich das Alter, das sich nicht zu bessern vermag.« Zum ersten Male trat das Christentum mit dem Anspruch auf, seinerseits das eigentliche, das wahre Rom zu vertreten. Der Polytheismus, das heißt der Kult böser Dämonen, mit seiner blutigen Verfolgung der Christen ist ein Irrtum, eine Verblendung, ein Sündenfall gewesen. Die Größe Roms beruht nicht darauf, sondern auf seiner Kraft und Tugend, die, durch den Götterdienst erlahmt, jetzt nach der Umkehr zu ihrer großen Bestimmung durchbricht.

Electa gentium caput
sedes magistri gentium;

»erwählt ist das Haupt der Völker zum Sitz des Lehrers der Völker«. Mit diesen Versen preist Ambrosius Rom in dem Hymnus auf das Fest der römischen Apostel. Es ist wichtig, daß der Hymnus durch die 1917 von G. Morin veröffentlichten Predigten des Augustinus und seiner Schule auch durch ein äußeres Zeugnis dem Zweifel an seinem Alter entrückt ist. Schon Ambrosius hat also den eusebianischen Gedanken von der Bestimmung des Reiches auf Rom übertragen und zum Verbindungsglied zwischen der altrömischen Rom-Idee und der christlichen Idee der apostolischen Tradition und des Primates Roms gemacht und damit den Gedanken von der Würde, dem Amt und der Bestimmung Roms dargestellt, den dann Leo der Große so machtvoll vertreten hat – den Gedanken, der später Dante begeistert hat. Die Weiterbildung der Reichsidee hängt damit zusammen. Einordnung des Imperiums in die Kirche, nicht umgekehrt, das ist das Verhältnis, das sich für Ambrosius als das wesensgerechte darstellte. Nach diesem Bilde, das er vor sich sah, sprach und handelte er, mit Würde und mild, aber unerschütterlich und mit dem Einsatz seines Lebens. »Alle Menschen, die unter römischer Botmäßigkeit stehen, dienen euch, den Kaisern der Erde; ihr wiederum steht im Dienste des allmächtigen Gottes und des heiligen Glaubens«, so spricht Ambrosius zu dem jungen Valentinian II. in dem ersten der beiden Briefe, die zur Relatio des Symmachus Stellung nehmen; und es ist bekannt, daß er einem Herrscher wie Theodosius nicht anders gegenübergetreten ist.

Hatte so durch Ambrosius die christliche Rom-Idee die heidnische überflügelt, so war doch das Rom Virgils mit allen Werten seiner Tradition damit noch nicht ganz in das christliche Gefüge eingeordnet; auch im Apostelhymnus des Ambrosius war nur ein Anfang dazu gemacht worden. Nach dem Verstummen des großen Bischofs, in den von Gefahren und den Siegen Stilichos erregten Jahren um die Jahrhundertwende, brach noch einmal der Glanz des heidnischen Rom aus den hinreißenden Versen in Claudians Preisgedicht auf Stilichos Konsulat (oben S. 548 f.), die Petrarca begeistert haben und in seiner hymnenartigen Anrede an Italien fortleben; und auch die Stimme des Symmachus erhob sich wieder. Da wurde für einen spanischen Rompilger, Prudentius, Rom zum überwältigenden Erlebnis, und indem er auf die Relatio des Symmachus vom Jahre 384 antwortete und mit Claudian in den Wettkampf eintrat, wurde er zum Sänger der Roma Christiana. Er, der Virgil, Horaz und das alte Rom nicht weniger heiß als Symmachus liebte, hat von der Stellung aus, die Ambrosius gewonnen hatte, die ganze altrömische Rom-Idee außer dem Polytheismus in das christliche Gefüge eingeordnet, das von Virgil verherrlichte Rom anerkannt und mit dem Rom der Apostel und Märtyrer zusammengeschaut. In seinen

Versen klingt das Glück darüber wider, daß er, anstatt zwischen Rom und dem Glauben wählen zu müssen, eins im andern lieben darf, ja, daß Rom im Lichte des Glaubens noch viel liebenswerter und ehrwürdiger ist als Virgil geahnt hat. Origenes sagt einmal, daß die, welche durch das Christentum zu höherer Erkenntnis gekommen seien, das Alte nicht verachten, sondern es viel höher verehren, da sie es im Lichte der neuen Einsicht erst recht würdigen können. Er spricht vom Verhältnis zum Alten Testament, aber dasselbe Verhältnis sah zum Teil schon er, durchaus aber Eusebius zwischen Imperium Romanum und Christentum obwalten, und im Sinne dieses Verhältnisses vollzog nun Prudentius die Synthese und ordnete das Rom Virgils in ein christliches Rombild ein.

Auf Rom ruhte von Urzeit an eine große Aufgabe, aber abgefallen von der wahren Religion, deren letzte Spuren noch in der ältesten Geschichte sichtbar sind, konnten seine Helden zwar durch irdische Tugend irdischen Ruhm gewinnen, wußten aber selbst nichts von ihrer Würde und dem Sinn ihrer Siege. Christus war es, der die römische Macht so wachsen ließ, um dann, wenn die Zeit sich erfüllte, in die Welt zu kommen. Denn solange wirrer Zwiespalt auf Erden herrschte, konnte die Menschheit Christus nicht in sich aufnehmen: nur Liebe, Eintracht, Friede, Einheit unter rechter Herrschaft gibt die Möglichkeit, Gott zu erkennen. Das gilt für die Menschheit ebensowohl wie für die innere Welt des Menschen. Rom war dazu berufen, herrschend wie das Geistige im einzelnen Menschen diese geordnete Einheit zu fügen. Die *Pax Romana* sollte der *Pax Christiana* den Weg bereiten, und darum sollte Rom über alles herrschen, was in der Welt ist, selbst aber Gott untertan sein; statt dessen fiel es von Gott ab und wurde deshalb notwendig den Dingen der Welt untertan, über die es zu herrschen berufen war. Herrscherin über alle Völker, hatte Roma in dem einen ihre volle Würde noch nicht erreicht, daß sie Irdisches als Götter anbetete. Endlich, in der Zeit, die der Dichter erlebte, erstand Theodosius, der als Sieger über die Dämonen und Befreier die Reihe der römischen Kriegshelden krönte, Rom in das ewige, himmlische Reich hineinwachsen ließ und so erst wahr und offenbar machte, was Virgil ohne Ahnung von der Reichweite seiner eigenen Worte gesungen hatte:

imperium sine fine dedi,

»ein Reich ohne Ende habe ich ihnen gegeben«. Nun hat Rom Anteil an der ewigen Ordnung der Dinge, es braucht sich nicht greisenhaft zu fühlen, wiedergeboren durch Reue und Umkehr zu neuer Jugend . . . So sieht der Dichter Rom von der Erde in den Himmel hinaufragen. Längst walten ja dort seine erhabenen Bürger, die Apostel Petrus und Paulus und die Märtyrer, vorab der hl. Laurentius, ewiger Consul im himmlischen Rom.

Es ist deutlich, alle Motive, von denen bisher die Rede gewesen ist, tun sich hier um das, was Ambrosius kurz gesagt hatte, zu einem Bilde zusammen, das der Rom-Idee Dantes schon nahekommt und auf einem historischen Bewußtsein beruht, das dem Virgils innerlich verwandt ist. Beide fühlen sich als Herolde einer Zeit, in der Rom nach langer Umdunkelung zu seinem wahren Wesen und zu seiner von Urzeit her in seiner Geschichte vorbereiteten Würde durchbricht, der Weltordnung auf Erden zur Herrschaft zu verhelfen.

Babylon ist Jerusalem geworden, Rom ist auch mit dem christlichen Gefüge zusammengewachsen.

Bald danach dröhnte der Fall der Ewigen Stadt durch das Abendland. Jetzt war es Zeit, daß sich die gewaltigste Stimme dieses Wechselgesprächs über Rom aus dem Zusammenbruch erhob. Es galt für Augustinus, in den Büchern *De civitate Dei* nach zwei Seiten hin zu sprechen, unmittelbar den Heiden zu antworten, die den Sturz einer Welt den Christen zur Last legten, mittelbar den Christen, die allzu naiv und ohne die nötigen

Unterscheidungen den alten Sitz des Imperiums mit dem Glauben verbunden hatten und nun irre zu werden drohten. Den Heiden antwortete er: Die Abkehr von den alten Kulten kann der Grund des Unglücks nicht sein; sonst müßten die Götter Rom erst groß gemacht haben, während in Wahrheit jene Kulte längst, bevor das Christentum in die Welt gekommen ist, Rom vor innerer Verderbnis und äußeren Schicksalsschlägen nicht haben bewahren können und vielmehr römische Tüchtigkeit es gewesen ist, die von Gott mit irdischer Herrschaft belohnt worden ist. Daneben wird Gott noch aus anderen Gründen es so vorgesehen haben; dahin reicht aber das menschliche Verstehen nicht . . . So stellt sich der Gedanke, der die Bücher II bis V beherrscht, als Entfaltung des entsprechenden ambrosianisch-prudentianischen Gedankens dar. Am Ende des zweiten Buches, wo Augustinus den Römergeist aufruft, die in ihm liegende gute Natur durch wahre Gottesliebe zu reinigen und zu erfüllen, aufzuwachen zum wahren Lichte, wie es die römischen Märtyrer getan haben, in das wahre Vaterland als Bürger zu kommen und dort das Reich ohne Ende anzutreten, das Jupiter den Römern bei Virgil verspricht, sich endlich wahrhaft zu befreien von der unwürdigen Herrschaft der Dämonen, – an dieser Stelle läßt sich sogar literarische Abhängigkeit von Prudentius wahrscheinlich machen.

Aber Augustinus benutzt nicht nur diese Idee; er führt sie auch über sich selbst hinaus und korrigiert sie. Rom ist zwar wie jede staatliche Gemeinschaft angewiesen auf *iustitia*, die rechte Ordnung des Gebietens und Gehorchens, römische *virtus* ist zwar irgendwie ein Abbild der wahren *virtus*. Aber – und das übersah jene naive christliche Rom-Vorstellung eines Prudentius – wahre *iustitia* und wahre *virtus* ist auch wiederum in der römischen Geschichte nicht anzutreffen. Und da eine politische Machtansammlung ohne *iustitia* gar nicht Staat genannt werden kann, so ist Rom in Gefahr, unter die harte Bezeichnung zu fallen, die Cicero geprägt hat: ohne Gerechtigkeit, heißt es in den Büchern vom Staate, sind große Reiche von Räuberscharen nicht wesentlich verschieden. Rom hat mit vielen Zügen seiner Geschichte an Babylon, der *Civitas terrena,* dem Reich des Bösen, Negativen teil, und seine Tugenden sind, soweit sie sich nicht auf das wahrste, höchste Gut hinordnen, doch nur Schattenbilder, ja, vom höchsten Standpunkt aus betrachtet, Mängel. Die vermeintlichen Verteidiger Roms verteidigen also den Abfall, nicht das Wesen, die wahre Bestimmung. Wahren Staat, wahres Volk, wahre *iustitia,* wahre *virtus* gibt es nach Augustinus nur im Gottesreiche. Darum darf man Rom sowenig wie irgend etwas Irdisches in sich lieben, sondern nur, wenn und insofern es zur *Civitas Dei* hin bestimmt und geordnet ist und sich in sie hinein gründet.

Man hat die Haltung des hl. Augustinus Rom gegenüber sehr verschieden ausgedeutet, man hat ihm auch grobe Widersprüche zur Last gelegt, hauptsächlich weil man die im Grunde platonische Denkform nicht verstand. In ihr erscheint alles Irdische unter einem doppelten Aspekt. Einerseits, sofern es überhaupt an einem Sein teilhat und zum Schöpfer hinleitende Spuren in sich trägt, seiner Bestimmung nach, steht es in Beziehung zum Reich des Wahren, Guten und muß auf seiner Stufe anerkannt werden. Andererseits, sofern es sich dieser Bestimmung zuwider auf sich selbst stellen will, die Richtung der Liebe verkehrt und dadurch vom Schöpfer abfällt, gehört es zum Reich des Bösen. So auch Rom: einerseits gehört es zur *Civitas terrena,* zu Babylon, andererseits ist es hin zur *Civitas Dei* bestimmt. Man darf es weder vergöttern noch verdammen, man darf ihm keine Stellung über den anderen irdischen Dingen anweisen – darum will Augustinus nichts mit der eusebianisch-prudentianischen Geschichtsphilosophie zu tun haben –, man darf es nicht einmal gleichsam zu einer Person machen wie Prudentius und andere Zeitgenossen, sondern man muß den Blick der Römer von dem irdischen Rom weg auf jene beiden weltlich-überweltlichen *Civitates* wenden, man muß sie vor die Entscheidung stellen, welcher sie angehören wollen. Denn das ist das eigentliche Bestreben und das mit der besonderen geschichtlichen Lage zusammenhängende Ziel des großen Lehrers, die Liebe, die an dem erschütterten Herde des Imperiums haftete, davon loszulösen und auf die wahrste, unerschütterliche Gemeinschaft hinzulenken, die in aller Romliebe der Jahrhunderte vorher, in allen Verherrlichungen Roms durch Dichter und Philosophen unbewußt gemeint war und allein gemeint sein durfte, die *Civitas Dei.* Insofern gehört die Konzeption des Werkes in die Entwicklungsgeschichte der Rom-Idee. Die großen Gedanken und Bilder, die sich um sie angesammelt hatten, platonische Ethik und Politik, stoische Politeia-Lehre, ciceronianische Staatslehre, christliche Eschatologie und die Jerusalem-Babylon-Spekulation, dazu wohl manichäischer Dualismus, platonisch-christlich reduziert, alles klingt hier zusammen, wird in eine auf das Höchste bezogene Ordnung gefügt, auf die ihm zukommende Stufe gestellt und findet so seine Erfüllung. Die Rom-Idee, im Sturz des Imperiums über sich selbst zu ihren übersinnlichen Gründen zurückgeführt, hat so die Weite gefunden, in der sie den kommenden Jahrhunderten Halt geben konnte.

Damit war aber das Gottesreich nicht für immer aus der Verbindung mit Rom gelöst. Zwar verhielten sich die Menschen und Zeiten verschieden, je nachdem, ob der Drang nach der jenseitigen Vollendung oder die Pietät vor dem irdischen Herzpunkt des abendländischen Kulturkörpers stärker oder schwächer wirkte, aber bei all dieser Verschiedenheit war doch die volle Rom-Idee lebendig wirksam, in besonders weiter Spannung und schöner Ausgewogenheit bei Dante. Erst als die analytische Kraft die synthetische zu überwiegen begann, als man nebeneinander und nacheinander alle

Elemente der großen Synthese in ihrer Eigenheit entdeckte, autonom machte und gegen die anderen ausspielte, wurde jene Idee erst zerstückt, dann vergessen. Es scheint aber, als ob das nicht ungestraft geschehen sei, als ob Maßlosigkeit, Vereinzelung und Chaos die Folge seien. Der Blick auf die gewaltige Synthese dagegen, die sich an und in Rom vollzogen hat, und die Liebe zu ihr bewahrt davor und gibt Anteil an der ungeminderten Fülle des darin aufgebauten Lebens, an ihrer Weisheit und ihrer Harmonie.

GERECHTIGKEIT

Der Mensch wird sich nie das Bedürfnis nach Gerechtigkeit aus dem Herzen reißen können. Und doch versagt uns die Welt das Erlebnis der Gerechtigkeit. Wir finden sie tausendfach verletzt und, schlimmer noch, verfälscht. Der jeweils Mächtige nennt Gerechtigkeit die Ordnung, die er dem Schwächeren auferlegt. Prüft der Verstand scharf das, was sich für Gerechtigkeit ausgibt, zieht er Trug und Schein ab, so steht er bald vor der Frage: was bleibt? Läßt sich im Zusammenleben der Menschen die sogenannte Gerechtigkeit nicht überall entlarven? Verbirgt sich nicht nur Macht und enttäuschtes Begehren nach Macht hinter dem Wort? Ist es mehr als der Versuch, recht brutale, nicht vorzeigbare Dinge zu tarnen und durch ein Tabu zu schützen? Und doch bleibt, nicht zu unterdrücken, das Bedürfnis nach Gerechtigkeit.

Niemand hat diesen Zwiespalt, diese Not schärfer, furchtloser durchdacht als die Griechen. Doch je radikaler ihr wacher Geist die Gerechtigkeit in Frage gestellt hat, desto tiefer hat immer wieder die griechische Weisheit sie neu begründet. Die Idee der Gerechtigkeit, die ihr dabei aufgeleuchtet hat, gehört zum unentbehrlichsten Bestand unserer geistigen Überlieferung.

Wie das Hohe überhaupt, was immer die Griechen im Reich der Urbilder entdeckt haben, hat sich die Idee der Gerechtigkeit im Gang der Geschichte mit der Rom-Idee verbunden und ist damit verbunden geblieben, bis sie sich am Ende des griechisch-römischen Altertums unter Schmerzen davon gelöst und in die ewige Gottesordnung zurückgezogen hat, die sich erst jenseits der irdischen Dinge völlig verwirklicht.

Von diesem geistigen Drama sollen im folgenden einige

der wichtigsten Szenen – nicht mehr – in ihrem inneren Zusammenhang vergegenwärtigt werden.

Es beginnt damit, daß ein Mensch das Unrecht, das ihm angetan ist, nicht mit vergeltender Rache beantwortet, sondern mit Lehre, mit der Mahnung zu Einsicht und Umkehr, mit der Warnung vor den Folgen des Unrechts: Hesiod von Askra, der Dichter der Erga (um 700 v. Chr.). Lehre, Mahnung und Warnung beziehen sich zunächst auf den konkreten Fall des benachteiligten Hesiod und auf den bösen Bruder Perses, der ihn um sein Erbteil bringt, der die adligen Richter – die »Könige« – bestochen auf seiner Seite hat. Das Wort des Dichters ist zunächst Kampf um das eigene Erbteil mit geistigen Waffen. Aber es erhebt sich dabei so hoch zu allgemeinen Anliegen, daß die Griechen dieses Gedicht bewahrt und überliefert haben.

δίκη ist das Wort, um das sich der Gedanke Hesiods weithin bewegt. *δίκη* ist von Haus aus die »Weisung« des Königs, des Richters im Streit der Parteien. Sie kommt also von Oberen her. Das ist ein bedeutender Unterschied im Vergleich zu dem lateinischen Wort für »Recht«, *ius*. *ius* scheint von Haus aus die »heilbringende Formel« bezeichnet zu haben, im besonderen in den Rechtszeremonien der alten Zeit, die geheiligte Formel, deren sich streitende Parteien bedienen, um ihre Ansprüche durchzusetzen – die aber festgelegt und der Willkür der Streitenden entrückt war. So erklärt es sich, daß der Lateiner mit *ius* sowohl die geordnete Rechtsform wie den rechtlich gedeckten Anspruch bezeichnen kann, daß man im Lateinischen – und danach in modernen europäischen Sprachen – von »meinem« und »deinem« Recht sprechen kann; im Griechischen ist dergleichen unmöglich. Denn nach griechischer Denk- und Sprechweise ist Recht die »Weisung«, die von oben – natürlich dem geheiligten Brauch entsprechend – den Parteien und überhaupt den Menschen in ihrem Tun und Lassen auferlegt wird. Umgekehrt kann der Römer nicht von »verbogenen, krummen« *iura* und im Gegensatz dazu von »geraden« *iura* sprechen. *ius* ist immer untadelig. Es ist zwar von Königen oder Obrigkeiten überwacht, hat aber unabhängig von ihnen seine eigene, unpersönliche, in alter Zeit fast magische Kraft in sich. Der römische Legisactionsprozeß und noch der Formularprozeß zeugen von dieser Auffassung. Die Griechen der alten Zeit aber sprechen von »ungeraden, krummen« und von »geraden« *δίκαι*, »Rechten«. Und darin gibt sich bereits der Keim zu den Problemen zu erkennen, an denen sich der griechische Gedanke in der Folge zu immer höheren Einsichten erhoben hat. *δίκη* ist »weisender« Ausspruch eines richtenden Menschen. Er kann willkürlich, verfehlt sein, ein Mittel, dessen sich der Mächtige bedient, um sich Vorteile zu verschaffen. Aber dann ist er freilich nicht *richtig*. Denn in dem Wort *δίκη*, »Recht«, hört man außer der Gültigkeit dessen, was der Mächtige als Richter entschieden hat und durchsetzen kann, auch die höhere Forderung der Richtigkeit – eben dessen, was wir Gerechtigkeit nennen. Der Ausspruch des richtenden Menschen und damit der Gemeinde, der Gesellschaft, des Staates, in deren Namen der richtende Mensch spricht, unterliegt einem höheren Urteil. Dieses Urteil höherer Instanz und sein Prinzip kann ebenfalls *δίκη* heißen, *δίκη* im höheren Sinne, im Sinne der Gerechtigkeit. So sehen wir es bei Hesiod, der sich von krummen *δίκαι* bedroht und beinahe schon überwältigt sieht und doch fast im gleichen Atemzug *Δίκη* als göttliches Wesen der Gerechtigkeit, dem »Übergriff« (*ὕβρις*) entgegengesetzt, von »geschenkefressenden« Richtern mißhandeln läßt (220) und den Bruder mahnt, auf *Δίκη* zu hören (213).

Damit ist Hesiod bei dem Problem, das im Verhältnis von positiver Rechtsprechung und Gerechtigkeit, von Staatsmacht und Gerechtigkeit liegt, aber auch bei der Frage nach Macht und Ohnmacht, Vorteil und

Nachteil der Gerechtigkeit angelangt. Der Weg ins Gerechte ist der bessere (216), Recht und Gerechtigkeit (*δίκη*) ist am Ende dem ungerechten Übergriff überlegen (217). Mißhandelt man sie, treibt man sie aus, dann bringt sie mit ihrem Weinen unvermerkt Unheil über die Menschen (220 ff.). Also scheinbar ohnmächtig, hat sie eine geheime Macht. Am Ende merkt es der Dumme, wenn das Unglück da ist (218). Wo man gerecht ist gegen Fremde und Einheimische, da herrscht Segensfülle, Friede und Fruchtbarkeit und Genügen (225–237), in der Stadt der Übeltäter das Gegenteil (238 ff.).

Hesiod glaubt also an Macht und Vorteil der Gerechtigkeit trotz dem Schein des Gegenteils. Aber wer bürgt ihm dafür, wo doch seine eigene Lage dagegen spricht? »So möchte ich nicht gerecht unter den Menschen sein, ich und mein Sohn. Denn es ist ein Elend, ein gerechter Mann zu sein, wenn der ungerechtere mehr Recht bekommt« (270–272). Die Gefahr ist gesehen, aber nur als abschreckender Widersinn, als drohender Gedanke. Glauben kann Hesiod nicht daran. Aber wer bürgt? »Zeus wird das nicht am Ende sich verwirklichen lassen, antworte ich« (273). Zeus bestimmt den Gerechten Frieden, den ungerechten Übeltätern Gericht und alles Unheil für sie und ihre ganze Stadt (238 ff.). Zeus läßt die Menschen durch Wächter überwachen (249 ff.). Zeus ist Dikes Vater, ihm darf sie es klagen, wenn man sie kränkt, er straft dann. Also Hesiods Glaube an die Macht der scheinbar ohnmächtigen Gerechtigkeit ist ein Stück seines Glaubens an Zeus. Recht und Gerechtigkeit sind an Zeus gebunden und durch ihn, der den Gang des äußeren Geschehens bei den Menschen, Aufstieg und Verfall bestimmt (5–8), verbürgt. Fast könnte man sagen: Recht und Gerechtigkeit sind in den Welt- und Himmelsherrn Zeus hineinverlegt. Die Macht des höchsten Gottes ist für die Gerechtigkeit gewonnen, der Glaube an ihn dem entmutigenden Anblick der Macht des Unrechts entgegengeworfen.

Damit hat Hesiod den Griechen Grundsätze formuliert, die einen wesentlichen Bestandteil ihrer geistig-sittlichen Überlieferung ausmachen sollten. Ein Gedankenkeim sollte sich freilich erst später zu voller Wirksamkeit entfalten; es ist der Gedanke einer höheren Instanz, deren Urteil jedes irdische Urteil, ja der Staat selbst, in dessen Namen Recht gesprochen wird, untersteht.

Abwehr eines Angriffs auf Recht und Gerechtigkeit haben wir Hesiods Lehre genannt. Der Angriff ist nur mit der Tat, nicht mit Gedanken geführt worden. Allerdings, die Gefahr eines falschen Gedankens über Wert und Unwert der Gerechtigkeit ist schon erschienen. Entgegengesetzt ist der Gefahr ein religiöser Glaube. Dabei ist aber gefordert, daß es dem Gerechten am Ende gut ergeht; und was gut und wünschenswert ist, darüber ist der frühe Sänger offenbar arglos einig mit seinen Gegnern, den Mächtigen, den brutalen Übeltätern. In allen diesen Stücken ist, einige Jahrhunderte später, in einer der größten Krisen der griechischen Lebensordnung, sowohl Angriff wie Abwehr viel weiter gegangen. Wir sprechen von der Zeit der Sophistik und von der attischen, besonders der platonischen Philosophie, die den Sturz der überlieferten geistig-sittlichen Werte auf einer neuen Ebene auffing und wiedergutmachte.

Den geistigen Angriff auf Recht und Gerechtigkeit lernen wir vor allem aus Platons Dialogen, besonders dem »Gorgias« und der »Politeia«, kennen. Man könnte vermuten, er, der ja den Angriff abwehren wollte, habe seine Gegner nicht ganz ernst genommen, um desto leichter mit ihnen fertig zu werden. Das ist ja das Rezept, nach dem die meisten heiklen Polemiken geführt werden. In Platons Falle muß man zugeben, daß er die Dialogpartner des Sokrates – Kallikles und Thrasymachos – den Angriff auf Recht und Gerechtigkeit so erbarmungslos radikal führen läßt, daß dem Leser heute noch ernstlich bange wird, bis endlich – spät erst – die erlösende Erkenntnis des Sokrates ausgesprochen wird. Man findet in diesen Werken die Archetypen aller Angriffe, die seitdem jemals gegen die Gerechtigkeit geführt worden sind und man möchte sagen: je geführt werden können.

Angriffe gegen die Gerechtigkeit gehen, wie immer und überall, so auch im Athen des Sokrates von den rücksichtslosen, innerlich an nichts gebundenen politischen Erfolgs- und Machtmenschen und ihren Bewunderern aus. Kallikles in Platons »Gorgias« ist ihr typischer Vertreter, der Tyrann ihr Ideal, ein großer Teil der attischen Bürger weiß im Grunde auch nichts Besseres. Wenn man nur könnte, wie man möchte, so würde man es genau so halten. So aber kann man eben nicht, eingeengt von der Macht der anderen, und so ist man notgedrungen gerecht, d. h. man hält sich an die Staats- und Lebensordnung, die gerade gilt. Man ist ein Biedermann und genießt das Lob, das man einem solchen hergebrachterweise spendet. Aber der Glaube daran, daß der Gerechte dem Ungerechten überlegen ist, der Glaube an den höheren Wert des gerechten Lebens, an den Vorteil des gerechten Menschen ist jetzt ernstlich in Gefahr.

Denn auf der anderen Seite hatten die Verächter der Gerechtigkeit eine gefährliche Entdeckung gemacht, eine überlegene Erkenntnis gefunden. Das, was als bürgerliche Gerechtigkeit sein herkömmliches Ansehen genoß, war als Mittel im Machtkampf einerseits, d. h. als Mittel des Mächtigen, seinen Vorteil durch eine Art Tabu zu sichern, oder als Mittel der Schwachen, den Überlegenen daran zu hindern, das natürliche Recht des Stärkeren zu betätigen, – und als Schwäche andererseits, d. h. als Verzicht, als Ergebnis des Unvermögens des Schwachen, seinen Vorteil gegen seinesgleichen durchzusetzen, gründlich entlarvt. So wie Thukydides die unentrinnbaren Gesetze des Macht-Mechanismus im staatlichen Leben erbarmungslos enthüllt hatte, so hatte das neue Nachdenken über das menschliche Miteinanderleben Recht und Gerechtigkeit ihres geheiligten Glanzes beraubt und auf menschlich-allzumenschliche Bedürfnisse zurückgeführt, auf den Kampf um Sicherheit und Vorteil im elementarsten Sinn des Wortes. Damit hatte sich die Raubgier des Starken, Schlauen eine geistige Rechtfertigung und ein gutes Gewissen verschafft, und man war darauf und daran, ein ganzes System der neuen Lebenskunst auszubauen, von der Erkenntnis der menschlichen Antriebe und des Kampfes um Vorteil und Genuß bis zur Kunst des Überredens, des Machtkampfes um ungeistige Dinge mit geistigen Mitteln.

Das Schlimmste an der Empörung gegen die überkommenen Maßstäbe und Werte war dies, daß soviel Wahres daran war und daß ihr der Anhänger der Gerechtigkeit kaum etwas Stichhaltiges zu erwidern hatte. In der Tat bestand das sogenannte gerechte Verhalten erfahrungsgemäß oft in nichts als schwächlicher Anpassung an die geltende, von der Macht verfügte Lebensordnung. In der Tat war, blieb man in diesem Bereich, nicht einzusehen, warum es nicht besser, wünschenswerter sein sollte, sich von dieser Bindung freizumachen, wenn man stark genug dazu war, seinen Vorteil durchzusetzen. Denn was Hesiod geglaubt hatte, daß Zeus für Recht und Gerechtigkeit einstehe und am Ende ihre Überlegenheit verbürge, daß es darum dem Gerechten schließlich gut gehe und daß eine Stadt gerechter Menschen gedeihe und in Friede und Segensfülle lebe, daß dagegen ungerechte Übergriffe sich rächen und ins Unheil führen, diesen Glauben konnte man in furchtbaren Geschehnissen der politischen Welt vielfach widerlegt finden. Und was sollte überdies Zeus mit Recht und Gerechtigkeit zu tun haben, wenn diese entlarvt und auf bloße Mittel des elementaren Kampfes ums Dasein zurückgeführt waren? Nein, diesen geistigen Angriffen, diesen Erkenntnissen des empirischen Charakters von Recht und Gerechtigkeit mußte man etwas Stärkeres, etwas Neues entgegensetzen, wenn man der Empörer geistig Herr werden wollte. Dieses Neue offenbarte sich dem jungen Platon praktisch im Leben und Sterben des Sokrates. Er hat es theoretisch vor allem in den Dialogen »Gorgias« und »Politeia« entwickelt.

Man konnte den Empörern und ihrer Lehre nur dann beikommen, wenn man mit Sokrates davon überzeugt war, daß es für den Menschen besser ist, das physische Leben einzubüßen als das höhere geistig-sittliche Dasein, das er und die Seinen entdeckt – oder wiederentdeckt –, durchdacht und verteidigt haben. »Was nützte es dem Menschen, wenn er die ganze Welt gewönne, aber an seiner Seele Schaden nähme«, mit diesen Worten des Evangeliums kann man die Grundüberzeugung des Sokrates in etwa bezeichnen. Man kann sie aber nur dann haben, wenn man über den Menschen und sein Leben, über das, was ihm frommt und schadet, was ihm gut und schädlich ist, über Heil und Unheil, Glück und Unglück ganz anders denkt, als es damals üblich geworden war und als es dem unerleuchteten Menschen immer naheliegt. Die Gegner hatten den sinnlich triebhaften Bereich im Menschen und in den Vorgängen der Menschenwelt und den Mechanismus dieser Vorgänge entdeckt. Solange man in diesem Bereich blieb, hatten die Rebellen Recht. Aber es gibt einen anderen, »oberen« Bereich. Er ist sogar der allein wesenhafte, wichtige, haltbare und verläßliche, das Reich der Wesensgestalten, der geistigen Formen, der »Ideen«, wie Platon sagt. Von diesem Bereich aus ist ein Verhalten wie das des Sokrates, scheinbar unnatürlich, unvernünftig und phantastisch, als das einzig natürliche, vernünftige und realistische zu verstehen; die Lehre der »modernen« Entlarver und Werte-Stürzer, scheinbar mit der bloßen Wirklichkeit rechnend, scharfsinnig und von allen Illusionen befreit, stellt sich nicht nur als logischer Dilettantismus, sondern vor allem als Trug und Schein heraus.

Das ist die Umkehr der Denkart, das Umdenken, das Platon in dem berühmten Gleichnis der »Politeia« dargestellt hat. Wir sind wie Gefangene in einer unterirdischen Höhle, wir halten Schattenbilder an deren Wänden für die Wirklichkeit, bis uns die Philosophie befreit, den Blick wenden und die wahren Dinge und schließlich die obere Welt sehen läßt. Dieses Umdenken und Umwerten ist es, was auch die Gerechtigkeit und ihren Wert – und damit das Richtige im staatlichen Zusammenleben der Menschen – erst wahrnehmen läßt.

Wir lassen hier die Frage beiseite, ob Platon für das erste Buch seiner »Politeia« einen früher selbständigen Dialog wiederverwertet hat. Noch im »Gorgias« jedenfalls beschränkt er sich darauf, zu widerlegen, die feindliche Lehre von der Überlegenheit des ungerechten Lebens zu erschüttern, ohne noch viel von den eigenen positiven Gedanken so darzustellen, daß sie mit der Gewalt einer Entdeckung einleuchten. Erschüttert werden die feindlichen Lehren hier wie anderwärts, indem die Gegner in die Aporie geführt werden. Die eigenen Gedanken werden teils in der Form von Paradoxa, die den Gegner verblüffen und dadurch aus seiner Sicherheit scheuchen, behauptet: die vermeintlich Mächtigen sind völlig ohnmächtig; weniger unglücklich ist der ungerecht Getötete als der unrecht Tötende, weniger unglücklich der Sühne leistende Übeltäter als der seiner Strafe entgehende usw. Teils ist die eigene Lehre mehr angedeutet als dargelegt – dort, wo Ordnung, *τάξις* und *κόσμος*, als Wesen des menschlichen Werts, *ἀρετή*, genannt sind, wozu auch Gerechtigkeit gehört, und diese notwendig verbunden mit Glück, *εὐδαιμονία* (506 f.). Teils ist sie im Sinnbild des Mythos verhüllt gegenwärtig.

In der »Politeia« gibt Platon endlich zu erkennen, was mit alledem gemeint ist. Am Anfang beginnt wie im »Gorgias« ein Streit der beiden Menschentypen, ein Streit um Nutzen oder Schaden der Gerechtigkeit. Aber am Ende dieses Vorgespräches heißt es, man wisse noch gar nicht, was denn eigentlich Gerechtigkeit sei (354). Nicht ohne Seltsamkeit beginnt man in Gedanken eine Polis aufzubauen, um wie an einem größeren Modell abzulesen, was die Gerechtigkeit sei. Das Ergebnis überträgt man von der größeren Einheit, der Polis, auf die kleinere, den Menschen, und nennt Gerechtigkeit im Menschen das Abbild der Gerechtigkeit der Polis. So seltsam der Weg ist, so klar und bedeutend sind Ziel und Ergebnis. Gerechtigkeit stellt sich dar als ein besonderer Aspekt des richtigen, wesensgemäßen Ordnungsgefüges einer Einheit aus Verschiedenartigem, Verschiedenwertigem, sei es die Polis, sei es der Mensch mit den verschiedenartigen Schichten seines Wesens. Das ist eine bestürzend neue Wendung des Gedankens: Gerechtigkeit ist nicht mehr ein materiell, inhaltlich, äußerlich bestimmbares Verhalten, sondern eine Ordnungsform, eine Struktur, die im inneren Gefüge des Menschen beginnt und von da weiter und weiter greift. Menschlicher Wert, ἀρετή, ist innere Ordnung in Hinsicht auf Gebieten und Gehorchen; Gerechtigkeit ist ein Aspekt davon, derjenige nämlich, unter dem ein jeder »Teil« der Seele das ihm Zukommende hat, erfüllt und leistet, ohne Übergriff in fremde Bereiche.

Bei diesem Begriff der Gerechtigkeit ist keine Gefahr mehr, die Gerechtigkeit als schwächliche oder niedrig schlaue Anpassung an die herrschenden Mächte zum Zweck der Befriedigung niedriger Lebensbedürfnisse zu erklären. Mit diesem neuen Bild der Gerechtigkeit im Herzen kann man auch endlich der Lehre von der Überlegenheit des ungerechten Lebens furchtlos begegnen. Der Mensch ist seinem eigentlichen Wesen nach geistige Ordnung. Was ihn hierin fördert, dient zu seinem Heil und Glück, was ihn darin beeinträchtigt, zu seinem Unheil und Unglück.

Damit ist Gerechtigkeit wieder – und zwar viel fester als je zuvor – mit Heil und Glück verbunden. Eines kann nicht ohne das andere sein; darin ist Platon mit Hesiod und der Tradition einig. Aber diese Wahrheit ist ganz nur dem Menschen offenbar, der mit Platon umdenken gelernt und sich von Trug und Schein der äußeren Sinnenwelt zum echten Sein der geistigen Welt gewandt hat. Platon verspricht dem gerechten Menschen nicht mit Hesiod, seine Felder und Herden würden gedeihen und dergleichen. Er sagt ihm vielmehr: selbst wenn man dir wie dem Sokrates das Leben nimmt, wirst du doch glücklich und heil sein, weil du dich, dein Wesen, das in der rechten geistig-sittlichen Ordnung besteht, gewahrt hast.

Man sieht, was es mit dieser platonischen Wendung des Gedankens, mit diesem Umdenken, für eine schwere Bewandtnis hat. Es ist nichts Geringeres dabei gefordert als die Fähigkeit, sein Lebensgefühl, das Gefühl des Heilseins oder Beschädigtseins, in jenen oberen Teil seiner selbst zu verlegen, wo man recht gefügte Ordnung ist.

Der nächste bedeutende Text über die Gerechtigkeit, Ciceros Dialog »De re publica«, ist in bewußter Nachfolge Platons entstanden, und eine dreihundertjährige Arbeit der hellenistischen Philosophie an der platonischen Thematik hat sich außerdem darin niedergeschlagen. Die Gerechtigkeit ist angegriffen und verteidigt, mit ihrer Idee ist die der richtigen Staatsordnung verbunden. Dennoch würde man dem Werk nicht gerecht, wollte man nur das Nachgeahmte, Gesammelte darin wahrnehmen. So wenig wie Platons »Politeia« und später des hl. Augustins »Civitas Dei« ist es die Frucht müßiger gelehrter Gedankenspiele. Es enthält vielmehr den Versuch eines bedeutenden Menschen, seiner größten Not zu begegnen, der Gefahren einer konkreten geschichtlichen Lage Herr zu werden, zu retten, was ihm Daseinsinhalt und hohes Gut gewesen ist.

Bei solcher Ähnlichkeit des Anliegens ist doch ein typischer Unterschied nicht zu verkennen. Für Platon lag die Not, die Gefahr darin, daß Menschen überhand nahmen, für die es kein anderes Recht gab als die Macht. Das war es, was auch die staatliche Ordnung, ja, den Staat selbst zum Problem machte. Darum zielt die erste Frage bei ihm auf die Gerechtigkeit. Sie bleibt auch die Hauptfrage. Und das Gemeinwesen ist ganz von ihr aus als Wirkraum der Gerechtigkeit gesehen. Der konkrete athenische Staat ist nur mittelbar gegenwärtig. Dem Römer Cicero dagegen ging es in erster Linie um die römische *res publica*, das geschichtliche Rom, seine Würde, seinen Verfall und seine Rettung. Diese geschichtlich-politische Wirklichkeit läßt er nun aber – und das ist das typisch Römische, Neue – zusammenfallen mit der Idee des besten Staates. Glanz, Hoheit und Weihe der Idee vergeistigen die römische Wirklichkeit und gewinnen dafür durch deren Daseinsschwere eine Erheblichkeit, die sie seit Jahrhunderten nicht gehabt hatten.

Verklärung des römischen Staates: dabei könnte man an leichtfertige, blasphemische Apotheose denken. Aber Cicero unterscheidet sehr wohl zwischen der *res publica*, wie sie einmal gewesen war und sein sollte, und der traurigen, entstellten Erscheinung, die sich jetzt darbot. Die hohe Idee, die dem römischen Staat Weihe gibt, ist zugleich Maßstab, Forderung und strenges Gericht. Nachdem in den ersten beiden Büchern der beste Staat als ein Kosmos von hohem sittlichen Wert aufgerichtet und Gerechtigkeit und Eintracht als seine innere Form erkannt sind, droht der stolze Bau im dritten Buch zusammenzustürzen; der Grund, auf dem er ruht, scheint nicht zu tragen: die Gerechtigkeit. Gerechtigkeit vertrage sich nicht mit Politik, wird eingewandt. Ja, Gerechtigkeit sei überhaupt keine in der Natur gegründete Wesenheit, sondern nur das sekundäre Ergebnis der Anpassung, der Schwäche; für den schwachen Menschen, der sich nicht gegen seinesgleichen mit Gewalt und List durchzusetzen vermag, sei es verhältnismäßig besser, darauf zu verzichten und um diesen Preis eine gewisse Sicherheit zu erkaufen. Der Kluge sei nur scheinbar gerecht; sei jemand ehrlich gerecht, beweise er damit seine Dummheit. Es gebe einen schlagenden Beweis gegen die Gerechtigkeit als Prinzip des politischen Lebens: Roms Imperialismus. Der Angriff gegen die Gerechtigkeit ist ähnlich radikal wie bei Platon geführt. Die abwehrende Antwort, die sich stoischer Formeln bedient, sieht äußerlich der platonischen nicht ähnlich. Gerechtigkeit, so etwa sagt der Verteidiger der Gerechtigkeit, ist nicht bequeme Anpassung an irgendwelche Machtverhältnisse. Wohl sei sie Gehorsam gegen das Gesetz. Gesetz aber müsse man in seinem eigentlichen Sinn verstehen. »Gesetz ist rechte, d. h. zur Vollendung gekommene Vernunft, der Natur (d. h. der ursprünglichen Seinsordnung) entsprechend, in allen Geistern verbreitet, unwandelbar, dauernd – sofern sie gebietend zu rechtem Tun ruft und verbietend vom Vergehen abhält. Gott ist es, der dies Gesetz gefunden, darüber befunden, es gegeben hat. Wer ihm nicht gehorcht, der entfernt sich von sich selbst, und indem er Verzicht leistet auf die Menschennatur, zahlt er eben dadurch die schwerste Buße« (3, 33). Bei einigem Nachdenken erkennt man, trotz äußerer Verschiedenheit, den platonischen Grundgedanken wieder. Auch hier geht der Denker hinter die schwankenden, stets zweideutigen Erscheinungen, die einerseits als Recht und Gerechtigkeit, andererseits als Glück und Unglück gelten, zurück auf das Wesen. Recht und Gerechtigkeit stellen sich ihm als praktischer, d. h. Gebot gewordener, Logos dar; Logos aber bedeutet unter anderem geistbestimmte Ordnung und ist also der platonischen Ordnung der Gerechtigkeit nah verwandt. So verstanden hat Gerechtigkeit ihren Lohn, Ungerechtigkeit ihre Strafe in sich selbst. Verlust der Menschennatur, d. h. der Geistnatur, des Gott nahen Teiles unseres Selbst, ist die unmittelbare Folge der Ungerechtigkeit. Darin aber besteht die eigentliche Unseligkeit, das wahre Unheil. Man wird auch hierin die platonische Forderung, umzudenken, ganz und gar im Werten und Fühlen umzulernen, leicht wiedererkennen.

In Ciceros Fassung hat sich die platonische Staatsphilosophie – wenn ich kurz so sagen darf –, hat sich die Lehre von der Gerechtigkeit, die von Platon ausgegangen war, im lateinischen Westen eingebürgert und durch

Jahrhunderte erhalten. Und es ist ihr gegangen wie den wichtigsten Gedanken der Weisen auch sonst; sie ist sicherer, ruhender Besitz geblieben bis gegen das Ende der alten Welt hin. Ernsthaft bedacht und geprüft und zu neuem Leben erweckt wurde sie erst wieder in einer neuen Zeit der Entscheidungen, als das Christentum mit Griechen und Römern in Gedankenwettstreit trat. Ganz spät, an einer überaus gefährlichen Stelle der Geschichte, hat Ciceros Idee der Gerechtigkeit etwas Denkwürdiges geleistet. Sie hat dem hl. Augustinus geholfen, im beginnenden Sturz Roms eine neue, nun wieder für viele Jahrhunderte bestimmende Lehre von der rechten politischen Ordnung, der irdischen und der überirdischen, und von ihrer Geschichte zu begründen, die Lehre, worin eine erschütterte Menschheit wieder Halt finden konnte. Denn es war wirklich wie ein Erdbeben gewesen, als im Jahr 410 die Goten Rom erobert und geplündert hatten. Nicht nur die unmittelbar Bedrohten, sondern ganz allgemein die Bewohner des Reiches fühlten den Grund und Boden ihres Daseins schwanken, – etwas, dessen Bestand sie als selbstverständlich hingenommen hatten, unsicher werden. In ihrem Schrecken gewann der alte Gedanke Macht: »Zürnen uns nicht etwa doch die Götter, weil wir ihnen untreu geworden sind? Die alten Götterdienste haben Rom groß gemacht und erhalten; jetzt sieht man es.« Auch Christen konnten an ihrem Glauben irre werden, zumal da eine christliche Rom-Idee, wie wir sie bei dem spanischen Dichter Prudentius finden, eben noch das christliche Rom über die Vergänglichkeit der irdischen Dinge in das Unvergängliche emporzuheben versucht hatte. Mußte es nicht zu denken geben, daß gerade jetzt, kurz nach dem Triumph der christlichen Religion unter dem Kaiser Theodosius, Rom zum ersten Male seit dem Galliersturm von auswärtigen Feinden erobert werden konnte?

Dies ist die bedrohliche Lage, in die der hl. Augustinus mit seinen Büchern »De civitate Dei« eingegriffen hat. Er hat es darin mit der Anklage zu tun, die Christen seien schuld am Verlust der Größe Roms. Dahinter steht die Rom-Idee, der Glaube der Menschen an Rom, das Herz des Reiches. Und so beginnt Augustinus mit der Vorfrage nach dem Recht dieser Idee und dieses Glaubens. Ist Größe und Macht eines Reiches ein Gut, dessen man sich rühmen, das man lieben darf? Was kann überhaupt an einem Staatswesen rühmenswert, liebenswert sein? Nur seine sittliche Würde, genauer: Recht und Gerechtigkeit. Fehlen sie, so unterscheiden sich noch so mächtige, ausgedehnte Reiche dem Wesen nach nicht von großen Räuberbanden (4, 4). Dieser Gedanke des vierten Buches, der das naiv verteidigte, geliebte Gut problematisch macht, setzt sich im neunzehnten fort (19, 21 ff.). Erst Recht und Gerechtigkeit machen den Staat zum Staat; sie sind sein Wesen. Gerechtigkeit ist aber rechte Ordnung, wesensgerechte Über- und Unterordnung. Macht aber die so verstandene Gerechtigkeit das Wesen des Staates aus, so ist der römische Staat kein Staat. Nur der »Gottesstaat«, die *civitas Dei,* kann das erfüllen, was die Definition des Staates fordert. Diese Definition ist keine andere als die von Ciceros staatsphilosophischem Hauptwerk »De re publica«; Augustinus hat es ausdrücklich zitiert (19, 21). Und auch die Idee der Gerechtigkeit, wonach Gott über den Menschen und im Menschen das Geistige über das Körperliche, im geistig-seelischen Bereich die Gott gehorsame Vernunft über die Begierden herrscht, ist die platonische, und zwar in Ciceros Fassung. Sogar die Schlußfolgerung, daß, wo Recht und Gerechtigkeit als Fundament fehlen, das Phänomen »Staat, Gemeinwesen« bei aller Macht überhaupt nicht vorhanden ist, stammt von Cicero. Das Urteil, daß dann kein Unterschied zwischen Reichen und großen Räuberbanden ist (4, 4), scheint aus einer nicht erhaltenen Stelle des ciceronischen Werkes zu stammen.

Das alles würde nun nicht allzuviel bedeuten, wenn es sich nur um vereinzelte Zitate, noch so geistreich ausgespielte Zitate handelte. In Wirklichkeit handelt es sich um einen genialen Hauptgedanken des Werkes. Man überlege sich doch, welche Möglichkeiten einem christlichen Apologeten in einer solchen Lage nahe gelegen wären. Er hätte leicht entweder sagen können: »Dieses Rom, um das ihr euch so übermäßig sorgt, ist eine Art Babylon. Mag es fallen! Um so besser!« Er hätte mit biblischen und mit Gedanken der früheren Kirchenväter, die die Gegner nicht anerkannten, Rom als den Feind hinstellen können. Oder aber er hätte sagen können: »Rom ist aller Liebe und anhänglichen Verehrung wert, besonders seit Theodosius es bekehrt hat. An seinem Fall ist nicht das Christentum schuld, sondern die Reste des Heidentums, die alten Laster.« Wieviel tiefer, wieviel überzeugender ist Augustins Gedankengang! Er geht auf das beste Denken der Römer ein, auf ihre höchste, edelste, die platonisch-ciceronische Staatsphilosophie und deren Kern, die Lehre von der Gerechtigkeit. Indem er sie daran erinnert und die Folgen daraus entwickelt, führt er sie unvermerkt an einen Punkt, wo diese Lehre selbst über den antiken Staat, über Rom hinaus zur überirdischen Gemeinschaft der *civitas Dei* leiten konnte. Man brauchte nur ein seit Hesiod keimhaft bestehendes Gedankenmotiv hervorzukehren, zu Ende zu denken und vorherrschen zu lassen. Dike ist Gericht und Richterspruch im Leben der Bürgergemeinde, aber auch die höchste, göttliche Instanz, der sie unterstehen. Recht und Gerechtigkeit ist nach der Lehre Platons und Ciceros die Form und Ordnung des Staates. Aber sie kommt bei Platon von der Idee des Guten, aus einer göttlichen Ordnung von jenseits der trüben irdischen Dinge; bei Cicero kommt ihr Wesen aus Gott. Immer wird die gesellschaftliche, die staatliche Ordnung unter eine göttliche Norm, unter ein höheres Gericht gestellt. Eben dieses Verhältnis brauchte man nur ganz ernst zu nehmen, brauchte nur das ganze Gewicht des Gedankens auf diese Seite zu legen, so war man vom

Bann der ängstlichen, unbedingten Liebe zum irdischen Staat befreit zu Höhe, Weite und Licht der *civitas Dei*. Rom, das irdische Gemeinwesen, war nicht verworfen, aber relativiert und auf etwas Höheres bezogen.

Dies ist die erstaunliche, aber doch wohl folgerechte Wendung, die die Idee der Gerechtigkeit am Ende des griechisch-römischen Altertums genommen hat. In ihrer christlichen Verwandlung strahlte sie durch Augustins Werk in die Jahrhunderte des Mittelalters und der neueren Zeit. Wir alle leben mittelbar und unmittelbar von ihr. Die wechselnden Verhältnisse zu verfolgen, in denen sich nach dem hl. Augustinus die transzendente Ordnung der Gerechtigkeit bald mehr herabgesenkt, um die irdischen Dinge zu formen, bald mehr gegensätzlich von ihrer Unvollkommenheit abgehoben hat, muß anderen überlassen bleiben.

CICERO UND PETRARCA

Vom Ursprung des humanistischen Geistes

Wir wissen es alle, und viele haben es wohl auch wenigstens einmal im Leben mitgespürt, wie mächtig Shakespeare und Homer in das innere Leben des jungen Herder, des jungen Goethe eingegriffen haben, als die Erleuchter und Erwecker, in denen das junge Geschlecht erschüttert das vorweggenommen und vollendet vorfand und verbürgt sah, was, in seinem eigenen Drang gemeint und gewagt, sich erst stürmisch durchringen mußte, – als die Schutzherren und Gewährsmänner, auf die es sich vor sich und der Welt berufen konnte, wenn es gegen die drückende Herrschaft der alten Abgötter, Racines und Voltaires und Humes und ihresgleichen, leidenschaftlich aufbegehrte. Es ist uns auch bewußt, wieviel noch wir diesem Ereignis und der nicht weniger umstürzenden Begegnung des jungen Winckelmann mit Homer verdanken: daß nämlich dadurch zumeist erschlossen ist, was uns von jenen Dichtern zugänglich bleibt, daß unser eigener Anteil an ihnen, ein wesentliches Stück unseres geistigen Besitzes, mittelbar oder unmittelbar dorther vererbt ist. Erstaunt, ja befremdet werden viele sein, Cicero wie Shakespeare und Homer in die Zahl der großen Erwecker neuen, aufbegehrenden Lebens in der Geschichte der Geister eingereiht zu finden. Sie sind gewöhnt, ihn nicht im Lichte der erleuchtenden Liebe zu sehen, die er über die Jahrhunderte hinweg in Petrarca als Freund zu erwecken vermocht hat, sondern mit den Augen einiger Gelehrter des 19. Jahrhunderts, denen es an jedem fruchtbaren Verhältnis zu Cicero gefehlt hat. Und doch ist es so: was wir humanistischen Geist zu nennen gewöhnt sind, wenn wir vom neuzeitlichen Europa sprechen, und was einen unausscheidbaren Bestandteil gewissermaßen unserer geistigen Lebensluft ausmacht, ohne den wir nur schwer atmen könnten, das geht zum guten Teil von der Geisterfreundschaft zwischen Cicero und Petrarca aus, die im Grunde der sehr ähnlich ist, die den jungen Goethe mit Homer und Shakespeare verbunden, ihn und seinesgleichen erleuchtet, beglückt und bestärkt hat, eine neue Art geistigen Daseins zu wagen, sich einer ganzen Welt alter Autoritäten zum Trotz in einem neuen Geiste zu behaupten und schließlich den Geist der Zeit siegreich zu verwandeln. Denn die italienischen Humanisten sind, auf das Ganze gesehen, nichts anderes als die Menschen, die von Petrarca herkommen und von dem neuen Leben gewissermaßen angesteckt sind, das er gelebt hat, und dieses ist geweckt und genährt und erfüllt und gestaltet von Cicero. Von ihnen her aber wieder hat es sich durch Europa durch die Jahrhunderte bis zu uns fortgepflanzt, in Gedanken, Sprache und tätigem Leben unermeßlich wirkend, vielgestaltig und wandelbar, immer wieder anders verstanden und beurteilt, aber doch auch wieder als etwas Einheitliches erkannt oder doch gespürt.

Wie ist das geschehen, daß Cicero diesen neuen Geist in Petrarca geweckt hat? Womit hat er ihn berührt? Welche Bewandtnis hat es mit ihrer Freundschaft gehabt?

Petrarca hat Cicero für die Neuzeit erst entdeckt, ebenso wie Dante Virgil entdeckt hat. Zwar hat auch das Mittelalter sowohl Virgil wie Cicero gekannt, aber doch nur von außen in einer Weise, die zum Gepräge dieser Zeit überhaupt gehört. Virgil war der Meister der lateinischen Verskunst und Dichtersprache, von dem man Tropen und Figuren und dergleichen, also Rhetorik und Dichterhandwerk, praktisch lernen konnte, allenfalls Quelle der Erkenntnis römischer Geschichte und Sage, Inhaber eines prophetischen Wissens um das Kommen des Erlösers, schließlich Zauberer, von dem man sich besonders in Neapel, wo er begraben lag, Wunderdinge zu erzählen wußte, kurz: man nahm an seinen Werken nur sachlich belangreiche Einzelheiten wahr, während der Mensch in den Bereich primitiver Zauberei entwichen war. Daß sich in allen Kunstfertigkeiten und Kenntnissen des Dichters, des Wissenden eine lebendige Seele, ein edler Geist von bestimmter Art äußere, mit dem man im Verhältnis von Du zu Du verbunden sein könne wie der Freund mit dem Freunde, von Herz zu Herzen, das hat erst Dante gespürt. Auch von Cicero hat das Mittelalter nur die sachlich brauchbaren Einzelheiten wahrgenommen und studiert: einiges von den philosophischen Schriften, vor allem aber die rhetorischen Lehrschriften, und diese mit um so größerer Vorliebe, je besser sie sich für den Unterricht in der Rhetorik eigneten, also die Jugendschrift *De inventione* und ein unter Ciceros Namen gehendes noch schulmäßigeres Lehrbuch, die Rhetorik *Ad Herennium*, viel beflissener als das menschlich viel reichere Kunstwerk der reifen Zeit, den Dialog *De oratore*. Die Briefe waren am Ende des Zeitalters verschollen, 50 Reden endgültig verloren. Hier ist es nun Petrarca, der Cicero entdeckt hat, so daß er ihm nicht mehr länger ein bloßer Sammelname für sachliche Errungenschaften blieb, sondern einer wurde, der ihn von Geist zu Geist, von Seele zu Seele ansprach, der ihm innerlich beständig gegenwärtig war, mit dem er in innerem Gespräch vertrauten Umgang hatte. »Wenn ich aus Deinen Büchern Dein Inneres kenne, und ich glaube, ich kenne es nicht anders, als wenn ich mit Dir gelebt hätte«, schreibt er ihm in einem der berühmten Briefe an die Männer der Vorzeit.

Cicero ist zwar nicht der einzige, den Petrarca mit neuen Augen zu sehen vermocht hat. Die eben genannten Briefe bezeugen verstehendes Erkennen auch anderer Geister des römischen Altertums. Und doch ist Cicero mehr als einer unter vielen. In ihm lebt und webt Petrarca wie in keinem andern – den heiligen Augustinus ausgenommen. Die beiden sind – ja, man ist versucht zu sagen: seine großen Schutzheiligen. Sein Cicero ist fast ein anderer Augustinus, und sein Augustinus hat viel von Cicero an sich.

Dies ist in der Geschichte der Geister so gefügt, und man tut gut, es sich gegenwärtig zu halten: Cicero ist am Anfang der neuen Zeit mit Augustinus aufgegangen, so wie er am Ende der Antike mit Augustinus untergegangen war. Augustinus war als Meister der Rede, aber auch als Denker, ja als Sucher nach dem Ewigen von Cicero ausgegangen, er hat sich mit ihm persönlich auseinandergesetzt, und an drei entscheidenden Stellen seines inneren Lebens und seiner Philosophie ist Cicero mit am Werk gewesen. Aber was Augustinus suchte, war nicht Ciceros Geist und Seele; nicht seine Kunst, das bewegte Innere im Wort gegenwärtig zu machen. Die war ihm mitgegeben, ohne in der Folge weiter beachtet oder eigens geliebt zu werden. Er strebte über all das hinaus zu der Wahrheit Gottes. So wurde ihm das Ciceronische zum unpersönlichen, namenlosen Bestandteil der geistigen Welt, und so ist es auch namenlos dem Mittelalter weitergegeben worden. »Du sollst nicht in dir, sondern in dem wahren Gott gelobt werden«, sagt er in dem Alterswerk über den Gottesstaat zu der »lobwürdigen römischen Naturanlage, der Nachkommenschaft von Männern wie Regulus, Scaevola, Scipio und Fabricius«.

So hat er das Mittelalter vorbereitet, bevor noch in der Völkerwanderung die reife Gesittung der Antike zugrunde ging und bare Primitivität das Verständnis für ihre humanen Werte ohnehin erstickte. Petrarca ist umgekehrt inmitten einer mittelalterlichen Geisteswelt aufgewachsen, worin das Erbe des alten Rom als namenloses oder, wo man Autoritäten zitierte, doch als unpersönliches Gut mit enthalten war. Aber daß die mittelalterlichen Lehrgebäude der Wahrheit Gottes dienen sollten, konnte er nicht mehr verstehen. Was ihm davon in den Schulen und im Leben vor Augen kam, das hatte, so scheint es, den spürbaren Bezug auf Gott verloren oder war geradezu unfromm und insgeheim gottlos geworden, und geblieben war jener unpersönliche Zustand, worin einst die unbedingte Gottesliebe den Bereich menschlicher Werke und Gedanken zurückgelassen hatte. Dieser Mangel mußte ihn für Augustinus empfänglich machen, in dessen Schriften ja nie bloß der sachliche Gehalt der Gedanken gegenwärtig ist, sondern immer zugleich die Person des frommen Schreibenden. Doch das hat Petrarca mit manchen anderen gemein. Sein Eigenstes aber ist es, daß er in Augustinus, in seiner Fähigkeit, lebendig bewegte Seele im Wort gegenwärtig zu machen, gleichsam den verborgenen Cicero aufgespürt und eigens geliebt hat. Ihn hat er gesucht, soweit er nämlich im Bereich Augustinischer Frömmigkeit zu finden war, und in Augustinus einen christlichen Cicero, der ein bedeutend bewegtes Innere in die Sprache eingehen zu lassen verstand.

Cicero war in Augustinus gleichsam untergegangen. Aus Augustinus, mit ihm und in ihm ist er Petrarca wieder aufgegangen.

Man hat sich gewöhnt, den humanistischen Geist Petrarcas und seiner Nachfolger als Widersacher des Christentums anzusehen. Er habe den Menschen aus der mittelalterlichen Heilsordnung der Kirche losgelöst, auf sich selbst gestellt und schließlich dem Unheil ausgeliefert, worin wir ihn befangen sehen. Oder stellt man sich auf die Gegenseite, so schreibt man dem humanistischen Geist das Verdienst zu, den Menschen zu ungebundenem Denken befreit und eine Art kopernikanische Umkehr des Geistes wenigstens vorbereitet zu haben, wodurch er, seiner selbst erst recht bewußt und mächtig geworden, in sich Mitte und Inbegriff der Welt gefunden habe. An solchen Urteilen ist gewiß das eine richtig, daß Ansätze zu den Wagnissen des neuzeitlichen Gedankens für den späten Betrachter allerdings leicht zu erkennen sind. Und das Wort: »Bedenke das Ende!« ist gewiß ein guter Rat. Aber er verführt leicht zu dem Fehler, das verletzliche, fruchtbare Miteinander und Beieinander des Bestandes unserer geschichtlichen Welt vorschnell einer glatten Rechnung zu unterwerfen, der sich die irdischen Dinge nun einmal nicht fügen, und, indem man die Gegensätze auf die Spitze treibt, mehr zu zerstören als zu helfen, ja auch die Wahrheit zu verfehlen. In unserem Falle vergißt man nur allzu leicht, daß das, wogegen sich Petrarca und die Seinen auch und gerade mit ihrem Ciceronianismus auflehnten, nicht das Himmel und Erde umfassende und auf Gott hin ordnende Gefüge gewesen ist, an das man weithin, oft verallgemeinernd und wohl auch manchmal einem bequemen Wunschbild hingegeben denkt, wenn man vom Mittelalter spricht. Mag diese heilige Ordnung hier und da das Wirrsal durchdringen und im Grundsatz wenigstens allgemein anerkannt sein, mag sie in den höchsten Geistern wie in einem Thomas von Aquino triumphieren: schon das 13. Jahrhundert bezeichnen Kenner als das Jahrhundert der Physik, einer rein rationalen Naturlehre, die im Gefolge des von Arabern ausgelegten Aristoteles über die Grenzen einer Einzelwissenschaft mit ihren bestimmten Befugnissen hinaus um sich zu greifen und zu einer allumfassenden naturalistischen Denkart zu werden sich anschickte, die nur noch durch die bedenkliche Lehre von der doppelten Wahrheit, der rational gefolgerten und der geoffenbarten, notdürftig mit dem Christentum zusammenhing. Dieser unfromme, insgeheim heidnische Averroismus, der selbst den Menschen zum bloßen Gegenstand naturwissenschaftlichen Denkens machte, die Ewigkeit der Welt und die Sterblichkeit der Seele behauptete und die Vorsehung Gottes abstritt: dieser ist es, gegen dessen seellos zergliedernden, Weisheit und Frömmigkeit zerstörenden Kaltsinn Petrarca und die Seinen aufbegehrten und bei Augustinus und Cicero Hilfe suchten. Und man übersieht im Banne jenes allzu einfachen Bildes weiter, daß es gerade gute mittelalterliche Art ist, gläubig-zuversichtlich nur mit einer, eben der christlichen Wahrheit zu rechnen und mit Augustinus zu denken: »Wer immer ein guter wahrer Christ ist, sehe ein, daß die Wahrheit, wo immer er sie finden mag, Gottes Wahrheit ist.« Die Humanisten, die die *vita activa,* den weiten Bereich des menschlichen Wirkens und Zusammenwirkens, gewissermaßen neu entdeckten und gestalteten, waren zumeist noch überzeugt, vernachlässigte Seiten der einen christlichen Wahrheit an das Licht zu stellen, bis hin zu Laurentius Valla, der die Lust gegen Stoiker und stoisierende Moralisten verteidigte und pries. Erst im 16. Jahrhundert, als sich ungewollte Folgen unbewußter Fehler herausstellten, ist das große Erschrecken gekommen, und das notwendige, in der Folge aber auch wieder gefährliche, leicht ängstlich und eng werdende Unterscheiden, Trennen, Zuspitzen und Verwerfen.

Wie entschieden, ja heftig Petrarcas Nachfolge Ciceros christlich ist, zeigt sich am besten in einer Altersschrift, die auch in anderer Hinsicht sein Verhältnis zu Cicero am deutlichsten erkennen läßt, *De sui ipsius et multorum ignorantia,* »Über seine und vieler anderer Unwissenheit«, aus dem Jahre 1366. Vier Freunde in Venedig, also im Bannkreis der Hochburg des Averroismus, Padua, haben über ihn geurteilt: »Er ist ein guter Mensch, aber ungebildet, ungelehrt, *illiteratus*«, weil er nichts von der aristotelisch-averroistischen Naturwissenschaft versteht. Sie gönnen ihm seinen Ruhm nicht, und sie haben seinen Widerspruch gegen ihre Naturwissenschaft und gegen ihren Abgott Aristoteles nicht vertragen. Der tiefste Ursprung ihres mißgünstigen Urteils ist der: er ist Christ, und sie sind im Grunde Feinde des katholischen Glaubens. Mit diesem Bekenntnis zum Christentum verschlingt sich das Bekenntnis zu Cicero, wie denn überhaupt im Verlauf der ganzen Schrift Cicero immer wieder unvermerkt auftaucht und zusammen mit Augustinus und Platon auf die Seite des angegriffenen Rechten und Guten tritt. »Ich bin Christ«, sagt Petrarca. »Freilich könnte ich vielleicht zu hören bekommen, was dem Hieronymus vorgeworfen wurde, wie er berichtet: Du lügst, ein Ciceronianer bist du, kein Christ ... Ich bestreite es ... nicht, ich bin vielen nichtigen verderblichen Sorgen ergeben. Doch dazu zähle ich nicht Cicero. Ich weiß, er hat mir nie geschadet, oft sogar genützt ... Augustinus bekennt von sich ähnliches. Ich verberge es nicht, ich habe meine Freude an Geist und Sprachkunst Ciceros« wie Hieronymus, der trotz jenem zurechtweisenden Traumgesicht und trotz dem Schelten des Rufinus immer etwas von einem Ciceronianer behalten hat. »Ich bin ein Ciceronianer, wenn Cicero bewundern dasselbe ist wie Ciceronianer sein. Cicero wäre Christ geworden, wie Augustinus das von Platon annimmt und wie er es von den Platonikern seiner Zeit berichtet, zu denen er ja selbst gehört.« »Augustinus ist aus einem Erklärer Ciceros der Verkünder Christi geworden.« Cicero – so ergänzt man leicht den Gedanken – ist fast ein Christ wie vor ihm Platon; beide gehören zu Augustinus. Kein Wunder, daß die heimlichen Heiden nichts von Cicero wissen wollen. Sie spotten ja auch über Augustinus.

Indem hier Cicero mit Augustinus und Platon zusammen auf die Seite des Christentums tritt, gewinnt er geschichtliche Tiefe. Cicero: das ist nun eine an der Grenze der Zeiten nicht zu ihrem Ziel gelangte Seelengeschichte.

An einer anderen Stelle ist er von den heidnischen Irrtümern Ciceros ausgegangen, aber bald unversehens über die Klage, daß er gerade noch vor dem Beginn des wahren Glaubens gestorben ist, zum Vortrag ganzer Abschnitte aus den philosophischen Werken gelangt, wo man denken könnte, »es spreche kein heidnischer Philosoph, sondern ein Apostel«. Er vergißt sich, er schwelgt in diesen erhebenden Satzreihen und Gedanken. Wäre doch Cicero ein katholischer Christ gewesen! Dann »würden wir jetzt in den Tempeln ... unseres Gottes zwar keine wahrere, heiligere, aber vielleicht eine mehr wohlgefällige, klingende Verkündung haben«. Und wo er dann doch nicht über den Anstoß an dem falschen Götterglauben wegkommt, da hält er ihm seine Absurditäten doch wie ein Freund dem Freunde vor: »*Mi Cicero,* mein lieber Cicero«, wie konntest du nur!

Die Sätze, woran sich Petrarca erbaut, bezeugen solche theologischen Lehren, die Petrarca von den averroistischen Gegner angegriffen sah: von der natürlichen Gotteserkenntnis, vom göttlichen Weltregiment, von Gottes Vorsehung. Die Liebe zu Cicero gehört eben durchaus in den Gegensatz, der Petrarcas Innenleben spannt: zurückgestoßen von dem versachlichten, unfrommen Wesen der Wissenschaft, das ihn bedrängte, wandte er sich ins Gegenteil, und dort traf er, mit Platon und Augustinus vereint, auch Cicero an.

Dieses gegensätzliche Verhältnis läßt auch etwas verstehen, was sonst unbegreiflich, ja bedenklich scheinen würde, seine unbedingte Liebe zu Ciceros Philosophie. Der Dilettant Cicero, dem man später nachweisen sollte, daß er unbekümmert, eilig griechische Vorlagen bearbeitet hat, wobei es nicht ohne Mißverständnisse und Irrtümer abgegangen ist: für Petrarca ist er der Weise, um den er wohl die ganze strenge, auf ihrer Höhe als Gedankenarbeit weit überlegene Philosophie des Mittelalters hergegeben hätte. Das scheint ungeheuerlich, und etwas davon bleibt auch bestehen. Gewiß kann man einwenden, damals sei Cicero noch nicht entlarvt gewesen; in ihm sei die wahrlich auch bedeutende hellenistische Philosophie aufgegangen, und ihr Glanz habe Petrarca geblendet. Aber abgesehen davon, daß Cicero selbst dabei keineswegs so gleichgültig ist wie ein unpersönlicher Vermittler, fragt es sich immer noch, was es denn, gleichgültig, woher es stammt, gewesen ist, was es Petrarca so hat antun können. Es ist, kurz gesagt, Weisheit im Gegensatz zu Wissenschaft.

Wie das zu verstehen ist, kann wieder die Schrift *De sui ipsius et multorum ignorantia* lehren. Die Gegner, die

Aristoteliker, die Averroisten, bilden sich viel auf ihre Naturwissenschaft ein, eine bloß theoretische Wissenschaft, deren Gegenstand, die natürliche Art von Vierfüßlern, Vögeln, Fischen, Schlangen und dergleichen, uns nichts angeht, deren Ziel, ein Wissen um des Wissens willen, nichts mit unseren Hauptanliegen zu tun hat. Was nützt es, die Tierwelt zu erkennen und Natur und Wesen des Menschen, seine Bestimmung, seinen Ursprung und seinen Ausgang geringschätzig beiseite zu schieben? Solches Wissen bedeutet nichts für das Glück, die *beata vita*. Darum ist es wie gelehrtes Wissen meist, wenn es nicht, selten genug, einem wertvollen, recht unterrichteten Geist zuteil wird, unnütz oder schädlich, indem es hochmütig macht und zerstört, nicht aufbaut. Petrarca seinerseits bekennt in augustinisch-frommem Ton, worin Worte des alten Testaments und des Apostels Paulus mitklingen, er habe in seinen gelehrten Studien nicht mehr als nur das eine gesucht, gut zu werden – nicht als ob man es schon dadurch werden könnte; »nur glaubte ich, durch gelehrte Studien werde der Weg zu meinem Ziel ehrenvoller, sicherer und zugleich auch angenehmer«.

Auf der einen Seite steht die Wissenschaft, eine strenge, sachliche, die schöne Form unwirsch ablehnende Wissenschaft, wie sie Aristoteles und seine Ausleger betreiben, mit genauem Verfahren nach Vernunftgesetzen, die vom Menschen nicht abhängen. Beobachtend, zergliedernd, verknüpfend, schließend kommt sie von außen ihren Gegenständen bei. Wir wissen, daß es besonders die Ärzte gewesen sind, die so die Natur erforscht und auch den Menschen zum naturwissenschaftlichen Objekt gemacht haben. Auf das äußerste getrieben, entfremdet eine solche Wissenschaft sich und die Welt dem Menschen, ja sie entfremdet ihn sich selbst. »Nie kehren sie in sich selbst zurück, immer sind sie rückhaltlos dem Äußeren hingegeben und suchen sich außen«, sagt Petrarca von seinen Gegnern. Wer dieser Wissenschaft dient, ist vielleicht fürwitzig klug, aber unweise. Er weiß mit sich, seinem

Denken, Fühlen, Wollen und Handeln, nichts anzufangen. Denn all das bleibt unbemerkt, ungepflegt und ungeformt hilflos im Rohen, Häßlichen. Jede Wissenschaft, die ganz »rein« wird und das ihr vorausliegende Dilettantentum, das heißt die Liebe und den vorwissenschaftlichen Antrieb, von dem sie lebt, vergißt, gerät in Gefahr, unweise, töricht zu werden. Und es leuchtet ein, daß sich dann die Geister fast notwendig in das Gegenteil retten. Es ist verständlich, daß dann die Stunde gerade eines »Liebhabers« wie Cicero kommen kann, dessen Liebe die Einheit von Mensch und Wissenschaft wieder herstellt, die Stunde auch des Künstlers Cicero, dessen Kunst die Philosophie wieder liebenswert erscheinen läßt, die Stunde der ciceronischen Weisheit. Dieser philosophierende Sachwalter und Staatsmann geht nicht in seiner Philosophie auf. Man kennt ihn selbst, wie er aus einem vernehmbaren Innern heraus, in vielfache bürgerliche Verhältnisse verflochten, wirkend und leidend sein Leben auf den Höhen der römischen Geschichte geführt hat. Er ist es, der philosophiert; die Philosophie ist mehr als ein ablösbarer Bestand sachlich zusammenhängender Philosopheme; sie ist Ausdruck eines nach Weisheit trachtenden Geistes.

Die Naturwissenschaft, die in dem angezogenen Text der Weisheit gegenübersteht, ist nicht nur ihrem Verfahren nach die aristotelische strenge, sachliche; sie stellt sich auch ihrem Gehalte nach als müßige Theorie dar. Noch handelt es sich ja um Betrachtung der Natur im antiken und mittelalterlichen Sinn, nicht um unsere moderne Naturwissenschaft, worin der Antrieb, in die Natur einzugreifen und sie zu beherrschen, stets mit am Werke ist. Noch gehört sie zum *βίος θεωρητικός*, der *vita contemplativa*. Daß sich in der Erkenntnis von Welt und Natur rein um der Erkenntnis willen ein sehr edles Uranliegen des Menschen kundgibt und befriedigt, das kann Petrarca offenbar nicht mehr mit vollziehen, warum, mögen die Kenner des späten Mittelalters entscheiden, jedenfalls sieht er nur das entartete Zerrbild reiner Naturerkenntnis, eine Wissenschaft, die dem Drang des Menschen, sein Wesen und seine Bestimmung zu erfüllen, unerreichbar geworden ist.

Auf der anderen Seite die Weisheit bekümmert sich um den Menschen und hilft ihm leben, und zwar recht leben und sein Ziel erreichen, das Glück – in seinem alten edlen, noch nicht abgewerteten Sinn als erfülltes und darum befriedigtes Dasein verstanden. Weil ihr Gegenstand und Ziel unser eigenes Dasein und sein Glück sind, deshalb geht sie uns unabweislich an. Hier tut sich mit dem Zauber des neu Entdeckten, der sich überdies durch die Kraft des Gegensatzes und des Abstoßes verdoppelt, der nahe erreichbare Bezirk der *vita activa* auf, der Bereich unseres tätigen Verhaltens zu uns selbst, zu unseresgleichen im Miteinander- und Aufeinanderwirken zu erhöhtem Dasein. Petrarcas Nachfolger gehen entschlossen weiter und weiter. Die *vita contemplativa,* deren Vorrang er im Mönchtum noch unangetastet gelassen hat, drängen sie hinaus ins Jenseits. Um so ungestörter wenden sie sich dem Diesseitigen zu, und da gehen ihnen nun die Augen auf für dessen Ernst und Gewicht, bis schließlich Poggio Bracciolini dazu gelangt, nicht nur die Arbeit zu preisen, sondern sogar die Gewinnsucht als etwas Natürliches, ja Nützliches anzuerkennen, ohne das es keine höhere Kultur geben würde, und bis der gleiche Poggio und später Valla gar die Lust mit der gleichen Entdeckerfreude aus Acht und Bann befreit. Seltsam: hier schlägt der humanistische Geist, der damit begonnen hat, sich gegen eine naturalistische Denkart zu wehren, am Ende in einen neuen Naturalismus um, den modernen Naturalismus, dem die Herkunft oder doch der Durchgang durch die Wiederentdeckung von Wille und Tat doch wohl immer anzumerken ist.

Doch dieser Umschlag liegt noch im Weiten. Das tätige Leben aus den neu erschlossenen Kräften des Innern: darauf ist es zuerst abgesehen. In Ciceros philosophischen Schriften hat das neue Weisheitsstreben seine gemäße Nahrung gefunden. Eine ganze Philosophie des menschlichen Lebens, von den höchsten, das Dasein vollendenden Werten bis zu der Lebensführung des Alltags, von Krankheit und Gesundheit des Innern bis zu den Formen geordneten und erhöhten gemeinsamen Lebens in Gesellschaft und Staat, der vielfältige Reichtum der hellenistischen Philosophie, die in der Hauptsache Lebenshilfe sein will und von dem Römer Cicero durch Auswahl und Betonung eher noch mehr vom Theoretischen und Metaphysischen fort nach dieser Seite hin gewendet ist, bot sich in diesen Schriften als die praktische Philosophie, die Weisheit dar, nach der Petrarca verlangte. Und so ist es verständlich, daß er ihnen mit so entschiedener Liebe zugetan ist.

In diesem Sinne stellt er in der schon öfter angeführten Bekenntnisschrift *De sui ipsius et multorum ignorantia* einmal Cicero und Seneca zusammen dem Aristoteles gegenüber, dessen Ethik ihn kalt gelassen hat. »Wissen und Lieben, Erkennen und Wollen ist eben etwas Verschiedenes.« »Ansporn und entflammende Worte findet (der Leser) ... bei den Unseren (den Lateinern), besonders bei Cicero und Seneca.« Dafür zeugt Augustinus, der durch Ciceros *Hortensius* zum Guten bekehrt worden ist. Sie sind »die wahren Philosophen des Sittlichen«. »Es ist besser ..., das Gute zu wollen, als die Wahrheit zu wissen.« »Am schlimmsten irren die Menschen, die ihre Zeit darauf verwenden, Gott zu erkennen, statt ihn zu lieben.« Hier ist es deutlich, daß Petrarca, indem er freilich zunächst an die Aristoteliker seiner Zeit denkt, nicht nur die Erkenntnis von Welt und Natur, sondern die betrachtende Erkenntnis überhaupt geringer achtet und das Wertverhältnis von Wissen und Wollen, Wissenschaft und praktischer Weisheit grundsätzlich umstürzt – ein folgenreicher, nicht unbedenklicher Schritt, der schon bei Petrarca selbst ins Einseitige, in die Verarmung zu führen begonnen hat;

man erwäge nur, wieviel Augustinisches für ihn unwirksam geworden ist.

Hält man sich, wie wir es getan, das persönliche Verhältnis zu Cicero, die Zugehörigkeit Ciceros zu Augustinus und dem Platonismus, zur christlichen Wahrheit und Frömmigkeit, die praktische Philosophie des Menschen und seiner eigentümlichen Welt, die Weisheit, zusammen gegenwärtig und dazu die Gegenseite, den averroistisch ausgelegten Aristoteles, den seellosen, unfrommen, heidnischen Geist seiner Anhänger, die reine Theorie der Natur, die Wissenschaft im engeren Sinn des Wortes, so hat man schon Wesentliches von dem begriffen, was Petrarca an Cicero geliebt hat und was in ihm den humanistischen Geist erweckt hat. Es ist wichtig zu wissen, daß es ein augustinischer, fast christlicher Cicero, daß es der Weise gewesen ist, der gewissermaßen als Freund das neue Leben in Petrarca genährt hat. Und es ist mehr damit gewonnen als das Verständnis einer vergangenen, abgetanen geschichtlichen Lage. Unvermerkt hat sich, in besonderer geschichtlicher Gestalt freilich, ein Hauptthema unserer geistigen Welt entwickelt, das Verhältnis zwischen Geisteswissenschaft und Naturwissenschaft. Hier stellt es sich gegensätzlich, ja polemisch dar: der humanistische Geist als rettende, wenngleich einseitige Antwort auf Gefahren der spätmittelalterlichen Schule der Naturwissenschaften.

Mit alledem ist aber noch nicht das Eigenste, Ursprünglichste an Petrarcas Verhältnis zu Cicero und am humanistischen Geiste genannt, etwas, was uns, die wir immer noch mit Faust zu sprechen versucht sind: »Ich kann das Wort so hoch unmöglich schätzen«, vielleicht am schwersten eingehen, ja anstößig scheinen will. Man läßt sich Humanismus als Gesinnung gefallen, als Denkart, als Inbegriff gewisser Studien und Überzeugungen, die sich auf den Menschen beziehen, aber man rührt nicht gern an seine Liebe zum schönen Wort, zur sprachlichen Wohlgestalt. Vielleicht ist mancher geneigt, sie als peinliche

Schwäche leichter Hand abzutun. Und doch liegt hier, wie gesagt, sein Eigenstes. Nachfolge Platons und des heiligen Augustinus, Frömmigkeit des bewegten Herzens, praktische Philosophie des menschlichen Lebens, das alles gibt es in anderen Zusammenhängen auch im Mittelalter. Sein besonderes, unverwechselbares Gesicht bekommt es erst durch das personale Verhältnis zu den Vorbildern und die neue, in solchem Verhältnis vor allem zu Cicero entdeckte Sprache. In ihrem Bann hat sich Petrarca längst befunden, ehe er den Weisen, den Frommen in Cicero verehren konnte.

Er erzählt in späten Jahren in einem autobiographischen Briefe: »Noch in der Kindheit, wo andere für Märchen und Fabeln schwärmen, hat mich Cicero begeistert. Ob ein Naturtrieb oder die Lehren des Vaters, der selber ein großer Verehrer von ihm war, das bewirkt hatten, lasse ich dahingestellt . . . Verstehen konnte ich natürlich damals noch nichts, aber die Anmut und der Wohlklang seiner Worte *(verborum dulcedo et sonoritas)* fesselten mich dermaßen, daß alles andere, was ich zu hören oder zu sehen bekam, mir heiser und eintönig klang.« Später hat er dann die Rechtswissenschaft studieren und »Cicero samt seinen heilsamen Lehren vergessen« müssen. Sieben Jahre hat er so vergeudet. Endlich begriff der Vater, warum die Rechtsgelehrtheit seinem Sohne so schwer einging. Er holte alle Werke Ciceros und einiger anderer aus dem Versteck, in dem sie der vorsichtige junge Mann zu bewahren pflegte, und warf sie ins Feuer, als wären es Ketzerschriften. »Ich weinte bei diesem Anblick«, erzählt Petrarca, »als wenn ich selbst in diesen Flammen brennen sollte. Als mein Vater meinen Schmerz sah, nahm er plötzlich zwei Bücher aus dem Feuer, das sie beinahe schon ergriffen hatte – es war Virgil und die Rhetorik Ciceros –, reichte sie mir lächelnd und sagte: »Möge dir der eine ein Labsal der Seele sein, zu dem man nicht allzuoft seine Zuflucht nehmen soll, der andere aber ein Hilfsmittel zur Erlernung des Rechts.«

Verborum dulcedo et sonoritas, der süße Wohlklang der Worte, haben es mit einem wahren Zauber schon dem Kinde angetan. Der Verlust offenbart es später, wie der junge Mensch mit Cicero eins geworden ist. Der Vater versucht den mittelalterlichen Zustand als den rechtmäßigen wiederherzustellen, indem er die praktisch brauchbare, schulgerechte Rhetorik – *De inventione* genannt – allein übrigläßt. Alle Widerstände machen nur die unwiderstehliche Liebe offenbar. Auch der ältere Petrarca bekennt sich immer neu dazu.

Die Schrift *De ignorantia* zeigt außerdem, daß auch diese Liebe ihre Kehrseite hat. Auch hier ist der Feind Aristoteles oder vielmehr die herrschende Schule der Aristoteliker. »Sprachkunst . . . ist bei ihnen nach der modernen philosophischen Sitte gering geschätzt und als etwas gelehrter Männer Unwürdiges verabscheut. So steht jetzt nur das Nichtredenkönnen des philosophischen Mannes und vertracktes Gestammel und eine allein auf eine hochmütige Miene gestützte und, wie Cicero sagt, blöde gähnende Weisheit in Ehren, und sie erinnern sich nicht an Platon, den größten Sprachkünstler unter den Menschen, und, um von anderen zu schweigen, nicht an Aristoteles, der wohllautend und wohlgefällig war, aber von diesen Leuten widerwärtig rauh gemacht ist.« Petrarca hat bei Quintilian von der wohlgefälligen Sprache des Aristoteles gelesen. Den lateinischen Aristoteles findet er ungenießbar. Daß Quintilians Worte die künstlerischen, im Altertum verbreiteten und gelesenen Werke, nicht die strengen, nüchternen, in Mittelalter und Neuzeit allein noch erhaltenen Lehrschriften meinen, kann er nicht wissen. Und so muß er sich den Widerspruch durch die Schuld der Übersetzer erklären. Heftiger Widerwille gegen diese Sprachbarbarei der Schule drückt sich unmittelbar in treffsicher gewählten, an den Glanzstellen ciceronischen Worten aus. Hier ist es dem Schreibenden offenbar bitter ernst.

Auf der einen Seite stehen die strengen Männer der sachlichen Wissenschaft, die den »Schönredner« hochmütig verachten: »Viel Kunst der Rede, wenig Wissen.« Sie selbst gefallen sich in einer barbarischen Fachsprache. Auf der anderen Seite Petrarca ist überzeugt: die Weisheit darf der Kunst des Wortes nicht entraten. Ernst und Gewicht der Gegenseite lassen das Gewicht des Bekenntnisses spüren.

Hier haben wir nun die Wahl: entweder Petrarca, dann aber auch alle seine Nachfolger, die Humanisten, für Narren zu halten, die einen bloßen Schmuck maßlos überschätzt haben, oder sie ernst zu nehmen und zu fragen, was es denn mit diesem Kult der Sprache für eine Bewandtnis hat.

Petrarca hat sich selbst nicht darüber ausgesprochen, wir müssen schon auf seine eigene Sprache achten. Darin muß sich ja das Neue kundgeben, das ihn in Ciceros Sprache bezaubert und beseligt hat. Und da stellt es sich heraus: er bildet nicht etwa Worte und Satzfügungen Ciceros im einzelnen nach, er bewegt sich ziemlich frei. Und doch: wie ciceronisch klingt seine lateinische Prosa! Woran liegt das? Was unterscheidet sie von jeder mittelalterlichen Prosa? Es ist nicht ein bloßes Mehr oder eine andere Zusammensetzung von rednerischen Figuren und Ausdrucksweisen, die man lernen und wie Bausteine zusammenfügen kann, sondern es ist eine gewissermaßen gebärdenhafte Schönheit des Wortes. Diese Sprache zielt und drängt oder hält zurück und zaudert, fragt und zieht das Du ins Einverständnis, läßt sich vom Zuge der Gedanken mitziehen und wendet sich plötzlich wieder zurück, klagt oder erhebt sich, ist bald heftiger, bald gelassener bewegt. Dieses Gebärdenwesen ist wie im Gesicht das Mienenspiel und in der Handschrift der Bewegungszug. Manches Gesicht hat kaum eine Miene, manche Handschrift wenig ausdrucksvolle Züge. Petrarcas Prosa gleicht einem Gesicht, dessen Mienenspiel, einer Schrift, deren Lineamente kraftvoll, gestaltenreich und dabei wohlgeformt sind, gelöst und genau zugleich.

Das ist nun das Gemeinsame, was seine Sprache über das Mittelalter hinweg mit der Sprache Ciceros verbindet.

Was sich da gebärdet, ist nichts Allgemeines, was uns übergreift, woran wir nur Anteil haben, wovon wir Glieder oder Werkzeuge oder bloße Zeichen sind, nicht das über uns oder unter uns, worin wir aufgehen oder wovon wir besessen sind, nicht also das, was sich etwa in logischen und sakralen Bewegungen, in Chören und Tänzen und bewegten Massen kundgibt, sondern das, was diesem einmal so als Person lebenden Menschen in seiner natürlichen Mittellage ganz und gar eigen ist, gleichviel, ob er es will oder nicht, ob er sich hochmütig und selbstgefällig darein verschließt oder es demütig offen dem Höheren aufzuopfern bereit ist. Dieser eigentümlich geprägten Seele Gebärden sind es, die sich in dieser Prosa vollziehen, sie ist in ihr stets mit gegenwärtig. Aus ihrer Tiefe kommen sie und zielen heraus und wieder hinein in andere solche Eigenwesen. Das ist die Dimension, in der sich diese Sprache zu bewegen versteht.

Diese Dimension und das Reich so aufeinander bezogener, aufeinander wirkender Eigenwesen hat Petrarca in der Sprache entdeckt, wie Columbus Amerika entdeckt hat. Und er hat damit nicht weniger ein neues Zeitalter anbrechen lassen. Denn es war ein neues *Leben*, das sich erschloß, eine neue Art des Daseinsvollzugs, so wie jemand gehen, schwimmen, Schlittschuh laufen oder fliegen lernt. Der ganze Bereich eigenpersönlichen Daseins wurde in dieser Sprache erschlossen, mit seinen Möglichkeiten und Gefahren, mit seinem Gewinn und seinen Aufgaben.

Der bisher verschlossene, jetzt entdeckte Bezirk des Lebens, nun erst gleichsam betretbar, konnte und mußte in Pflege genommen werden. Und da hat es sich glücklich gefügt, daß Petrarca und seine Nachfolger ihre Aufmerksamkeit gerade auf die Sprache gerichtet haben, und zwar eine Sprache wie die Ciceros, nicht nur auf Gesinnungen, Ideen, Lehren und dergleichen. So konnten nicht die neu empfundenen Kräfte der personalen Tiefe wild aufbrechen, sondern, indem sie sich erhoben, formten und gliederten und humanisierten sie sich auch. Sprache überhaupt bindet ja alles neu Entdeckte, Einzelne an alten Geistesbestand, an Allgemeines, das Persönliche an das Sachliche, und im besonderen Ciceros Sprache ist zwar durchaus gebärdenhaft und von bewegtem Gemüt erfüllt, lebt aber dabei keineswegs einseitig oder gar bewußterweise in der Dimension personaler Tiefe. Sie ist ganz von Form und Schönheit durchgestaltet, von Anmut und Grazie geadelt. Und sie ist ein Organ geselligen, im Sinne der antiken *civitas* bürgerlichen Lebens. Der gleiche Cicero, dessen Seele in seinen Sprachgebärden gegenwärtig ist, hat die Kunst der Sprache doch auch als Bändigerin der Leidenschaften und als höchstes geselliges Vermögen gefeiert und geschrieben: »Die Herrin von allen, die beredte Sprache, wie ist sie köstlich, wie göttlich! Sie macht, daß wir lernen können, was wir nicht wissen. Damit mahnen, damit überreden wir, damit trösten wir die Niedergeschlagenen, bringen die Geängstigten über ihre Furcht hinweg, damit dämpfen wir den Übermut, damit kühlen wir Begehrlichkeit und Zornwallungen, sie hat uns zur Gemeinschaft von Recht und Gesetz und städtischem Leben verbunden, sie hat uns vom ungeschlachten, wilden Leben losgelöst.« Die Philosophie der Sprachkunst, die sich durch seine Schriften zieht, gipfelt nicht in der Seele, sondern in der den Menschen integrierenden Gestalt des Orator; sie gehört zur politischen Philosophie. Indem also Ciceros Sprache das neue Leben in Petrarca geweckt und genährt hat, hat sie ihm zugleich einen starken Widerhalt und den Segen des Komplexen geschenkt.

Petrarca hat die persönliche, gebärdenhafte Bewegung der Sprache an Cicero entdeckt. Das Persönliche, das er darin empfand, verwandelte sich ihm unvermerkt ins

Tiefe, aber das Gesellige, Politische, Öffentliche dieser Sprache hielt der Innerlichkeit als Widerspiel die Waage. Der neue humanistische Geist ist der Menschenwelt zugewandt, aber die Tiefe der christlichen Seele ist ihm stets mit gegenwärtig.

Soweit also hat am Ende der Zauber getragen, mit dem der Wohlklang von Ciceros Worten Petrarca in der Kindheit angerührt hatte. Ja, er hat über Petrarca hinaus die Humanisten in seinen Bann gezogen. Sie alle sind Verehrer, Meister, gelehrte Kenner der neu entdeckten schönen Prosa gewesen wie vor Petrarca niemand seit der Antike. Noch die moderne Sprachwissenschaft zehrt wenigstens mittelbar von diesem Kult der Sprache Ciceros, auch dort, wo der humanistische Geist daraus entwichen ist. Und es ist mehr als eine liebenswerte Donquijoterie, diese fruchtbare Liebe zum schönen Wort. Worin sonst als in der persönlichen, schön bewegten Sprache lebt denn der humanistische Geist? Fängt er einmal an, sich mit Gesinnungen, Erkenntnissen, Ergebnissen, Gegenstandsgebieten, kurz: mit sachlich bestimmbaren Dingen zu begnügen, so lebt er schon nicht mehr und hat ausgespielt. An der Sprache wird man stets den humanistischen Menschen erkennen. Umgekehrt wird sich ein unhumanistischer Stand der Dinge, worin der sachliche Bezug alles, der personale nichts gilt, durch eine verkümmerte Sprache verraten. Der humanistische Geist ist ja von Haus aus die rettende Antwort auf einen solchen unmenschlichen, bei hohem Wissen und Können barbarischen Zustand.

Anmerkung. Aus der reichen Literatur zitiere ich G. Toffanin, Storia dell'Umanesimo, deutsch unter dem Titel: Geschichte des Humanismus; Akademische Verlagsanstalt Pantheon [1941], und Walter Rüegg, Cicero und der Humanismus, Formale Untersuchungen über Petrarca und Erasmus; Zürich 1946. Dem einen verdanke ich wesentliche Einsichten, ohne indessen allen seinen eigenwilligen Gedankengängen folgen zu können. Des andern Erkenntnisse über Petrarcas Form trafen bestätigend mit manchen hier vorgetragenen Gedanken zusammen.

HUMANITÄT UND HUMANITAS

Die Worte Humanität, human, Menschlichkeit, menschlich gehören zu denen, die man zwar in wechselnden Zeitläuften besser oder weniger gut verstehen, lieben oder hassen mag, die aber niemals wirklich veralten können; denn sie verweisen uns auf ein Anliegen, das wir nicht von uns schieben können, solange wir wir selbst sind, auf die Frage nämlich: Was ist der Mensch? Was ist sein eigentliches Wesen? Wo soll es mit ihm hinaus? Was ist ihm gemäß? Was verletzt und entwürdigt ihn?

Zwar wird nicht jeder, der diese Worte im Alltag braucht, sich dessen bewußt sein. Er wird dabei zunächst nur unbestimmt an Gesinnungen, Taten und Veranstaltungen denken, die das Schreckliche, Brutale zu mildern trachten, wovon unser Dasein immer bedroht ist, und es erträglicher, freundlicher zu machen suchen, nicht auf Vorteil, Macht und Recht bedacht, sondern des gemeinsamen Menschenloses eingedenk gütig sich in den andern zu versetzen, teilzunehmen und zu helfen bereit. Das ist der Sinn des Wortes Humanität, den die Antike den europäischen Sprachen insgemein als kostbares Erbe hinterlassen hat, und bedenkt man es recht, so liegt auch darin schon ein Begriff des Menschen, der Gedanke, daß sich sein Wesen nicht mit Roheit, Hochmut und Starrsinn verträgt. Der brutale Mensch, der von seinesgleichen nichts wissen will, ist kein Mensch.

Doch der volle Sinn des Wortes[1] meint mehr, umfaßt schließlich die ganze Antwort auf die Frage: Was ist der Mensch? Was soll er sein? Es erinnert den Menschen an sich selbst, läßt ihn nicht sich selbst vernachlässigen, nicht unter sich selbst sinken, schützt ihn vor der Gefahr, in

[1] Anmerkungen s. S. 737 ff.

äußeren, sachlichen, gegenständlichen Verhältnissen und Zwecken aufzugehen und am Ende als der Barbar dazustehen, der mit einem Mindestmaß von Ordnung und Kultur des Innern über ein Höchstmaß von Gegenständen der Außenwelt zu seinem eigenen und anderer Unheil verfügt.

Mit dieser Humanität und ihren antiken Ursprüngen soll es unser Versuch zu tun haben. Die Philologie, an deren Grenzen er sich halten wird, vermag zwar nicht selbst auf die großen Fragen, die das Leben stellt, zu antworten oder zu beurteilen, ob man richtig darauf geantwortet hat. Das ist Sache der Religion und Philosophie. Was der Philolog beitragen kann, ist nur dies, daß er die stete Abnutzung und Banalisierung bedeutender Worte immer wieder gut macht, verdunkelten Sinn wieder erhellt und die Gemeinschaft der Geister über Zeiten und Räume hinweg nicht abreißen läßt, so daß wir bei eigener Besinnung und Beratung nicht auf den kleinen, zufällig abgegrenzten Kreis unmittelbarer Gegenwart beschränkt bleiben, sondern auf die Stimmen der Jahrhunderte und Völker zu hören vermögen wie auf den Rat kluger Freunde. Und das ist am Ende nichts ganz Geringes. Denn wenn wir verstehen, wie es erfahrene, weise Menschen meinen, so mögen wir uns dann wie immer entscheiden, vor dem Nichtigen jedenfalls bleiben wir bewahrt.

Wer sich nun also des vollen Sinnes der Humanität zu vergewissern sucht, der fragt am besten bei Herder an[2]. Er ist es, der ihre ganze Sinnfülle gewissermaßen entdeckt hat, der ihr Verkünder für ein ganzes Zeitalter[3] geworden ist, der sie geradezu zum Hauptanliegen seiner Schriftstellerei, zum Hauptanliegen des menschlichen Daseins überhaupt gemacht hat. Herder und Humanität gehören bezeichnenderweise für Goethe so eng zusammen, daß da, wo er das Wort gebraucht, meist genannt oder ungenannt Herder hineinspielt. Es mag hier genügen, an Humanus, die Hauptfigur in dem Gedicht »Die Geheimnisse«, zu erinnern.

Freilich, der Herder des Sturmes und Dranges, der Herder der Schrift »Auch eine Philosophie der Geschichte zur Bildung der Menschheit« vom Jahre 1774, der aufbegehrende Herder, der gegen die Herrschaft Voltaires und Humes und die ganze Kultur seiner Zeit so heftig anrennt, daß man die Lust am Streit gegen das Geltende auf jeder Seite spürt, die er geschrieben hat – dieser Herder hat noch nichts über Humanität zu sagen[4]. Erscheint einmal – selten genug – das Wort[5], so gehört es auf die feindliche Seite, ein Schlagwort, das der Stolz auf die zivilisierte Gegenwart gern im Munde führt, die Franzosen besonders, die »Affen der Humanität«[6]. Es hat eines tiefen Wandels in Herder bedurft, um ihn die Humanität entdecken zu lassen[7], des gleichen Wandels, der ihn auch nach ausschließender Begeisterung für den streitbaren Hutten den friedsamen Erasmus, den Meister der Humanität, für den er im »Denkmal Ulrichs von Hutten« (1776) nur Verachtung und giftige Worte gehabt hatte, so sehr lieben gelehrt hat, daß er ihn später immer wieder zusammen mit Grotius und Leibniz verbunden genannt, ja einmal ihn abgöttisch zu lieben bekannt hat[8].

Dieser Wandel und die Entdeckung der Humanität muß sich in den ersten Weimarer Jahren, um das Jahr 1780, ereignet haben, und das würde sich ja auf das beste zu Goethes Wandel fügen; Herders Humanität und Goethes Iphigenie gehören zusammen. Die Entdeckung ist Fortschritt und Rückkehr zugleich, Rückkehr zu alter geistiger Überlieferung, ja sogar zu den geltenden europäischen Idealen des Zeitalters, die nun freilich, nach dem Umweg über den Widerspruch, in einem tieferen, lebendigeren Geist angeeignet sind.

Was diese Humanität ist, mögen zuerst die »Briefe zur Beförderung der Humanität«, ein Hauptwerk der neunziger Jahre, lehren[9]. Mitgefühl mit den Schwächen unseres Geschlechts und leichte, entgegenkommende Umgänglichkeit, Freundlichkeit und Güte, also etwa das, was auch die anderen europäischen Sprachen ebenso wie das Lateinische alter und neuer Zeit unter Humanität verstehen, läßt Herder zwar auch gelten, aber nur, um zu erklären, daß Humanität mehr als dies alles ist[10]. Worauf es ihm ankommt, ist die Humanität als das eigentliche Wesen unseres Geschlechts, ist die Humanität als Sinn für die menschliche Natur in ihrer Stärke und ihrer Schwäche, in Mängeln und Vollkommenheiten, nicht ohne Tätigkeit und Einsicht, – die Arbeit an der Verwirklichung unseres eigentlichen Wesens, an der Vervollkommnung des Menschengeschlechts, das humanisierende Wirken der Wissenschaften und Künste[11].

Humanität ist unser eigentliches Wesen. Wir bringen sie aber nicht fertig mit auf die Welt, sondern nur die Anlage dazu. Sie herauszubilden ist unsere Aufgabe, unsere Leistung[12]. Zwischen Anlage und Bestimmung ist das menschliche Dasein und Wirken ausgespannt, dem Gebot Gottes: »Du sollst«, »du sollst nicht«, unterstellt. Es ist eine ernste Angelegenheit, und Herder lehnt ausdrücklich Shaftesburys Einfall ab, »Witz und Humor zum Prüfstein aller, auch der ernstesten Wahrheit zu machen«[13]. Bildung und Humanität nennt er geradezu das Göttliche in unsrem Geschlecht[14].

Was das Menschenwesen auszeichnet, ist die Fähigkeit, als Geist den sinnvollen Zusammenhang der Dinge – »Gesetz und Vernunft« sagte man damals – zu erfassen und mit dem Willen zu bejahen, also nicht durch mechanischen Zwang der Natur unterworfen, sondern durch Sinnerkenntnis mit ihr einig, also frei zu sein, teilzuhaben an dem Geist, der als Weltvernunft die Natur, als »praktische Vernunft« den Gottesstaat regiert, den alle geistigen Wesen miteinander ausmachen[15]. Hier erhebt sich die Würde des Menschen bis zum Göttlichen, zur Ähnlichkeit mit Gott, wie es Herder an einer andern Stelle mit dem christlichen Ausdruck nennt[16]. Ehrfurcht vor der Hoheit des Menschen beseelt durchaus Herders Lehre von der Humanität.

»Humanistische Briefe« gedachte Herder sein Werk zu nennen[17]. Humanistisch bedeutete ihm soviel wie: »auf Humanisierung, auf das wahre, eigentliche Menschentum zielend«. »Dies ist das wahre *studium humanitatis,* in welchem uns Griechen und Römer vortrefflich vorgegangen sind; Schande, wenn wir ihnen nachbleiben wollten!«[18] Hier erkennt man den ursprünglichen Zusammenhang zwischen Antike, Studium der Alten und Humanität. Man überblickt mit einem Male, wie der Sinn des Wortes »humanistisch« sich später verschoben hat und abgeglitten ist.

Herder hat mit seinen »Briefen« dem unhumanen »Pauken- und Trommelgetön« jener Jahre[19], der Herabwürdigung des Menschen in der Wirklichkeit, die ihn umgab, entgegenwirken wollen. Zugleich ist er, wie vorhin gesagt ist, in gewisser Weise zu den geltenden Idealen Europas zurückgekehrt. Vorher, in der Schrift »Auch eine Philosophie der Geschichte zur Bildung der Menschheit«, hatte er gegen die »Abgötterei gegen den menschlichen Geist«[20] gewettert, geflissentlich den Menschen verkleinert – »nichts als Mensch«, »du Ameise«, »kleines, blindes Werkzeug«[21] –, den Glauben an Fortschritt und Vervollkommnung von sich gewiesen[22] und, im Zusammenhang damit[23], die gewaltsamen Revolutionen gegen die friedsamen Geister in Schutz genommen, die sie der Welt lieber erspart sehen würden[24]. Jetzt war sein Blick auf »den Menschen« – *l'homme* – als Idealfigur, auf das menschliche Geschlecht als Ganzes – *le genre humain, l'humanité* – und seine feinere Gesittung, auf seine Vervollkommnung gerichtet, auf das Allgemeine, Gemeinsame jenseits aller Besonderheiten, die er früher gern gegen die Allerweltsideale ausgespielt hatte, und er hielt es mit den humanen Geistern Erasmus, Grotius und Leibniz.

Das eben sind die modernen, zeitgenössischen Züge in Herders Bild der Humanität. Doch machen sie nicht das Ganze aus. Auf antike Ursprünge, und zwar solche, die nicht erst durch die weither überlieferte abendländische Kultur seiner Zeit vermittelt sind, weist Herder selbst in den »Briefen« dort hin, wo er Griechen und Römer als Vorbilder des wahren *studium humanitatis*[25], das heißt: der Erkenntnis unserer Kräfte und Anlagen, unseres Berufs und unserer Pflicht, unseres Adels und unserer Bestimmung einführt. Worauf er sich dabei beruft, sind zuerst die Aufzeichnungen des stoischen Kaisers Marc Aurel. »Stehst du des Morgens ungern auf, so ermuntere dich mit dem Gedanken: Ich erwache zum Werk des Menschen!« »Welche Macht und Würde hat der Mensch! Nichts zu tun, als was die Gottheit selbst tun würde, und alles aufzunehmen, was ihm Gott anweist«. »Mensch, du warst in diesem großen Staate Gottes ein Mitbürger; was kümmert es dich, daß du es nur fünf Jahre lang warst?« So etwa geht es über mehrere Seiten hin fort. Danach folgen andere römische Meister der Humanität, am Ende der stoische Dichter Persius: »Was wir sind, wozu wir geboren sind, welcher Platz uns zugewiesen ist, . . . wer du nach Gottes Willen sein sollst, wohin du gehörst in der Menschheit, das sollt ihr armen Menschen lernen[26].«

Es ist deutlich, woher Herders Begriff von Wesen, Bestimmung und Hoheit des Menschen ausgeht: vor allem von der römischen Stoa. Gott im Menschen: diesen stoischen Gedanken hat er tief in sich aufgenommen. Ein guter Teil der feierlichen Würde seiner Lehre hat seinen Ursprung dort.

In dem Jahrzehnt vorher – es war die Zeit, in der Goethe vergleichende Morphologie der Tiere und Pflanzen trieb – hatte Herder in den »Ideen zur Philosophie der Geschichte der Menschheit« die »ganze Menschengeschichte« als »reine Naturgeschichte menschlicher Kräfte, Handlungen und Triebe« bezeichnet[27]. »Wir setzen . . . alle Metaphysik beiseite und halten uns an Physiologie und Erfahrung«[28]. Am Anfang, auf etwa zweihundert Seiten, steht eine Anthropologie, die sich wenigstens zuerst und weithin als reine Naturwissenschaft gibt und die Humanität aus der biologischen Beschaffenheit des Menschen hervorgehen läßt, die ihrerseits aus einer umfassenden, mit den Sonnensystemen beginnenden Naturlehre heraus gearbeitet ist. Nicht Marc Aurel und Persius begegnen hier dem Leser, sondern Kopernikus, Newton, Kant, Buffon, Boerhave, Franklin, Linné, Haller, Forster, Sömmering, Swammerdam, modernste englische Arbeiten über vergleichende Anatomie, Scharen von Naturforschern, darunter viele Reisende. Es ist, als wäre es darauf abgesehen, den Menschen der Theologie und Philosophie wegzunehmen und ganz der Naturwissenschaft auszuliefern. Und das ist auch wenigstens das eine Bestreben: die Einheit der Natur von der Organisation des toten Stoffs bis zur Gesittung, zur gottähnlichen Humanität des Menschen zu erweisen, wobei sich Herder des Gedankens der organisierenden Kraft bedient, die sich auf den Stufen der toten Stoffe und der Lebewesen überall als die eine, gleiche bewährt, aber von Stufe zu Stufe, von Glied zu Glied der Kette, von Form zu Form hinaufbildet, hinaufläutert[29]. Jedes Aufsteigen, jede Zentralisierung der Kräfte in Nerven und Gehirn, jede Unterordnung alles anderen unter diese eine Zentrale ist mit dem Schwund der zähen, durch das ganze Geschöpf hin verbreiteten, erhaltenden und reproduzierenden organischen Lebenskraft erkauft, die man an den niederen Tieren beobachtet[30], und so ist jedes Wesen und auch jeder Mensch nur eine jedesmal andere Proportion[31], eine anders gebildete Formel der aus der einen, gleichen organisierenden Kraft differenzierten Kräfte.

Herder legt auch Wert darauf, zu zeigen, wie schon unterhalb des Menschen die Lebewesen sich ihm stufenweise nähern, wie zum Beispiel mit verfeinerter Organisation Willkür, also Irrtum, und Notwendigkeit und Möglichkeit des Lernens und Übens zunehmen[32]. Überall gibt es Vorstufen menschlicher Handlungsweisen, manches Tier steht schon »im vorübenden Kreise menschlicher Gedanken«[33]. Und wo er zum Menschen übergeht, tut er sich etwas darauf zu gute, dessen Eigenheiten bis ins Einzelne und bis ins Höchste als bloß natürliche Folgen einer einfachen Ursache, nämlich des aufrechten Ganges, physiologisch abzuleiten[34].

Aber da beginnt es doch wohl zu hapern. Was naturwissenschaftlich begründen soll, leuchtet von hier an nicht mehr so ein wie früher, oder es wird so einfach, daß man die modernen Naturforscher nicht mehr dazu braucht, deren Namen denn auch selten werden in dem Teile, der vom Menschen handelt. Dafür ist das Ergebnis um so wichtiger, das begründet werden soll. Es ist der »unermeßliche Vorzug« des Menschen, Sprache, Vernunft, Schrift, Tradition, Religion, Gesittung, wechselseitige Verbundenheit, freie Willkür[35], kurz: das, was Herder mit dem Worte Humanität zusammenfaßt.

Offenbar waltet hier nicht mehr das Bestreben vor, den Menschen auf bloße Natur zurückzuführen, sondern umgekehrt, im Einklang mit der abendländischen Überlieferung, ihn hervorzuheben vor allen anderen Wesen als das Höchste in der Schöpfung. Erst beides zusammen macht Herders Gedanken aus: die Einheit der Natur, und innerhalb der Einheit die aufsteigende Reihe der Gebilde, die sich bis zur gottähnlichen Humanität des Menschen hinaufsteigert und da in einem Compendium, einem Inbegriff der Welt zusammenfaßt[36]. Beide Seiten des Gedankens beruhen auf ursprünglichen Anliegen Herders. Die eine gehört zu dem modernen, gegen die überlieferte Metaphysik aufbegehrenden Herder, die andere zu dem im Grunde doch alten Überlieferungen treuen Herder. Weil aber das Ziel der Gedanken nun eben der Mensch ist, so kann man schließlich mit einem gewissen Recht die ganze naturwissenschaftliche Zurüstung als einen Versuch ansehen, die Ergebnisse der neuen Forscherarbeit zu benutzen, um die altererbte Würde des Menschen neu zu verteidigen. Ja, sogar der würde nicht durchaus nur Unrecht haben, der die am Anfang ausgebreitete neuzeitliche Naturlehre für den nur modernisierten, allerdings gewaltig erweiterten Vorbau eines alten abendländischen, aus dem griechisch-römischen Altertum stammenden Gedankengebäudes hielte. Soviel ist gewiß, daß die wesentlichen Gedanken über Mensch und Humanität auch hier dem Anschein zum Trotz aus dem griechisch-römischen Altertum herkommen.

In der nachklassischen griechischen Philosophie, und zwar in der Überlieferung, die sich von Platon herleitet und in der Stoa fortsetzt, hatte sich eine Lehre von unseren eigensten Anliegen herausgebildet, deren Grundzüge, auf die Gefahr hin, wichtige Unterschiede zu verwischen, zusammenzuziehen, was gerade so in dieser Folge nirgends vereinigt gewesen ist, und zu vereinfachen, immerhin etwa so nachzuzeichnen wären.

Die eigentliche Absicht ist die, jenes hohe geistig-sittliche Dasein zu sichern, das Sokrates durch seinen Tod bewährt hatte, ein Dasein, in dem Heil-sein und Sich-heil-fühlen zusammenfallen mit dem sittlich Richtigen, das sich seinerseits aus Einsicht ergibt. Zu diesem Ziele bahnt sich aber der Gedanke den Weg – und das entspricht genau dem naturalistischen Vorbau Herders – von unten her, vom Elementaren, Niederen, primitiv Natürlichen aus, wobei die Einheit von Natur, Geist und Sittlichkeit gewahrt und geachtet ist, während Platon mehr am Gegensatz zwischen dem oberen Bereich der geistigen Formen und dem unteren der sinnlich-triebhaften Vorgänge gelegen war.

Jedes Wesen sucht sich selbst zu erhalten, sich zu paaren und fortzupflanzen[37]. Im Menschen kommt zu diesem allgemeinen Urgrund Verstand und Sprache. Sie bringen im Dienst der Selbsterhaltung die Kunstfertigkeiten hervor, bis hinauf zur höchsten, der Lebenskunst des Weisen, der Fähigkeit, das Leben recht zu führen. Paarung und Pflege der Nachkommenschaft verwandelt die geistige Natur des Menschen in Ehe, Familie, Sippe, in die ersten Formen gemeinsamen Lebens, worin nun wieder keimhaft die Fähigkeit zu gerechter Ordnung des gemeinsamen Lebens im großen, das heißt: zur Tugend der Gerechtigkeit, enthalten ist. Wie es denn überhaupt der Menschennatur eigen ist, im tierähnlich Elementaren zu beginnen, aber im Verlauf eines Lebens von bloßen Anlagen zu ihrer Vollendung in einem erstaunlichen Wandel fortzuschreiten. Jedes Tier hat sich selbst, sein eigentliches Wesen, worin es sich vollendet, sehr früh. Der Mensch hat sich selbst, das, was er sein kann und soll und wozu er da ist, keineswegs von vornherein. Er muß erst zu sich selbst gelangen, und auf dem Wege ist er der Gefahr des Irrtums ausgesetzt. Er ist von vornherein unvollständig. Zuerst betätigt er nur den Trieb, sich zu erhalten. In der Kindheit, das heißt: schon in einem noch unbeirrten, aber auch unentwickelten Naturzustand, zeigen sich außerdem in Spiel und kindlichem Ernst keimhaft die Fähigkeit zu gemeinsamem Leben, der Wille zum Wissen, der Trieb zur Unabhängigkeit, kurz: Anlagen zu sittlich-geistigem Dasein. Und ähnlich ist es beim unphilosophischen Menschen überhaupt, wenn er sich richtig verhält, das heißt: wenn er sich von Fall zu Fall jeweils für das entscheidet, was die Natur erfordert, nicht beirrt von naturwidrigen Vorurteilen und Gewohnheiten. Geschieht das immer wieder, so wird eine feste Gewohnheit richtigen Verhaltens daraus. Doch das ist noch nicht das Ziel.

Der entscheidende Wandel, in dem die geistige Natur zu ihrer Vollreife gelangt, ereignet sich erst in dem Augenblick, wenn jemand des Sinnes seines richtigen Handelns inne wird. Bisher hat er, wenn es gut ging, jeweils gewählt, was seiner Natur förderlich war, etwa gesunde Speise, gesunde Lebensweise, Ehrlichkeit im Verkehr und dergleichen, und das Gegenteil abgelehnt, um dieses und jenes einzelnen Gutes und Übels willen. Jetzt erkennt er, modern gesprochen, die Gesetzmäßigkeit in solchem

Verhalten, und diese ist ihm von nun an der eigentliche Wert, worauf es ihm in seinem Tun und Lassen ankommt, die Übereinstimmung des Verhaltens mit der Natur und in sich selbst. Hier beginnt erst das sittliche Dasein, das sittlich wertvolle Verhalten im eigentlichen Sinne, dessen hauptsächliche Seiten die Alten seit Platon als die vier Haupttugenden Klugheit, Gerechtigkeit oder Fähigkeit zu geordnetem gemeinsamen Leben, Tapferkeit oder Unabhängigkeit, und Zucht und Maß oder Sinn für Maß und Verhältnis zu bezeichnen pflegen. Hier erkennt der Mensch sich selbst – nach dem alten Gebot des delphischen Apollon –, sein Wesen, seine Bestimmung, seine Würde. Hier begreift er, welchen Sinn sein richtiges Tun bisher gehabt hat, wo es eigentlich damit hinaus wollte: daß alle Veranstaltungen seiner Natur, alle Betätigungen seiner natürlichen Anlagen dazu dagewesen sind, auf dieses eine vorzubereiten: seiner selbst inne zu werden, seiner selbst mächtig zu werden. Hier, wo es ihm nicht mehr darauf ankommt, dieses oder jenes an sich zu lieben, zu wollen oder zu tun, sondern nur darum, weil es so sinnvoll ist, nur das Sinnvolle daran zu lieben, befindet er sich im Einklang mit dem Sinn der Dinge überhaupt, mit der sinnvollen Ordnung der Welt, mit Gott, ja, er hat Anteil am göttlichen Geist.

Zu diesem entscheidenden Wandel verhilft ihm die Philosophie. Philosophie ist nichts anderes als Vollzug dieses Wandels. Und so ist sie notwendig, die von vornherein unvollständige, verborgene Menschennatur zu ergänzen, das heißt: ihr zu ihrem vollen Bestand zu verhelfen und sie offenbar zu machen[38].

Hält man sich dies alles zusammen gegenwärtig, was zumeist Cicero an mehreren Stellen seiner philosophischen Schriften aus der nachplatonischen griechischen Philosophie aufbewahrt hat, so hat man damit fast schon das begriffen, was Herder in den »Ideen zur Philosophie der Geschichte der Menschheit« mit dem Wort Humanität meint. Und das besagt um so mehr, als es sich dabei nicht um einzelne Einfälle handelt, nicht um schöne Stellen, die sich in eine lockere Folge wie die »Briefe zur Beförderung der Humanität« leicht einfügen würden, sondern um einen weitläufigen Gedankengang, dem Herder bei der Anlage der »Ideen« im wesentlichen nachgegangen ist. Sogar der Gedanke, daß der aufrechte Gang und Stand den entscheidenden Unterschied zwischen Tier und Mensch ausmacht, ist zwar so vorgetragen, wie wenn er nur ein Stück modernster vergleichender Morphologie wäre und sich daraus streng naturwissenschaftlich die ganze Humanität ableiten ließe, wozu er freilich nicht taugt, aber in Wahrheit und von Haus aus gehört er in den gleichen Bereich griechischer Gedanken über den Menschen, und zwar zum Lob der begünstigten, hoch deutenden Anlage der Menschennatur. »Die Natur hat dem Menschen eine Leibesgestalt gegeben, die sich gut zu menschlicher Geisteskraft fügt. Während sie nämlich die anderen Lebewesen hinabgeworfen hat zum Fraß, hat sie den Menschen allein aufgerichtet und zum Anblick des Himmels aufstehen lassen, seiner Verwandtschaft gleichsam und früheren Heimat.«[39] So ist der Mensch ein »Betrachter der Dinge über sich im Himmelsraum; kein anderes Wesen hat Anteil an diesem Schauspiel«,[40] das ihn in die göttliche Mathematik des Weltalls versetzt.

Bei solcher Übereinstimmung, die noch weit bis ins einzelne zu verfolgen wäre, und bei Herders vertrauter Kenntnis der lateinischen Schriftwerke kann es kaum zweifelhaft sein: er hat sich auch unmittelbar in Ciceros Schriften an diesen Gedanken genährt. Dazu kommt nun allerdings noch etwas anderes, dessen Anteil schwer abzuschätzen ist, die vermittelte geistige Überlieferung, die sich von den italienischen Humanisten des 15. Jahrhunderts herleitet und bis in Herders Zeit hinein fortsetzt.[41] Sie beginnt mit den vielen Schriften »Über das Wesen des Menschen«, »Über die Würde des Menschen«, »Über den Vorrang des Menschen« und wie immer sonst das gleiche Thema bezeichnet ist[42]. Ihre Gedanken werden Allgemeingut der Gebildeten geworden sein. In Herders Zeit hat der frühe Wieland in ähnlichem Sinne »Platonische Betrachtungen über den Menschen« geschrieben. Und Herder selbst gehört trotz dem Umweg über den Widerspruch, von dem vorhin die Rede gewesen ist, und trotz dem selbständigen Rückgriff auf Cicero, Marc Aurel und Persius, trotz dem Erlebnis einer Entdeckung, trotz dem berechtigten Bewußtsein, Wort und Wesen der Humanität neu erschlossen zu haben, doch auch noch in diese Reihe.

Hierbei wird nun ursprünglich etwas im Spiele sein, worauf ich nur eben hinzudeuten vermag. Der Mensch ist in diesem ganzen Bereich, ich möchte sagen: von einer Heiligkeit umwittert, die man doch vielleicht nicht ganz versteht, wenn man nur Cicero und Marc Aurel im Sinn hat. Herder selbst stellt das Herausbilden der Humanität unter Gottes Gebot: »Du sollst...«. Humanität ist ihm etwas Göttliches, *humanitas* wird ihm fast zur *divinitas*. Der Mensch, das Höchste in der ganzen Schöpfung, ist Abbild Gottes. Von diesem religiösen Verhältnis lebt doch wohl unmittelbar oder mittelbar auch jene Verherrlichung des Menschen bei den italienischen Humanisten.

Man sagt immer wieder, die christliche Zeit habe zwischen Menschheit und Gottheit, *humanitas* und *divinitas*, schroff geschieden. Die Sache hat zwei Seiten, und man kann mit dem gleichen Recht das Gegenteil behaupten. Seit dem Altertum betet die katholische Kirche Tag für Tag: »Gott, du hast den Menschen in seiner Würde wunderbar erschaffen und wunderbarer erneuert: laß uns durch das Geheimnis dieses Wassers und Weines teilnehmen an der Gottheit dessen, der sich herabgelassen hat, unsere Menschheit anzunehmen, Jesus Christus, dein Sohn, unser Herr[43].« Die Menschenwürde, Gottes Abbild zu sein, zerstört durch den Abfall des Menschen, wiederhergestellt durch Gottes Menschwerdung, mit allem, was darin liegt, bis zur Passion, die Menschen teilnehmend an der Gottheit des Mensch gewordenen Gottes: dieses Geschehen macht das christliche Mysterium aus. Darum bewegt sich das christliche Denken. Die Menschheit *(humanitas)* des Gottes verwandelt und adelt unsere Menschheit[44]. Freilich, der Anteil am Göttlichen und damit die Wiederherstellung *(reformare)* begegnet hier dem Menschen von oben her, aus dem Bereich der Gnade. Seit den Humanisten, deren Anliegen ja auch ursprünglich religiös gemeint gewesen ist und die sich nicht von ungefähr gerne der Worte bedienen, die in jenem Gebet beieinander stehen: Würde des Menschenwesens, wiederherstellen, Menschheit, haben sich die Gewichte so verschoben, daß es immer mehr auf die »wunderbar erschaffene«, adelige Menschennatur ankommt und der von oben aus dem Bereich der Gnade zukommende, verwandelnde Anteil am Göttlichen als Eigentum, ja am Ende gar als Leistung in Machtbereich und Natur des Menschen hereingenommen ist[45]. Dabei bleibt aber etwas von der religiösen Weihe des ursprünglichen Verhältnisses wenigstens als Gefühlswert diesem neuen Begriff des Menschen erhalten.

Herder – um noch einmal auf ihn zurückzukommen – ist offenbar überzeugt gewesen, die *humanitas* der Alten, Wort und Wesen, wieder zu entdecken oder doch wieder zu Ehren zu bringen. Er hatte im Jahre 1781 in einer Preisschrift für die Bayerische Akademie »Über den Einfluß der schönen in die höheren Wissenschaften« gegen den verflachten Begriff der »schönen Wissenschaften«, der *belles lettres,* wozu man vor allem Sprachen und Poesie, Rhetorik und Geschichte rechnete, den Begriff der *humaniora,* das heißt: der »Wissenschaften und Übungen, die das Gefühl der Menschlichkeit, *sensus humanitatis,* in uns bilden«, gesetzt und dabei bereits das Wort Humanität gebraucht. Im Jahre darauf ging er dem Gedanken in einer Schulrede »Vom falschen Begriff der schönen Wissenschaften« nach. »Die Alten nannten die schönen

Wissenschaften *artes, quae ad humanitatem pertinent, ad humanitatem informant*[46], also Wissenschaften, die uns menschlich machen, uns zum Menschen bilden; man könnte sie also auch vielleicht am besten bildende Wissenschaften nennen ... Ich weiß, man hat diesen Begriff in den neueren Zeiten sehr verloren.« Prüfendes, verwerfendes Nachdenken über einen literarischen Begriff der Neuzeit hat also Herder zur »Tiefe des Ursprungs« geführt, und dort ist ihm, der sich ja von Amts wegen mit den Weimarischen Gymnasialstudien zu befassen hatte, an den ciceronischen Ausdrücken »zur *humanitas*, das heißt: zur Menschlichkeit bilden«, »*studia humanitatis*[47], Trachten nach Menschlichkeit«, und ähnlichen, wozu noch die seit Erasmus von Rotterdam gebräuchlichere Form »*humaniora (studia)*, menschliche Studien«, kommt, das Licht der Humanitätsidee wie etwas Verlorenes, wieder Gefundenes aufgeleuchtet.

Dabei hat sich nun aber etwas Seltsames ereignet, ein schöpferischer Irrtum, wenn man es so nennen will. Es scheint zunächst, als sei Herders Humanität nichts anderes als die in einem Menschen des ausgehenden 18. Jahrhunderts zu neuem Leben verwandelt wieder erstandene *humanitas* Ciceros, und als sei deren Gehalt, auf das Ganze gesehen, die philosophische Anthropologie des späten Hellenismus. Herder selbst hat es wohl auch so gemeint, dabei aber nicht beachtet, daß Cicero unter *humanitas* etwas anderes versteht[48] als das Menschentum, dessen Wesen die Philosophen und darunter er selber beschreiben, um ihre Lehre von den Zielen und der rechten Erfüllung des Daseins zu begründen. Der Irrtum hat bis in unsere Zeit fortgewirkt. Immer wieder hat die Humanität Herders, Humboldts und ihrer Nachfolger das Bild verschoben und verfärbt, das man sich von Ciceros *humanitas* gemacht hat.

Wenn Cicero von den Fertigkeiten spricht, mit denen man gewöhnlich die Jugend zur *humanitas* bildet, und dabei an die Gegenstände des Unterrichts denkt, so liegt allerdings darin der Gedanke der Bildung zu einem wahren Menschsein, das sich über das bloß gedankenlos so genannte erhebt. Und es wäre möglich gewesen, darein die griechische philosophische Lehre vom Menschen zu fassen, so wie es Herder getan hat. In Wirklichkeit hat es aber Cicero und haben es die Römer, die das Wort in ähnlicher Weise gebraucht haben, eben nicht getan. *humanus* »menschlich« ist wie *urbanus* »stadtrömisch« gebildet. So wenig in dieses Wort Hoheit und Würde der ewigen Stadt und die Romidee mit eingegangen sind, fast ebenso wenig hat jenes andere die anspruchsvollen, das Gemüt ernst bewegenden Gedanken der Philosophie in sich aufgenommen. *urbanus* bezeichnet die feine, witzige, geistreiche und höfliche Art des Stadtrömers. Und *humanus* steht ihm nicht nur der Wortbildung, sondern auch der Bedeutung und vor allem dem Tone nach nahe. Es ist kein Wort ernster Besinnung, sondern heiterer Selbstsicherheit. Dadurch unterscheidet es sich von vornherein von dem salbungsvollen Ernst Herders und der gravitätischen Art Humboldts, sich und die Dinge ernst zu nehmen, ebenso wie von der etwas fanatischen Ergriffenheit, mit der etwa Schiller den Menschen an der Grenze zwischen zwei Jahrhunderten anredet. Versteht man es recht, so geht für uns nördliche, beladene Menschen etwas Erleichterndes davon aus, wie vom Klima eines Landes, wo es sich leichter lebt, wo die Menschen sich nicht so schwer tun und uns ein wenig mit ihrem lebhaften Geist anstecken.

Man sagt, *humanitas* sei für Cicero und seine Zeitgenossen auf der einen Seite Güte und Freundlichkeit und dergleichen, auf der andern Bildung, literarische, wissenschaftliche Bildung[49]. Wie reimt sich das? Und wohin gehört die *humanitas* etwa in Ciceros Dialog vom Redner an der Stelle, wo er den Übergang von der Politik zur Kunst sucht?[50] Crassus, der Staatsmann und Redner, sieht kurz vor seinem Tod hellsichtig die bevorstehende Katastrophe voraus, die denn auch unmittelbar darauf mit der Erhebung Italiens gegen Rom begonnen, sich im Bürgerkrieg zwischen Marius und Sulla fortgesetzt und ein Jahrzehnt lang Land und Volk an Hab und Gut, an Leib und Seele verwüstet hat[51]. Die Freunde haben davon ernst gesprochen. Sie wissen: das grausige Ende der Zeit steht bevor, in der sie gelebt haben. Und doch, heißt es, »habe Crassus so viel *humanitas* gehabt, daß, als sie gebadet und sich zu Tisch begeben, der ganze herbe Ernst des Gespräches vorher verschwunden gewesen sei und er so viel heitere Liebenswürdigkeit und eine so feine Art zu scherzen gehabt habe, daß es gewesen sei, als habe unter ihnen der Tag dem Senatssaale gehört und die Abendgesellschaft dem Landsitz im Tusculum.«

Das ist nur ein Beispiel für mehrere. *humanitas* ist auch sonst der steifen Würde und dem Ernst entgegengesetzt und zu geistreichem, feinem, schalkhaftem Wesen gesellt[52]. Es gehört offenbar zur *humanitas*, daß man noch in der Nähe des bevorstehenden Todes, bei voller Einsicht in das Unvermeidliche, die sich nichts schenkt, bei redlichem Willen und tapferem Einstehen für das bedrohte Rechte, dennoch den Ernst nicht zum Krampf werden läßt, sondern gelassen und frei genug bleibt, um zu seiner Zeit den liebenswürdigen Wirt zu machen und ein unbeschwertes musisches Gespräch in Gang zu bringen. Das leichte Lächeln, das die Gespräche vor dem Tode des Sokrates durchzieht[53] und das Cicero im Gedenken daran auch seinem Crassus gegeben hat, ist an der *humanitas* das Höchste.

Vor dem Vorwurf der Frivolität ist die *humanitas* nach diesem Beispiel sicher. Man wird vielleicht sogar dem Freund und Gutsnachbar Ciceros am Golf von Neapel, Marcus Marius, sein »humanes«, menschliches Leben gönnen, das sich Cicero in der Ferne in Rom mit Neid zugleich und dem Mitgenuß des Einverstandenen in einem Brief ausmalt[54]. Alles, was mitzählt, ist von den Gütern abgereist nach Rom, um die Eröffnung des ersten ständigen, steinernen Theaters feiern zu helfen, das der große Mann, Pompeius, in dem man damals im Jahre 55 den eigentlichen, halb monarchischen Machthaber Roms sah, hat errichten lassen und nun mit Festspielen aller Art, wie man sie noch nicht gesehen hat, einweiht. Cicero ist auch dabei – und seufzt. Früh am Morgen muß man sich, halb ausgeschlafen, wie es eben bei der Hetzjagd einer Festspielreihe hergeht, banale Possen gähnend ansehen. Die Schauspieler sind schlecht, die Aufführungen überhaupt unter dem Durchschnitt. Protzige Ausstattung erdrückt die Stücke. In einer Klytämnestratragödie sieht man einen Aufzug unzähliger Saumtiere – wohl mit kostbarer Kriegsbeute aus dem trojanischen Krieg beladen –, in einem Trauerspiel »Das trojanische Pferd« eine Schaustellung von dreitausend Prunkgefäßen, und dergleichen. Die große Menge staunt. Die Gladiatoren sind herzlich schlecht, die Tierkämpfe großartig, aber immer bloß das bekannte widerliche Abschlachten von Menschen und Tieren. Bei den Elefanten, die auf die Masse besonderen Eindruck machen, geht es einem recht nahe: man empfindet etwas uns Verwandtes in diesem klugen Tier . . . Bei alledem arbeitet sich Cicero tot an widerwärtigen, aufgezwungenen, aus politischen Rücksichten übernommenen Prozessen. Und unterdessen genießt Marcus Marius ganz allein und ungestört die Herrlichkeit des Landes um Neapel. Er ist kränklich und hat immer eine Entschuldigung. Und vor allem: er weiß, was lohnt und was nicht. Am frühen Morgen erwacht er in seinem Zimmer, aus dessen Fenster er sich einen freien Durchblick durch seine Besitzung zum Meer hat offenlegen lassen, und liest im Anblick der beglükkenden Landschaft behaglich ein paar Stunden. Am Tage studiert er, läßt sich von seinem Vorleser vorlesen . . . Ach ja, wenn man nur ein wenig mehr Zeit hätte! Ich wäre schon dabei, und »wollte sogar Dir, der doch schon Jahre lang auf nichts anderes studiert, beibringen, was das ist: ‚menschlich leben', *quid sit humaniter vivere*«.

Es gibt nicht viel, was einen so wie dieser Brief auf den eigentlichen Geschmack ciceronischer *humanitas* bringen könnte. Er ist wie die Unterhaltung des Crassus mit seinen Freunden ganz erfüllt von geistvoll heiterem Wesen, aber auch von der Freude an einer um ihrer selbst willen, ohne Rücksicht auf Nutzen und Zweck, betriebenen geistigen Tätigkeit, die Cicero einmal Nahrung des Menschen im Menschen, *humanitatis cibus*, genannt hat[55], so wie er ein andermal die Freude an einer gelungenen Erkenntnis als die menschenwürdigste, *humanissima voluptas*, anerkannt hat[56]. In Männern wie Marcus Marius und Cicero und ihresgleichen ist beides, heiter geistreiches Gespräch und die Fähigkeit, Erkenntnis um ihrer selbst willen zu schätzen, im Grund ein und dasselbe. Wer wie der vertriebene Staatsmann Demetrios von Phaleron studiert und schreibt, nur weil das sein Menschentum nährt, wer wie Cicero und sein Freund lieber nachdenkt und liest als Pomp und Barbarei einer Festwoche mitmacht, der ist innerlich frei und locker, und das äußert sich in fein beweglichem, immer zu scherzen fähigem Gespräch. Es reicht ein einziger Zusammenhang von den Späßen, wie sie Cicero und sein Freund miteinander treiben, bis hinauf zur Wissenschaft.

Platon – vielleicht ist es auch ein anderer Philosoph gewesen – wurde einst, so erzählt einmal Cicero[57], auf einer Seereise vom Sturm an eine unbekannte einsame Küste verschlagen. Seine Reisegefährten fürchteten sich, etwa wie Odysseus am Strand von Scheria, ehe er Nausikaa gesehen hatte. Er aber hatte bemerkt, daß in den Sand geometrische Figuren eingeritzt waren, und hieß sie getrost sein: er sehe Menschenspuren . . . Daß da Menschen wohnten, das verbürgte ihm offenbar nicht der Anbau des Landes ringsum, sondern diese Anzeichen dafür, daß es da Wissenschaft gab. Er meinte also Menschen im eigentlichen, nicht bloß im landläufigen Sinne, und dazu gehörte für ihn höhere geistige Tätigkeit, *pro-*

priae humanitatis artes, die Fähigkeiten, die der *humanitas* eigentümlich sind[58].

Wir lassen hier den Zweifel beiseite, ob Platon so hätte sprechen können. Genug, in dem Ausspruch äußert sich der Gedanke, daß Erkenntnis und Wissenschaft zum eigentlich menschlichen Dasein gehören, aber zugleich etwas anderes, Beneidenswertes – oder vielleicht doch auch uns nicht unwiederbringlich Verlorenes: die Zuversicht auf die sittigende, humanisierende Kraft der Wissenschaft, das Vertrauen auf den Menschen, wenn ihn erst einmal Gesittung recht zum Menschen gemacht hat. Denn was dem gestrandeten Odysseus erst Nausikaas Güte sagt, das verbürgen hier dem Philosophen schon die mathematischen Linien im Sand, und die Frage: »O weh, in welcher Menschen Land komme ich? Sind sie gewalttätig und wild, nicht rechtlich? Oder gut zu Fremden, haben sie gottesfürchtigen Sinn[59]?« – würde hier einfach lauten: »Sind es richtige Menschen oder nicht?« Menschen sind nicht grausam.

Geometrische Zeichnungen sind es, die Platons Sorge beschwichtigen. Ein anderer vom Seesturm Verschlagener, Aeneas, erkennt die »Menschlichkeit« der Bewohner des unbekannten Landes auch, ehe er sie sieht, an Gebilden ihrer Hand, Wandbildern eines Tempels in Karthago, die die Leidensgeschichte Trojas darstellen[60]. Hier entscheidet nun aber nicht etwa die Kunst überhaupt wie dort die Geometrie, indem sie für Gesittung und damit mittelbar für die Sicherheit hilfloser Fremder Gewähr gibt, sondern unmittelbar tut sich in den Bildern die Fähigkeit kund, fremdes Leid mitzufühlen; *sunt lacrimae rerum et mentem mortalia tangunt,* hier hat man Tränen, Menschenlos rührt an das Innere[61].

Spricht auch der Dichter nicht das Wort selber aus, so können wir doch getrost diese Fähigkeit in seinem Sinne *humanitas* nennen.

Es ist dem Menschen gemäß, in allen Mitmenschen, nicht nur Landsleuten und Mitbürgern, sich selbst wiederzufinden und in ihrer Sache seine eigene zu erkennen[62], Rücksicht zu nehmen, tätig ihr Wohl zu befördern – wie es die Philosophen der Stoa lehren[63] –, aber auch sich von ihrem Leid anrühren zu lassen, wie denn überhaupt den Tränen und dem Schmerz ihr Recht zu geben menschlich ist; die von manchen gepriesene harte Gefühllosigkeit, wäre sie möglich, würde den Menschen an Leib und Seele vertieren[64]. Und dies wäre nun die Seite des humanen Wesens, die jeder kennt, die auch schon im Altertum nach Ciceros Zeiten fast allein im Bewußtsein der Menschen geblieben ist, bald mehr als Güte, Milde und Erbarmen, bald mehr als Freundlichkeit und Umgänglichkeit im Verkehr mit Menschen erscheinend[65].

Es fragt sich indessen immer noch, auch nachdem sich Übergänge von einer Seite der *humanitas* zur anderen gefunden haben, wie all der unübersichtlich vielfältige Sinn, den das Wort in seiner Blütezeit umfaßt hat, vereinbar ist. *humanitas* ist sanftmütig mild, zu Erbarmen und Nachsicht, Verstehen und Entgegenkommen geneigt, taktvoll, höflich und rücksichtsvoll, ist geistig gebildet, wozu Kunstkennerschaft und Geschmack gehören, aber auch geistvoll heiter, läßlich frei und fähig, sich zu Scherz und Spaß zu entspannen, von guter, angenehmer Lebensart. Entgegengesetzt[66] ist ihr das grausame, tierhaft wilde, das hinterwäldlerisch plumpe, das dumme, stumpfe, das barbarisch strenge, altväterisch finstere[67], starre, gewaltsam überspannte, überanstrengte Wesen. *παιδεία* würden es etwa die Griechen nennen, Erziehung, – und *ἀπαιδευσία*, Unerzogenheit, und den *βάρβαρος* und *θηριώδης* entgegensetzen, obwohl damit nicht alles umfaßt wäre und *φιλανθρωπία*, das menschenfreundliche Wesen, und noch einiges mehr mit dazu treten müßte. Daß die Römer aber *humanus* und *inhumanus* und *humanitas* sagen, das heißt: »so, wie es sich für *Menschen* gehört«, das ist das Merkwürdige, was schließlich auch die bunte Fülle zur Einheit zusammenbindet. Was *humanitas* auch im einzelnen Falle bezeichnen mag, es meint in dem Bereich, der hier überhaupt in Betracht kommt, immer: »wie es sich für einen richtigen Menschen gehört«.

Den Menschen kann man, im Gegensatz zu Gott oder Göttern, als das schwache, bedürftige, hinfällige oder auch schuldige, als das dem Tod verfallene Wesen nehmen. Die Philosophen betrachten ihn gern als Vernunftwesen. Der Römer, der *homo, humanus, humanitas* sagt, denkt sich ihn vorzugsweise als den Gesitteten. Gesittung aber bedeutet ihm Sänftigung, Milde, bei aufgewecktem Verstand. Ich bediene mich hier absichtlich unphilosophischer Worte. Sonst würde man meinen, es handle sich um eine Theorie vom Menschen, und womöglich nach griechischen Quellen suchen[68]. Es ist die Sprache des täglichen Umgangs, in der man schon zur Zeit des Krieges gegen Hannibal ein barsches Wort so tadeln konnte, wie man es bei Plautus liest: »Ein Unmensch bist du, daß du so ein feines Mädchen unfein anredest[69].« Ähnliche Vorwürfe hört man erst recht in den Lustspielen Terenzens. Ähnlich drückte man sich noch in Ciceros Zeit aus[70]. Und es ist manchmal eigens das Unkultivierte, das Grobe oder Dumme, dagegengesetzt. Rücksichtsvolles, diskretes, taktvolles, anständiges Verhalten heißt schon bei Plautus und Terenz human, menschlich, ohne daß man an bedachte oder gar begründete ethische Begriffe denken dürfte[71]. Allerdings unterscheidet sich Terenz von Plautus. Der jüngere Dichter, der seinen Umgang weniger im Gedränge des Volkes als in den Häusern seiner vornehmen, griechisch gebildeten Freunde, der Scipionen, Laelier und Furier oder ihresgleichen gehabt hat und etwas von ihrer feineren Sprache wiedergibt, wendet Wort und Begriff, wofür man bei Plautus nur ein und das andere Beispiel findet, so häufig an, daß man ein Lieblingswort seines Lebenskreises zu hören meint. Man wird damit nicht irren. Der Sprachgebrauch der Gesellschaft der ciceronischen Zeit spricht dafür. Er zeigt, wie sich inzwischen die Bedeutung des

Wortes zu der ganzen Sinnfülle entfaltet hat, die wir vorhin ausgebreitet haben, wie gern man Kultur aller Art als das bezeichnete, was sich für den richtigen Menschen gehört[72].

Es ist vielleicht müßig, zu fragen, warum wohl nicht die Griechen, die doch, wie man sagt, den Begriff der reinen Menschenbildung gefunden haben, sondern erst die Römer darauf verfallen sind, so den Menschen – man möchte fast sagen: zum Maß der Gesittung zu machen. Immerhin kommt man dabei zu der merkwürdigen Beobachtung, daß die Griechen von Haus aus gar nicht dazu neigen, auf den Menschen als Norm zu reflektieren, wenn sie über Gesittung und Sittlichkeit nachdenken. Sie sagen wie die Römer »männlich« und »Mannheit«, wenn sie die Tapferkeit bezeichnen wollen, aber nicht »menschlich«, wenn sie Kultur, Freundlichkeit und dergleichen meinen. Es ist durchaus nichts Besonderes, daß Platon sagt: »Gott ist uns doch wohl das Maß aller Dinge, weit mehr als etwa, wie man sagt, so irgend ein Mensch.«[73] Es entspricht der griechischen Denkgewohnheit, daß er fast immer den Gegensatz zum Göttlichen im Sinn hat, wenn er etwas menschlich nennt, Mangelhaftigkeit und Geringfügigkeit, so daß menschlich soviel ist wie »*nur* menschlich«[74]. Die Griechen drängen mit ihrem Denken zum Vollkommenen. Vollkommen aber ist das Göttliche. Nur dieses scheint ihnen recht der Mühe wert. Je leidenschaftlicher bei ihnen Wunsch und Begehren über die Grenzen des Menschen hinaus dorthin streben, desto entschiedener klingt ihnen entgegen: *γνῶθι σεαυτόν*, erkenne dich; erkenne, daß du nur ein Mensch, das heißt: ein Sterblicher bist; erkenne die Grenze, die du doch nicht überschreiten kannst, und richte dich danach!

Noch Aristoteles[75] ist weit davon entfernt, höchstes geistiges Dasein als eigentlich menschliches zu bezeichnen. Auch für ihn ist es göttlich, und wo wir es etwa erreichen, leben wir es nicht als Menschen, sondern sofern wir etwas Göttliches in uns tragen. Menschliche Tugenden heißen die minderen, untergeordneten, die mit Sinnlichkeit und Leib in Berührung kommen. Und doch ist es nicht so gemeint, daß man auf jenes höchste Leben verzichten und nach der Lehre altgriechischer Weisheit nur solche Gedanken hegen solle, die dem Sterblichen zukommen, *θνητὰ φρονεῖν*. Man soll sich vielmehr in das Ewige, Göttliche erheben, so gut das möglich ist, und ein Leben aus dem Besten, Höchsten in sich führen. In gewissem Sinne *ist* der Mensch eben dies. So wagt es Aristoteles wohl einmal zu fassen, und dieser Gedanke hat eine große Zukunft gehabt. Aber gleich darauf kehrt er zum gewohnten Denkgebrauch zurück und meint, wenn er von menschlichen Wirkweisen spricht, die von der göttlichen unterschiedenen, untergeordneten. Das Wort »menschlich, Mensch« verträgt eben noch keinen erhabenen Gehalt, und während das Denken danach trachtet, den Menschen in das Göttliche hinauf wachsen zu lassen, findet es kein Wort, das ihn als Menschen in Hinsicht auf seine hohe Würde, Träger des Göttlichen zu sein, bezeichnen könnte. Denn das Wort Mensch – und erst recht »menschlich« – ist gewissermaßen schon dazu aufgebraucht, ihn in Hinsicht auf seine Dürftigkeit, im Gegensatz zum Göttlichen, zu kennzeichnen. Und so bleibt es bei der alten »pythagoreischen«, mehr oder weniger gegensätzlichen Zweiheit: Göttliches im Menschen.

Wenn nun den Griechen bei ihrem Trachten nach dem Vollkommenen, Göttlichen das Menschliche leicht als bloßer peinlicher Erdenrest übrigbleibt, um den es nicht lohnt, viel Wesens zu machen, so wendet andererseits ihr Trieb, der Wirklichkeit auf den Grund zu gehen, mit der Zeit ihre Aufmerksamkeit doch auch wieder der Menschennatur zu. Bald nach Aristoteles kann der weise Kenner des Menschen Menander, der Komödiendichter, sagen: »Was ist der Mensch doch für ein artig Ding, wenn er Mensch ist.« Seit Aristoteles neigen die Philosophen mehr oder weniger dazu, die Ethik anthropologisch zu begründen[76]. Wir können den weiteren Weg im einzelnen nicht überblicken, auf dem die Griechen dazu gelangt sind, den Begriff Mensch auszubilden und umzuwerten[77]. Die Richtung ist, auf das Ganze gesehen, deutlich, und das Ziel ist in jener Philosophie des Menschen erreicht, die uns Cicero in seinen philosophischen Schriften aufbewahrt hat und die in Herders Humanitätsphilosophie in eigentümlich verwandelter Gestalt fortlebt. Hier ist die alte gegensätzliche Zweiheit zur gegliederten, bezugreichen, auf ein Ziel hin geordneten Einheit geworden, und das Ganze heißt Mensch. Hier ist es nicht mehr schmerzlich oder unverständlich, daß ein Gott im Menschen gefangen ist. Beglückend und bewundernswürdig ist es, daß eine Natur, die Natur des Menschen, so eingerichtet ist, daß sie rein aus sich selbst, vom Elementaren und Triebhaften ausgehend, so hoch emporsteigt, daß sie an das Göttliche reicht. Hier bedeutet der alte delphische Spruch: »Erkenne dich! Denk daran, daß du ein Mensch bist!« nicht mehr: »Du bist nur ein Mensch. Erkenne deine Nichtigkeit!«, sondern das genaue Gegenteil: »Erkenne deine wunderbare Anlage, deine hohe Bestimmung, deine Würde, deine Pflicht, dein Glück!«[78] Der Begriff des Menschen ist nicht nur der Beachtung und des Nachdenkens wert, sondern Gegenstand ergriffener Bewunderung, ja, man kann fast sagen: religiöser Erbauung geworden.

Diese philosophische Lehre vom Menschen hat sich nun zwar in der Antike nicht der lateinischen Worte *humanus, humanitas* bemächtigt, um sie mit ihrem Inhalt zu erfüllen – das ist, um es noch einmal einzuprägen, nicht geschehen –, aber es ist sehr möglich, daß sie mittelbar darauf eingewirkt und es begünstigt hat, daß sich die alte, einfache römische Sprechweise, die vorhin aufgewiesen ist, so erstaunlich entwickelt und gesteigert hat, bis sie zum Lieblingsausdruck der Gebildeten wurde und Gesittung jeder Art im weitesten Sinn bezeichnen konnte. Wenn nämlich bei den griechisch gebildeten

Römern zu der einheimischen Denkgewohnheit, ungehobeltes, grobes, dummes Wesen als nicht menschlich anzusehen, die Vorliebe der zeitgenössischen Philosophie kam, von Natur und Wesen des Menschen auszugehen und, wie es der Freund des jüngeren Scipio, Panaitios, getan, menschengemäßes Verhalten bis in die Einzelheiten des Alltags hinein davon abzuleiten, so war dadurch ihre Aufmerksamkeit auf den Menschen gelenkt, und man kann sich leicht vorstellen, daß sie um so mehr darauf achteten, was an den Leuten und an ihrem Verhalten »menschlich« war und was nicht.

Menschlich war aber für sie nicht nur Gesittung überhaupt, sondern dazu und vor allem die reife, feinere Gesittung, die ihnen in den Griechen leibhaft vor Augen stand. Menschlich, kultiviert war für sie, abgesehen von manchem anderen, besonders literarische Bildung, geistige Tätigkeit und die innere Gelassenheit, Freiheit und Grazie, die sich in kultiviertem Scherz äußert[79]. Es bildet sich in diesen eigentümlichen, auffälligsten Zügen der ciceronischen *humanitas* eine geschichtliche Daseinslage ab. Einige Römer haben einmal gerade dies an der Kultur besonders bemerkenswert und begehrenswert gefunden. Das muß es gewesen sein, was in dem halben Jahrhundert nach Terenz die Geschichte der *humanitas* gelenkt hat. In Terenzens Komödien – man erinnert sich – beginnt das Wort human um sich zu greifen; man glaubt schon da ein Lieblingswort seines Lebenskreises zu hören. In der Zeit von Ciceros Anfängen ist wenigstens einem Zuhörerkreis, der aus Senatoren bestand, der neue, reichere Wortsinn ohne weiteres verständlich gewesen[80]. Der wesentliche Wandel muß also inzwischen geschehen sein. Wir können ihn selbst nicht mehr beobachten; dazu haben sich zu wenig Schriftwerke aus den Jahrzehnten erhalten, in denen der jüngere Scipio Africanus, die Gracchen und ihre Anhänger und Gegner und deren Nachfolger hervorgetreten sind, also aus der zweiten Hälfte des zweiten und dem Anfang des ersten

Jahrhunderts. Aber wir können ihn wenigstens anderen bedeutenden Erscheinungen dieser schnell und ergiebig lebenden Zeit zuordnen. Und damit gelangen wir denn zu dem geschichtlichen Ursprung des weitreichenden *humanitas*-Begriffs.

Ein Brief Ciceros an Marcus Marius ist es gewesen, an dem sich vorhin das Eigenste und, wenn man so will: Seltsamste an der römischen *humanitas* hat aufweisen lassen, nicht nur der Begriff, sondern die Anschauung eines »humanen« Daseins[81]. In einem Briefe an den Bruder erfährt man dazu, wie sehr Cicero an diesem Nachbar und Freund gehangen hat, der »schlichten Feinheit seiner Urbanität alten Stiles und seines wunderbar ‚humanen' Gesprächs wegen.«[82] Man liest außerdem von einem Schabernack, den die beiden miteinander getrieben haben. Cicero hat ihn einmal nicht nur in einer großen Königssänfte nach Bajae abholen lassen, sondern auch mit einer Trabantengarde erschreckt, die der Ahnungslose beim Öffnen der Vorhänge erbleichend bemerkt hat, zum diebischen Vergnügen Ciceros, der sich halb tot gelacht hat. Dies alles gehört zu einer Kultur des privaten Daseins von eigener Art. So haben zuerst in Rom der jüngere Scipio und seine Freunde die Kleinigkeiten des privaten Daseins draußen auf den Gütern oder im Innern der großen Häuser, das ungezwungene Plaudern und Scherzen unter Freunden beachtet, wert gehalten und gepflegt.

Anekdoten aus dem häuslichen Leben gibt es schon vom älteren Cato, aber sie sind rauh und derb und schmecken zumeist ätzend scharf. Erst von Scipio, Laelius und ihren Freunden, also von den Männern, die unter den großen Herren in Rom zuerst die Philosophie tief in sich aufgenommen haben, weiß man, wie sie,

ubi se a volgo et scaena in secreta remorant,

»wenn sie sich von Menschengewühl und Schauplatz ins Stille zurückgezogen«, daheim harmlos miteinander lustig gewesen sind[83]. Einmal kam Laelius dazu, wie Lucilius, der Dichter, den großen Scipio mit zusammengedrehter Serviette ausholend im Speisezimmer herumjagte[84]. Am Strande suchten sie Muscheln und trieben sonst allerlei Scherze[85]. Von Scipio weiß man, daß er feine Ironie gepflegt, daß man es ihm übelgenommen und daß ihn ein Freund verteidigt hat, indem er sich auf das Beispiel des Sokrates berief[86]. Und die Satiren des Lucilius sind nichts anderes als das dichterische Abbild des neuentdeckten, dem Geist erschlossenen Bezirks des Daseins. Sie gehen aus dem geselligen Verkehr dieser geistig überlegenen Männer hervor und sind für sie und ihresgleichen geschrieben; ein anderer hätte sie zum guten Teil gar nicht verstehen können. Sie lassen den Leser unmittelbar hineinsehen und hineinhören in den intimen Verkehr der Freunde. Sie sprechen ihre Sprache.

Wer sich in die Überreste dieser Gedichte und das, was man sonst von dem privaten Leben jener Menschen weiß, einliest und einlebt, wird, erstaunt über die Ähnlichkeit, wahrnehmen: das ist die Art, die Cicero im Verkehr mit Marcus Marius genossen hat. So haben die beiden miteinander gescherzt. Das ist es, was er in dem Briefe *humaniter vivere* nennt. Das ist die »Urbanität alten Stils und die wunderbar humane Art, zu plaudern«, die er an seinem Nachbar so schätzt. Kurz, dies und nichts anderes ist die besondere Abart der *humanitas*, der wir auf der Spur sind, hier hat sie ihren Ursprung, und hier mag auch das Wort als Lieblingswort – um nicht zu sagen: Modewort –, indem es um sich griff, auch den Sinn angenommen haben, der so seltsam anmutet, wenn man von der Humanität Herders oder gar unserer Alltagssprache herkommt. Wort und Sache gehören, will man sich vorsichtiger ausdrücken, in die unbekümmerte, großzügige Kultur des privaten Lebens, die, der Öffentlichkeit abgewandt und verborgen, vor der Verheerung des Bundesgenossen- und Bürgerkrieges in den Häusern einiger Familien der römischen Nobilität gediehen ist.

Cicero ist etwa fünfzehn Jahre alt gewesen, als das Unheil losbrach. »Am Anfang meiner Zeit bin ich gerade in die Zerstörung der alten Lebensart geraten[87]«, so hat er sein Geschichtsbewußtsein ausgesprochen. Die untergegangene Kultur hatte er indessen immerhin gerade noch in seiner frühen Lehrzeit mit Bewußtsein erlebt und in sich aufgenommen. Auch gehörten die Männer, die in dem folgenden Jahrzehnt seine Lehrer gewesen sind, ihrer Art nach als die jüngsten, letzten Überlebenden der vergangenen Zeit an. Ja, sein eigentlicher Mentor, der alte Augur Mucius Scaevola, war in seiner Jugend noch mit Scipio, Laelius – dessen Tochter er zur Frau hatte –, Panaitios und den Männern, die ihnen nahestanden, befreundet gewesen. Von dieser seiner hohen Zeit hat er dem empfänglichen Schüler gern erzählt, ist auch offenbar ein feiner, geistvoller Erzähler gewesen[88]. So ist es gekommen, daß Cicero auch später noch die hohe Gesittung jener Menschen als seine Geistesheimat betrachtet hat. Auch das, was man dort als *humanitas* schätzte, hat er samt allen aufgewiesenen Besonderheiten bewahrt und mit dem gleichen Wort zu bezeichnen fortgefahren. Seine Zeitgenossen oder doch die Gebildeten unter ihnen haben ihn verstanden. Dann aber, nach seinem Tode, hat man aufgehört, das noble, heitere, geistvoll gesellige Wesen der alten Kultur *humanitas* zu nennen. Es wird kein Zufall sein, daß zugleich der alte Staat, und das heißt: die von Sulla wiederhergestellte Herrlichkeit der Nobilität, zu Ende gegangen ist.

Verlor aber das Wort viel von seinem Sinn, so ging doch das Beste von der Errungenschaft, die es bezeichnete, damit nicht verloren. Auch die eigenartig hervortretenden Seiten alter *humanitas* sind im Ganzen höchster römischer Gesittung weiter erhalten geblieben. Sie haben sogar ihren klassischen künstlerischen Ausdruck erst in der Zeit des Augustus gefunden. Von Lucilius ist es nicht weit zu Ciceros Mariusbrief; er seinerseits erinnert erstaunlich an manches in Horazens Satiren und Episteln.

Diese Dichtungen sind es, die das vollendete Beispiel römischer *humanitas* und ihrer Eigenart abgeben.

Ein sittlich und geistig überlegener Mann von gründlichen Studien hat sie geschaffen. Doch hat er Ernst und Tiefe, die ihm nicht fehlten, nicht hervorgekehrt, sondern eher verborgen. Er schürft und bohrt nicht in die Tiefe und fliegt nicht in den Himmel. Er hütet sich sogar davor, aus Rücksicht und Takt, aber auch aus einer allgemeinen Scheu vor dem Ungemäßen, Maßlosen.

> Insani sapiens nomen ferat, aequus iniqui,
> ultra quam satis est virtutem si petat ipsam,

»der Weise zöge sich den Namen eines Narren zu, der Gerechte eines Ungerechten, trachtete er sogar nach Tugend weiter als genug ist.«[89] Das ist kein Geist, der Weite, Tiefe und Höhe sucht. Lieber vergeistigt er das Nahe bis zur Vollkommenheit. Er gibt sich erst dann zufrieden, wenn in Leben, Gedanken, innerer Bewegung und Sprache nichts Ungeschlachtes, Grobes, Ungehobeltes, Ungeschliffenes, nichts Lastendes, Hemmendes, Drückendes übrig bleibt. Er triumphiert in der leichten Anmut und der geistreichen Fröhlichkeit, die die feinsten Blüten humaner Weisheit sind.

Das Äußerste in dieser Hinsicht ist vielleicht in der Satire erreicht, in der Horaz an eine Reise erinnert, die er im Gefolge des Maecenas von Rom nach Brundisium gemacht hat[90]. Es ist kein leichter Gang gewesen. Maecenas war von Cäsar Octavianus ausgesandt, um zwischen ihm und Antonius zu vermitteln und eine gefährlich zugespitzte Lage auszugleichen. Die Männer, die da reisten, darunter auch Virgil, kannten sehr wohl die Abgründe, den Ernst und das Leid des Lebens. Trotzdem ist es, als ob es dies alles nicht gebe. Maecenas spielt während der Rast Ball, man lacht über den blinden Eifer des Wirts, der, verwirrt von so hohem Besuch, beim Braten beinahe samt seinem Hause in Flammen aufgegangen wäre – und über hundert lustige oder verdrießliche Kleinigkeiten. Das ist nicht Leichtsinn, sondern – *humanitas.* Der Dichter verwandelt diese Dinge, die an sich nichtig wären, in lauter Geist, und darin eben bewährt sich die *humanitas.* Was die Reisenden und der Dichter damit leisten, ist das Schwerste echter Gesittung.

Geistesadel und der gesellige Zusammenhang so überlegener Männer ist es, was hier wie im Falle des Scipio und der Seinen diese Kultur in Leben und Kunst bedingt hat. In Satiren und Episteln spiegelt sich, geläutert zwar, Gespräch und Briefwechsel der höchsten Geister um Augustus und Maecenas. Erhaltene Bruchstücke von Briefen des Augustus bestätigen es. Als etwa hundert Jahre später, in Neros Zeit, Persius in der Nachfolge Horazens seine Satiren schrieb, hat er das Feinste, das eigentümliche Verhältnis von Ernst und Scherz, zwar gewürdigt und gesucht, aber nicht mehr getroffen. Wieder ein paar Jahrzehnte später hat der Satirendichter Juvenal, ein Zeitgenosse des Tacitus, entweder kein Gefühl mehr dafür gehabt oder es nicht geschätzt. *facit indignatio versum,* empörter Zorn ist es, der dichtet[91]. Das Feinste, Eigenste ist also auf eine verhältnismäßig kurze hohe Zeit beschränkt.

Von der anderen Seite der *humanitas,* Milde und Sanftmut, die sich im Laufe der Zeit immer mehr der griechischen φιλανθρωπία, der Menschenfreundlichkeit, nähert, braucht nur deshalb weniger die Rede zu sein, weil sie, mehr oder weniger, immer im allgemeinen Bewußtsein fortgelebt hat und allen vertraut ist. Weniger wichtig ist sie gewiß nicht. Ein ernstes Wort Ciceros erinnere darum noch einmal daran, damit kein einseitiger Eindruck zurückbleibt. Er beschließt als junger, kühner Anfänger seine erste Rede großen Stils, die Verteidigung des Sextus Roscius aus Ameria, folgendermaßen: »Ihr alle seht es: das römische Volk, das einmal für das mildeste gegen den äußeren Feind gegolten hat, krankt in unserer Zeit an Grausamkeit im Innern. Beseitigt sie aus unserem Volke, Richter! Laßt sie nicht mehr in unserem Gemeinwesen umgehen! Sie hat ja nicht nur das Übel an sich, daß sie alle die vielen Mitbürger beseitigt hat, sondern sie hat auch ganz milden Menschen die Fähigkeit zum Mitleid genommen durch Gewöhnung an das Schlimme. Denn wenn wir zu allen Stunden etwas Grausiges geschehen sehen oder hören, so müssen wir, auch solche, die von Haus aus ganz sanftmütig sind, durch die unablässige Folge des Bedrückenden alles menschliche Gefühl aus unserem Innern verlieren, *sensum humanitatis amittimus.*«[92]

So also verhält es sich mit der antiken *humanitas*. Daß Herder in dem Glauben, ihren vollen Sinn wiederzuentdecken, das Menschentum zu ihrem Inhalt gemacht hat, das griechische Philosophen dem Gedanken erschlossen hatten – ein Einfall, der vorhin als schöpferischer Irrtum bezeichnet worden ist –, und außerdem den Gehalt der humanistischen und christlichen Lehren vom Menschen, ja, überdies die Gedanken seiner Zeit und seine eigensten mit dem gleichen Worte Humanität hat umfassen können, das zeugt nicht nur von der zusammenschauenden Geisteskraft Herders, sondern ebensosehr von der verborgenen Sinnträchtigkeit des alten römischen Wortes.

Wer, wie wir es getan, seinen Gebrauch überblickt, dem gibt sich ein reicher, aber scheinbar zufällig zusammengekommener, willkürlich vereinigter Inhalt, ein unbestimmter, seltsam einseitig erweiterter Umfang des Begriffs zu erkennen. Mancher ist vielleicht sogar geneigt, Tiefe und Gewicht zu vermissen. Jedenfalls ist der Begriff nicht philosophisch zu Ende gedacht. Und er ist, von unbedeutenden Ausnahmen abgesehen[93], auch bei Cicero, von dem man es am ehesten erwarten könnte, nicht mit den Hauptbegriffen der Philosophie in einen genauen Zusammenhang gebracht – was allein schon genügen würde, um zu beweisen, daß er nicht aus einer griechischen Theorie stammt. Tiefsinnig will er gar nicht sein. Erst Herder hat ihn dazu gezwungen. Er verrät, an seinem geschichtlichen Ursprung befragt, nichts oder nicht viel von den Gründen, aus denen die leichte Anmut reifer Gesittung aufsteigt. Sondern diese, gleichsam die Blüte, nicht Wurzel und Stamm, meint er, und er lebt nicht von verstandesklarer Rechenschaft, sondern von dem gesteigerten Gefühl für die Köstlichkeit jenes Gutes, wie es Menschen haben mochten – und immer wieder haben –, die dem »vormenschlichen« Zustand des Daseins nicht so weit entrückt gewesen sind wie die Griechen.

Dieses etwas unbestimmte, unbeschwerte Wesen der *humanitas* hat indessen den Vorteil gleichsam verborgener, noch unerschöpfter Sinnfülle. Unbekümmert um Tiefe hat sie in Wirklichkeit nicht nur an der Daseinsmächtigkeit von Menschen wie Cicero und seinesgleichen, sondern auch an dem Ernst des griechischen Gedankens einen starken Rückhalt, ohne den sie nicht bestehen könnte. Alles, was sie aus der geistig-sittlichen Überlieferung Roms und Griechenlands in das eigene Dasein aufgenommen hatten, all das Ernste, Gewichtige, was etwa in Ciceros philosophische Schriften eingegangen ist, läßt sich gleichsam als unbeleuchtete Rückseite der *humanitas* verstehen. Vorwärts aber ist *humanitas* weit offen und bereit, immer neuen Gehalt in sich zu fassen. Was immer der Geist am Menschen entdecken wird, ist vorbestimmt, ihren Gehalt zu bereichern, wenn es sich nur zu dem einfachen Grundgedanken fügt: der Mensch ist das gesittete Wesen, Gesittung aber ist Milde, Sänftigung, Durchgeistigung, – und wenn es nur das Selbstbewußtsein des Menschen wahrt und sich dabei vor überspannten Ansprüchen und Forderungen, vor dem Übermenschentum, vor dem Ungeheuren, Maßlosen in jeder Richtung hütet, wenn es also dem Gefühl für Menschenmaß nicht widerspricht.

Reich an unausgedachten Möglichkeiten wie wenige sonst, lockt das Wort *humanitas* mit seinen Verwandten, besonders dem neuzeitlichen Wort Humanismus, zum Ausdeuten, Weiterdenken und Entdecken, wie es Herder und Humboldt gelockt hat und wie es bis in unsere Zeit hinein geschehen ist und geschieht. Je schwerer es sich dabei mit Gedanken belädt, desto mehr gerät es in die Gefahr, etwas von seinem Besten, Feinsten zu verlieren. Damit soll nicht *humanitas* gegen Humanität ausgespielt sein, ebensowenig wie das Umgekehrte beabsichtigt ist. Sich des Reichtums, der unterschiedenen Vielfalt und der Spannweite der humanistischen Überlieferung zu freuen bringt besseren Gewinn. Weil aber uns, so oft wir mit solchen Gegenständen umgehen, der schwere, beinahe lastende Ernst Herders und Humboldts ohnehin nahe liegt, die leichte Anmut ciceronischer *humanitas* aber nicht ohne weiteres eigen ist und leicht verborgen bleibt, so tut man gut daran, den Sinn für sie eigens zu pflegen, um von ihr befreit und erfrischt zu werden.

[1] Die Wörterbücher der deutschen Sprache geben keine Auskunft, offenbar deshalb, weil das Wort fremden Stammes ist. Nur Kluges Etymologisches Wörterbuch $^{12/13}$ 1943 enthält einen wenig ergiebigen Artikel »Humanismus«. Für den philosophischen Gehalt vgl. Eisler, Wörterbuch der philosophischen Begriffe I^{4} 1927, 639 mit der dort angeführten Literatur. Neuere Literatur bei K. Büchner, Humanismus und humanitas in der römischen Welt, in: Studium generale 14, 1961, 636 ff.
[2] R. Lehmann, Herders Humanitätsbegriff, Kantstudien 24, (1920) 242; I. Taylor geb. Width, Kultur, Aufklärung, Bildung und verwandte Begriffe bei Herder, Gießen 1938 (Gießener Beiträge zur deutschen Philologie 62); J. Niedermann, Kultur; Werden und Wandlungen des Begriffs und seiner Ersatzbegriffe von Cicero bis Herder (Biblioteca dell' »Archivum Romanum«, diretta da G. Bertoni, ser. I vol. 28) Florenz, Bibliopolis 1941, 214 A. 145.
[3] Noch Adalbert Stifter hat 1854 ein »Lesebuch zur Förderung humaner Bildung« im Sinne Herders zusammengestellt. Der Titel ist offenbar an den von Herders »Briefen zur Beförderung der Humanität« angelehnt, und Herder gehört zu den Schriftstellern, deren Schriften am meisten zu dem Inhalt beigetragen haben. Das Buch ist von den Schulbehörden abgelehnt worden, und freilich hat Stifter auch schon abseits gestanden mit seiner von den Benediktinern in Kremsmünster in ihn gepflanzten christlichen Humanität.

4 Nach Taylor a. O. 14 gebraucht Herder das Wort Humanität anscheinend zuerst 1767 für »die geistigen Anlagen des Menschen ..., vielleicht aber auch seine Körperkräfte« (?). Im Reisetagebuch von 1769 »ist die Bedeutung enger und könnte am besten durch die Verbindung von Toleranz und Vitalität wiedergegeben werden«. In der Abhandlung »Auch eine Philosophie der Geschichte usw.« »heißt nicht nur die geistige Anlage des Menschen Humanität, sondern auch ihre Wirksamkeit im menschlichen Leben: Sein und Handeln des Menschen, sofern Handeln aus Vitalität und innerer Nötigung entspringt und nicht nur mechanische und konventionelle Nachahmung ist«. Vor 1770 ist »Humanität« bei Herder ein seltenes Wort. Erst die »Ideen« geben ihm »einen reicheren Inhalt und lassen seine Verwendungsmöglichkeiten klar erkennen«. Vgl. jedoch die folgenden Anmerkungen. Es kommt auf den Wandel, die Umwertung, die Entdeckung an.

5 R. Lehmann, Herders Humanitätsbegriff 243: »Humanität oder, wie es in den früheren Schriften Herders gewöhnlich heißt, ... Menschlichkeit ...«

6 »Auch eine Philosophie der Geschichte usw.« 2. Abschnitt, II. a. E.: »Affen der Humanität, des Genies, der Fröhlichkeit, der Tugend, und eben weil sie nichts als das sind und so leicht nachgeäfft werden können, sind sie's für ganz Europa!« Eine Seite weiter ist gegen die »Philosophie« der Mode gesetzt »Herz! Wärme! Blut! Menschheit! Leben!«, also »Menschheit« gegen Humanität. Drei Seiten weiter (unter IV) in dem gleichen bitteren Erguß etwas vergifteten Spottes über die französische Kultur der Zeit (»Papierkultur«) ein Ausfall gegen eine Kunst der Gesetzgebung, die »nur meist eine allgemeine Philosophie der Menschheit, ein Codex der Vernunft, der Humanität ... werden sollte«. Damit ließen sich allerdings »alle Gemeinsätze des Rechten und Guten, Maximen der Menschenliebe und Weisheit, Aussichten aus allen Zeiten und Völkern erschöpfen«. Doch so »allgemeines Abgeschöpfte« sei vielleicht Schaum, der nicht »Herz und Mark und Bein erfrische«.

7 In der Abhandlung »Ursachen des gesunkenen Geschmacks bei den verschiedenen Völkern, da er geblüht«, einer Preisschrift für die Berliner Akademie für das Jahr 1773, gedruckt zuerst 1775, heißt es im Schlußabschnitt: »Endlich, da Freiheit und Menschengefühl doch allein der Himmelsäther sind, in dem alles Schöne und Gute keimt, ohne den es hin ist und verwest, so lasset uns mehr nach diesen Quellen des Geschmacks als nach ihm selber streben. Er ist doch nichts als Wahrheit und Güte in einer schönen Sinnlichkeit, Verstand und Tugend in einem reinen, der Menschheit wohl anständigen Kleide. Je mehr wir also diese auf die Erde rufen ...« Nach dem Worte »diese« hat Herder 1789 im Neuabdruck »Humanität« eingefügt. Nichts könnte treffender den Wandel seines Verhältnisses zu dem Worte kennzeichnen.

8 In der Vorrede zur fünften Sammlung der «Zerstreuten

Blätter« (1793), wo der »Hutten« neu abgedruckt wurde, von ausfälligen Stellen, so gut es möglich war, gereinigt. Wieland, in dessen »Teutschem Merkur« Herders Huttenaufsatz zuerst erschienen war (1776 III 36), hatte damals als Herausgeber einen Zusatz angefügt, worin er den – übrigens nicht genannten – Herder lobte, Erasmus aber in Schutz nahm: »Dritthalb Jahrhunderte nach Hutten mit Huttens Eifer von den Gegenständen, die den seinen erregten, sprechen, mit Huttens Eifer und Zorn die Deutschen unserer Zeit beschelten; aus Eifer für Hutten das Andenken des sanften, schwächeren, aber wahrlich in seiner Art und in seinem Wirkungskreise nicht minder guten, edeln, verdienstvollen und von den Besten seiner Zeit geliebten Erasmus anschmitzen – thue dies, wer daran recht zu thun meint! – ich kanns weder thun noch gut heißen.« Wieland selbst hatte im gleichen Jahre (Teutscher Merkur 1776 IV 262) ein paar meisterhafte Seiten über Erasmus geschrieben, offenbar angeregt von Herders Angriff. – Und nun widerrief also der Herder von 1793 beim Neudruck seines Hutten die feindseligen Worte von 1776 und kehrte zu Wielands Wahrheit zurück. Nichts spiegelt so gut wie dieser Wandel Herders Wandel überhaupt. – Grotius und Erasmus sind schon 1781 zusammen genannt und gepriesen in der Akademieabhandlung »Über den Einfluß der schönen in die höheren Wissenschaften« (am Ende), dann 1782 in der ersten der Weimarer Schulreden, dann, abgesehen von der eben angeführten Vorrede von 1793, 1795 in der 5. Sammlung der Humanitätsbriefe zusammen mit Comenius und Leibniz – »die friedliebenden, die billigsten Gemüter« (Nr. 62 a. E.).

[9] Kühnemann, Herder 329 über das Verschwommene in Herders Humanitätsbegriff. Haym, Herder nach seinem Leben und seinen Werken, Berlin 1880–1885, II 613: Der Humanitätsbegriff »drückt mehr nur Herders weitherziges Interesse an den verschiedenen Formen und Äußerungen des menschlichen Geistes aus, und er steht nicht sowohl als festes Bild vor seiner Seele, als er sich desselben vielmehr als eines dehnbaren Maßstabes bedient«. Zitate nach R. Lehmann a. O. 242; auf dessen Darlegung sei hier verwiesen.

[10] 3. Sammlung 32.

[11] 3. Sammlung 32.

[12] 3. Sammlung 27.

[13] 3. Sammlung 33.

[14] 3. Sammlung 27.

[15] 3. Sammlung 29.

[16] Ideen zur Philosophie der Geschichte der Menschheit 4. Buch I 6, IV. VI; 5. Buch II. V »gottähnliche Humanität«.

[17] An Gleim 22. Mai 1792, angeführt in Düntzers Herderausgabe 13 S. VI.

[18] Briefe usw. 3. Sammlung 29.

[19] An Gleim 22. Mai 1792, s. Anm. 17.

[20] 2. Abschnitt I gegen Ende, S. 182 Düntzer.

[21] 2. Abschnitt I gegen Ende, S. 183 f. D.

[22] 3. Abschnitt, besonders S. 206 D.
[23] 3. Abschnitt, S. 228 D.
[24] 2. Abschnitt I a. E.
[25] 3. Sammlung 29–30.
[26] Marcus Antoninus imperator, *Εἰς ἑαυτόν* 5, 1; 12, 11; 12, 36. Persius 3, 67–72; 66.
[27] 13. Buch VII.
[28] 3. Buch VI.
[29] Z. B. 4. Buch II. VI 4.; 5. Buch I 1. 5 »aufsteigende Reihe von Kräften«.
[30] 3. Buch II 5. 6.
[31] 3. Buch V 6.
[32] 3. Buch IV a. E.
[33] 3. Buch V a. E.
[34] 3. Buch VI.
[35] 4. Buch I 7.
[36] 4. Buch IV a. E.
[37] Zum Folgenden vgl. Cicero, De legibus 1, 22–27. 58–62 De finibus 2, 33. 45–47; 3, 20–21. 62—66; 4, 16—18; 5, 34–71. Tusculanae disputationes 5, 37–39. De officiis 1, 11–14. Vgl. auch Chrysipp bei Diogenes Laert. 7, 85, bei Gellius 12, 5, 7 (v. Arnim, Stoicorum veterum fragmenta III 178. 181); außerdem Polybios 6, 6, 2–9.
[38] Cicero, Tusculanae disputationes 3, 2–6.
[39] Cicero, De legibus 1, 26, vgl. De deorum natura 2, 140.
[40] Cicero, De deorum natura 2, 140.
[41] Unmöglich, in diesem Versuch den Gang der Gedanken über den Menschen oder gar den Gebrauch des Wortes *humanitas* im Lateinischen und in den Nationalsprachen während der Zeit zwischen Antike und Herder, besonders seit der Renaissance, zu verfolgen. Zum ersten s. Dilthey, Gesammelte Schriften II, zum zweiten J. Niedermann, Kultur (oben Anm. 2). In der Neuzeit teilen sich im lateinischen Sprachgebrauch *civilitas, humanitas* und später *cultus* und *cultura* in das Sprachfeld der Kulturbegriffe. Niedermann 50 ff.
[42] G. Toffanin, Geschichte des Humanismus (Akademische Verlagsanstalt Pantheon o. J. [1941]) 259, 266 ff., 493 f. führt folgende Schriften an: G. Manetti, De dignitate hominis; Raimundus Sebundus, De natura hominis; B. Fazio, De excellentia ac praestantia hominis; M. da Narni, De homine; Pico della Mirandola, De hominis dignitate. Vgl. die bei Niedermann S. 80 angeführte Literatur.
[43] Missale Romanum, Ordo Missae, Offertorium. Das Römische Brevier enthält für den 4. Adventssonntag als 4. Lesung den folgenden Text aus einer Predigt des Papstes Leo d. Gr. (440–461; sermo 1 de ieiunio decimi mensis etc.): *Si fideliter, dilectissimi, atque sapienter creationis nostrae intellegamus exordium, inveniemus hominem ideo ad imaginem Dei conditum, ut imitator sui esset auctoris, et hanc esse naturalem nostri generis dignitatem, si in nobis quasi in quo-*

dam speculo divinae benignitatis forma resplendeat. ad quam quotidie nos utique reparat gratia salvatoris, dum, quod cecidit in Adam primo, erigitur in secundo. – Die beiden Beispiele sind deshalb ausgewählt und angeführt, weil sie zeigen, daß es sich um allverbreitete, allgemein verbindliche, gewissermaßen zum täglichen Brot gehörende Gedanken handelt.

44 Von dieser Verwandlung, Vergöttlichung des Menschen lebt in anderer Gestalt etwas in Herders Humanitätsidee fort, das Pathos des Werdens, des Prozesses, der schließlich auf Vollendung der Humanität jenseits des Todes zielt.

45 Marsilio Ficino, De religione christiana c. 19 (opp. p 23, zitiert nach Mestwerdt, Die Anfänge des Erasmus; Humanismus und »Devotio moderna«; Studien zur Kultur und Geschichte der Reformation II Leipzig 1917, 63, bei Niedermann 80 Anm. 320). Ficino weist auf den göttlichen Ursprung der *humanitas* hin, die zur *divinitas* hinaufsteigen könne. *Desinant igitur, iam desinant homines suae divinitati diffidere, ob quam diffidentiam mortalibus se ipsos immergunt, revereantur se ipsos tamquam divinos, sperentque se posse ad Deum ascendere, quandoquidem ad eos dignata est quodammodo maiestas divina descendere.* Vgl. Weiteres bei Niedermann 80.

46 Cicero, Pro Archia 2 f.

47 Pro Murena 61, vgl. Pro Caelio 24.

48 Seit R. Reitzensteins Universitätsrede »Werden und Wesen der Humanität im Altertum«, Straßburg 1907, worin *humanitas* gleichsam von neuem entdeckt worden ist, hat man viel darüber nachgedacht. Immisch in: Das Erbe der Alten, Berlin 1911, 6. S. Lorenz, De progressu notionis *φιλανθρωπίας*, Dissertation Leipzig 1914. R. Harder, Die Einbürgerung der Philosophie in Rom, Die Antike V (1929) 300. Heinemann, »*humanitas*« in der Realenzyklopädie der Altertumswissenschaft, Supplement V (1931) 282 ff. E. v. Jan, Humanité, Zeitschr. f. französ. Sprache und Literatur 1931, 1 ff. R. Pfeiffer, Humanitas Erasmiana, Leipzig 1931 (Studien der Bibliothek Warburg 22) 2 ff., bisher nach Reitzenstein das Wichtigste. R. Harder, Nachträgliches zur humanitas, Hermes 1934, 64. Fr. Schulz, Prinzipien des römischen Rechts, 1934, 128. H. Roloff, Maiores bei Cicero, Leipziger Dissertation, Göttingen 1938, 35, 40. – Den antiken Sprachgebrauch überblickt man jetzt bequem in den Artikeln »*homo*«, »*humanus*«, »*humanitas*«, »*inhumanus*«, »*inhumanitas*« des Thesaurus l. L.; vgl. Jos. Mayer, humanitas, Diss. Freiburg 1950 (ungedruckt).

49 So unterscheidet zuerst Gellius 13, 17 (16), wobei er für den echten, alten Sinn *παιδεία* ausgibt und als Archaist diesen gegen die Bedeutung *φιλανθρωπία* ausspielt, die er herabsetzt; sie sei trivial, gefälscht.

50 De oratore 1, 27.

51 De oratore 3, 1–12.

52 De oratore 3, 29 *in singulari dignitate omnis tamen . . .*

humanitas ac lepos. De legibus 3, 1 *societatem gravitatis cum humanitate.* Ad Quintum fratrem 2, 9, 2 *subtilitatem veteris urbanitatis et humanissimi sermonis.* De oratore 2, 40 *inopem quendam humanitatis atque inurbanum.* De provinciis consularibus 29 *humanitas ac lepos.* Tusculanae disputationes 5, 55 *specimen ... humanitatis, salis, suavitatis, leporis.* De oratore 2, 270 *Socratem ... in hac ironia longe lepore et humanitate omnibus praestitisse.* Besonders aufschlußreich Tusculanae disputationes 3, 64 von Trauernden: *si qui forte, cum se in luctu esse vellent, aliquid fecerunt humanius aut si hilarius locuti sunt, revocant se rursus ad maestitiam peccatique se insimulant, quod dolere intermiserint.* De oratore 2, 271 *nullum ut sit vitae tempus, in quo non deceat leporem humanitatemque versari.* Varro, De re rustica 2, 5, 1 *homo quamvis humanus ac iocosus.* Vgl. Thesaurus linguae Latinae »*humanitas*« 3078, 7 ff., »*humanus*« 3093, 24 ff.

53 Platon, Phaidon 59 A. 62 A. 84 D. 86 D. 102 D. 115 C. Crassus ist gleich am Eingang an der angeführten Stelle 1, 27 mit seinem tiefen Ernst und seiner anmutigen Art zu scherzen eingeführt. Und im Gang des Gesprächs vereinigt sich immer wieder beides. Seine Einsichten sind höher als das Handwerk, und was er lehrt, wirft er mit lockerem Handgelenk hin, ohne es sehr ernst zu nehmen; ja, er spottet ein wenig darüber und macht sich über die Rolle lustig, die er spielt, wenn er wie ein griechischer Professor über das Reden redet.

54 Epistulae ad familiares 7, 1.

55 De finibus 5, 54 *animi cultus ille erat ei quasi quidam humanitatis cibus.* Lucullus 127 *est enim animorum ingeniorumque naturale quoddam pabulum consideratio contemplatioque naturae.*

56 Lucullus 127; vgl. Pro Archia 16 *hanc animi remissionem* (nämlich *studium litterarum*) *humanissimam ac liberalissimam iudicaretis.* De oratore 3, 20 *ingenuarum et humanarum artium.* Vgl. Thesaurus l. L. »*humanus*« 3092, 75 ff., »*humanitas*« 3077, 76 ff. »Dem Menschen anstehend« ist hier so viel wie »dem Freigeborenen anstehend«, »anständig«. So wie eine Tätigkeit um so besser dem Freigeborenen ansteht, je weiter sie sich vom Elementaren, Stofflichen, Groben entfernt, je mehr sie sich in das Geistige erhebt – daher die *artes liberales,* die »freien« Künste –, ebenso ist eine Tätigkeit, eine Erholung und Freude um so »menschlicher«, je höher sie sich nicht nur über die bloße Notdurft, sondern über den Bereich von Nutzen und Zweck überhaupt erhebt.

57 Cicero, De re publica 1, 29.

58 De re publica 1, 28 ... *appellari ceteros homines, esse solos eos, qui essent politi propriis humanitatis artibus.*

59 Odyssee 6, 119 ff.

60 Virgil, Aeneis 1, 450 ff.

61 *Humana aliena non putantur* – um an den bekannten Vers Terenzens im Hautontimorumenos zu erinnern.

62 Daß man auch an diese Gemeinschaft dachte, wenn man von *humanitas* sprach, beweist etwa die folgende Stelle: Auctor ad Herennium 4 (5), 23 *viri fortis est, qui de victoria contendant, eos hostes putare, qui victi sunt, eos homines iudicare, ut possit bellum fortitudo minuere, pacem humanitas augere.* Etwas grundsätzlicher Cicero, De officiis 3, 28 *qui hominem ex homine tollat* – nämlich *si nihil existimat contra naturam fieri hominibus violandis.*

63 Die Lehre von der Solidarität aller Menschen ist ein wesentliches, eins der folgenreichsten Lehrstücke der Stoa; vgl. v. Arnim, Stoicorum veterum fragmenta III 340 ff.

64 Der Römer der Zeit Ciceros nennt die Menschennatur in ihrer schmerzempfindlichen Schwäche (vgl. Cicero, De domo sua 98), aber nicht nur sie selbst, sondern auch die Gesinnung, die sich ihrer bewußt ist, sie bejaht und vor dem tierhaft Wilden vorzieht, mit all der Milde, die daraus erwächst, »menschlich« und »Menschlichkeit«. Diesen Schritt haben die Griechen aus Gründen, die im Text dargelegt sind, nicht getan. Aber sie haben den Gedanken gedacht und ausgesprochen. Was nämlich im Text gegen die Wünschbarkeit überanstrengter, starrer Unempfindlichkeit gesagt ist, das umschreibt nur die berühmten Worte des Platonikers Krantor (1. Hälfte des 3. Jahrhunderts) aus dem Anfang des Trostschreibens *περὶ πένθους*, die sich in der *Consolatio ad Apollonium* (3; in Plutarchs Moralia) erhalten haben:
Οὐ γὰρ ἔγωγε συμφέρομαι τοῖς τὴν ἄγριον ὑμνοῦσι καὶ σκληρὰν ἀπάθειαν, ἔξω καὶ τοῦ δυνατοῦ καὶ τοῦ συμφέροντος οὖσαν ... Μὴ γὰρ νοσοῖμεν ... νοσήσαισι δὲ παρείη τις αἴσθησις, εἴτ' οὖν τέμνοιτό τι τῶν ἡμετέρων εἴτ' ἀποσπῷτο. τὸ γὰρ ἀνώδυνον τοῦτο οὐκ ἄνευ μεγάλων ἐγγίνεται μισθῶν τῷ ἀνθρώπῳ. τεθηριῶσθαι γὰρ εἰκὸς ἐκεῖ μὲν σῶμα, ἐνταῦθα δὲ ψυχήν.
Das Bewußtsein, das sich hier ausspricht, macht eine wesentliche, nicht genügend beachtete Seite dessen aus, was die Römer *humanitas* nennen. Cicero, der Krantors Worte in den Tusculanae disputationes 3, 12 übersetzt hat, nennt denn auch die Gesinnung, die sie bezeugen, »human«. Über diese Seite der *humanitas* s. G. Liebers, Virtus bei Cicero, Leipziger Dissertation, Dresden 1942, 7.

65 Vgl. Thesaurus linguae Latinae, »*humanitas*« 3079 ff.

66 Gegensätze zu *humanus, humanitas:* Auctor ad Herennium 4, 12 *o feros animos! o crudeles cogitationes! o derelictos homines ab humanitate!* Cicero, De divinatione 1, 2 *gentem tam humanam atque doctam neque tam inmanem tamque barbaram;* De officiis 1, 62 *immanitas.* Partitiones oratoriae 90 *indoctum et agreste;* Pro Caelio 26 *fera ... sodalitas et plane pastoricia atque agrestis;* die »Wolfsbruderschaft« der Luperci *illa silvestris ante est constituta quam humanitas atque leges;* in der Geschichte folgt *humanitas* auf einen Zustand der Wildheit, der also als vormenschlich angesehen wird, mag er sich auch noch in der Wildnis von Berg und Wald und bei

den Landarbeitern erhalten haben. *humanitas* als geschichtliche Erscheinung auch In Verrem 2, 5, 187 *initia vitae atque victus, morum, legum, mansuetudinis, humanitatis;* Ceres und Libera haben den Menschen die Kultur gebracht; Pro Flacco 62 *humanitas, doctrina, religio, fruges, iura, leges.* De oratore 1, 33 *homines a fera agrestique vita ad hunc humanum cultum civilemque deducere.*

[67] Cicero, Pro Caelio 25 Der Ankläger, *qui in reliqua vita mitis esset et in hac suavitate humanitatis, qua prope iam delectantur omnes, versari periucunde solebat, fuit in hac causa pertristis patruus, censor, magister; obiurgavit M. Caelium, sicut neminem umquam parens.* Vgl. Anm. 52.

[68] R. Reitzenstein, Werden und Wesen der Humanität im Altertum, Universitätsrede Straßburg 1907 S. 7 meinte, dem weiten und tiefen Wortgebrauch der frühen Zeit liege eine bestimmte Theorie zugrunde, die des Stoikers Panaitios. Dagegen R. Pfeiffer, Humanitas Erasmiana S. 2 Anm. 2.

[69] Bacchides 1169 *non homo tuquidem es, qui istoc pacto tam lepidam inlepide appellas.*

[70] Die folgenden Beispiele werden den Typus und seine Abwandlungen aufweisen. Terenz, Adelphoe 579 *censen hominem me esse? erravi* (grobe Dummheit gegensätzlich zum Menschen). Vergleichbar Ad. 934 *si tu sis homo;* Cicero, Ad Atticum 4, 15, 2 *si vis homo esse;* 2, 2, 2 *si homo esset.* Dahin gehört auch die berühmte Stelle in einem Briefe an den Bruder Quintus 2, 10 (9), 3 *virum te putabo, si Sallusti Empedoclea legeris, hominem non putabo.* Höher im Ton De legibus 2, 16 *hunc hominem omnino numerari non decet (quem astrorum ordines ... non gratum esse cogunt).* Vgl. De re publica 1, 28 (oben Anm. 58). Positiv gewandt Plautus, Epidicus 493 *homo es, qui me emunxisti.* Negativ wie gewöhnlich Terenz, Hecyra 214 *quae me omnino lapidem, non hominem putas* (im griechischen Original fehlte *non hominem!).* Cicero, In Pisonem fr. 5 *beluam ..., non hominem.* De oratore 2, 153 *pecudis esse, non hominis ...* Terenz, Phormio 509 *homo inhumanissimus* (womit man Wendungen wie *hominem ex homine tollere* [Cicero, De officiis 3, 28], *hominem ex homine exuere* [De finibus 5, 35] vergleichen mag). Hecyra 85 *cum milite inhumanissimo* (das Mädchen beklagt sich). Terenz, Andria 236 *hocine est humanum factum aut inceptum? hocine est officium patris?* Hautontimorumenos 99 *coepi non humanitus tractare* (Vorwurf gegen sich selbst). Andria 278 ... *ingratum aut inhumanum aut ferum, ut neque me consuetudo neque amor neque pudor commoveat ... ut servem fidem* (»ich müßte mir doch den Vorwurf machen, ein Unmensch zu sein«). Eunuchus 880 *non adeo inhumano ingenio sum ... neque ita imperita, ut quid amor valeat non sciam.*

[71] Plautus Bacchides 1169 vgl. oben Anm. 69. Mostellaria 814 »Betrübe doch den alten Mann nicht!« Antwort: *intellego et bene monitum duco atque esse existumo humani ingeni;* vgl.

Terenz, Andria 113 *humani ingeni mansuetique animi officia.* Hecyra 553 *nonne ea dissimulare nos magis humanum est quam dare operam id scire?* Adelphoe 734 *simulare certe est hominis.* 736 *dempsi metum omnem: haec magis sunt hominis.*

[72] Schon in Ciceros Anfängerzeit ist *humanitas* im Sinne literarischer Geistesbildung mindestens einer Zuhörerschaft senatorischer Richter ohne weiteres verständlich gewesen: Pro Sex. Roscio Amerino 121 (80 v. Chr.) *horum litteras ... aut humanitatem;* dem Sinne nach nahe 120 *litteris eorum et urbanitate; deliciarum; artium; elegantissimis.* Die Rhetorik ad Herennium, in der das Substantivum *humanitas* zuerst belegt ist, verwendet es, ein paar Jahre früher, nur im Sinne duldsamen, milden Wesens.

[73] Gesetze 716 C.

[74] Pfeiffer, Humanitas Erasmiana 2. Man überprüfe etwa die Artikel *ἀνθρώπινος*, *ἀνθρώπειος* in Asts Platonlexikon und bei Liddell-Scott.

[75] Das Folgende nach der Nikomachischen Ethik 1177 b 26 ff.; vgl. Metaphysik 982 b 28, Protreptikos (bei Jamblichos in dessen Protreptikos c. 8, S. 48 Pistelli) und aus dem Kreise der Alten Akademie den Dialog Alkibiades I 133 B; dazu R. Harder, Über Ciceros Somnium Scipionis (Schriften der Königsberger Gelehrten Gesellschaft VI 3), Halle 1929, 126 f., jetzt in: Kleine Schriften, München 1960, 367 ff.

[76] Menander, Fragm. 761 Kock *ὡς χαρίεν ἔστ' ἄνθρωπος, ὅταν ἄνθρωπος ᾖ.* Neigung, die Ethik auf die Anthropologie zu gründen, schon bei Aristoteles; vgl. etwa, wie in der Nikomachischen Ethik 1097 b 24 ff. nach der Betätigung und Leistung des Menschen, dem Gut des Menschen gefragt ist – nicht nach dem Guten schlechthin, zu dem Platons Denken drängt.

[77] Die Stoa hat die altgriechische Scheu unbedenklich beiseite gesetzt, den Gegensatz zwischen Mensch und Gott aufgehoben, den Menschen – den eigentlichen wohlgemerkt – zu einem Gott im Kleinen erhöht und den Erdenrest, der sich nicht dazu fügt, als unwichtig unbeachtet gelassen. Welcher Unterschied zu der behutsamen Art des Aristoteles, wenn Kleanthes erklärt, die Tugenden der Menschen und der Götter seien die gleichen (v. Arnim, Stoicorum veterum fragmenta 1, 129, 9)! Das hellenistische Gottkönigtum gehört in die gleiche Zeit.

[78] Cicero, De legibus 1, 58. 61. De finibus 5, 44. Tusculanae disputationes 1, 50–75, besonders 1, 52. Zum Sinneswandel des delphischen Spruches s. U. v. Wilamowitz-Moellendorff, Reden und Vorträge II (1926) 171 ff.

[79] Ein wenig ähnlich wie *humanitas* hat sich im 17. Jahrhundert in Spanien der Begriff *culto* einseitig entfaltet. »*Culto* sollte im Prinzip nichts anderes bezeichnen als das Feingepflegte gegenüber dem Rauhen, Rohen, Stillosen, Barbarischen«. Das besondere Ziel der »Kultisten« ist aber »gelehrt und vornehm sich gehabende Sprachzier«. L. Pfandl, Ge-

schichte der spanischen Nationalliteratur in der Blütezeit, Freiburg i. Br. 1929, 246, angeführt bei Niedermann 105 Anm. 8. *cultus* steht in der Antike und dann wieder seit der Renaissance der *humanitas* nahe.

[80] Vgl. oben Anm. 72.

[81] Epistulae ad familiares 7, 1.

[82] Ad Quintum fratrem 2, 9 (8), 2 ff.

[83] Horaz, sermones 2, 1, 71 ff.

[84] Scholium Cruquianum zu der eben angeführten Horazstelle.

[85] Cicero, De oratore 2, 22.

[86] Cicero, Lucullus 15.

[87] Cicero, De oratore 1, 3.

[88] Cicero, Laelius 1.

[89] Horaz, epistulae 1, 6, 15, vgl. Cicero, Tusculanae disputationes 4, 62.

[90] sermones 1, 5.

[91] saturae 1, 79.

[92] Pro Sex. Roscio Amerino 154.

[93] G. Liebers, Virtus bei Cicero, Leipziger Dissertation, Dresden 1942, S. 8.

ANHANG

DAS ERSTE PYTHISCHE GEDICHT PINDARS

In dem Aufsatz über Horazens Musengedicht oben S. 376 ff. – vergleiche auch S. 337 – ist auf die pindarischen Hintergründe dieses Werkes und besonders auf das erste Pythische Gedicht hingewiesen worden. Einen Begriff davon mag der hier anhangsweise folgende Versuch geben.

I

Das erste Pythische Gedicht Pindars ist in der hohen Zeit seiner Dichtung entstanden, in den anderthalb Jahrzehnten zwischen 476 und 462 v. Chr. Im Olympienjahre 476 hatten ihn die beiden größten Herren unter den Siegern, die Fürsten von Syrakus und Akragas auf Sizilien, mit dem Siegesgesang betraut, und seitdem ist er, immer im Wettstreit mit Bakchylides von Keos, als höchster Dichter der Siegesfeste angesehen gewesen bis 462, als ihm der König von Kyrene nach einem delphischen Siege noch einmal einen ganz großen Auftrag gab.

Es ist eigen zu denken, daß die fürstliche Herrlichkeit sowohl der Gewaltherren in Sizilien wie der angestammten Könige in Kyrene zusammengebrochen ist, kurz nachdem sie im Lichte der pindarischen Dichtung verklärt worden waren, und daß es am Ende des genannten Zeitraumes mit dem Glanz des griechischen Adels überhaupt zu Ende gegangen ist, seitdem sich in Athen die Demokratie des Perikles durchgesetzt hatte und damit eine Politik, die zum Kriege mit den Aristokratien drängte. Die pindarische Dichtung ist eben etwas Letztes, etwas Letztes freilich auch im Sinne der Vollendung, die im Augenblick des Traditionsbruches etwas Vergehendes aus dem Vergänglichen ins Reich des Dauernden rettet. Aber damals im Jahre 470, als dieses Gedicht entstand, ahnte wohl niemand das Ende all des Glanzes. Hieron, der Herr von Syrakus, hatte bei den Pythischen Spielen den vornehmsten Sieg gewonnen, den mit dem Viergespann, und er war, wenn auch selber von körperlichen Leiden tief niedergedrückt, auf dem Gipfel seiner Macht. Vor zehn Jahren war er an dem großen Siege über die Karthager am Himeraflusse beteiligt gewesen, vor vier Jahren hatte er bei Kyme die etruskische Gefahr für immer gebannt, und schließlich hatte er noch vor kurzem den letzten Dynasten von Akragas gestürzt; ganz Sizilien hing in Wirklichkeit von seinem Willen ab. Dazu hatte er in den letzten Jahren am Ätna eine große Stadt gleichen Namens mit dorischer Bürgerschaft geschaffen, die wohl eine Stütze seiner Herrschaft sein sollte, und seinen Sohn Deinomenes zum Fürsten dort eingesetzt. Und nun gab er dieser Schöpfung seines Willens in ihr neues Dasein allen Glanz mit, der in seiner Macht stand. Seinen delphischen Sieg ließ er ihr zukommen, indem er ihren Namen, nicht Syrakus, bei der Verkündigung des Sieges vor allen Hellenen ausrufen ließ, und mit der Feier dieses Sieges verherrlichte er ein religiöses Fest oder einen Festzusammenhang, zu dem die höchsten griechischen Dichter ihre Werke beisteuerten, Pindar und Aischylos, zu denen sich übrigens auch Bakchylides gesellte.

Trotz allem Glanz und aller Macht hat Hierons Gründung keinen Bestand gehabt. Sie war das Werk ziemlich roher Gewalt gewesen, und überhaupt war das Licht der Dichtung auf Gestalten und Gegenstände gefallen, die wohl nicht ganz gleichen Ranges mit ihr waren. Man kann sagen, Pindar hat sowohl Hieron wie Arkesilaos, den König von Kyrene, zu hoch eingeschätzt, und es ist bezeichnend, daß es nicht der Tod und der Sturz des Fürsten, sondern die Wesensfremdheit gewesen ist, die das Verhältnis hier wie dort gelöst hat. Trotzdem haben sie, und besonders Hieron, der pindarischen Dichtung einen großen Dienst geleistet. Sie haben in ihrem Dasein und ihrer Macht Gegenstände vor Pindar gestellt, die seine Kräfte zu höchsten Leistungen entbanden. Er, der immer darauf aus war, das Höchste, Kostbarste im menschlichen Bereich aufzusuchen, in göttliches Licht zu stellen und zu preisen, sah in ihnen eine Erhöhung menschlichen Daseins zu höchsten Gipfeln, und die Anschauung dieser Gipfel und die Größe ihres Preises ist unvergänglich.

II

Goldene Phorminx, Apollons und der dunkellockigen
Musen gemeinsamer Besitz, du auf welche hört der Reigentritt, der Festfreude Anfang;
und willig folgen die Sänger deinen Zeichen,
wenn du chorführender Vorspiele Anfang machst mit hellem Klingen.
Auch den speerbewaffneten Blitz löschst du aus
von unvergänglichem Feuer. Und es schläft auf dem Szepter des Zeus der Adler, den raschen Flügel auf beiden Seiten locker lassend,

der Herrscher der Vögel, und Wolke dunklen Blickes,
der Augenlider süße Verschließung, hast du ihm über das krummgeschnäbelte Haupt ergossen; und schlummernd
wölbt er den geschmeidigen Rücken hoch, von deinen
Schwüngen gebannt. Auch der wilde Ares ja, die harte
Schärfe der Lanzen fortlassend, sänftigt sein Herz
in Ruhe, und das Treffen deines Zaubers beschwichtigt auch die Seele der Götter, bei der Kunst des Sohnes Letos und der tiefgegürteten Musen.

Was aber Zeus nicht lieb hat, entsetzt sich, wenn es den Ruf
der Musen hört, auf der Erde und im unermeßlichen Meer;
und auch er, der im furchtbaren Tartaros liegt, der Götter Feind,
Typhos der hundertköpfige; er, der einst
in Kilikien die vielberühmte Höhle bewohnte: jetzt aber drücken
über Kyme die meerumschränkten Gestade
und Sizilien auf seine

zottige Brust. Und ein Pfeiler, himmelhoch, hält ihn nieder,
der schneeige Ätna, das ganze Jahr über
beißenden Schnees Nährmutter,

daraus gespien werden unnahbaren Feuers hochheilige
Quellen aus den Tiefen. Und die Ströme wälzen am Tage ein brandfarbenes Dahinziehen von Qualm heraus,
aber nachts trägt
die rote sich hinwälzende Glut Felsen zum tiefen Grund des Meeres mit Krachen.
Es ist aber jenes Ungeheuer, das die furchtbaren Brunnen des Hephaistos
heraufsendet. Ein Mirakel, wunderbar, ist es zu sehen, ein Wunder aber auch, von den dort Lebenden zu hören,

wie es in des Ätna dunkellaubigem Gipfel gefesselt liegt
und unter dem Erdboden, und das Lager, wundreibend, den ganzen aufliegenden Rücken sticht.
Sei es beschieden, Zeus, sei es beschieden, dir wohlzugefallen,
der du auf diesem Berge waltest, des fruchtreichen Landes Stirne, neben welchem die danach benannte
Stadt der ruhmreiche Gründer verherrlicht hat:
in der Bahn des Pythienfestes hat sie der Herold ausgerufen Hierons wegen, Siegers

im Viergespann. Seefahrenden Männern ist es aber eine erste Freude,
wenn ihnen zur Reise bei der Ausfahrt ein geleitender Fahrwind kommt; denn es ist dann wahrscheinlich,
daß sie auch am Ende eine bessere Heimfahrt erhalten. Und dies Wort
bringt nach solchen Fügungen die Erwartung,
(auch) in Zukunft werde sie (die Stadt) mit Siegeskränzen und Rossen berühmt sein
und mit wohllautreichen Festen vielgenannt.
Lykier und Herr von Delos,
Phoibos, der du auch des Parnassos Quelle Kastalia lieb hast,
wollest dies in dein Herz
nehmen und das Land an rechten Männern reich machen!

Denn von den Göttern kommen alle Möglichkeiten zu menschlicher Größe

und wachsen Weise und Armgewaltige und Beredte. Jenen Mann aber
zu preisen gewillt gedenke ich
nicht gleichsam den erzwangigen Speer aus der Bahn zu werfen, wenn ich ihn mit der Faust abschnelle,
sondern weit schleudernd die Gegner zu übertreffen.
Möge doch die ganze (zukünftige) Zeit Gedeihen so (wie jetzt) und das Geben von Gütern lenken, aber Vergessen der Nöte gewähren!
Dann würde sie ihn daran denken lassen, in was für Schlachten des Kriegs
er mit mutiger Seele ausgehalten, als sie durch Hände der Götter Erhöhung fanden,
wie sie keiner von den Griechen erntet,
des Reichtums stolze Bekrönung. Jetzt aber ist er nach des Philoktetes Weise
zu Felde gezogen, und in der Not hat man ihn als Freund,
wenn einer auch großmächtig war, umschmeichelt. Sie sagen aber, von Lemnos zu bringen den von der Wunde gequälten

Sohn des Poias, den Bogenschützen, seien göttergleiche Heroen gekommen,
ihn, der die Stadt des Priamos zerstört und geendet hat die Nöte der Danaer,
mit krankem Leibe gehend: aber es war so bestimmt.
Und so (wie für ihn) möge für Hieron ein Gott da sein, der ihn aufrichtet
in zukünftiger Zeit, das, wonach er begehrt, in gutem Maße gebend. –
Muse, auch bei Deinomenes zu singen
zum Lohn des Viergespanns sei mir willig!
Keine fremde Freude ist doch der Sieg des Vaters.
Wohlan, so wollen wir danach für den König von Aitna
einen wohlgesinnten Hymnos finden,

ihm, dem diese Stadt mit gottbegründeter Freiheit
in Gesetzen der Regel des Hyllos Hieron begründet hat.
Es wollen aber des Pamphylos
und auch der Herakliden Nachkommen
unter den Hängen des Taygetos wohnend stets bleiben bei den Satzungen des Aigimios,

die Dorer. Sie haben Amyklai genommen, glückgesegnet,
vom Pindos her stürmend, der weißrossigen Tyndariden ruhmvolle Nachbarn, von denen Speerruhm erblüht ist.

Zeus, der du Erfüllung gibst, möge auch immer so am Wasser des Amenas
ihr gerechtes Teil Bürgern und Königen abgeteilt sein lassen die wahre Rede der Menschen!
Mit deiner Hilfe wird dann wohl der Herrscher,
auch seinem Sohne es auftragend, der Bürgerschaft ihre Ehre lassend sie zu einträchtigem Frieden führen.
Ich flehe, nicke Gewährung, Sohn des Kronos, daß in friedlichem
Haus der karthagische und der Schlachtruf der Etrusker Ruhe halte, nachdem er seine Überhebung stöhnen gesehen auf den Schiffen damals vor Kyme:

was sie, vom Herrscher der Syrakusaner bezwungen, erlitten haben,
der von den schnellfahrenden Schiffen ihnen ins Meer die junge Mannschaft stürzte,
Hellas emporziehend aus schwerer Knechtschaft. Ich werde gewinnen
von Salamis den Ruhm der Athener
zu ihrem Lohn, in Sparta will ich erzählen die Schlacht vor dem Kithairon,
in welchen (Schlachten) die Meder mit dem krummen Bogen ermatteten,
nachdem ich hingegen am wohlbewässerten Ufer
des Himeraflusses den Söhnen des Deinomenes den Hymnos vollendet,
den sie empfangen haben um ihrer Größe willen,
da die feindlichen Männer ermatteten.

Wenn du nur das Schickliche sagst, vieler Dinge Enden zusammenziehend
in kurzem Wort, folgt geringer der Tadel der Menschen, denn das lästige Zuviel stumpft ab
die raschen Erwartungen.
Das Hören der Bürger aber beschwert im geheimen ihr Herz am meisten bei dem Guten, das der andere hat.
Aber dennoch – denn besser als Mitleid ist Neid –

laß nicht vom Schönen, lenke mit gerechtem Steuer den Heerbann, und am Amboß ohne Falsches schmiede die Zunge!
Wenn auch etwas Geringfügiges herausfährt, als Großes verbreitet es sich
von dir. Vieler Dinge Verwalter bist du. Viele glaubwürdige Zeugen sind für beiderlei (Worte und Taten) da.
Aber in edler Blüte deines Wollens fest bleibend,
wenn du doch liebst Angenehmes immer zu hören, werde nicht zu matt in der Freigebigkeit!
Laß frei wie ein Steurer
das Segel im Wind! Laß dich nicht betrügen, Freund, von unanständigen Vorteilen: dem Menschen nachlebend der stolze Ruhm
allein macht dahingegangener Männer Leben kund
Erzählern und Dichtern. Es geht nicht unter des Kroisos milde Größe;
ihn aber, der im ehernen Stier verbrannt hat, den unbarmherzigen
Phalaris hält allenthalben feindliche Rede fest;
und keine Phorminx in der Halle nimmt ihn
zur erquickenden Vereinigung mit den Worten der Knaben auf.
Gutes zu erleben ist aber erster Siegespreis,
Gutes (über sich) zu hören zweiter Anteil,
der Mann aber, der beidem
begegnet und es gewinnt,
hat den höchsten Kranz empfangen.

III

Die ersten Worte des Gesanges rufen das Saitenspiel an wie ein göttliches Wesen, wie der Dichter sonst die Muse oder den Meister des Musenchors, Apollon, anruft. Und es ist fast so gut, als ob er den Gott selber riefe, denn von dem göttlichen Ding gehen die Wirkungen der apollinischen Musik aus. Die Formen der Gebetsanrufung, des Hymnus, bestimmen die beiden ersten Strophen; sie machen zusammen die sogenannte Aretalogie eines Hymnus aus, das heißt jenen Teil, der den Macht- und Wirkungsbereich des Gottes zu vergegenwärtigen pflegt. Darauf scheint dann freilich nicht das zu folgen, worauf Anrufung und Aretalogie von Haus aus zielen, keine Bitte. Aber Pindars Gedankenbewegung reicht weiter, als es scheint, und mit einem Male wird der Betrachter des Gedichts inne, daß die Bitte: »Sei es beschieden, Zeus, dir wohlzugefallen« (29) das ist, was dem Eingang erst seine Erfüllung gibt. Alles, was vorhergeht, gehört zur Aretalogie, die zu einer gewaltigen Vergegenwärtigung und Deutung der Herrschaft des Zeus und Apollon geworden ist.

Von diesem göttlichen Ding, dem Saitenspiel, geht die Kraft aus, die die Menge zur Festgemeinschaft verwandelt. Sobald es angeschlagen wird, tritt der Chor zum Reigen an, und das ist der Anfang des Strahlenden, Freudigen, das das Fest zum Feste macht. Eine Peitho, ein gewinnendes Willigmachen, wirkt darin, so daß die Sänger willig zusammen die tönenden Noten nachbewegen. Und nun folgt das Merkwürdige, daß Pindar, ohne den Schritt fühlbar zu machen, von der irdischen zur himmlischen Musik übergeht und auf die Wirkungen des Saitenspiels in der Hand des Chormeisters in Aitna jetzt und hier jene folgen läßt, die im Hause des Zeus vom Saitenspiel Apollons, des göttlichen Chormeisters, ausgehen. Beides ist für Pindar im Grunde eines; jetzt und hier vollziehen sich durch das Saitenspiel und den Gesang die hohen Dinge, die Apollon bei Zeus bewirkt. So groß ist die Macht des Saitenspiels, daß sie alles, was um Zeus Gewalt ist, zur Ruhe bringt, Blitz, Adler und sogar Ares. Blitz und Ares sind als Gewaltträger gekennzeichnet, und vom Adler sind Schwinge und Schnabel genannt, worin seine Kraft zum Erjagen und Überwältigen wohnt. Gerade darüber kommt süße Entspannung, und durch den Leib des Schlafenden gehen die Schwünge der Musik. Wenn aber selbst Ares verwandelt wird, so unterliegen erst recht alle andern Götter dem Zauber des Saitenspiels.

Aber das alles gilt nur für das, was zu Zeus gehört, was

es als sich angehörig empfindet, wofür es Zusammengehörigkeitsgefühl hat, – das bedeutet nämlich das Wort, das mit »lieb haben« nicht ganz genau wiedergegeben ist. Außerhalb der Gemeinschaft des Zeus wirkt die Musenkunst nicht beschwichtigend, sondern schreckend; die Götterfeinde hören darin die Herrschaft des Zeus und der Seinen, deren Übermacht sie zu spüren bekommen haben und noch verspüren. Und dies ist nun die zweite große Anschauung des Gedichtes: der gefesselte Götterfeind Typhos im Ätna. Die Anlage dieses Teiles ist von einer der Hauptformen pindarischer Gedankenentwicklung bestimmt, die man sich gewöhnt hat Ringkomposition zu nennen, wobei die Rede von ihrem Ausgangspunkt zu einem Ziele und dann symmetrisch wieder zum Ausgangspunkt zurückläuft. Von Zeus und Typhos beim Ätna angekommen, breitet sich der Gedanke in dessen Vergegenwärtigung aus; dann geht er zurück zur Anschauung des Ungeheuers darunter, um endlich wieder bei Zeus und der Entscheidung zwischen seiner Freundschaft oder Feindschaft anzulangen. Denn das Gebet, das aus der schreckenden Vergegenwärtigung der Strafe des Typhos entspringt: »Sei es beschieden, Zeus, dir wohlzugefallen«, kehrt zu den Anfangsworten dieses Zusammenhangs zurück: »Was aber Zeus nicht lieb hat . . .« (13) – oder vielmehr dazu, wovon diese Vorstellung des Götterfeindes als gegensätzliche Ergänzung ihren Ausgang genommen hat, zur Herrschaft des Zeus, wie sie unter einem besonderen Aspekt in den ersten beiden Strophen vergegenwärtigt ist. Es bittet, zu dem gehören zu dürfen, was dort als friedvoll gefügte Gemeinschaft um Zeus vorgestellt ist, und so reicht nicht bloß für die formale Betrachtung, sondern auch im Gehalt ein dichter Zusammenhang vom ersten Wort des Gedichts bis zu dieser Bitte. Indem der Gesang über seinen eigenen Beginn meditiert, wird er dessen inne, daß er als apollinische Musik in das friedvolle Gefügtsein der Herrschaft des Zeus einbezogen ist; er gewahrt dagegen auf der andern Seite das unselige Dasein des Gottesfeindes im Ätna und bekennt sich im Gebet weg von dieser Gottfeindschaft zu Zeus, zu dem er durch Apollon gehört.

Hat der Betrachter diesen Zusammenhang erkannt, so weiß er auch schon, daß es sich hier um mehr handelt als nur um den Schmuck eines prunkvollen Gesanges durch die Pracht großer Bilder, daß es hier vielmehr gilt, Sieg und Fest, und zwar das Fest am Daseinsanfang einer neuen Staatsgemeinde, in Zusammenhänge zu stellen, die Himmel, Erde und Hölle umfassen, und dadurch dem Dasein der Gemeinde seinen Sinn vorzuzeichnen. Herrschaft des Zeus: das ist ruhevoller Frieden. Gewalt ist von einem Höheren abgelöst, von Peitho – und von Eunomia, deren Trägerin die apollinische Musik ist. In einem andern Gesange (Pythien 5, 65) heißt es von Apollon: »Er bringt das Saitenspiel und gibt die Muse, denen er will, streitlose Eunomia in ihr Herz leitend.« Musik, und zwar die Apollons, ist da ursprüngliche, reine Verwirklichung eines Zustandes, der, allem Chaotischen, Gewalttätigen enthoben, richtige Ordnung, Ausgeglichenheit, Harmonie, Stetigkeit und Ruhe enthält. Solche Eunomia ist es also, was auch hier vom Saitenspiel und dem Gesang der Musen ausgeht. In der Musik wohnt das Höchste an Herrschaft und Ordnung des Zeus, ein friedevolles Gefügtsein voll tiefer Ruhe. Mit diesem Wort Eunomia kann man aber auch in Pindars Sinn die höchste Idee der menschlichen, staatlichen Gemeinschaft bezeichnen, wie ja schon der Name auf den politischen Bereich deutet. Also der Eingang des Gedichts ist schon auf die neue Gemeinde und ihr Gefüge bezogen. Er preist im Himmel das, was er im irdischen Bezirk wünscht und will. Er schaut in Zeus' Ordnung und der apollinischen Musik zugleich die geheiligte Ordnung des Gemeinwesens an, ja, als apollinische Musik vollzieht er sie gewissermaßen.

Ist der Betrachter so zur Einheit all der reichen Vorstellungen der fünf ersten Strophen gelangt, so wird er im gleichen Augenblick auch dessen inne, daß diese Einheit nirgends ausgesprochen und erst recht nicht von den ersten Worten des Gedichts an gegenwärtig gemacht ist. Und von da aus begreift er nun einen Wesenszug des pindarischen Dichtens und Denkens. Pindar gibt den Gedanken nicht als fertiges Ergebnis noch als bloße Entwicklung eines Ganzen, das mit den ersten Worten schon vorbestimmt ist. Sondern er versenkt sich in den konkreten Gehalt einer bedeutsamen Stunde; indem er sich darin gewissermaßen weiterleitet von einem konkreten Ding zum andern, wird er immer neuer Bezüge zwischen den Dingen inne, und so vollzieht sein Gedanke Bewegungen, die nicht vorbestimmt, sondern von Augenblick zu Augenblick der Gnade des Findens anvertraut sind. Ein logisch vorbestimmter Ablauf des Gedankens kann niemals die Dinge, denen er begegnet, in ihrer konkreten Fülle nehmen, sondern jeweils nur in einer Beziehung; umgekehrt kann ein Denken, das die Dinge nicht nur in einer Beziehung, sondern in ihrer konkreten Fülle mit der unberechenbaren Vielheit der Bezüge nehmen muß, niemals in Bahnen verlaufen, die mit den ersten Worten vorbestimmt sind und so eine logisch ausdrückbare Einheit bilden.

Im Falle des vorliegenden Gedichts versenkt sich Pindar in den konkreten Gehalt der Stunde, wann sein Gesang sich in Aitna verwirklicht, in das Fest am Daseinsbeginn des neuen Gemeinwesens, und zwar setzt seine Meditation beim Anschlagen des Saitenspiels in der Hand des Chormeisters ein. Sie breitet sich dann aus und umfaßt den Wirkungsbereich dieses Musizierens. Hier wird der Gedanke dessen inne, daß sich in dieser Musik jetzt und hier das heilige Tun der apollinischen Musik im Hause des Zeus vollzieht. Dann, erst als er mit den Worten: »was aber Zeus nicht lieb hat« zum Götterfeinde übergeht, wird es gegenwärtig, daß es die Gemeinschaft des Herrschers Zeus gewesen ist, die in den vorigen Strophen gepriesen ist. Jene Wendung zu Typhos, dem Götterfeind, ist aber ihrerseits ein Innewerden, daß hier unmittelbar neben und unter dem Aufklingen der heiligen Musik, während des Zeus zugewandten Tuns des Festes der neuen Gemeinde, im Ätna der Empörer grollt, daß da eine Hölle unmittelbar nahe ist, die gerade in den Jahren vor der Gründung von Aitna aufgebrochen ist, zum Zeugnis, daß es dieses Furchtbare gibt, die Auflehnung gegen die göttliche Ordnung und das Strafgericht des Zeus: die Schauer dieser schrecklichen Offenbarung sind mit in die Anfänge des Daseins dieses Gemeinwesens eingesenkt und gehören zum konkreten Gehalt dieses beginnenden Daseins, das sich hier im Feste erhöht. Schließlich wendet sich die Anschauung von dem Ungeheuer in der Tiefe zu Zeus, dem Herrn des Berges, und wird der unmittelbaren Nähe auch des höchsten Gottes dort auf dem Ätna erst recht inne. Kurz, es ist eine Folge konkreter Anschauungen, es ist eine Folge von Bezügen zwischen den einzelnen konkreten Gegenständen, was sich da vollzieht. Zwar machen sie alle zusammen ein sinnvolles Ganzes aus: wer die pindarischen Gedichte kennt, weiß, daß überall die immer neuen sinnvollen Verknüpfungen der Dinge etwas wie einen Glauben an eine sinnvolle Ordnung der Dinge überhaupt fordern und voraussetzen. Der Dichter weiß sich umgeben von lauter sinnvollen Bezügen zwischen den Dingen. Aber ausgesprochen wird dieses Ganze niemals an sich in seiner fertigen Einheit, weder hier noch in anderen Gedichten; es ist für Pindar unaussprechbar, aber es ist als Sinn-Kontinuum vorausgesetzt und wird im Vollzug jeder Gedankenbewegung und Gedankenfolge erfahren.

IV

Dieser Eingang ist sicher das Eindrucksvollste an dem Gedicht, sicher eine von den ganz großen Stellen der Weltliteratur, und so schien es richtig, ihm eine besondere Betrachtung zu widmen. Die Auslegung des weiteren Verlaufes soll so vor sich gehen, daß sie erst den einzelnen Gedankenbewegungen nachgeht, die wieder dem modernen Denken nicht ohne weiteres zugänglich sind, und dann die Struktur des seltsamen Ganzen zu zeigen versucht.

In dem Gebete (30): »Sei es beschieden, Zeus, dir wohlzugefallen«, ist noch einmal der Berg vorgestellt, hoch an der Vorderseite Siziliens emporgestreckt (»die Stirn des Landes«). Und da tritt ein neuer Bezug und ein neuer Gegenstand in das Gedicht: das ist der Berg, an dessen Abhängen die gleichbenannte Stadt den delphischen Sieg Hierons in ihren Ehrenschatz aufnimmt. Der Berg steht über diesem Fest, Zeus und all die hohen Dinge der Eingangsstrophen sind über diesem Fest und dieser Stadt angerufen und vergegenwärtigt; Stadt und Fest sind einbezogen in den Zusammenhang dieser Dinge. Damit hat aber der Gedanke die Stadt und die Feier des Sieges Hierons erreicht. Von nun an breitet er sich darin aus, ohne die Beziehung zu den Anschauungen des Eingangs festzuhalten. Bereit liegt freilich das Thema der Eunomia immer noch, und es wird sich zeigen, wie Pindar wieder dazu zurückkehrt.

Dem Siege Hierons gelten also die ersten Worte nach der Wendung des Gedankens, und so ist es verständlich, daß das Gedicht jetzt die Gattungsform pindarischer Siegesgesänge anzunehmen scheint. Zuerst hallt wie so oft im Epinikion der entscheidungsvolle, feierliche Augenblick nach, in dem der Sieg vor den versammelten Griechen verkündet ist, und hier zuerst fällt der Name Hieron, und unmittelbar danach die Nennung des Sieges, nämlich des vornehmsten, mit dem Viergespann. Die hohe Welle dieser Steigerung hebt sich gerade an der Strophengrenze zum Gipfel und schlägt noch über die Grenze hinüber, so wie es Pindar liebt. Was dann in der neuen Strophe (33 ff.) steht, die Stadt werde wohl nach der glücklichen Fügung dieses Sieges am Anfang ihres Daseins auch fernerhin reich an solchen Siegen und Festen werden und sie möge rechte Männer genug haben, das entspricht in etwa dem Lob der Stadt des Sieges, wie es die Gattungsform des Epinikions mit sich bringt. Aber weil hier keine alte Glorie zu preisen war wie etwa in Aegina, so nimmt es die Form der Voraussage an. Auf die Siege in heiligen Spielen und die Feste folgt dann ein anderer Ruhmestitel, ohne den das Lob einer Stadt unvollständig wäre, die Euandria, d. h. der Wert einer Stadt, den ihr tüchtige Männer geben, und hier wird aus der Voraussage Wunsch und Gebet, an Apollon gerichtet, den Gott des Eingangs des Gedichts, der zugleich Herr des Spieles in Delphi ist und der Gott der Altersklassen der Männer, besonders der jungen Mannschaft.

»Denn von den Göttern kommen alle Möglichkeiten zu menschlicher Größe usw.« heißt es dann (41), d. h. beten muß man um die Euandria, weil die Arete, d. h. die menschliche Größe, der Wert jedes Mannes, von den Göttern kommt. Es ist Spruchweisheit, eine allgemeine Besinnung, worein sich der Gedanke aus dem Gebet zurückzieht. Darin liegt nun aber nicht nur eine Begründung des vorangegangenen Gebets, sondern auch bereits eine Vorbereitung dessen, wohin der Gedanke nun im folgenden vorzudringen im Begriff ist. ». . . von den Göttern kommen alle Möglichkeiten zu menschlicher Größe, und wachsen Weise und Armgewaltige und Sprachmächtige« lautet die allgemeine Besinnung. Wenn darin zur Größe überhaupt und zur Größe des Kriegers auch Geistes- und Sprachmacht tritt, so bereitet das darauf vor, daß Pindar im folgenden die Kunst für sich in Anspruch nimmt, Hieron besser als andere zu preisen. Und die Wirkung dieser Erweiterung des Gedankens in der allgemeinen Besinnung ist die, daß dann, als das Gedicht von der Euandria im ganzen zur Arete des einen Mannes, Hieron, übergeht, erstens seine Größe als göttliche Gabe eine Weihe erhält, zweitens aber auch die göttliche Gabe des Dichters ins Bewußtsein tritt, die, gleichen

Ranges mit der Kraft des Kriegers und jeder andern menschlichen Größe, ebenso notwendig wie Hierons Größe ist, damit im Gesang ein rechtes Lob zustande komme. So folgt nun also, abgetrennt und verbunden und vor allem hervorgehoben durch die Spruchweisheit, das Lob Hierons, des Siegers. Erwartet ist es längst, nachdem einmal Hieron ins Gedicht getreten. Es gehört ja zur Gattungsform des Epinikions. Hier freilich fällt es anders als sonst aus: es erstreckt sich fast über zwei Strophen (46–57) und läßt Hieron im Stolz der kriegerischen Leistungen seines Aufstiegs und im Prunk seiner Macht erscheinen, ja, es ist eine Gestaltung für sich im Gedicht. Das Ende (57): »möge ein Gott ihn von seiner Krankheit aufrichten in Zukunft, und ihm das, wonach er begehrt, in gutem Maße geben« kehrt ganz genau zum Anfang zurück (46): »möge doch die ganze zukünftige Zeit Glücksgüter geben wie bis jetzt, und Vergessen der Nöte gewähren«. Und dazwischen ist in sehr besondrer Weise der eigentliche Preis als eine zukünftige Erinnerung in diesen Wunsch eingefügt, wozu noch ein Vorbild aus der Sage kommt. Es heißt nämlich (47): »Dann, wenn Schmerz und Mißgunst nicht mehr seine Gedanken fesseln, wird dem Hieron die Größe seines Daseins vor der Seele stehen.« Durch diese Einfügung kommt zu dem bloßen Lob die Anteilnahme am Leiden des Kranken und ein leiser Zuspruch, fast eine Mahnung, daran zu denken, wie groß doch sein Dasein ist. Und endlich wird in dem Vorbild aus der Sage gerade das, was ihn drückt, zum Preis: sein Leiden nimmt teil an Würde und Wichtigkeit des Schicksals des Philoktetes. Das mythische Vorbild ist hier wie überall im frühen Griechentum Mittel der Erkenntnis menschlicher Angelegenheiten: am Sagenbeispiel geht dem Menschen der Sinn einer schwierigen Lage auf.

Von diesem Lob Hierons aus baut Pindar nun nicht weiter, sondern mit einem seiner schroffsten Abbrüche hebt er von vorn an und wendet den Gesang, der soeben

Hieron gegolten hat, seinem Sohn Deinomenes zu, also dem Sohn des Siegers, der aber zugleich Herrscher der Stadt ist, so wie der Sieger selbst zugleich ihr Gründer ist. Der Anruf an die Muse und die Ankündigung des »wohlgesinnten Hymnos für Deinomenes« setzen das, was folgt, entschieden von dem Vorangegangenen ab. Aber so wie in dem Hieron gewidmeten Teile, nachdem er als Sieger verkündet ist, der Gesang erst bei der Stadt und ihren Werten verweilt, ehe er zum Preise Hierons gelangt, so gelten auch hier, nachdem der Gesang für Deinomenes angekündigt ist, zuerst zwei Strophen der Stadt. Hieron – und hier zeigt sich gleich am Anfang, daß das Thema Hieron auch in dem Teile weitergeführt ist, der Deinomenes gilt –, Hieron hat seiner Gründung urdorische Satzungen gegeben; das bedeutet es, wenn da (61 ff.) von der Regel des Hyllos, des Herakles-Sohnes, Urahnen der spartanischen Könige und Heros einer der dorischen Phylen, und von den Satzungen des Aigimios die Rede ist, des Königs von Doris, der in der Urzeit den Hyllos aufgenommen und geschützt hatte. Mit diesen Namen der dorischen Stammesheroen, zu denen auch Pamphylos (62), der Sohn des Aigimios gehört, nach dem ebenfalls eine dorische Phyle hieß, und mit dem betonten Dorernamen am Schluß des Satzes (65) wird der Stammesstolz der neuen Bürger von Aitna aufgerufen. Das dorische Hauptvolk, die Spartaner im Peloponnes am Taygetos-Gebirge, auf die alle anderen Dorer mit Stolz blicken, haben jene urdorischen Satzungen bewahrt und sind gut dabei gefahren: sie haben ihr Land erobert und haben Kriegsruhm erworben. Und so soll es auch in der neuen dorischen Gründung Aitna am Amenasflusse sein, betet der Dichter zu Zeus (67) – sowie er um Euandria Apollon gebeten hat (39); es ist deutlich, wie er entsprechende Bitten an die beiden Herren seines Gesanges verteilt.

Bei dieser Anwendung des spartanischen Vorbildes auf Aitna (67 ff.) werden nun die Regel des Hyllos und die

Satzungen des Aigimios nicht so allgemein als die urdorische Ordnung wieder aufgenommen, sondern nach ihrem Gehalt bezeichnet, der schon am Anfang einmal mit dem Worte »gottbegründete Freiheit« kurz angerührt ist: »Möge wahre Rede der Menschen immer urteilen können, daß so, wie es in der dorischen Ordnung liegt, jeweils den Bürgern und dem König ihr gerechtes Teil zugemessen sei«, und das wird alsbald (70) noch einmal aufgenommen in den Worten: »der Bürgerschaft ihr Recht und ihre Ehre lassend«. Mit diesem letzten ist der Gedanke wieder in die Nähe des Begriffs »Freiheit« gelangt, während vorher »gerechtes Teil« dem Begriff Gerechtigkeit nahesteht. Dazu kommt schließlich im folgenden noch als Ziel des Wunsches »Friede, Stetigkeit und Ruhe in Übereinstimmung« (symphonos hesychia), und das alles, Freiheit, Gerechtigkeit, Eintracht, Stetigkeit, gehört zusammen und läßt sich mit dem einen Worte Eunomia zusammenfassen. Eunomia wird hier dem neuen Gemeinwesen angewünscht wie früher (33 ff.) Siegeskränze, Glanz der Feste und Euandria; und wie das dort im Gebet an Apollon geschah, so geschieht es hier im Gebet an Zeus. Es ist deutlich, wie diese beiden Teile des Gedichts einander ergänzen, wie sie beide zusammen das Thema der Stadt und ihres Wertes durchführen.

Der Gedankengang dieses Teiles vollendet sich mit dem Worte Hesychia (70), das übrigens auch sonst bei Pindar sehr hoch steht. Aber bei der Betrachtung des Gehaltes der Hesychia dreht sich der Gedanke und nimmt eine andere Richtung, indem Hesychia, die bisher in Beziehung auf das innere Gefüge des Staates genommen ist, nun eine andere Seite zeigt: ruhige Sicherheit vor äußeren Feinden, d. h. hier: vor Karthagern und Etruskern. Karthager und Etrusker sind die, die Hieron im vergangenen Jahrzehnt bei Himera und Kyme geschlagen hat, und so ist denn das Gedicht bei seinen beiden höchsten kriegerischen Taten angelangt, einem Preise Hierons

(72–80 b), der den früheren (47 ff.) ebenso ergänzt wie der Eunomia-Teil des Stadt-Themas (61 ff.) dessen Euandria-Teil (33 ff.) – die kurzen Ausdrücke mögen genügen, an das vorhin Dargelegte zu erinnern. Dieser Preis hier hat seine besondere Größe dadurch, daß Kyme und Himera ihrem Werte nach neben Salamis und Plataeae gestellt sind.

Auf dem Höhepunkt bricht die Verherrlichung Hierons schroff ab, und der Gedanke zieht sich unvermittelt zur Besinnung zurück, aus der dann die Ratschläge an Deinomenes hervortreten werden. Es ist, als ob das Übermaß dessen, was er zu preisen unternommen hat, ihn schreckte; jedenfalls hält er sich vor (81): »Wenn du nur das Schickliche, nur das, was gerade am Platze ist, und nicht mehr sagst, das Wesentliche von vielem kurz zusammenfassend, dann bist du nicht so sehr den mißgünstigen Reden ausgesetzt«. Den Inbegriff des Schicklichen, Gemäßen, Passenden nennt Pindar hier Kairos. Es würde zu weit führen, zu zeigen, wie wichtig das Wort für Pindar in dieser Bedeutung ist. Genug, daß die zeitliche Seite, die im Attischen herrscht, bei ihm nicht entwickelt ist und daß Kairos gern etwas ausdrückt, was die Attiker Metron, Maß, genannt haben.

Das Übermaß ist also die Gefahr für den Dichter, der er durch Abbrechen zu entgehen sucht, damit die Hörer nicht widerwillig werden. Indem er sich aber in diese Lage versenkt, in den Widerwillen der Hörenden, wenn etwas Mächtiges ihnen entgegentritt, findet er eine Gedankenspur, die zu Deinomenes leitet (84). Das Übergewaltige, was den Leuten im Falle Hierons und der Seinen entgegentritt, das, wovon sie nicht gern hören, ist Glanz und Ruhm und Macht und Reichtum des Fürsten. Und dieser Widerwille überhaupt angesichts solchen erhöhten Daseins: das ist es, was dem Fürsten droht. Wenn es nun das logisch vorbestimmte Ganze wäre, was herrscht, so müßte es weitergehen: »also beschränke auch du dich auf das gute Maß«. Weil aber in

Wirklichkeit der konkrete Gehalt der Stunde das Bestimmende ist, so folgt (85): »Und dennoch – besser beneidet als bemitleidet – gib nicht Ehre und Zier des fürstlichen Daseins preis.« Und dieses Hohe ist nun für Pindar unversehens nicht nur das, worum die Leute den Fürsten beneiden, sondern alles Adlige, wahrhaft Fürstliche, sind die Tugenden des Fürsten, Gerechtigkeit, Verläßlichkeit der Rede, Vorsicht im Reden und Handeln, vor allem Großzügigkeit im Geben. Nirgends ist aber dabei die vorgestellte Lage vergessen, die Menge, die mit mißgünstigem Urteil droht. Die Tugenden, und zumal jene Großzügigkeit im Geben, sind Mittel, das innere Widerstreben der Leute zu überwinden und gute Nachrede zu erwerben, und diese wieder ist notwendig, damit später Sänger und Erzähler dauernden Ruhm stiften können. Ein gutes und ein böses Beispiel beschließen diese Lehre: Kroisos und Phalaris, der eine ewigen Ruhm verheißend und Verbundensein mit der Musenkunst, der andere von diesem Gut ausschließend. Dabei verschiebt sich schließlich noch einmal der Inhalt des Gedankens an die Norm: Menschenfreundlichkeit überhaupt steht jetzt der Hartherzigkeit gegenüber.

Das Gedicht schließt dann, nachdem schon im Phalarisbeispiel die Worte am Ende zu Vorstellungen des Festes zurückgelenkt haben, zu Saitenspiel und Chorgesang, mit einer feierlichen Seligpreisung des Höchsten, was ein Mensch gewinnen kann, der Vereinigung von Glück und Ruhm, unter dem Bild des Kranzes, in dem noch einmal das Thema des Pythiensieges und des Siegesfestes aufklingt.

V

Sucht man nun schließlich das Ganze dieser bunten Mannigfaltigkeit von Anschauungen und Gedankenbewegungen mit einem Blick zu umfassen, so ist man zunächst versucht, von der Gattungsform des Epinikions auszugehen, auf deren Wirken die Interpretation weithin gestoßen ist. Aber selbst da, wo sie am deutlichsten sichtbar ist, an der Stelle, die vorhin Nachklang der Siegesverkündigung genannt worden ist (30–33), ist sie nicht in ihrer Reinheit da. Der Gedanke geht nach dem Eingangsteil nicht zum Sieger, der seine Stadt geehrt hat, sondern zur Stadt, die von ihrem Gründer die Würde des Sieges bekommen hat. Und die Stadt als Gemeinwesen, nicht als Stadt des Siegers, ist dann Inhalt einer ganzen Strophe (33–40 b). Erst dann kommt das Lob Hierons (42–56), nun aber weiter ausgedehnt als sonst im Siegesgesang und im Grunde gar kein Lob des Pythiensiegers, sondern des Feldherrn und Fürsten. Und als dann gar der Gesang zu Deinomenes übergeht, klingt nur am Anfang noch einmal das Thema des delphischen Sieges an, ähnlich und doch auch sehr verschieden vom üblichen Übergang zum Lob der Verwandten im Epinikion. Dann, in dem ganzen Teil, der Deinomenes gewidmet ist, ist nichts mehr von der Gattungsform des Siegesgesanges zu spüren. Das Gedicht ist also nicht von einer Gattungsform bestimmt, es sei denn die Weise pindarischer Lyrik überhaupt, sondern vom konkreten Gehalt der Stunde, die es feiert.

Der Gehalt ist aber für ihn nur das, was bedeutsam ist. Es ist eine anschaulich und konkret erfaßte Konfiguration des Gründers und seines Sohnes mit all dem, was sie für Pindar bedeuten, auf der einen Seite, der jungen Stadt mit ihrer Ordnung, ihrem Schicksal und ihren Menschen, mit dem Gottesberg und all seinen hohen Dingen über sich und der Unterwelt unter sich auf der andern Seite, dazu des pythischen Sieges, der vom Gründer dem Ehrenschatz der Stadt einverleibt ist, – und zwar ihre Konfiguration in diesem Augenblick des Festes: das ist es, was den Gehalt von Pindars Gedicht ausmacht und worin es eine Fülle von Sinnbezügen findet.

Daß er gerade diese und keine andere Gedankenbewegung durch diesen Bereich zieht, dafür gibt es kein aussprechbares Warum. Er leitet sich auch hier von einem

Ding zum andern weiter, in einem jeden können aus seiner konkreten Fülle neue Bezüge hervortreten und weiterleiten, und in dieser Hinsicht ist der Ablauf im ganzen nicht notwendig. Er macht kein Ganzes aus, das mit logischer Notwendigkeit gerade diese Gedankenbewegungen im einzelnen erzwänge oder voraussehen ließe. Denn das Ganze jener Konfiguration des Gehaltes ist für Pindar nicht als solches aussprechbar, und so können auch die Einzelaussagen nicht auf einen Inbegriff von allen bezogen und in Bezug auf ihn einheitlich geordnet und überblickt werden. Wohl aber bringt der Ablauf dieser Gedankenbewegungen des Dichters, der überall sinnvolle Bezüge findet, eine Erfahrung der Sinnfülle und eine innere Anschauung durchmessener Hauptsinnrichtungen mit heim. Es ist ja gezeigt worden, wie es vom Gebet für die Euandria der Stadt zur Arete des einen Mannes, Hierons, geht, vom Gebet um Ruh und Frieden der Stadt zum Ruhm seiner Kriegstaten, die ein Schutz und Schirm der Stadt sind, und wie in der letzten größeren Gruppe des Gedichts, dort wo es sich ganz an Deinomenes wendet (81 ff.), das Überragen des fürstlichen Daseins und sein Glanz nach dem höchsten Preisen zum Gegenstand des Bedenkens, der Sorge und der Ratschläge wird. Und auf diese entdeckende Erfahrung der Sinnfülle und der Sinnlinien kommt es bei Pindar an. Das ist es, was die Bewegungsart seiner Gedanken trotz ihrer Freiheit von Augenblick zu Augenblick doch vom schönen Spiel gleitender Gedankenverbindungen unterscheidet, wie wir es bei späteren Dichtern und am meisten bei Tibull lieben. Gewiß muß es die Wiederentdekkung der Schönheit altlyrischer Gedankenverknüpfung in der hellenistischen Zeit sein, was Tibulls Kunst möglich gemacht hat, aber der Verzicht auf den Anspruch, gültige Erkenntnis auszusprechen, unterscheidet doch dieses spätere Wesen von Pindar.

Der besonderen Art Pindars, die Sinnfülle des Gehaltes im Gedicht gegenwärtig zu machen, entspricht es schließlich, daß die Konfiguration der Themen im Ablauf des Gedichtes anschaulich klar erfaßbar ist, aber nicht begrifflich. Das Ganze ist wie ein Gewebe mit unregelmäßiger, aber sehr beziehungsreicher Verschlingung der Fäden und Muster. Deutlich treten, abgesehen vom Eingangsteil, die beiden verwandten Themen des Hieron und des Deinomenes hervor, beide eine Hälfte derart umspannend, daß jedesmal der Dichter den Fürsten erst nur kurz nennt, dann sich aber dem Thema der Stadt zuwendet und erst am Ende das des Fürsten durchführt. So scheint eine symmetrische Konfiguration derart zu entstehen, daß in zwei Hälften das Thema der Stadt von dem des Fürsten umschlossen ist. Die beiden Stellen mit dem Thema der Stadt gehören zusammen und ergänzen einander, und die Themen des Hieron und des Deinomenes ebenfalls, indem im Hieron-Thema der Glanz und die Herrlichkeit des Fürsten, im Deinomenes-Thema seine Pflicht und Aufgabe mehr hervortritt. Dem entspricht es dann, daß Glanz und Euandria der Stadt dem Hieron-Teil eingefügt sind, dagegen Freiheit und Gerechtigkeit dem Deinomenes-Teil. Allein in den Deinomenes-Teil schiebt sich nun noch einmal das Hieron-Thema und stört die Symmetrie, macht aber freilich das Ganze beziehungsreicher. Denn nun gewinnt das Hieron-Thema das entschiedene Übergewicht, und die Bedenken, Sorgen und Mahnungen des Deinomenes-Themas rücken in nahen Gegensatz zum Höhepunkt des Hieron-Themas. Und ferner bildet sich ein neues Symmetrie-System, das jenes erste überlagert, indem zweimal in gleicher Weise der Gedanke von der Stadt zum Preise Hierons aufsteigt. Dazu kommt die Verwebung des Themas des Pythiensieges mit dem Hieron- und dem Stadt-Thema am Anfang und sein Verklingen und sein kurzes Wiederaufklingen beim Übergang zu Deinomenes und am Schluß. Endlich wirkt der erhabene Eingangsteil mannigfach durch das Gedicht hindurch: die hohe Vision der friedevoll gefügten Ruhe hängt mit jener Stelle zusammen, wo der Dichter um Wohlgefügtsein und Ruhe des Gemeinwesens betet, und das Zeus-Thema präludiert doch wohl dem Hieron-Thema. Endlich wird die Gebetshaltung des Eingangs in jedem der beiden Hauptteile einmal wieder gegenwärtig. Der Wechsel und die Wiederkehr, die Verwandtschaft, Abwandlung, Kontrastierung und Teilung der Themen, die Symmetrien und die dazwischentretenden Themen machen das Ganze zu einem äußerst beziehungsreich gewobenen Gebilde, das auch durch die Eigenart seiner Struktur immer wieder zu neuer Versenkung lockt.

ZEITTAFEL

5. Jahrh. 2. Hälfte	Samnitische Stämme (Lucaner) dringen in »Großgriechenland« ein und drängen die Griechen zurück.
326–290	Samnitenkriege; danach Süditalien im römischen Machtbereich.
290–264	Zwischen Samniten- und Karthagerkriegen faßt Rom Italien von der Südspitze bis zur Arnomündung zu einer straff geordneten Wehrgemeinschaft zusammen.
264–241	Erster Punischer Krieg.
226	Ebrovertrag zwischen Rom und Karthago. Zwischen Ebrovertrag und zweitem Punischen Krieg bekämpft Rom die Gallier der Po-Ebene und bindet das Land durch Kolonien an Italien.
240	Livius Andronicus führt das erste Bühnenspiel in Rom auf.
218–201	Zweiter Punischer Krieg.
234–149	M. Porcius Cato Censorius. 217 erster Kriegsdienst; 207 Heerestribun; 205 Quästor; 195 Konsul; 187 Prozeßkampf gegen die Scipionen; 184 Censor; 167 Rede für die Rhodier.
bis 201	Naevius; Bühnenspiele, Epos »Bellum Poenicum« (1. Punischer Krieg).
um 200	Geschichtswerk des Fabius Pictor.
etwa 212–184	Komödien des Plautus.
204–169	Ennius in Rom; Bühnenspiele, Epos »Annales«, Gedicht auf den älteren Scipio Africanus u. a.
192–189	Die Römer besiegen in Griechenland und Kleinasien Antiochos III. von Syrien; Ende der Größe des syrischen Reiches.
etwa 185–169	Die Annalen des Ennius.
gegen 180	Beginn der Schriftstellerei Catos.
155	Die Häupter der Philosophenschulen als Gesandte Athens in Rom.
171–168	Die Römer besiegen Perseus von Makedonien; Ende des makedonischen Reiches.
166–160	Terenzens Komödien.
149–146	Dritter Punischer Krieg; Ende Karthagos.

vor 150 bis etwa 134	Geschichtswerk des Polybios.
133	Beginn der gracchischen Reformbewegung; die Krise Italiens und die Bürgerkriege bereiten sich vor.
133	Der Annalist Piso Konsul.
etwa ab 133	Die Satiren des Lucilius.
129	Der jüngere Scipio Africanus stirbt.
122	Der Geschichtsschreiber Fannius Konsul.
121	Tod des C. Gracchus.
91–88	Marserkrieg (Bundesgenossenkrieg oder Italischer Krieg); die italischen Bündner fallen von Rom ab und bringen es in schwere Gefahr. Rom gibt ihnen das römische Bürgerrecht.
88–82	Bürgerkrieg zwischen Marius (Marianern) und Sulla; Sulla richtet danach die Oligarchie der Nobilität (bis 49) wieder auf.
73–71	Unter Spartacus rotten sich Gladiatoren und Sklaven zusammen und leisten römischen Konsuln und Prokonsuln siegreich Widerstand. Erst nach drei Jahren wird der Aufstand niedergeworfen.
116–27	M. Terentius Varro aus Reate, der Gelehrte.
106–43	M. Tullius Cicero.
102–44	C. Iulius Cäsar.
70	Ciceros Reden gegen Verres.
58–51	Cäsar erobert Gallien.
55	Lucrez stirbt.
etwa 54	Catull stirbt.
55 bis etwa 52	Ciceros Dialoge vom Redner, vom Staat und von den Gesetzen.
70–19	P. Vergilius Maro.
65–8	Q. Horatius Flaccus.
63–14 n. Chr.	Augustus (Imperator Cäsar Augustus seit 27; vorher Imperator Cäsar, moderne Bez.: Octavianus).
49–45	Bürgerkrieg zwischen Cäsar und seinen Gegnern (Pompeius [ermordet 48] und den Anhängern der Senatsherrschaft). 48 Schlacht bei Pharsalus. 46 Schlacht bei Thapsus in Afrika; Cato der Jüngere (Uticensis) geht freiwillig in den Tod.
44	Cäsar an den Iden des März (15. März) ermordet.
44–42	Bürgerkrieg zwischen Cäsars Nachfolgern (Antonius, Cäsar Octavianus und, unbedeutend, Lepidus; Triumvirat 43–31) und den Verfechtern des Freistaates (Brutus, Cassius).
42	Konsulat des L. Munatius Plancus (und M. Aemilius Lepidus). Octavianus und Antonius siegen bei Philippi über Brutus und Cassius. Horaz in dem geschlagenen Heere Militärtribun.

41–40 Perusinischer Krieg. Octavianus Herr Italiens. Zeit der frühesten datierbaren Gedichte Virgils.

etwa 40–31 Horazens Epoden und Satiren.

vor 40 bis 35 Sallusts Geschichtswerke.

etwa 37 bis 30/29 Virgils Georgica; 29 dem aus dem Osten heimkehrenden Cäsar Octavianus vorgelesen. – Um 37 Varros Bücher De re rustica.

31 Cäsar Octavianus siegt bei Actium über Antonius und Kleopatra; 30 Ägypten erobert. Ende der Bürgerkriege, Octavianus unbestrittener Herr des Reiches.

29 Triumph Octavians.

27 Octavianus legt die außerordentliche Gewalt in die Hände von Senat und Volk zurück. Name Augustus. Beginn des »Prinzipates«.

etwa 31–23 Horazens Lyrik (Bücher 1–3).

29–19 Virgils Aeneis.

etwa 27 v. Chr. bis etwa 17 n. Chr. Geschichtswerk des Livius.

vor 28 bis etwa 15 Elegien des Sextus Propertius.

vor 27 bis nach 19 Elegien des Albius Tibullus.

etwa 25 Beginn der Elegiendichtung des P. Ovidius Naso.

26–25 Augustus führt in Spanien Krieg gegen Cantabrer und Asturer (Nord- und Nordwestspanien). Er erkrankt während des Feldzuges lebensgefährlich. Im Frühjahr 24 kehrt er zurück.

17 Horazens Säculargesang; vorher Briefe (Buch 1. Florusbrief [2,2], Ars poetica); nachher späte Lyrik (Buch 4) und Augustus-Epistel (2,1).

14 n. Chr. bis 68 Die Kaiser des julisch-claudischen Hauses.

69 Vierkaiserjahr: Galba, Otho, Vitellius, Vespasian. Bürgerkriege.

69–96 Die Kaiser des flavischen Hauses: Vespasian, Titus, Domitian (81–96).

77 Plinius des Älteren Naturalis historia dem Kaiser Vespasian überreicht.

96–98 Nerva.

98–117 Trajan, Mitregent seit 97.

seit 96 Werke des Tacitus.

96–192 Die Adoptivkaiser.

193–211 Septimius Severus.

211–235	Kaiser aus der Familie des Septimius Severus, erst seine Söhne Geta (bis 212) und Caracalla (bis 217), dann Verwandte seiner Frau, Elagabal und Alexander Severus.
bis gegen 215	Clemens von Alexandria.
bis nach 220	Tertullian.
bis etwa 255	Origenes.
etwa 248 bis 258	Cyprian Bischof von Karthago.
235–268	Zeit der ärgsten Wirren im Reich, der gefährlichsten Bedrohung von Nord und Ost (Germanen und Perser).
um 245 bis 270	Der Philosoph Plotin in Rom und Campanien.
268–270	Claudius, Goticus nach einem Sieg über die Goten genannt.
270–275	Aurelian sichert den Bestand des Reiches im Norden und Osten.
276–282	Probus setzt Aurelians Werk fort.
284–305	Diocletian ordnet das Reichsgefüge auf Grund der Lage, die am Ende der Bürgerkriege erreicht war. Kaisersitze Mailand, Trier, Sirmium, Nikomedia.
306–337	Constantin.
330	Der Philosoph Jamblichos stirbt.
337–361	Constantius II.
361–363	Julianus.
340	Eusebius von Caesarea stirbt.
bis 379	Basilius.
bis 390	Gregor von Nazianz.
bis etwa 394	Gregor von Nyssa.
374–397	Ambrosius Bischof von Mailand.
379–395	Theodosius.
366–384	Papst Damasus.
382	Beginn des Streites um den Altar der Victoria und den stadtrömischen Götterdienst.
383	Kaiser Gratian ermordet. Kaiserin Justina (für den jungen Valentinian II.) begünstigt die heidnische Opposition.
384	Vettius Agorius Praetextatus, kurz vorher zum Praefectus praetorio für Italien ernannt, gestorben.
384–385	Symmachus der Redner Praefectus urbi; richtet ein
384	Gesuch an Kaiser Valentinian II. zu Gunsten des Victoria-Altares und des alten Götterdienstes (Relatio des Symmachus).
384	Augustinus (geb. 354) durch Symmachus Professor der Redekunst in Mailand.

386/7	Augustinus in Cassiciacum; Dialoge.
387	Augustinus von Ambrosius getauft.
392	Aufstand des Arbogastes und Eugenius; heidnischer Restaurationsversuch; Valentinian II. ermordet (?); Religionskrieg.
394	Am Frigidus siegt Theodosius über Eugenius und die Anhänger des Götterdienstes. Ende der heidnischen Adelsopposition.
395–423	Honorius.
395–408	Stilicho der Vandale (geb. 365) wird Feldherr des Westreiches.
399	Victoria-Altar und Tempel als Kunstwerke unter den Schutz des Gesetzes gestellt.
um 400	Die »Saturnalien« des Macrobius.
401	Alarich fällt in Italien ein.
etwa 401	Gedicht des Prudentius gegen die Relatio des Symmachus; die theodosianische Rom-Idee.
410	Alarich nimmt Rom ein. Augustinus beginnt sein Werk De civitate Dei.
425–455	Valentinian III., der letzte aus dem von Theodosius begründeten Kaiserhause.
430	Augustinus stirbt, während die Vandalen seine Bischofsstadt Hippo belagern.
429–533	Reich der Vandalen in Afrika.
476	Der letzte Kaiser im Westen, Ro.nulus, abgesetzt von Odoaker; dieser übt als Patricius und als König der germanischen Truppen bis gegen 493 die Herrschaft aus.
410–485	Der Philosoph Proklos.
440–461	Papst Leo d. Gr.
etwa 480 bis 524	Anicius Manlius Severinus Boethius, der Philosoph. 510 Konsul.
484–519	Das Ostreich kirchlich von Rom getrennt.
485	Symmachus, Schwiegervater des Boethius, Konsul.
488/9 bis 493	Krieg Theoderichs gegen Odoaker.
493–526	Theoderich herrscht als Patricius und als König der Ostgoten in Italien und den übriggebliebenen Teilen des Westreiches.
500	Romfahrt Theoderichs.
518–527	Justinus Kaiser. Er hebt die kirchliche Trennung von Rom auf und bessert auch sonst das Verhältnis zum Westen. 522 die Söhne des Boethius Konsuln.
521–523	Theoderich verliert durch den Tod wichtige Verbündete innerhalb und außerhalb der Grenzen (Ennodius, Hormisdas; Thrasamund, König der Vandalen, Sigerich, König der Burgunden).
523	Eutharich, Theoderichs Schwiegersohn, zum Nachfolger ausersehen, stirbt.

523	Albinus des Hochverrats angeklagt.
524	Boethius hingerichtet.
525	Symmachus, Schwiegervater des Boethius, hingerichtet.
526	Theoderich stirbt. Seine Tochter Amalaswintha leitet die Regierung für Theoderichs Enkel (bis 534).
527–565	Justinianus Kaiser.
um 529	Der hl. Benedikt gründet das Kloster Monte Cassino.
533	Afrika zurückgewonnen; Ende des Vandalenreiches.
535–553	Gotenkrieg; der Kaiser gewinnt Italien zurück.
um 540	Cassiodorus zieht sich in das von ihm gegründete Kloster Vivarium zurück.
568	Einbruch der Langobarden in Italien.

VERZEICHNIS DER ORTE

an denen die Arbeiten dieses Bandes zuerst veröffentlicht wurden

Italien. Name, Begriff und Idee im Altertum: Die Antike, Bd. XVII (1941) S. 89.

Cato Censorius und die Krisis Roms: Die Antike, Bd. X (1934) S. 239.

Römische Geschichtsschreibung: Die Antike, Bd. XIII (1937) S. 1.

C. Iulius Caesar: Römische Geisteswelt^{4} (1961), S. 90.

Cicero: Römische Geisteswelt, Bd. 1^{2} (1953) S. 63.

Dichter und Dichtkunst im alten Rom: Leipziger Universitätsreden Heft 15, Leipzig 1947.

Lucrez: Römische Geisteswelt^{3} (1956) S. 173.

Catull: Römische Geisteswelt^{3} (1956) S. 200.

Virgil. Wiederentdeckung eines Dichters: Das neue Bild der Antike, Leipzig (1942), Bd. 2, S. 219.

Die Einheit des Virgilischen Lebenswerkes: Mitteilungen des Deutschen Archäologischen Instituts, Römische Abteilung, Bd. 45 (1930) S. 43.

Virgil und die geschichtliche Welt: Römische Geisteswelt^{1} (1943) S. 91.

Das erste Hirtengedicht Virgils: Hermes, Bd. 62 (1927) S. 129; hier verkürzt.

Horaz: Die Antike, Bd. XII (1936) S. 65

Gedanken über Horaz: Die Antike, Bd. V (1929) S. 23.

Horazische Oden

Das Musengedicht (3, 4): Die Antike, Bd. XIII (1937) S. 213.

Herculis ritu (3, 14): Werke und Tage, Festschrift für R. A. Schröder, Hamburg 1938, S. 74.

Septimi, Gadis aditure mecum (2, 6): Philologus, Bd. 90 (1935) S. 277.

Velox amoenum saepe Lucretilem (1, 17): Philologus, Bd. 90 (1935) S. 289.

Liebeselegien. Goethes römische Vorbilder: Römische Geisteswelt^{3} (1956) S. 401.

Properzens Elegie Qualis Thesea (1, 3): Privatdruck 1965.

Tibulls Elegie auf den Geburtstag des Messalla: Eranos, Bd. 49 (1951) S. 117; hier verkürzt.

Livius. Zur Zweitausendjahrfeier: Neue Jahrbücher 1943, S. 49.

Tacitus und die Geschichtsschreiber des ersten Jahrhunderts nach Christus: Museum Helveticum, Vol. 15 (1958) S. 194.
Tacitus: Die Antike, Bd. VIII (1932) S. 151.
Vom Geistesleben im Rom des ausgehenden Altertums: Vorträge und Schriften des Freien Deutschen Hochstifts, Bd. 3, Frankfurt 1941.
Boethius. Einleitung zu: Boethius, Trost der Philosophie, deutsch von Karl Büchner; Leipzig o. J. Sammlung Dieterich, Bd. 33.
Virgil und die römische Idee des Friedens: Römische Geisteswelt[4] (1961), S. 600.
Rom als Idee: Die Antike, Bd. III (1927) S. 17.
Gerechtigkeit: Römische Geisteswelt[3] S. 583.
Cicero und Petrarca. Vom Ursprung des humanistischen Geistes: Römische Geisteswelt[3] S. 600.
Humanität und humanitas: Beiträge zur geistigen Überlieferung, Godesberg 1947, S. 1; K. Reinhardt gewidmet.
Anhang: Das erste Pythische Gedicht Pindars: Die Antike, Bd. XI (1935) S. 49.

CORRIGENDA

Seite	*Zeile*	*Lies*
95	24–26	H. Fränkel [. . .] sagt: »Das großartig einfache Geschichtsbild, das Cäsar auf diese Weise entwirft, muß seinen strengen
150	6	adfert
196	1	Herculaneum
469	5	vorangegangen
489	17	Werke (?) [Text: *virtutem*]
532	5 f.	Sassanidenreiches
559	12	mittelbar (durch verstreute wörtliche Zitate)
743	Anm. 64, Z. 17	νοσήσασι

NACHWORT

Die *Römische Geisteswelt* von Friedrich Klingner gehört zu den kostbarsten Vermächtnissen der Klassischen Philologie in ihrer letzten Stufe. Sie erscheint hier in einem reprographischen Nachdruck der fünften Auflage, in der sie ein Bestand des Studiums und des Wissens von Rom ist und bleiben wird für den Forscher, den Studenten, vor allem aber jeden, der sich mit den Schriftwerken und Gedanken Roms vertraut machen möchte, welche die abendländische Welt entscheidend mitgeformt haben.

Harald Fuchs begrüßt die erste Auflage, die 1943 mitten im Krieg erschien, in seinem souveränen Bericht über die in der schweren Zeit der Zersplitterung geleistete Arbeit mit folgenden Worten: »Welcher Hingabe an ihre Schöpfungen (vor allem nämlich an die Werke des Horaz und Vergil) wir wieder fähig geworden sind, zeigen am schönsten die feinsinnigen Aufsätze, die Friedrich Klingner ihnen gewidmet hat. Gesammelt [...] liegen sie uns in einem der kostbarsten Bände vor, die uns in letzter Zeit geschenkt worden sind.«[1] Das Urteil gilt auch heute noch, das Werk hat sich inzwischen erweitert, bei jeder Auflage kam neu Errungenes oder Altes in neuen Aspekten hinzu. Diese Essays sind die Form, in der Friedrich Klingner seine eigentliche Form gefunden hat. Nach langer und schwerer philologischer Arbeit in festlicher Stunde die Ergebnisse in das europäische Gespräch über die höchsten Werke und die Denkmäler der Schönheit einzubringen, sie dabei leicht – leicht für den Aufnehmenden, leicht aber auch im Sinne der letzten Vergeistigung, die sich über das Fragwürdige erhebt – zu machen, das war Sache des Philologen, der zugleich ein Künstler der Sprache und

1 H. Fuchs, »Rückschau und Ausblick im Arbeitsbereich der lateinischen Philologie«, in: *Museum Helveticum* 4 (1947) S. 183.

der Gedankenführung war: Wer Klingner im Seminar erlebt hat oder wer das Glück hatte, in den Leipziger Jahren (etwa von 1930 bis 1940) das Wachsen dieser Sammlung und damit die Entfaltung des Bildes vom Römertum, das schon in den ersten Arbeiten keimhaft beschlossen war, mitzuerleben, der weiß, mit wie unendlicher Geduld und wachem Scharfsinn jedes Textwort geprüft, gerade die andere – man scheut sich, bei Klingner die gegnerische zu sagen – Ansicht ganz ernst genommen, wieviel offengehalten wurde, ehe dann die Synthese in der gültigen Form gewagt wurde, in einer Sprache, die zur besten deutschen Prosa gehört und die dem Band schon darum zu dauerndem Leben verhelfen wird. Klingner im Arbeitskittel, im weißen Mantel, kann man in seinen *Studien* (im Artemis-Verlag erschienen) kennenlernen, den Meister der Interpretation, der ein Gesamtwerk in Buchform darstellt in seinem Buche *Virgil* (er schrieb stets ›Virgil‹ statt des richtigen ›Vergil‹, weil er die Form der sozusagen geheiligten Vergil-Überlieferung ehren wollte), das noch vor seinem Tode im Jahre 1968 (ebenfalls bei Artemis) erscheinen konnte. So großartig beide Werke sich mit den Essays zu dem Gesamtwerk zusammenschließen, das einer prekären Gesundheit abgerungen wurde (noch dazu in einer Zeit, unter der er schwer litt): die kallimacheische Form der ausgefeilten Essays scheint die für Klingner bezeichnendste und gemäßeste zu sein.
Bei einer Neuausgabe dieser stilistisch und wissenschaftlich vollkommenen Gebilde versteht es sich von selbst, daß der Text nicht angerührt wurde (lediglich eine knappe Liste von Corrigenda ist beigegeben). Auch dort, wo bei Wiederaufnahme verwandter Gegenstände Wiederholungen vorkommen, kann nichts weggelassen werden: sie sind für die neue Situation, in der sie geschrieben wurden, bezeichnend, wie überhaupt ja die Geschichte der Entstehung und der Sinn des Sprechens auch in der Zeit der Gefahr bedacht sein wollen. Wie bezeichnend, daß zum *Neuen Bild der Antike* 1942 die Friedensstimme Vergils beigesteuert wird.
Diese innere Geschichte der Entstehung der Aufsätze, die nicht ohne weiteres aus der chronologisch geordneten

Reihenfolge der Aufsätze im Sinne der Literaturgeschichte abzulesen ist, bedarf aber der Aufhellung. Der Leser wird auch erwarten, etwas über die Bedeutung der Texte zu hören, die zum Teil neuen Forschungsrichtungen den Anstoß gegeben haben. Und schließlich wird auch der Nichtfachmann ihre Gültigkeit heute bestätigt zu sehen wünschen.

Darum mögen einige Bemerkungen, die diese drei Aspekte berücksichtigen, ohne sie scharf voneinander zu trennen, hier Platz finden. Philologie ist Umgang, artifizieller Umgang mit sprachlichen Äußerungen. Als solche nimmt sie einen hervorragenden Platz in aller Bildung im weitesten Sinne ein. Denn seit eh und je ist der Umgang mit der Wirklichkeit ihre Grundlage, und es ist sicher nicht im Sinne von Theodor Litt (»Humboldt und die moderne Arbeitswelt«, abgedruckt in *Das Bildungsideal der deutschen Klassik und die moderne Arbeitswelt*), den direkten Umgang mit ihr von dem mit Menschen, Menschen aller Zeiten und ihren vornehmsten Äußerungen, den sprachlichen und hier natürlich schriftlichen, zu trennen. Ihre Resultate, die aus den Forschungen über Texte erwachsen, befolgen die Methoden aller denkbaren Wissenschaften – wohl außer dem Experiment – und haben die mehr oder weniger große Sicherheit, die sich mit ebendiesen erreichen läßt, seien sie nun mathematisch, physikalisch, biologisch, statistisch, psychologisch oder sprachwissenschaftlich. Sie werden erreicht durch die Objektivierung verschieden großer Bereiche, die in unterschiedlicher Weise der Gesetzmäßigkeit zugänglich sind. Handelt es sich aber um das Wort eines Menschen und womöglich um ein einzigartiges, vollkommenes Kunstwerk, wo natürlich der Sinn seines Verstehens nicht im Gesetzlichen allein, sondern in der Erkenntnis ebendieses Besonderen liegt, so wird deutlich, daß hier noch andere Fähigkeiten des Menschen ins Spiel gesetzt werden müssen, die sich dem Beweis und der Objektivierung entziehen: alles das, was das Wort ›Verstehen‹ umschließt. Philologie ist letztlich Verstehen.

Hier kommt der sogenannte subjektive Faktor ins Spiel. Große Kunstwerke können nur von einem Menschen mit entsprechendem Sensorium gewürdigt werden. Und die Feststellung »Ich bemerke davon nichts« ist dann kein Argument gegen eine Erkenntnis, wenn nur die einmal ausgesprochene Observation von anderen ›Kompetenten‹ nachvollzogen wird. Kommen wir aber von der Form zum Gehalt, so lassen sich vergangene Zeiten zunächst nur verstehen, wenn man auf alle ihre Äußerungen gehört und sich in sie hineinversetzt hat, und auch dann noch bleibt man seiner Zeit verhaftet, hoffentlich als echter Zeitgenosse. Darum erschließt sich den verschiedenen Zeiten Verschiedenes. Geschichte wie Philologie müssen in jeder Zeit erneuert werden. Dennoch können die Zeiten nach ihrem Rang Gültiges und Bleibendes zeitigen. Um mit dem Theoretisieren aufzuhören und zwei Beispiele zu bringen: In der Form wird die Klingnerische Entdeckung der Eigenart der römischen Dichtung, ihres musikalischen Charakters im Sinne der schönen, ja vielstimmigen Bewegung, nicht erschüttert werden können. Und Mommsen, der als Achtundvierziger in Caesar den demokratischen Volksführer verherrlichte, wird sich nicht mehr, wie hoch Mommsen Caesar auch immer schätzen mag, gegen ein so differenziertes Cicero-Bild wie das von Klingner behaupten können. Der Gehalt hat sich unter den Erlebnissen der Zeit, die uns Machtkampf, Zerrüttung der Werte, ungeahnte Vernichtungsmöglichkeiten beschert haben, verwandelt gegenüber dem, der für einen Zeitgenossen des biederen bürgerlichen Zeitalters trotz unvorstellbar großer Sachbewältigung erkennbar war.

Um diese eigentliche Philologie geht es bei Klingner. Kunstsinn und Zeitgenossenschaft waren bei ihm aufs höchste ausgebildet. Klingner hat begonnen als Platoniker. Er gehört zu denen, für die gestufte Ordnung der Seele und des Geistes das Gewisse und Unzerstörbare ist. Er arbeitete mit Paul Friedländer an dessen Werk über Platon und schrieb seine lateinische Dissertation über Boethius' *Trost der Philosophie*, deren platonischer Charakter im dritten Buche so deutlich ist. Zu dieser Zeit hatte er schon die ganze philosophische Tradition, auch gerade der Spätantike, der großen ›Letzten‹ auf der Grenze der Zeiten, präsent.

Und damit sind wir bei der Sammlung. Das zeitlich erste Stück ist nämlich der berühmte Aufsatz »Rom als Idee«. Er ist 1927 in *Die Antike* erschienen, jener Zeitschrift, in der Werner Jaeger mit Glück das humanistische Organ geschaffen hatte, in dem er die Verbindung zwischen Antike und Neuzeit pflegte. Gleich die beiden nächsten Stücke aber handeln, und das ist ebenso bezeichnend, von Vergil und Horaz: »Das erste Hirtengedicht Virgils«, in *Hermes* 1927 erschienen, und »Gedanken über Horaz« (1929), wieder in *Die Antike* veröffentlicht; diese Zeitschrift kam fast nie ohne einen Aufsatz Klingners heraus.

In »Rom als Idee« geht es um den Gedanken, daß Rom der Inbegriff der Idee des Staates ist, deutlich abgehoben von der Kaiseridee.[2] Klingner verfolgt das Drama, wie die Staatsidee, von Platon noch in der göttlichen Ordnung gegründet, in verschiedenen Stufen entweder im Kosmos aufgelöst oder säkularisiert wird, bis sich Cicero und die Augusteer (nicht Panaitios) wieder in Gottes Ordnung ansiedeln.[3] Rom tritt an die Stelle der Idee, wenn man es pointiert ausdrücken will. Das hat lange gegolten, bis in der Auseinandersetzung mit dem Christentum der römische Adel noch einmal verklärt das Bild Roms aufrichtet; aber nun sind auch die Christen so weit, daß sie in Rom nicht mehr ›Babylon‹ sehen, sondern Rom neben ›Jerusalem‹ gerückt wird. Von Origines bis zu Hieronymus, Ambrosius und Prudentius wird dieser Prozeß verfolgt, der große Streit um den Altar der Victoria gewürdigt, in dem Ambrosius Rom als die reuige Sünderin, die spät aber doch zum Glauben gekommen ist, aufnimmt in die göttliche Ordnung. Die Zerstörung Roms durch Alarich im Jahre 410 mußte dieses friedliche Bild zutiefst erschüttern. Augustin hat in *De civitate Dei* die Anteile geschie-

2 Zitiert in einem durchaus andersgearteten Buch, das nach dem Staatsbegriff fragt: W. Suerbaum, *Vom antiken zum frühmittelalterlichen Staatsbegriff*, Münster ³1977, S. 236, Anm. 28; ebd. weitere Literatur.

3 Diesen Gedanken hat vor allem M. Ruch verfolgt; vgl. auch die Arbeiten von K. Büchner zu Ciceros *De re publica*, in: K. B., *Studien II: Cicero*, Wiesbaden 1962.

den, die irdisch sind und die anzubeten Sünde wäre, und jene anderen, die schon in dieser Welt auf die *Civitas Dei* zusteuern; sozusagen in einer Rückkehr zu Platon. Diese reiche Arbeit, geschrieben in einer Zeit der Zerrüttung des Staatsbegriffes, fragt nach der Rolle des Religiösen im Politischen, und sie zieht große Linien mit vielen differenzierten Urteilen über die bestimmenden Denker dieser Entwicklung. Wie einfach hatte es Humboldt, als er über die Grenzen der Wirksamkeit des Staates schrieb. Für ihn war es klar, daß die Aufgabe des Staates nur darin bestehen dürfe, die perfektionierteste Ausbildung aller Kräfte der Persönlichkeit zu fördern. Solche direkte Höchstforderungen an den Staat waren anachronistisch geworden und ließen sich philosophisch nicht mehr behaupten. Klingner stellt statt dessen historische Entwicklungen der ›Idee Rom‹ dar. Sein Anliegen aber ist auch zeitbezogen. Sein Ringen geht bei aller Objektivität in der Bestimmung und Ordnung der Aussagen auch um die Not der Zeit, um die Frage nach der Begründung menschlicher Werte in etwas Überpersönlichem.
Diese Gedanken haben Klingner bis zuletzt beschäftigt, und an anderen Stationen seines Lebens ist er darauf zurückgekommen. Das gilt auch für die beiden verbleibenden Arbeiten der Jahre 1927–29. Bevor wir diese verfolgen, soll zunächst etwas über die beiden anderen ›Keime‹ gesagt werden, ehe sie dann wie der erste in ihrer Entfaltung oder Ausgestaltung betrachtet werden.
Man muß wissen, was die Philologen zu Vergils *Eklogen* zu sagen hatten, um zu begreifen, welches Aufsehen der *Hermes*-Aufsatz »Das erste Hirtengedicht Virgils« hervorrief. Er ist in der *Römischen Geisteswelt* verkürzt wiedergegeben, um Überschneidungen mit Späterem zu vermeiden. Man wußte, daß die Eklogen Nachahmungen des Theokrit waren, ohne daß man sie auf ihre Bedeutung hin untersucht hätte. Man glaubte, besonders die erste Ekloge mit Mitteln der Homer-Analyse aus ihrer Entstehung, der Zusammenfügung zweier Entwürfe erklären zu sollen. Und wenn es ein Fortschritt war festzustellen, daß die Stimmung das Entscheidende sei, weil man das Ganze nicht nachvollziehen konnte, so war doch

auch dies aus ebendem Grunde nur eine Verlegenheit. Ein solches Gedicht, eine Urkunde der augusteischen Klassik, von der Ernst Robert Curtius sagte, daß jeder Gebildete sie kennen müsse, bietet immer neue Aspekte und ist nicht auszuschöpfen. Klingner aber hat gezeigt, daß die Ekloge Vergils aus zwei gegensätzlichen Themen des Preises und der Klage, des Preises des Retters und der Klage über die Zeiten, besteht, die sich wie in einer Symphonie mächtig entfalten. Es wird ein Umweg des Gedankens eingeschlagen, um auf einen Retter, Octavian, hinzuweisen, und zwar so, daß man nicht aus dem geschlossenen Rahmen der bukolischen Welt heraustritt: man fragt also, ohne eine konkrete Antwort zu geben. Damit waren die Rätsel der Komposition, des Sinnes, der Bewegung, des Dichterischen gelöst. Wie es zu gehen pflegt, fand die kopernikanische Tat sogleich auch die vergröbernde Nachahmung (Oppermann). Hier zeigte sich zum ersten Male, daß Klingner sich seiner Stellung in der Philologie bewußt wurde: es ging ihm nicht um Erklärungen allein, Artistisches, Ästhetisches, sondern bewußt um das Neue: Wesenserkenntnis. In dieser Richtung haben sich seine Forschungen zu Vergil, von denen hier wichtige vereinigt sind und die in dem Buch *Virgil* gipfeln, weiterentwikkelt.

Drittens aber kommt gleich ein weiteres Zentrum seines Forschens in »Gedanken über Horaz« zu Wort. Klingner gehört zu den Latinisten, die auch die deutsche Literatur aus eigenem Urteil kennen und lieben. Er vermag Herders Verhältnis und Äußerungen zu Horaz, Wielands geselliges Verstehen, die tiefsinnigen Aperçus Nietzsches anzuerkennen. Was er aber dem herrschenden Bild von dem gegenüber Catull kalten Horaz und der Vorstellung solcher Hypothesen entgegensetzt, ist ein ganz neues Bild, das man bis jetzt nie so gesehen, weil man nicht so gefragt hatte. Es geht um etwas, das für die augusteische Dichtung, vor allem auch für Vergil, äußerst wichtig ist: die Einheit des Lebenswerkes. Gemeint ist nicht die Einheit, die man bei einer stark geprägten Individualität an jedem Wort immer wieder erkennen wird, sondern die künstlerische Einheit, die bewußt aus dem Leben und der

Zeit das folgerichtig ablaufende Kunstwerk schafft. Das Klingnersche Horaz-Bild, das sich weiterhin entfalten wird und vor allem durch eine Reihe von Studien im engen philologischen Sinne ausgebaut werden sollte, gekrönt von der auch heute noch maßgebenden Horaz-Ausgabe, liegt schon gültig vor: Es wird der Nachweis geführt, daß sich von der 16. Epode über Satiren und Episteln bis zu den Oden ein enger Zusammenhang feststellen läßt, in dem sich ein bestimmtes Verhältnis zur Welt ausspricht. In der Tat hat man den ganzen Horaz, wenn man verstehen kann, wie es nach Epoden und Satiren zu den Carmina kommt. Die Resultate: Horaz wählt nach dem Scheitern im Befreiungskampf für die *Res publica* nicht nur aus stilistischen Gründen, sondern seiner inneren Lage entsprechend die Gattung des Rügegedichtes, die Epoden, und zur Bezeichnung kritischen Abstandes die Satiren, um seine geistige Existenz neu aufzubauen. Er ist ein von Natur aus politischer Mensch. Er findet in Maecenas und seinem Geschenk des Sabinum wie in der Freundschaft mit Vergil und Varius Brücken zur Welt. Die beiden Gattungen entwickeln sich darum innerlich zum Lyrischen hin. Die Carmina sind die Frucht der Aussöhnung mit der Welt. carm. 2,18 und carm. 3,24 sind Nachklänge von Epoden und Satiren in Liedform, von epod. 9 zu carm. 1,37 ist es ein kleiner und notwendiger Schritt. Ich bin überzeugt, daß diese völlig neuen Erkenntnisse fester Bestand der modernen Horaz-Philologie sind. Gegenpositionen finden sich im Horaz-Buch Eduard Fraenkels, der Horaz, kurz formuliert, vor allem in den Epoden und Satiren und ihrer Wahl nur als reinen Artisten sieht, und in den Horaz-Interpretationen von Viktor Pöschl, der das Politische in Horaz als ihm nicht gemäß abwertet und den Epikureer in das Zentrum rückt; doch dem Dichter wird man dadurch nicht gerecht. Gewiß, Mystisches und Epikureisches finden sich in dem Preis der Gelassenheit, deswegen ist Horaz aber kein Epikureer. Ebensowenig kann man sein Höchstes, die Römeroden, doch wohl den Hauptteil seines *monumentum aere perennius*, etwa als Auftragsarbeit oder Beiwerk betrachten. Die Diskussion zeigt die fruchtbare Wirkung der schlichten, wie selbstverständlich anmutenden Aussagen dieses grundlegenden Essays.

Im Bereich der Gedankenwelt von »Rom als Idee« bewegen sich drei weitere Aufsätze. »Vom Geistesleben im Rom des ausgehenden Altertums« (1941 entstanden), die »Einleitung« zum *Trost der Philosophie* des Boethius (1943) und »Gerechtigkeit« (1956).

Anstoß, sich erneut den turbulenten und intensiven Geisteskämpfen der Spätantike zuzuwenden, war der ehrenvolle Auftrag, im Frankfurter Hochstift darüber zu sprechen. Es ist charakteristisch, daß nach Tacitus Denkwürdiges sich erst wieder in dieser Zeit vom Ende des 4. bis zum Anfang des 5. Jahrhunderts findet. Man wird nicht anders urteilen können. Dabei ist die Zwischenzeit, vielfach in Seminaren behandelt und erschlossen, bei Klingner immer präsent wie selten bei einem Latinisten. Diesmal fällt der Blick zunächst auf den Stand des späten Adels, die Großgrundbesitzer, die zwar mächtig sind, aber keine Entscheidungsgewalt haben und sich etwas gravitätisch wie die alten Scipionen gebärden. Sie sind freilich entscheidend für die Erhaltung der alten Kultur. Bewahrung und Wiederherstellung sind hier das Ziel, mit etwas musealem Beigeschmack, wie etwa Ammianus Marcellinus' Schilderung von Constantius' Besuch in Rom zeigt. Die Geisteskämpfe, die in »Rom als Idee« notwendig eine Rolle spielten, werden ausführlicher dargestellt, schließlich wird die versöhnliche Haltung des nun christlichen Adels bis zu Boethius verfolgt.

Ein äußerer Anlaß führte gewissermaßen auch zu der »Einleitung« in den Boethius: vom Verfasser dieses Nachworts wurde eine Übersetzung fertiggestellt, um jene herauszulocken. Einleitung und Übersetzung sind bis heute verbunden geblieben (Reclams Universal-Bibliothek Nr. 3154 [2]). Was in Klingners Dissertation mit ihrem vorzüglichen, aber schwierigen Latein kaum allen Klassischen Philologen bekanntgeworden sein dürfte, sollte dem gebildeten Publikum zugänglich werden: das Verständnis eines Buches, das seine tröstende, im Geiste aufrichtende Kraft durch viele Jahrhunderte bewährt hatte. Klingner geht aus von der heiklen Balance – dem

Glaubensstreit zwischen Rom und Byzanz –, durch die es der große Theoderich lange Zeit vermochte, seine Ostgoten als den Wehrstand mit den Römern und ihrer Tradition zu einem Reich im Westen zusammenzuführen. Die Erschütterung dieser Balance führte zu dem Tode des Boethius, Theoderichs Kanzler, zu einem Justizmord, den nicht einmal nützliche Folgen rechtfertigten. Diese Sicht der Dinge hat jüngst Hermann Tränkle bekräftigt. Die Schrift des Boethius aber, im Kerker geschrieben, wird als Zeugnis eines überlegenen Geistes gewürdigt, dem nun nicht mehr beschieden war, wie er sich vorgenommen, den ganzen Platon und Aristoteles zu übersetzen, der aber die gesamte antike Philosophie in einem abgestuften Kunstwerk zusammenklingen läßt und sie noch ein Stück über sie hinausführt. Es ist ein seelisches Drama, in dem Boethius zunächst in der Erinnerung zu sich kommt und von dem Schock der Lethargie gelöst wird (1. Buch); die äußeren Werte, die ihm genommen, in ihrer Wertlosigkeit ansehen lernt (2. Buch, im Stile der Moralpredigt der Diatribe); in dem er dann erkennt, daß im Streben nach diesen Gütern etwas Innerliches gesucht wird, letztlich das Gute, und wo schließlich die philosophische Kraft in den beiden letzten Büchern nun von der traurigen Situation losgelöstes Fragen bis hin zum Problem der Freiheit des Willens möglich macht. Daß jetzt die Poesie zurücktritt wie bei Platon in den späteren Schriften, sollte man der Sache zuschreiben, nicht einem unvollendeten Zustand des Werkes, wie Tränkle vorschlägt. Der Leser, der dem anstrengenden Gang des Werkes gefolgt ist, befindet sich in der Höhe des Gedankens, wo er, unberührbar vom Irdischen, sich vor dem die Wirklichkeit überwindenden Auge Gottes fühlen darf.

In dem Essay über die »Gerechtigkeit« klingt das Motiv von »Rom als Idee« direkt ein letztes Mal in der Sammlung auf. Es geht um einen Begriff wie in der Arbeit über »Humanität und humanitas« (1947) und der über »Virgil und die römische Idee des Friedens« (1961). Alle drei sind für diese Sammlung als Ergänzung geschrieben, die letzte für die vierte, die beiden anderen für die dritte Auflage. Aus dieser Zeit, etwa um 1956, muß der Ge-

danke stammen, den Band auszugestalten, nicht so sehr im Sinne einer Literaturgeschichte als vielmehr eines Vermächtnisses des Wesentlichen in der römischen Geisteswelt. Man mag denken, daß Richard Heinze nach dem Ersten Weltkrieg seinen neuen Weg der Wesenssuche mit den bahnbrechenden Arbeiten über römische Lebensbegriffe wie *auctoritas* und *fides* und über die Ursachen der Größe Roms begann, teilweise noch mit psychologischen Kategorien arbeitend. Klingner aber tat nach dem Zweiten Ähnliches, in dem er nun, als man wieder hoffen durfte, über Gerechtigkeit, Frieden, Humanität schrieb, kostbare Werte, nicht nur Begriffe der politischen Stabilität, die es damals wie heute neu aufzurichten galt. Die Besinnung auf ihre Geschichte in der Antike kann dazu beitragen. Klingner will nur Szenen aus der wechselvollen Geschichte dieser zu allen Zeiten erstrebten Idee der Gerechtigkeit darstellen. Hesiod, Platon, Cicero, Augustin sind die Stationen. In neuer Weise hat sich der Raum nach rückwärts erweitert, zu Hesiod, bei dem der ungerechte Spruch die Fragen nach der Gerechtigkeit hervortreibt und Zeus als Garant und Schützer der verletzten Dike, der Rechtsordnung (was δίκη auch heißen kann), gesehen wird. Was Klingner aber immer wieder bedacht hat, ist der merkwürdige Kreislauf des Gedankens, den er in Augustin sich schließen läßt: »Man braucht nur den Gedanken Hesiods zu Ende zu denken und vorherrschen zu lassen, um den Gedanken Augustins zu fassen.« Der Betrachter der Religion, dem diese Zusammenhänge zuerst fremd sind, dürfte durch sie auf fundamentale Fragen des Glaubens geführt werden.
Einheit des Lebenswerkes war wie bei Horaz auch die *magna quaestio* bei Vergil. Wie steht der Bukoliker zum Dichter Vergil, der die *haut mollia iussa*, das herbe Geheiß, des Maecenas in den *Georgica* vollbringt und dann zum Herold der Ordnung des Augustus in der *Aeneis* wird? Wo ist der ›echte‹ Vergil? Und wie Klingner in den »Gedanken über Horaz« den Rahmen für die künftige Forschung abgesteckt hatte, so findet sich nach jenem Vorstoß der Interpretation der ersten Ekloge die Grundlegung des neuen Vergil-Bildes in dem Vortrag »Die Ein-

heit des Virgilischen Lebenswerkes« (1930). Die Vorstellung vom Hofpoeten wird ein für allemal überwunden. Wenn man das erlösende Resultat aufs knappste zusammenfassen will, so ist es der Nachweis, daß von den *Bucolica* an bis zur *Aeneis* hin das von vornherein mit dem Retter Octavian verbundene Rom die Einheit der Vergilischen Dichtung begründet.

Es war die Wiederentdeckung eines Dichters, die auch eine Schuld vor allem des 19. Jahrhunderts gutmachte. Unter dem Titel »Virgil. Wiederentdeckung eines Dichters« (1942) steuerte darum Klingner zu dem Sammelband *Das Neue Bild der Antike* einen Beitrag über Vergil bei, der objektiv-unanfechtbar die Wissenschaftsgeschichte der Vergil-Rezeption in Deutschland mit ihren damaligen Ergebnissen aufzeichnete, dabei aber der Zeit des Unrechts zugleich ein Gegenbild bieten wollte. Vergil als derjenige, der mit Horaz begriffen hat, was Kunst ist, so wird er von dem »noch nicht« selbst eines Catull und Lukrez abgehoben. Die Aufgabe besteht darin, die Form als sinnfällig erscheinendes Wesen zu erkennen. Die Geschichte der Forschung von Heyne, Herder, Goethe und Niebuhr über das 19. Jahrhundert bis zu Heinzes großem Buch *Vergils epische Technik* wird verfolgt. Was dort geleistet ist – das Entdecken einer viel größeren Zahl nachgeahmter griechischer und lateinischer Dichter, vor allem Homers, freilich nicht mit dem Ziel, den Nachahmer Vergil abzuwerten, sondern Vergils Veränderungen zu beschreiben –, erkennt Klingner durchweg an. Worauf sich aber Heinze beschränkt, das Technische und philologisch Beweisbare, das genügt Klingner nicht. Wesenserkenntnis ist das neue Ziel, zu dem er selbst die entscheidenden Schritte getan hatte. Deutlich wird das vor allem an der Interpretation der *Bucolica*, die in ihrer eindrucksvollen Folge dargestellt werden. Die Notwendigkeit der Entwicklung wird herausgehoben. Der Dichter und der Kunstcharakter seiner Werke können in seltener Klarheit als bewußte Klassik verstanden werden.

Daß in dieser Zeit die Gedankenwelt Vergils in ihrer Gültigkeit Maßstab, Bestätigung und Erweiterung der Erkenntnisse in der eigenen Zeit, ein Trost in der geistigen Vereinsamung war, in der der Zeitgenosse nur mit wenigen engen Freunden sich eins fühlen durfte, zeigt der Aufsatz, der eigens für die erste Auflage geschrieben wurde: »Virgil und die geschichtliche Welt«. Vielleicht ist hier nicht das eigentlich Wichtige die Konzeption, Vergils Geschichtsbewußtsein als Mitte zwischen dem griechischen und dem christlichen zu verstehen – der geniale Gedanke bedürfte weiterer Ausführung, aber auch sonst findet sich dasselbe Verhältnis in anderen Bereichen, z. B. der Wirklichkeitsdarstellung –, als vielmehr die Erkenntnis, daß hier Mythos vom Dichter geschaffen wird, der Mythos, der an den Anfang das Reich des Saturn, die goldene Zeit, setzt und ein Wiederanbrechen der goldenen Zeit nach dem Chaos feiert, eine Erneuerung, die sich in die Zukunft unbegrenzt fortsetzt. Diese Art, aus der Geschichte den modernen Mythos der so aufgeklärten und bewußten Zeit zu formen, macht Klingner im folgenden Satze deutlich. »Man kann, um sich das verständlich zu machen, daran denken, daß etwa in der Neuzeit jemand durch schwere geschichtliche Ereignisse hindurch etwas davon spüren könnte, was eigentlich Jüngster Tag ist« (S. 303). Die Abfolge der Werke und ihr Umschreiben im Bericht spielt auch hier eine große Rolle. Man soll darin aber nicht nur die Wiederholung sehen, sondern den neuen Aspekt, in dem sie jeweils ein neues Gesicht zeigen.

So ist es auch mit dem letzten Beitrag über Vergil in dieser Sammlung, für die vierte Auflage 1961 eigens geschrieben. Es handelt sich um Vergils Bild des Friedens, der *pax*. Hier klingen aus den Gedanken von »Rom als Idee« die Motive des geistigen Widerstandes gegen Rom auf. Gegenüber der griechischen εἰρήνη, einem gesegneten Seinszustand, wie Harald Fuchs in seinem Buche *Augustin und der antike Friedensgedanke* erkannt hatte, ist *pax* etwas von Menschen Bewirktes. Es sind die Verträge und Formeln, mit denen der Römer sein tiefes Bedürfnis befriedigt, sich ins Recht zu setzen, und an die er sich dann auch gebunden fühlt. Die Römer unterwerfen sich Normen und Rechtsordnungen. Bei Vergil spielt in der Konzeption das Mythische des Saturnischen Reiches herein, und Vergil mit seinem *pacique imponere morem* (*Aeneis* 6,852) verknüpft die Rom-Idee mit der Leistung der Gesittung. Bei der modernen, höchst notwendigen Friedensforschung sollten Vergil und Augustin eine Ratgeberrolle spielen.[4]

Die weiteren Horaz-Studien Klingners haben vor allem dem problematischsten Werk des Horaz, der *Ars poetica*, gegolten. Sie sind hier nicht aufgenommen (s. *Studien*), wohl weil der philologische Apparat zu schwer schien, der notwendig gewesen ist, um dieses Werk wieder als einen Brief, als ein Gespräch mit den Pisonen über Dichtkunst würdigen zu können. Die Interpretation der Gedichte kam aber nicht zu kurz. Zum 2000. Geburtstag des großen Augusteers im Jahre 1935 steuerte Klingner, der inzwischen als maßgebender Horaz-Interpret, ja als Horazianer galt – er empfand sich eher als Virgilianer –, die Interpretation von einer Reihe Horaz-Gedichte und einen das Ganze umfassenden Essay bei; will man die Genese verstehen, kann man von der hier im Anhang abgedruckten Pindar-Interpretation ausgehen (1935 in *Die Antike* erschienen). Klingner hatte in Leipzig nicht nur ein Horaz-Kolleg, sondern auch ein Pindar-Kolleg gelesen. Das Pindarische in Horaz war ihm über das in »Gedanken zu Horaz« Gesehene wichtig geworden. Von der philologischen Problematik – vor allem, wie sich eine mittlere Stillage mit Pindarisieren verträgt und wo eigentlich Horaz von Pindar her zugänglich ist – einmal abgesehen, galt es zunächst, Pindar noch tiefer zu verstehen. Für Horaz besonders wichtig aber ist das erste pythische Gedicht Pindars aus dem Jahre 476 v. Chr. Mit welchen Schwierigkeiten man zu kämpfen hat, kann die Interpretation dem Leser zeigen. Es gelingt, dem Verständnis Sinn und Aufbau des Gedichtes, die Pindar beide nicht als gedankliches Ganzes auszusprechen vermochte, aus einem Text zu erschließen, der sich in der Stunde der Festfreude ganz der Gnade des Findens, der Assoziation anvertraut. Dabei wird das Festprogramm, das im Hörer bestimmte Er-

4 Vgl. J. Laufs, *Der Friedensgedanke bei Augustin*, Wiesbaden 1973, worin die Forschungen von H. Fuchs und F. Klingner weitergeführt werden.

wartungen weckt, in seiner Bedeutung für die Komposition eingeschränkt. Es ist nicht leicht, in diesem Gewebe zu erkennen, wie der Preis Hierons abgelöst wird durch den seines Sohnes Deinomenes, der über die eben am Fuß des Ätna gegründete neue Stadt Aitnai herrscht, und sich dann doch wieder in jenen verschlingt; nicht leicht, überhaupt die Fülle und den Ernst der Bezüge sichtbar zu machen. Vor allem aber gehört der Anfang zu dem Größten in aller Dichtung: die Phorminx wird angerufen und die Musik Apollos gefeiert, der sogar die Götter lauschen, über deren Harmonie aber die Götterfeinde, die Rebellen, erschrecken. Dies ist ein Hymnus für sich, der auch eine Bitte hat, wie Klingner erkennt, daß Pindar nämlich den Göttern gefallen und ihnen lieb sein möge, daß er nicht zu den Zerstörern der Harmonie und Vernichtern der Ordnung gehöre. Dieser Anfangshymnus hat Horaz in der vierten Römerode, dem Musengedicht, inspiriert. Auch ihm geht es um das Musische, dessen schützende Kraft er schon in einem Kindheitserlebnis spürt. Hat man die weitzielende pindarische Konzeption und deren erstaunliche Aufnahme begriffen, ist man geschützt vor der Annahme, Horaz wolle die schweigende und überwundene Opposition des Augustus warnen, das Haupt wieder zu erheben, damit es ihnen nicht gehe wie den Giganten, die, abgesehen von Typhos unter dem Ätna, bei Pindar gar keine Rolle spielen. So nämlich hat das Gedicht nach Fraenkel später Williams gedeutet, dessen Bestreben es ist, alle römischen Gedichte in ihrer Kunstfertigkeit und Künstlichkeit als »sophisticated« zu erweisen. Aber was soll das für ein Gedicht sein, das man ohne Pindars Gedicht gar nicht verstehen könnte und das etwas übernommen hätte, was bei Pindar gar nicht steht?

Auf dieser Pindar-Interpretation ruht die des Musengedichtes des Horaz, bei der sowohl die pindarischen Züge wie die bewußt baumeisterlichen des Horaz zu ihrem Recht kommen. Hier bedarf es des einführenden Wortes nicht. Der Leser wird das Empfinden haben – und kann es am Text selbst beurteilen –, daß die Gedichte zum ersten Male zu sprechen beginnen. Das gilt nicht nur für die weltumspannenden Gedichte der Römeroden, die den ›mittleren‹ Stil weit überschreiten, es gilt vor allem auch für die stillen Gedichte, die in dieser Sammlung deshalb vorgelegt werden, weil mit ihnen auch philologisch greifbare – und unwiderlegliche – Entdeckungen verbunden sind: mit »Velox amoenum« (1935) das Spiegelwesen, mit »Septimi, Gadis aditure mecum« (1935) das besondere Verhältnis zum jüngeren Freunde, mit »Herculis ritu« (1938) die Bewegung vom Erhabenen zum Privaten und leicht Resignierenden. Gerade die stillen Gedichte zeigen übrigens, wie Horaz auch im anderen, im Freund, ja in der Natur (»Velox amoenum«) leben kann und daß auch der spätere Klingner mit sich reden ließe, wenn man hier den Unterschied zu Vergil nicht gar zu bedeutend sähe.

Proben dieser subtilen Interpretationskunst gibt es noch zwei. Auch in ihnen wird ein Durchbruch erreicht. Die Interpretation von Tibulls Elegie auf den Geburtstag des Messalla (1951) gilt allgemein als Lösung des Unverstandenen. Nicht nur Tibulls raffinierte Kunst des schwerelosen Gleitens und Assoziierens bei höchst bewußtem Gestaltungswillen ist zu würdigen, sondern auch eine ägyptologische Tatsache – daß der Nil gleich dem Osiris ist: so weit muß der Interpret bisweilen in die anderen Wissenschaften greifen – ist für die Erschließung des Gedichts von Belang. Die andere Interpretation gilt Properzens Elegie 1,3 (1965). Sie ist ein Beispiel für die zusammenfassenden Bemerkungen über die Liebeselegie im Vergleich zu Goethes *Römischen Elegien* (1956). Der Philologe muß bemerken, daß Goethe, wenn er an ihnen das Plastische des Lebens rühmt, etwas in ihnen gesehen hat, was nicht das eigentliche Anliegen der Elegie ist, in der es um die Welt des Dienstes gegenüber der Herrin und mehr um Leid und Tod als unbefangenen Genuß geht. An Properz 1,3 wird auch etwas aufgewiesen, was Goethes Nachahmung nicht in den Blick genommen hat, nämlich die Bewegung vom Großartig-Mythischen, Pomphaften zu intensiver Stille.

Eines der Grundkriterien Klingners war es, zu prüfen, ob etwas ›Folge‹ im Goetheschen Sinne haben könne; und so

hat er, der das Allgemeine stets als ein Wagnis ansah, immer wieder das Ganze eines Werkes und, wofern es folgerichtig verlief, auch die Voraussetzungen zu bestimmen und darzustellen versucht.
Die erste – und letzte – Zusammenfassung über Horaz mit dem Titel »Horaz« (1936 für *Die Antike* als repräsentativster Beitrag zum Horaz-Jahr geschrieben) führt den Aufsatz »Gedanken über Horaz« weiter und spielt alles auf ›Mitte‹ und ›Freiheit‹ hinaus. Neu hinzugekommen – und damit den Begriff des ›mittleren‹ Stiles etwas elastischer fassend – ist die Erfahrung der Schönheit der Bewegung, die an sat. 1,6 und carm. 3,6 exemplifiziert wird. Die Briefe sind in die Betrachtung eingeschlossen, noch nicht die des Literaturkritikers.
Mit allen diesen Arbeiten und Interpretationen hat Klingner das Wesen der römischen Dichtung erst erschlossen und zugänglich gemacht, vor allem das Wunder der römischen Klassik (Lukan, die späte Epik, Seneca bleiben unbehandelt). Den Weg dahin hat er in der Leipziger Universitätsrede »Dichter und Dichtkunst im alten Rom« 1947 verfolgt. Die Rede oder der Aufsatz ist eine Geschichte der römischen Dichtung bis zur Klassik in ihrer fast notwendigen Abfolge. Neu und unbestritten sind auch hier eine Reihe von Aspekten. So legt der Aufsatz Gewicht darauf, daß der Sänger in Griechenland ein δημιουργός war und einem Berufsstand angehörte, während es dergleichen in Rom nicht gab. Und aus Anlaß des Terenz und Lucilius fällt die feine Bemerkung, daß Dichtkunst sich in der Intimität der großen Häuser entfalten konnte. Lukrez wird als der archaische dargestellt, Catull als der, welcher das Wagnis unternimmt, Kunst und Leben zu vermischen, als Vorbereiter der Klassik. Ein Bezogensein jedes Wortes auf das Ganze, Harmonie, ist erst ihr erreichbar. Horaz' carm. 2,13 gibt ein Beispiel.
Dieser Aufsatz, mit Recht als Einleitung der Betrachtungen über die Dichter vorangestellt, läßt die Bedeutung der beiden genialen Dichter Lukrez und Catull ahnen, wenn sie auch in der Folge der Entwicklung der Kunst sich sozusagen mit dem zweiten Rang begnügen müssen.

1956, anläßlich jener dritten Auflage, die jetzt bewußt alles Wesentliche zu Wort kommen lassen wollte, sind wohl darum die Essays über Catull und Lukrez hinzugefügt worden. Ich hebe daraus hervor: bei Lukrez das genaue Empfinden dafür, wie sein inneres Beteiligtsein ihn von Epikur unterscheidet; bei Catull, dessen Peleus-Epos Klingner in einem Akademiebericht erschlossen hatte, die Beobachtungen, daß die kleinen Gedichte ebensoviel Kunst, die großen hellenistischen ebensoviel vom eigenen Leben enthalten wie die andere Form. Auch hier geht es um die künstlerische Einheit, an die wir wieder glauben können, nachdem die Vorstellung, Catull sei zum einen ein hellenistischer Artist, zum andern ein Naturbursche, lange verbreitet war.

Zwei Gebiete schließlich gilt es noch zu würdigen, wenn man die Bedeutung des Bandes richtig einschätzen will: die Geschichtsschreibung und Cicero.

Die Beschäftigung Klingners mit dieser vornehmsten römischen Gattung, die, immer wieder vom Griechischen beeinflußt, doch etwas ganz Eigenes geworden ist, ging wohl von Augustin aus, der in *De civitate Dei* Sallust, den *nobilitatae veritatis scriptor*, als Kronzeugen für Roms Zustand vor Christus heranzieht. Die Rekonstruktion des Prooemiums zu den Historien (s. *Studien*), die daraus erwuchs, brachte mit Drexlers Arbeit über die Synkrisis im *Catilina* die Wende in der Sallust-Forschung. Hatte man Sallust vorher mit vielen Jahrhunderten und Perioden nach einem Aufsatz von Eduard Schwartz als einen ›demokratischen‹ Tendenzschriftsteller angesehen, so konnte man ihn in seiner Wahrheitsliebe wieder ernst nehmen und vor allem in seinem Geschichtsbild wieder verstehen. Sallust setzt den Anfang des Verfalls des Staates in das Jahr 146 v. Chr., das Jahr der Zerstörung Karthagos. Im *Catilina* kann er ihn sich nicht erklären und sieht in ihm die Willkür der Fortuna, im *Jugurtha* führt er ihn auf die weggefallene Furcht vor Karthago zurück, glaubt also nicht mehr an eine gute Zeit vor 146, und in den *Historien* läßt er als gute Zeit nur ein paar Jahre nach der Vertreibung der Könige gelten. Ferner sieht er anders als Poseidonios nicht im Sullanischen Staat eine

Rückkehr zum guten Zustand. Diese Grunderkenntnisse werden wie reife Früchte gewonnen.

Die Beschäftigung mit dem großen Vorgänger führte Klingner aber dann rasch weiter zu Tacitus, den manche für den größten römischen Schriftsteller halten. »Tacitus«, in *Die Antike* 1932 erschienen, nimmt den Historiker nicht als Quelle, selbst nicht ungeprüft als zur Zunft der Historiker gehörig – als wenn es feststünde, was ein Historiker ist, und man unhistorisch denkend etwa die eigene Vorstellung davon absolut setzen könnte –, sondern als großen Geist, dessen Schriften auch menschlich verstanden werden wollen: »Letzten Endes ist Tacitus' Aufmerksamkeit weder auf den Prinzipat als Staatsform noch auf die Ausbreitung des Reiches gerichtet, und seine politische Überzeugung hat sich im Wesentlichsten nicht geändert« (S. 506). Diese Worte leiten seine Beweisführung ein, mit großem Mut die bisherigen Tacitus-Deutungen beiseite schiebend. Geschichtsschreibung bei Anbruch einer neuen Zeit (*Agricola*), Geschichtsschreibung, die in einer Zeit, wo man frei reden kann, das historische Urteil richtigstellen will, Geschichtsschreibung, der es um menschlichen Wert und historische Größe, *virtus*, geht – das alles war neu, richtig und wichtig. Die Historiker konnten dem zunächst nur schwer folgen. Der *Dialogus* wurde spät in die Zeit der *Historien* datiert. Die Interpretation der Schlußrede des Maternus ermöglichte dieses Ergebnis, das heute von niemandem mehr im Ernst bestritten wird.

Ebensowenig soll auf die Tacitus-Forschung der späteren Jahre – vor allem die Arbeiten über die Geschichte Kaiser Othos und Tacitus' Darstellung des Endes von Augustus sind zu nennen, die als Akademieberichte erschienen sind – eingegangen werden. Eine der späteren Arbeiten hat aber auch in der *Römischen Geisteswelt* Platz gefunden: »Tacitus und die Geschichtsschreiber des ersten Jahrhunderts nach Christus« (1958). Sie schließt die Lücke zwischen Livius und Tacitus, und man kann verfolgen, wie die Bewegung folgerichtig zu Tacitus hinführt. Das bis dahin noch nicht Gesehene in ein paar Worten: Die Historiker der julisch-claudischen Zeit ringen mit dem

Grundereignis des Verlusts der Freiheit und setzen dort, bei Ciceros Tod, ein; die flavische Geschichtsschreibung hat das vergessen und schreibt Zeitgeschichte zum Lobe des Kaiserhauses; Tacitus greift, zunächst die flavische überwindend, immer weiter zu dem neuralgischen Punkte zurück und hätte mit einem geplanten Werk noch weiter zurückgegriffen, sozusagen in einer Rückkehr zu denen, die den Verlust der Freiheit darstellten.

Vorher (1937) hatte Klingner in *Die Antike* etwas Ähnliches geleistet für die republikanische Geschichtsschreibung. Dieser Aufsatz »Römische Geschichtsschreibung«, gipfelnd in Sallust und Livius, arbeitet Ursprung und Etappen des jeweils Neuen, das – sei es von den Griechen, sei es von den Vorgängern her – in die Entwicklung eintritt, aus kärglichen Fragmenten zu einem überzeugenden Bild heraus. Ulrich Knoches Darstellung der senatorischen Geschichtsschreibung ist ohne ihn nicht zu denken.

Sallust, für den schon so viel getan war, hat keinen eigenen Essay erhalten, vielleicht gerade deswegen, wohl aber Livius. In dem Essay zur Zweitausendjahrfeier (1943) ist ein neuer Zugang gefunden, wenn man Livius als Ausdruck der augusteischen Zeit begreift. Zeitgenössische Versuche, die ihn gar zum Volkserzieher machten, sind dabei elegant, aber bestimmt in die Schranken gewiesen worden. Vor allem weiß man Livius nicht nur wegen seiner Erzählkunst zu lieben, sondern auch als Historiker zu schätzen, wenn man neu, wie es Klingner tut, folgendes bedenkt: Livius' Abstand von der Politik in Rom, seine *Patavinitas* in Stil und Herkunft aus Padua, lassen einerseits eine Geschichte *sine ira et studio* entstehen, andererseits erwächst aus dem Abstand die Bewunderung für Rom und seine Geschichte. Wie eine große Prozession hat Livius die römische Geschichte von den Anfängen bis zur Gegenwart, bis zum Jahre 9 v. Chr., nachbegangen.

Hierher gehören schließlich die Darstellung des Cato Censorius und die Caesars. Cato Censorius (1934) hatte schon in der Darstellung der römischen Geschichtsschreibung eine Rolle gespielt. Seine *Origines* sind ja das erste lateinische Geschichtswerk. In der Betrachtung, die dem knorrigen Senator und Kämpfer gewidmet ist, geht es um mehr. Diese römische Urkraft ist gerade in ihrem verbissenen Widerstand Zeuge dafür, daß das Griechische sich mit seiner Wahrheit Bahn brach und in der nächsten Generation, in Scipio Aemilianus, zu einer ganz eigenen Synthese fand. In Cato liegt etwas Zwiespältiges, wenn er alles Griechische bekämpft und griechische Schriften durch eigene ersetzen will. Denn eben das, Forschung, Darstellung, Gedankengebäude, gab es in Rom nicht. Wenn Cato zu schreiben anfing, tat er etwas Griechisches. Im Artikel in der *Realencyklopädie* über Cato hat Matthias Gelzer auf diesen Aufsatz geantwortet: Er sehe nichts von Zwiespalt, und von jeher hätten die Römer die Waffen der Feinde benützt. Aber Schriftwerke sind nicht ein beliebiges Schwert oder eine nachahmenswerte Verbesserung eines Kriegswerkzeuges. Die Römer hatten es nach ihren Siegen nicht nötig, mit den Unterworfenen im Geistigen zu wetteifern. Die heimliche Schülerschaft – vielleicht sogar greifbar in seinem Werk über die Landwirtschaft – hat etwas Großes und Rührendes und zugleich Verklemmtes. Daß man es nicht bemerkt, ist kein Gegenargument.

Gaius Iulius Caesar, gewiß mit seinen *Kommentarien* einer der kompetentesten Darsteller geschichtlicher Vorgänge – was die Römer freilich nicht als Geschichtsschreibung begreifen –, erhält ganz spät einen eigenen Essay (für die vierte Auflage 1961 geschrieben), wohl damit die großen Gestalten des ersten Jahrhunderts abgerundet würden. Es wäre hier viel zu sagen über das lange Ringen mit dieser Gestalt im Caesar-Kolleg, über die Problematik der wahrheitsgemäßen Darstellung[5], über das Böse der Macht. Für Klingner blieb als das einzige, über das man sich unbedenklich freuen könne (und Hermann Strasburger hat in *Caesar im Urteil seiner Zeitgenossen* diese Linie besonders unterstrichen), der Stil: »Aber eindeutig herrlich ist die Vergeistigung von all dem« (S. 94), nämlich dem in der Tiefe fragwürdigen Wesen der Staaten- und Kriegsgeschichte, die beim Betrachten auch gerade

5 Vgl. dazu M. Rambaud, *L'art de la déformation historique dans les Commentaires de César*, Paris 1953.

im Falle Caesars keine reine Freude aufkommen lassen kann und darf. Die Franzosen, obwohl selber unmittelbar betroffen, denken anders. Klingner jedenfalls hat in seinem Essay über Hermann Fränkel hinaus an Beispielen die stilistische Kraft herausgearbeitet.
Dafür ist der große Gegenspieler, Cicero, von Anfang an seit »Rom als Idee« gegenwärtig. In seiner unerhörten Vielfältigkeit ist Cicero vielleicht der in einem Essay am schwersten Darstellbare. Darum ist der Beitrag über Cicero, der für die zweite Auflage (1953) geschrieben wurde, der längste geworden. Ergänzt wurde er noch durch einen Aufsatz über seine Nachwirkung (»Cicero und Petrarca«, 1956) und durch eine früher entstandene Schrift »Humanität und humanitas« (1947).
Der Bezug auf Cicero ist thematisch für den Petrarca-Aufsatz. Hier geht es darum, daß die Renaissance und der ›Humanismus‹ dort beginnen, wo man zum ersten Male bewußt das Wort in seiner ganzen Fülle, nicht nur in seinen rationalen Bezügen erstrebt. Petrarca hat über Augustin hinweg Cicero in seiner erfüllten, menschlich bewegten Sprache entdeckt. Das aber war das Neue, das mit Petrarca so folgenreich in das neuzeitliche Denken einzog. »An der Sprache wird man stets den humanistischen Menschen erkennen« (S. 703).
Ein Cicero-Aufsatz ist aber auch der über die *humanitas*. Gleich nach dem Kriege (1947) geschrieben, zeigt er, daß die Begriffsuntersuchungen wie über *iustitia* und *pax* dort ihren Ursprung haben, während der Petrarca-Aufsatz zur dritten Auflage eigens verfaßt wurde. Diese Aufsätze lassen mit Bewunderung erkennen, wie vertraut – und wissenschaftlich kompetent – der Verfasser mit dem Gebiet der Renaissanceliteratur und der deutschen Klassik ist. Die Griechen haben kein zusammenfassendes Wort für menschliches Wesen wie *humanitas*. Der Befund verlangt seine Deutung, diese ist umstritten. Vor etwa fünfzig Jahren führte das zu einer Kontroverse zwischen Rudolf Pfeiffer und Richard Harder. Harder sah in der *humanitas*, die er mit dem alten Wert der *clementia* zusammenbrachte, ein Mittel der Außenpolitik des Scipionenkreises, Pfeiffer eine Adelstugend, im Scipionenkreis

entstanden, die das Menschliche im Ganzen positiv zu fassen in der Lage war, während die Griechen im Menschlichen gegenüber den Göttern nur den peinlichen Erdenrest sähen und den Menschen pessimistisch negativ werteten. Der Streit dauert an. 1973 hat Wolfgang Schadewaldt in einem reich dokumentierten Aufsatz sich auf Harders Seite geschlagen.

Klingner hatte sich Pfeiffer angeschlossen. Und in der Tat stößt man immer wieder auf das Faktum, daß das Wort ›Mensch‹ – nicht einmal die Abstraktion des Menschen – erst bei Menander im Hellenismus positiv sein kann, während der Römer im eigentlich Menschlichen (seit Plautus) gläubig das Gute sieht. Im Scipionenkreis oder wenigstens in dieser Zeit ist das Wort *humanitas* aufgekommen, nicht zur Begründung einer Theorie des Menschen, auch kaum als außenpolitisches Propagandawort – die Römer hätten seiner nicht mehr bedurft –, sondern zur Bezeichnung des vollen Wesens des Menschen, das verpflichtet. Klingner meint sogar, es sei ein Wort jener intimen Häuslichkeit der großen Familien. Im großen und ganzen, denke ich, wird Klingner recht behalten. Was außer Zweifel steht und die Sache über das hinaus, was auch Schadewaldt zitierend anerkennt, wesentlich fördert, sind zwei Resultate: Als Herder seine im Grunde stoische Anthropologie mit Humanität bezeichnete, war das ein fruchtbares Mißverständnis Ciceros. Cicero trägt diese zwar mehrfach vor, nennt sie aber niemals *humanitas*. Dafür aber – und das ist das zweite Ergebnis – konnte gezeigt werden, daß *humanitas* bei Cicero, für den das Wort, jetzt im flüssigen Gewand, im Zentrum steht, die Leichtigkeit des freien Menschen, Überlegenheit, Unabhängigkeit von der Erdenschwere, Geschmack für Geistiges bedeutet. Daß es das bedeuten kann, ist über jeden Zweifel erhaben: die großartige Interpretation des Marius-Briefes beweist es, und darum ist die Schrift eine wichtige Schrift in der Humanitas-Forschung. Man wird das ungeheure Material auf griechischer Seite und auf römischer bei Cicero weiter befragen, ob anderes noch im Spiele ist, Essentielleres. *Vergilius Variusque dixere quid essem*, mit diesen Worten beruft sich Horaz auf das Urteil seiner Dichterfreunde über ihn; er meint seine *humanitas*, sein ganzes Wesen, drückt es mit dem prägnanten *esse* aus und verwirklicht es in der dichterischen Leistung.

Schon für die zweite Auflage (1953) war der längste Essay, einfach »Cicero« betitelt, bestimmt. Er durfte in dieser wahrhaft humanistischen Sammlung nicht fehlen. Es ist nicht möglich, auch nur die wichtigsten Ergebnisse, die oft in der Nuance eines Satzes verborgen sind, hier herauszuheben. Nur im allgemeinen: Cicero-Darstellungen zerfallen oft in bösartigen Angriff oder Apologie. Davon ist diese Arbeit, Frucht mehrfach wiederholter Cicero-Kollegs, ganz frei. Cicero wird als Mensch gesehen in seiner Grundstruktur, dem Leben in den zwei Welten der Tat und des Bedürfnisses nach geistiger Begründung und Philosophie, auch dort, wo er im Tumult der Politik steht. Seine enorme Fähigkeit des Wechselns zwischen den beiden Sphären wird deutlich. Natürlich werden seine Anfänge, sein unglaublicher Aufstieg, sein Scheitern, das Werk der ersten Periode – die mit Grund ineins gesehen wird, wie vorher wohl kaum – und die große Leistung der zweiten gewürdigt, in der Cicero in wenigen Jahren der römischen Sprache und damit dem Abendland die griechische Philosophie in eigener Sicht vermittelt. Die Mommsensche Karikatur, noch heute manchmal nachgebetet, war freilich unter Kennern längst erledigt. Dafür hatten Philologen wie Otto Plasberg und Richard Heinze gesorgt, um nur die wichtigsten zu nennen (hinzu käme etwa auch Richard Reitzenstein). In dem Cicero-Essay aber haben wir das Bild eines Humanisten über einen Humanisten, wenn man es zugespitzt formulieren soll. Mit Recht hat Pierre Boyancé in einem Bericht über die Cicero-Literatur den Essay als eine »étude pénétrante« anerkannt. Deutschland hatte den Anschluß an die internationale Cicero-Forschung damit wieder gefunden.

Zum Schluß noch einen Blick auf den Essay, der die Sammlung einleitet. Die Frage, wie der Begriff ›Italien‹, einst auf eine kleine Ecke in Süditalien beschränkt, zu sich selbst gekommen ist und im 2. Jahrhundert v. Chr. die heutige Halbinsel umfaßte, ja zur Idee wurde, ist durchaus originell. Der Aufsatz aus dem Jahre 1941 zielt auf Varros und Vergils Lob Italiens, in dem in gefaßter Fülle alle Motive zusammenlaufen. Er ist am Anfang der Sammlung heiter, eine *hommage à l'Italie*, das sehnsüchtige Lob eines Landes, in das man zu jener Zeit nicht mehr reisen konnte und das in seiner Schönheit und mit seinen Menschen, mit denen es sich so menschlich leben läßt, Klingner irgendwie in das römische Italien hineinprojizierte, wobei er umgekehrt in Italien aber auch immer wieder das Römische entdeckte.

Wir können wieder zu den nicht ganz einfachen Bemerkungen des Anfangs zurückkehren. Nach dem Überblick über die einzelnen Essays und die Entstehung der Sammlung wird das Gemeinte deutlicher werden. Holzschnittartig fast, aber mit Absicht wurde jeweils hervorgehoben, wo das neu Entdeckte zu sehen ist, das längst in die Wissenschaft Eingegangene, auch die noch in der Schwebe befindlichen Dinge, deren es ganz wenige gibt. Darum haben diese Essays in der Philologie und ihrer Geschichte ihren Platz. Der Studierende muß sie genau kennenlernen, wenigstens solange die gute Sitte eingehalten wird, daß man bei Problemen die Originalarbeiten heranzieht.

Man muß es auch darum tun, weil es mit den Resultaten, die man jetzt aus zweiter oder dritter Hand haben könnte, nicht sein Bewenden hat. Der Weg und dessen Darlegung in jedem einzelnen Wort und jeder Wendung des Gedankens ist ebenso wichtig wie das, was am Ende herauskommt. Zumal – wie bei Cicero – jedes Wort so gemeint ist, wie es gesagt wird. Keine andere Absicht als die Wahrheit, also das, was in diesem Augenblick über ebendiese Sache zu sagen gewagt werden kann, lenkt die Feder – übrigens im wahrsten Sinne des Wortes: erst nach dem vierzigsten Lebensjahr ließ sich Friedrich Klingner einen Füllfederhalter schenken, vorher schrieb er mit Federhalter und Tintenfaß. Daß ein ausgeprägter Stil diese Arbeiten zu Kunstwerken macht, rührt aus einer Sprache her, die von seltener Abgeklärtheit ist, aber so reich, daß sie alles auszudrücken vermag, ohne sich etwa im Sprachlichen auf das Niveau einer geringen oder verabscheuungswürdigen Sache herabzulassen.

Ein verwandter Geist, dem es auf Wissenschaft ankam, hat in echter Begegnung auf die römische Welt gehört, sie hat ihm geantwortet, und er hat das Bedeutende dargestellt. Im einzelnen und in der Abfolge der römischen Geschichte und geistigen Erscheinungen ist so ein neues Bild vom Römertum entstanden, das die Wissenschaft von der Latinistik befruchtet hat und weiter befruchten wird. Damit sind neue Räume gewonnen, neue geistige Tatsachen unserer eigenen geistigen Ausstattung und, um es römisch zu sagen, der *memoria* zugewachsen. Denn das Gerede, daß die Philologie nicht produktiv sei – seit Nietzsche, der lieber eine einzige Zeile Selbstverfaßtes haben wollte als soundsoviel Nachverstandenes (er selber hat es darum, abgesehen von einigen Aperçus, zu keiner bleibenden philologischen Leistung gebracht) –, ist haltlos. Man braucht nicht gleich mit Schlegel die Philologen mit dem Hornstoß zu begrüßen: »Heil den großen Philologen!«, aber die Philologie produziert durchaus Neues, wofern sie ihres wahren Amtes waltet, nämlich der Wesenserkenntnis. Klingner bedeutet eine neue Epoche in der zu sich selbst gekommenen Philologie.

Daß diese Leistung zustande kommen konnte, ist nicht nur Ergebnis eines Vierteljahrhunderts intensivster wissenschaftlicher Arbeit und Lektüre; es kommen die Faktoren hinzu, deretwegen jede Zeit ihr Geschichtsbild erneuern muß, subjektive Momente, die dies ermöglichen oder jedenfalls nicht ausgeschaltet werden können. Das eine ist die Zeit, das andere die Persönlichkeit, die dem Wort und der Kunst verschrieben war. Betrachtet man die Essays in der Folge ihrer zeitlichen Entstehung, so wird immer deutlicher, wie die Sorge um diese Zeit den Blick bestimmt und die Auswahl lenkt. Hier fragt ein echter Zeitgenosse fast ängstlich nach dem, was bleibt und heilt, und trägt behutsam und mit leiser Stimme das vor, was helfen kann, *semper idem*, sei es 1927, sei es 1942, sei es 1956. Mit vielen heutigen Bestrebungen würde sich schon das Früheste im Einklang befinden. Weil in der Vollkommenheit des neuen Gedankens und der Sprache etwas geboten wird, das ohne Voraussetzung dem Bemühten zugänglich ist, deshalb wird der Band immer eine Schule der Humanität bleiben.

Diese Vollkommenheit, diese Geschlossenheit, die immer dort entsteht, wo aus der Begegnung eines starken Geistes mit einer großen Sache das Neue geboren wird, wo sich ein Kreis schließt, in den man nicht zerstörend eindringen kann, hat auch etwas Furchteinflößendes im Sinne des griechischen δεινόν, oder wenigstens etwas Ehrfurchtgebietendes. Was soll man weiter sagen? Ist nicht alles ausgeschöpft? Nun, die Wissenschaft ist ewig unruhig. Klingner hat vieles ihm nicht Gemäße anderen überlassen, das Ziel einer Literaturgeschichte im eigentlichen Sinne blieb weiterer Forschung vorbehalten. Klingner hatte im Ethischen wie im Künstlerischen die höchsten Ansprüche und die genauesten Überzeugungen. Aber man kann getrost abwarten, ehe eine ähnliche Kraft, ein ähnlicher philologischer Blick, eine solche Bildung sich in einem Menschen so vereinigen, daß ein anderes Bild dem jetzt dank ihm herrschenden zur Seite gestellt werden kann.

Zum Schluß die Pflicht, vielmehr das herzliche Bedürfnis des Dankens. Eines Dankens, das der Leser mit mir zuerst dem Andenken eines großen Meisters zollen wird. Ich danke persönlich Frau Frida Klingner, der Schwester, die während der letzten Monate bei ihm war, dafür, daß sie die Betreuung der Klingnerschen Schriften in die Hände des Schülers legte. Die *Römische Geisteswelt* erscheint hier in neuem Gewande in einem anderen Verlag. Die *Gemma Augustea* mit der Serenität des Blickes des Augustus, die für Klingner die augusteische Zeit symbolisierte, ist geblieben, wenn auch dem Bild einer neuen Reihe angepaßt. Das Buch fügt sich in das Programm des Reclam-Verlages insofern, als er mit *Römische Lyrik* und *Latein und Europa* sich bereits in den Dienst der Tradition und der Pflege alles Geistigen gestellt hat.

Klingner würde sich freuen, daß das Werk zu erschwinglichem Preis allen zugänglich ist, für die es gedacht ist.

Karl Büchner

Literatur

Boyancé, P., *Etudes sur d'humanisme cicéronien*, Brüssel 1970 (Collection Latomus, Bd. 121).

Büchner, K., »Einleitung«, in: *Marcus Tullius Cicero, Vom Gemeinwesen*, lat. und dt., Zürich/München ³1973, S. 7–77.

Curtius, E. R., *Europäische Literatur und lateinisches Mittelalter*, Bern 1948, Bern/München ⁸1973.

Drexler, H., »Sallust«, in: *Neue Jahrbücher* 4 (1928) S. 390 bis 399.

Fraenkel, E., *Horace*, Oxford 1957; dt.: *Horaz*, Darmstadt ⁵1976.

Fränkel, H., »Über philologische Interpretation am Beispiel von Caesars Gallischem Krieg«, in: *Neue Jahrbücher* 9 (1933) S. 26–41; abgedr. auch in: H. F., *Wege und Formen frühgriechischen Denkens*, München ³1968, S. 294–312.

Fuchs, H., *Augustin und der antike Friedensgedanke*, Berlin 1926.

Harder, R., »Nachträgliches zu humanitas«, in: *Hermes* 69 (1934) S. 64–74.

Heinze, R., *Vom Geist des Römertums*, Leipzig 1938, Darmstadt ⁴1972.

Klingner, F., *Studien zur griechischen und römischen Literatur*, Zürich/Stuttgart 1964.

Klingner, F., *Virgil. Bucolica, Georgica, Aeneis*, Zürich/München 1967.

Knoche, U., »Betrachtungen über Horazens Kunst der satirischen Gesprächsführung«, in: *Philologus* 90 (1935) S. 372 bis 390, 469–482.

Knoche, U., »Roms älteste Geschichtsschreibung«, in: *Neue Jahrbücher* N. F. 2 (1939) S. 193–207.

Laufs, J., *Der Friedensgedanke bei Augustinus. Untersuchungen zum XIX. Buch des Werkes De civitate Dei*, Wiesbaden 1973 (Hermes-Einzelschriften, Bd. 27).

Litt, Th., *Das Bildungsideal der deutschen Klassik und die moderne Arbeitswelt*, Bonn 1955 [u. ö.].

Oppermann, H., *Vergil*, Frankfurt a. M. 1938.

Pfeiffer, R., *Humanitas Erasmiana*, Leipzig/Berlin 1931 (Studien der Bibliothek Warburg, Bd. 22).

Plasberg, O., *Cicero in seinen Werken und Briefen*, Leipzig 1926 (Das Erbe der Alten, R. 2, H. 11), Darmstadt ²1962.

Pöschl, V., *Horaz und die Politik*, Heidelberg ²1963 (Sitzungsberichte der Heidelberger Akademie der Wissenschaften, Philosophisch-historische Klasse, 1956, H. 4).

Rambaud, M., *L'art de la déformation historique dans les Commentaires de César*, Paris 1953.

Ruch, E., »Zur Bedeutung des Vorgesprächs in Ciceros De re publica«, in: *Philologus* 96 (1944) S. 213–233.

Ruch, M., »Notwendigkeit und Zufälligkeit in Kosmos und Gesellschaft nach der Weltanschauung Ciceros«, in: *Gymnasium* 72 (1965) S. 499–511.

Schadewaldt, W., »Humanitas Romana«, in: *Aufstieg und Niedergang der römischen Welt*, T. 1, Bd. 4: *Philosophie und Wissenschaften, Künste*, hrsg. von H. Temporini, Berlin / New York 1973, S. 43–62.

Schwartz, E., »Die Berichte über die Catilinarische Verschwörung«, in: *Hermes* 32 (1897) S. 554–608.

Strasburger, H., *Caesar im Urteil seiner Zeitgenossen*, Darmstadt [2]1968.

Suerbaum, W., *Vom antiken zum frühmittelalterlichen Staatsbegriff. Über Verwendung und Bedeutung von res publica, regnum, imperium und status von Cicero bis Jordanis*, Münster [3]1977 (Orbis antiquus, H. 16/17).

Tränkle, H., »Textkritische Bemerkungen zur Philosophiae Consolatio des Boethius«, in: *Vigiliae Christianae* 22 (1968) S. 272–286.

Tränkle, H., »Ist die Philosophiae Consolatio des Boethius zum vorgesehenen Abschluß gelangt?«, in: *Vigiliae Christianae* 31 (1977) S. 148–156.

Williams, G., *Tradition and Originality in Roman Poetry*, Oxford 1968.

Römische Literatur der Kaiserzeit

IN RECLAMS UNIVERSAL-BIBLIOTHEK

Augustin, Bekenntnisse. (W. Thimme) 2791 [6]

Augustus, Res gestae / Tatenbericht. Lat./griech./dt. (M. Giebel) 9773 [2]

Boethius, Trost der Philosophie. (K. Büchner / F. Klingner) 3154 [2]

Horaz, Ars poetica / Die Dichtkunst. Lat./dt. (E. Schäfer) 9421 – Gedichte und Lieder. (W. Plankl) 7708 – Sermones / Satiren. Lat./dt. (K. Büchner) 431 [3]

Juvenal, Satiren. (H. C. Schnur) 8598 [2]

Livius, Römische Geschichte. Der Zweite Punische Krieg. (W. Sontheimer) I. Teil. 21.–22. Buch. 2109 [2] – II. Teil. 23.–25. Buch. 2111 [2] – III. Teil. 26.–30. Buch. 2113 [3]

Marc Aurel, Selbstbetrachtungen. (A. Wittstock) 1241 [2]

Martial, Epigramme. (H. C. Schnur) 1611 [3]

Minucius Felix, Octavius. (B. Kytzler) 9860 [3]

Ovid, Metamorphosen. Epos in 15 Büchern. (H. Breitenbach / L. P. Wilkinson) 356 [8]

Petron, Satyricon. (H. C. Schnur) 8533 [3]

Phaedrus, Liber Fabularum / Fabelbuch. Lat./dt. (Fr. Rückert / O. Schönberger) 1144 [3]

Plinius d. J., Briefe. (M. Schuster) 7787

Quintilian, Institutio oratoria X. / Lehrbuch der Redekunst. 10. Buch. Lat./dt. (F. Loretto) 2956 [2]

Seneca, De brevitate vitae / Von der Kürze des Lebens. Lat./dt. (J. Feix) 1847 – De clementia / Über die Güte. Lat./dt. (K. Büchner) 8385 [2] – Epistulae morales ad Lucilium, Liber I / Briefe an Lucilius über Ethik, 1. Buch. (F. Loretto) 2132 – Oedipus. Lat./dt. (K. Heldmann) 9717 [2] – Vom glückseligen Leben und andere Schriften. Auswahl. (L. Rumpel / P. Jaerisch) 7790 [2]

Tacitus, Agricola. Lat./dt. (R. Feger) 836 [2] – Annalen I–VI. (W. Sontheimer) 2457 [4] – Annalen XI–XVI. (W. Sontheimer) 2642 [4] – Dialog über die Redner. (H. Gugel) 3728 – Germania (M. Fuhrmann) 726 – Germania. Lat./dt. (M. Fuhrmann) 9391 [2]

Vergil, Aeneis. (W. Plankl / K. Vretska) 221 [4] – Hirtengedichte (Eklogen). (H. C. Schnur) 637

Verlag Philipp Reclam jun. Stuttgart